教海漫记

[特别纪念版]

于永正 著

上海教育出版社
SHANGHAI EDUCATIONAL
PUBLISHING HOUSE

出版说明

《教海漫记》是于永正老师生前亲自选编的一本文集。此书于1999年首版后，在中小学教师中引发阅读热潮。很多教师，尤其是语文教师，一提起于永正老师，就联想到《教海漫记》。读者中，很多人成为优秀教师、学校的骨干教师，甚至特级教师、语文教育专家。在回忆成长经历时，他们经常提及这本书带给他们的启迪。这一现象在教育图书中是不多见的。由此可见，优秀图书对教师成长有巨大助力。

于永正老师于2017年12月8日离开了我们，迄今已三年余。许多读者、于老师的亲友、学生和徒弟们深深地怀念他，追慕他高尚的品格，追慕他精湛的教育艺术。

由于出版时间较久远，许多年轻的读者对此书只闻其名，未见其书。为了方便读者阅读，也为了纪念于老师，我们在于老师家属的鼎力相助下，修订、再版此书。

这次修订，我们对原书框架未做改变，全部篇目、篇目归类与前后次序，以及各类事实等一仍其旧，只是改正了原书中存在的一些文字差错，调整了部分段落词句，个别篇目采用了于老师后来补充、完善过的版本。借此再版机会，我们希望能为读者提供一个精编精校的“善本”，以为特别的纪念。是以命名为“特别纪念版”。

CONTENTS 目录

教学篇

修养篇

综合篇

崇拜思考（代序）

/ 于永正 /

“我看见水壶开了，高兴得像孩子似的叫起来；马歇尔也看见壶开了，却悄悄地坐下来，造了一部蒸汽机。”

这是我从2003年5月26日的《报刊文摘》上摘抄下来的一句话。它出自英国凯恩斯的《成功的潜质》。这句话形象地告诉我们，凡人和不平凡的人的区别仅仅在于——或者说主要在于——一个不善于思考，一个则善于思考。

《报刊文摘》还摘登过一篇文章，题目好像是《勤奋遭到了斥责》。说的是现代物理学奠基者卢瑟福，一天深夜，发现一个学生在做实验，便问:“上午干什么了？”答:“做实验。”“下午呢？”“做实验。”“晚上呢？”“做实验。”卢瑟福斥责道:“你一天到晚都在做实验，什么时间用于思考？”勤奋的学生竟然遭到了斥责！文章说，卢瑟福对思考“极为崇拜”。

应该崇拜思考。我们老祖宗一向重视思考，孔子、孟子等先哲对思考都有极深刻的论述。古今中外，哪一个成功者不都是善于思考的人！可惜不少人宁可让岁月淹没在仿佛很有价值的忙碌中，却不拿出时间来思考，以至于思维总是在低水平上徘徊，最终一无所获。

在这方面，我有深切的体会。有时强调忙，就轻易地把思考放弃了。幸好自己经常给自己敲警钟，还没成为卢瑟福斥责的那种忙而不思的勤奋者。“文革”以前的我，大部分星期天是在图书馆里度过的。怀里揣着烧饼，作为午餐。读书倦了，就写。什么都写，小说、诗歌、散文。但写得最多的是教学方面的体会。天天写日记，鸡毛蒜皮，什么都记。我是思考型的读书者，读书时我总是喜欢把自己摆进书中，把自己从事的工作摆进书中。写，更重要。文章是情的凝结，是思维的升华。写本身是最深入、最全面、最周密的思考。写，是最能锻炼人的脑筋的。一个不动笔墨的人，就很难算得上一个真正的思想者。即使在“文革”期间，我读书和写作（主要是写日记）也几乎没有断过。别的书不能读，就找鲁迅的书读。“读的什么书？”“鲁迅的书。”这就相安无事了。我要感谢“习惯”——读书、写作的习惯。做好习惯的奴隶，真是受用终生，幸福终生。读写不断，思考就不断。

除了读书，还去读社会、读人，包括读自己。我刚参加工作时，常常为学生的作业潦草而发愁。一天，我无意中发现贺恒久老师那班的作业十分整洁，于是向他讨教。他说：“要严字当头——要求要严，批改要严，对个别不自觉的学生更要严，要抓而不放。”刘绍鼎老师似乎没有贺老师那么严，但他班的作业同样写得好。刘老师说：“老师要写一手好字。”刘老师的字写得确实漂亮，他改作文都是用毛笔，那蝇头小楷很有赵孟頫的神韵。于是我又练字。这样，一加一，自然就大于一了。工作后的第二年，我又兼高年级的音乐课——因为我能弹风琴。但遇到了一个令我头疼的大难题——教别的班，课堂纪律不好维持。有位教数学的张大训老师无论上哪个班的课都能上得好。他有什么诀窍？于是我便去听他的课。原来他有一双锐利的眼睛。即使板演，他也是侧着身子，不忘看学生。“大同，你的腿在向哪儿伸？”“小勇，听累了吗？”全班学生似乎都在他的眼中，什么都逃脱不了他的眼睛。他只是这么提个醒儿，语调并不高，接着又去讲课。课后，他送了我三句话：“1. 上课时要让每个学生都觉得你在注视他，有时是一句提醒的话，有时是一句夸奖的话，有时是请他回答问题，或做件什么事，有时只是一个眼神，眼神当然也是多种多样的了。2. 把问题消灭在萌芽状态。3. 不唠叨。”还有很重要的一点他没说，也许是因为谦虚不说，那就是他的语言简洁、风趣，他的表情和语气、语调能提起学生的精神来。我看了，听了，思考了，也照着做了，于是我逐渐进步了，无论上哪个班的课都井然有序了。用刘校长夸我的话来说，就是做到了“管而不死，活而不乱”。集各家之长于我一身，我的能耐自然就大了，进步就可想而知了。

更难忘的是读斯霞老师。我参加工作不久，《人民日报》登了《斯霞和孩子》的长篇通讯。那篇文章使我知道了什么叫爱的教育。后来又在南京听了斯霞老师执教的《乌鸦喝水》。一位小朋友读书出现了小错误，斯老师俯下身子和蔼地说：“错了没关系，再试试看。”一位小朋友铅笔盒碰到桌子边上了，她为他放好；一位同学的红领巾几乎歪到后边去了，她为他扶正。“母爱”就是在这些细微末节上体现出来的啊！“尊重”就是这样自然流露出来的啊！

有人说我每次上课都有新意，是不是我背后有个“智囊团”在帮我出主意。

“智囊团”没有，我还没有那么大的身份。但我有的是“思考”。一节好课是思考的结晶。课上完了，也不忘记思考，思考成功和失误，以利再战。反思使失误也变成了财富。不但反思教育、教学，也反思自己的为人处世。反思，叫“读自己”。我对自己“读”得很认真。一本本日记，是我读自己的心得体会。跌倒了，一定回头看看是怎么跌倒的，以免再重蹈覆辙。

思考可以不分任何场合，不需要任何条件。睡前，醒后，等车，坐车，散步，在书房里静静地坐着，都适宜思考。这叫“在宁静中寻找智慧”。还有参加无关紧要的会，听无关紧要的报告，也适宜思考。你讲你的，我想我的，同床异梦，各不相干。这叫“在闹中取静”。此外，听课、听精彩的报告以及和志同道合者侃大山，也常常引发我的思考，产生顿悟，产生共鸣。我的好多理念，好多“点子”是在听课、听别人谈话时产生的。“集思”必然“广益”。这叫“与君一席话，胜读十年书”。

真的要崇拜思考。人是在思考中成熟的，教学也是在思考中日臻完善的。

2005年1月6日于徐州

序

/杨再隋/

江南二月，春寒料峭。窗外的梅花谢了，枝上绽出了绿色的叶片，嫩嫩的、油油的，向上翘着、挺着，蕴含无穷的生机。此时，在我的案头上放着一摞书稿，那是前几天于永正老师寄给我的《教海漫记》校样，嘱我写几句话。我原以为浏览一遍，发点感慨而已，哪知开卷一读，竟不忍释手。书中每篇文章不长，都有一个中心，几十篇文章又贯穿一个大的中心。内容平实，文笔流畅，像是跟读者娓娓谈心，又像是讲故事。许多生动的实例，不少幽默的话语，能让你忍不住笑出声来。掩卷沉思，又感到在幽默风趣的行文中，有一种历尽人生沧桑的凝重感，就像我窗外的梅一样，傲霜斗雪，风骨犹健，花谢叶发，生机盎然。

全国资深教育家斯霞老师终生倡导和实践爱的教育，于永正老师十分崇拜斯霞老师，贯穿在本书中的所有文章，也是一个“爱”字，即对教育事业的爱，对儿童的爱。正是这种爱，使于老师在30多年的小学教育生涯中，风风雨雨、坎坎坷坷，“不戚戚于贫贱，不汲汲于富贵”（陶渊明《五柳先生传》），以教为荣，以教为乐。按于老师的学识才华，本可以另谋高就，但他安贫乐道，兢兢业业，勤勤恳恳，无怨无悔，这是多么高尚的精神境界！当教师，尤其是当小学教师，就是要甘于清贫，甘于寂寞。于永正老师在小学语文研究上的执著追求，几乎是如痴如醉，他甘当一辈子小学教师，“虽南面王不易也”。

于永正老师了解儿童，理解儿童，信任儿童。他常常换位思考：假如我是一个六七岁的孩子。他和孩子们同唱、同跳、同乐、同悲，有感情的交流，有心灵的沟通，有动作的默契。他能敏锐地发现孩子们的“闪光点”，懂得用最美的语言去激励学生。当老师难，当小学老师更难，难就难在一个“小”字上。因为孩子“小”，很稚嫩，需要细心呵护；因为“小”，易受熏陶感染，要尽可能给予正面、积极的影响。于老师50多岁了，依然童心未泯。在课堂上，有时“装猫扮狗”，逗孩子在乐中学；在课外，引孩子玩，让孩子在社会交往中去感受人生，在感受别人的爱的过程中，学会爱人。

于永正老师懂得宽容。他说：“花朵是色彩斑斓的，学生是五彩缤纷的。”可见，学生不可能齐步走，教育不应搞“一刀切”。斯霞老师对儿童深深的爱，著名特级教师丁有宽倡导要“偏爱差生”，都是一种高尚的宽容。有人说，爱是一种能宽容别人的感情。宽容是一种美德。教师的宽容，不仅是一种教育方法，更是教学生懂得怎样做人。于老师说：“发脾气很容易，忍耐却很难，虽然只需要几秒钟。”

爱，也是一种艺术。于永正老师和学生也有许多磕磕碰碰，也曾有过苦恼和困惑。正是对学生的爱，使他“吃一堑，长一智”，成为一名全国著名的特级教师。于老师娴熟地运用批评的艺术、表扬的艺术，懂得利用小纸条的魔力，或在作文本上画一只跷起大拇指的手……

从于永正老师几十年的教育实践和理论研究看，于老师的教育观是渗透着、浸润着深深的爱的现代教育观。爱，使于老师产生了智慧和力量，使他的生命变得更充实。一位哲人说得好：“一个热爱生命的人，不再靠自己，而是靠他所爱的东西活着。离自己越远，渗透别人越深，就越幸福。”

于永正的教学观是他的教育观的重要组成部分。应该说，于老师一辈子耕耘最多、收获最大的是在小学语文教学这块土壤上。

当前，国人对语文教学的忧思，已不囿于语文教学本身，实际上是对整个教育的忧思，对培养未来人才的忧思。小学语文教学的误区，是把本来富于儿童情趣的、形象的、情感的语文教学向标准化、公式化、概念化转向，导致人文价值的坠失。在语文课上，学生被动地抄词、解词、拼合词语、组装句子，加上无的放矢地改错、选择、判断，使学生在知识的迷宫里晕头转向。教师在课堂上枯燥乏味地讲，讲了不少“正确的废话”，学生在教室里没精打采地听，漫无边际地说，说了不少“正确的空话”。语文教学的魅力没有了。

在于老师的语文教学中，我们看到的却是另一番景象：学生思维活跃，想象丰富，言语生动，琅琅书声不绝于耳，课堂上时而还发出阵阵笑声。教学中，语言训练很扎实，学生学得生动活泼。此情此景，使人惊叹，发人深思：为什么于老师的语文课达到这样高的境界？我想原因固然很多，但主要是两点，一是教育观念，二是教育艺术。

语文教学活动是学生在教师的引导下初步培养听、说、读、写能力的自主活动。面向21世纪的小学语文教学，呼唤语文本位的复归，主张以学生为本，以学生的发展为本。因此，如何在语文教学中发挥学生的主体作用，发掘学生的心理潜能，激发学生的创造天赋，使学生在掌握语文能力的过程中，生动活泼地、主动地得到发展，是当前小学语文教学改革面临的课题。于永正老师30多年的小学语文教学实践印证了他的学生主体观、学生发展观和学生创造观。

本书直接论述教学的文章达43篇，其余的文章也都和教学有关。这些文章中的话题几乎都是“学生”。过去我们常说教学要“吃透两头”。吃透教材虽然不容易，但只要悉心钻研，教材是可以驾驭的。唯有“吃透学生”，一直是教学中的大难题。儿童可塑性大，知识能力处在动态之中，尤其是他们丰富多彩、变化不定的内心世界更是难以揣摩。苏霍姆林斯基大声疾呼：要面向儿童的个性。从本书看，于老师在教学中最具深度、最具特色、最有成效的研究，是对儿童的研究。

于老师认为，在教学中，教案应烂熟于心，应将百分之八十的注意力集中在学生身上，要“目中有人”。于老师眼里的学生，不仅有共性，而且有鲜明的个性。就某一个学生而言，在教学活动中的每个阶段的心理特点都不尽相同，时而高兴，时而焦虑，时而困惑，时而顿悟。教师的任务是伺机诱导，巧妙点拨，学生思维堵塞时疏导之，心理困惑时开导之，精神倦怠时激励之。上课时，于老师或注目，或颔首，或微笑，或抚摸学生的头，或给学生讲悄悄话……总之，言语的、非言语的，明示的、暗示的，都是在准确地传达某种信息，给学生注入“兴奋剂”。

近些年来，于永正老师的语文教学，越发平实自然，更加得心应手。看似平易，实际是渐趋成熟的标志，诚如古人所言，这种“自然”“平易”，“乃绚丽之极也”。或者说，于老师在语文教学中追求一种艺术化的境界。教学是科学，也是艺术。科学要遵循规律，艺术要讲求审美，让学生在形象感染、情感熏陶、精神愉悦中学习语言，发展语言，促使课文中的语言文字活起来，学生的思维活起来，课堂气氛活起来。

于老师认为，不懂艺术的老师是不全面的老师，没有艺术的教育，是残缺的教育。于老师除了爱读书、爱动笔之外，课余还习京胡，唱京戏，练书法，研丹青，弄诗文。于老师对京剧艺术颇有研究，谈起梅、程、尚、荀，如数家珍。清唱一曲《苏三起解》，一板一眼，字正腔圆。他认为京剧艺术的一笑一颦、一招一式都是韵味无穷的诗，可以有选择地借鉴到语文教学中去。在教学《狐假虎威》时，于老师和学生一起表演，既自然，又生动。讲古诗《草》，他要学生画风。他从齐白石的国画里悟出“大的框架要粗线勾勒，小的细节要细线描画”。于老师说：“教学中最能给人留下印象的，往往不是整体构思与设计，而是对细节的处理，是一句机敏的话，一个得体的动作。”学会“用眼睛说话，可以少费口舌，使课堂干净”。这样，在课堂上学生既有活泼的心灵飞跃，又有凝神寂照的内心体验。他认为，什么艺术都在一个“心”字上。教学作为一种艺术，对学生情感的催发、心弦的拨动、教学节奏的调控以及对学生及时反馈的变通处理等等，全都“存乎一心”。

季羡林先生曾谈到他最喜欢的艺术风格是“淳朴恬澹，本色天然，外表平易，秀色内涵”。我想用这句话来评价于永正老师的教学风格，虽然不算贴切，但也大体相似。

本书是于永正老师数十年教育实践的经验集粹，是于老师教学生涯的记录，也是于老师内心情感的真实坦露。其中蕴含理论的活力和人格的魅力，值得认真研读。

我认识于老师多年了，自以为对他的了解颇深，当我读完这本书稿后，才觉得过去对他的了解太肤浅了。如于老师所说：老师，也是一本教科书。我写了上面的话，算是初读这本“教科书”后写的一篇读后感吧！

1999年3月于华中师范大学桂子山寓所

教育篇

1. 露一手

一

1962年9月1日，我带着初为人师的神圣、庄重、热情和希望，穿着一件白衬衣，一条虽然在里面的膝盖部位打了个补丁却洗得脆生生的浅灰色的裤子，跨进了徐州市搬运工人子弟小学三年级（2）班的教室。

教室里一片混乱。小朋友似乎没有发现我的到来。有两个小男孩扭在一起，显然，他们在我没到来以前就厮打起来了。我赶紧从脑子里“检索”教育学、心理学中的有关“法则”，包括马卡连柯《教育诗》里的法儿，可是用了不起作用。

一个大个子男生说：“老师（那时他还不知道我姓什么），你把他们拉出去！”拉出去？教育学里有这么一说？这是“紧急状态”，也只有采取断然措施了，于是我把他们二人拉到教室外面。教育学里没有的一招果然奏效——教室里顿时安静了。

我努力使自己平静下来，想从头来——和蔼又亲切地背诵两天前就准备好的充满诗情画意的开场白。可是，我怎么也笑不起来，没有那个情绪。

安静了没有五分钟，学生们又开始骚动起来。讲话的，争吵的，因为对方的胳膊过了几乎每张桌子都有的“三八线”而发生“边界冲突”的……

按下了葫芦又浮起了瓢。这是怎么了？我对我这个师范学校的堂堂的“三好生”产生了怀疑。

下课了，学生们议论开了：

“刚毕业的，谁听他的！”

“多穷！穿条烂裤子！”

晚上，同寝室的一位老师问：“你有好一点儿的裤子吗？”

我说：“有。我不是觉得应该给学生一个艰苦朴素的印象吗？”

“咳，书呆子！”

二

举步维艰。一个多月过去了，用的全是教育学里没有的手段，包括罚站、罚蹲（蹲在教室门后）、用粉笔头砸，才使班级的秩序得以维持。

别看孩子小，心眼倒是有的。你用粉笔头砸了他，他愣着头大声喊："老师打人！"

"不打好人！"我回击说。那时，我仿佛不是老师，而是一个粗野的孩子。

"我又不是坏人。"个别胆大而又聪明的人虽然还能找到反驳我的理由，但不那么有气势了。他知道，毕竟有不对的地方。"理"不那么直了，"气"自然也就不那么壮了。孩子到底是孩子，好蒙。

我并不因此而沾沾自喜，反而陷入了深深的苦恼。

三

不久，雷锋的事迹在报上发表了。

教音乐的余老师教我班学生唱《学习雷锋好榜样》，可是一连用了两节课都没教会。那时，学校有一架风琴，可是余老师不会弹，全靠嗓子上。

"我来替你上。"我对她说。她求之不得。我让学生把风琴抬到教室。学生们手舞足蹈，一窝蜂似的跑到办公室，又像一群蚂蚁似的把风琴这个庞然大物移进了教室。他们坚决不让我动手。

学生们从来没有像今天这节课坐得这么好，个个正襟危坐。我被这种气氛所感动（我这个人好动感情），于是，使出浑身解数，把在师范学校学的所有伴奏技巧都用上了，包括分解和弦。琴声使学生们陶醉了。

最后，男女生二部轮唱。歌声清脆、嘹亮，人人脸上洋溢着兴奋和激动。

令我吃惊的是，这节课没让我说一句维持纪律的话。学生们望着我，目光和过去的不一样，好像才认识我似的。

四

几天之后，大队部要举行"向雷锋学习"主题队会，请我画一幅雷锋像。晚上我在办公室画的时候，被我班的邹启虎小朋友看到了。

第二天早晨，许多小朋友围着我，问："于老师，您会画画？"

不用说，一定是邹启虎告诉大家的。

主题队会召开了，很隆重。主席台正中的幕布上挂着一幅雷锋像。画像得到了大家的认可，会场上到处可以听到学生们的啧啧称赞声。

我班同学神采飞扬："那是俺于老师画的！"

谁问他们了！？

渐渐地，我说话灵了。正是深秋季节，我带领他们爬山，搞军事游戏，"急行军"，"打游击"，"抓特务"……

课间，只要我不进办公室，周围总是围着一群孩子。调皮的孩子特别有眼色："围着老师干什么？——于老师，您到办公室歇歇去吧！"

"我喜欢和大家在一起。"我说，"哎，我开学初的时候，不该用粉笔头砸你们哟！"

"一点儿也不疼！"他们摸摸头发蓬乱的小脑袋。

"于老师，您跟雷锋叔叔一样，多么朴素。"孩子们说。显然，他们指的是我穿带补丁的裤子。此时，在他们眼里，补丁再不是穷的象征。

我意识到，学生们之所以喜欢我，听我的，是因为我有"一手"。岂止一手！于是，我决定教他们唱豫剧《花木兰》。徐州人喜欢听豫剧。豫剧《花木兰》"这几日老爹爹疾病好转"选段，我是在师范学校读书时跟同学学的，能自弹自唱。我先把花木兰的故事讲给小朋友听，再讲花木兰这段唱词的意思，然后说："请听于老师女声独唱《花木兰》！"

"什么？女声独唱？"小朋友眼里露出异样的神色，又欢呼，又鼓掌！

风琴演奏完慢板的过门，从我嘴里发出的女人一般的声音使小朋友先是惊喜，后是狂热。他们站起来，使劲鼓掌，掌声几乎把风琴弹的过门掩盖住了。

接着，我一句一句地教，小朋友们一句一句地学。调皮的男孩子也像我一样捏着细腔唱，真是其乐融融。

后来，我又教他们写美术字，吹口琴，为他们演奏京胡，唱京戏。我自拉自唱的一段《苏三起解》，更使学生倾倒！

在不少学生的眼里，我成了无所不能的人，硬是赢得了他们的单纯的崇拜，是崇拜膨化了我自身的影响。

跟崇拜我的学生在一起，我觉得，教书育人的氛围和谐而温馨。细雨绵绵也罢，雷霆大作也罢，我们都能共度春风。

有人说，没有崇拜就没有教育。

对的。

但是，不能缺少这样一份清醒：不要亵渎那纯洁的崇拜。

教书30多年了，我从不忘"露一手"，决不放过在学生面前"露一手"的机会——尤其是刚接一个新班的时候。

自然，自己必须有一手。有几手更好。

本事越大，师德越高尚，赢得学生崇拜的砝码就越有分量。

2. 书本是理论，细节是艺术

一

刚刚教书的时候，我真的很苦恼。在徐州师范学校读书期间，我是个很用功的人，是正儿八经的“三好学生”，教育学、心理学考试成绩特别优秀，而且还利用课余时间读了不少马卡连柯的书。可是，一踏上讲台，面对着徐州市搬运工人子弟小学的三年级（2）班的学生，我竟束手无策！

为什么教育学上的关于班级管理的理论派不上用场？到底是什么原因会使我选择不准选择，也不该选择的吼叫和体罚？

我在苦恼中思索着，蹒跚着。

二

我写在脸上的沮丧和痛苦引起了学校老教师的关注。老教师告诉我：书中的理论之所以派不上用场，一是因为理论确实太抽象，二是因为学生又太复杂。这就难免使新老师手足无措。活的教育学体现在教育工作中的细枝末节上。任何老教师都有他的成功之处，不仅是优秀教师有成功之处，年轻教师一定要仔细揣摩、虚心学习老教师的经验。

这话我记住了，并细心观察我周围的老师，有时候向他们讨教。如果把老教师比作一本书，那么“观察”则是默读，“讨教”便是朗读。处处留心皆学问。一段时间下来，我确实受益匪浅。

当教室里还乱糟糟的时候，我再不像以前那样轻易跨进门去，而是像大队辅导员周传美老师那样，用目光扫视全班学生，用一种期待的、有时是严厉的目光盯着个别无视班集体的人。有时指名道姓地表扬表现好的人或者小组。一般情况下，全班学生会马上安静下来。

一次，我站在教室门口足足有半分钟了，大个儿明明还在和同位争吵，对于我的到来视而不见。我径直走到他跟前，俯在他的耳朵上，轻声说：“请到我的办公桌上拿一支红色粉笔来，动作要快！”

他两眼望着我，似乎没听懂我的话。我认真地说：“去呀，还迟疑什么呀？谢谢你啦！”

于是，他一阵风似的跑出教室。

如果说“扫视”是“举一”，是向大队辅导员彭老师学来的，那么，请王承明到办公室去取粉笔则是“反三”，是我的创造。于是我给自己打气：“于永正，你把‘书’读活了。”

上课了，如果值日生忘记了擦黑板，我不再像以前那样去指责学生，而是像江苏省模范班主任李桂清老师那样，一声不响地拿起黑板擦儿，细细地去擦干净。如果发现地上有纸屑，我也不再像过去那样去批评学生，并命令学生捡起来，而是像李老师那样，悄悄地弯下身子拾起来……

就这样，我在悄然变化，班级也在悄然变化。

三

三年级（2）班里脾气最倔、最不服管教的是刘永田。别看他个儿小（坐在第一排），嘴巴却不饶人，你说一句，他有十句等着，人称“惹不起”。

李老师见我经常把他请到办公室谈话，便私下对我说：“对于这种学生来说，既要晓之以理，更要动之以情。”

我反复地琢磨李老师这句话。李老师的话总是言简意赅。

一天，我问刘永田：“你妈妈的病好些了吗？”

他很诧异，用目光问我：“您是怎么知道的？”

“你妈这几天能活动活动了吗？”

“能，能！”

“有空儿，我去看看她。”

第二天，我真的去了。他的家在学校西边，离学校只有一步之遥。他母亲是街道干部，由于工作紧张，加上血压高，病倒了。我是从一位老师那里得知的。

一天课外活动时，我对刘永田说：“听说你力气大，咱们掰手腕怎么样？我让你两只手。”

他认真起来，挽了挽袖子。

小小年纪的他，哪里是大人的对手？—— 败了。

“王承明也上，我让你们俩。”

二人一拥而上。好汉难敌双拳，这次 —— 我败了。

“人多力量大！”围观的学生说。

“众人拾柴火焰高！”我说。

就这样，刘永田、王承明和我越来越亲近了。

李老师说的“动之以情”，就是“以情育人”。以情育人，理也就在其中了。当然，对于他们的错误，我也不姑息迁就，有时照样批评得很厉害。严厉，也是一种情，是教育中不可或缺的一种情，只不过不能经常流露出来罢了。

四

大队辅导员彭老师有着丰富的教学经验，她这本书很厚重，因此，我经常和她探讨教育问题。

有一次，她说：为什么学生来到办公室非得立正站好？如果让学生坐下，师生间不是更融洽吗？为什么大扫除有些老师喜欢当“指挥员”，而不能当“战斗员”？如果和学生一起劳动，不更好吗？

言之有理。既然有理，就付诸行动。从此，我再请学生（哪怕是犯了严重错误）到办公室来，我也搬把椅子，请他坐下来谈。“坐下来谈”，表示的是尊重、平等。从此，我不但大扫除时和学生“同甘苦，共劳动”，平时也把自己当作学生中的一员，每周也做一次值日生。轮到我值日的那天，我便比往常到班级更早一些，认真做好组长分配给我的工作。

“大道无痕”。教育的大道，自然也应该是无痕的。

五

一天下午第一节课，我班是自习课，我因有事没到班里去。事情处理完之后，已经快下课了。那时班级纪律虽然开始好转，但我还是放心不下，便来到了教室。学生们坐得井然有序。原来，他们正在聚精会神地看邹启虎和张长书等人表演“抬花轿”——邹启虎和另外一个男同学扮轿夫，张长书扮新娘，二位轿夫一前一后地走着，新娘则站在轿夫的中间一仰一合的，似乎真的坐在轿子里一般。

等他们发现了我以后，像老鼠见了猫似的，躬着腰向座位跑去。

“好，好！”我边进教室边说，“三人表演得精彩极了！再演一遍我看看。”

他们哪里敢动？

我笑着说：“我说的是真话。元旦马上到了，大队部正要求各中队出节目呢！我看你们三人就代表我们三（2）班中队参加演出，咱们的节目就叫‘抬花轿’！”

他们三人可真把这当成大事来办了，一天到晚排练。演出那天，张长书穿着女同学薛爱华的红灯芯绒外套，戴着红头巾，脸上搽着胭脂，还真像个新娘呢！他们的演出博得了全场观众的阵阵笑声。

李老师对我的做法十分赞赏，说："这叫因势利导，水总得有个地方流。"

张安军一肚子故事，同学们都爱听。我问张安军的故事哪儿来的，他说："看来的，听来的。"我对大家说："你们也去看书，也去请老人讲故事嘛！咱们到一定的时候举办个故事会。"于是学生们便找书看，"小人书"成了他们亲密的伙伴。

张长书很喜欢用红泥做玩具手枪，有时上课也做，教数学的余老师没收了几次都禁止不了。一次我请张长书把做得最好的手枪拿来给我看。一看，还真逼真！上面刻着精美的花纹，简直可以称得上是艺术品了。"你只知道做'五四'式的吗？手枪的种类多着哪！你搜集一下各种手枪的图案，再和同学们一起做，看看能不能在班级举办个'泥手枪'展览。但是，上课可不能做哟。"

玩泥大概也是儿童的一种天性。有一篇文章记了这样一件事：有一位家长看见孩子玩泥，连声说："脏死了！走，跟我回家练琴去！"说完，把他拉走了。这事被一位艺术家看到了，叹了口气说："你焉知儿子将来是音乐家而不是雕塑家呢？"

是啊，为什么我们总是喜欢按照自己的主观意志去塑造孩子呢？为什么不尊重孩子的选择呢？我们为什么要没收孩子的"作品"呢？我们没收的不是一把泥制的手枪，而是没收了学生的兴趣，没收了儿童天地中的那一份对于美的追求和具有个性的创造。天性不能扼杀，只能因势利导。

六

随着"读别人""读自己"的不断深入，我真的悟出了不少教育学书上没有的东西。

一天吃早点，见到了王明乾的家长，他说："孩子可喜欢您了，说您课上得好。"

家长对我说："孩子特别喜欢听您朗读课文，回到家里常常学着您的样子读书。还有写字，很喜欢老师写的字，孩子对写字产生了浓厚的兴趣。一天晚上，明乾发现上五年级的姐姐把'休息'的'休'写成'体'了，便说：人靠在树上才能休息。多了一小横，就成了'体'了。明乾说，这话是您讲的。还有一天，他发现姐姐把'名字'写成'名子'了，连忙说：你的名字是'王明华'，'王明华'是字，不是'子'，改过来。从此，他姐姐再也不把'名字'写成'名子'了。于老师您这样教，学生怎么能记不住呢？"

家长的反馈对我是个很大的鼓舞，也是一个很大的启发。对于一个老师来说，上好课的确是至关重要的。没想到最让学生受益的、难忘的竟是那些教学细节！

于是，我更加注意细节 —— 朗读的、写字的，以及其他方面的细节。

一年之后，我带的班成为徐州市优秀中队，我也被评为徐州市优秀辅导员。

七

我刚刚把这篇文章的草稿写完，恰巧在一本杂志上读到一篇谈企业管理的文章。文章说，管理学上讲的是理论，管理中的细节是艺术。

现在我明白了，教育学上讲的也是理论，而教育中的细节才是艺术。细节处理得越好，距离荒蛮就越远。

读罢这篇文章，于是我把原来的《教育细节是活的教育学》改为《书本是理论，细节是艺术》，因为这个题目更符合我这篇文章的主旨。

3. 忍耐·宽容

一

花朵是色彩斑斓的，学生是五彩缤纷的。

一年秋季，我接了一个五年级的班。前任班主任告诉我，这个班部队子女多，不好教。“不好教”怎么能和“部队子女”画等号？莫非部队子女带有火药味？

果然，第一节课，我一跨进教室，班长韩江平刚喊“起立”，站在第一排的一位黑脸男孩便嘭的一声站起来，右手朝前上方一举的同时，吼了一声“哈依”！

全班震惊。幸亏我有“不好教”的思想准备，否则，准被吓住。

有位站在后边的大个儿想笑，又急忙掩口，因为他的目光碰到了我的目光。此时，我已经学会了用眼睛说话。学生们直勾勾地望着我，统统是等着我这位新班主任电闪雷鸣大发作的目光。我忍了一会儿，后退一步天地宽，为什么要让学生们牵着走呢？我很快把冲到脑门儿的火压了下去，毕竟过了而立之年了。

我送给全班同学一个笑，很坦然，很真诚。笑，使学生，也使我自己轻松了。我示意其他学生坐下，微笑着走到这位黑黝黝、个子不高的学生跟前：“你是从哪儿来的？”

他不安起来，感到手足无措。这时，主动权完全在我手里了。

“说你是德国留学生吧，可嘴里说的是日语；说你是日本留学生吧，你举右手的动作又像德国法西斯的军礼。你到底是从哪国来的？”

班里发出一阵笑声。他更不安了，干笑了一下。我郑重地说：“我很喜欢你，真的。你敢当着全班同学的面这样做，证明你是相当有勇气的。”

我想问他姓甚名谁，家住何处，但又觉得不妥，这样一问，他对我的笑和说的话肯定会产生怀疑，于是把到了嘴边的话咽了下去。我拍拍他的宽宽的肩，请他坐下。

从此，他再也没有在班里搞恶作剧。因为他有军人的气质，我“封”他为“班长助理”—— 做操、放学时负责整队。“正史”上没有“班长助理”这个官儿，正如“弼马温”正史上找不到一样。能找到的，我怎么好封呢？

他很卖力，工作很顶真。我到他家去过两次。他在部队工作的爸爸非常客气，对我说了许多感谢的话。

二

一天，隔壁班的班主任陈老师对我说："你班的一位学生和我班的几个淘气鬼中午到校后，把笤帚放到半掩的门上。一位女学生推门进教室，笤帚像有红外线制导似的，不偏不倚，正好砸在她的头上。"

"谁？"

"那位班长助理呗！"

这位同事真会幽默，但我很平静。因为我早就做好了他犯第二个、第三个错误的思想准备。对孩子的教育企图"毕其功于一役"是不可能的。人不是机器，就是机器还有出毛病、不听话的时候呢。

我先找这位被砸的女学生，问明了情况，并向她道歉，说这事我有责任。

这事被我班的学生知道了，矛头一致对准了"助理"："你好意思，要老师替你承认错误！"

他主动找我来了，怯生生的，眼皮也不敢抬，当初大吼"哈依"的勇气荡然无存。

我什么也没有说，重重地拍了拍他宽宽的肩。

后来，这位学生随军转学到东北去了。他参加工作后曾给我来过一封信。信中说：

> ……我永远忘不了您对我的宽容。您没有把我看死，盯死。您的宽容使我懂得了怎样做人。要知道，在您以前，没有一个老师喜欢我，我一动，他们就瞪眼，发火，斥责，我自然也不喜欢他们，甚至怀有敌意……

字如其人，见字如面。看到他的宽大而不拘谨的字体，我便想到了他的模样：圆脸，大眼睛，黝黑的皮肤，宽宽的肩膀。个儿不高，全身却透着一种豪气。他，叫崔世成。

赞可夫说得对："教师这门职业要求于一个人的东西很多，其中一条要求自制。在你叫喊以前，先忍耐几秒钟，想一下：你是教师。这样会帮助你压抑一下当时就要发作的脾气，转而心平气和地跟你的学生谈话。"

发脾气很容易，忍耐却很难。虽然，只需要几秒钟。

三

说老实话，老师时时刻刻都有被学生推到愤怒边缘的危险。

我获得特级教师的殊荣之后，一所学校聘我为该校的“萌芽文学社”的作文辅导员，每星期两节课。

文学社的学生们确实很有文学味，善于想象，富有感情，而且有悟性。他们来自各个班，都是好苗苗。

一天，我和往常一样，随着上课的铃声走进教室。只听后面有人说：“什么‘特级’，原来是个‘四眼’。”

出言不逊，骂我的。不知什么时候，也不知道什么人给戴眼镜的人送了“四眼”的雅号。我循声望去，此人面生。不消说，是刚来的。他高高的个儿，胖胖的身材，脖子跟脸的直径好像差不了多少。

又是一个愣头青。我怎么老是碰上这样的角儿！显然，他又想考验考验我的耐性和涵养了。

没等我作出反应，其他学生发话了：

“你怎么骂老师！”

“你是哪个班的？”

还有一位学生扬言要把这位胖子的脸“拍扁”。

听！威胁人，都带有文学味。

人人“见义勇为”。那场面叫我好生感动。大概这些爱好文学的孩子都属于心理学上所说的胆汁质类型的人，热情，爽快，易兴奋，易冲动，而又直率。

开始时，胖子满脸的不屑。后来见腹背受敌，稍微有点紧张。

这时，我心软了，急忙“救驾”：“安静，请大家安静！我感谢大家为维护老师的面子而‘仗义执言’……”

“不是面子，是尊严，老师的尊严！”一个学生站起来纠正我的说法。——文学少年的词儿多。

“谢谢！”我接着说，“不过，这位新来的同学只是说话不得体，观察力还是很强的，一下子便抓住了我的特点。”

全班同学睁大了眼睛，直直地望着我。

忍耐是第一步。我不但能忍耐几秒钟，而且能忍耐几分钟，但是，更重要的是宽容。宽容才能创造出一种和谐的、轻松的、愉快的氛围。

我望着每个人，坦诚地面带微笑。希望每个人，包括小胖子，都能融在这宽容形成的氛围之中，希望我的微笑能成为加快融化速度的催化剂。此时，我的脑子里突然萌生了一个念头，决定改变我原定的作文训练计划。

“同学们，”我像平时拉家常一样说，“我们相处快两个月了，不知大家对我的印象如何？”

大家七嘴八舌议论开了。

“猜猜看，我有多大年纪？看谁最有眼力？”当议论处于低谷时，我撂出了这个问题。

议论的波澜又起。

“再估计估计我有多高？实事求是，我不怕别人说我是个二等残废。”

一阵笑声过后，又是一阵近乎乱哄哄的议论。

火候到了。我随手在黑板上写出一个作文题目：《于老师印象记》。

“写起来有困难吗？”

“没有！”全班一个声音。

我走到胖子跟前，问：“你刚来，觉得有内容可写吗？”

他急忙站起来，态度非常好地说：“有。”

“有，是一方面。愿意写吗？”

“愿意。”

我拍了拍他的后脑勺，请他坐下。他不也很懂事吗？很懂规矩吗？我想，在这样的集体中，在由于老师的容忍、豁达、调侃而形成的这种和谐的气氛中，你允许他放肆也放肆不起来，就像我们进了北京的人民大会堂而不好意思随地吐痰一样。

四

一年春天，我在北京见到了学生魏亚军。他在北京大学读完研究生后，任职于中国民航总局。师生边用餐，边饶有兴味地回首往事。

“于老师，您还记得我和刘扬偷黄瓜的事吗？”

“依稀记得。是不是爬大卡车偷的？”

“是的。”魏亚军笑了，说，“一天中午，我和刘扬发现院子里停的一辆军用卡车里面装满了黄瓜，见四下无人，便爬上去偷吃。谁知刘扬向您‘自首’了。”

说完，放声大笑。

我纠正说：“不是‘自首’，是人家‘斗私批修’斗出来的。—— 那年头不是兴‘斗私批修’吗？结果，拔出萝卜带出泥，把你也说出来了。”

魏亚军接着说：“我知道以后，心里很害怕，想，这下您准得狠狠地训斥我一顿。可是，一天过去了，两天过去了，您就是不找我谈话。而我又没有刘扬的勇气，去主动向您承认错误。也就第三四天吧，您找我了，对着我的耳朵，悄悄地问：‘偷来的黄瓜好吃吗？’我听了之后，真是无地自容，比挨打挨骂还难受。”

我说：“这叫‘冷处理’。冷静一下再处理，往往会宽容得多，效果也会好一些。当然，‘冷处理’的前提是忍耐。”

亚军举起酒杯说：“这就是经验！我敬老师一杯！”

4. 他山石

一

那些智商很高，可就是不知努力、不肯用功的学生最可气。我教过一位姓翟的女孩，是出了名的拖拉作业的角儿。个别谈话、在大庭广众之下严厉批评都无济于事。

一天下午，我让学生回家仿照《海滨小城》描写小城街道那一段的写法，写写校门口的那条路。我怕她不写，还专门问她有没有困难。她点点头说："没困难。"看她的头点得那么实在，我没再说什么。

"做完了吗？"第二天早上，我问她。

"没有。"她望着我，两眸明澈如水，目光坦白诚实。

我半天没说出话来。

她笨吗？不笨。有困难吗？没有。家务事多吗？不多。她是独生女，父母要她做的家务事儿几乎没有。

课堂上，我细心地观察了一下她写作业的情况，发现她极不专心，任何一点动静，比如有人的文具盒响了一下，都能使她写字的手停工。等她看清楚了，弄明白了，才慢慢地"复工"。那动作比电视中的慢镜头还要慢。

"喜欢看电视吗？"我问她。

"喜欢。"

"爸爸、妈妈也喜欢吗？"

"也喜欢，天天看。"

"不影响你学习吗？"

"不影响，我在自己的房间里。"

我明白了。这时，我不由得想起了我在一家教育刊物上读的一篇《让学生当邮差》的文章。写这篇文章的老师为了教育一位聪颖却又不爱学习的学生，经常给家长写信。信，大都当着学生的面写，即使学生不在跟前，也不封口。家长写的回信同样由孩子传递。这个办法很有效，使这位学生有了很大转变。我决定拿这个法儿试一试。

当天下午，我给小翟的家长写了一封信，是当着她的面写的。大意是：您的孩子很聪明，理解力很强，但是写作业时好分心。请您为孩子创造一个安静的环境。

措辞委婉，通情达理。

奏效！一连几天，小翟没有拖拉家庭作业。

于是，我又写了一封信。大意是：谢谢您的合作。您的孩子作业完成得很出色。请您注意：如果您的孩子每天晚上在 1 小时内还没完成作业，便立刻让她停止。那说明老师布置的作业多了。

“不多！”第二天小翟说，“昨天晚上我用50分钟就把作业写完了，妈妈给看的表。”

我一检查，不但完成了，而且字迹也工整。她的本来就明亮的眼睛更清澈，更有光彩了。

其实，这封信与其说是写给家长看的，不如说是写给小翟看的。

教育不是万能的，但彻底失败的毕竟是少数。动动脑筋，多数问题总可以找到解决的办法。自己的脑筋不够用还有别人的。古人说：他山之石，可以攻玉。

二

一把钥匙开一把锁。

有人抬杠：列车员的钥匙是万能的。他故意不提列车上的所有锁都是一样的这个事实。

倘若所有的学生都是一个样儿，就像列车上的锁那样，那么教育就省事了，就犯不着去伤脑筋了。

问题就在这里：学生千差万别。

同样是悟性很强但不爱学习的小东，我叫他当了一回邮差却毫无反响，就像马蜂蛰石头。后来我见到了他的爸爸。满嘴酒气，语无伦次。得！像这样一天到晚醉醺醺的，别说老师写的信，就是皇上下的圣旨，他也不会当回事的。

“五一”节前夕，我布置的写日记的家庭作业他又没有完成。

“从今以后，我布置的任何作文你都不要写了！”我大发雷霆。他害怕了。其他同学也惊住了，大气不敢喘。

从那以后，我不向他布置任何有关写作方面的作业，也就是说，凡是作文，都不允许他写。

一天，从果园回来，我让大家写一则日记。他向我恳求：“于老师，让我写吧！请相信我，给我一次机会。”

他可怜巴巴地望着我，两道本来扬起的眉毛，现在变成了个“八”字。

“不准写。”我冷冷地说，“我只相信你不愿意写作文。”

第二天，一位同学偷偷地告诉我：“小东写了，但不敢交给您。”我无任何表示。

在班上，我非常动情地表扬这次日记写得好的人，特别表扬了原来不如小东现在却大有进步的人。——老师说谁的作文好，还不是一句话的事？

小东一脸不是滋味的样子。

又过了几天，我才松了口——同意他写。我觉得火候到了。他很高兴。我望着他兴奋的脸，忽然想起马卡连柯教育一个爱偷东西的孩子的事。当那个孩子很痛心地向马卡连柯承认错误并表示一定悔过自新的时候，马卡连柯却连连摇头，说：“你呀，改不了的，还得偷，还会有第二次、第三次。”后来，那位学生果然旧病复发。马卡连柯说：“怎么样？还会有第三次的。”但是，再没有发生第三次。

想到这里，我对小东说：“我答应你写，是因为你要求很迫切。说真的，对你的话我并不完全相信。我敢肯定，你今后还会拖拉的。”

“再也不了！”

我笑着，不以为然：“还会的，而且不止一次。”

话是这样说，内心还是希望他从此幡然悔悟，永不再犯的。我小心翼翼地数着：一天，两天，三天……每过一天，担心就减少一分，放心就加大一点。

还是马卡连柯有预见性。当我数到第四个星期的时候，他的一篇作文（我记得很清楚，那是一篇写读书笔记的作文）又没按时完成。

“为什么没写完？是不是有特殊原因？”

他无言以对。

“怎么样？我说对了吧？”

他垂着头，一声不吭。他的诚实是没说的。

“你已经一个月没拖拉作业了，对你来说，真是破天荒的。但是你到底是个没有毅力的人。我觉得，这回拖拉作业也不会是你的最后一次。”

他低头走了，没有像前一次那样向我发誓。但拖拉作业的事从此再也没有发生，直到小学毕业。

“他山石”，自然包括外国的。

锁，只要不是锈得一塌糊涂，总是能找到打开它的钥匙的。

三

我正讲着课，一位同学举手说：“于老师，李凤鸣偷看课外书。”

李凤鸣是从外校转来的一名男同学，作文成绩平平。我几次在他的作文本上写

“请读课外书”，但他就是不听。他的家长说，他回到家只知道顽皮，很难坐得住。我想，现在他怎么居然由不爱看书到入迷了呢？我走到他跟前，并没有任何责备的意思，说：“能让我看看你读的什么书吗？我为你知道看课外书而高兴，这正是我所希望于你的。有一位名人说过，上课偷看课外书的人往往有出息。”

他笑了，把书递了过来。原来是本厚厚的《烈火金刚》。

“一定是你的一位亲戚借给你的。”

“是的。”

原来，不久前，他的一位当老师的亲戚见了我，我把凤鸣不爱读书的事告诉了他。他说：“这事包在我身上。你知道我是怎么让学生爱读书的吗？我专借故事情节紧张曲折的书给他们看，久而久之，就会着迷。”

李凤鸣果真手不释卷，而且都是大部头的。他的作文水平也有了明显的提高。

又是一块亮闪闪的“他山石”！从此，再碰到不喜欢读书的学生，我便使用这个方法——动员家长为他买有故事情节的书、有趣的书，不但要读童话书，高年级也可以让学生啃长篇小说，不管他懂多少。

“他山之石”比比皆是。

既然它能“攻玉”，我们为什么不用？

5. 堵截与疏导

一

一天，校长送给我一位学生，说是“慕名而来”。我从头到脚将该生打量了一下。当着校长的面儿，对一起来的家长说：“恕我直言，您的孩子我不能收。”

“这……”家长愣住了，正在递香烟的手顿时像凝固了似的，停在“半道儿”上。学生低下了头。

我没等家长反应过来，接着说：“您的孩子调皮得很。”

家长满脸堆笑：“是的，是调皮，是调皮。”

凝固了的胳膊动起来，一支香烟送到了我面前。

“谢谢，我不会抽烟。——您的孩子好打架。”

“这……对，和同学打过架。”他划火柴的手又凝固了，“正因为孩子不好，才请您管教管教、调理调理的。”

办公室的老师们都来为家长说好话。我沉吟了半晌，才点头同意将他收下。

当家长带着他的儿子放心地走了之后，办公室的老师连同校长纷纷说：“老于，你这家伙太不顾情面！你看你把家长和学生弄的，像个小二似的。”

一位青年教师问：“于老师，您怎么知道这孩子好打架？您是不是了解他？”

我说：“你没看到他脸上横一道竖一道的疤痕吗？”

这位青年教师长长地“噢”了一声。

其实，我并不是不收他，那不是连校长也得罪了吗？我不过是学诸葛亮的法儿，先“堵”他一下罢了。

《三国演义》讲了这么一个故事。关羽率本部五百校刀手攻打长沙。魏延因对长沙太守韩玄不满，将他杀死，引百姓出城，投拜关羽。谁知诸葛亮不但不褒奖魏延，反而命令刀斧手将他斩首，说他脑后有“反骨”。幸亏刘备讲情，才免一死。魏延怎么会比别人多长一块骨头呢？只不过诸葛亮通过此事看到了魏延的本质罢了。所谓“看他的过去，就知道他的现在；看他的现在，就知道他的将来”就是这个意思。诸葛亮有这个本事，这叫有预见性。预见到了，给他“堵截”一下，打个预防针。这一针非同小可，管了几十年，直到孔明去世。

新转来的这位同学当然不是魏延，不过爱打架，或者说经常打架是千真万确的。我第一句话“严正”宣布不收他，正是给他个“当头棒喝”。不如此，不足以振聋发聩，不足以在他面前立起一道具有威慑力的“墙”。后来，这个学生不但彻底改变了打架的毛病，而且成了一位上进心很强、学习成绩拔尖的学生。原因固然是多方面的，但不能不说与我开始的“堵截”有关系。

春天过去是夏天，河水暴涨会成灾，学生受挫会自馁，取得成绩会自满……一句话，事物的发展变化都是有规律的，而规律是可以认识、可以掌握的。掌握了事物的发展规律，就可以把握事物发展的总趋势，预见会出现的问题，未雨绸缪，把工作做到前边去，及时采取必要的措施，进行堵截，防患于未然。

二

水总是要流的。堵，只能让它不再流向我们所不愿意的方向。要使它流向我们所希望的方向，最重要的是疏导。在教育中，堵是很容易的，只需说一声“不能那样做”就行了。说到底，校规校纪，也只是起到了堵的作用。只堵不行，有时候堵并不起作用。教育的艺术是疏导的艺术。有经验的老师发现有学生上课不注意听讲，并不指名道姓地批评，而是表扬那些专心听讲的人。这时你会发现，正忙活着干别的事的学生会立刻一本正经坐起来，两眼望着你。如果这时你再给他一个信任、鼓励的眼神，他至少可以安静几分钟。

这就是疏导，或者称它为“引导”。

引导的方法很多，主要是正面引导。上面讲的例子即是。

三

把小学生当成小孩子看待就大错特错了。记得陶行知说过，谁要把小孩当小孩看，自己就不如小孩。他们和大人同享一片蓝天。可以说，他们的天地是大人天地的雏形。

一个偶然的机会我听到了下面的一段对话：

“哼，于老师偏向。小娅凭什么当‘三好学生’？她比你差多了！”

“你说错了。小娅比我强。人家学习好，什么都不争。上学期她没评上‘三好学生’，只是笑笑。这学期我投了她一票。像这样的学生哪个老师不喜欢？”

孩子们面对荣誉、地位，不也有争有让，有的看得很重，有的看得很淡吗？他们背地里不也说长道短吗?

如何对待荣誉、地位?这是人生的一个课题,从小就要引导。

当再次评“三好生”时,我极力宣传那位说“小娅比我强”的名叫卓薇的学生淡泊名利的高尚思想境界,宣传人有自知之明的可贵。

小卓就生活在学生们中间,她的所作所为就像一幅淡雅的、赏心悦目的画平展在大家面前。我只不过是位解说员,一位看得比学生清楚、透彻的解说员,在为学生剖析、解说。没有娓娓动听的辞藻,真正美的东西无须装饰,但很动情。

身边的榜样有着更大的感化力量。

四

我教过一个叫曹闯的学生,长得虎头虎脑,留着小平头,头发短短的、直直的,见到他的头,就容易使人想起疏散、齐刷刷的毛刷子。他一刻也不闲着,再冷的天,头上也渗着汗珠,冒着热气。一个“闯”字活画出了他的个性特点。从一年级起,每天都有小朋友到办公室告他的状。不是把小同学撞倒,就是把别人的文具盒哗啦一声碰在地上。

他一个人坐一张桌子,即使这样,他也能搅得四邻不安。有时,我真想找根绳子,一头拴在他的耳朵上,一头攥在我手里,时时拽拽,给他提个醒儿。

三年级时的一天下午放学不久,我正在改作业,他像一头小狮子突然闯进办公室,嘴里喘着粗气,头上冒着热气。

“于老师,给!”

“什么?”

“您看看!”

我接过来一个只有书本那么大的小人造革包,打开一看,里面有7元多钱,还有一些单据之类的东西。哦,是一只钱包。

“在哪儿拾到的?”

“在我妈妈商店门口的汽车站。”

“是人民商场门口的一路汽车站?”

“是的。”

第二天,我把这事简单地对全班同学讲了。全班同学以小记者的身份采访了他。

“曹闯同学,当时只有你一个人吗?”

“曹闯同学,你为什么不在那儿等失主呀?”

“请问,这事你妈知道吗?”

…………

小闯忙不迭地回答小记者们连珠炮似的提问，额上渗出了依稀可见的小汗珠。

大家感动了。我建议把这件事写下来，送到广播室广播。

“我能多写几件事吗？”有人问。

“你还想写什么？”

这位学生一连讲了两件鲜为人知的事。同学之间了解得到底比老师多。没想到小闯还有那么多值得写的事哩！大家之所以捐弃前嫌，深情地回忆起来，之所以产生表达的愿望，这与他拾钱包而进行的采访所形成的一种高尚的、令人动情的气氛分不开。还是古人说得对，“情动而辞发”。于是，我出了个作文题：《曹闯同学二三事》。这节课他成了全班同学赞扬、学习的对象。

他腼腆了，忽然变得像个小姑娘似的。虽然头上还有汗，但不冒热气了。

校长在晨会上表扬了他，广播站广播了他拾金不昧的事迹。他的名字飘扬在校园上空。

“正面”既包括为大家示之以范的先进模范人物，也包括一个人自身“正面”的东西。实践证明，以学生自身正面的东西来克服其反面的（或者说消极方面的）东西，效果更好，更容易达到扬清激浊的目的。

那次“采访”成了曹闯的转折点。由于后来我对他的每一点进步都不失时机地予以肯定，他变了。所有授课老师都说，他由一匹放荡不羁的小野马，变成了一匹懂事的小马。

五

要相信书的力量。

欧阳修认为：“立身以立学为先，立学以读书为本。”

刘向说：“书犹药也，善读之可以医愚。”

英国的卡莱尔称书籍是“当代真正的大学”。

美国的惠普尔把书籍比作“屹立在时间的汪洋大海中的灯塔”。

总之，读书能够“开心明目”，而且“利于行”。

中华民族几千年的文明史留下了多少足以使我们自豪的文化积淀！联合国教科文组织把清版《三字经》列为“世界儿童道德教育丛书”之一。被誉为“小百科全书”的《三字经》教育了一代又一代人，我从小就受到了它的熏陶，它是我做人、治学的良师。

我让我的学生一字一字地背诵，一字一字地领悟。

一天，我到战松家里去。他爸爸对我说：“战松现在可懂事了，每天晚上给奶奶打洗脚水，倒洗脚水。他奶奶说：‘孙子，奶奶现在能动，不用麻烦你。’战松说：‘奶奶，《三字经》上说，“香九龄，能温席”，我都11岁了，还不该孝顺孝顺您吗？小时候，您疼我；长大了，我该疼您了。’几句话，说得奶奶直流泪。”

如果把学生比作幼苗，那么，背的《三字经》等名篇佳作，学的岳飞的《满江红》等诗词歌赋，就是被埋进幼苗根部的具有巨大后劲的基肥。它们对孩子的影响将是终生的。

一位老师曾经对我说过这样一段话：他的父亲是读《钢铁是怎样炼成的》《静静的顿河》长大的，喝的是“洋奶”；我是读大批判文章、听样板戏长大的，喝的是“阶级斗争奶”。我的孩子应喝什么奶长大？理所当然应喝母亲的奶——中华民族传统文化——长大。洋奶有营养，但不能取代母乳。

引导学生读书，是另一种意义的疏导。

6.跷起大拇指

一

一个上三年级的小朋友，在一篇作文中写了这么一句话："月亮长胖了。"老师在这句话下面画了圈，并在旁边批了个"好"字。"好"字后面点了一个长长的叹号。

这位同学上中学后，给老师写了一封信，抒发了当时的激动心情：

"……当时我是何等的高兴啊！望着那长长的叹号，我想，它一定是您从高山顶上垂下来的一条绳索，好让我抓住它向上攀登。对，我应该登上去！从那以后，我喜欢作文了……"

就这么一个只要用一点红墨水点一下就成的叹号，竟产生了如此想象不到的巨大效力。这也许是那位批改作文的老师始料不及的。

我上中学时，我的语文老师在我的一篇作文的后面批了这样两句："有老舍风格。此文可以试投《中国青年报》。"就为了这两句话，我把作文在怀里揣了两天。如果写上四五句，非把作文揣烂在兜里不可。我把这篇作文投寄了出去。虽然直到今天也没发表，可是，这句话却启发了我对作文的兴趣，并且激励了我一辈子。

我的这位老师从来不吝啬表扬，像春天不吝啬她的雨，不吝啬她的风。他用表扬扬起我理想的帆，并把它鼓得饱饱的，不容你松弛。

同样，我也毫不吝啬地把表扬给了我的学生。

有个小朋友叫张斌，作文成绩不好。二年级下学期开学不久，他终于吭哧出一篇文通字顺的文章，那篇作文竟没让我动一个字。激动涌上了笔端，想写几句鼓励的话。二年级的小朋友，思维靠的是形象。对！于是，话变成了一幅画——我在他的作文簿上画了一只跷起大拇指的手，并在旁边写了一个加拼音的"棒"（二年级的小朋友没学过"棒"字）字。我在班里读完他的作文后郑重宣布：下次张斌的作文还能写得这么好，全班同学为他唱一支歌。小朋友鼓掌，定了。

他来了劲儿。下课了还跪在凳子上写。就凭这个感人的姿势，能不给他得高分吗？于是，又一只跷起大拇指的手出现在他的作文簿上。我想，对二年级的孩子来说，恐怕这比什么评语都好。当全班同学动情地为他唱了一首歌时，他欲行队礼，举手到半截，发觉手里还拿着作文簿，于是急中生智，改为鞠躬，全班大笑。

从此，小朋友以作文能得到我画的一只跷起大拇指的手为荣。

几乎人人都在争这只手。特别是后进生们，对张斌连获两次殊荣颇为眼红。他都能，我们为什么不能？

大拇指激起了他们的趣，挑起了他们的争。

可别小觑这小小的跷起的大拇指。

二

一天晚上，学生战松由他的父亲领着，叩开了我家的门。手里提着礼品。

一落座，家长便一迭声说：“谢谢您，于老师！谢谢您，于老师！……”

我一时摸不着头脑。

片刻之后，我明白了——他儿子战松的作文得了我画的一只跷起大拇指的手。手的旁边还有四个字：“全班第一。”“第一”后面还有一个大叹号。如此罢了。

献茶的程序过后，小松的爸爸又补充了这么件事：

中午，他的一位当小学教师的朋友到他家，看到了小松的作文，问：“松松上几年级？”

“二年级。”

“二年级？”朋友不相信，“这样的文章四年级的学生也不一定写得出来。——谁教的？”

“于老师，特级教师于永正。”

“怪不得呢！”

听说是于老师教的，他又细心地翻看了一遍。这次不是夸孩子，而是夸老师。说老师命题好，批改得好，特别是画的那只跷起大拇指的手最有学问。又说，名不虚传，到底是特级云云。

不说，看不出来；一说，竟什么都是优点。这大概就是有人说的“名人效应”吧！我笑了。

跷起大拇指的手，能撩起学生的喜爱作文的情，我信；但，能劳家长大驾光临，让他们激动得破费，是万万没有想到的。倘若画上两只，所获岂不更多？

三

如果说画手稍有难度，而且有点费事，那么，向学生伸伸大拇指，却是真正的

“举手之劳”了。

不要低估了这“举手之劳”。

有这么个故事：

甲、乙两位猎人同去打猎，各猎野兔两只。甲回到家里，妻子冷淡地说：“才打了两只。”甲心中不悦。第二天，他故意空着手回来，让妻子知道，打猎并非易事。乙妻则不然。见丈夫带来两只野兔，一拍腿，伸出大拇指：“呀！竟然打了两只！”乙心中大喜。第二天，他更加努力，打了四只。

手势是富有生命力的。心理学家认为，身体的各部分中，手的表达能力仅次于脸。是的，乙妻竖起的大拇指上有多少潜台词！

一天，我到矿山路小学上课，教的是二年级的《英雄爆破手》。“爆”是个生字，教过读音之后，在后面又添了一个“破”字，组成“爆破”一词。我问：“‘爆破’是什么意思？”

一个小朋友站起来，两手向外一张的同时，嘴里喊了一声“轰——”，说：“这就是爆破的意思。”

儿童的思维离不开形象，对他的解释毫无疑问应打满分。

接着，我又在“爆破”后面加了一个“手”字，让大家想想，“爆破手”是什么意思。

连问了三个人，都说“就是把手爆破了”。显然，光靠形象思维解决不了这个问题了。

这时，一个小男孩举手说：“‘爆破’后面加上个‘手’，就变成人了，这课指的是陶绍文。”

“啧啧！”所有听课老师为之赞叹。

“你叫什么名字？”我走到他跟前问。

“徐州。”

“不是问你是哪里人，是问你叫什么名字。”

坐在旁边听课的班主任告诉我：“他姓徐名州，就是徐州的徐州。”

我竖起大拇指说：“徐州，好样的！”

我走到讲台前，当着大家的面，又竖起了大拇指说：“徐州比一休还聪明。一休遇到问题，还得闭上眼睛想半天，而徐州不假思索就回答出来了。”

那时，徐州电视台正在播放日本电视动画片《聪明的一休》，小学生对这个可爱的人物很熟悉。

徐州的两道眉毛顿时扬了起来。这一节课，他无论读，还是说，都十分出色。

课后，我对他的班主任说：“徐州思维敏捷，理解力强，好好培养。”

班主任苦笑了一下，说：“咳！于老师，他是俺班学习最差的学生！”

教这个班数学的老师插话：“于老师，您一上课怎么后进生都聪明起来了，都活跃起来了呢？”

我笑笑，说：“你们注意了我的手吗？那是竖起的大拇指起的作用。”

四

一个星期天的下午，一位朋友把孩子领到我家，请我辅导作文。

“带作文簿了吗？能不能让我看看？”

上五年级的小男孩把作文递到我手里说：“这是第二本，写得不好，没有一个星；第一本里有两个星。”

“得一颗五角星的作文是最好的，对吗？”

朋友插话：“上一次得了一颗五角星，他激动了好几天。”

我对男孩说：“这样吧，下次你把第一本作文带来给我看看，这一本我就不看了。”

我想，他的老师如果能在这个本子上画一个星也不至于使他难堪了。

接着，我和男孩闲聊起来，从家庭到学校，从同学到老师，天南海北说了一通。临走，我给他出了一道作文题：《第一次到于老师家》。我对他说，自己审题，自己写，能写多少写多少。

一个星期后，他又来了，带着第一本作文簿和他写的《第一次到于老师家》。我看了一遍，毫不犹豫地给了他一个星。我说：“这篇作文比你得星的两篇作文都好。”说完，我竖起大拇指在他眼前晃了晃。

不但是孩子，连朋友也乐了。其实，这篇作文并不比另外两篇作文好。

辅导了几次之后，小男孩再也不讨厌作文了。现在，写作文的时候不但不需要家长帮忙；相反，如果家长在一旁指点，他还不高兴，说：“我知道怎么写！”

他说的“知道”，其实是喜欢的代名词。喜欢，有兴趣，就意味着成功。

表扬和鼓励是伟大的教育法宝。因小时候做成功了某一件事受到表扬而立下志向并最终成为专家学者的，不乏其人。

教育心理学上讲，过分的表扬能滋长学生的骄傲情绪。

但，现在的问题是，迄今为止，似乎还没有一个老师把表扬用到过分的程度，多数人的大拇指竖得还太少。

7.纸条的魔力

一

家庭学习小组组长小云向我报告："小炳在小组里捣乱。他把一只小狗带到小组里来了，吓得女同学直叫唤。这已是第二次了。第一次 —— 上星期三 —— 他把一只死麻雀偷偷放在小霞的书包里，差一点把小霞的魂吓掉。"

说得真够悬的！小霞的胆儿也忒小了。

20世纪70年代，每个星期三的下午老师们要"雷打不动"地学习时事、政治，学生不到校，到老师指定好的家庭学习小组里学习。

这次我决定找他个别谈谈，他对"当众批评"似乎有了"抗药性"。于是，我给他写了一张纸条："请你明天早晨到校后，来办公室一趟。"下午放学时，我请班长递给他。

第二天一早，他就来了，低着头，老老实实地站在我跟前。

我请他坐下，用十分平静的语气问："知道我请你来干什么吗？"

"知道。"他说，"昨天中午，我爬上了停在马路边上的一辆汽车上，三摆弄两摆弄，汽车就开动起来了……"

"后来呢？"我的心骤然一抖，差一点儿叫出来。

"司机看到车动了，跳上车，一下子刹住了。"

"好险！幸亏司机眼疾手快。"我提到嗓子眼的心慢慢地回到了原位。稍停一会儿，我又平静地说："还有呢？"

"还有，前天我在家庭小组里捣乱。"

没等我插话，他接着说："于老师，我错了，我一定改……"

"我相信。"我把他的帽子正了正说，"昨天的家庭作业一定完成了，而且完成得不错。"

"完成了。"他一面回答，一面从书包里找作业本。

我接过来一看，果不其然。我点点头说："我知道你会认识错误的，所以约你个别谈谈。"

临走的时候，他向我深深地鞠了一躬。

我本想写个纸条，让他认识认识在家庭小组犯的错儿，没想到带出了“开汽车”的惊险事！我暗自庆幸采取递纸条决策的英明。

否则，他怎么会说，怎么会如此诚恳地表示痛改前非，引以为戒呢？

二

从前，人们戏称教师是“三间屋的小朝廷”。时代变了，说法也变了，现在改称为“三间屋的小总理”。也的确是。作为集“党政财文”大权于一身的班主任，哪一件事不得由他处理？我想，就工作的头绪和忙碌而言，绝不亚于国务院总理。

我当了20年“三间屋的小总理”。虽说日理万机（这绝不是夸张），但还能应付自如，游刃有余。不过，遇到“失盗案”，就束手无策了。每每遇到这样的问题，就抱怨师范学校为什么不开设“侦破”课。

一天，小英报告：她放在文具盒里的两元钱不翼而飞了。我向同行们讨教“破案”良策。多数教师对如何处置此类问题缺乏研究，他们介绍的“相面”“搜腰包”等等办法，都不足取。尤其不能搜身。万一哪个小孩晓得一点“法”，告你“侵犯人权”，纵然是“总理”，也得承担“法律责任”！

还是得教育为主。我对全班同学说：“也许是小英的钱丢了。我不相信咱们班会有人拿别人的东西。要知道，小偷是可耻、卑鄙的代名词。”

中午放学后，一位学生悄悄地对我说：“我看见小桐翻过小英的书包。他上二年级时曾拿过别人的东西。”

犯有前科不足为据，翻书包倒是条线索。不过也不能就此断定钱是小桐拿的。怎么办？下午写张纸条？好，不妨一试。恰巧美术老师说他上美术课不认真画画。我在纸条上写道：“明天早上到办公室来一趟，我有事找你。”

下边是第二天早上我和小桐的一段对话。

“知道我找你有什么事吗？”

“知道。昨天上美术课我看画书。还有在小岳的脖子上涂水彩。”

“就这？—— 不论什么，说出来就没事了。这是办公室，不要有顾虑。我相信你是个诚实的孩子。”

“我……我拿了小英的两元钱……”

“你是个诚实的孩子。两块钱如果没花，请交给我，我来交给小英。这件事我对谁都不会说。”

晨会上，我对全班学生说：“昨天，一位一年级的小朋友拾到两元钱交给了校长，不知这两元钱是不是小英的？”

小英高兴地认领去了。

我编织的“美丽的谎言”中暗含的爱护感动了小桐。从此，再也没有发现他犯有类似的错误。

三

邹启虎是个非常机灵的孩子，学习成绩也比较好。可是，不知为什么，他忽然变得无精打采，上课常常神不守舍。学生反映，他每天下午放学也不及时回家，在火车站附近游荡。

一天下午，我递给他一张纸条，上边写道：“请你今天晚上到学校来一趟。”那时，我住校，启虎的家离学校很近。

晚上，他一进我的办公室眼泪便簌簌地落下来。

“于老师，我要有一双象牙筷子就好了。”

“什么意思？”我的心里十分纳闷。

“大人说，如果饭菜里有毒，象牙筷子能试出来。”

“难道你吃的饭菜会有问题？”

“我，又有了个……后妈。”他说到这里眼泪又涌了出来。

我明白了。事先想当然地准备好的教育、开导他的话，一句也用不上。启虎的父亲是鞋厂的工人，母亲几年前就去世了，一个哥哥在外地当兵，父子二人相依为命。

我说：“这好啊！这就像个家了。后妈也不都像人们说的那么坏。只要你尊重她，听她的话，她也会关心你的。”

第二天晚上，我便到启虎家去了。我把他一家三口都夸了一遍，说家里有女的才像个家。又说：“你们都认识‘安’字，宝盖头代表房子，代表家，家里有女的才能安！”直说得三人都笑了，我才告辞。

从此，只要启虎有点进步，我便及时告诉他的父母，或口头，或写个小纸条。

启虎渐渐地又恢复了以前的活泼与天真。

一天，我在他的作文本里，夹了这样一张纸条：“我真为你的进步而高兴！”

我不口头说，因为“口说无凭”；我不口头说，因为说留不下痕迹；我不口头说，因为说没有写下来有品头。说不定，这张纸条他能保存好几天呢。至于纸条上写的话，肯定会在他心里保存得更久更久。

四

学生们反映：小秋和小芳几天没搭腔了。

她俩住同院，本来好得像一个人似的，怎么不说话了呢？一了解，原来两家大人闹矛盾了，小芳的妈妈不准小芳和小秋来往。这才是“城门失火，殃及池鱼”哩！谁跟谁的事！

同在一个班，同住一个院，抬头不见低头见，不说话多别扭！

小秋扁桃体发炎，已经两天没上课了。下午放学后，我发现小芳在做值日，灵机一动，有了主意。我立即到办公室给小芳写了一张纸条：

“请你今天晚上到小秋家去一趟，告诉小秋的妈妈，我写的一篇报道小秋照顾盲人的稿子，报社准备用。但有一件事还得进一步落实，我明天抽空到她家去一趟。并告诉小秋，安心养病。”

我把纸条交给值日组长，嘱他做完值日出了校门口以后面交小芳。一再强调，不能早交，必须出了校门之后。

当晚，小秋的妈妈便到学校找我了 —— 那时我住校。

“于老师，小秋这孩子让您操心了。”

“什么风把您吹来了！小秋病好了吗？”

“小芳到我家来了，说您明天要到我家来。您这么忙，哪能让您跑呀！”

于是，她用母亲那惯有的谈论子女的兴奋，滔滔不绝地向我介绍小秋照顾一位盲人的事。我专注地听着，尽管这已经是第二次了。其实，她何尝知道我的“醉翁之意”呢？

第二天，我向小芳致谢 —— 感谢她到小秋家为我捎口信。

“还谢呢！”小芳说，“差一点儿没去成！”

“为什么？”

“开始妈妈不让我去。一看您写的纸条，才允许我去的。她还担心我说不清楚，让我先把纸条里的意思说给她听听呢！”

一张小小的纸条，居然有这么大的魔力。我想，内中的原因人人都可以揣摩出来。对于心理学家来说，当然就更不在话下了。

不过，写纸条并不是我的创造，我是从马卡连柯的《教育诗》中学来的。

8. 批评的艺术

一

“你枉为特级教师！你和孩子们谈话有时太欠考虑。你发现没有，咱儿子不唱歌？”一天，妻子认真地对我说，“本来我也没注意，和儿子闲谈时才了解到。他上一年级的一天，正兴致勃勃地唱刚学过的一首歌，你在一旁说：‘跑调了。你怎么五音不全？’从此，他再也不唱了。”

女儿曾经对我说过这样一件事：上小学时，她向我请教一道计算体积的题。为了帮助理解，我画了一幅图，但她看不懂。我批评说：“怎么空间想象能力这么差！”一直到现在，她总觉得空间想象能力不行。

无意的一句话，竟为孩子造成了这么巨大的心理障碍！使他们在学习某一学科或掌握某一技能时，形成了一堵本不应有的、不可逾越的墙。

这使我感到不安。在这以前，我对众多的学生说过多少这种“无意”的话？

二

吃一堑，长一智。

从此，我在批评学生时总是努力避免使用诸如“你算是没法治了”之类的使学生产生心理障碍的语言。

朱飞这人与他的名字一样，带有“飞”的特点。数学老师几次向我反映：每次考试，应用题很少全对，读题时目光像飞一样，读不进去，理解能力差。期中考试后，她验证似的把朱飞的试卷朝我桌上一放：“看看，六道应用题错了三道，不是理解能力差是什么？”

“理解能力差？可千万别这么对他说。”我说。

下午自习课时我把朱飞请到办公室，交给他一张试卷，请他把其中的三道应用题（即他做错的三题）做一下。要求他每题至少读五遍，第一遍慢读，并要用笔尖指着读，做到“字字入目”，边读边想。读懂了上一句，再读下一句。如果读五遍仍读不懂，再读第六遍、第七遍。

卷子交上来了，两对一错。

我把期中数学试卷递给他："看看，为什么考试时没做对？！"

"我最怕应用题，老师说我理解力有问题。"他喃喃地说。

"应用题怕动脑子的人。你不是理解力有问题，而是没用心读，没用心思考。做错的一题，你也能想出来。回家去想，给你三天时间。"

第二天他就做出来了，并一再声明，是他自己想出来的。

把斥责性的"理解力差""马虎粗心"一类的话变为启迪性的、期待性的语言，这是一种艺术的批评。

三

这样的师生"对抗"局面时有所见——

师：你怎么这么粗野！净说脏话！

生：谁净说脏话了？谁叫他先骂我的！

师：他骂你已经不对，你再回敬一句，岂不是错上加错！各自应当考虑自己的错误嘛！……

我曾经在报纸上看到过一篇夫妻双方切勿当着孩子的面争执的文章。文章说，为了避免争执，在向对方提出批评时，应坚持"我"的说法。例如说"我感到生气"而不说"你这么顽固"，这样可以避免相互指责。在这样做的时候，尽量说具体一些，如"你忘了洗衣服，我好恨！"，而不说："你真健忘！"

坚持"我"的说法更适用于批评学生。

一位学生未完成家庭作业，居然逃学半天。早上，他照例背着书包上学，中午照例背着书包回家。家长却被蒙在鼓里。

"老师十分生气！不完成作业已经不对了，再逃学，不是更错？你爸爸妈妈知道了，不更气？"我严肃地对他说。不但坚持"我"的说法，连家长也"裹"进来了。

他什么也没说，眼皮垂了下来。

我继续说："我怎么也想不明白，你会这样做。要知道，你失去的不只是一上午宝贵的时间，而是诚实。我感到痛心。希望不再出现第二次。当然，你爱面子，没完成作业怕批评。但你忘了，逃学不更让老师难以原谅？"

"老师，我绝不会再有第二次了。"他发誓。

"我相信你言而有信，不会令我和家长失望。"

逃学的事再也没有发生。

四

有经验的老师看到地上有纸屑，会不动声色地走过去捡起来。这时，凡是看到老师这一举动的学生会不由得朝自己的座位下面瞅——看看有无纸屑等脏物。这既是榜样起的作用，也是一种无声的批评。应该说，这也是一种艺术的批评。

批改作文遇到字迹潦草的，总是情不自禁地写上“希望把字写工整”的话。写这样的话的时候，我总是小心翼翼地一丝不苟地写。假如一气之下（遇到这样的作文，常常改着改着气就来了），“意到笔随”，来个龙飞凤舞，还不如不写的好。看到老师写的比他还潦草得多的字，而且是批评学生写字不好的字，学生会怎么想，怎么说？

有时，我把不认真书写的学生喊到我跟前，看一些字迹工整、字体娟秀的作文。我什么也不说，当然也不让学生评论与表态，看完就离开。

批评，有时需要电闪雷鸣，有时需要和风细雨；有时需要凝重委婉，有时也需要默默无声。有些事理说清楚了，反倒什么都没有了。

五

批评有“说服”和“看服”之分。“看服”就是让学生看正面的东西，使其受到感化。无声的批评就属于“看服”。

说服也罢，看服也罢，倘若能把握好时机，讲究点方法，效果会更佳。

张乐（化名）写了一篇十分出色的作文，我请他在班里朗读。读到精彩处，我在一旁评点，并带头为他鼓掌。在班里当众读作文，是一种很高的荣誉，不少人上了六年小学都没有得到一次这样的机会。

我端详着他的作文，爱不释手，自言自语似的说：“真是出乎意料。写出这样好的文章，谁不喜欢！唉，如果不那个，该多好！”说到这里，我装着失言的样子说：“我怎么说出这样的话来了呢？人家已经改了，还说！”

张乐的脸顿时绯红。此时，用话来窘他，效果肯定好。

我说的“那个”，其实学生们心里十分了然。张乐有个偷东西的毛病。前不久，才在同学家里偷了钱。一犯再犯，后果堪虞。

不久，有一个学生在街心花园拾到一个书包，里面除了书簿、文具之外，还有钱。从本子上得知，失主是附近学校的一名四年级的学生。我郑重地表扬这位拾包者不为钱物所动的品质，教育大家要做“喻于义”的“君子”，不做“喻于利”的“小人”。下午课外活动时间，我请张乐陪同拾包的同学一起将书包送到失主所在学校。

老师们都说我这一招高。

是的，一切尽在“不言中”。

9.“教不严，师之惰”

一

20世纪70年代初，教学秩序还不正常，有些班级还上不了课，可我带的班却秩序井然。这使到我们学校来检查工作的市教育局的杨科长 —— 我中学时代的老师大为惊讶。

“于永正，你当老师了？教体育？”杨老师边说边向我走来，一双具有穿透力的眼睛望着我。十多年没见面了，老师还记得我的名字。

当时，我正领着全班学生在操场上训练立正、齐步走，才使杨老师误以为我是教体育的。我对老师说，我是教语文的，当班主任，现在上的是体育活动课。

杨老师饶有兴趣地看了我们的操练，然后用洪亮的声音对全班学生说：“同学们，你们精神饱满，动作到位，很好！学立正、齐步走，就是学做人。连齐步走都走不好，何以为人？”说完，转身对一起来检查工作的人说：“于永正是我的学生。”

“我说他的劲头和作风怎么这么像您！”同来的一位领导说。

杨老师哈哈大笑，笑声依然那么爽朗。

二

杨老师的一句话，把我带回了中学时代。“学立正、齐步走，就是学做人。”杨老师教我们时，第一句话就是这么说的。

升入中学的第一天，学校举行开学典礼，由杨老师整队。一声“立正”令下，我们班后面有三个人还没找到位置，乱跑乱撞。

台上传来了杨老师那洪钟般的声音：“初一（7）班后面怎么还有三个人乱跑？如果不是听力有问题的话，请你们到台上来！”

三个大个儿以乞求的目光望着班主任李老师。李老师平静地说了一个字：“去。”

望着三个同学的背影，我们个个咋舌。整个校园静极了，连四周的杨树叶儿也一动不动。

杨老师严肃地说：“学立正、齐步走，就是学做人。连立正、齐步走都随随便便，何以为人？”

从此，我们认识了杨老师。

杨老师的“严”是出了名的。不然，徐州市第七中学何以成为全国体育先进校？田径、体操何以在各级比赛中夺魁？

我们上二年级时，杨老师提升为教导主任。一个星期六的晚上，我独自一人在教室里读书。杨老师（我们习惯称他为杨老师）走了进来，翻了翻我读的书，看了看我的读书笔记，说：“凡是能自觉地、执着地去研究一种学问或一种事物的，必有作为，而且可能成大器。可惜这样的人太少太少。多数人是被动学习的。有人说我严，还有人说我厉害，不严能行？‘教不严，师之惰’。—— 我听说同学们都怕我，是不是？你怕不怕？”

“我不怕。”

“自觉、认真的人不应该怕。不自觉、不认真的，倒应该让他们有点怕头。没有一点怕头，还谈什么教育？你说对不对？”

说完，杨老师拍着我的肩，爽朗地笑了起来。声音和目光一样，也具有一种穿透力。

三

刚开始工作那阵儿，我却“严”不起来。作文没写好，重写一遍还可以；倘若第二遍还没写好，就不想让学生写第三遍了 —— 心太软。

我想起了杨老师的话，对自己说，不能心软；我想起了读师范时的一件事，对自己说，不能心软。

那是读师范二年级时，一天，教音乐的陆老师布置了一项作业：把《八月桂花遍地开》这首曲子弹熟，而且要用和弦伴奏。那时候，我正研读马卡连柯的《塔上旗》，没认真练习。音乐课上正好点我到前面弹这首曲子，结果没弹好。老师责令我：第一，写一份检查；第二，必须在一个星期内练会。我只好暂时放下《塔上旗》，拿起密密麻麻地标着指法的琴谱，用了整整一个星期天，把这首曲子弹熟了。当陆老师给我打了一个满分时，对老师的怨恨，立刻变为感激。

经验和教训使我的心逐渐硬了起来。有一回，小龙的家庭作业写得很潦草，我毫不客气地把他叫到办公室，看着他重做。一次，一篇课文他两天都没背出来。我问他念了吗，他说念了，但记不住。下午放学，我便将他留下来，结果，不到10分钟便背出来了。

“你的记性不错嘛。”我说。

“于老师，我不是记不住，是没念。”他实话实说。

“所以，我才把你留下。”我也实话实说。

四

我上作文课时，教室后面常常坐着听课的老师。不少老师还抄我班学生的作文。令他们赞叹的不只是多数人的作文写得好，而是规矩——字规规矩矩地写，都入楷书之体；标点规规矩矩地点，很少有漏点或错点的；还有行款以及修改的符号，也都是规规矩矩的，打眼一看，赏心悦目。

老师们问我是怎么教的，怎么训练的。

我把战松的作文找了出来，掀开第一篇作文说：“你们看，他的字一律向左歪。我虽然多次指出，但改进不大。于是，我要求他每天仿影50个字，临帖50个字，每个星期交给我检查一次。”

我把作文翻到最后两篇：“你们看，这两篇的字变样了吧？”

老师们说：“变了，现在的字端正、秀丽。”

我说：“俗话说，‘字无百日功’。从开学到现在，战松练了不过三个多月。但是话得说回来，练字必须遵循‘描红、仿影、临帖’这一规律，否则练一万天也无济于事。”

我又找出了小隆的作文，翻到第一页说：“小隆的作文有个大毛病，无论写什么都是三大自然段。不会分节分段的原因很多，有思维方面的，有习惯方面的，也有读书不入目方面的等。怎么办？首先叫他认真读书（包括课外书），看书上是怎样分节分段的，在什么情况下分的。我以《我的伯父鲁迅先生》为例对他做了讲解。第二步（其实这两步是同时并进），叫他抄书。我从一、二年级语文课本里找出20篇短小精悍、层次清晰、文字优美的课文让他抄，要求一律用稿纸按格式抄，分节分段，抄上标点，不得马虎。从开学到现在，抄了不到20篇课文，就知道分节分段了。”

说完，我把小隆的作文翻到最后一篇写自己的“胆子”的文章。近500字的文章共分了8个自然节，层次清楚，语气连贯，和第一篇大不一样了。

老师们说：“看来，一是要严格要求，不到位不罢休；二是要讲究方法，按正确的方法去训练才会取得好的效果。”

我点点头，说：“要严而有方。”

“但是，”我接着说，“有人字写不好，作文写不好，书读不好，不是水平问题，而是态度问题。在这种情况下，老师的语言和面部表情应当明白无误地向他传递出这样的信息：这样做是绝对不允许的，是不能容忍的！—— 你们看一看这本作文。”

我从一摞作文簿中找出小维的作文本，翻到最后一篇说：“这篇文章是她第二次写的。第一次，只写了两三百字，而且字迹还潦草，我对她只说了两个字：重做。你们看，第二次写得多好。”

一位老师说：“我们班有个学生，是个拖拉作业的大王，谁拿他都没有办法。”我说：“这种人似乎每班都有。有的人是贪玩，有的人是精力不集中，但有的人似乎是天生的慢性子。我班的小亮便是这样的学生。怎么办？不能勉为其难呀，只能给他少布置一些书面作业。谁知，后来他居然改掉了拖拉作业的毛病。”老师们说：“这告诉我们，得对症下药。”

我说：“对的，这就叫科学。关键是‘病’要诊断得准，‘药’要使用得对症，才起作用。假药可不行哟！加大作业量，搞机械重复，消耗的是学生的体力，不是开发他们的智力。”

老师们笑了。

五

俗话说，打铁还得自身硬。医生只有具备高尚的医德和高明的医术，才能手到病除；老师必须具有良好的师德、扎实的教学基本功，并懂得教育教学的规律，才能严而有方，取得好的教学成果。不懂而教，是不称职；懂而不教，是失职；教而不严，是渎职。

“明”师出高徒。老师得是个明白人。1995年4月8日，我应江苏省教委之邀，出席在南京召开的江苏省小学语文教改成果汇报会，并上了一节课。我执教的是《马背上的小红军》。老师们对我一丝不苟的板书给予了较高的评价。不错，为了写好板书的那些字，我是认真地做了准备的。一天，儿子看到他订阅的一张报纸上写满了“马背”“口吻”“牛膝骨”之类的字词，问：“爸爸，怎么写了这么多‘马背’？您是不是着魔了？”

是啊，不着魔，老师都写不好这些字，怎么给学生示之以范，指导学生写呢？指导学生朗读的课文，首先自己得读好；指导学生用词造句，首先自己得造好；指导学生要说的话，首先自己得说好；指导学生写的作文，首先自己得写好……否则，无论老师多么想教好，多么严格顶真，也严不到点子上，出不了好成绩。

“明”和“严”结合在一起，就全面了。

好的教学效果，从教师这个角度说，是“明”和“严”的产物。

10. 童年，应当是一首诗

一

我们的脚下是一片辣椒地。白色的小花缀满了枝头；刚长出的小铃铛似的青椒怕羞似的躲藏在茂密的叶子下面。不拨开叶子，很难发现它们。

生长在城市里的四年级的学生们，没有一个人认得眼前这一片绿色的、开着小白花的植物叫什么。有个人拨开叶子，发现叶子下面的小辣椒时，才惊喜地叫起来：“这是辣椒！”

“对！”我说，“辣椒营养丰富，是我们一日三餐不可缺少的蔬菜。今天，我们的任务就是拔辣椒地里的草。草，对辣椒的生长构成了严重威胁，不但与辣椒争养料，还争阳光，必须连根拔除！”

学生们被我鼓动得“群情激愤”，呼啦啦一字儿排开，一人包一垄，由地这边向地那边推进。

孩子们眼疾手快，且易蹲易起，所以效率极高，不一会儿工夫，“大兵团”便推进到地当中了。孩子们的双手瞬间便完成了由学生到农民的转变。小震的手不慎被草拉破，却一声不吭，继续拔。发现他手淌血的同学反倒叫了起来。

“叫什么？有啥大惊小怪的？”小震若无其事。

如果关在学校里，如果不是一个集体，如果不是参加这样的劳动，这样的闪光点怎么会出现呢？别人又怎么能感受到？

当来到卷心菜地，准备捉叶子上的青虫时，好多女孩子望而却步。有个男孩子把一只大青虫故意拿到女孩子鼻子下晃，惹得她们尖叫起来。

在这“关键”时刻，老师得“率马以骥”。我把青虫捏在手里，放在手心里，让女学生看。片刻，胆大的小琛捏虫子了，小宁也捉到了一只……当胆儿最小的小臻终于敢下手时，我郑重宣布：“捉害虫战斗现在开始！看谁捉得最多，最后由组长统计战果。”

就这样，一场消灭青虫战斗的序幕拉开了。

孩子们的童年应当是一首诗，是一首充满了情趣的诗，无论现在还是将来，品评起来都是有味道的诗。

二

京杭大运河河畔。

一轮明月挂在深蓝色的天空。清幽的月光洒在河面上，和水融在了一起。

一群小学生站在河堤上欣赏大运河的夜景。欢笑声把平静的河面激起一层层涟漪。草丛中的青蛙像要和孩子们比赛似的，叫得更欢、更响了。

观赏夜景的不是别人，是我的学生和他们的邳州市运河师范附属小学的朋友们。从一年级起，我们两班就互相通信 —— 那时我搞了个“通信作文”实验。到了二年级，他们要求见面。于是从二年级下学期开始，每年我们互访一次。学生们吃、住都在各自的朋友家里。这是我们第三次到邳州了。邳州的朋友建议晚上到大运河河畔观光。

大运河之夜异常宁静。朋友指着远处的一片灯火告诉我们，那是码头；对岸那茫茫的一片是稻田。我班的“文豪”小天脱口吟道：“明月别枝惊鹊，清风半夜鸣蝉。稻花香里说丰年，听取蛙声一片……”

凉风习习，吹得人们都醉了。小朋友们的说笑声渐弱，他们依偎着，望着天，看着水，和天上的星星一起，眨着幻想的眼睛。

“咱们在运河里洗洗脸，怎么样？”临回去前我提议。

河边又热闹起来，河面上又泛起了层层涟漪。

我边洗边说：“同学们，谁家的脸盆有这么大？谁家的水有这么清凉？”

学生们说：“对呀！谁家的脸盆有这么长，北头连着北京，南头连着杭州？”

如今，学生们长大了。每当他们相聚在一起的时候，这邳州之行，这美丽的大运河之夜，总是他们津津乐道的话题。

孩子们的童年应当是一首诗，一首充满着浪漫情调的诗，一首留有遐想空间的诗。

三

当学生们看到解放军叔叔宿舍里牙缸把儿、牙刷摆的方向都是一致的时候，当看到床上的被子叠得像刀切的豆腐块儿似的，当看到挂在衣架上的军服的袖子统统插进衣兜里，是那么干净、那么整齐的时候，个个瞠目结舌。

军营处处是叹号。

进入部队养鸡场，一股“鸡味”扑鼻而来，不少学生掩鼻。可当他们发现养鸡的解放军叔叔的床铺就在鸡舍隔壁，掩鼻的手不由得放了下来。

百米障碍训练场上，战士们龙腾虎跃，翻木墙，过短桥，拱栅栏，越陷阱，激起了学生们的阵阵掌声和赞叹声。

射击场上，“哒哒哒”的机枪声和“叭叭”的自动步枪射击声，让学生们屏息凝神；射击后的捡弹壳，又使他们欣喜若狂，流露出了他们特有的天真和烂漫，流露出了孩子气。

当孩子们身着迷彩服，手持冲锋枪留影时，人人脸上露出了少有的兴奋、自豪与庄严。这个“叹号”，将伴随着每个人到永远。

学生们和解放军叔叔联欢，将“军营一日”活动推向了高潮。学生们将自己书写的有关戍边卫国的古典诗词赠给解放军叔叔的一幕，最为激动人心。

我提前10天告诉了学生我们将去军营活动的消息，为的是让他们激动。这10天，课上得特别好，作业做得也特别认真。从军营回来，一连几天谈论的话题都是“军营一日”活动的内容，尽管谁都知道，谁都目睹过，谁都经历过。

更让人忘不了的是我20世纪70年代带学生搞的一次“急行军”活动。那是深秋的一天，我说：“敌人的空降兵降落在凤凰山一带密林里。我部奉命，必须在20分钟内赶到凤凰山下，围歼敌人！”

一切按计划进行。一路上，有传口令，有绕过“雷区”，还有“过草地”。正行进间，突然班长大喊一声：“卧倒！敌机来了！”

全班50多名学生呼啦一下，全趴在路旁，大气不喘。我身为指挥员，自然也得趴下。谁知，我卧倒的同时，一位老大娘也跟着趴下了，挎着的篮子也扔了，里面的东西全滚了出来。——幸亏里面没有鸡蛋。

她惊恐地问：“怎么啦？”

学生们想笑，可又不敢，因为“敌机来了”。

我只好破例，爬起来，将大娘扶起，说：“大娘，您别害怕，没什么，我们是搞军事演习的。”

童年应当是一首诗。这首诗是隽永的、多彩的，让人难忘的。

四

元旦，是一个充满希望和憧憬的节日，是一个传递友谊、表达祝愿的节日。每逢这一天，我总会收到学生们的很多贺卡。每张卡上写着一句祝福的话，字是稚嫩的，情是炙热的。

我给学生送点什么？于是巧立名目，每年元旦举行一次作文比赛，然后发奖。奖什么？书。我爱书，也希望我的学生爱书。奖由我评，一个人说了算，反正得让所谓差生也能获奖，哪怕是鼓励奖。低年级多是童话书，先把他们领进安徒生、张天翼、叶圣陶、郑渊洁营造的童话世界。到了高年级，奖的则是古今中外文学名著，领着学生们由童话世界步入大人们的天地。

我在每本书的扉页上写上一句祝愿的话。学生们祝我“笑口常开”“青春常在”，我自然也得祝他们“天天向上”。不过，写得最多的是“啃书吧”之类的话，也有写着“当心，别笑破肚皮”的话的。因为有些童话的确有趣，而它未来的小主人（受书的学生）又过于内向。

学生们喜欢我在赠书上的题词，更喜欢我在作文上的批语。

我把改作文视为和学生进行感情交流的一条渠道。学生每本作文的首页上，我都针对每个人的特点写上一句名人名言。写批语虽然字数不多，却都颇费斟酌，也很动情。如女孩子的字写得好，就在旁边批上：“字和人一样美。”如果是男孩，则批上：“字和你一样，有阳刚之气。”学生们写妈妈、爸爸的文章不少，有的催人泪下。我就批上：“谁读了都为之感动。别辜负了妈妈的一片心，做让妈妈放心的孩子。”凡是写到我的，我总是批上：“如果你当了老师，肯定比我更关心学生。”有些写得棒的作文，我便批上：“我想，巴金童年时代写的作文也不过如此！”当年我上中学时，老师曾为我批过“有老舍风格”的话，我为什么不能批上“比过巴金”的话呢？“差生”有一点进步，我就写上：“进步真快，令老师刮目相看！”“我真不敢相信是你写的！”……

一天，我到剧场看京戏，碰到了一位学生的奶奶。她拉着我的手说：“于老师，孙子的每篇作文我都看过。看了您的批语，我都很激动！”

有人批改作文是“鸡蛋里挑骨头”，挑剔得很。我则不然，我是“骨头里找肉”，哪怕只找到一丁点儿肉丝丝，我立刻把它说成排骨。

爱是相互的。

童年应当是一首诗，一首充满切切的情、浓浓的意的诗。它是师生（首先是老师）用爱心和尊重共同谱写成的。

五

又一个六年转眼过去了，学生即将毕业。离校的前夕，我请每个学生把六年来和自己同过桌的名单开出来。

每人开了一溜儿。多的十几个，少的也有七八个。学生们莫名其妙地望着我，不知我葫芦里卖的什么药。

我动情地宣布：“现在，每个人把自己的同桌邀请来，照相留念。”

学生们很高兴，一个个有礼貌地请了六年来所有的同桌在校园的花坛前合影。

第二天，照片就洗好了。每个人在照片的背面，工工整整地写下了“我的小学同桌”六个字。

学生们久久地凝视着照片。

有人眼睛湿润了。

但是，这张照片的意义，只有他们长大了之后，当他们也有了我这样一把岁数之后，才会真正读懂。

童年应当是一首诗。

这首美丽的诗是由老师构思，师生一起创作而成的。

11. 尽在不言中

一

那还是20世纪70年代初。一位听过我课的老师大惑不解地问："于老师，学生每次自由朗读课文时，您是怎样让学生戛然而止的呢？您可是连一次'请停下来'也没说呀！"

我笑笑说："不知您注意没有，学生读书的时候我在什么地方？"

"好像都在学生们中间走动。"

"对。学生们读书时，我便在他们中间走动，或了解情况，或解答疑难，或提醒要保持正确的姿势，即使什么也不说，对个别不自觉的学生也会有督促的作用。这样也会使学生产生亲近感。学生快要读完了，或者我认为该停下来的时候，我便快步走向讲台，站在讲桌中间，目光扫视全班学生。这'走、站、扫'三个连续的动作，便是向学生发出的'停止读书'的信号。这三种信息，至少有一种会被大多数学生接收到。即使有个别学生没注意，左右的同学也会提醒他。这样，老师就不必一遍一遍地说'请停下来'了。"

其实，这也是一种语言，叫做体态语言，也有人叫它身势语言的。体态语言包括面部表情和头、手、肩、身的动作、姿势等。有些是自己规定的，如上面说的"走、站、扫"。有些是约定俗成的，如跷起大拇指表示赞许（至少在我们中国如此）。有些似乎是与生俱来的，带有国际性，如愤怒，竖眉瞪眼；羞愧，面红耳赤；小孩向妈妈抗议或表示不满，则坐在地上不起，甚至打滚。

体态既然也是一种语言，我们教育工作者就不能不研究它，并在教学中运用它。

二

兖州矿务局37处职工子弟小学坐落在济宁南部的旷野上，孤零零的。除了西部不远处有几幢工人宿舍，再也没有别的了。这是一所新建的小学。校园里没有草，没有花。几株小树也是栽上没多久的，多数树上只挂着三两片叶子。

这里的校长是我同学的朋友的朋友。他托他的朋友找到我的同学，由我的同学转来了他的邀请信。盛情难却，于是有了“济宁之行”。

和我同来的特级教师徐善俊先上《草船借箭》。这是他最拿手的课之一。

“学生怎么样？”下课后，我问他。因为光顾备自己的课，没来得及听他上课。

他悄悄地对我说：“注意，要求不要高，点到为止。”意思是叫我“心中要有数”。

果真如此。我提的第一个问题就“卡了壳”。尽管这个问题不能再容易了，但仍旧没有一个举手的。

因为我心中有了数，便耐着性子，重复了一遍：“小朋友，你们看一看，图上画的是谁？他在干什么？”说完，教鞭仍然指着图中的周总理。眼睛扫视了一下，鼓励说：“看哪一个小朋友有勇气，第一个举手。”说完，我把左手迅速地有力地高高举起，连身子都侧立起来了。

这一下，带起了两只小手。我心里一高兴，又把刚才的话重复了一遍，再一次有力地举起了左手。举手的学生陡然增加了三倍——有六个小朋友举起了小手！

“可以请人回答了，这就不容易了。”我在心里说。

我请第一个举手的小朋友回答。讲得很对，可惜音量太小，听起来费劲。我身子向前微微一倾，把右侧的耳朵对着他，同时把五指并拢的右手放在耳朵后，以增大耳朵的接收量。这是一副十足的“洗耳恭听”的姿态。

他立刻明白了我的意思，提高嗓门说：“图上画的是周总理，还有小朋友。他们在听老师讲课。”

我为他的声音响亮而鼓掌。全班小朋友都像我一样，也为他拍手。课堂气氛顿时活跃起来。

我的“举手”“把耳朵对着发言的学生”以及“拍手”，都是体态语言。我有力地举起手，有一种诱导作用，又由于小孩的从众心理强，所以他们也会跟着举手。我不管他会还是不会，先把课堂上“万马齐喑”的局面打破再说。要知道，在公开课上，出现的这种局面是很令老师尴尬的。学生在公开课上发言声音小是普遍现象。我听课时常常听到老师们向学生提出“大点声说”的要求。我一般不直说。实践证明，用体态语言表达这样的意思效果更好。而此时的鼓掌，比说一句“说得真好”更显热烈而有分量，更易打破沉闷局面。

课后，徐善俊心悦诚服地说：“还是你有办法。”

我说：“我是使出了全身解数，口、耳、手、眼，全部用上了，就差下位拽孩子的耳朵了。”

我曾看过齐白石画的一幅国画，上面画了一个葫芦，葫芦上趴着一只蝈蝈。他画的葫芦，只用了两三笔，线条粗犷，力透纸背。看上去，那葫芦像快晒干瘪了似的。

趴在葫芦上的蝈蝈则精绘细描，就连那翅膀上致密的脉络都画得一清二楚，就像活的。这一粗一细，给了我很多启示。上课不也应如此吗？大的框架要粗线勾勒，小的细节要细线描画。教学中最能给人留下印象的，往往不是整体构思与设计，而是对细节的处理，是一句机敏的话，一个得体的动作。

三

我有一位同事，善于用眼睛说话。一天，他班的学生做课间操时来迟了（因为数学老师拖了堂）。他不动声色，身子笔直地站在前面，双目直视远方。迟到的学生们像训练有素的士兵，刷刷刷，瞬间便站成了两行。个个像站在前面的老师，收腹挺胸，精神抖擞。

我向他学会了用眼睛说话的本领。

一天，我上作文课，内容是“学古文，编故事”，老师们瞧稀罕，呼啦来了一大帮，教室后面都坐得满满的。我先教学生一篇古文——《凿壁借光》。全文不足80个字，一讲便懂，读三两遍便能记住。懂了之后，我要求学生们将它改写成一篇500字左右的故事。在讲要求的时候，我发现有两名学生在谈话，而且声音很大。要是平时，我只需提醒一句就行了。但今天后面坐了这么多的老师，这样做会使他们难堪。这时，我突然停止讲课。教室里刹那间出现的出奇的静，竟使他们有些慌乱。当他们的目光和我的目光接触到一块儿的时候，立刻明白了一切，马上坐得端端正正。这时，我又开始了讲课。

老师上课要眼观六路，耳听八方。眼睛老是盯着备课本和课本，是无能的表现；眼睛老是看着天花板和窗户，是胆怯的表现；眼睛老是看着某些学生、某一角落，被忽视的人就会有冷落感，还会给个别不专心听讲、不守纪律的人以可乘之机。

“六路”要观，“八方”要听，但是要“看”有重点，“视”有目标。每接一个新班，我先上“观察”课，看看哪些学生好走神，哪些学生好动，哪些学生肯讲话。我把他们看在眼里，记在心上，作为上课重点注视的对象。

一位家长对我讲了这么一件事。一天，她问上课注意力不集中的儿子：“上于老师的课你表现得怎么样？能专心听讲吗？”儿子回答说：“我听课的时候，于老师好像并不注意我。可是不知为什么，只要我一动，他就会发现。”

他哪里晓得，从教他的第一天起，他的名字就写在我的“特别监视”的“黑名单”上了。

不满、警告、严厉、生气、亲切、鼓励、期待等等信息都可以让眼睛快捷便当地告诉学生。

用眼睛说话，可以少费许多口舌，会让人觉得老师沉稳，会使课堂“干净”。批评学生要限时，说的话要限量。尽量不给学生留下背后挖苦、嘲笑的把柄。这是我特别提醒自己的。

有的老师唠唠叨叨，班级管理等却不尽如人意；有的老师 —— 比如我的那位同事 —— 虽然一声不吭，对学生很少发脾气，班级却管理得井井有条。我想，这与他们善于或不善于用眼睛说话有一定关系。

四

“小朋友，狐狸怎样说才能把老虎蒙住？请放下书，看于老师读狐狸说的这一段话。注意：耳朵听老师读的声音，眼睛看老师的表情、动作。”

学生们放下书，饶有兴趣地看着我。

我朗读道：“老天爷派我来管理你们百兽。你吃了我，就是违抗了老天爷的命令。我看你有多大的胆子！”

读“老天爷”时，我把右手向前一指；读“你们百兽”时，右手向眼前的假想的老虎一点；读“我看你有多大的胆子”时，嘴一撇，用鄙视的目光，斜视着假想的站在眼前的老虎。

孩子们乐了。我还没有要求他们读，就手舞足蹈地大声念起来。那声音，毫不夸张地说，比贝多芬的《月光曲》还动听哩！

我指导二年级的学生读古诗《草》时，每句的体态语都做了推敲。读“离离原上草”，我半眯着眼睛做出极力远眺的样子，同时右手掌心向下（覆手）向远方，以示草原辽阔、一望无际之意；读“一岁一枯荣”，伸出右手食指点两下，以示“一年”“一枯荣”之意；读“野火烧不尽”，把手有力地摆动两下，以示草的生命力顽强之意；读“春风吹又生”，右手有力地向上伸直，以示春天小草破土而出，蓬勃向上之意。

这样做，不但有助于学生理解，而且大大激发了学生的朗读兴趣，活跃了课堂气氛。

说话、朗读时的表情、动作等体态语言，和纯语言如影随形，如响随声，自然而然地参与表达，是一个整体。但是，由于人的文化素养不同，性格不同，对课文内容理解不同，体态语的运用也千差万别。如果说一般人运用体态语言是不自觉的话，那么，作为知道何谓体态语言及其作用而又从事教育工作的我来说，就应当自觉了。所以我讲话时，特别注意表情和体态；在读课文时总是认真体会文章表达的思想感情，揣摩朗读的语气、声调、眼神、表情、动作，有时对着镜子读。

当然，运用体态语言和运用纯语言一样，也要得体。这里说的“得体”，一要有分寸，二要看对象。如果用上面说的方法指导六年级的学生去朗读古诗《草》，一定会贻笑大方；如果讲《草船借箭》像袁阔成那样眉飞色舞，学生一定会疑心我是个评书演员。

五

“报告。”办公室门外传来一个男孩的声音。他叫小军，课间，和邻班的一位男生动起了拳脚。

“请进。”

他低着头，一步一挨地走到我身边。

我起身，搬来一把椅子，放在我的侧面，掌心向上一指说：“请坐。”

他一五一十地讲了事情的经过，承认了自己的错误。

我用手理了理他那蓬乱的头发，然后用手照后脑勺拍了一下，说了两个字：“你呀——”说完，拉着他到了隔壁的教室，向被他打了一下的男孩道歉。

回到办公室，一位年轻的教师对我说：“于老师，看您多么彬彬有礼呀！多有耐心呀！”

“您说的是我说的话吗？”

“还有您的一举一动。”

我告诉这位年轻的老师：“请人进门，请人坐下，手掌心一定要向上，向下就表示不耐烦。批评学生，最好让学生坐在侧面，这样会减少对立情绪，减少畏惧感，使学生感到老师平易近人，易于接受批评。即使一般性谈话，坐在或站在侧面也好，这样使人感到亲近。你看电视里，国家领导人接见外宾时，没有一个是面对面地坐着的，不要小看了体态语，作为一个老师要好好研究它。”

“看来，我们年轻人太粗枝大叶了。”

“不，这是普遍现象。所以许多人，包括我自己，要不断地学习，活到老，学到老。”

六

“苹果展览”室里传出一阵阵解说声：“老师们，这是红星苹果。为什么叫它红星苹果呢？请看它的萼洼。它的萼洼里有五个楞，看上去像一颗五角星……”

声音清脆悦耳，自然流畅。

这是我班的《认识苹果》活动作文的最后一个部分 —— 举办苹果展览。所有讲解员都是我班的学生。

走出展览室的老师们纷纷夸赞道："于老师，您班的学生真行，口齿清晰，落落大方，彬彬有礼。"

前一批出来了，后一批又进去了。

"欢迎老师们到我们这儿参观苹果展览。"站在展室入口的小蓓面带微笑说，"请进。"说"请进"的同时，伸出右手，掌心向上，向室内一指。

老师们参观完了，站在展室出口的小敏双手交叉，置于腹部，笑着对老师们说："请老师们对我们的展览提出宝贵意见。老师们请走好。"

客人进屋，微抬右手，掌心向上，向室内一指，表示诚挚、热情。高了不行，高了表示欢畅、赞扬；低了更不行，低了是表示无可奈何。参观的人要离开，双手自抚腹部表示恳切、谦虚。高了也不行，抚胸表示反躬自问。这些体态语言都是严格训练出来的。学生们清晰流畅的口头语言配以得体的体态语言是这次展览取得良好效果，并且获得老师们高度赞扬的根本原因。

这种"尽在不言中"的无声语言的育人功能，我想也是不言而喻的，只不过像它本身那样，是无声的罢了。

12. 交 往

一

月光如水。古老的大运河上像笼罩着一层轻纱。大运河异常静谧。岸边草丛里的虫子们正忙着演奏，没有统一的曲谱，但很和谐。间或听到不太协调的“吱、吱”声，仿佛个别的虫子在调试琴弦，而且老是调不准似的。

我和朱玉珍校长、吕玉兰老师漫步在堤岸上。一天的活动结束了，学生都回家了，我们也难得出来放松一下。这是我们第二次到邳州运河师范学校附属小学“朋友班”来做客了。和第一次一样，我班学生吃住都在朋友——吕老师教的那个班的学生——家里。走着，说着，朱校长忽然担心起学生来了，问吕老师，附近有没有学生的家，她想去看看。吕老师说：“有，我带你们去。”

吕老师叩开了一个学生的家门。开门的正是她的学生，一个叫董圆的小女孩。后面带着我班学生陈燕。家长知道了我们的身份后，非常客气地把我们迎进屋。一落座朱校长便询问孩子们的吃住情况。家长把我们带到东边的一个房间说：“这是圆圆和陈燕住的。被子是才套的，床单也是刚换的。你们是城市里来的，讲究卫生。我们的条件差。”

吕老师说：“朋友每次来，家长都像迎接贵宾一样，把被褥拆洗一遍。有的家长还专门请厨师给孩子做饭。”

陈燕说：“今天晚上的饭就是阿姨请人做的，可好吃了！”

我把主人的家粗略地看了一下。陈设虽然不像城市里那么讲究，倒也窗明几净，让人感到舒适、温暖。

我问陈燕：“还想妈妈吗？”

陈燕一歪头，赧然一笑说：“不想啦！”

“上午不是还对我说想妈妈吗？俗话说，吃饱饭不想家。一定是阿姨招待得太好，是不是？”

陈燕说：“阿姨比妈妈还关心我呢！”

朱校长对家长说了许多感谢的话。临走，我对陈燕说：“睡觉老实点，别蹬被子。你妈说了，你睡觉不老实，她对你很不放心。”

董圆认真地对陈燕说：“你在床里面睡，我在外面睡，我睡觉老实。”

我对董圆说：“不过，你得当心点，别让陈燕连被带你一起蹬到床下去。”

说得大家都乐了起来。

家长说：“还有我呢！请老师放心好了。”

我们又转了几家，家家都安排得停停当当，家家都像接待贵宾似的喜气洋洋。我们踏着月光走在回招待所的路上。朱校长深有感触地说：“撇开我们白天参观电扇厂，瞻仰‘小萝卜头’雕像等活动不说，单就到学生的朋友家里做客这件事就很有意义。人没饭吃，会患饥饿症；人没有别人的关心、爱护和体贴，也会患饥饿症，这种饥饿症叫‘感情饥饿症’。”

我说：“是的。我们要尽可能地让学生走出家门，走出校门，去接触社会，接触别人，同人交往，在交往中去体味人生，去感受人生。在感受别人的爱的过程中，学会爱人。”

第二天早晨，陈燕和她的朋友董圆穿着同样的服装，梳着同样的小辫，扎着同样的蝴蝶结，手拉手像一对孪生姐妹出现在操场上。这时，我完全明白了昨天晚上陈燕为什么不想妈妈的原因了。

其他学生也是手挽手双双进入校门。他们都掩饰不住（也没有人去掩饰）内心的喜悦，纷纷谈论着在朋友家受到的礼遇。

爱，就是这样悄然地滋润到每个学生的心里去的。

二

友谊班每年的一次互访是“通信作文”实验发展的必然。当初（1986年春天），我和运师附小冯主任商定，我们鼓楼小学一（1）班和运师附小一（1）班结为友谊班，让性别相同的两位学生结为朋友互相通信的时候，并没考虑这么远。但是，后来，学生们不满足了。写信时说是“见字如面”，但那毕竟是一种安慰、一种想象。他们一致要求真见面。这是合理要求。于是我们两家又商定：每年互访一次。

第一次见面是在1987年的“六一”国际儿童节。那动人的情景至今历历在目。上午八点多，我们下了火车，走出邳州火车站的门口，便受到了邳州小朋友的夹道欢迎。每个学生都在瞪大眼睛寻觅自己的朋友。但是，哪一个是？我早成竹在胸，请两个班的小朋友分别站在我的左右两侧，我先请我班一个小朋友站出来，说说自己叫什么名字，然后说出他的朋友的名字，并请朋友站出来。就这样，大家很快找到了各自的通信已久却从未见面的朋友。

你就是潘军？

你就是姚远？

你就是时明珠？

你就是朱涛？

…………

他们双手紧握，惊喜地对视着，说着。腼腆的孩子竟一时语塞，只好用笑来表示自己的心情。

那天安排的内容十分充实。上午，开联欢会；下午到运河大桥的南面观赏了田野风光。一望无垠的金色的麦田和一畦畦长得茂盛的蔬菜，使城里的孩子大开眼界。第二天上午，两班小朋友一起瞻仰了王杰墓，并献了花圈。我们第一次到朋友家里做客，就受到了对方家长的交口赞誉。他们说，到底是城市里的孩子，会说话，有礼貌，守规矩。其实，到朋友家里做客该怎么做，怎么说，都是我来之前再三交代好了的。我对学生说："到了朋友家，第一，嘴巴要甜。朋友喊爷爷，你就跟着喊爷爷，朋友喊奶奶，你就跟着喊奶奶。只有朋友喊爸爸、妈妈的人，才改口为叔叔、阿姨，千万别傻乎乎地跟着喊爸爸、妈妈。"说得小朋友们捂着嘴嘻嘻地笑。我接着说："第二，到了朋友家要有眼色，吃饭时别先动筷子，叔叔、阿姨为你盛饭、夹菜，要说'谢谢'，如果自己先吃完了，要和叔叔、阿姨说声'我吃好了，请你们慢慢吃'，再放碗筷。饭后，要帮助家长收拾碗筷，抹桌子。"

不知"养成教育"最初是谁提出来的。我想，"养成养成"，必须为学生创造一个环境，一种实践的机会，不提供"养成"的条件和机会，怎么"养成"？只口头上讲，是什么也养不成的。

下面是我班学生陈萌上五年级的时候，写的《在朋友家做客》中的一个片段：

> 阿姨把一块红烧鱼夹到我碗里说："陈萌，我知道你喜欢吃鱼。听说你要来，我前天就买了两条活鲤鱼，一直在盆里养着。快尝尝，看阿姨的手艺怎么样。"
>
> 阿姨怎么知道我喜欢吃鱼的？哦，记起来了，准是朋友上次到我家做客时，我在饭桌上暴露了这个"秘密"。我真后悔，不该让阿姨操心。
>
> 我说了声"谢谢"，把碗里的鱼块夹起来，对奶奶说："奶奶，您多吃点，老年人吃鱼对身体有好处。"谁知，我动作太慢，还没有把鱼放下，阿姨早就把另外一块鱼夹到奶奶碗里去了，说："陈萌，你吃，这里还有呢！"
>
> 但我没有把鱼块放到自己碗里，又给了朋友。

交往的意义，可见一斑。

三

邳州的学生来信说，听说徐州的名胜古迹 —— 戏马台最近修葺一新，希望下次去徐州时能去看看，一饱眼福。

“看景不如听景。”我对我班学生说，“我们先写封信，向朋友介绍介绍。—— 不了解？我带你们先去看看，请大学问家张庆老师当导游，讲讲西楚霸王项羽的故事，讲讲戏马台的来历。等朋友来了，你们就可以当导游了。”

这次游览收获很大。学生们看得认真，听得仔细。不但了解了项羽其人，而且知道并熟记了东西配殿的雕塑、油画所表现的“鄣邯大战”“鸿门宴”和“霸王别姬”等历史故事，理解并背下了“戏马振雄风，想披坚执锐，旗耀江东，百战疆场霸业建；别姬成永恨，惜尚勇轻谋，歌惊垓下，千秋功过后人评”“倾杯浇别恨剧怜共洒英雄泪，刎颈壮悲歌岂为独怀儿女情”等楹联。

通过这次活动，张庆在学生的心目中忽然高大起来。他们窃窃私语：“张老师一定是个教授！不是教授，怎么才四十多岁，头发就几乎全白了？不是教授，怎么眼镜像瓶子底儿那么厚？不是教授，肚子里怎么能有这么多学问？”三年级的孩子自有三年级孩子的思维方式。

写信时，人人神采奕奕。有的学生信中写道：“望着项羽的塑像，觉得他在眨眼，觉得他的战袍在随风飘动……”他笔下的项羽简直呼之欲出了。

朋友看了这样的信，能不心动？

运河师范附属小学的朋友来徐州游览戏马台的那天，秋高气爽。金碧辉煌、庄严肃穆的戏马台，由于我们的到来，而变得更有生气了。我班学生边走边讲，邳州的学生边看边听。他们用视觉和听觉在读距今已经两千多年的一段历史。当然，他们（包括“导游”）只是大体了解，还不会也不可能完全掂量出它的分量。

在项羽塑像前，摄影师为每对朋友留下了美好的、值得永久纪念的瞬间。

回学校的路上，不少邳州的学生边走边背诵刚刚学过的戏马台上的一些著名的楹联，像是在回味这次游览所得，又像是在向自己的“导游”作汇报。

我想铭刻在他们心中的，绝不单单是戏马台的名胜古迹，也绝不单单是几个历史故事。

四

我们最后一次到运师附小做客的时间是1989年秋天。学生们已经上五年级了，大了。他们把久别重逢的喜悦和兴奋不再全部写在脸上，更多的是写在心里。他们交换的礼物不再是玩具之类，而是书，是写上美好祝愿话的日记本。

一位男生悄悄告诉我："郑莉哭了。"原来她的朋友上官贝贝没有来。我的心一紧，连忙向小莉解释："上官贝贝生病了，不能来了。她让我向你道歉。"

"她得的什么病？"郑莉噙着眼泪问。

"是这样，她感冒了，发烧。"我支支吾吾地说。其实，上官贝贝是患了脑瘤，已经手术了，还住在医院里。我是在向她撒谎。

我们回来的时候，郑莉的父母给上官贝贝买了不少东西，还有小莉写的一封信。贝贝的妈妈见了我和班主任孙老师以及教数学的周老师就哭。

春节，我和朱校长带一部分学生去看望上官贝贝。上官贝贝的身体恢复得不错，上身穿一件粉红色的滑雪衫，头上戴着一顶红色贝雷帽。朱校长对贝贝说："今天，我们代表全班同学来看你了，大家都很想你。"

"谢谢！"贝贝说。声音和过去一样甜美，只是音量小了一些。

我说："你看，都是哪些同学来看你了？请你点一点名。"实际上，我是想看看手术后，她的记忆力受没受影响。她一一报出了在座每个同学的名字。我十分高兴。我见她精神很好，又请她演奏一首曲子。她弹得一手好琴，电子琴、钢琴都能弹。上二年级时，她参加市里举行的电子琴比赛还获得过一等奖呢。她坐在电子琴前，弹起了优美的《百灵鸟》。听着那动人的琴声，看着她那白皙美丽的脸庞，望着她那随着曲调的变化而变化的身姿，我的眼睛模糊了，为什么不幸会降临到她身上？智慧的人类为什么至今征服不了这种顽症？

她的妈妈跑到门外面偷哭。朱校长瞥见了，连忙过去安慰。贝贝的妈妈强把眼泪咽到肚子里。等贝贝演奏完了，她微笑着为女儿整了整上衣，微笑着跟我们说话，好像什么事也没发生。

这就是母亲！

开学了，上官贝贝又回到了同学的中间。和以往不同的是，她的鼻梁上架上了一副金属边眼镜。她和郑莉中断三个多月的通信又恢复了。

1990年的"六一"儿童节，邳州的朋友应邀来鼓楼小学做客。郑莉终于见到了上官贝贝。她们抱在一起，泪落在彼此的肩上。整整一天，她们手拉手，形影不离。学生们知道，这是他们最后一次聚会了，再过一个月整，他们就小学毕业，各奔东西了。所以，这次相聚比往日多了一份凝重，多了一份留恋。这一天的下午，我们没安排集体活动，而是由我们的学生带领朋友玩，怎么个玩法，由自己决定。这样会使他们更开心。孩子们大了，应该多一份宽松。

晚上，我们两班在学校的大教室举行联欢会。大教室里彩灯闪烁，“庆‘六一’联欢会”几个大字格外醒目。教室里洋溢着热烈的节日气氛。

学生们演出的节目赢得了阵阵掌声，学生们的讲话深深地打动了每个人的心。我保留了几位学生的发言稿。

魏荣同学的发言稿中有这样一个片段：

> 亲爱的老师们，亲爱的朋友们，今天的相聚意味着分离，分离又意味着我们将踏上一个新的人生里程的起点。过去的一切，将变成一朵美丽的花，一幅温馨的画，一个彩色气球，永远留在我们童年的记忆里。……人离开了，但是我们的友谊长存！……

下面是陈萌同学发言稿中的片段：

> ……我们的小学生活即将画上一个句号。让我们记住一起度过的日日夜夜，让我们一起回首看看我们走过的路：那尽是苍松翠柏的云龙山留下了我们串串脚印；那一起去峄山的车厢里，留下了我们的欢声笑语；那静静的大运河河畔留下了我们童话般的故事；那安静的教室里，留下了我们琅琅的读书声……愿我们的友谊像云龙山上的松柏一样万古长青！像大运河河水一样源远流长！……

每个发言的同学都泪如泉涌。

泪，是感情催开的花朵。

联欢会最后的一个节目是大合唱《歌声与微笑》。朋友们手拉手，在时国模老师的手风琴伴奏下，动情地唱起来：“请把我的歌带回你的家，请把你的微笑留下……”

泪花伴着歌声飞扬，心绪随着曲调起伏。一切艺术都是情感的释放，歌声与泪花则是表达情感的最佳组合。为什么人们高兴时笑，激动时喊，悲恸时哭？就是因为“笑”“喊”“哭”属于“歌”，是最原始的歌。

第二天，邳州的朋友回去了。从此，上官贝贝再也没有回学校。她的病复发了，又重新住进了医院。

7月4日，学生告别了母校。离校前，他们向邳州的朋友写信，向朋友致以良好的祝愿，祝他们升入理想的中学，祝他们一切顺利。郑莉为没有收到上官贝贝的信而焦虑。她写信给我，询问上官贝贝的情况。我没敢实说，只说她又住院了，但病情已稳定。其实，贝贝已经不行了。

1990年9月，已经升入中学的郑莉再次给我写信，询问贝贝是否病愈升入中学，读着小莉的信，我仿佛看到了她那双焦虑的、含着泪水的眼睛在一眨不眨地望着我，我不能不如实说了，不能再瞒她了，于是我拿起笔写下了这样的话："上官贝贝已经走了。带着亲人的爱，带着老师的爱，带着同学的爱，还有你 —— 郑莉的爱走了……"

但这封信没发出，我不愿意伤郑莉的心。我决定先把这事告诉吕老师，请吕老师过一段时间，等时间老人的手把郑莉记忆中的贝贝抹得模糊了，再告诉她。

五

友谊班五年的交往，在我的教学生涯中留下了很多值得回味的东西。我非常注意从生活中提炼陶冶学生情感的营养。我重视开展诸如参观、访问等活动，但更重视引导学生结交朋友，让他们在交往中去直接感受人与人之间的情爱，去培养他们的良好情感，让他们在交往中学会与人交往。

时光流逝了，但情却永远留在每个人的心中。

以情育人，理在其中。

13. 绰号的故事

一

“大胖，二胖，请你们过来一下。”

一天上作文课，我对坐在后面的两位学生说。有的学生想笑，一看我脸上一点儿开玩笑的意思也没有，便中途收敛住了。李晓春用手捂住嘴，把已经冲出唇的笑声，强行忍了回去。上五年级了，他们知道看老师的眼色行事了。大部分学生的目光都投向被我称为“大胖”“二胖”的身上。他们知道大胖指的是李震，二胖指的是彭晓明。我班还有个三胖，叫夏志成。他们不是按姓氏笔画多少排先后的，而是按体重，所以他们仨也不争执。

李震笑眯眯地走到讲台前。他这个人什么都很看得开，即使挨批评也是笑眯眯的。彭晓明则不同，他满脸狐疑，走得很慢。

“你们二位，谁的力气大？”

“当然我的力气大！”大胖李震大言不惭。

“大胖当真比你力气大？”我问二胖彭晓明。

“吹牛。”二胖说。他说话向来简洁、沉稳。

于是我请他们比试比试。比试什么？“斗鸡”！即每个人抱起一只脚，另一条腿蹦着向对方冲，谁能用扳起来的膝盖将对方顶倒在地，或用膝盖把对方扳起的一条腿“砸”下去，“压”下去，或者从下面给“掀”上去，谁就获得胜利。这是徐州地区的一项古老的游戏。

大胖、二胖剑拔弩张，各扳起一条腿，并不答话，向对方发起猛冲。二人大战十几个回合不分胜负。我让二人休息片刻再战，二人不肯，于是又战。战过七八个回合时，二胖终于敌不过大胖的“拐子腿”而败北。我从提包里把事先准备好的一枚“金牌”（从包装盒上剪下来的）取出来挂在李震胸前，把一枚“银牌”（也是从包装盒上剪下来的）戴在彭晓明脖子上。全班学生报以热烈的掌声。

直到我在黑板上写出“斗鸡”二字，学生才如梦方醒 —— 原来这场比赛不是白看的，要写作文！

从此，大胖又有了个“大力士”的绰号。遇到重一点的活儿，比如说搬桌子等，只要我喊一声：“大力士何在？”李震便马上笑嘻嘻地跑过来，二话不说，抬起来就走。

二

起外号不是中国人的专利。我虽然没到外国去过，但从外国的文艺作品中可以看出，外国人也爱给别人起外号。我研究了一些外号，发现外号基本上分两大类，一类是褒义的，一类是贬义的。但无论褒贬，都反映了某个人的或在生理上的，或在品格上的，或在技艺等方面的特点。在京戏里，曹操和孙权背地里都称刘备为“大耳贼”，因为据说刘备“两耳垂肩”。《水浒传》里的时迁外号叫“鼓上蚤”，因为他有一身非凡的轻功，偷鸡摸狗拔蒜苗，做起来既干净又利落。宋江因为好仗义疏财，经常接济有困难的人，所以人们送给他一个“及时雨”的雅号。

几乎所有教过我的老师都严禁同学之间起外号，只有张敬斋老师不忌讳。我们班有好几个男生都有他起的外号。我们班有个叫梁振生的同学，因为长我们几岁（20世纪50年代初，上高小的有十二三岁的，也有十五六岁的），人又老成，说话的声音粗，张老师便叫他“老头儿”。张老师说：“你年龄大，又是班长，喊你老头儿，当之无愧。”其实不解释，梁振生也认。他叫我们往东，我们不敢往西，在班里，他就是个“头儿”。可是，日子一长，女同学也有喊他“老头儿”的。梁振生笑着说：“你们女生谁再喊我‘老头儿’，我就喊她‘老婆儿’。”把喊他“老头儿”的女同学羞了个大红脸。

张老师也给我起了个外号，叫“小鲇鱼”。一天晚上，我和梁延生拿着胡琴找张老师教“西皮原板”。梁延生基础好，很快便学会了。我便缠着张老师，让他一句一句地教我谱子（那时全是口授），一直到我背下来，才拉倒。张老师笑着说：“我看你不是‘干钩于’，而是一条小鲇鱼。你呀，真有个黏糊劲儿！”他顿了顿又说，“话又说回来，没有你这个黏糊劲，又怎么能学会呢？”从此，“小鲇鱼”这个外号就喊开了。课间张老师几乎没喊过我的大名。小学毕业时，我拉胡琴的水平超过了延生。张老师几次在同学面前夸奖说：“‘小鲇鱼’的手音好，你们要想超过他，也得有那么个黏糊劲儿。”

有些外号不是老师有意起的。在师范学校读书时，有位女同学叫郑广云。有一次测验跳远，她三次都差一点跳到沙坑外面去。——不是跳到沙坑前方的“外面”，而是跳到左侧的“外面”。张老师量完最后一次的长度说：“远是挺远的，就是老歪，不然成绩会更好。”

打那儿以后，全班同学都喊郑广云“老歪”。开始，她不接受，谁一喊，她脸就红。后来默认了。她学习成绩好，是化学科代表，谁要问：“老歪，这题怎么做？”她便会走过去讲解。班主任赵维仁老师对同学们喊郑广云“老歪”大惑不解。经我们一解释，他笑了。有一次我们到农村帮助夏收，一向不准同学喊外号的赵老师也喊郑广云“老歪”。不但同学们乐了，连不苟言笑的郑广云也乐了。紧张的劳动立刻变得轻松，师生关系也显得融洽。

如今，我们老同学见面，任你是什么“官儿”，什么“头儿”，还和孩提时一样，一律直呼其名。有外号者，直呼外号。有个别同学的真名一时记不起了，但外号不忘！一呼外号，便立刻找回了昔日的感觉，回到了学生时代。没想到，喊外号的感觉竟是这么好！

起外号，是不是也是一种文化现象？外号（不包括侮辱人格的外号）是不是也是人生中的一种调味剂？

三

也许是受张老师的影响，也许由于性格的关系，我喜欢给学生起外号。

耿臻长得很像著名京剧表演艺术家、《红灯记》里的李铁梅的扮演者刘长瑜。她性格活泼，谈吐幽默，我有时不叫她耿臻，而叫她“铁梅”。

她在一篇作文里写了这么一个事：

> 一个星期四的上午第一节课，期中语文考试成绩公布了，我才考了89.5分，太差了！我鼻子一酸，不听话的眼泪便扑簌扑簌地落下来。尽管张瑶多次写“别哭信”，也无济于事。
>
> 第二节上作文课时，我的眼泪还未流干。于老师发现了，惊讶地说：“哟，我们的小李铁梅怎么哭了？瞧，眼皮红红的，这下，表演时可不用化妆！嗯，为剧团节省开支，应该表扬！”——因为于老师总说我长得像演李铁梅的刘长瑜，所以经常喊我“铁梅”。
>
> 我听了很想笑，可是眼泪偏偏要出来见见世面，直往外钻。
>
> 于老师见一招不灵，又使一招。只听他很兴奋地说：“铁梅，使劲哭。对，就这样。”然后对大家说：“告诉大家一个好消息，咱们徐州马上就要有一个小西湖了，它的创造者是耿臻！”
>
> 我再也忍不住了，破涕为笑。
>
> 于老师又很沮丧地说：“唉，小西湖建不成了。”说着，他收敛了笑容，

走到我跟前，郑重地说："铁梅，失败乃成功之母！"

我挺直了腰杆，觉得自己真的是铁梅！

这件事如果不是通过"外号"来处理，不但要费更多的口舌，而且效果也不会这样好。可是，我给她起这个外号的时候，并没料到今天会在这儿用它来做她的思想工作。

胡文涛长着一双机灵的眼睛。上课时，只要老师不注意他，他的手脚便忙活起来，常常闹得四邻"鸡犬不宁"。一天，我正上课，发现他把一只手伸到了同桌的位洞里。我放下书，喊了一声："胡文涛！"

他乖乖地站起来，老老实实交代了错误 —— 他是想去拿同桌位洞里的一本课外读物的。

"你是不是想回花果山？"我问。

学生们乐了。上二年级的时候，我就因为他上课好动，而且会翻跟斗、拿倒立，再加上他姓胡，便给他起了个外号 —— "孙猴子"。学生们都清楚，我所说的"回花果山"是"驱逐出境，不准上课"的代名词。有一回，就是因为他上课不守纪律，而"勒令"他回"花果山" —— 叫他到办公室去。

"不愿意？那就坐下好好听讲。"我见他说了实话，且又不愿意回"花果山"，便原谅了他。

这样的事 —— 利用外号涉及的内容批评人 —— 常有。他的同桌张宁宁在一篇作文中记了这么一件事：

六年级上学期，我和"孙猴儿"胡文涛同桌。一天，写作文时，胡文涛又开始耍起了金箍棒 —— 铅笔。他把铅笔在桌子上竖起来，倒下，再竖起来。一会儿，他又把铅笔顶在手指肚上，像玩杂技一样，不让铅笔倒下。不过，这次演砸了，铅笔啪啦一声掉到了地下。这声音被于老师听见了，说："孙悟空大闹凌霄宝殿了，连我这个'玉皇大帝'对他也奈何不得了。宁宁，你一定要让他'宁'静，不然教室要倒塌了。"

我想，于老师真幽默，我怎么能克制住这个孙猴子呢？

"宁宁，我说的话你一定要记住呀！你当他的克星绝对没问题。你嘛，两个'宁'字，以静克动，能不胜他？"这时，我瞥了胡文涛一眼，他正一本正经地埋头写作文呢！

胡文涛写得一手好字。到了六年级，字越发写得老成。一天，我把他的作文扬起来，对全班同学说："看，胡文涛不但文章写得简洁，而且字写得漂亮，有骨有肉。

看来，我们的‘大圣’文武双全。”

胡文涛得意地朝张宁宁一笑。

6月的一天，我带学生到解放军驻徐某部参观。看完射击表演后，我对胡文涛说：“孙大圣，何不趁此机会，也来一手？”同学们一起喊：“孙悟空，来一手！”他紧了紧腰带，先在草地上来了两个前滚翻，接着侧手翻。好大圣，车轮似的在草地上转了起来。一个，两个，三个……同学们不约而同地为他查数。好家伙，一连翻了二十几个！张明、丁翊、万信鹏等人不服，也跟着翻，但都没比过胡文涛。

我笑笑说：“孙悟空是漂洋过海，历尽艰辛，到西牛贺洲灵台方寸山斜月三星洞跟菩提祖师学的本领，能七十二变，一蹦十万八千里，等闲之辈怎能与他相比？”胡文涛眉毛一扬，脸儿一红，走开了。

不能把孩子管“死”，不要对孩子的好动看不顺眼，动辄斥责。

每当我因学生调皮乃至恶作剧而要动肝火的时候，便问自己：“你这么大的时候又当如何？”这样一问，常常便会有另一种心态出现。这种心态就是理解、宽容。心态变了，处理方法自然也变了，或委婉劝告，或调侃两句，一笑了之。笑的作用往往比训斥的作用大，而且效果好，也不伤老师的身体。

四

在我所喊学生的外号中，属于贬义的只有王昊的外号“耗子”。这是上二年级的时候，同学给他起的，因“昊”与耗子的“耗”同音而得名。为此，王昊多次埋怨他爸爸不该给他起这个名字。但是，当初他爸爸为给他起这名字，费劲还真不小，《新华字典》足足翻了两三天。他爸爸解释说：“儿子，昊是‘广大无边’的意思。爸爸给你起这个名字，就是希望你努力学习，将来成为一个有学问、有本领的人。”

但是事与愿违，王昊文化成绩平平。可是人很机灵，反应快。上三年级的时候，我设计了两节“动物王国掰手腕决赛”的说写课。上课时，需要三个人饰小白兔运动员，三个人饰猴子运动员，一个人饰大象裁判员。六名运动员好选，裁判员难定，因为这个角色必须眼明、嘴快。有人推荐班长刘亚宇，但他过于老成稳重，我没同意。又有人推荐王昊，但好几个“运动员”对他持有疑义。“可以试试。”我说。一天下午放学后，我把七名学生留下来排练。我递给王昊一只哨子——当裁判需要哨子，又对扮演猴子运动员的曹闯耳语一番。曹闯心领神会，精神抖擞地和扮兔子运动员的孙勇拉好掰手腕的架势。

王昊一吹哨子，说：“动物王国掰手腕决赛现在开始！”

“运动员”们一听，还真像这么回事！连声说：“耗子还行！”

第一局曹闯赢了；第二局孙勇胜了；第三局，曹闯见久战不胜孙勇，便把胳膊肘微微抬了起来，一下子把孙勇扳倒了。只听王昊一声哨响，说："猴子犯规！重新比赛！"曹闯不服，欲申辩，王昊并不说话，一只手在衣兜里摸呀摸呀，最后摸出一张小纸片，对曹闯一亮！噢，黄牌警告！曹闯伸了伸舌头，只好乖乖地重新比赛。

我十分高兴，对其他几个"运动员"说："这就是'耗子'的本事！我告诉你们，曹闯犯规是我事先安排好的，目的是想看看王昊能不能发现，会不会处理。"

在场的人对王昊佩服得五体投地。就这样，王昊当上了裁判员。我对王昊说："大象头饰别戴了，我再给你画个老鼠头饰吧！"

王昊不同意，说耗子名声不好。我说："鼠是十二生肖之首，怎么不好？你不就是有夜里出来偷油喝的毛病吗？"

这两节课上得很成功。学生观看比赛时，先以"动物王国电视台播音员"的身份，当解说员；比赛完毕，又以"动物王国体育报记者"的身份，写了一篇报道；最后又以"动物王国广播电台记者"的身份写了一则"简明新闻"，"一举"而"三得"。

从那以后，王昊不但不拒绝别人喊他"耗子"，而且以别人喊他"耗子"为荣。

我喜欢请他做点事，他也很有眼色。如果请他发作文簿，他比别人快；如果请他到办公室拿点什么东西，他比别人麻利。这时候，这样的表扬他最得意："你真不愧为耗子呀！"

中国历史上有个"误点成蝇"的故事，说的是三国时候画家曹不兴的事。一天，曹不兴为孙权画屏风，误将点墨滴在白绢上，大家为之着急，曹略作思考，提笔将这点墨濡成一只苍蝇。大家眼睛一亮，觉得这只苍蝇非但不多余，而且与整幅画中的人物、庭院协调一致。屏风呈给孙权看时，孙权误以为是一只真苍蝇落在画上，用口呵之，不去，伸指弹之，亦不去，方知受骗。

我喊学生"耗子"，从理论上是断然讲不通的，尽管申明"鼠乃十二生肖之首"，也不能自圆其说。但事实上不是的。我想，三国时的大画家曹不兴能变丑为美，将"误点"濡成一只苍蝇，老师为何不能有此本领？老师心中藏着对学生的爱，即使喊学生一声狗儿呀、蛋儿呀也无妨，这和父母呼孩子的乳名没有什么两样。说真的，当年张老师叫我"小鲇鱼"时，真比听爸妈喊我小名还感到亲昵。那是老师对我的极大的宠爱。

14. 经常为学生的学习生活注入“兴奋剂”

一

那是我读小学四年级的时候。一天，张敬斋老师对我们说：“‘五一’节，咱们全乡三到六年级的学生要举行庆祝游行。我们学校的游行路线是徐家夼 —— 梁家夼 —— 大梁庄 —— 赤山。”

大家兴奋得不得了。那时，朝鲜战争还没有结束，张老师自编自排了一出活报剧。一个人演杜鲁门（当时美国总统），一个人演李承晚（当时韩国总统）。“杜鲁门”开头几句台词至今我还记得：“我叫杜鲁门，是个大凶神，一心想把中国占，一心想把世界吞……”“李承晚”台词的开头是：“我叫李承晚，南朝鲜，我来坐江山。我的江山不大稳，认了个干爹杜鲁门……”因为看两位同学排练得多了，当时几乎人人都把台词背下来了。我是锣鼓队的，专管打大钹，梁贵善打小钹，梁延生打锣，梁延举打鼓，梁延香打小锣。由于受环境的影响，胶东半岛的农村孩子会打锣鼓的不少。别说打秧歌锣鼓点，就连京戏里的什么“急急风”啦、“四击头”啦、“凤点头”啦，都会。

那几天，学校像过节似的，人人都处在兴奋状态。一想到“五一”节的庆祝游行，就有说不出的激动和喜悦，似乎干什么都有劲儿。

当然，个别同学也有忘乎所以的时候。不过，只要张老师点一句：“你还想不想参加游行？”他们便会冷静下来；如果是上课，大家会立刻坐得端端正正的。记得一天课间，于成家一边说着“我叫杜鲁门，是个大凶神”，一边把梁延兆的一只胳膊拧了起来，恰巧被张老师看到了，张老师说：“于成家，‘五一’游行你别参加了！”

于成家呆呆地站着，眼泪簌簌地流下来。他喃喃地说：“老师，原谅我吧！”

“‘大凶神’怎么能参加我们的游行？”

“我再不当‘大凶神’了。”于成家可怜巴巴地说，“刚才，我是跟延兆闹着玩的，没使劲拧，不信你问问他。”

张老师拂袖而去。成家急了，急忙追上去央求。他追到张老师前面，一扭头见张老师笑了，高兴得两只拳头一挥，蹦了一个高儿。那动作，和足球运动员踢进球的动作十分相似。

还有一次，张老师问我们："咱们莱阳梨全国闻名，可是你们知道吗，莱阳梨的顶端为什么凹得那么深？"

一下子把我们问住了。我们从小吃梨，可从来没想到这个问题呀！张老师接着说："过几天，我带你们到梨园去看看，一问果农你们就明白了。"

这个问题的答案张老师肯定知道，但他秘而不宣。他是有意叫我们犯嘀咕，叫我们去想，叫我们去盼。在那些等待的日子里，我们除了有老师将为我们开启一扇知识之窗的激动，还有一份像进了腊月门盼过年似的喜悦。

长大了，我考入了师范学校。在师范学校我读了马卡连柯的许多著作。"人类生活中真正的刺激剂是未来的快乐"这句名言深深地印在了我的脑子里。读了它，我立刻想到上面的两件事。我把这句话抄在了我的日记簿上。我在心里说，等我走上教育工作岗位，一定经常为学生带来"未来的快乐"，哪怕是一次丰盛的野餐。

二

"下个星期六，我们去爬峄山。"一天上午，我向全班学生宣布。学生们欢呼雀跃。

"且慢！"我说，"你们知道峄山在哪儿？那儿有什么好玩的？"

有少数人听说过峄山的，也知道在哪儿。至于有什么好玩的，却无人知晓，因为他们中谁都没去过。

我说："孔子曾登过峄山。他登上峄山后，惊叹地说：'登峄山而小鲁。'可见峄山之高。你们想去吗？"

"想去！"

"那好，你们做准备吧。先问问去过的人，或查查有关资料，例如《中国名胜大词典》啦，看峄山有什么好玩的，然后，你们同学之间交流交流。"

第二天，就有人绘声绘色地向我描述通过询问以及查资料了解到的峄山。有一位学生说："于老师，多巧吧！我昨天下午放学到我爸爸的办公室去，顺便翻阅《人民日报》，正好上面有一篇介绍峄山的文章。"接着眉飞色舞地讲述了峄山的"三奇"——石奇、洞奇、泉奇。

大家越讲，登峄山的愿望越迫切。

有人反对把搞活动的事提前告诉学生，认为学生知道了上课会不安心听讲。其实不然。在去峄山前的一个多星期里，每个学生的脸上都浮现着兴奋和喜悦。房柯的脸就像一朵绽开的花，连不苟言笑的陈萌嘴角的笑意也没消失过。学生上课特别精神，特别专心，学习效率普遍高。课间，大家玩得也特别开心，比以往更友好。这种情绪也带到了家里。家长告诉我，学生回到家里，挂在嘴边上的，除了峄山还是峄山，几乎没有别的话题。天天看日历，算计着离爬峄山的日子还有几天。

爬峄山无疑是一支注入了学生生活里的“兴奋剂”。从峄山回来，这个兴奋剂的药力还没有消失，再加上登峄山的所见所闻又着实地刺激了一下学生本来就兴奋的神经，所以学生从峄山回来后，又兴奋了好几天。

活动本身，使学生的生活得到了充实；活动前的期待，也是一种充实。这是一种精神上的充实。它的意义往往超出了活动的本身。

我们搞的“军营一日”的活动，使学生彻底地领略了这种期盼所特有的感情体验。本来这次活动定于6月5日举行。学生好容易把日历翻到了6月4日后，部队突然打来电话，说有紧急任务，活动日期推迟。推迟到哪一天，不好说。别说学生，连我也着急了。3日下午，发迷彩服的时候，学生是何等兴奋！有人回家便穿了起来，对着镜子照了又照。可是，5日去不成了，学生的脸都拉长了。我安慰说：“只是时间推迟，并没有取消嘛，耐心等待就是了。”

有希望就好。希望，就是“未来的快乐”的代名词。

从此，每天早晨学生见到我的第一句话就是：“于老师，我们什么时候到部队去呀？”

时间终于定下来了 —— 6月12日！学生们又一次兴奋起来，天天掰着手指头算着，盼着12日的到来。

能说盼不是一种幸福、一种快乐吗？

只要你让学生去，你说什么他都听，什么矛盾都好解决。盼，不也是一种“化解剂”吗？

“军营一日”活动将永远留在学生的记忆里，去军营前的十几天的难熬的等待，也将留在他们的记忆里。我相信，他们什么时候想起，都会充满对童年的无限眷恋。老师们夸我儿童心理学学得好，我说，不，是我心里有一本写自己童年的心理学。

三

比赛也是一种兴奋剂。

1995年元旦即将到来。“元旦作文大奖赛”在元旦前的三个星期便拉开了帷幕。第一篇作文的题目是《老山羊走后》——续写童话故事《老山羊和狼》，比赛要求是“看谁写得长”。第二篇作文题目是《说说我的胆儿》，比赛要求是看谁写得真实、具体。第三篇作文题目是《找××》——“××”指一种东西，比一比，谁写找一种东西时“急得很”，急得脸红，急得跺脚，甚至急得发脾气。

1996年“元旦作文大奖赛”的三个题目分别是《于老师》《杨老师》（班主任）《徐老师》（数学老师）。每篇作文要求写出老师的一个特点，看谁写得像。

三篇作文总分排前10名的为一等奖，二、三等奖的人数是尽量多，尽可能让更多的人欢天喜地。奖品通通是书。

1995年元旦，我到新华书店买书，一次花去300多元。卖书的人以为我是给学校买的，问我发票的抬头写什么学校。我说：“我是个人买的，抬头就不要写了。”

“您怎么买这么多儿童书籍？您是研究儿童文学的？”

“不，我是给孩子买的。”

“您有多少孩子？”

“不多，48个。”

同来的徐善俊老师笑了，他解释说：“他是给学生买的。”

服务员感动了，她把我买的书捆扎得有角有棱的，既结实又美观。

我说：“谢谢！”

她也说：“谢谢！”

“您谢我买的书多？”

“不，谢谢您对学生的关心！”

一本书不过几元钱，最贵的，像精装本《儿童古文观止》，也不过十几元钱，但学生都努力去获得，并为能得到一本有我题词的书感到自豪。有时候，没有奖品，只有一张奖状，但他们仍然努力去得到。徐晴在一篇作文里这样写道：

> 于老师经常举行一些作文竞赛，激发我们的兴趣，使我们爱作文。我们都能轻而易举地从于老师那里得到一本书，或者得到一个很高的，却又不值钱的称号，像什么“小作家”啦、“作文大王”啦，等等。这些称号不是口头上说的，而是写在奖状上的。我们虽然知道不值钱，但总是努力去得到，绞尽脑汁地去写于老师布置的作文。得到了，我们甜甜地笑，于老师也甜甜地笑……

比赛不也是一种兴奋剂吗？

它像在平静的水面上抛下去一粒石子，使水面顿时泛起涟漪，有了生机。

比赛是竞争，竞争本身也是一种动力。

“文武之道，一张一弛。”比赛不能滥，弦绷得太紧是会断的。

四

有些比赛说我巧立名目也不过分，但不像西方国家“有闲阶级”所搞的什么“抽烟比赛”“接吻比赛”。据说一对男女创造了接吻30多个小时而没有累趴下的记录，据说这个记录还上了“吉尼斯世界大全”。那样的比赛是断然不能，也不允许进入学校的。

有一次，学期快结束的时候，我把作文簿发给学生，开展了一次“找漏洞比赛”。找谁的漏洞？找老师的漏洞，找老师批改作文的漏洞——看看哪些错别字没改出来，哪些病句没改出来。请别人看自己的作文找出来的，或别人请你看作文找出来的，都算自己的，都把它记下来。这场比赛好生厉害！学生恨不得拿放大镜看自己的作文。请别人检查自己的作文的人多，主动检查别人的作文的人也不少。

这些比赛的奖品是很不起眼的，要么是簿本、刨刀之类，要么是铅笔、圆珠笔之类。

我付出的微乎其微，学生获得的却很大很大。

发奖品时，我说：“谢谢大家找出了那么多由于我的疏忽而出现的漏洞！我希望今后再举行这类比赛时，获奖的人越来越少。”

学生很懂事。他们说：“我们要像这次比赛一样，写完作文认真检查，少给老师添麻烦。”

五

如果说，“找漏洞比赛”是巧立名目，那么“大搜捕行动”则是很刺激的比赛。

一天，我突然宣布：“据可靠情报，敌人约两个连有200多名空降兵，降落在云龙山的丛林里。上级命令我们，立即开赴云龙山，围歼空降的敌人！这些敌人，有的躲在树枝上，有的藏在草丛里，还有的潜伏在石缝里。”

学生们知道，这些所谓的“敌人”，是一道道数学题。这些数学题，按难易程度，分别标上“连长”“副连长”“排长”“副排长”以及“班长”“副班长”“士兵”（“连长”“副连长”都是比较难做的题，“士兵”都是难度一般的题）。谁搜索到了，并把这道题做对了，就是“消灭”了一个“敌人”，最后“论功行赏”。如果找到一个“大官儿”，对付不了，可以请别人帮忙，这个功劳则记在两个人的身上。

当数学老师宣布“战斗”结果，嘉奖“歼敌能手”时，树林里一片欢腾。学生仿佛真的成了军人，他们仿佛真的打了一个漂亮的歼灭战。

山林为之欢呼，鸟儿为之歌唱。

许多游人也走过来停住脚步，站在队伍后面，莫名其妙地听老师讲话。

15. 目中有人

一

每次走到教室门口，耳畔便响起徐州京剧团高老师指导我演《沙家浜》“智斗”一场戏时说的话：“上了场，要有精、气、神，眼里要有观众。”每次开教室门的感觉，和演《沙家浜》挑开舞台上场门的幕帘的感觉一样，立刻会精神抖擞，即使肚子疼，也会全然不知。

我的目光会在瞬间将学生环视一遍，我会让坐在左右两侧的学生都感觉到我眼里有他们。我对学生的聚精会神会立刻作出表示——或微笑，或颔首。对个别思想不集中，或者随便讲话的人，我会立即作出反应。我要求每个学生都记住这样一句话：老师讲课时，你的眼睛如果不看老师，我将认为你是个不专心的人，没有礼貌的人。

“看陆慧娟多么精神！”我说。

我表扬陆慧娟还有一个目的，想提醒她的同桌沈勇。上课好一会儿了，沈勇的心还没收回来，还在摆弄他的文具。果然，陆慧娟为之一振的同时，沈勇也好像被人击了一掌似的，立刻放下文具，端坐“成佛”。我立刻送给他一个满意的表示——点头。

有时，我说得比这明显：“你看，沈勇的同桌陆慧娟听得多专心！”我为什么把沈勇也带上？其他学生不知道，沈勇心里却明白，他会立即把身子挺直，两眼一眨不眨地看着我。这是“敲山震虎”一词的反用。

“我请你思想集中一下，不要心猿意马。”如果个别学习、听讲不专心的学生的目光就是不和我的警示的目光相碰，我会立即这样提醒他，也会发出这样的警告：“你是不是想考验一下老师的忍耐性？”

有一天，我听一位青年教师的课。下课后，我用四个字做了概括：“目中无人。”我说：“你讲课，很少离开讲桌，老是看教案，第四排有两个学生动手打起来了，你都没发现。可以断定，平时你上课，班级纪律不会太好。”

这位老师并不为我的单刀直入而介意，仍然频频点头。

我继续说：“原因很简单，因为你‘目中无人’。小学教师走进课堂，要‘目中有人’。教案应烂熟于心，将百分之八十的思想集中在学生身上。对个别不守纪律的人视而不见，对个别学生随便讲话充耳不闻，不及时制止，他们便得寸进尺，而且势态会很快扩大，直至难以控制，最后，老师不得不借大发雷霆、罚站，甚至把学生轰出教室等措施来维持纪律。要学会嘴、眼、耳‘协同作战’，嘴里讲着课，眼睛观察学生的表现，耳朵听学生的动静。讲课时，要把目光调离教案。侧身倾听一个学生的发言时，眼睛要观察别的学生的举动——因为当老师专心听某一个学生发言时，个别人常常会趁机做小动作。进了课堂，要机敏、果断、利落，不但处置问题要利落，说话也要利落。”

接着我讲了这么一个例子。一天上作文课，魏家福一连三次找同桌尹淑华说话，尹不但没和他搭腔，还友善地提醒他注意听讲。我立即停止指导，郑重地说：“我要好好表扬尹淑华，同位三次找她讲话，她都没理。我也要表扬魏家福，他终于虚心接受了同桌的意见，现在认真听课了。”全班肃然。“全班注意——”我接着说（讲到重要处，我一定提醒全班学生注意），见每个人都注视着我了，我一字一顿地强调，“这次写《阎窝参观记》，一要把看到的、听到的，按顺序写下来，二要适当地写一写自己的联想。你看到了当年日本侵略者杀害中国人民的场所，你看到了芦苇荡，一定会想到当年的情景的。记住：文章因有联想而生动，因有联想而感人，因有联想而丰富多彩。——请写吧。”我之所以戛然而止，因为魏家福的表现也给我传递了这样一个信息——老师讲得多了。如果还要长篇大论地说下去，那也叫“目中无人”，一定还会出现第二个、第三个魏家福。

最后，我对这位青年教师说：“听了你的课，使我想到了年轻时的我。”

这时，他的脸上才露出一丝笑意，一点轻松。

人人都不是一生下来就会走的。

二

学生都知道我有这么一个特点，课堂上，有时我会突然停止讲课，让学生说说刚才我讲的什么，或者让他们读课文的某一部分。他们也知道，我喊的往往是思想开小差的人，或者是昏昏欲睡的人。我这一“军”，十有八九会把他们“将”死，使他们陷入十分尴尬的境地。一般情况下，我不会令他们太难堪，会马上示意让他们坐下。因为我的目的只不过是想提醒他们注意听讲，或者把他们的瞌睡虫赶跑罢了。发现学生乏了、困了，就让他们说说、读读，这也是一种很好的调控手段。

我很赞赏低年级老师上课时安排的“课间活动”——课上到大约一半时，让小朋友或唱唱歌，或做做小游戏，或做做由老师自己编排的什么操。这又是一种调控手段。

中高年级就不需要了吗？也需要。一节课40分钟，一个上午坐在教室里听三四节课，八九岁、十一二岁的孩子能不疲劳？眼里光有教案，而没有学生的人，才会置疲倦的学生于不顾，还在那里滔滔不绝地讲。

“全班起立！”一旦我发现学生打哈欠，有的人的头需要用手臂支撑的时候，我便会发出这样的口令。“请先伸个懒腰。伸懒腰好哇！它有利于健康。”学生们便嘻嘻哈哈地举起双臂，痛痛快快地伸个懒腰。“请用双手搓搓脸。搓脸好哇，它可以搓掉睡意和疲劳。”于是，学生们又用力搓脸。“个个像小猫洗脸。”有时我会这样开个玩笑。然后请学生坐下。这样一个过程，前后不过两分钟，但是学生们的精神会为之一振。

三

“刚才读书的时候，谁的后脑勺被老师摸了一下？”我站在讲桌前问，“被摸的人请举手。”

小朋友目光直直地望着我，没有一个举手的。

我用命令的口吻说：“被老师摸了一下的小朋友请站起来！”

小朋友你看看我，我望望你，怯怯地、陆陆续续地站起来。

我表扬说：“这些小朋友刚才读书特别认真，我是从他们的表情上看出来的，从他们的声音中听出来的。我摸一下后脑勺是赞扬的意思、满意的表示。”

十几位站起来的人顿时松了一口气，变得激动起来。这不仅仅是表扬，我的话还给了每个学生这样一个信息——老师时刻注意着他们。

学生们知道我随时都在注意着他们，上课时自然也就不大敢掉以轻心；知道我抚摸他们的后脑勺是赞扬、肯定、满意、喜欢的表示，自然也就以在课堂上能得到我的一下抚摸为荣。

“妈妈，上课的时候，于老师摸了我两次后脑勺。”一天，郑蕾放学回家对妈妈说，“一次是我写作文草稿的时候，一次是我读作文的时候。”

妈妈心不在焉地应了一声。心想，摸后脑勺有什么好说的？

“妈妈，这是老师夸我呢！夸我写得好，夸我读得好。”

女儿加了一句“注释”，这才引起了妈妈的注意，高兴地说：“噢，是这么回事！”

我对郑蕾的妈妈说：“其实不在于什么动作，而在于学生的每一点成功，每一点进步，老师是否能看到，并及时予以肯定。个人价值实现的标准之一，就是得到了别人的承认。这一点，我特别有感触。上学时，老师给我写的哪个毛笔字画了双圈（字写得好，老师便在上面画一个红圈，特别好的，画两个红圈），至今都不忘；对老师写的关于夸我的作文批语，至今都记得，而且仍然激励着我。还有一点，我这样做是让孩子们知道，老师时时刻刻都在关注着他们。”

四

其实，课堂上，我的精力多数是放在那些学习懒惰、拖拉以及有困难的学生身上的。

“我的老家有一句谚语叫‘站一站，二里半’。意思是说，几个人同行，如果谁嫌累，哪怕只是在路边站一站，停一停，就会发现，前边的人已经把他落下了一大截。”一天，我对写作业慢腾腾、写一会儿停一会儿的王思维说：“请你记住这句谚语。”

王思维的笔杆立刻摇动起来。

“还记得我说的那句谚语吗？”过了几天，我又问他。

“记得。——‘站一站，二里半。’”

后来，我只要发现他磨蹭，便用手指轻轻地敲一下他的桌子。

可是，不久，一个星期一的上午，王思维没到校上课。班主任向家长询问原因。家长奇怪地说：“不对呀，他早晨背着书包上学去了呀！”一了解，原来他星期天的家庭作业没做，怕老师批评，逃学了。

“你呀，不是站一站的问题了，而是整整站了一天。”我说。

他低着头，默不作声。

我继续说：“人人都有惰性。这个惰性靠谁去战胜呢？靠自己。谁战胜了惰性，谁就会取得成功。”

话虽然这么说，但我心里是虚的。因为我知道，做事拖拉一辈子的大有人在。但我也相信，经常念叨“站一站，二里半”的谚语，对学生会有作用的，包括王思维。到了六年级下学期，他终于幡然悔改，学习勤奋，以优秀的成绩考入重点中学。

但是，千万不要把手握钢笔、眼睛望着天花板或盯着作业簿出神的学生都当成懒汉。

有一天，李健手扶着脑袋，用嘴吹语文作业簿。一吹，上面的一张纸便掀了起来，用劲大一点，第二、三张也跟着动。一次，两次……我走到跟前，他才发现我。作业簿上写着这样几个字：“造句：即使……也……”。

“你是一面吹，一面想怎样造句，对吗？”

他脸红了，不好意思地看了我一眼。

“即使你半天想不出来，也不去问老师，是吗？”

他一高兴，一会儿便造出了这样一个句子：

“遇到难题，我即使半天想不出来，也不去问别人。”

“再加一句：我相信自己。”我建议。

于是他又写上了“我相信自己”的话。

一次，我见杨绪清坐在座位上发愣。我走过去一看，原来她写作文时走入了“死胡同”。她前边是这样写的：“我家的小狗十分可爱，长长的毛，大大的耳朵，圆眼睛，黑鼻子，宽嘴巴……”下面接不下去了。

我小声对她说：“你呀，是闭着眼睛走路。前边路不通了，是不是？发现走不通了，赶快回头嘛，别死心眼。你把‘毛’‘耳朵’‘眼睛’都放到前面去，看看行不行？它头上、身上的毛……怎么样？请你接着说下去。”

“它头上、身上的毛很长……”

“像什么？”

“像头小狮子。”

“再说耳朵。一双耳朵怎么样？”

“一双大耳朵耷拉着，遮住了半个脸。”

“多妙！就这样写。”

她茅塞顿开，埋头写起来。

如果这时对她也念“站一站，二里半”，就委屈她了。这样做，等于在拉着车子撞到东墙上的牛的身上抽鞭子。这时候，她需要的不是指责，而是指点。

16."开窗户"的启示

一

初为人师时，生活常常给我开个小小的玩笑，弄得我手足无措。

这是一件极小的事。

一天，数学教师告诉我，朝君上课看画书，警告了两次才把画书装进书包里去。

"看的一定是很有趣的画书。"

"《赤壁之战》，好几本呢！"

我"嗯"了一声，心中埋下了"整"他的火种。

下节课正好是我的语文课。我暗中注意小君的行动。因为《赤壁之战》引人入胜，且故事又长，一时间是看不完的。

课讲完了，当做笔记时，他终于经不住画书的诱惑，偷看起来。头深深地低着，前额几乎和桌面相碰。我悄然走到他跟前，他竟全然没有觉察。真入迷了。

我轻轻咳了一声。他吃了一惊，下意识地连忙将画书往位洞里藏。

"来不及了不是，给我吧！"

他望望我，双手伸进位洞护着书，一副誓死与书共存亡的架势。

"不给？"

"人家的。"

"不管谁的，都要没收。"

他坚决不给，我坚决要收，形成了势不两立的态势。如此僵持了一会。全班学生都在"作壁上观"，有些胆儿大的，干脆站了起来。

"真不给？"我又问了一遍，算是"最后通牒"。一夺，夺烂了其中一本的皮。

他大哭。

书没有收成，这一节课也没有上好。

二

这件事久久地萦绕在我的脑际。

我忽然忆起鲁迅先生说过的一段话，虽然是上中学时读的，但大意依稀记得：如果你带领一帮人对一个人说：“喂，赶快扒掉你的房子！”那人势必不肯，当他乞求你不要扒掉时，你说：“好吧，不扒也可以，但必须在墙上开一扇窗户。”他准会满口答应。记得鲁迅讽刺的是改良派的心态。

其实这种心态（或者说心理现象）很普遍。如买卖的双方，卖方要价高，买方还价低，生意则不易做成；如卖方将价落落，或者买方将价提提，往往很快成交。“开窗户”，其实就是“退一步”的意思。

想着想着，我忽然明白了什么。

三

一天，学生报告：小龙用弹弓射掉校园内合欢树上几朵花儿。

这棵大合欢树是学校的骄子。树冠硕大无比，上面缀满了粉红色的绒球似的花儿，一进校门向西望去，宛如飘在校园上空的一片霞。小龙怎么忍心损坏它呢？

上课。我佯装不知道射花之事，笑问：“听说你有一副弹弓？”

小家伙机灵得很，眼睛眨巴眨巴的，望着我，不答话。

我单刀直入：“因为你用它损坏了学校的花木，所以得没收。”

“我没有弹弓。”他安之若素，矢口否认。

“射花的事可有？”

他低下了头，说：“有的。不过弹弓不在我身上。”

“还要老师到你的口袋里去掏？”

听了我这明显的“威胁性”语言，他仍一动不动。看架势，他要以朝君为榜样了。

长了心眼的我，走到他跟前：“你说，凭老师的力气能不能夺下来？”

他惊恐地望着我。我郑重其事地用外交家的语气说：“小龙，如果你交了出来，承认了错误，我还会给你的；如果被老师硬夺下来，对不起，这弹弓就不再属于你了。”

他二话没说，立刻把弹弓交了出来。

这是一把做得非常精致的弹弓，不锈钢的弹弓把，闪闪发亮。无怪他舍不得交出来。弹弓也是我童年喜欢玩的东西。我经常和我的小伙伴们一起到杏树林里用它打鸟（那时没有一丝“环保”意识）。有一回，我把没有装石子的弹弓拉开吓唬女同学，老师得知后，把我的弹弓给没收了。

这时，小龙眼泪汪汪地说：“于老师，我错了，我改了。”

“谁给你做的？”

“表哥。”

小时候，老师没收了我的弹弓，让我难过了好几天。我知道这弹弓在小龙心中的位置。于是我说：“同学们，小龙承认了错误，并表示今后改正，态度很诚恳。我看，现在就把弹弓还给小龙，同意吗？”

“同意！”

小龙破涕为笑。

四

教数学的余老师对我说：“从军上课经常捣乱，批评他一点儿也不在乎，好像故意跟我作对似的。”

我找到了从军。从军直言不讳：“我对余老师有意见，她太偏向。”

“怎么偏向？偏向谁？”

“有时不是我的事，却怪我。那天，同位的说我抄他的作业，余老师不问青红皂白，狠训了我一顿，其实，我根本没抄他的，只不过想跟同位对对得数。”

“于是，你就故意和余老师作对，上课往前排同学的背上贴乌龟？你的所作所为，不但侮辱了同学的人格，而且妨碍了大家的学习，必须向全班同学道歉，还要当着全班同学的面向余老师和坐在你前面的同学检讨。”

“我才不向余老师检讨呢！”

“余老师说了，有些地方她错怪了你，你怎么能不认错？你怕难为情，不在班里检讨也行，但必须向余老师讲一讲。”

从军什么话也没说。

就这样，我运用“开窗户”的原理，解决了从军故意捣乱课堂的问题，使师生关系恢复了正常。

五

小诚是个极不用功的学生。我抄给学生的《三字经》上的一段二十五史，不消两天，全班学生便背得滚瓜烂熟，可他不会。在我的提示下，才磕磕巴巴地背出“夏传子，家天下”。只算开了个头，离“清祚终”还远着呢！

“你怎么背不下来？”我颇为生气。

“脑子笨，记不住。”他脸上毫无愧色。

“不对。是你没有用心读，很可能压根儿就没有读。背会了这一部分，我们祖国几千年的文明史就装在脑子里了。这对你以后的学习很有益处。”我来了一番思想教育之后，接着说，“我再给你一天时间，必须流利地背下来。”

他的眉毛、眼睛、鼻子、嘴，顿时聚拢在一起，罩上了一层愁云。

“有困难？好吧，减三分之一，背到‘称五代，皆有由’。”

紧锁的眉头并未因此而松开；噘着的嘴并未因此而放下。

“好吧，背一半，只背到‘唐高祖，起义师；除隋乱，创国基’。怎么样？”

“行！”他说。一丝笑逐散了满脸的愁，五官顿时清晰、明朗起来。

一回到位上，他就哇啦哇啦地背起来：“经史通，读诸史……”

第二天检查，通过。接着又布置了最后一部分。第三天检查，他一口气背到“朝于斯，夕于斯”。

“相信勤奋，还是相信脑袋？”我问。

“相信勤奋。”

《三字经》讲，“教不严，师之惰”，是对的；但不全面，还得加一句：“严有方。”——要“严而有方”。

倘若我一开始就对小诚宣布：“两天后你必须会背。”恐怕不会背得像现在这么快。

17. 换个说法和做法

一

一年春节，我到一位朋友家拜年。吃饭的时候，朋友的孩子一失手，碗掉在地上，“哗啦”一声，碎了。

朋友生气了，说：“看你！做什么事都是冒冒失失的，连个碗也端不住……”

孩子不安极了，要哭。

孩子的奶奶却笑着说：“碎（岁）碎（岁）平安！碎（岁）碎（岁）平安！再找个碗来！”

一句话，说得大家都高兴起来。家里立刻又洋溢着节日的祥和气氛。

我佩服朋友母亲的说话艺术。一句“碎（岁）碎（岁）平安”，把由孩子打碎碗而带来的“晦气”转化为吉祥。我们当老师的，每天不知要讲多少话，处理多少事，有些时候，有些事情，是不是也应该“换个说法”“换种做法”？

二

一天，我到一所小学听二年级的一位老师教《我的爸爸》。我坐在教室的后面，和我同桌的是一位小男孩。

“是你一个人一张桌子，还是你的同桌今天没来？”我轻声问。

“自己。”他说，语言的简洁说明的不是他的表达能力强，而是局促和羞怯。二年级的孩子还不会认识到“事以简为止，言以简为当”。

我明白了，他在班里肯定是“好动分子”，是个“不受欢迎的人”。

老师开始讲课。当她讲到李大钊教育女儿学习要一心一意，不能三心二意那一段时，瞅了我的“同桌”一眼，说：“咱们班有个别小朋友，学习就不能一心一意，而是三心二意。”

老师的本意显然是好的。她是想联系实际，教育这位小朋友。是呀，讲到这里，提醒学生改过，也是顺理成章的事，况且老师的语气又是极柔和的，没有半点儿严厉。

可是，事与愿违。小男孩一句“回敬”的话，宣告了老师教育的失败。只见我的“同桌”，脸一红，头一歪，嘟囔了一句：“谁三心二意了？”

这使我记起一位教育家说过的话：当学生意识到老师是在教育他的时候，这种说教往往是失败的。

我想，我们是不是可以这样做：请这位学习不用心的男孩读读李大钊教育女儿的这一段话。如果读得尚可，及时予以肯定；如果读得不令人满意，及时纠正、指导，直到读得较好时，不妨说一句：“这次你读得真好。只要用心，什么事都会做好的。”这样效果可能会好得多。“文贵自得”“书忌耳传”，这些古训，我们是万万忘不得的。

还有一天，我到一所学校听一位老师教《金色的细雨》，生字学完了，老师请一位学生读生字卡。一个“柁”字挡住了去路。

“谁来告诉他？”老师问。

一位学生站起来，把正确的读音告诉了处境尴尬的同伴。随即，老师让他连读三遍。

“记住了吗？”

“记住了。”

接着写生字。生字写完了，临下课前，这位老师又把“柁”的卡片举起来，请开始读错了的那位学生读。多么负责的老师啊！但我也担心，生怕他忘记了读音，经不住老师的“突然袭击”，再次陷入尴尬境地。学生读对了！我心里的一块石头落了地。

可是，没想到老师却沉着脸儿对他说了这么一句话：“学习一定要用心。”

这位学生灰溜溜地坐下了。

开始读错了，经同学的帮助而终于记住了，应该表扬嘛！可是得到的却是老师带教训语气的话！老师假如这样说：“你的记性很好。”或者说：“我为你终于牢牢记住了这个字而高兴。”那，该生又会是一种什么心情、什么表情啊！

有些时候，有些事情，我们的确应该换一种说法，换一种做法。

三

一天，我路过教室门口，发现刘云站在教室门口，头低着，鼻涕从鼻孔里探出头来，一个大书包拎在手里。

“是迟到了，还是犯错误被老师撵出来了？”

“迟到了。”他轻吸了一下鼻子。

我推开门，对正在上数学课的侯老师说：“迟到了，敢进校门，敢在教室门外喊一声‘报告’，需要多大的勇气！就凭这一点，我看是不是让刘云进教室听课？”侯老师点头同意。

我对全班学生说：“我小的时候，有一天，迟到了，连校门也不敢进，在大门口转悠了半天，又背着书包回家了，我不如刘云。”

刘云把鼻涕迅速擦掉，偷偷地笑了。

一句话，化窘迫为轻松。而且，在我的记忆中，刘云从此再也没有迟到过。

这样的事例很多。记得有一次我请两个学生在黑板上默字。其中一个学生把“尤其”写成“由其”。同学看了哧哧地笑。我没有批评他把“尤”字写错了，而是对这位学生说：“你成心想考考于老师，看我会不会写‘尤其’的‘尤’字，是不是？”他先是一怔，然后对着“由”字看，片刻之后，恍然明白了，连忙将“由”字擦掉，改成“尤”字。

我抚摸着他的头说：“我知道，你是会写这个字的。”

一次我到新沂市新安小学上课。我请一位学生读课文，有一个句子她一连读了三遍都没读正确，把其中一个“破”字丢掉了。同学们笑了，她却莫名其妙。我说：“由于你太紧张了，丢了一个‘破’字。再来一遍。第四遍万一还读不好也不要紧，因为还有第五遍！”

她认真把这个句子看了看，又读了一遍。这一遍读得既正确，又流利，声音还响亮。

我说：“请你介绍介绍你取得成功的经验好不好？”

她腼腆地说：“把字看准，多读几遍。”

张庆老师评论说：“明明该批评，却变成表扬。这个细节耐人寻味。”

四

1997年教师节前夕，1975年毕业的六年级（2）班的学生在大马路小学聚会。来自北京、太原、石家庄、常州、连云港以及徐州本地的30名学生相聚母校，坐在22年前他们读过书的教室里，自然是感慨系之。他们中，有的22年未曾见面，有人已经叫不出名字来了。一个魁梧的小伙子紧握着我的手问：“于老师，您还记得我吗？”“怎么不记得？你叫李明，咱们班的小画家嘛！”

学生告诉我，李明现在是大画家了，在一家广告公司工作。通过自学，他已拿到美术大专文凭，学业有成，事业也有成。

李明说：“上小学时，我常常为数学考不及格而烦恼。于老师，您还记得吗？有一次，我正对着没考及格的数学卷子落泪，您拿着我的美术作业，对教数学的老师和全班同学说：‘李明李明，画画真行！’我听了，心里不知有多么感动！从那时起，您经常要我为班级做黑板报插图。您站在黑板报旁边夸我的时候，是我腰杆挺得最直的时候。从此，我便天天画。没有您的那句话，就不会有我的今天啊。”

我说：“人不可能什么都好，也不大可能什么都不好。有长处，发展长处，就会对社会有用。发展，主要靠自己。如果你不奋发，不孜孜以求，才不会有今天呢。我呢，只不过在关键时候，鼓励鼓励你罢了。”

李明说：“要知道，您是老师啊！同样的话，出自老师之口和出自旁人之口分量不一样啊！说真心话，我们现在见到您的心情还和上小学时见到您一样！”

没想到，在他失败、伤心的时候，我换了一个角度，换了一个话题，说了一句“李明李明，画画真行”，就使他鼓起生活的风帆，而且鼓出了出息。

五

不妨“换种说法和做法”，不是迁就学生，更不是不要直截了当的批评，包括严厉的批评。这要看时机、场合（特别是学生的处境）以及老师的心境如何。其中，老师的心境最为要紧。老师没有良好的心境是较难做到这一点的。老师的良好心境从哪里来？它来自老师的善解人意，来自老师对学生的体谅，来自老师的豁达与宽容、耐心与冷静、诙谐与机智。

有一天，著名校外辅导员王遐方到一所小学去做报告。一进校门，见两位小朋友歪戴着帽子在打闹。王遐方不动声色，走到这两位小朋友跟前，弯下腰问：“小朋友，看看王伯伯的帽子戴得正不正？”两个小朋友立刻会意，连忙把自己的帽子戴正了。王遐方慈爱地抚摸了他们一下。两个小家伙向王伯伯道了声“再见”，便跑开了。

这件事真是微不足道，但它折射出来的东西是不是很多？是不是包含了上面说的营造老师良好心境的诸多方面？

18. 蹲下来看学生

一

最近，听到这样一句话："老师要蹲下来看学生。"我十分佩服说这句话的人，佩服他对教育、教学感悟得竟如此之深。是的，在老师眼里，学生之所以"小"，是因为老师站着看他们。老师是大人，个子高，一站起来，学生当然就显得渺小，看他们做什么事都幼稚可笑，甚至于看不顺眼，以至于横加指责。

我们常说，老师要走近学生。什么叫"走近"？走近学生（确切说是"走进"），即了解学生，和他们打成一片，成为他们中的一员。要成为孩子中的一员，我们必须蹲下。蹲下来，见了学生流鼻涕，便不会斥之为"不讲卫生"；见了学生只穿了一天就脏了的衣服，便不会斥之为"邋遢"；见了男孩子把毛毛虫放在女孩子的衣服里，就不会斥之为"顽劣"。

——他们是孩子。我们的确应该蹲下来看学生。

二

有一次，我听一位教师教《乌鸦喝水》。读到"乌鸦把一个个石子衔起来，放进瓶子里，瓶子里的水慢慢地升高了"时，老师问"慢慢"可以换个什么词。有换"渐渐"的，有换"一点一点"的，也有换"逐渐"的，老师高兴地予以肯定。忽然有个小朋友说："还可以换'慢腾腾'——瓶子里的水慢腾腾地升高了。"老师微微一笑，说："不行啊，'慢腾腾'用在这里不合适。"

老师说得对吗？对的。因为在大人看来，这样说是断然不行的。但是，如果我们蹲下来，用孩子的眼光看呢？在孩子眼里，什么都是有生命的，有感情的，不要说他们对着玩具喃喃自语司空见惯，对着茶杯、茶壶之类的东西说个没完的又少吗？孩子说"瓶子里的水慢腾腾地升高了"，我看完全在情理之中。

2000年4月初，我应邀到上海师资培训中心上课，上的是古诗《草》。有位小朋友在画"春风吹又生"的诗意时，把春风画成黄色的。我笑笑说："是的，当春风裹着沙尘刮来的时候，春风是黄色的。”又一位小朋友不同意，他说春风是绿色的，于是又把黄色的风擦掉，画成绿色。我也笑笑说：“不错，在诗人的眼里，春风是绿色的。不然，王安石为什么说‘春风又绿江南岸’呢？你长大了，说不定也会成为一位诗人。”话音一落，听课的教师为我鼓掌。接着，又有一位小朋友说：“他们都不对，因为风是看不见的，画不出来的。”于是，他把绿色的风擦掉，把草叶画成一边倒。我说：“我们一看，就知道在刮风，而且风刮得比较大，草都被吹弯了腰。”听课老师又热烈地鼓掌。这次的掌声当然是给这位小朋友的。按理说，只有最后一位小朋友说得对。但对前者，我为什么不予以否定？我想，如果否定他们——哪怕态度很温和——不就把学生的想象力封杀了吗？而且，说不定还真的扼杀了一位未来的诗人呢。

蹲下来看学生，许多幼稚可笑的东西，便会觉得不幼稚，不可笑；许多“错”的东西，往往有其合理的一面。

三

在这方面，一些外国同行的做法很值得我们借鉴。

前不久，我在《新华日报》上读到一篇访日文章。文章记述了这样一件事：作者在日本参观一所幼儿园时，听了一节美术课。有一位小朋友画得乱七八糟，横一道、竖一道的，可是日本的老师居然能从中找出优点。老师举起这幅画，问全班小朋友：“大家数一数，他在这幅画中用了多少颜色？”每个小朋友都瞪大了眼睛，认真地数了起来。一数，24种。原来，这位小朋友把彩笔盒里的24支彩笔全用了。老师高兴地说：“这位小朋友是全班颜色用得最多的一位。”这位小朋友激动得不得了。

这不就是蹲下来看学生吗？——找出一点能肯定的，总比全部否定的好。

早几年，一个外国教育参观团到南京的一所小学听课。一位老师手里拿着一个乌龟让学生观察，学生很感兴趣，坐在讲台前的一位小男孩，竟不由自主地学着乌龟爬起来，把坐在教室后面听课的外国老师们逗乐了。讲课的老师瞥见了坐在自己眼底下的脖子一伸一缩、两只手不停地做爬行动作的小男孩，向他使了个眼色。可是小男孩的注意力全被乌龟吸引去了，对老师的眼色全然不觉。直到下课，这位老师仍面有愠色。没想到评课时，外国同行对这位小男孩却倍加赞扬，说他表现得最好，上课最投入。

同样一件事，为什么我们和外国的同行有着迥然不同的看法？我认为，除了观念的不同外，还有一个重要的原因，就是看问题的角度不同——一个是蹲着的，一个是站着的。我们也应该不以对大人的要求去要求学生，不要求小孩子去做大人应该做的事。孩子毕竟是孩子。

四

不仅仅是教学。

经常看到有些家长，因孩子把玩具摆弄坏了而发脾气。爱因斯坦小时候，把一个指南针拆坏了，却未受到父亲的任何指责。他父亲认为，孩子的好奇心应当得到保护，而不是摧残。

经常看到有些学生，因好动手动脚或者互相推推搡搡，便被老师扣上“调皮”“好斗”的大帽子。我觉得“好斗”“顽皮”是孩子的天性，对孩子要少些限制，多些引导。

一天下午，大扫除的两个学生在操场上打斗起来。一个手操拖把进攻，另一个则一手举簸箕，一手拿着笤帚迎战。在他们心目中，那拖把一定是一件比大刀还了得的兵器，那簸箕一定是盾牌，那笤帚就是一把刀。班主任大声命令他们“停止战斗”。我连忙说：“让他们斗去。第一，他们不是真斗；第二，即使真打，大不了使双方落一身污泥。”果然，斗不多时，双方以“各得一身污点”而握手言和。他们嘻嘻哈哈地向教室走来，压根儿没发现一直注视着他们的班主任和我。他们一上楼梯，我便迎上前去，说：“二位好汉，大战十几个回合也未分胜负，是不是歇歇再战？”二人的脸唰的一下子红了，笑着跑进教室。

我对班主任说：“如果我们二人在操场上打斗，全校师生不认为我们精神失常才怪呢。”

有一次，我带学生到游泳池里游泳，几位女生向我告状，说男同学向她们身上泼水。“岂有此理！这不是明目张胆的挑衅行为吗？”我说，“难道你们没长手？”这一说不打紧，游泳池里立刻爆发了大规模的“水战”。女同学似乎更有耐性，有几个人竟绕到男生的侧翼，发起了进攻。男生终于招架不住，败下阵去。打水仗打出了智慧。

我们鼓楼区教研室王晓虹老师的上小学二年级的孩子，一天到晚鼻涕邋遢，每次孩子放学来到教研室，王老师第一句话就是：“快去擦鼻涕！脏死了！”一天，我实在看不过去了，说：“小王，不要老是这样说，他是个孩子。如果你流鼻涕，不要你擦，你也得擦。”

她儿子一听，高兴地跑到我跟前，说：“于爷爷，你知道鼻涕是什么味道吗？”王老师一听，大声问：“啊，你吃过鼻涕？！”她儿子好像没听见妈妈的话，悄声对我说：“一天，鼻涕流到我嘴里去了，我用舌头一舔，咸咸的！”

王晓虹一听哭笑不得。她儿子为什么不对她而对我说这些话？还不是因为我对他表示理解嘛。

蹲下来看学生，我们就能走进学生，体谅学生，就能和学生融为一体。

五

“文革”后期，一天上课时，一个学生向我“揭发”一位同学骂我，那位学生连忙站起来，辩解说：“造谣！我没骂。”

“骂了！”

“没骂！”

“你不诚实！”

“我就没骂！”

“揭发”的学生怒气冲冲地要把“证据”亮出来，我赶忙阻止说：“不必说了。”然后对全班学生说：“我上小学时也骂过老师。有一次，我对老师的批评不满，就给老师起了个很难听的外号。我大了，才认识到骂老师不对，一直想找老师承认错误，可不知老师现在在哪里。因为我13岁离开老家后，再没见过这位老师的面。”

当天晚上，我来到这位同学的家里（该生的家离学校很近）。一进门，该生就说：“于老师，我错了，我不该骂您！”“怎么，骂老师？”家长一听勃然大怒，不问青红皂白，举手就要打孩子。我急忙拉开说：“是老师说话态度不好，批评的语气重了。”接着，我把该生的优点说了很多很多，说得该生竟然哭了。家长一再说好话，说当老师如何如何辛苦，学生如何如何难教，等等。

从此以后，一家人对我非常客气。—— 蹲下来，才能和学生推心置腹。

我曾在一篇文章里，提到学生魏亚军和刘扬偷黄瓜一事。我得知魏亚军偷黄瓜一事后，为什么迟迟不找他谈话，而是采取“冷处理”的办法？其中有一个原因，就是因为我小时候也干过类似的事情。联想到小时候的我，心情立刻平静了。是啊，自己小时候又当如何？于是就把这件事压下了。三四天之后，我只对着他的耳朵悄悄地说了一句：“亚军，偷来的黄瓜好吃吗？”

蹲下来看学生，就会体谅学生的错误，采取学生能够接受的、效果较好的处理方式和方法。

一次，张庆老师问著名思维科学家、《相似论》的作者张光鉴教授：“以学生为本应该怎么理解？”张教授说：“很简单，就是老师要和学生相似。”

老师和学生相似，我以为就是蹲下来看学生，或者说，想一想孩提时代的自己想过些什么，做过些什么，让孩提时代的自己和学生在一起。

19. 教育，有时候很简单

一

开学了，一位老师接了一个高中三年级的班。原班主任对这位老师说："咱们班邵军同学表现极差，学习成绩一塌糊涂。不过，他在班里不作数，每次考试不算成绩。您就权当他是一位旁听生吧。"

这位老师陷入了沉思。这么大的一个男孩子，怎么能"不作数"呢？"不作数"意味着什么？"不作数"意味着放弃！放弃，对他本人，对他的家庭，对整个社会又意味着什么？于是他把这位同学找来，促膝谈心，语重心长地说："让我们从'心'开始。"说完，把"心"字写了出来。这位同学被老师的真诚所感动，他洗心革面，奋发努力，加上老师的热情帮助和鼓励，一年以后，考上了大学本科。

这不是我杜撰的美丽的故事。这位老师叫吴华兵，是安徽凤阳一中的老师。（见2003年第9期《教师博览》）

吴老师通过这件事，深有感触地说："教育有时真的很简单，只要从'心'开始，伸手就能成功。"

二

的确如此。

我教过一个叫李志安、一个叫李志军的学生，是兄弟俩。二人自幼丧父，家境十分贫寒，母子三人相依为命。一天，学校包场看电影，学生都站好了，可是不见二人的踪影，一问，走了。原因我自然明白。于是我连忙叫人把他们追了回来，我告诉他们电影票钱我早给垫上了。从此，学校再包场看电影或看别的什么演出，那毛儿八分的，基本上是由我出的。哥哥志军为人忠厚，学习勤奋，成绩也优秀；志安则与他哥哥相反。但我发现，志安在慢慢地变化。只要他为大家做一件好事，或者学习上有了一丝进步，我都要向他母亲报告，或写一张纸条，由志军捎给他母亲看，或亲自登门告知。

他母亲总是感激地说："谢谢于老师对两个孩子的关心、帮助。"

我说："我能做的很少，主要是他们自己的努力。"

她说："志安不好，他太让您费心了。"

我说："他在一天天进步，学习是个慢功。"

她说："志安什么时候像他哥哥那样就好了。"

我说："其实，他有好多方面都超过志军了。千万不要光看学习这一个方面。"

去了他们家几次，记不清了，我也没去记；写过几次纸条，也记不清了，我也没统计。只是觉得该写，就写了；该去，就去了。反正都是举手、抬足之劳。

后来，志安当了兵，在舟山群岛。在部队，他乐于吃苦，乐于助人，经常受到嘉奖。有一次，他荣立了三等功，把立功喜报寄给了我。

再后来，他复员到了地方，工作照样出色，深受同事们的好评。

当然，他弟兄二人也没忘记我，经常看望我。

这种从"心"开始的教育，实际上是一种传递爱心的"身教"，对学生来说，是一份感动和影响。

让我们看一个美国老师汤普森小姐的例子。

特迪·斯特拉德是汤普森班里最差的一个学生。汤普森很不喜欢他，甚至对他不屑一顾。特迪·斯特拉德读三年级时，妈妈不幸去世。读四年级时，反应仍然很迟钝，爸爸也不过问他。但他品行端正，彬彬有礼。特迪读五年级了。圣诞节那天，汤普森小姐收到了很多礼物，其中也有特迪·斯特拉德的。汤普森打开特迪的礼品包装纸，掉出一对既花里胡哨又俗不可耐的莱茵石手镯，其中的一只莱茵石不见了；另一件是一瓶廉价的香水。同学们嘲笑起来。汤普森小姐立刻装着十分高兴的样子，郑重地把手镯戴到手腕上，并洒上了香水，请同学们闻闻香不香。同学们立即"嗯嗯""哦哦"地表示同意。

那天放晚学，同学们都走了，特迪走到汤普森跟前，小声说："汤普森小姐……您的味道真是像极了我的妈妈……而且她的手镯戴到您的手上真的很漂亮。我很高兴您能喜欢我的礼物。"

看着特迪·斯特拉德远去的小小背影，汤普森的眼睛湿润了，她深深地跪了下去，虔诚地向上帝忏悔，请求上帝能够原谅她……

第二天，汤普森像变了一个人似的，像奉献爱心的天使，帮助所有的孩子，特别是那些愚钝的孩子，尤其是特迪。后来，特迪赶上了大多数孩子。

再后来，汤普森从特迪的信中得知，高中毕业时，特迪的成绩全班第二，大学毕业时，全班第一。

特迪大学毕业后的第四年，汤普森又收到了特迪的一封信，说他已经成为一名医生，而且要结婚，请汤普森老师参加他的婚礼，而且请她坐在他妈妈应该坐的位置上。他说："目前您是我唯一的家人了。我爸爸去年也已经去世了。"

我是含着眼泪读，含着眼泪记这个故事的。

教育从"心"开始，就是让教育充满爱心。当我们用饱含爱心的笔去书写"教育"两个字的时候，教育的确很简单。

三

有时候，教育比上面说的还要简单。

作家李树彬读中学时，有一次写作文，李树彬为了交差，抄了一篇交了上去。没想到下一次作文课，教语文的熊老师把它当作范文在全班读。没读几句，便有几位同学站起来指责道："老师，李树彬的作文是抄来的！"熊老师看了看窘迫至极的李树彬，又看了看趾高气扬的"告密者"，顿了顿道："孩子们，这篇文章太美了，老师无法拒绝美，所以让我们一起用心来欣赏。在此之前，我们要感谢李树彬同学，谢谢他给我们推荐了一篇这么好的文章。我相信，总有一天，李树彬也会写出同样美的文章来。我想，他不会让我失望的。"说完，又朗读起来……李树彬深受感动，发誓要把书读好，否则，对不起老师的宽容、激励和期盼。后来，李树彬成了作家。

散文家刘墉的一段经历也耐人寻味。他读高二时，有一次数学和英语都没考及格，他用狂傲的文笔，写了一篇"周记"："我是丰盛，我是美好，我是不回顾地一味向前飞。我要写诗，我要作画，我要的是什么都不在乎！像你们吗？像XYZ（指那些用功的同学——引者注）吗？像煎干的灵魂吗？凡我将来不需要的，滚他的蛋！"

没想到，他的老师庄瑞英非但不批评，反而大加赞赏！而且建议登在校刊上！就这样，刘墉愈写愈多，愈写愈勤，一直写到今天，成为散文家。

之前提到的我的学生李明，数学成绩也不好，经常考不及格。一次，他数学没考及格，为了宽慰他，我夸了一句："李明李明，画画真行！"没想到就这一句只是为了宽慰他，不让他难过、失去信心的话，竟使他走上了画画的道路，成了一名出色的画师。

李树彬的熊老师、刘墉的庄老师，还有我，我们三个人说的话，应当说是有心的，但仅仅是一句话而已！一句有心的话成就了一个人，教育不是真的很简单吗？

四

还有许多"无心"的例子。

作家黎汝清说："我之所以从小立志当作家，后来果然也成了作家，就是因为上小学时，有一篇作文被老师看中了，被贴到了墙报上。”

就因为一篇作文上了墙报，就使黎汝清激动不已，迷上读书和写作，最终成了著名作家，这大概是他的小学老师所料想不到的。

摄影家陆沙舟家里很穷，父母都是盲人。陆沙舟读完小学后，开始逃避“不完整的双亲”和同学们的眼睛。进入青春期，陆沙舟变得更叛逆了，不但功课不好，而且常常闯祸。一天，他又闯了祸，被主修工艺美术的导师罚锯木板。陆存心捣蛋，故意锯出一个和老师规定的图形相反的木块。原以为老师会大发雷霆，没料到，导师居然夸他有才华，有创造性！一句话激起了陆沙舟对工艺美术的兴趣，一步步努力，终于进入美术职业学校，后来又成为一名专业摄影家。

著名作家刘绍棠十来岁就写出了中篇小说《运河的桨声》，令当时（20世纪50年代）读初中的我羡慕不已。刘绍棠为什么走上了创作之路呢？刘绍棠说，就是受教小学的田老师的影响。田老师每教一篇课文，都编一个小故事来讲，他听入了迷，后来就想编故事，于是就写小说。刘绍棠成名了，一天回故乡看望田老师说到此事时，田老师说：“这叫无心插柳柳成荫。”

无心插柳，柳却“成荫”，说者无心，听者有意。教育界这方面的例子还可以举出很多。

所以我常说，老师无意中的一句话可能成就一个人，无意中的一句话，也可能毁掉一个人。因此，我们当老师的，讲话要特别小心在意，尽量不说挫伤学生自尊心、自信心的话，多说赏识、激励、期待的话。老师可以对学生发脾气，甚至拍桌子。拍桌子告诉学生的只是发脾气的程度，而说的话，则是对他的评价，甚至定性，这将对学生产生不可估量的心理暗示作用。

五

这篇文章的题目中有一个词很重要，即“有时”——“教育，有时很简单”。教育本身是很复杂的，是一门科学，也是一门艺术，只是“有时”很简单而已。同样褒奖的话，对张三可能起大作用，对李四的作用可能微乎其微（一点作用没有也是不可能的）。但是，激励、期待的话只要对一个人能起作用，我们就不放弃所有的人。人人都有长处，对他的长处就要多说夸赞的话、鼓励的话；就要赏识它、放大它。放大优点能激活学生的潜能，激发他们的兴趣。一旦学生能根据兴趣去学习，都会成为天才。因为无数事实证明，凡是根据兴趣学习的人都是天才。

20. 给初为人师的女儿"支招儿"

女儿要当老师了。她和所有即将踏上神圣教坛的年轻人一样，既激动又不安。由于她是非师范院校毕业的大学生，心里就更没有底儿了，于是向我讨教，索要"锦囊妙计"。我说："妙计没有，经验倒是有一些。"她说："那就请老爸支几招儿吧！"

下面，是我和女儿谈话的要点，算是为她支的招儿。

1. 教师要在上课铃声未落之前到达教室门口

铃声落了，教室里的多数人如果对你视而不见，依然我行我素，乱哄哄的（低年级小朋友尤甚），你不要发脾气，要静静地观察每个人，目光不要严厉，但要犀利、灵活、有神。一般情况下，片刻之后，多数学生会安静下来。此刻，你一定要及时给学生们一个满意的表情，表扬表现好的人，表扬要具体，指出哪一排哪一组的学生安静，哪些学生坐得端正。

如果还有人在说话，甚至打闹，则用一种期待或者严厉的目光"盯"住他。无效，则点明某一排或某一组的某一人仍在做影响大家上课的事，因为你不可能知道他们的名字。再无效，则迅速地走到他们眼前，请他们站起来，严肃但措辞文明地告诉他们，之所以请他们站起来，是因为他们无视课堂纪律，影响了别人的学习。必要时，则请他们把名字写在黑板上，然后说一句："噢，你叫李勇，你叫王强。"不要指责，更不能挖苦。这一招儿肯定有效。千万不要不管班级里怎么样乱七八糟，傻乎乎地走进教室立刻开始教学。否则，你很难把课上下去。

2. 一旦进入课堂，就要像京剧演员一样，精气十足

走进课堂，要把90%的注意力放在学生身上，10%的注意力用在教学方案的实施上。要善于用眼睛表达你的满意、生气和愤怒。尽量不要吼叫，训斥只可偶尔为之。

目光要经常瞥向那些神不守舍、好动、好说的学生。可以请他们做点事——比如读书、读单词、表演、到黑板上默字等，这叫"以动治动"。最要紧的是不断地鼓励、表扬、提醒学生，但话要简洁明了，忌婆婆妈妈式的唠叨。

这样的表扬会更有效：

"第二组同学坐得最端正。"——如果班级里某一个角落出现"骚动"。

"李勇的眼睛一直看着老师。"——如果李勇的同学走了神，或者在做小动作。

"小强同学善于思考。"——如果小强的同桌读书心不在焉。

要把问题消灭在萌芽状态。必要时，把个别学生的座位调动一下，最好把个别自觉性差的学生调到离老师近的位置。对此类问题，处理要果断，快刀斩乱麻，不必说为什么。最不得已的手段是惩罚——如罚他停课。但最好不要在上课时请他到办公室去，课间休息时，把他请到办公室去。

惩罚尽量少用。千万不要体罚，切记。宁肯让教育失败一次，也不要因体罚而造成更大的失败。这种失败是无法挽回的。

3. 要尽快记住每个学生的名字

首先记住表现好的和表现差的学生的名字。直呼其名地表扬胜于不指名道姓的表扬，指名道姓地批评、提醒，有时效果更好。

把所授课班级的学生座次表写出来，上课时放在讲桌上，这样做，有助于记住学生的名字，尽快地了解每个学生及其家庭的情况。

4. 要注意教学形式、手段的变化

低年级学生的注意力是很短暂的。如果第一个词是老师领读，第二个词也是，那么第三个词就要请优秀的学生当回老师了。

第一遍读课文是齐读，第二、三遍最好自由读，或者同桌之间互相读。读书、读词不要让学生扯着嗓子读。如果让全班学生读单词，能不能声音由低到高，再由高到低？那一定是很有趣、很有意境的。

板书"大"和"小"，故意把"大"写得大大的，把"小"写得小小的；板书《骆驼和羊》，故意把前者写大，后者写小；板书《鲸》，则特意把这个字写得斗大。如此，学生一定会发出会心的微笑。这也是变化。

第一次分角色朗读，全由学生参与；第二次，如果你参与进去，学生一定会读得更有精神。讲燕子、翠鸟的外形，画简笔画；讲鲸，让学生看图片；学习《桂林山水》，看看课件……这些，都叫"变化"，没有变化，学生会厌；没有变化，也就没有教学艺术。

5. 要细心观察学生，全面了解学生，倾听学生的谈话

如果你在适当的时机和场合，不经意地说出某一个学生做的一件值得称道的事或值得称道的一种表现，他不仅会感到吃惊，而且受到的鼓舞也会特别大。

表扬要有实指性，忌空泛。“你做作业总是那么细心，很少有错误。”“你回答问题不但对，而且口齿清楚。”——这样说就具体了。

恰当地使用肢体语言，可以让学生感到你的真诚和亲昵，拉近师生的距离。如抚肩、握手、贴贴学生的脸蛋等。

6. 搞点小激励

教低年级，可把全班分为几个组，上课时，不论哪个学生在哪方面表现好，都在他所在的组上画一面红旗或一个苹果；有人表现不好则擦掉一面红旗或一个苹果。下课时，表扬表现特别好的组。这个办法对维持课堂纪律很有效。

7. 培养学生的思考能力

不要追求课堂教学的热闹，小手如林，你说我说，有时可能是“虚假繁荣”“泡沫经济”。要让学生学会思考，潜心体会文本，告诉学生老师提出一个问题，必须经过思考方能举手。老师的提问要有一定的深度、难度，要有价值。可以直截了当地告诉学生：我不喜欢问题一提出来就举手的人，喜欢想一想，想好了再说的人。

可不要把孩子教浮躁了。宁静以致远。宁静是心无杂念、专心思考、刻苦钻研的意思。有的学生很优秀，也喜欢举手，你可以这样对他说：“我知道你很优秀，当别人说不出、读不好、写不好时，再请你出马，怎么样？”不能让少数学生“独占课堂”。

8. 课间尽可能多和学生一起玩

如果和他们一起做游戏，要遵守游戏规则，倘若犯规，同样要接受相应的处罚。这样，学生就会真真切切地感到你是他们中的一员，你和他们一样。老师要和学生相似，不应该也不可能要求学生和老师相似。

9. 上好第一节课

精心备课，把握准教材，把教材装在心里。准备好教具，组织好教学。一旦学生安静下来，要尽可能地展示自己的特长和才能。如果——开头的一段话热情洋溢；板书的第一个字让学生为之赞叹；第一次朗读让学生为之感动；用丰富的表情和机灵的眼神吸引住学生；得体的幽默让孩子笑起来；充满爱意的一次抚摸让学生感到亲切；教学方法的变化让学生感到有趣，使他们注意力集中。那么，你成功了。如果这样，而且今后也不懈怠，我敢说，你绝对成功了。

以上说的几个方面，能做到一半，也会成功。要有信心，哪一方面不足，就努力去修炼。

10. 肚子里要有几个故事和笑话，找机会讲给学生听

老师讲的故事，学生会终生不忘。忘不了故事，就忘不了你这位老师。讲故事特别能让调皮的学生亲近你。当好动的学生拉着你讲故事时，你不要趁机给他提要求，更不要批评他，否则他会难堪。你可以这样说："没想到你喜欢听我讲的故事！以后肯定有机会。"要利用这个机会和他们进行交流。

11. 驾驭好课堂

必须这样对影响大家学习的学生说："这个班不是只有你一个，而是几十个人。你做任何一件事都得先考虑：会不会影响大家。利己，但不能损人。损人利己是大家所不容的。"对低年级小朋友可以把话说得浅显一些："你一说话，就会影响别人听讲、做作业，所以请你不要随便讲话。"

课堂上，教低年级的老师说得最多的话是组织教学的话。"苦口婆心"这个成语，是教低年级的老师的真实写照。

12. 要经常注意学习

要经常读——注意，我说的是经常读——关于教育学、心理学以及教学论等方面的著作，要养成翻阅各种教育杂志的习惯。读书要跟自己的实际联系起来，要把读书所得运用到工作中去。建议你做读书笔记，把名言名句记下来。

13. 如果犯了错，向学生道歉

如果你犯了错误，比如问题处理不当，说话欠妥，甚至体罚了学生，一定要当着全班学生的面认错，向学生道歉。老师向学生认错、道歉，错误就成为了一种教育资源。

14. 讲到重点、难点时，一定要组织教学

讲到重点部分，或者讲到关键问题的时候，一定要组织教学，给注意力不集中的人提个醒儿，否则，学困生的队伍不断扩大将是不可避免的。

15. 切不可让学生看出你的偏爱

品学兼优的学生谁都喜欢，但切不可让学生看出老师的偏爱。偏爱是当老师的大忌之一。你和孩子相处时间长了，会感到每个孩子都有可爱之处，即使长得丑的学生，慢慢也会看顺眼。更要关心学困生，让学生感到你赏识他的办法很简单——主动

地和他们说说话；夸夸他们的某一长处；拍拍他们的肩；和他们一起玩，如掰手腕；请他们替老师做点事，如收收作业本等。如果掰手腕，你让着学生点，而且让他赢一次，他一定会兴高采烈，念念不忘：“哇，我战胜了老师。”

16. 最好当班主任

最好当班主任。当班主任，才能真正感受到当老师的甘苦，才能锻炼自己。

如果当了班主任，别忘了搞活动。想一想，你童年时代最喜欢什么活动，那时你希望老师搞什么活动。

搞活动最明显的作用是能增强学生之间的团结和班集体的凝聚力。

17. 对学生要严格要求，但不要太厉害

清代的冯班说：“师太严，弟子多不令。柔弱者必愚，强者怼而严，鞭扑叱咄之下，使人不生好念也。”意思是说，老师如果太厉害了，懦弱的孩子就会被教愚笨，个性强的孩子会变得暴戾。什么事过了头，就会走向反面。

要像孔子说的那样，做到“温而厉，威而不猛，恭而安”。

如果你今天狠批了张三一顿，明天一定要找个理由表扬他。至少要主动和他说话，就像昨天什么事也没有发生。

18.对所有学生家长都要以礼相待

不要在家长面前指责学生。对任何学生都要首先肯定他的长处，把优点放大，也要让学困生的家长树立信心。“罗森塔尔效应”同样适用于学生家长。

尽量不要请家长到学校来，而应该主动到学生家里去，老师踏进学生家门，而且心平气和、推心置腹地和家长交谈，学生和家长该是一种什么感觉、一种什么心情啊！在这种情况下，我想，无论谈什么，学生和家长都会接受。

19.多听别人的课

记得京剧艺术大师梅兰芳说过这样一句话：“不看别人的戏，就演不好自己的戏。”演戏如此，教学也如此。我实习的时候，就是先听别的老师上课。至今还记得当时老师上课的情形。看优秀老师的课，就是读活的教育学，活的教学法，这与读书的感受是大不相同的。你走向讲台前以及走向讲台后务必抽时间听听别人的课。我要不是听了众多的优秀课，恐怕是不会把课上好的。也可以这样说：“不听别人的课，就上不好自己的课。”

20.学高为师，身正为范

以上说的，都是初为人师时所要特别注意的。你今后若有志当老师，请记住古人的这两句话：学高为师，身正为范。虽然此话只有八个字，但它把怎样当一个好老师讲全了。若干年后，当你把这两句话读“厚”了，读成一本书了，你就是个很优秀的老师了。

我相信你会成为一位十分优秀的老师！

21. 最终，把自己教成了孩子

如果说，我在教学中取得了一点成功，原因之一是我有一颗童心。用学生的话来说，我是他们的“大朋友”；用思维科学家张光鉴教授的话来说，就是“于永正和学生相似”；用苏霍姆林斯基的话来说，就是我“始终不忘记自己也曾是孩子”。

教了四十多年的书，最终，把自己教成了孩子。

我老伴也这样认为。她说：“别看你离70岁不远了，但面孔还是小孩的面孔，一脸孩子气。——我说的是你的表情，不是那张皱巴巴的脸皮。”

这话我信，虽然不中听。在学生面前，我的面孔就更不是成人的了，多数情况下，是被笑占据着的。有人说，我脸上的皱纹不是岁月用刀刻上去的，是“笑”留下来的，是笑的“定格”。也许吧。

我所崇敬的、喜欢的老师给我留下的都是难忘的微笑。几十年过去了，一闭上眼睛，他们的笑容还会清晰地出现在脑际：张敬斋老师、孙秀英老师、李晓旭老师、赵维仁老师、梁敬儒老师、王明泉老师、郭宁兆老师……笑，我是从我的老师那儿传承下来的。我希望我的学生也能从我的微笑中感受到温暖和亲切，获得信心和勇气，就像我从我的老师的微笑中感受和获得的一样。我相信我的学生也能从我的微笑中获得我所获得的一切，而且我的微笑会使师生之间的距离更近，关系更融洽，因为我的表情中除了微笑之外，还多了一份——用老伴的话来说——孩子气。

当我和学生一起分角色朗读《老山羊和狼》（我读狼说的话，学生读老山羊说的话）时；当我和小学生一起表演《哥哥与弟弟》（我扮哥哥，学生扮弟弟）时；当我和学生一起表演用“黄鼠狼给鸡拜年——没安好心”的歇后语编的故事（我演老母鸡，学生演黄鼠狼）时；当我和学生一起投入大自然的怀抱，一起扑蝶，一起卧在峄山之巅享受着和暖的阳光时；当我和学生一起做游戏，一样的天真，一样的稚气时，安能辨我是老者？

至今，我还孩子般地好奇。什么新鲜的事物都能吸引住我的目光，绊住我的脚。看到一种奇怪的植物，一只不认识的小鸟，便痴痴地看，比小时候还专注。逛西双版纳热带植物园时，有的同伴半天便出去了，而我却痴而忘返。当得知那种长得有点儿像芭蕉的“大树”就是语文课本里说的“旅行家树”时，竟高兴得扑了上去，抚摸着它，围着它转圈儿，细细打量了之后，抱着它，合影留念。以后再讲《旅行家树》这一课时，便多了一份资源，多了一份情感。我的好奇心比童年时有增无减，但此时的好奇与幼时有很大的不同。现在，书读得多了，知识丰富了，认知能力强了，有了“消化生活的胃”，因此，对周围事物的认知、感受便与小时候大不相同，获得的东西自然比小时候多得多。我“消化”了众多的花草树木、鸟虫兽鱼、名胜古迹、田园风光，就会为学生提供丰富的精神营养。热爱自然，可能就从认识一种花草开始；热爱生活，可能就从一次垂钓开始；热爱祖国，可能就从游览一座名山开始。

至今，我还孩子般地贪玩。散步，操琴，唱戏，打羽毛球，游山玩水……

—— 所以，课间、课外活动时和学生一起玩，即使自己不会 —— 比如踢毽子 —— 也参与。虽然我一次踢毽子的最高纪录才四个，但学生并不因为我笨手笨脚而讥笑我，不屑与我玩。

—— 所以，我布置的家庭作业极少，有时甚至不布置。学生高兴，我也高兴。他们能有空玩儿，我则可以免受改作业之苦。

—— 所以，我星期天经常带学生去爬山。没有别的目的，就是图个气喘吁吁，就是图个到山顶上呼吸新鲜空气，就是图个心情舒畅。当然还会随机搞些其他活动，例如讲故事、捉昆虫、采集树叶做标本。

—— 所以，我经常带学生钓鱼、钓虾、游泳、划船……我们垂钓是真正的“小儿垂钓”，没有张志和“斜风细雨不须归”那样高的意趣，更没有柳宗元“独钓寒江雪”那么深的意旨，我们只是图个乐儿罢了。我主张学生学习游泳。据说，韩国教育法规定：小学生必须学会游泳。太有远见了。会游泳，人生就多了一份乐趣，多了一种锻炼身体的技能和途径，同时也获得了一种自救的本领。—— 虽然极少有人能用得上。

—— 所以，我主张学生应当有爱好，尤其应当学会一种（几种更好）乐器。我要求学生人人会一种乐器，并把器乐引进音乐课堂。只会唱，而不会演奏乐器，那是不完整的音乐教育。不企望学生在这方面成名成家，只是会，只是玩。当然，以后真有成名成家者，不更好吗？人生不会一种器乐，不懂音乐（或者戏曲），就失去了一种养分，一种色彩。没有爱好，玩儿，就失去了高雅；人的精神家园，就会变得单调，乃至于乏味。我希望学生有广泛的爱好。

小学生应该在玩儿中长大。玩儿，是万万少不得的。我是在玩儿中长大，又是在玩儿中变得年少的。

至今，我还保留着孩提时代的兴趣。小时候特别喜欢红缨枪，买不起，便自己做。在木头刻的枪头子上，贴上锡纸（即香烟盒里的锡纸），把苘麻染成红色做红缨。一枪在手，觉得自己仿佛就是赵子龙，舞着，叫着。把红泥做的手枪别在腰带上，觉得自己就是小战士 —— 至少是小游击队员吧。现在，我对枪、炮、坦克、军舰、飞机依然有浓厚的兴趣。虽然还是用孩子般的眼光去看，却是用大人的心去思。关心的是国家的发展，祖国的强盛。终于有一天，我们歼-7战斗机也变成了三角翼；终于有一天，我们的歼-11也能和美国的F16媲美了；终于有一天，我们的战士也挎上了现代化的冲锋枪了，我便孩子般地振奋。

于是，我的学生也关心起军事，关心起祖国的未来，关心起世界的未来。他们和我一样，对飞机、坦克、大炮、导弹、军舰、潜艇产生了浓厚的兴趣。于是，他们便饶有兴味地去做我布置的下列作业：

> 中国人民解放军海军有哪三大舰队？中国海军最现代化的军舰和潜艇是什么？中国人民解放军海军水兵服的衣领和袖口上为什么有四条白道，比外国水兵多了一条白道？请你为中国海军设计一艘现代化的军舰（用图画表示）。
>
> 上网浏览一下各国的先进战斗机（包括我国），记下各种战机的名字。我国超7战机何时研制成功？它有哪些主要性能？它的研制成功有何意义？
>
> 什么叫“隐形飞机”？美国的隐形飞机叫什么？真的很“隐形”吗？我国着手研制了吗？
>
> …………

最终把自己教成了孩子的根本标志是童心未泯。我经常说“要蹲下来看学生”。“蹲下来”，就和学生相似了。苏霍姆林斯基说：“只有那些始终不忘记自己也曾是一个孩子的人，才能成为真正的老师。”“不忘记自己也曾是孩子”，就容易理解孩子。教育需要理解，理解是爱的别名。

我为什么对后进生更亲近，和考试成绩不好的人一起难过？因为他们更需要老师的理解和体贴；因为我读小学时一次考试没考好，张老师的一句“别难过”的安慰话，至今还温暖着我的心。我为什么从来不批评迟到的学生？因为我认为迟到了而敢进教室是一种了不起的勇气，这种勇气只应当赞许，而不应当批评。我读小学四年级时迟到了一次，而我竟不敢进学校的大门，索性选择了逃学！为什么我对上课偷看课外书的学生十分宽容？因为我上学的时候也做过这样的事！直到读初中了，上课还偷看过课外书！工作了，有一天，偶然看到了胡适写的一篇关于读书的文章，文章中说：“那些上课偷看课外书的人，往往有出息。”从此，我对上课偷看课外书的人不但睁一只眼闭一只眼，而且有些另眼相看了。为什么我对偷吃别人黄瓜的学生不予以责备，事过多日之后，才对着该生的耳朵小声说“偷来的黄瓜好吃吗？”，并一笑了之？因为我小时候也干过这样的傻事！什么是小孩？这就是小孩！要理解小孩。为什么我每每听到学生打来“××同学骂你了”的“小报告”，我总是笑问“骂从何来”，而从不动肝火？因为我上学时也有类似的行为。这时，我便诚恳地找骂我的学生谈话，有时甚至于到学生家里了解原因。古代的齐威王都有“能谤议于市朝，闻寡人之耳者，受下赏”的度量，我们当老师的更没有必要去维护这种不必要维护的尊严。

后退一步天地宽。“后退”的前提是理解，是仁爱。教育，需要理解，需要“后退”。

因为童心未泯，所以我备课时，常常觉得自己就是小学生。怎样导入能吸引学生？怎么处理能有趣味性？怎样朗读能激发学生的想象、能让学生感受？怎样讲学生愿意听，而且能听得明白？设计什么样的作业既有利于学生的发展，又让学生乐于去做？—— 备课时，我常常觉得自己是两个人 —— 一个是“老师的我”，一个是“学生的我”。“老师的我”的任何一种想法和做法，都会遭到“学生的我”的质疑，获得了“学生的我”的同意之后，才能写在备课本上，才能实施。不但备课，就是上课、处理学生的问题、安排学生活动时，“学生的我”也常常站出来，给我提个醒，告诉我应该怎样做，不应该怎样做。多年来，我一直按“学生的我”的要求来要求自己，锤炼自己，规范自己，字在进步着，朗读水平在提高着，文学修养和思想修养在提升着。

“文革”期间，我的班竟能按部就班地上课！这使我的同事很惊讶。更令他们惊讶的是，我教的一个班都读初中二年级了，一个星期天，他们回到了大马路小学，要求我带他们爬山！好吧，还是原班长王克利整队，还按当年做操的队形集合吧！于是，全班迈着整齐的步伐来到了云龙山下，一鼓作气爬到了山顶！活动完毕，回家的路上，依然步伐整齐，纪律井然！要知道，这是发生在20世纪70年代初期的事呀！那年代，我们国家还处于动荡时期，学生根本无心学习呀！

有的同事说，于永正带的班之所以这样优秀，靠的是个人魅力。话说大了。确切地说，靠的是我的一颗童心。

因为童心未泯，所以也常常思考童年的遗憾。童年最大的遗憾是古诗文背得太少太少。如果我小时候能打下较深厚的古典文学底子，那该多好哇！长大了，想学又晚了，已经错过了背诵最佳期、学习语言的最佳期。

不能再让我的学生有这样的遗憾，再错过这个学习语言的最佳期。于是我便不遗余力地教他们背古诗词，学点儿古文，教他们“三百千”。我一定要在学生身上圆我童年的梦，为他们打好人生的底色。

一眨眼，四十多年的教学生涯过去了。

岁月的刻刀能在我的脸上刻上深深的、密密的皱纹，却刻不到我的心上。

22.回味教育

2003年暑假，刚刚读完大学一年级的学生们邀我参加他们的聚会。两张大圆桌挤了将近30人。席间，王思维自豪地对我说："于老师，您知道咱们班48位同学，有多少考上大学了吗？41！其中36名本科生，5名大专生！彭晓明是徐州市去年的高考状元，以几乎满分的成绩考上了清华大学！"

王思维说的"咱们班"，指的是我和杨晶带的徐州市鼓楼小学六年级（1）班，这是一所普通小学的普通班。该班48位学生1990年入学，1996年毕业，我和杨晶带了整整六年。当时小学升初中要考试，我班有17人考上了重点中学——徐州市第三中学，其余的学生就近入学，徐州二中、徐州四中、徐州铁路中学都有。一转眼又是六年！没想到2002年高考成绩这么突出。

学生传递来的信息使我十分欣慰。

十二年的基础教育，小学六年是基础的基础。小学六年，我们给学生什么了？

一

六年来，我们让学生背诵了不少古诗文。

从一年级起，杨老师便要求背古诗，每周一首。六年下来，能背得滚瓜烂熟的，人均130多首，彭晓明、蔡苏、晏妮、蔡闽等能背200多首。到了六年级，学生还背了不少古文。彭晓明不止一次对我说："于老师，我发现越背越快。开始背《赤壁赋》得花好几天时间，现在背《出师表》时间就少得多了。"我对他说（后来也对全班学生说过）：记忆力是可以锻炼的。小学阶段是记忆力最佳期，可不要错过这个机会。正如种庄稼，是讲究季节的，错过了季节，就长不成了。

到了三年级，我请张庆老师教《三字经》，四年级我亲自教《千字文》，五年级教《百家姓》。"三百千"背下来，光识字量就很可观了。

时间哪里来？挤。少布置动笔写的作业，多布置读、背的作业。一心想干成某一件事，时间总会有的。方法也很简单，说说大意，然后背诵。关键是督促，落实。完成任务的，在统计表的名字下面加一颗星；没完成的，限期完成。表扬激励和严格要求是克服学生惰性的最好武器，是老师责任心的全面体现。当然，也要量体裁衣，因人而异，要人人去摘跳一跳才能够得着的桃子。我们从不强迫学生去够那些怎么跳也够不着的桃子。那样，有些孩子就会厌学。

在浙江广播学院读书的晏妮对我说：“有一天，一位教授给我们上古典文学课，无意中问了我们一句：‘你们谁学过《三字经》吗？’听课的同学无一举手。正当他叹息的时候，我站起来说：‘老师，我学过。’于是教授提上句，我接下句，他来我往，同学们听得目瞪口呆。背完了，教授问我：‘谁教你的？’我说：‘我的小学老师教的。’我还告诉他，我的小学老师还教我们《千字文》《百家姓》，还有好多古诗文。教授高兴地说：‘你的小学老师很有眼光。’”

不是我们有眼光，说实话，我们当初让学生背古诗文的原因只有一个：我们是中国人，我们中国的孩子应该喝母乳长大。

六年来，我们给孩子喂的首先是“母乳”。吮吸母乳长大的人，才具有可持续发展的后劲。

遗憾的是，量还是少了一些。

二

六年来，我们抓读课外书了。

学生升入二年级，我便专门召开了一次关于读书的家长会。讲完了读书的意义，便请每位家长为孩子买（或者做）一个书架，刻一枚藏书的图章——“某某藏书”。我强调说，这是“硬”任务，家长务必支持。有了梧桐树，才能引来金凤凰。有了这两样东西，学生（包括家长）去书店的次数就多了。我对家长说，买什么书，要尊重孩子的意见，一定要买名著，包括为孩子改写的古典名著以及外国文学名著；也要买科技方面的书，买工具书，如《少年儿童百科全书》和词典等，千万不要买教辅用书。另外，我也常常为学生推荐一些书目。我每次去书店的时候，总是留心适合学生读的书。

我对全班学生说，以后到你们家去，先看书架，再看藏书。一天，我到战松家里去，他的书架已被书挤满了，几本大块头的，书架放不开，只好横放在书架上面。彭晓明藏书最多，到五年级已有上百册了。我立即在全班学生面前加以表扬和宣传，说：“这才叫现代化的家庭呢！家里无书，怎么能叫现代化呢？”表扬的是一个人，引导的是全班的学生。肯定和表扬激励的是个人，引导的是全班。

我常常问学生最近在读什么书。如果学生读的书我也读过，便一起谈谈书中的某些情节和人物，这无形中也是一种启发和引导。我们定期检查读书笔记——看学生读了多少书，抄了多少词语和名言。我们不要求写心得体会，写这些东西，容易使学生产生逆反心理，对一部分学生来说是一种负担。再说，心得有了就行，为什么非得写出来呢？但如果有人写了，而且写得好，当然要不遗余力地进行宣传。这也是一种暗示。读书方法也要告诉学生。我常讲的五句话是：第一，“读书切戒在慌忙，涵泳功夫兴味长”，告诉学生，书要读慢一些，边读边想；第二，做记号（只要书是自己的）；第三，遇到生字查字典，把拼音立刻写在生字上；第四，摘抄词语和名句；第五，读到你认为精彩、生动、有趣的地方，要朗读，要记忆。对一些表达力不强、语感不好的学生，要求他们每天朗读（包括课文）的时间，不少于20分钟。朗读的意义太重大了。

归根结底，要培养学生的读书习惯，要让学生爱读书，会读书。一旦尝到了读书的甜头，多数学生是会喜欢读书的。

倡导学以致用。

谁要在说话、作文中恰当地引用了名人名言或者古诗文中的句子，我立即“放大”——多次当众表扬。我说：“这叫有学问，有文化！一句顶几十句！”有的学生在作文中引用的古文，我都不知道出处，有的字我也不认得，只好翻工具书。一次，我评讲作文时，向学生坦言：“我真的不如你们了，真是教学相长啊！”立刻就有一个学生说：“弟子不必不如师，师不必贤于弟子！”接着有人续了一句：“闻道有先后，术业有专攻，如是而已！”——这不是韩愈说的吗？我给这两位学生的不再是竖起的大拇指，而是一个拥抱。用学生的话说，是“意大利式”的拥抱。——虽然至今我也不知道何谓“意大利式”的拥抱。

导行，是更重要的“用”。导行，就是把读书明白的道理用来规范自己的行为。战松，一个敦厚的小男孩，学了《三字经》，主动为奶奶打洗脚水，倒洗脚水。他说：“奶奶，‘香九龄，能温席’，我也九岁了，也该为您做点儿事了。”安略得知奶奶病情好转，想吃点东西了，高兴极了，连忙为奶奶下面条（他说，他只会下面条），并为奶奶演奏手风琴独奏曲《快乐的小战士》……

这样的学生，这样的行为，能不表扬和宣传吗，能不大力倡导吗？

“一个人的精神发育史实质上就是一个人的阅读史。”朱永新先生说得多好哇！

“读书是在别人的思想帮助下，建立自己的思想，最终使自己站起来。”成尚荣先生说得多妙哇！

真的，当一个人的书读得足够多的时候，便能承载一切。

每逢“六一”和“元旦”到来之前，我都要举办“作文大奖赛”。什么“大奖”？书。那些年，我得来的稿费大都为学生买书了。学生基本上都能获奖。我买的都是中外名著，并针对每个获奖者的实际，在扉页上题写一句名言，再盖上我的印章，以示郑重。

“课程标准”上写的“提倡少做题，多读书，好读书，读好书，读整本的书”，道出了教语文，也是学语文的真谛。

实践证明，一个学生如果认认真真读了冰心的几本著作，他的作文就语言而言，虽然不会典雅，但多少会有点儿清丽；如果认认真真读了几本像《钢铁是怎样炼成的》一类的外国文学作品，作文中就可能出现欧化的句式。这是绝对的。

只要有营养，什么奶我们都给学生喝，包括“洋奶”。

三

我们十分重视艺术教育，尤其是音乐教育。

我们班每星期安排三节音乐课（一个下午）。音乐课上要唱歌，还要学习乐器。把器乐引进课堂，大概这是我们的创举。音乐老师黄成功既会唱，会演奏多种乐器，还能作曲。他为我们班的音乐教育付出巨大。我们要求每个学生至少会一种乐器。多数学生家长为孩子选择了手风琴，也有为孩子买钢琴的，个别经济困难的，买了电子琴。学校有架子鼓和一套铜管乐器。

音乐课上只是让学生唱歌，欣赏音乐，不是完整的音乐教育。不会演奏乐器的人，就不能真正去感受音乐。如果说没有艺术的教育是残缺的教育，那么，没有器乐的音乐教育，也是残缺的。

我们的先人两千多年前就提出了“礼、乐、射、御、书、数”的教育主张，伟大的教育家孔子继承了“六艺”的传统，并将它发扬光大。“六艺”中就有音乐。尼采说：“如果没有音乐，生活就是一个错误。”音乐有着巨大的育人功能。奥地利是世界上犯罪率最低的国家，主要因为它重视音乐教育。奥地利的教育法规定：每个年满18岁的公民，必须掌握两种乐器。李政道说：“科学和艺术是一个硬币的两个面。”既然如此，一个人怎么能少了艺术细胞呢？我是认准了音乐教育的，而且主张每个学生学会一种乐器。不管有多大困难，在我的教育实践中也要落实这一理念。所以我的身影常常出现在音乐课上。

全班48个人，在课堂上，是一个学习的集体；在舞台上，是一个艺术团体。全班的器乐合奏，使我激动；许家乐、耿臻的爵士鼓，使我振奋；由晏妮指挥、蔡苏钢琴伴奏的全班的大合唱，使我陶醉，落泪。学生们能演、能唱、能舞；演课本剧，更是学生的拿手好戏。四年级的时候，我们全班就可以出一台节目，演上两个小时。

我们也很重视美术教育，区少年宫的吴老师是我们的义务美术教师。在吴老师的课上，学生们看似在涂鸦，实际上是放飞想象，他们的想象力得以充分发挥和发展。

不苟言笑的祁寒的一幅作品在捷克举办的世界儿童画展比赛中还获得了二等奖。

艺术教育（特别是音乐教育）使学生的气质发生了变化，情操发生了变化，观察力和审美情趣发生了变化，想象力发生了变化。这些变化是潜在的，但又是可以感受的，情感世界的变化尤其显而易见。

孔子说："兴于诗，立于礼，成于乐。"在"六艺"中，他特别看重"诗、礼、乐"。可惜我们没有把这一古老的理论继承好，没有演绎出更多的生动的教育故事和成果。等我认识到了，又晚了。——惭愧。

四

聚会时，学生最津津乐道的，莫过于小学六年来开展的各种有趣的、有意义的活动。

孩子的成长离不开活动，离不开玩。著名少先队活动家、无锡的顾岫荫老师说："一个人亲身经历一些有意义、有情趣的活动，会在记忆里留下难以磨灭的痕迹，每一个精彩的活动留给孩子们的都是一颗珍珠。当他长大后，岁月的丝线把这些珍珠串起来，就成为人生珍贵的项链。"

如今，岁月的丝线，真的把我们小学六年来搞的许多活动串起来了，成为了挂在学生脖子下面的闪闪发光的项链。回忆起来，人人如数家珍。

童年不能没有快乐，正如花儿不能没有阳光一样。少年儿童心中的快乐，往往就是一次野炊，一次爬山，一次旅游，一次垂钓，一次参观，一次演出，一次拔河，一次写字比赛或朗读比赛，甚至就是老师的一个微笑，一句赞扬，一个字得到的红圈儿。有快乐相伴的成长，才是健康的。

感谢我的小学老师，他们给了我一个幸福、快乐的童年；感谢他们带领我们搞了那么多有趣的活动，玩得那么舒畅，无拘无束；感谢他们留给了我那么多美好的回忆，否则，我不会游泳，不会爬树，不会拉胡琴，不会唱戏，不会打锣鼓，不会知道什么叫"急急风""四击头""凤点头"，也不会绘画，不会痴迷书法，更不会对大自然如此情有独钟……可以说，如果没有这些美好的经历，我的精神家园定会荒芜，情感世界定会冷漠，甚至"相当地冷漠"。

我之所以喜欢带领学生搞活动，是因为我没忘记自己曾经是一个小学生。只有没忘记自己曾经是小学生的老师，才能理解学生，知道学生喜欢什么，需要什么，才能和学生心贴心，才能成为一个学生喜欢的老师。

我小时候喜欢坦克、飞机，对部队充满向往。所以——

我一定会带我的学生去参观飞机和坦克，钻进去，边看边听解放军叔叔讲故事和有关军事知识；一定到军营去，观看战士四百米障碍训练，看射击训练，看战士的宿舍。战士的宿舍是一道非常耀眼的风景线！它会告诉我们什么叫干净、整洁，什么叫整齐划一，什么叫军事化，会让学生感受在其他地方感受不到的东西。

我小时候，喜欢游泳、划船。所以——

我一定带学生去游泳、划船。师生荡舟青年湖时的欢声笑语，乘快艇飞速行驶在云龙湖上溅起的翡翠般的浪花和刺激，在游泳池里男女生打水仗的场面和机智，至今留在我们的记忆中，它也将永远存在每个学生的心中。

我小时候，喜欢钓鱼、摸虾。所以——

我经常带学生去钓鱼、钓虾。当学生带着钓上来的一条鱼，站在照相机的镜头前面，听快门“咔嚓”一声响时，该是一种什么感觉啊！当看到“呆虾”死死咬住钓钩上的一块肉不松口，直到成了学生手中的“猎物”还不醒悟时，那该是一种什么感受啊！当我们分组带着钓来的鱼虾去慰问村里的“五保”老人和军属的时候，学生心中又会激起怎样的情感波澜啊！

我小时候喜欢爬山、做游戏。所以——

爬山、做游戏成了我们必搞的活动之一。如之前所说，当学生们向山林冲去，把从树上、草丛中、石缝里搜索出来的“敌人”（一道道数学题和语文题，按难易程度，标上“军长”“师长”“团长”“营长”以及“士兵”等），“消灭”了（即做出了），到“司令员”（老师）那里去请功领奖时，该是一种什么心情啊！

我喜欢花鸟虫鱼。所以——

凡举办什么花展，我必带学生去看；动物园也是常去的地方之一。徐州人爱菊，喜欢办菊展。我们常常带学生去几个地方看菊展。菊花给我们带来的更多的是精神上的享受与启迪。

我喜欢春天、秋天和冬天，所以——

带领学生春游、秋游是断然少不了的；春天看到的是花，秋天看到的是果，春华秋实，也算是首尾呼应吧。

冬天一下雪，赏雪、吟诵描写雪的诗是少不了的，和学生一起堆雪人、打雪仗更是免不了的。我是把玩雪当成课来上的。真的，雪是多么好的教材啊！

我从小喜欢历史。所以——

名胜古迹、博物馆也是我们必去参观的地方。那里有滋养学生成长的丰富营养。

一次，我带学生到农村去，有人竟把芋艿（芋头）叶当成荷叶！于是我便和一所农村小学联系，和他们的一个同年级的班结为“友谊班”，同性别的学生结为朋友，我们定期到农村去感受农村，农村的学生也定期到我们城里来感受城市。我们在菜地里除过草，捉过虫；在庄稼地里拾过棉花，收过玉米。我们和农村的学生一起赤足跑步，一起钓鱼，晚上一起在田野里捉迷藏……一次次的经历和感受，一次次地丰富着他们的人生。

玩儿，要玩儿出品位来，玩儿出文化来，玩儿出能力和智慧来。

“军营一日”活动，虽然是我事先联系好了的，但我只字不提，只是谈了要到部队去活动一天的想法，然后让学生自己写介绍信，自己去联系。根据部队的安排和要求，制订活动计划，提出注意事项。听了学生的汇报，我只补充了两点。第一，每人书写一幅卫边戍国的诗词，联欢结束时，赠送给解放军叔叔。我们班人人写一手好字，这也是展示自己的机会。第二，届时，统一着装，都穿少年军校的迷彩服，一律穿白球鞋。我说：“还有一项活动内容暂时不说，到时候给大家一个惊喜。”——我故意卖关子。这个“关子”就是看完解放军射击以后，每人挎冲锋枪照相留念。可以想象出孩子们知道后该是怎样的兴奋和得意啊！

“钓鱼活动”的第一步，是请懂钓鱼的张老师上了一节“怎样钓鱼”课，这算是个“专题讲座”。然后学生准备工具——钓竿、鱼饵等，我则准备奖状和照相机。每钓上一条鱼的人，拿着钓竿（鱼不要从钩上取下来）照相，并随即颁发一张写有“钓鱼能手”的奖状。垂钓了整整一个下午，最后把钓来的鱼分成若干份，分组慰问刘湾村的“五保户”和军属。去之前要求大家想好该说的话。整个活动，有知识，有能力，有过程，有方法，也有情感、态度、价值观，是真正的“三维一体”啊，是真正的“综合实践活动”啊！——要知道，这是1995年的一次活动啊！

徐州戏马台是当年项羽操练兵马的地方。去游览之前，我先请学生们搜集一下巨鹿大战、鸿门宴、霸王别姬等历史故事。参观的时候，我请张庆老师解释那里的一些著名的楹联，并要求学生记下来，背下来。这样的玩儿，不就有文化品位了吗？

我喜欢动脑子，想学生之所想，不怕麻烦，也不怕累，只要认准了，对学生有好处，就去做。在思考、设计活动的时候，在和学生在一起的时候，我常觉得自己就是一个孩子，甚至有时会忘乎所以。

聚会的时候，学生们告诉我，上小学时有三张照片最珍贵，一是钓鱼的照片，二是挎冲锋枪的照片，三是和小学六年来所有同桌的合影。谈到最后一张合影，稍微补充几句。那是毕业前夕，我请每个学生邀请小学六年来所有的同桌（当然有男有女）在一起合影，上面写着“我的小学同桌”六个字。当时我说：“这张照片，只有当你们有了我这一把年纪的时候，才能读懂它，才能理解我的用意。好好保存它。”

照片留下来的是过去的美好。这样的美好多了，就会有美好的人生。

许许多多的活动，留在学生的记忆里，更多的东西则融入学生们的身心中去了，融入他们的精神世界和情感世界中去了。

活动是育人的，育人离不开活动，无论是少年还是青年，甚至老年。

五

我们很重视作文教学。六年来，所有的作文课都是由我上的。

第一，作文起步早，一、二年级开始写话。说是写话，其实好多学生一年级的写话就具备了文章的雏形。到了二年级，多数学生的写话，其实就是作文了，只不过短小一些罢了。

第二，每周一篇。作文要有一定的量，每周一篇比较合适。每个学期作文不少于14篇。量增加了，批改就要相应做些改变。一篇改得稍微细一些，一篇只批不改——除了用符号标出写得精彩的句、段，还用符号标出写错的字、有毛病的句子；批语很少，多数是提出的修改意见，然后让学生改。如果有时间，我尽量改得细一些，特别是两头的学生，我看得比较仔细。孩子们很喜欢看我改过的作文。六年中，我坚持让学生同桌间互改，即作文写好了之后，同位间用铅笔互改，要求也像老师那样改——勾出错别字和病句，画出优美的句、段，也要眉批、总批。凡是发现的错别字、病句，请对方立即改正。互改是一种责任，是一种能力的锻炼，也是一种互相学习的机会。凡是学生改过的作文，错别字大大地减少了，我改的时候就省时间了。

第三，实行高分政策。把闪光点放大，特别是学困生，哪怕错别字减少了，有一个词运用得恰当，便加以放大——郑重其事地讲，反复地讲，并为之加分。标点运用得正确的，加分；谁正确地使用了分号、破折号，更要加分，并在评讲时大加赞扬。因为一个标点的背后，反映的是思维的缜密、条理和清晰。为了一个词、一个标点，最多我加过20分。我说："这叫一字千金。王安石的'春风又绿江南岸'之所以成为千古名句，不就是因为一个'绿'字吗？"实行高分政策的目的，就是要让每个学生都尝到成功的喜悦，把每个学生的兴趣都激发起来。学生的成功，往往不是一篇，而是一个词，一句话，一个开头，甚至是一个标点。这样的成功人人都有。

第四，尽量把课上得有意思，做到形式多样、体裁多样。把生活搬进课堂，把课堂融入大自然和社会之中。

我常常想，我们的孩子并不比外国的孩子笨。学了《海底世界》我出了两道与海洋有关的题。一道是：我国有哪四大海？我国的海岸线有多长？我国最大的岛屿叫什么？祖国最南端的礁岛叫什么？——请查找有关资料或询问别人，然后写一篇短文。另一道是：中国人民解放军海军有哪三大舰队？人民海军最现代化的舰艇是什么？外国水兵服的领和袖上有三条白道，中国人民解放军海军的水兵服有四条，为什么？请查找有关资料，或询问别人，写篇短文。并请你为人民海军设计一艘现代化的军舰（用图画表示，即画出来）。这样的作文都体现了"自主、合作、探究"的新理念。事实证明，我们的孩子很优秀。有一位男生这样写道："以前我真没注意海军叔叔的水兵服的衣领和袖口与外国水兵服有什么差别。这次我认真看了看爸爸当海军的照片，果然领子和袖口上有四条白道。爸爸告诉我：1955年，我国水兵服由三条白道，变为四条白道。因为我国有四大海：渤海、黄海、东海和南海，中国人民解放军海军要保卫祖国的四大领海。海军战士身上多了一条白道，就多了一份责任啊！”

看到有人把没吃完的面包扔进了垃圾箱，我设计了“爱惜粮食”的说、写课；在报纸上看到有人打鸟的报道，我设计了“保护鸟类”的说、写课。这种课型都是现实的言语交际，有说，也有写。要想劝说成功，把文章写得有说服力，就必须知道粮食的作用、鸟类对人类有什么好处，这就要求学生得学会咨询或查阅资料。这些课，已经不是传统意义上的说话课和作文课了。

从总体上说，真的没有笨学生，只有笨老师 —— 不动脑筋的老师。我总是不断地思考：怎样教，才不至于把孩子教死，而把孩子教活，教出悟性来，教出灵性来，教出能力来，教出智慧来，教出真人来？只要思考，就会有办法。行之有效的办法是学习、实践加思考的产物。

我们老师也并不笨，因为我们也会思考嘛！

第五，适当举行作文比赛，一般一个学期举行一次，比赛不以一篇作文成绩定名次，一般连作三篇，以三篇的总分定等第。题目尽量活泼，让学生喜欢。如《××的眼睛》，“××”可以是任何一个人，也可以写想象中的什么人，必须写三篇；再如《猜猜看》，一篇要求写一位老师，一篇要求写一位同学，一篇要求写一处景物，然后在小组里说，如果写得逼真，被两个人认可了，就可以获奖。什么比赛！巧立名目，让学生积极参与，喜欢作文而已！

我们班有不少人的作文在报刊上发表。很多学生的作文写得有思想，也有文采。全班没有一个人不喜欢上作文课，不喜欢写作文的。尽管到了六年级有人作文水平还是一般，但他们喜欢，也尽力了。

作文，训练的是表达能力，是思维能力，也是审美能力。作文能营造出一片完全属于自己的天地。

我常对学生说：“写吧，写出你的喜怒哀乐。你若写出了你的‘喜’和‘乐’，会觉得天空更开阔、更明朗；你若写出你的‘怒’和‘哀’，它们就会远离你，使你变得平静。”我不知他们当时理解了没有，有没有这种感觉。但我相信，他们以后如果还经常写的话，一定会有。

六

在语文教学中，我和杨晶非常重视写字教学，给学生上写字课，指导学生写字。

那时徐州市鼓楼区教研室印发了小学生习字册，每个年级习字册的字都是课文中的生字，用楷书印刷，让学生描红、仿影、临摹。到了六年级，还为每人购买了杨为国的回宫格字帖，让学生描摹。每天20分钟，雷打不动。字练好了，生字也巩固了，一举两得。我们总结了一句话，叫“识写结合，描仿入体”。“描仿临”是写字的规律，不可违背。近几十年来，学生的书写能力大倒退，根源就在于写字教学没遵循写字规律去做。

写字的意义十分重大，学写字就是学做人。郭沫若说：“培养中小学生写好字，不一定要人人成为书法家，总要把字写得合乎规格，比较端正，干净，容易认。这样养成习惯有好处，能够使人细心，容易集中意志，善于体贴人。草草了事，粗枝大叶，独行专断，是容易误事的。练习写字可以逐渐免除这些毛病。”

受小学老师的影响，我从小就喜欢书法。我当了老师，对自己有个要求：板书力求工整，使其成为学生心目中的“字帖”。我教学生写楷书的同时，还让他们了解一下隶书、行书和草书，引领他们欣赏各种名家的碑帖，让学生初步感受魏碑的古拙质朴，欧体的劲险刻厉，颜体的端庄雄伟，柳体的骨力遒健。引领学生进入书法殿堂，他们的精神家园就会比别人多一份明媚和绚丽。

字是人的第二张脸，我们给了学生第二张美丽的脸庞。我班学生写的字是我引以为豪的一个重要方面。

俗话说：“字无百日功。”何况我们练了六年呢?

写字是小学生的基本功之一，我们没有任何理由把它交给中学老师去做。

七

六年来，我们还给学生什么了？如果说还有的话，那就是我们给了学生应有的尊重与关爱。我们约定，要以自己的言行告诉学生什么叫“尊重”，什么叫“爱心”，什么叫“和谐”。虽然我们还没做到爱每一位学生，但我们做到了尊重每一位学生。

什么叫教育？汉代的班固是这样下定义的：“教者，效也，上为之，下效之。”所以我对杨晶说：“我们自己就是一本书啊！咱们一定要善待每一个学生，尊重每一位学生，让学生从我们身上读懂尊重和关爱。”我说的“尊重”，有两层意思。第一，尊重学生的人格，犯了错误要批评，甚至严厉批评，但不能伤害学生的自尊心，不挖苦，不讽刺，不另眼相看，更不请家长到学校来。第二，尊重差别。差别是客观存在、先天就有的，更不要说后天了。有人即使很努力，他的写作可能还是很平庸，他的数学可能还是很糟糕。不能完全用文化学习成绩来衡量、判断一个人的优劣，更何况学生离成年还早着呢。苏霍姆林斯基说：“如果学生有了一门喜爱的学科，那么你没有必要为他没有在所有学科上取得‘五分’而不安。应该使人更为担忧的，倒是门门优秀却没有一门喜爱的学科的学生。多年的经验使我相信，这种学生是不懂得脑力劳动的快乐的平庸之辈。”我和杨晶都牢牢记住了这段话，努力发现每个学生的闪光点，培养他们的不同兴趣。我对成绩不好的学生倍加呵护。任何一个考试失败的学生，我们都能为他找到摆脱沮丧的理由。我们深知学困生的大脑更需要良好的情感滋养。

我和杨晶还有一条约定：对学生一视同仁，不偏向，这是建立良好师生关系，创建优秀班集体的重要条件。学校教育的最高境界是“和谐”。

六（1）班的48位学生离开小学10年了，但每当我们聚在一起的时候，还是和10年前一样和谐。不同的是，学生们多了一份成熟。但成熟中还是透着一种10年前的孩子气。

学生们说：“在小学里能遇到于老师和杨老师这样的老师，我们感到无比幸运和骄傲。”我和杨晶则说：“看到你们这么有出息，这么懂事，非常欣慰！”

望着一个个可爱的学生，我心潮涌动。我在心里说：“来生，我还要当老师！”

但是，我的信仰告诉我，人没有来生。

有吗？！

结语：徐州市鼓楼小学这个六（1）班是我从教几十年来带的最后一个班。学生毕业时，我已经56岁，垂垂老矣！这六年，我是带着思考教书的。这里面渗透了我的教育观、学生观和语文观。尽管思考还欠成熟，还有很多遗憾。写此文的目的，就是为了引起老师们的思考，希望每位老师都带着思考走进教育——为了下一代，为了我们亲爱的祖国。

实践和思考是成功的双翼。

愿每一位教育工作者都像现代物理学奠基人卢瑟福一样——崇拜思考！

教学篇

23. 幽 默

一

这节课学的是王鲁彦的名篇《我爱故乡的杨梅》。课文写得清丽细腻，小荣读得活脱传神。其他同学一边看书一边听，人人神情专注，个个沉浸在诗情画意之中。

“细雨如丝，一棵棵杨梅贪婪地吮吸着春天的甘露……端午节过后，杨梅树上挂满了果实。杨梅的形状、颜色和滋味，都非常惹人喜爱……没熟透的杨梅又酸又甜，熟透了就甜津津的，叫人越吃越爱吃……”

课文中的文字变成了有声有色、有韵有味的语言，从小荣那清亮甜美的嗓子里发出。同学们仿佛被带进了静谧的果园。

“小建最投入。”小荣读完了，我扫视了一下全班同学，一字一顿、一本正经地说，“他在边看边听的过程中，使劲地咽过两次口水。”

学生们先是一怔，但很快就回过味来，发出一阵咯咯的笑声。

“课文中描写的事物，肯定在他的脑海里变成了一幅幅鲜明生动的画面。我断定，他仿佛看到了那红得几乎发黑的杨梅，仿佛看到了作者大吃又酸又甜的杨梅果的情景，仿佛看到了那诱人的杨梅果正摇摇摆摆地朝他走来，于是才不由得流出了‘哈喇子’……”

一阵更响的笑声过后，我郑重其事地接着说：“如果读文章能像小建这样，在脑子里‘过电影’，把文字‘还原’成画面，那就不仅证明你读进去了，而且证明你读懂了。老实说，刚才我都淌口水了，只不过没让大家发现罢了。”

学生们又笑。

下课，听课的老师说我很幽默。并说，我把一个重要的读书方法——边读边想象情节，即把抽象的文字“还原”为生动的画面——通过风趣的语言讲出来了，学生不但理解了，而且肯定终生不忘。

我以为，这不是溢美之词。

二

读师范时，教我们数学的程老师就善于把深奥的道理用幽默的方式表达出来。

记得刚学函数时，程老师说：“函数呀，其实连三岁的娃娃都懂。你们注意没有？三岁的小孩过马路时都知道向左右看看。当他发现左方来了一辆汽车，他绝对不会做出这样的判断：什么时候我和汽车正好在马路当中相碰，什么时候我才迈开双脚。—— 这就是一个函数问题。三岁的小孩都明白的问题，对于十七八岁的你们来说，就更是不成问题的问题了。”

一阵轻松的笑声过后，函数的学习的确人人感到容易。

一次，一位上中学的学生向我讨教如何写论文。我给他讲了一个关于疝气的故事。一天，办公室的一位同事说：“我的小孩得了疝气，要不要动手术？”一位老师说：“要动。我的小孩四岁时得了疝气，做了手术就好了，术后只留下一道很不明显的疤痕。”另一位老师说：“我的孩子也做过这种手术，手术很简单，没危险。”第三位老师说：“有位老师得了这种病，可是怕动手术，结果连走路快了都不行。几年下来，体质也差了。去年，下决心开了刀。现在一切正常，什么体育活动都能参加，身体也渐渐好了。”听了三位老师的话，那位老师说：“明天我就带孩子到医院去做手术。”

故事讲完了，我对学生说：“你把四位老师的对话整理出来，就是一篇论文，题目是《得了疝气要动手术》。什么论文？如此罢了。你多读几篇论文，读的时候，对照我讲的关于疝气的故事，看看我说的对不对。别小看了这个故事，论文的要素里面都有。”

学生听了，手舞足蹈：“妙，妙！于老师，不论什么问题，你一说怎么就这么浅显明白了呢？”

我说：“‘不论’去掉，换个‘有些’。上小学时，我不就常对你们说，‘用词要准确’吗？”

师生开怀大笑。

德国的海因·曼麦说：“用幽默的方式说出严肃的真理比直截了当地提出来更能为人接受。”

教学实践充分证明了这确实是真理。

教学中不妨加点“幽默”。适时、适量而又有分寸地“幽”他一“默”，效果绝对不错。

三

学完《翠鸟》的一、二两段，我一看表，离下课还有七分钟。留七分钟学第三段，绰有余裕。因为这一段并非重点。

我发现小庆打了个哈欠，用胳膊碰了一下同桌，在嘀咕什么。

“小庆，”我语调平缓却十分认真地说，“请你去逮一只翠鸟。”

他慢慢腾腾地站起来，茫然地望着我。我又把刚才的话重复了一遍，并加了一句：“请你不要推辞。”

“到哪儿去逮呢？”他可怜巴巴的，弯弯的眉毛被皱起的眉头扭曲得变了形。

全班同学面面相觑，神情迷惘。

“你看看书嘛！大家都读第三段，看看到哪儿去逮，看出来以后，告诉小庆。”

还没等别人发言，小庆自己说：“翠鸟不好逮。它住在陡峭的石壁上，洞口很小，里面又很深，谁上得去呀！”

我哈哈大笑。他说的，正是第三段的主要内容。他读懂了。当我问他为什么请他去逮翠鸟，他赧然一笑，低声说：“刚才我和同学说话了。”

“你有点疲劳了，对不？”我补充说。

同学们听了，立刻发出会心的笑声。

“逮翠鸟这个光荣而艰巨的任务你虽然没完成，却帮助同学读懂了第三段，功不可没！同学们，第三段告诉我们的正是翠鸟的住处。”说完，我转身在黑板上写下了“第三段，翠鸟的住处”这样一句话。

“处”字刚刚收笔，下课铃响了。

这一个幽默的小插曲，使疲劳的学生们为之一振。师生融融乐乐，陶陶然于一堂，顺利地完成了教和学的任务。

四

幽默，绝大多数是临场发挥。在我的课堂上，经常能听到学生们的笑声。

教《在仙台》时，一个学生问：“老师，北京的大白菜运到浙江怎么便‘尊为胶菜’？您不是说，胶州出的大白菜才叫胶菜，才有名的吗？”

“嗨！冒牌货嘛！不然，为什么要‘打假’呀！可见，那时就有假冒伪劣商品。”接着是一片笑声。

童话课文《小稻秧脱险记》中的杂草被喷雾器大夫用化学除草剂喷洒过之后有气无力地说：“完了，我们都喘不过气来了。”可是，一位小朋友读杂草说的这句话时，声音很大，既有“力”又有“气”。我开玩笑说：“要么你的抗药性强，要么这化学除草剂是假冒伪劣产品。我再给你喷洒一点。”说完，朝他做了个喷洒的动作。全班小朋友哈哈大笑。这位小朋友再读时，耷拉着脑袋，真的有气无力了。我表扬说：“你读懂了。”于是笑声又起。

教《狐假虎威》时，一位小朋友把“扯着嗓子”理解为“拉嗓子”。我“啊”了一声说：“把嗓子拉长？”说完，用双手做了个拉喉咙的动作。动作做完了，我问：“这能受得了吗？”全班小朋友捧腹大笑。我运用“归谬法”，既纠正了学生的错误，又使课堂气氛活跃，使学习变得轻松。

在讨论“当老虎看到大大小小的野兽撒腿就跑，会怎么想”时，有的小朋友说：“哎呀，百兽还真害怕狐狸呢！”有的小朋友说：“奇怪，我又没犯错误，老天爷怎么不让我当大王了呢？”我顺势说：“是呀，再说又没到退休的年龄！”我引现在的“退休”概念于老虎身上，又引起哄堂大笑。

一次上作文课，学生们正专心致志地写着，忽然张宁宁怒冲冲地带着哭腔报告说：“于老师，刘希隆弄了我一脸墨水！”

我一看，白白的脸上溅了好几片蓝墨水，最大的一片有手指甲那么大。两颗晶莹的泪珠挂在她的眼角上，随时等待着主人发出“冲出来”的指令。

希隆解释道：“是我拔笔帽时溅上去的，我……我不是有意的。”

我明白了，走到宁宁跟前说：“这叫‘锦上添花’！白净的脸上有了这几朵‘花’，就更美了。”

张宁宁破涕为笑。

一句幽默的话，化“干戈”为“玉帛”。

一天早上，小队长崔广徐收作业时，所属队员李朝军、赵从军、张安军都说没带来。那天崔广徐穿了一件崭新的蓝毛衣，口儿开在右边的肩上，上面钉了四个黄色金属扣子。我说：“广徐现在了不起了，是大尉！你们看，一道杠四颗星！广徐晋升为大尉了，是‘大尉司令’，你们‘三军’更得听他的。”

我平时称朝军、从军、安军为“三军”。

“那我们是什么？还是兵吗？”“三军”之一的朝军问。他最调皮、最滑稽。

“你们当然还是兵喽！而且是列兵。”

“我们不当劣兵，当好兵！”

“‘列兵’的‘列’是‘排列’的‘列’，不是‘恶劣’的‘劣’！”我纠正说，并随手将“列”字写在黑板上，“以后，你们进步了，可以晋升为上等兵、下士、中士、上士。光兵，就有五个等级哩！你们好好干，慢慢来！”

崔广徐动真格儿似的，正儿八经地说：“请你们回家拿。如果没做完，中午回家补。”

“三军”听了，吐了吐舌头，乖乖地走了。

从此，“大尉”一直伴随着崔广徐。如今都四十出头的人了，同学们见面仍亲昵地称呼他为“大尉”，“大尉”的来历成了“百谈不厌”的话题。

一句玩笑话，竟使“三军”那么服帖听话，为学生留下那么值得回忆的童年情趣。

五

苏联教育家斯维特洛夫说：“教育最主要的也是第一位的助手，就是幽默。”

幽默的语言可以使知识变得浅显易懂；幽默的语言可以使人精神放松，使课堂气氛和谐；幽默感强的老师可以使学生感到和蔼可亲。当幽默营造出一种热烈的气氛时，不但学生乐于听课，而且会发生“共振”效应，老师的水平也能超常发挥，取得极好的效果。为什么相声、小品演员听到观众的笑声、掌声，越发表演得好，越能淋漓尽致地发挥？道理亦然。

幽默固然有赖于知识的丰富、思维的敏捷、口语的畅达，但重要的是要有融融的爱心、博大的胸怀、乐观的情绪、爽朗的性格。

幽默与冷漠无缘。

老师笑着看学生，学生就会笑着看老师；老师只有笑着看学生，才会有幽默的心境。

24. 教学机智

一

著名特级教师徐善俊教《赤壁之战》有一个精彩的环节。课文学完了，他问学生："大战结束后，周瑜在庆功会上会怎样向将士总结这次取胜的原因？如果你是周都督，会说什么？同样，曹操也会总结这次大战失败的教训，如果你是曹操，会怎样向部下做总结？"

不论哪个班，每次讲到这里，学生的发言都异常热烈。别看他们小小年纪，你一言，我一语，对双方成败的原因分析得既全面又透彻。这个教学环节的意义绝不仅仅是揭示课文的主题。

可是，有一次在民主路小学上这一课时，一位小男孩的发言却差一点儿使徐老师陷入"困境"。这个小男孩说："我看过《三国演义》，曹操是个从来不认错的人，他怎么会向部下分析失败的原因呢？"

一句话使课堂的气氛像凝固了似的。听课的人屏息望着徐老师，看他如何回答。

只见徐老师先是笑了一声，继而表扬这位学生读书用心，然后说："你说得对！咱们就不让曹操开总结会了。但是，你说曹操回去以后，独自一人会不会反省自己？咱们现在就把他的内心话掏出来，行不行？"

这一问，课堂气氛顿时又活跃起来。学生把曹操的"内省"说得一五一十。

听课的老师由衷地鼓起掌来。这掌声是为学生喝彩，也是为徐老师的"起死回生"的教学机智喝彩。

可以这样说，在小学里，没有一节课是风平浪静的。在教学中，随时随地都可能发生预料不到的事。原因很简单，学生是活生生的、有思想的人。因此，教育心理学要求教师具备敏感、迅速而准确的判断能力，能够随机应变，灵活机智地处置教学中出现的各种情况。

二

运河师范附属小学的阶梯教室里，连过道里都摆满了椅子，坐满了人。老师们正在听我教《马背上的小红军》。

这篇课文写的是陈赓过草地时遇到一位掉队的小红军。陈赓让他骑马，他说不累；陈赓给他青稞面，他拍拍鼓鼓的干粮袋说有。陈赓走不多久，觉得不对头。当他掉转马头找到小红军时，小红军已经倒下了；陈赓刚把他扶上马背，他便停止了呼吸。

一个学生刚朗读完第一段，他的同位站起来问："于老师，'深情'是什么意思？"

这课我上过好几次，从来没有人提过这个问题，我备课时也从未考虑过。第一段是这样写的：

"陈赓同志回顾自己革命经历的时候，曾经深情地谈起这样一件往事。"

这里的"深情"显然不能就字面解释为"满怀深厚的感情"，这个"情"是很复杂的。在学生没有读懂全文之前，即使老师把自己的体会讲出来，也是很难理解的。

全体听课的老师都望着我，想看看特级教师如何处理这个问题。这对我来说，无疑是个不大不小的考验。

"学贵有疑"。我首先肯定这个问题提得好，说明这位同学读书动脑子了。然后说："等学完课文咱们再讨论这个问题，我想，提问题的这位同学一定会自己找到答案。"

课文学完了，我请她说说对"深情"的理解。她是这样说的：

"陈赓感到不该轻信小红军的话。他看到小鬼的干粮袋里装的是一块烧得发黑的牛膝骨时，他后悔极了，感到对不起这位小红军。"

我说："不错，这个'情'里，有后悔之情。"

她接着说："小红军宁肯牺牲自己也不愿拖累别人，他这种精神，陈赓每次谈到的时候都很敬佩。"

又有一个学生站起来补充说："这里还有赞美的意思。"

我动情地做了小结："这个'深情'，有后悔之情，有自责之情，有敬佩之情，有赞美之情，当然，还有怀念之情。陈赓每次谈到这件事的时候，是深深地怀着这些复杂的感情向人们诉说的。所有这些，同学们都通过读课文体会出来了，很不错的。古人说的'书读百遍，其义自见'是很有道理的。"

这时，我明显地听到了听课老师的赞赏声。

假如我一开始就做解释，阅读教学就会黯然失色。

这种教学机智，来自对教材的熟悉，来自"学生为主体"和"授之以渔"的教学思想。

三

我按照“基础训练”里关于写一个人的要求，打算上课时请一位会拉手风琴的女生为大家演奏一首曲子，然后将她的动作、外貌写下来。上课这天，家长把这位女孩子打扮得如花似玉，并亲自送来了手风琴。

可我一进课堂，发现黑板没擦，一黑板数学题。我略一沉吟，产生了一个念头。于是，我拿起黑板擦儿，一下一下地擦起来。嘴里说：“也许是上节课老师拖堂了，值日生没来得及擦；也许是个别同学的题没做完，不能擦……”

话音未落，几个学生快步走上讲台，夺我手中的黑板擦儿。

“咱们合作，优势互补，我擦高的，你擦低的。”我对其中的值日组长说，“正好有两个黑板擦儿。其余同学请回座位。”

这一切不过三分钟。学生们的表情很复杂，有内疚，有自责，也有抱怨。“同学们多懂事儿！纷纷争着擦。”我一边拍着手上的粉笔末儿一边说，“咱们这节作文课有东西写了。把刚刚发生的事儿写下来怎么样？题目就叫《擦黑板》。”

我简单地交代了要求。只一节课，一篇写人的作文就完成了。值日生们写得最出色，不但写出了老师擦黑板的表情、动作、语言，还写出了他们的真情实感。他们差不多都写了这样的话：“当我听于老师说‘也许是上节课老师拖堂了，值日生没来得及擦’的时候，心里真难受，其实老师没拖堂，也没有人没做完作业……”

我评析了几篇学生的习作，总结了写人、写事要注意的问题。第二节课仍按计划进行——请那位女同学为大家演奏一首曲子，然后写下来。

面对一次意外的情况，就这么灵机一动，就使学生多了一次习作的机会。而且在学生看来是那么顺理成章，那么不露斧凿痕迹。

“灵机”不是别的，说到底，就是“有心”。在有心者眼里，随时都能发现生活中有价值的东西，用来服务于教学。

四

二年级上学期的“基础训练7”里安排了一次怎样接待客人的练习。课堂上，我让学生体会志刚和齐叔叔的说话语气，将二人的对话熟读成诵，然后请两个小朋友到讲台前，一个扮齐叔叔，一个扮志刚，进行演练。

齐叔叔：志刚，你好！

志刚：齐叔叔好！

齐叔叔：你爸爸在家吗？

志刚：对不起，爸爸不在家，到图书馆去了。齐叔叔，请到屋里坐吧！……

刚演到这儿，教室的门被推开了。门缝里伸进了一个约莫60岁的妇人的头。她对着教室后面喊了一声："小华！小华！哎，小华呢？"

许多小朋友掩口笑了起来。

我立即请扮演志刚的小涛回答这位老奶奶的话，由他来"接待"这位"不速之客"。小涛还真听话，落落大方地迎了上去："奶奶，请问小华姓什么？上几年级？"

奶奶说："小华是俺孙女，姓丁，叫丁小华，上二年级。你们不是二年级吗？"

小涛说："奶奶，丁小华我认识，在二年级（2）班，我们是二年级（1）班。走，我带您去找。"

小涛领着老奶奶出去了。小朋友们用热烈的掌声肯定了他的出色表现；同时，对这位"不速之客"发表了看法，说她说话太不礼貌。我趁势问："那么，这位奶奶怎么说才合适，才不至于让人笑话呢？"

通过一阵叽叽喳喳的议论，小朋友们不但知道了怎样有礼貌地接待客人，而且知道了到别人家该怎样说话。

"纸上得来终觉浅"。真正锻炼人的口才和能力的，还是现实生活的言语交际。学生对这一次意外的、真正的言语交际的感受，要比刚才的演练要深切得多。

不错，这种情况太偶然。但是，教学机智主要是，也恰恰是表现在你处理教学中的偶发事件上。

我请一位小朋友到讲台前读黑板上的生字。九个生字读对了八个，只有"搂在怀里"的"搂"字读成第一声 —— 阴平。我说："这个字是个多音字。我们平时说的'搂头盖脸'的'搂'，读第一声，但在这里不读第一声。你再想想。"第二遍，他还是读成第一声。叫他回到座位上看书上的拼音吧，太浪费时间；直接告诉他吧，又没有意思。我灵机一动，把他搂了一下。小家伙十分机灵，立刻大声说："lǒu！"

一个动作，使他读准了"搂"的读音。我敢说，这个字他会牢牢记住的，至少会比直接告诉他记得牢固。因为植入他脑子里的，不光是通过耳朵所传递进去的声音，还有通过视觉传递到大脑里的形象，有触觉传递到大脑里的感受，有所有感官感受的并传给大脑的老师的情感。

总之，教学机智来自教师的综合素养。

25. 教学相长

一

1986年11月30日，我应邀到昆明市官渡区上课、讲学。

11月的昆明依然繁花似锦。大街小巷到处都是花，到处洋溢着浓浓的春意，让人感到温馨。

讲学活动在官渡区实验小学进行。我上的是二年级的一首古诗《草》。为了帮助学生理解“野火烧不尽”的意思，我用赭色的粉笔画了一条表示地面的线，并在“地面”的下面画了许多草根，意思是说，大火把地面上干枯的叶子烧得一干二净，地下的根却完好无损。

“‘春风吹又生’的意思谁懂了？”我问，“不过，这回不让你们说，我想请小朋友把这句诗的意思在黑板上画出来。”

小朋友们纷纷举手，跃跃欲试。

一个小朋友用绿色的粉笔在地面上画了茂密的草叶，然后说：“春天来了，春风一吹，草又长出来了。”听课的老师啧啧称赞。可是，一个小朋友提出了疑义，说草叶画得太长，春天来了，春风一吹，草不能一下子长这么高。于是，他走到黑板前，将草叶擦去了一大半，只留两寸来长的茬儿。他说：“春天来了，小草发芽了。”

聪明！听课的老师为他鼓掌。

没想到，一个小男孩站起来为气氛热烈的小礼堂泼了一瓢“冷水”：“老师，他少画了一样东西！”

小礼堂里顿时寂静无声。

“少画了什么东西？”我问。

“风！春风没画出来。”

“风？……嗯。可是……可是，这风怎么画呢？”我一边看着黑板上学生画的画，一边问。与其说我是在问，不如说我是在想。是的，以往我上这一课时，从来没有人提这样的问题！

还没等我思考好，这位小朋友急不可耐，快步走到黑板前，拿起一支白色粉笔，

“哧，哧——”在草的上方画了两道斜线。那眼神告诉我，这还不容易吗？

“这就是风？”我问。小礼堂里发出一阵笑声。“可是，风是看不见摸不着的呀。”就在这一刹那，我想出了表现风的办法，与此同时，小家伙也有了主意，他迅速擦去黑板上的草芽，重画。教室里静静的，一双双眼睛望着他手中的笔。一笔，两笔，三笔……还没等他画完，教室里就爆发出一阵掌声，他笔下的草芽统统一顺儿的——草叶都微微向右歪斜！风是看不见的，但人们一看这草叶就知道有风，而且从草叶倾斜的程度可以看出来风是很轻很轻的。

所有听课的老师都被这位二年级小朋友思维的敏捷折服了。

从此，我再上《草》的时候，便增加了这样一个环节——启发学生画“风”。老师都为画“风”这个环节的设计拍手叫绝。可是，他们哪里知道，这一环节的设计者是昆明的那位不知叫什么名字的小朋友！

在从昆明回来的火车上，我立即在“教学札记”上写下了这样两句古人说的话：“教学相长。”“学问无大小，能者为尊。”

二

古人说得对：“学然后知不足，教然后知困。知不足，然后能自反也；知困，然后能自强也。”

毕业不久，我曾兼过音乐课。在师范学校读书时，虽然是文娱活动积极分子，琴也弹得可以，但只会弹C、F几种调。无论什么歌，不管“1=E”，还是“1=B”，我通通改为“1=C”，或者“1=F”。可是教学可不能不管三七二十一，什么歌都得按规定的调弹，否则学生没法唱——要么太高唱不上去，要么太低压嗓子。

一次，学区举行“学习解放军歌咏比赛”，要求各校以班为单位参加。因为我带的班是优秀班，且自己又兼音乐课，因此学校决定由我班参加比赛。其中有一首规定必唱歌曲《我是一个兵》。这首歌干脆有力，很适合合唱。可是一看歌谱，糟了，“1=bB”！B调弹起来就够别扭的了，还要降半个调！这不存心跟我过不去！于是我就用C调弹，可是太高，学生唱起来直号；于是改为G调——G调我勉强能弹下来——可又太低，声音不嘹亮，唱不出这首歌的雄壮。有人建议，先这么练着，等正式比赛时请别人伴奏。我嘴里说的是“别麻烦别人了”，心里想的却是：“那不丢人？蜀中虽然无大将，廖化还可以当先锋嘛。”于是苦练了一个晚上，终于纯熟而有感情地将曲子弹下来了。

功夫不负有心人。那次歌咏比赛，我们班获得了一等奖。

“教然后知困”，不错的；问题在于“知困”能否“自强”。我从小就有“寇能往我亦能往”的犟劲，越是“困”，越能“自强”。

三

学生们正在专心致志地写作文——《给市长伯伯的一封信》。这一天——10月16日是世界粮食日，孩子们在向市长反映当前粮食浪费的现象，建议采取措施节约粮食。教室里很静，偶尔有学生之间喁喁而语的问字声和翻查字典的窸窸窣窣声。

忽然彭晓明站起来问我“缇萦”的“缇”怎么写，并说“缇萦”是一个人的名字，“缇”字怎么也想不起来了。嗨，“缇”字我连认都不认得，哪里会写？我实事求是地说：“对不起，我不会。”他也没让我难堪，说回家再查一查有关资料。

第二天，作文交上来了。原来彭晓明他在信的开头说，希望市长不要以为写信的是个小孩而不予理睬；古代汉文帝就采纳了一个小女孩缇萦的意见，而废止了肉刑，赢得了人们的赞扬。

我这才认识了“缇”字，而且知道缇萦是汉文帝时的人。后来翻阅了《上下五千年》这本书，才对她有了更进一步的了解。

我一方面为学生知道得多而高兴，一方面为自己知识的浅陋而惭愧。

我在作文讲评课上表扬了彭晓明博闻强记、学了能用的优点，并指出，由于他在信中能“引经据典”，因而更有说服力。——这句话也是我在他作文中的批语。

我由学生问的一个字，了解了一个历史人物；学生由我的一句批语，激起了更大的读书热情。学生“知不足”而“自反”，老师“知困”而“自强”。学问不就是这样积累起来的吗？思想不就是这样不断丰富的吗？

四

我自以为字写得还可以，每教一课时都很自信地说：“请同学们看我板书课题。”目的是为学生做出样子，让学生知道字要规规矩矩地写。

一次，我应邀到一所学校上《火烧云》。和以往一样，导语说完，我自信地说：“请大家看于老师写课题。”谁知，“火烧云”三个字刚写完，一位学生举手说：“老师，您写的‘烧’字不规范。”

我认真地看了看“烧”字，觉得没问题。

这位同学说：“‘烧’的右半部的‘尧’字中间一横写长了。那一横，不能超过斜钩。我们的书法老师是这样讲的。”

听课的老师哗然。

我觉得学生说得在理，表扬了他，并按他的意思重写了一个“烧”字。这一次得到了学生的认可。

下课后，该班的班主任告诉我，这个班有几个学生是学校书法小组的成员，教书法的还是市书法家协会会员呢。我找来一本三年级的教科书一看（一至四年级的教科书都是用楷书印的），证实了学生说得对。

我不由得又想起了李汝珍说的“学问无大小，能者为尊”和《学记》中“教学相长”的话。

从那时起，我再也不敢过于自信，再也不敢马虎，更不敢“想当然”了。备课时尽量把每个字写规范，写美观；把每个生词的概念弄明白，把课文牵扯到的知识搞清楚；把课文读得正确、流利、有感情。总之，尽量把问题考虑周密，减少纰漏。

当然，即使如此，教学中也难免出现“不如弟子”的情况。这是正常现象，也是好现象。我常常对自己说，应当具有孔子在《两小儿辩日》这个故事中表现出的“不知为不知”的坦诚和谦虚。

不懂不要紧，学。

26. 教学
——一门遗憾的艺术

一

师范毕业前夕，教了我们三年的班主任赵维仁老师语重心长地说：“衷心希望同学们在今后的人生旅途上，多说‘我幸亏’，少说‘我不该’。”

倏忽之间，30多年过去了。

回顾30多年的经历，不要说做人方面，单就教学方面，我就不知说了多少“我不该”。几乎每节课都留下了“我不该”的遗憾。

看法、体会和我仿佛的人肯定不少，不然为什么会有“教学——一门遗憾的艺术”之说呢?

遗憾，意味着反省，意味着认识的升华，意味着进步与提高。

不过，教学留下的遗憾不同于电影、电视留下的遗憾。电影、电视一旦公开上映，它的败笔所留下的遗憾是不可挽回的。大导演塞西尔·戴·米勒以一丝不苟的工作态度著称，可是他导演的《十诫》却闹了个大笑话。在该片的剪辑和观看样片的过程中，他竟没有发现，在大批犹太人向埃及流亡的镜头里，一个群众演员戴着手表！使这个笑话登峰造极之处还在于：戴手表的群众演员扮演的是一个盲人。而教学的遗憾是可以弥补的，因为还有第二次、第三次、第四次乃至更多次教这一课的机会。每个遗憾都是通向教学自由王国的一个里程碑。

二

用了三课时教完了《画鸡蛋》，学生竟不知道达·芬奇是男是女。一时间，在学校里传为笑谈。

事情是这样的。

段校长听完我教的《画鸡蛋》（这课写的是意大利著名画家达·芬奇小时候画鸡蛋的故事）后，问坐在后排的一个小男孩：“请告诉我，达·芬奇是男的，还是女的呀？”

小男孩摇摇头，说：“不知道。”

同位的小女孩看了小男孩一眼，用瞧不起的语气说："学了半天还不知道达·芬奇是女的，真笨！"

段校长忍不住哈哈大笑。

这笑声像鞭子抽在我的心上。尽管如此，尽管同事们指责校长提的问题太"刁钻"，但我认为这个问题提得好，发人深省。凡夫俗子是决然想不出来的。

鞭挞虽然叫人疼痛，叫人难堪，叫人遗憾，但收获的却是佩服，是奋进，是成熟。

三

"小朋友，达·芬奇是男的还是女的呀？"我记住了校长的这个绝妙的提问，当我应邀到一所小学再上《画鸡蛋》时，也向小朋友提了出来。

回答竟是惊人的相似！居然也有好几个人说达·芬奇是女的！

不言而喻，名字中的"芬"字和课文插图上的达·芬奇那一头金色卷发是这些小朋友们误认为达·芬奇是女性的原因。这是心理定式的消极影响造成的。对于这些孩子来说，他们缺乏的是细心。

因此，我趁势告诉小朋友："读书最最要紧的是仔细，把每个字都看清楚，看进眼里。请大家再仔细读课文，读得慢一点，看看达·芬奇到底是个男的，还是女的。"

最后的认识统一了 —— 达·芬奇是个男的。因为，课文里写达·芬奇用的都是单人旁的"他"。

一个错误答案，使我长了一个见识 —— 教学时要引导学生仔细地读书。不读书，光哇啦哇啦地讲，哇啦哇啦地分析怎么能行？如今我又用这个错误答案让学生们长了一个见识 —— 读书要字字入目，不可一目十行。

值得。

可是，课后座谈时，老师们在肯定了"达·芬奇是男还是女"这个问题提得好的同时，指出了我板书时把"简单"的"简"的笔顺写错了。"简"字下面的"间"，应当先写"点"，不应当先写"竖"。

又是一个遗憾！可见，人不能忘乎所以。

四

"慎独"最难，也最可贵。

没人听课，也能一丝不苟地教，对于广大老师来说，这是不成问题的。我指的是平时上完课也能回过头来审视自己，从中发现不足，找出点"遗憾"来。我想，这才是高层次的"慎独"。

我曾在较长一段时间里坚持写"教后感"——每教完一课，记下成功与不足。下面是我教《小交通员》后写的"教后记"：

> 这一课我是采用"变序法"教的,即一开始抓住"随机应变"这个词，先讲什么叫"随机应变"，再让学生读书、思考并回答欧阳立安是怎样随机应变的。效果较好，重点很突出。可是，回过头来处理一、二两段时，太不简洁，又把重点淹没了。变来变去，把自己变混了。其实，一、二两段写的是立安之所以能随机应变的基础，即原因。这两段读一读、点一点就行了。

从事教研工作以后，因为多数课是上给老师看的，多少带有示范的性质，所以更是不敢不慎重了，有的课常常试讲多次，才"拿"出去。试讲好几次就说明"后一次"的"前一次"留下了遗憾。

1984年春，为了接待来徐州参观的兄弟省市的同行，我准备上《燕子》一课。备好课之后，我独自来到民主路小学的一个班试讲。

问题不少，最大的问题是没讲完。还有学生问我燕子在水面飞行时为什么要"点水"，我一无所知。我暗想，幸亏试讲了一下，如果在大庭广众之下出现了这样的问题，岂不栽了？

于是赶紧修改教案，删去了非重点的第二段，并向生物老师请教燕子点水的原因。

《燕子》一课教学一举成功。来自常州市钟楼区的周阿秀局长当即邀我去常州上课，这是我第一次"冲"出徐州。许多同行为我高兴，说："于永正的'燕子'飞到南方去了！"

不过，这节课还是留下了点儿遗憾。课堂上果然又有个学生问我燕子在水面飞行时为什么点水的问题。因为我"胸中"有"成竹"，所以回答得从容不迫："燕子在水面上飞行之所以经常用尾尖或翼尖点水，是因为它在吃游到水面上的小鱼小虾时，可以起到缓冲作用，不至于一头扎到水里去。"

话音刚落，一个叫张健的学生站起来说："于老师，您说的燕子吃小鱼小虾是错误的。我在书上看过，在乡下也观察过，燕子不吃小鱼小虾。它在水面上飞行时，吃的是小飞虫。"

张健同学得到的是一片啧啧赞许声，而我得到的是遗憾。

缺乏知识，缺乏思考，缺乏慎重，得到的只能是遗憾。不过，我通过查询，证明了张健说的是正确的后，到了常州便避免了新的遗憾。

类似的遗憾还有。一次，我到张家港实验小学上《新型玻璃》。“玻”字右边“皮”的笔顺，我一直都是先写“竖撇”，这可能是受草书的影响。而在这以前，没有任何一个人给我指出这是错误的。我在张家港刚板书完课题，马上有位同学说，“皮”字应该先写“横钩”，再写“竖撇”。坐在旁边的一位老师对我说，是应该先写“横钩”。我表示谢意之后，立即把“玻”字重写一遍。虽然“知过必改”是一种美德，但这次错误毕竟是当着那么多老师的面出现的，所以多少觉得脸面上不好瞧。

后来，我查了《汉字笔顺规范》一书，证实了学生说得对。后悔不该事先没查资料，便贸然行事。从此，我备课的时候，一定把所有的生字以及在黑板上板书的字的笔顺全搞清楚。

五

我还好为别人而遗憾。坐在教室后面听别的老师的课，竟常常为之扼腕。一次，我应邀到徐州市铁路分局第三小学听青年教师韩秀君试讲《狐假虎威》（因为她要到济南参加济南铁路局里的阅读教学比赛）。听到半截，有一个环节处理得不当，我按捺不住，叫了个“暂停”，然后走上讲台取而代之，哇啦哇啦地讲起来……

下课了，小韩大哭起来，说什么也不参加比赛了。我也很后悔，不该如此唐突，让她下不来台。不过，后来她还是去济南了，而且获得了一等奖。

当她捧着获得的一等奖证书来到我家致谢时，当初我叫“暂停”的尴尬，当初对我的怨恨，当初向校长要求打退堂鼓的泪水，都化为乌有。我也不再为我当时的莽撞而感到过意不去。

一次，我听一位老师教巴金的名篇《海上日出》。一位学生问“奇观”是什么意思，老师说就是“奇异的景象”。我小声问坐在我身边的一位学生：“你听懂了吗？”他点点头。我又问：“‘观’在这里是什么意思？”他说：“是看的意思。”

当时我很为这位老师没有抓住这个机会进行训练而遗憾。我想，老师应抓住这个契机，让学生查字典，先看“观”有几种解释，再据词定义，讲“奇观”的意思。（字典里“观”字有三解：一是看，二是景象，三是对事物的看法。“奇观”的“观”显然应做“景象”讲）这样一来，学生不仅知道了“观”字的三个意思，知道这里的“观”字应做何种解释，能力的训练也就含在其中。交给学生一根钓竿，不比交给学生一条鱼更好吗？

发现问题（不管是别人的还是自己的）不能只跺脚，更不能一撇嘴了事。发现问题的一刹那，随之而来的应该是思考，思考怎样解决问题的办法，而不是画上个句号。智慧的火花，往往就是在这时被激发出来的。

六

教学30多年来，一个最大的遗憾就是我对学习语文的规律认识得晚了。

如果30年前就认识到了学习语文的规律，那么——

我一定摒弃烦琐的内容分析，重视语文的实践活动，让学生多读、多背、多写。

我一定重视古诗文的学习，让学生在学习语言的最佳期背诵一定数量的古诗文。

我一定从低年级起，就让学生练习写作文，由简到繁，由易到难，写他们的所见、所做、所思、所感。

我一定手把手地教孩子写好钢笔字、毛笔字，让他们认真描红、仿影、临帖……

幸亏现在认识了。还不算太晚，因为在我的前面还有一段不算短的路。

有“幸亏”，就有“我不该”，这就是生活的辩证法。只不过有心计的人会使“我不该”出现得少些，并使因业已出现的“我不该”而带来的遗憾向“我幸亏”转化得快些。

27. 微笑教学

一

诗人说：微笑是阳光。

教育心理学家说：微笑是活跃课堂气氛的润滑剂；老师带着微笑出现在课堂上，就会在教与学之间架起一座情感交流的桥梁，就能让学生在和蔼亲切的愉快气氛中喝下科学的乳浆。

有人说："于永正教学上的成功，多半归功于他的微笑。"

实事求是地说，这不是夸大其词。我非常爱我的学生。几十年了，我送走了一届届、一班班的学生。他们那一张张不同的脸，圆的，长的，胖的，瘦的……他们那一双双不同的眼睛，明亮的，锐利的，狡黠的……他们那千差万别的性格，开朗的，活泼的，沉静的，孤僻的……都深深地印在我的脑海里，刻在我的记忆中。可以说，我的大脑至少有一半的位置被众多学生的形象"占据"了，成了学生形象的储存库。是的，在我的眼里，他们都是自然这个伟大的雕塑家雕塑的艺术品。尽管他们中的一些人有时会在我们的生活中撒一把盐或者辣椒面之类。要知道，如果没有他们，生活就会缺少色彩，缺少浪花，就会使人感到乏味，使教学失去魅力。

我很少对学生发脾气，特别是过了而立之年。当然，我也不是永远咧着嘴笑的弥勒佛。我绝不会声明：永远不使用"严厉"这个武器，就像牛永远不会宣布把角锯掉一样。

你看，大家都在专心致志地写作文，小涛却在座位上摆弄橡皮——把橡皮从桌子的一角推到另一个角，然后拐弯儿，绕着作文本转圈儿。看得出来，此时，那块橡皮在他心里不是一辆坦克，就是一辆吉普。

我走到他跟前，轻声说："当心，别开到山沟里去！"

他吓了一跳，连忙用另一只手去护那心中的"坦克"，似乎它真的开到了悬崖上。

"这可以松一口气了。"我说。

这时候，他才发现站在他面前说话的是老师，双手连忙抓起橡皮往位洞里送。

“橡皮又没有错误，更不是通缉的罪犯，干吗藏起来呢？再说还要用它呢。”我一边说，一边笑着拍拍他的肩。

他尴尬地看了我一眼，迅速地动笔写起作文来，直到下课也没抬头。

课堂上我努力保持着欢愉的心境，用微笑和诙谐去化解班级里偶尔出现的令人不快的事。须知，惊蛰的是春雷，化雨的才是春风。

写到这里，我不由得想起我的同事高林生先生讲过的一件事。那是他上小学的时候。一天，他把一只蟋蟀带到了学校，放在位洞里的小纸盒中。上课了，小家伙耐不住寂寞，忽然唧唧地叫起来，全班同学都循声向他望去。他紧张了，连忙把手伸进位洞，对不识时务的小家伙拍了一下。蟋蟀的叫声立刻停止了。他惊恐地望着老师，等待着老师的严厉批评。谁知，这位老师非但没有批评他，反而给他投来一个微笑。那笑是对孩子的理解啊！高林生紧张的心松弛下来，赶紧坐正，专心听讲。他说，那一节课，他听得特别认真。虽然老师讲的题很难，但他学得最快。他清楚地记得，那节课老师讲的是“鸡兔同笼”。这是一个多么好的“春风化雨”的例子啊！

二

有一年，我接了个三年级的班。开学的第一天，校长独自来到我们教室，向学生问了这么一个问题：你喜欢上语文课还是喜欢上数学课，为什么？

统计结果，百分之八十几的学生喜欢上数学课，原因是老师讲得好。

教这班数学的，是学校的一位名牌教师。这学期他跟班走，仍然教这个班的数学，和我搭档。半学期之后，校长又独自来到我们班，问了和开学初同样的一个问题。

统计结果，百分之七十几的学生喜欢上语文课，那将近百分之三十的学生说：既喜欢上语文课，也喜欢上数学课。喜欢上语文课的原因，除了老师讲得生动有趣外，还多了一条：于老师和蔼亲切。

这个班在三年级的时候，语文成绩一直不太理想，校长称其为“瘸腿”。一年以后，语文这条“腿”居然粗壮起来。很重要的一个原因是学生在“微笑教学”所形成的宽松气氛中，喝科学乳浆喝得顺溜，消化得充分，从而激起积极的学习态度。

杜殿坤教授打了一个十分贴切的比方：

“知识好比种子，教师的亲切态度好比阳光，儿童的心情好比土壤 —— 只有这时的播种，才能使知识的幼苗茁壮成长。”

诚哉，斯言！—— 我想，大家一定都会这么说。

三

“《找骆驼》这篇课文预习了吗？”我问小朋友。

全班一个声音：“预习了！”

我找了几个小朋友读课文。预习的结果不错，生字没有不认识的。我让他们说说哪些词语自己读懂了，哪些还没有读懂。一个小男孩站起来说：“‘忿忿’什么意思？”

“你把‘商人忿忿地说’下面的话好好读一读，想一想，就会明白的。”我说，“试试看。”

他读了一遍后，反馈的还是摇头。

不少小朋友举手，看来他们看出来了。我对他们说：“请你们把手放下。咱们给这位小朋友一次机会，我看他能够读懂的。”说完，我又送给这个小男孩一个鼓励的笑：“再读。要边读边想。”

他沉住气，又朗读起来：“商人忿忿地说：‘别哄我了，一定是你把我的骆驼藏起来了。要不，你怎么知道得这样详细！’老人不紧不慢地说：‘干吗生气呢，听我说吧……’”

“读懂了？”

“懂了，‘忿忿’就是生气的意思。”

“完全正确！——你除了从‘生气’这个词看出‘忿忿’是‘生气’的意思外，还能从哪个词看出商人生气了？”

全班学生都被这个问题吸引住了，每个人都把头埋进书本中去了。

“细细地读，把每个字都看在眼里。”我在教室里踱着，慢慢地、轻轻地说。

一会儿，许多小朋友举手。几乎是同时，这个小男孩也看出来了。他说：“前面，这位商人和老人说话一口一个‘您’，可是这会儿不说‘您’，说‘你’了。从这儿也可以看出商人生气了。一生气，他也不客气了。”

我和全班同学一起为他鼓掌。就这样，在笑的鼓励下，在笑的期待中，他自己读懂了。

1998年12月底，我到浙江洞头县上《白杨》一课。课文中有“分辩”一词。我把它写在了黑板上，接着又在下边写了“分辨”这个词。我说：“在汉语中，这两个词读音一样，‘辩’与‘辨’的字形又很相似，写作文时一定要注意区别，不要混淆。下面，我说一句话，你们听听这句话中该用黑板上的哪一个词。”

学生们立刻集中起精神来。

我说：“在茫茫的大戈壁上，天地间浑黄一体，分辨不出哪儿是天，哪儿是地。”

坐在前排的一个小男孩说，应该用黑板上的第一个词。

我指着“分辩”说：“是它吗？别忘了，这个‘辩’与说话有关系。”他急忙改口说是“第二个”。

不知是他脑子转得慢，还是太紧张，我连说了两个句子他都没选对。听课的老师善意地笑了，他却急得哭了。我赶紧走到他跟前，笑着说：“刚才怪我说快了，没给你留下思考的时间，这次我说慢点，你再考虑。”

第二次他全选对了。我一表扬，他又落泪了。我对全班同学说：“这次流出来的泪，是胜利的泪、激动的泪，我们都应当为他高兴。”

教室里立刻响起一片掌声。

微笑，不也是思维的催化剂、信心的增强剂吗？

四

谈了这么多，我仍觉得言犹未尽。

我想请大家读读一位学生写的关于我“笑”的片段，从另一个角度了解、探讨一下“微笑教学”。

写这篇作文的是一位六年级的学生。我的命题是《我尊敬的一个人》，没有让学生写我的意思。但他写了我。不过题目改成了《于老师的笑》。

> ……一天，于老师讲《渔夫和金鱼的故事》。看到“金鱼”二字，我脑子里立刻浮现出许许多多金鱼的形象，红的、黄的、黑的、白的……于是不由自主地拿起笔在课本上画起来。一条，二条，三条……忽然，笔不听使唤了，画不动了。我抬头一看，原来是于老师把笔给摁住了。我用手捂着满是金鱼的课本，惊恐地望着老师。
>
> 我以为于老师会批评我，心提得更紧了。
>
> 于老师微笑着说：“你把课文好好读读，好好琢磨诗中写的这位老太太，为课文插幅图，怎么样？”
>
> 多么令人感动的笑，多么令我难忘的笑！

使他感动的、难忘的只是老师的微笑吗？是不是应该说是由笑所隐含的或者说所体现的一种理性、美德？

五

我崇尚“微笑教学”，认为这是教学的最佳境界。但我深深地体会到，笑，不是硬从嘴角和皱纹里挤出来的，不是硬装出来的，微笑的背后需要有老师宽容的品格、善良的心地、宽广的胸怀、豁达的气度、开朗的性格、丰厚的知识、诙谐的谈吐以及端正的教学思想做支柱。微笑不是别的，乃是老师的美德懿行、知识和能力的结晶。要达到这种境界，必须付出相当的代价和艰辛。

但是，我始终孜孜不倦地用我的心在追求着。我相信，只要努力，锲而不舍，一定会渐臻佳境；正如登山，只要奋力向上，只会离山巅愈来愈近而不会愈来愈远。

28.“一鸟入林，百鸟压声”

一

“小朋友，请看 —— 图上画的什么人？他们在干什么？看出来的，先自己小声地说一说。”

这是一节二年级的看图说话课。执教的是一位拜我为师的年轻教师，听课的除了我，还有他的同年级组的老师。

黑板上挂的是一幅老师带领学生植树的彩图。

不一会儿，小朋友便举起小手。我的徒弟把一位手举得最高、身子几乎站直的小朋友叫了起来。小家伙落落大方，口齿伶俐，说得既清楚又有条理，连在什么时间、什么地方植树都说出来了。

“谁还再说说？”老师微笑着问。

教室里静静的，没有一个举手的。

其实，这位小朋友并非说得无懈可击，比如把“一天上午”换成“一个春天的上午”更合适；把“公园”改为“山坡上”更恰当。但是无人举手。尽管老师的目光充满了鼓励和期待，面部写满了亲切与平易。

只好往下进行。在说老师和学生们怎样挖坑、培土、浇水的时候，也出现了“一人说后，再无人举手”的“万马齐喑”的局面。

下课了，我的徒弟不无遗憾地说：“于老师，今天的课堂气氛怎么不如平时活跃了呢？是不是因为您在后面听课？”

我笑了。不过，不是笑我的徒弟，而是想起了当年的我。

二

我刚参加工作不久，一天，校长和教导主任要听我的课。我没有丝毫的紧张与胆怯，笑嘻嘻地说：“欢迎指导！”校长、主任听我上的是《卖火柴的小女孩》。这一课适合朗读，我把指导学生有感情地朗读放在重要的位置。备课时连小女孩每次划火柴由哪个学生读，我都定下来了，将名字写在书上。最后一次划火柴，小女孩看到了奶奶，奶奶带着她在快乐中飞走了，是重中之重，便决定由全班朗读能力最强的班长读，而且班长的名字也用红色笔写在了这一段的旁边。

还真不含糊，班长把“重中之重”读得声情并茂，催人泪下。我瞥见了坐在教室后面的主任在抹眼泪。女同志的感情丰富而脆弱。

“谁再读一遍？”我问。

本以为，在班长的带动下，会小手如林，出现一个朗读的高潮，没料到，却没有一个人举手。于是我说出了班长的美中不足——速度稍快了些——以期有人再读。可是，仍无人举手，出现了冷场。

这一教学环节和我徒弟的何其相似啊！初出茅庐的我和我的徒弟一样，缺少的不是胆量，而是经验。

三

我没有正面回答徒弟的问题，而是向他讲了这么一件事。

谈恋爱时，妻子——那时称为对象——对我说：“我喜欢京剧，特别喜欢现代京剧中常宝的唱段。”说完，唱了一段《八年前风雪夜大祸从天降》。她唱得不错，字虽不正，腔却很圆。

我说：“巧了，咱们俩的爱好相同，将来有共同语言了。我是山东莱阳人，从小就酷爱京剧，特别喜欢青衣，小学三年级时，就学会了《汾河湾》《打渔杀家》中的几段唱，村里人称我是‘小梅兰芳’呢！”说完，便唱了一段“儿的父去投军杳无音信”。没想到，从此以后，妻子在我面前再也不提“京剧”二字了——“共同语言”不“共通”了。

妻子曾学过口琴，吹得也颇上水平。结婚不久的一天晚上，她为我吹奏了一曲“郎呀咱们俩是一条心”。作为回报，我为她同样吹奏了《天涯歌女》这支曲子，以表“穿在一起不离分”之意。几十年来，我们相敬如宾，举案齐眉，不过，从此她再也没在我面前摸过口琴。

此事在当时并没有引起我的思考。过了若干年之后，一个偶然的机会，我们谈及上述两件事时，妻子才表露了自己的内心：“当时本想在你面前表现表现，没承想，你是高手！谁还敢班门弄斧？”

“不对呀！华罗庚说过：‘下棋找高手，弄斧到班门。’这样才进步得快。”

“你没听说过这样一句话：‘一鸟入林，百鸟压声’？谁好意思在比自己能的人面前显示自己？”

答案找到了！为什么班长朗读完之后再无人举手的原因，事隔若干年之后找到了！一句话，就是因为班长读得好。所以，教学中，一开始不能请伶牙俐齿的学生回答问题，不能请朗读能力强的人读课文。

讲到这里，徒弟频频颔首。

四

别看他头一个劲地点，但我知道他尚未真正领会内中的道道儿。

我接着说："从教学论的观点看，教学是一个过程，是一个学生在老师指导下由不懂到懂、由不会到会的认识过程。正常的教学应该展示这一过程，而不是展示一个结果。学习成绩好的学生知识占有量大，而且聪颖，往往对老师提的问题对答如流。这很容易给老师造成一种假象——以为学生们懂了，会了，于是便过去了。其实，其他多数学生可能还不知所云呢。这样的教学很糟糕，这是制造'后进生'的教学。"

徒弟一面聆听，一面点头。可以看出，这会儿点得比刚才实在得多。

我又接着说："平时我常对学生说，我最喜欢发言发错的同学。这不是一种'政策'，不只是为了消除学生们的顾虑，而是体现了一种教学思想。"

这近乎说教。虽然徒弟听得很专心，但是，我知道，真正领会，还得有赖于"形象"的支持。

我问他："听过我的《月光曲》吗？"

他摇摇头。

于是我约他到教研室看我的教学录像。

五

"你看，一开始上课我播放《月光曲》，并在优美的乐曲中介绍一下贝多芬。为什么？为的是激情激趣，为学习课文做铺垫。"我一边看录像，一边为徒弟做旁白，以帮助他理解。

电视屏幕上出现了这样一个镜头：我请学生读课文的1~4小节。举手者争先恐后。我请坐在前排的一位学生读。第一句就丢了一个词，一段末了，重复了三四处。我说："你只读了两遍，能在这么多老师、同学面前读成这个样子，就很不简单了。请你再读一遍，这一次肯定会更好。注意：不要紧张，慢一点儿，看准每一个字。"该生又读了一遍。这一遍比第一遍流畅多了。接着，指一名朗读能力强的学生读。最后，齐读。

我将电视屏幕定格，对徒弟说："这就叫训练。开始读不好，提示一下，再读，直至读得较好为止。如果一开始就请读得好的这位学生读，还训练什么？读得不错了嘛！”

徒弟说：“看来，课堂上学生答得不对，读得不好，倒是好事，这恰恰是老师发挥主导作用的时候。”

“应该说：出现问题是正常的事。‘一帆风顺’‘配合默契’倒不正常了。有人把课没上好的责任推到学生身上，说学生没配合好。这是把主体和主导的位置搞颠倒了。——咱们接着看。”

电视屏幕上又出现了这样一个教学环节。我对学生们说：“读书要边读边想，要理解意思，不要有口无心。谁来读第二节？”一个学生口齿伶俐地朗读：“一天夜晚，他（指贝多芬）在幽静的小路上散步，听到断断续续的钢琴声从一所茅屋里传了出来，弹的正是他的曲子。”我让学生停下来，问：“你们从‘断断续续’这个词中看出了什么？”有七八个人举手。但我并不急于让学生回答，而是说：“请大家再读一遍，边读边想，相信每个人都会看出来。”一会儿，举手的人多起来。我还没让学生说，又让他们读了一遍。一会儿，几乎人人都举手了，我满意地点点头。发言很热烈。有的说，从这个词中可以看出这个人弹得不熟练；有的说，还可以看出弹琴的是位盲人……

我的徒弟笑了：“第一种意见是对的，第二种意见站不住脚。读了下文才知道弹琴的是位盲姑娘，从声音中怎么能听出来呢？”

我说：“你听下面这位小男孩是怎么说的。他是学习成绩好的学生，最后请他出马。”电视屏幕中一位小男孩站起来说：“从‘断断续续’这个词中看出了三点：第一，弹琴的人弹得不熟练；第二，可以看出这首曲子难弹；第三，还可以看出这个弹琴的人家里很穷，不然她会花钱请别人教。”教室里发出一阵赞叹声。看到这里，徒弟说：“由‘断断续续’看出弹琴的人家里穷，理解得够深刻的！”

我说：“有人担心不让好学生发言会挫伤他们的积极性。不会的。当别人回答不出来，再请他说，会使他更感自豪。”

徒弟问：“刚才已有好多人举手了，为什么还不让学生说？”

我说：“找到答案不是目的，目的是以问促读，培养全体学生的阅读能力和边读边想的习惯。单纯为了找到答案还不容易？学习好的学生或老师一讲就得了。但是，这样一来，哪里还有大面积训练可言？我们的教学应面向全体学生，而不是少数人。”

徒弟使劲地点点头。

我敢说，此时，他完全领会了教学时为什么不要先找学习好的学生发言、读书的真谛了。

29. 是老师配合学生，不是学生配合老师

一

“于老师，就怕我们的学生不行，和您配合不好。”

我到外地上课，几乎所有接待我的校长、老师都这么说。1997年5月9日，我到连云港公园小学上课时，公园小学的孙校长也这么说。她的担心程度似乎更深，因为她说，她的学校是一所名不见经传的普通小学。

“您所说的‘配合不好’是不是指学生一问三不知，所答非所问，或者虽然答了，而叫人不知所云？”

孙校长点点头。

“如果课堂上学生‘所向披靡’，如入‘无人之境’，那还要老师干什么？要学生配合老师，那谁是主体？谁是学习的主人？您恰恰说颠倒了，课堂上不是学生配合老师，而是老师配合学生，帮助学生学习。”

孙校长笑了，但是没点头。她说：“学生一问三不知毕竟不是好事。”

上课了。我上的是二年级的《少年王勃》这一课。小朋友们很有精神，开始“配合”得很好，很顺当。生字学完了，我指名读课文。读一、二两个自然段的小朋友读得都不错。我请一个叫何超的小朋友接着读第三自然段。谁知何超不是丢字就是添字，不是读错字就是把句子读断。好端端的一句“一只野鸭正披着落日的余晖缓缓地飞翔”，他读成了“一只野鸭正”“披着落日的余”“晖缓缓地飞”；“翔”字一时读不准音，干脆马虎过去不读，把它扔了。孩子们自有孩子们的法儿。但是何超小朋友不怕错，不气馁，当着那么多听课老师的面，仍竭尽全力地去捕捉每个字，大声地念每个字，错也错个明白。在我的指导下，他终于读下来了。他头上冒着的细密的汗珠，是他努力的“外化”物；坐在后面听课的孙校长紧皱的眉头，是她焦急的“外在表现”。

我深深地被何超的精神感动了，说：“何超，你真是好样的！有了这种顽强的精神，何愁超不过别人！”我把“何”和“超”两个字说得特别重。

他更顽强了，课间休息时，居然一个人坐在位子上读书！他用右手的食指指着课

文，一字一字地大声念，旁若无人。我劝他到外边“放松放松”，他一本正经地说：“我要读书。”

这句话好多老师都听到了。别人有什么感触我不知道，那时，我只觉得何超变成了两个标点符号，一个是大大的叹号，一个是不小的问号。

第二节课，我又给了他一次朗读的机会。他站起来时，课堂上静极了，师生们都屏住呼吸，目不转睛地望着他。大家的目光与其说是期待，不如说是验证——验证功夫是否真的会不负有心人。

何超终于较流畅地朗读完了我指定的那一段文字！他的实际行动雄辩地证明了，笨鸟只要先飞，只要不懈地飞，也能飞出个样儿来！他以事实验证了这样一条真理：功夫不负有心人。

下课了，我对孙校长说：“学习能力差的学生最需老师的‘配合’。就像篮球教练教初学打篮球的人一样，递球不能用力太猛，他一旦接到了球，就必须掩护他，让他投篮；他投篮的那一刹那，教练就要设想到他可能投不中，赶快跑到篮下准备抢篮板球，好再传给他……倘若要何超来配合我，那他无论如何也是跟不上我的节奏的。”

孙校长信服地说：“对，对！”

二

还是这节课。我请学生读读第三自然段，看看这一段哪一句话写的是“落霞与孤鹜齐飞”的意思，哪一句话写的是“秋水共长天一色”的意思。

这段课文是这样写的：

> 这时王勃正站在窗前，凝望着江上迷人的秋景：远处，水连着水，水连着天，水天一色。一只野鸭正披着落日的余晖缓缓地飞翔，灿烂的云霞在天边轻轻地飘荡……

为了帮助小朋友理解，我用投影仪把滕王阁映在银幕上。——巍峨的滕王阁背面，晚霞满天，一只野鸭，在空中飞翔；滕王阁下面，是一片与天相接的江水。

抽象的文字配以形象的图画，小朋友一下子就看懂了：第二句写的是“秋水共长天一色”的意思。

“那么，‘孤鹜’是什么意思？”我问。

看来这两个字太生僻，长时间没有人举手，我想，孙校长这时心里一定又在着急，因为在她看来，她的学生又“配合”不上去了。

这时，我却很沉着。我微笑着指着黑板上写的“孤鹜”的“鹜”字说：“你们看，‘鹜’字的下半部分是个什么字呀？”

好几个小朋友几乎同时说：“鹜是野鸭子！”

“孤鹜”呢？我指指银幕上的一只正在飞翔的野鸭。——这一“指”很关键。

“一只野鸭子！”学生们响亮地回答。声音中流露出低年级学生自己发现出答案、自己读懂了的那种特有的兴奋。

“对！‘孤’在这里就是‘一只’的意思。”我说的同时，伸出了一个手指头，为的是再增加一点直观性。——我始终没有忘记，他们是二年级的孩子。

精彩的课堂教学应该是展示一个过程，而不是展示一个结果。课堂上如果追求那种“对答如流”的演示型的“精彩”场面，倒也不难，课前下下“毛毛雨”就行了。但假如那样，公开教学还有什么意义？“打假队”就会开进学校里来了。

下面是发生在作文课上的一件事。

不到30分钟，李健便把作文写好了。他时而望望我，时而望望正在专心致志地写作文的同桌，一副完成作业后的悠然自得的样子。

他作文中有这么一段话：

> 一次，我把默字簿交给了于老师，请他检查。于老师一眼便发现我把“边疆”的“疆”字写错了。他指出了错误之后，在黑板上写了一个正确的，我便照着样子改过来了。

说孩子长于形象思维吧，有时写的作文并不形象，倒很概括；说孩子的概括能力强吧，他们往往很难把一篇课文、一段话的大意说出来。

我微微一笑，说：“你对你写的这段话满意吗？”

他望着我，回答的也是微微一笑。

我说：“这里面缺乏的是描写。当时我说的话还记得吗？还有，我写字的样子，不知还有没有印象？记得，就应该写上。不然，就叫‘内容空洞’。”

下面是他的修改稿：

> 一次，我把默字簿交给于老师，请他检查。于老师一眼便发现了我把“边疆”的“疆”字写错了——把“弓”字里面的“土”字丢了。他拿起粉笔，转身在黑板上工工整整写了一个大大的“疆”字，说：“记住，祖国的边疆寸土不让！‘土’字无论如何不能丢。”他又说：“‘疆’字的右半部分要写得紧凑一些，同时要注意三横的变化，当中一横长，下边

的次之，上边的最短。”

我仔细地端详着黑板上的“疆”字，并照着写了两遍。

学生回答错了，理解上出现偏差，作文出现了毛病，是正常现象，这正是发挥老师主导作用的时候。而老师们要看到的，恰恰是执教老师在这关键时候如何点拨，如何启发，如何讲解。一句话，看老师在这个节骨眼上，如何去“配合”学生。

三

1997年8月15日，我到河南省虞城县为县里举办的教师培训班的学员上作文课。

“哪位同学认识我？”上课铃声一落，我走到讲桌前问大家。

学生们望着我摇头——不认识。是的，头一次见面，怎么能认识呢？

“当一位陌生老师出现在讲台上，你最想知道什么？也就是说，你现在最想知道我的什么？”

这个问题十分简单，作为五年级的学生，一般情况下，都会争相举手的。可是虞城的学生不，他们好像在考验我的启发本领。

“你们不认识我，现在最想了解我的什么？”我又一次说。我用亲切的目光看着大家。片刻，我又一字一顿地说：“不然，大家怎么称呼我呢？”

终于有一个小女孩举手了。我听见听课的老师长长地吁了一口气的声音。看来，老师们都在为我着急。

她说：“我想知道您叫什么名字。”

“好哇！”我说，“那你就问吧。”

“您叫什么名字？”

“你不是学过《说话要得体》这篇文章吗？这个问题怎么问才得体？”

“请问您叫什么名字？”

“加了一个‘请’字，我听了舒服多了。还能再得体一些吗？”

她咬着嘴唇，眼睛一眨一眨的。许多同学举起了手。刚才他们坚决不“配合”，现在怎么又如此热情起来了？我认为有两个原因：第一，他们发现我态度和蔼，话说得不好不生气；第二，学生们好胜心强，又乐于助人，当看到别人处于“愤悱”状态时，最愿意发表意见。

我请她到一位叫张蕾的女同学跟前，听听张蕾的意见。张蕾和她耳语一番。然后，她转过身来说：“老伯伯，请问您贵姓？”

话音未落，台下响起了一片掌声。

“你不是还想知道我叫什么名字吗？”

她又陷入了“困境”，不知怎么问才算得体了。一位男生又对她耳语了一番。她再次转过身来，问：“请问您尊姓大名？”

这次的掌声比刚才的更热烈。

教学中，老师的“配合”作用不仅体现在启发、点拨上，还体现在耐心和态度的和蔼上。耐心与和蔼尤其重要，缺乏这两点，再好的启发方法，学生回报的只能是而且永远是启而不发。

下面是我指导二年级小朋友看图说话的一个片断：

师：（指着一幅一个小朋友拧开水龙头放水的图）同学们，看看小华在干什么？请李晨小朋友说说，好吗？（李晨是位学习能力较差的学生）

李：小华在拧水龙头。

师：拧开了没有？水怎么样？

李：拧开了。一拧开，水流进了水桶里。

师：好！请把这两句话连起来说说。

李：小华拧开水龙头，白茫茫的水流进水桶里。

师：说得不错。可惜“白茫茫”这个词用得不合适。水龙头淌出来的水是白茫茫的，那，漫天大雾又该用什么词来形容呢？

（李晨一时语塞。我清清楚楚地听见同座位的小朋友用手捂着嘴向他“打电话”：“白花花，白花花……”）

李：小华拧开水龙头，白花花的水流进水桶里。

说完了，我要求小朋友把刚才说的话写下来。谁知，李晨又把“白花花”写成“白茫茫”了。我亲自在他的本子上做了订正，并领着他把这句话读了两遍。

一位美国学者说：“教1遍不会，教10遍；教10遍不会，教100遍；教100遍还不会，别忘了，还有101遍。”

这句话的核心讲的是两个字：耐心。

有人说：“没有笨学生，只有笨老师。”这句话如果成立，那么，笨也包括缺少耐心与和气。

四

“小朋友，请打开书，把课文读一读，看看‘夕阳’是什么时候的太阳。”1997

年9月7日，我应邀到江苏省沭阳县实验小学上二年级的《夕阳真美》一课。一开始，我便提了这样一个问题，请小朋友带着问题读书。

本以为这个问题小朋友会很容易回答出来，可是没想到，有几个小朋友连读了两遍课文后还没看出来。我对坐在第一排的一位头摇得最厉害的小女孩说："你只要读读每节的第一句话就会弄明白。你的一双眼睛多有神！准能看出来。"

她按照我的要求，认真读了一遍。

"看出来了吗？"

"看出来了，"她说，"'夕阳'就是刚刚升起的太阳！"

小朋友笑了，我也笑了。不过，这笑声没有半点讥讽"这就是有神的眼睛"的意思。她从笑声中知道自己说错了，脸颊顿时红了。

我鼓励说："再来！你再大声把每节的第一句话读一遍，边读边想，这次你肯定能看出来。"说完，我轻轻地拍了一下她的肩膀。

她很听话，读的声音很响亮。

她刚读完"傍晚，爷爷和奶奶带着我去看日落""太阳已经西斜"和"太阳慢慢地向下沉"三句，便放下书本说："夕阳就是傍晚的太阳，快落山的太阳！"

我对她说："这次你真正读进去了。不但把每个字看在眼里，而且用心去想了。以后就这样读书，你会越读越聪明。"

她高高兴兴地坐下了。在这以后的教学过程中，她对于我提的问题，再也没有摇头。

什么是教？不就是教学生学吗？什么是启发？不就是像给猜谜语的人提示一下"朝哪儿猜"那样，为学生提供一点线索，揭露一点端倪，鼓励学生去发现吗？

可见，在教学中，老师的"配合"，还体现在发自内心的动情的鼓励上。适时的真诚的鼓励，是帮助学生树立信心的支撑点，是加快思维的兴奋剂，是开窍的电火花。

30.“再想想”

一

明天是星期四，又该上作文课了。——多年来，教导处都把高年级的作文课排在星期四下午。

“老于，明天让学生写什么呀？”同年级组的老孙问。

“课本上要求写什么？”

“‘基础训练’要求写一件事，通过一件事表现一个人的特点。可是写谁呀？”另外两个女同胞说。

这叫“临上轿，扎耳眼”。近几天光顾忙活期中检查的事了，一直没有工夫商量作文教学的事。

“好吧，让我想想。”我在办公室里踱起了方步。

三位女士支着耳朵，一副专等着我为她们“扎耳眼”的架势。

“写写各人的小组长怎么样？有的小组长心细，有的小组长严格，有的小组长有民主作风。让学生们想想他们的小组长有什么特点，然后选择一件事写下来，行不行？”

“行是行，不过，上学期写过小组长了，题目是《夸夸咱们的小组长》。当然，这次的要求和上次不一样，实在没有好题目，写这个也可以。”女同胞们说。

“让我再想想。”我说，“‘可以’是‘凑合’的代名词。我们要力求最好的。”

话音刚落，大队辅导员小胡走进办公室，问三位女老师：“你们谁丢项链了？我在校内拾到了一条项链。”

这时，李老师一脚跨进门来，说：“小胡，别问了，项链是我班的一位家长丢的。”

跟在李老师身后的家长说明了丢项链的时间、地点和项链的式样、重量。

金项链被认领去了。

我一拍脑门儿，大声说：“有了！作文题目有了！”

“什么题？”三位女士异口同声。耳朵又一次支了起来。

“《金光闪闪的项链》！明天，我们让学生采访大队辅导员，把她拾项链这件事问个明白，再写下来，怎么样？”

三位女同事脸上的阴霾一扫而光。

管子说："思之思之，又重思之。思之而不通，鬼神将通之；非鬼神之功也，精诚之极也。"

第一次"想一想"，想出了一个"小组长"；第二次"想一想"，冒出一条金项链！岂不是"鬼神""通之"？

二

徐州市泉山区的项老师打电话说，她要参加区里举行的阅读教学比赛。参赛者都要求上《五彩池》这一课。她说，看了这篇课文，觉得哪里都写得很美，不知抓什么好。因为比赛在即，不容她细细琢磨，所以请我"指点迷津"。

我打开书一看，这篇文章果然写得很美，就像它的题目一样，五彩斑斓，字字珠玑。

直到第二天，小项拿着课本来到办公室找我的时候，我的脑海里还是一片空白。

"让我再看看，再想想。你也看看，想想。"我一边搬椅子请她坐下，一边说，"想一想，办法总会有的。"

大脑加快了运转的速度。看着看着，目光停留在第一自然段中的"神奇"二字上。

"有了！"我说，"咱们就从'神奇'抓起吧！俗话说：'提领而顿，百毛皆顺。'抓住了'神奇'，其他都带出来了。你看，第二自然段写的是形奇，第三自然段写的是色奇，第四自然段写的是五彩池之所以五彩缤纷的原因。重点就放在二、三两个自然段上。"

"这样看来，第四自然段并不重要。"

"对。"

"不过，书上要求背诵呀，不抓行吗？"

"可能是因为文字美，因为有几个很生动的排比句，编者才要求背诵的。但是，在整篇文章中，它并不重要。"

小项眉宇间一片"柳暗花明"。

我们就这样读呀、思呀、议呀，教学思路出来了，而且逐渐清晰了。著名特级教师李蒙铃说过："这法儿那法儿，吃不透教材就没有法儿。""再想想"，不是空想，而是边读边想。

小项凭着她教学设计的精巧和扎实的基本功，在泉山区青年教师阅读课比赛中一举夺魁。

三

1980年秋，徐州市鼓楼区文教局教研室举行中青年教师阅读课比赛。没征得我的同意，段校长就为我报了名。这是校长对我的信任。至于上什么课，区里说由自己定。我喜欢写花鸟虫鱼的课文，于是选定《翠鸟》一课。可是“试讲”失败了。老师们说我这节课好像上的常识课，建议我换一课。脸色铁青的段校长也说：“这个意见值得考虑。”

我说：“没上好不是因为课文不好，而是着眼点错了。不能因为问题多，便绕开它。遇到问题便绕道走，非大丈夫所为。老师们提出问题的同时，实际上也为我指出了解决问题的方向。现在，还有时间让我去思考。我想，这么好的一篇课文，会上好的。”

在教学上，我一向很自信。

我把课文暂时搁置一边。想不出来，不妨暂时放松一下，去干点儿别的。正如跳远运动员，为了跳得远，退几步，喘口气，放松放松是完全必要的。我翻开杂志，翻开有关语文教学的专著，漫不经心地浏览着。一家杂志上刊登的一篇关于常识性课文教法的文章，立刻引起了我的注意。我如饥似渴地品读起来。

“……常识性的课文，不只是让学生了解课文中所介绍的常识，而且是让学生掌握文章中的语文知识，进行语言文字的训练……”

我心里一亮，大有“听君一席话，胜读十年书”之感。

当我再次打开语文课本，翻到《翠鸟》一课时，我考虑的不只是它的外形、捕鱼的快捷和住处了，更多考虑的是语言文字的训练点。学习写外形的第一自然段，我决定利用板画帮助学生弄清作者的写作顺序和各部分的特点，然后进行看图说外形的训练，再进行仿写训练 —— 仿照这一段的写法，写一写丹顶鹤的外形（丹顶鹤我可以当场画）；学第四自然段，我准备设计填空练习，看看哪句话中使用“希望”，哪句话中该用“失望”，哪句话中该用“愿望”，再让学生用这三个词各说一句话（《翠鸟》第四自然段中出现的这三个词，书上要求学生辨析）。

第二次试讲，获得了成功。

比赛在民主路小学进行。我的课获一等奖。事后，我写了一篇关于教《翠鸟》一课的体会文章 ——《更重要的是进行语言文字训练》，不久便在《江苏教育》上发表了。

1998年10月的一天，我接到上海著名教育专家、特级教师袁瑢一个长途电话，邀请我11月25日到上海参加S版教材研讨会，要我在会上上一节观摩课。袁老师出面，我怎敢推辞，便满口答应。11月上旬，接到袁老师寄来的一套S版教材，内附袁老师一封信，说，请上S版教材里的课文。我把几本课本翻遍了，也没找到一篇我熟悉的课文。—— S 版教材中的课文，绝大多数是新选的。

这如何是好？我心里有点发慌。

但我慌而不乱。我把问题丢在一边，随手翻阅一篇关于报道杨思中学教学改革的文章。“先学后教”四个字异常明亮地映入了我的眼帘，印在了我的脑海。它不只是对杨思中学教改的精练而又准确、浅显而又深刻的概括，而是体现了一种现代的教学观。我又随手翻阅《学习的革命》一书。这回对“更好的语文教学方法是简单、简单，再简单”这句话的感受与第一次读的感受迥然不同。我们现在的语文教学是不是人为地复杂化了？我能不能上得简单明了一些？现在的语文教学是不是老师越俎代庖了？我可不可以把学习目标告诉学生，来个先学后教，只讲学生不会的？

我决定上《金色的细雨》。教案很快就写好了。这次没试讲，也没和别人商量，心里却很踏实。

我上课的第一个环节 —— 学习字词，就引起了很大反响。我出示了八个生字后问：“这些生字有认识的吗？”有个小女孩说，她都认识。其中的“纷”字，没上学就认识了，是背“清明时节雨纷纷”认识的。只有“柁”字不认识，是昨天预习时才学会的。八个生字一个也不认识的没有。

于是我就只教学生不认识的，避免了无效劳动。—— 教学也要从实际出发。

“思而不学则殆”。看看书，翻翻杂志，阅览报纸，也是“再想想”的一个方面，或者说是“再想想”的延伸。这时候的读，常常会有新的发现，新的启迪，使人豁然开朗，带来意想不到的惊喜。

我不轻易打退堂鼓。最感困难的时候，往往正是接近成功的时候，就看能不能坚持“再想想”。

四

1982年3月的一天下午，教育局打来电话，说第二天北京的著名特级教师叶多嘉率人要到我校参观。

段校长逮不着似的，连声说：“欢迎，欢迎！”

当时，我们正在校长室开教研组长会，齐声说：“你开课？！”

校长笑眯眯地说：“没有金刚钻儿，怎敢揽瓷器活儿？永正上一节语文，老胡上一节数学，小陈上一节体育。分头准备去吧，会就开到这里。”

干脆利索，不容分说。这时的校长，好像是坐在中军帐里的孔明。我们三个教研组长只好硬着头皮说：“得令。”——谁叫我们是组长呢！

我决定上《松鼠》。我的眼睛紧紧地盯着课文，整整一个下午没离开座位。同事们在议论什么，办公室里发生了什么事，我全然不知。

下班时间到了，同事们说："老于，祝你成功！好好想，'面包'总会有的。"

我拦住他们说："别说'面包'，连'窝窝头'都没有！请帮帮忙吧！我一下午都没想出高招来，黔驴技穷了。"

三位同事虽然嘴里说"你都没有高招，我们更无良策"，人却坐了下来，并翻开了书，细心研读起来。

良久，一位同事提醒说："老于，你想过没有，人家写松鼠的外形为什么只写眼睛、毛和尾巴，不写头，不写腿？不就是因为这三者有特点吗？你就抓住这一点讲，然后来个读写结合，这是你的拿手戏嘛！"

"写什么？"

"你不是会画吗？画一种学生感兴趣的东西就是了。什么狗啦、猪啦、猫啦、鸡啦，你还不是手到擒来？"

这几句话，使我茅塞顿开。晚上，在家里备好课，又认真地画起了小动物，一桌子猪狗羊鸡鸭鹅。我问儿子："你喜欢哪种动物？"儿子说："我喜欢猪！"于是，我决定画猪。为了取得更好的效果，我又画了几张，直到画得娴熟为止。

第二天早晨，我喜滋滋地把我的教学设计向校长做了汇报。校长迟疑了一下，说："听说叶老师是回族，画小猪能合适？"

这句话像一盆冷水把我的兴致全冲走了，白白画了一个晚上的小猪。

一位去北京听过叶老师课的老师说："叶多嘉不是回族，是满族，画小猪没关系！"

我如释重负。

叶老师对我的课很感兴趣，说了许多赞扬话。说我"作者写小松鼠外形时为什么只写眼睛、毛和尾巴，而不写别的"这个问题提得好，说我读与写结合得好，说我小猪画得好。是的，我注意到，当我几笔在黑板上勾勒出一头栩栩如生的小猪时，叶老师乐了。学生呢，就更不必说了，有的竟忍不住拍起小手。乐，在教学中是很重要的。一乐，情绪就来了，劲头就足了。她说，更使她难忘的是一个学生作文中的一句话："小白猪的眉头一天到晚皱成个'川'字形，好像有永远思考不完的问题。其实，它什么也想不出来，连一加一都不知道等于几。要不，人们就叫它笨猪？"

孔圣人说："三人行，必有我师焉。"

老百姓说："众人是圣人。"

我很感谢我的同事们。从此，我更加注意听取别人的意见，虚心向周围的人请教。"再想想"，也包括和别人一起想，一起讨论。"善假于物"，自然也包括人。

31.“第八次”

一

1996年12月底，孙双金校长请我参加江苏省丹阳师范附属小学新教学楼落成典礼。时令虽然已是隆冬，附小门口河边的柳树依然是绿的，月季花依然蓬蓬勃勃，争芳斗艳。造型别致的新大楼坐落在操场的左方，像摆放着的一件艺术品。

和其他行业的什么大楼落成典礼不同，学校教学大楼落成的庆典活动主体是上观摩课。孙校长要求我上两节阅读课。

我上的是四年级的一篇常识性课文 ——《新型玻璃》。我请一位女同学读第一段。她第一次读“一个划破玻璃企图盗窃展品的罪犯被抓住了”这句话时，把句子读破了。我说：“这句话比较长，难读。请你再读一遍。”第二次虽然流畅一些了，但是又把“被”字丢了。她一连读了七遍，都没读正确！她很急，失去了信心，想坐下。

我抚摸着她的肩，说：“你深吸一口气，放松放松，然后一字一字地在心里把这句话默读一遍，第八次准能把漏掉的字读出来。”

她这样做了。第八次终于获得了成功，读得既正确又流利。我和全班同学一起为她鼓掌。掌声差一点儿把她的泪水激出来。

我郑重地对她说：“记住，爱心献给别人，信心留给自己。”

课上完了，她当着几百名听课老师的面，动情地对我说：“于老师，我觉得您像我的爸爸、妈妈。欢迎您再到我们班上课。”

“第八次”，对她来说是难忘的。原因绝不只是记录了她的成功。不然，她不会动情地说我像她的父母，不会由衷地欢迎我再来。

“第八次”，对听课的老师来讲，我想也会留下深刻印象。不然，一位老师不会握着我的手说：“于老师，您是真教，而且会教！”

他所说的“真教”，是指我在课堂上展示了过程 —— 一个在老师指导下，学生由不懂到懂，由不会到会的过程。他所说的“会教”，是指在这一过程中，老师不但要善于点拨和讲解，善于启发和激励，而且要有足够的耐心。这样理解是对的。学生“懂”与“会”有个过程。这个过程对接受能力强的学生来说可能很短，对接受能力差的学生来说可能较长。如果没有老师充满爱的期待，过程将不存在，“爱学习有困难的学生”也是一句空话。

二

在东台市举行的江苏省“1996年千河杯教海探航”发奖会上，我上《新型玻璃》一课时，提了这样一个问题：这篇课文一共向我们介绍了几种新型玻璃，是哪几种？

充分读书之后，一个同学答道：“课文一共介绍了五种新型玻璃。第一种是夹丝网防盗玻璃，第二种是夹网玻璃，第三种是变色玻璃，第四种是吸热玻璃，第五种是吃音玻璃。”

“说得清楚、明白。”我夸赞道。

她端端正正地坐下了。我示意她站起来，说：“你看看，能不能说得再简洁一些？”

她双眉紧蹙，嘴唇连动了几次，但都没有启开。显然她正在思考，正在谨慎地组织语言。

听课的老师的目光都投向了她。她似乎感觉到了这一点，显得有点局促和紧张。我微笑着轻轻地一点头：“第一句话是没问题的。说五种新型玻璃时，看看能不能简洁一些。”说完，向她投去鼓励、期待的目光。

她的双唇终于启开了，一字一顿地说：“本文一共介绍了五种新型玻璃。有夹丝网防盗玻璃、夹丝玻璃、变色玻璃、吸热玻璃、吃音玻璃。”

我高兴地说：“说得多好啊！好就好在一个‘有’字上。一个‘有’字，带出了一串玻璃名称，比第一次节省了多少字！同学们，这就叫会说！”

我把“会说”两个字说得特别重，同时竖起了大拇指。

下课后，几个青年教师围着我，纷纷说他们的听课感受。

一位来自泰兴的老师说：“我们上课，学生一时回答不出来就失去了耐心，立刻换个人回答。可是，一换人，这位被换下的同学不就失去了一次锻炼的机会了吗？对他来说，还有什么训练可言？”

又一位青年教师说：“看来，上语文课，老师不但要有训练意识，还得会训练。当学生说不出来时，您说的‘想一想，说五种玻璃的名称时能不能简洁一些’起了很大的启示作用。这一句话，点到了要处。”

另一位青年教师说：“于老师，您不仅重视训练学生的思维能力、表达能力，还重视训练学生的心理素质。学生处于‘愤悱’的状态下，处于着急甚至怕羞的状态中，不也正是锻炼他们心理素质的好机会吗？平时我们讲千遍万遍‘做事要有信心’，也不及您这样训练作用大呀！”

我笑着点点头。出类拔萃的骨干教师，很会听，理解力特别强。

三

下面，是我在大连市实验小学六年级（1）班上的“说写课”的一个片段：

师：当我走进教室时，同学们都用一种好奇的、询问的目光看着我。你们面对着我这位陌生的老师，想了解什么？想问老师什么？

生：老师，您姓什么？

师：你的意思我明白，想知道我姓什么。但是，说话的时候，在明白、清楚的前提下，还要尽量得体，让人听了舒服。请你想一想，问别人——特别是问长辈姓什么，怎样说更好？

生：……

师：想想平时在生活中，在电视、电影中听到的。

生（恍然明白）老师，请问您贵姓？

师（高兴地）这样问就有礼貌了。——还想问我什么？

生：请问您叫什么名字？

师：你们不但想知道我姓什么，还想知道我叫什么。这个问题怎么问能让老师听起来顺耳？

生：请问您尊姓大名？（笑声、赞叹声）

师：这样问既明白又得体，给人一种谈吐文雅的感觉。——还想问什么？

生：老师，您多大年纪？

生：老师，您高寿？（笑声）

师：这样问老年人最合适。

生：请问您贵庚多少？（众笑）

师（非常高兴地）大连的同学真会说话！文绉绉的，多有教养！大家还想了解什么？我想找一位不举手的同学问我一个问题。我知道，大家一定还有不少问题要问我。（说着，走到一位女生跟前）请你站起来。（该生很羞怯地慢慢站起来）你紧张吗？听课的老师这么多，说不紧张是不现实的。别说你，连我开始都有些紧张。你一定也想问我些问题，是不是？你现在最关心的、最想知道的是什么？

生：最关心的、最想知道的是您给我们上什么课。

师：这个问题怎么问呢？

生：请问老师，您今天给我们上什么课？

师：问得多好哇！我说过，你不是不会问，而是不大敢问。看来，做什么事都得有勇气，对不对？

这个教学片段，把训练方法的两个方面都体现出来了。当学生因为知识能力所限而达不到训练目标时，老师则应予以点拨，甚至做必要的讲解、示范，这是一。当学生因为紧张、羞怯而产生错误时，老师则应予以鼓励，要耐心地开导，帮助他消除心理障碍，这是二。

四

一次，我听张冠珑老师试讲《爬山虎的脚》。

这是一篇文学化了的、写给孩子们读的常识性课文。文中写了人们“熟视”却又“无睹”的爬山虎的脚是怎么在墙上爬的。

学习第二段时，张老师提了这样一个问题：请同学们读读课文，看看爬山虎的脚长在哪里。这是个十分有价值的问题。可是她缺乏耐性，第一个学生没说对，立刻换了第二个人；第二个人也没说对时，她沉不住气了，顺手从讲桌上拿出事先准备好的一截爬山虎的茎，让学生们看。——一看，自然明白了。我在听课簿上写道：“阅读教学单单是为了理解内容？多么好的一项训练学生阅读能力的机会，就这样白白地、轻而易举地失去了。”

评课时，我坦诚地对张老师说：“在阅读教学中引导学生读懂，是听老师讲懂，还是看实物或者通过电教手段帮助学生搞懂？当然是应该引导学生自己读懂。否则阅读教学就失去了意义。读懂这个问题（爬山虎的脚长在哪里）关键在于理解课文中‘反面’这个词，老师要引导好。当然，学生实在读不懂，应该讲一讲，看看实物更好。不过，据我看，这个词不太难理解。另外，训练要面向大多数，不能让多数学生成为课堂上的旁观者、旁听者。”

张老师采纳了我的建议，教案做了重大修改。在千余人参加的大型观摩课上，这一课上得十分成功。

下面是她教第三段的课堂实录：

师：请同学们读读第三段，看看爬山虎的脚长在什么地方。

（学生自由读第三段）

生：爬山虎的脚长在茎上长叶柄的地方。

师：长叶柄的什么地方？读书可要仔细哟！要一个字一个字地读，边读边想。请你坐下再读。

（全班学生读书非常投入，那种景象令人感动）

师：我请位同学把有关句子读一读，其他同学边听边看边想。

生：（读）“爬山虎的脚长在茎上。茎上长叶柄的地方，反面伸出枝状的六七根细丝……这就是爬山虎的脚。”

（该生刚读完，就有人举起了手。张老师并没有马上让他们回答，而是说：“读懂了的人，请在本子上画画。谁画对了，就证明他读懂了。没看出来的同学再读。”课堂气氛很活跃。不久，大多数学生不但把这个问题读懂了，而且画出来了。）

师：我现在画一截爬山虎的茎，看谁来画爬山虎的脚。（师板画如下）

（一名学生把“脚”画在了叶柄下，如图）

师：同意他的画法吗？这个地方是长叶柄的“反面”吗？（特别强调“反面”这两个字）

（许多学生争着到黑板上重画，下面是另一名学生画的）

师：（对画画的学生）请你讲讲。

生：（指画）爬山虎的脚长在叶柄的反面。“反面”就是另一面。例如黑板，我们说黑板的反面，就是指另一面。

师：和这位同学画的一样的请举手。

（多数学生自豪地举起了本子）

我们之所以说这个教学是成功的，就是因为多数学生是在老师的指导下自己把课文读懂的。读懂的过程，就是阅读能力形成的过程，就是语感形成的过程，就是语言积累的过程。如果把答案直接告诉学生，便当倒是便当，可是这一切都不存在了。张田若先生为什么说“阅读教学，第一是读，第二是读，第三还是读”，我想，道理就在这里。

把时间花在指导学生读书上，值得，哪怕是读“八次”。

32. 一扇和学生进行心灵交流的窗口

一

1996年5月的一天，鼓楼小学高祥薇校长对我说："于老师，师范学校的实习生临走前，把你班学生的作文抱到办公室去了，你知道不知道？"

"是看学生的作文写得怎么样，还是检查我的批改情况？"

"不是的，是抄你的批语。"

"新鲜！批语有什么好抄的？是不是觉得我是特级教师，写的、说的，字字珠玑，句句良言？"

"人家又不是小孩子，能良莠不辨？他们说，你写的批语独出机杼，非同一般。"

平心而论，一般情况下，我写的批语也是一般。因为我被评为特级教师之后，从1985年到1996年连带了两届"言语交际表达训练"作文实验班（第一届五年，第二届六年），作文批改得多了，而且，更重要的是，过了不惑之年，我的认识和年轻时有所不同，所以写的批语有些鲜活感，不再完全是"内容具体、层次清楚、语句通顺、详略得当"等词语的不同的排列组合了。

二

到了高年级，我喜欢在学生作文簿的首页上题上一句话。多数的题词是针对学生的特点选择的名人名言，少数是我杜撰的。例如，有的学生不喜欢读书，浅尝辄止，我便写上蒲松龄的名言"书痴文必工，艺痴技必良"，或者写上吴玉章的名言"做学问要花工夫，持之以恒，日积月累"等，并写上与某某共勉的话。对学习用心、成绩斐然的学生，则题上鼓励性的话，如"人皆可以为尧舜"（孟子语），"腹有诗书气自华"（苏轼语）等。我给蔡苏、彭晓明等人都题过："记忆力惊人，又虚心好学，将来必成大器。"

夏志成是一个说话就脸红的男生，学习成绩不错，但仍有潜力可挖。升入六年级，我在他的作文首页的题词是：

“有志者，事竟成。夏天立志加把劲，秋天准有好收成！”

那学期期末，全班学生写了一篇《捉“特务”》的作文（内容是在爬山活动中安排的一次数学竞赛）。夏志成在爬山活动中，共“搜索”出四道数学题，而且全做对了，受到了嘉奖。他写的这篇作文，不仅内容好，文采也好。一读完全文，我写下了这样的批语：

“事实证明：夏志成，准能成！”

这个批语和首页的题词正好呼应。

后来，夏志成在一篇作文里写了这样一件小事：

> 同学见我半天做不出这道“行程题”，想为我画线段图讲解讲解，我婉言谢绝。于老师说过，“夏志成，准能成”，我连一道小小的数学题都做不出来，还叫什么“志成”？

我立即在旁边批了一句：“好样的！‘夫志，气之帅也！’（孟子语）”

老师说的话，学生掂量起来，总觉得很有分量，尤其是表扬、鼓励的话，会久久成为前进的动力。我上中学时，李晓旭老师写的一句“有老舍风格”的批语，至今对我都是一种激励，一种努力追求的目标。直到现在，我写文章时都牢牢记住老舍先生的“既然有‘可是’‘但是’这些词儿，为什么要用‘然而’呢”的谆谆教导，写文章尽力做到明白如话，朗朗上口。

六年级时，我给汪洋的首页题词是：“汪洋，努力地一桨一桨地划吧！终有一天，会越过汪洋大海，到达胜利的彼岸！知识的汪洋，是属于你的。”

有一次，她在写她的同桌的一篇作文里写道：

> 老师要求写字时做到“肩平”。我的同学蔡苏很听话，可是他的肩一平，两只胳膊肘儿就把桌子占去了一大半儿！我就只好委屈点儿，向一边挪挪。为此，于老师不知提醒过他多少次：“蔡苏，你又侵犯汪洋的领土了！”

我看了，颇为感慨，在这句话的旁边批道：“你胸襟宽广，是名副其实的汪洋。”

一天，我下班回家，妻子告诉我，她回家时看到门口放着一只小礼品盒。打开一看，里面是一架精致的小钢琴，按下开关，彩灯便亮了起来，同时发出美妙的钢琴曲——《生日快乐》。

“谁送的？”

“盒上写着：‘学生：汪洋。’——你有叫汪洋的学生吗？”

“有。不过，她已经毕业，上中学二年级了。”

礼品盒上的字清秀、规范，是汪洋写的无疑。看到这熟悉的字，汪洋的形象便出现在面前：齐耳的短发，齐眉的刘海儿，一双带笑的羞涩的眼睛，一张笑不露齿的小嘴……见到她的字，想到她的模样，大概这就是人们说“见字如见面”中的一层意思吧。令我百思不得其解的是，她是怎么知道我的生日的？

三

虽然多数批语是属于表扬、鼓励性质的，而且是针对文章本身的优点说的，但我常常不露痕迹地和学生在“心灵”上沟通，即使在指导写作时，也不忘育人这个根本宗旨。

晏妮在《我的爸爸》里记了这么一件事：一天晚上，妈妈做好饭，久等爸爸不回来。经打听，爸爸因有急事到连云港出差去了。文章接着写道：

> 我听了，有些生气，拉着脸说：“出差也不来个电话！”
> 妈妈似乎也生气了，放碗时发出的声音特别响。

我旁边批道：“一个‘拉’字看似生气，实际上是对爸爸关心的表现；妈妈虽然没说话，但所有的感情都通过放碗的声音表达出来了。”

晏妮在这篇文章的最后写道：

> 到了夜里，天气骤然变冷，风也刮得厉害。我不禁又为爸爸担心起来，他早上只穿了一件单衣呀！

“多懂事的女儿！”我在旁边批道，“孝于亲，悌于长，这是中华民族的传统美德。”

庄妍写《我的爸爸》是这样开头的：

> 爸爸属羊。一天，我逗爸爸：“爸，您是属什么羊的？是山羊呢，还是绵羊？”爸爸说：“你说呢？”“依我看，您是属山羊的，要不，您怎么会这样瘦巴巴的呢？”爸爸笑笑说：“别看我老汉长得瘦，浑身净是腱子肉！”说完，还把拳头一攥，胳膊一弯，做出了个“健美”的姿势。

我在旁边批道：“瞧你们父女多幽默！”

文章里还写了这样一件事：

> 爸爸酷爱书法。一天，他练完字，问我："妍妍，你看我写得怎么样？"我歪着头看了看，问："这是什么体？""隶体。我摹的是曹全碑。""我看不像隶体，倒像羊体，您看这一横一竖的多像羊骨头！"

我禁不住笑了起来，在旁边写道："幽默既是你机智的表现，也是家庭和睦、父女关系融洽的表现。"

李菲在一篇童话作文里写斑马妈妈为儿子条条不按时做作业而发脾气，正好鹿老师来了。李菲是这样写鹿老师说的话的："人非圣贤，孰能无过？别说孩子，我们大人也有做错事的时候。"接着鹿老师又讲了许多道理。我的眉批是："通情达理的不是鹿老师，而是我们李菲！"

王亚楠笔下的鹿老师更加善良而耐心，我的眉批是："文如其人。善良的、会教育人的不是鹿老师，而是王亚楠！"

彭晓明在《我跟于老师学京戏》一文中，有这么一段描述：

> 别看于老师是教作文的，可是唱京戏的功底不亚于二级京剧演员。于老师最拿手的是旦角。他唱的《苏三起解》《霸王别姬》《宇宙锋》等，以假乱真，真让我们怀疑他是不是男的。

最后一句让我赞叹不已。我在这句话的下面画上了大大的圆圈，然后批道："这句话作家也未必写得出来。"

祁寒在《返老还童的于老师》中，有这么几句关于我的外貌描写：

> 中等身材，身穿西服，打着领带儿，戴着一副近视眼镜儿，一头乌发像染了一样，这就是我们的于老师。

读了之后，我忍俊不禁，欣然批道："好眼力！我头发就是染的！"

许家乐写的《荡舟》，一开始便入题：

> 坐在小船里的感觉就像躺在摇篮里一样。我荡起双桨，努力划着。可是小船不听话，我叫它向右，它偏向左；我叫它向左，它偏向右。越是怕它和别的船相碰，它偏偏愣头青，硬往上撞……

我在第一句话旁边批了这么一句话："这就叫开门见山。"在最后两句话旁边批了这么一句话："真实就是美。"

蔡闽写的《妈妈，您辛苦了》感人至深，我读了眼睛都湿润了，我的总批是："这篇文章你是蘸着爱与感激的泪水写成的。"

我很重视学生写字。批改作文时，对写得漂亮的字也是圈圈点点。"上有所好，下必甚焉。"学生重视写字的程度远远超过了我。他们把每次作文，都当做一次写字作业看待。张宁宁写的字俊美而有灵气。她的字得的红圈比较多，我多次写过这样的眉批：

"字如其人。你的字和人一样俊美。"

"潇洒飘逸，和人一样有灵气。"

晏妮的字又是一种风格：端正、平稳。我曾写过这样的眉批："字和你一样端庄、美丽，不浮躁，也不呆板。"

刘劼平虽然是个女孩，写的字却很大器，给人以气宇轩昂之感。我几次这样批过，也这样当面说过："我虽男子，自叹不如！"

四

事物都是一分为二的。文章中有优点，有缺点，批语也就有表扬，有批评。

同学给蔡闽起了个外号，叫"白字大王"。现将她写的《白字大王≠我》一篇作文中的一段话抄录如下：

> 我来到办公室，于老师请我坐下。他喝了一口茶，很和蔼地对我说："蔡闽，瞧你瘦的，饭一定吃得不多，是不是？"
>
> 我摇摇头。
>
> "那一定是吃了不消化、营养没存住。蔡闽呀，和吃饭一样，书也要多读，读了要消化、吸收；人可以瘦，但脑子不能瘦。你看你写的这篇作文。"
>
> 说完，于老师把作文簿递给了我。我打开一看，立刻惊呆了，心里一下子翻腾起来。一篇作文，有好几个红"×"，开头一页删改了许多。光开头这一页，就有两处批语。第一个批语是："老师好累哟！我们多么盼望早点到达目的地呀！"原来，这篇文章是一篇参观记，可是我写了近一页，还没有到达参观地点！第二个眉批是："记住：武人不带刀。"原来，我又把"武"字写错了！在斜钩上加了一撇！于老师说的"刀"，就是指的这一撇！看到这里，我的脑袋腾的一下膨胀起来，脸上也觉得发烧，

再也不敢抬头看于老师。

于老师还是很和蔼地说："看书要字字入目。"

从此以后，我看书再也不马虎了；每当我写"武"字时，就想起了于老师写的那句话，"武"字再也没错过。……

我写的批评一类的批语，从中可见一斑。

丁然是个很魁梧的男孩，脑子特别好用，学习成绩也很突出，就是写的字不好，软绵绵的。倘若再马虎一点儿，连骨架也没有了，个个字都像得了软骨病一般。

有一次，我批道："看看你写的字！肉多骨少，缺钙！"

怎么才能有骨有肉？我又批道："丁然丁然，堂堂男子汉，认真临帖，有骨何难？"

五

翻开学生的作文簿，就是和学生交谈。学生的话写在纸上，这就是文章；老师的话写在一旁或最后，这就是眉批和总批。每次改作文，都是一次很好的和学生交谈的机会，所以我常常借"题"发挥。

小乐拖拉作业是出了名的。一次，他的作文又晚交了两天。我写了这么一段批语："文章写得不错。这样的文章，我多么希望能第一个改到。听说，其他学科的老师也有这个希望。但愿老师的希望不再变成失望。"

丛翔经常和他的同桌闹矛盾。他在一篇作文中以近乎奚落的语气把同桌写得一塌糊涂。我也半开玩笑地写道："你是不是有点像乌鸦？光说人家黑，自丑不觉得？人贵有自知之明。你看看同桌是怎么写你的。你读过之后，肯定会感到羞愧。"（他的同桌虽然也写了丛翔的缺点，但写的优点居多，评价很公正。）

当然，"发挥"时，要心平气和，就像真的和学生面对面谈话一样。因为用笔和学生谈话，有时间斟酌和推敲，所以，一般情况下，我总是尽量做到措辞委婉。

六

"光景不等人，须臾成发丝。"倏忽之间，我在教坛已度过了36个春秋，黑发人变成了白发翁。几十年来，我改过的作文不计其数，写的批语更是数不胜数。可惜我保留的学生作文很少，留了几本也都是近年的。这里写的，真是挂一漏万。话又说回来，当初我也没有觉得我写的批语有什么意思，一切都不过是心迹的自然流露罢了。

只是因为实习生们如获至宝似的抄，这才引起了我的注意。我回过头来仔细看时，发现有些话似乎真有些光亮，再加上有“敝帚自珍”的心理，这才从中捡了一些记了下来，且名之曰“一扇和学生进行心灵交流的窗口”。

仅此而已。

33.“什么都能和作文教学联系起来”

一

春寒料峭。但是，当我走进徐州市教育局教研室的时候，顿觉春意盎然，主任办公桌上的一盆盛开的鲜花使满屋生辉。

我径直向它走去，端详着，品味着，不由得弯下身子把鼻子凑近那娇艳的花。

“这是什么花，居然开得比迎春花还早？”我问张朝俊主任。

张主任反问我：“你看像什么花？你不是常对学生说，要善于观察、善于比较吗？”

“花朵像菊花。”我不假思索地说。

“叶子呢？”主任笑问。显然他对我的回答很满意。

“像黄瓜的叶子。”

“啧啧！有眼力！到底是特级教师。”主任赞不绝口，“这花就叫‘瓜叶菊’！”

主任这次约我来是商讨上观摩课的事的。商讨好了之后，我对主任说：“我有个请求，不知您肯不肯答应。”

“请讲。”

“请您把这盆花借我一用。”

“布置教室？”

“不，写作文。端到学校去，让学生写下来。”

“就凭你对事业的这片痴情，我送给你了！”主任被我的精神感动了，握着我的手，慷慨地说，“不过，你怎么拿呀？”

“抱呗。”

当我把这盆花抱到学校时，双手都僵了。不是冻的，而是累的。从教研室到大马路小学少说也有二里路。我不会骑自行车，出门全靠“11路”（徐州人戏称安步当车为乘11路公共汽车）。

在园丁眼里，这花是他们的骄子；在诗人眼里，这花是春的使者；在我的眼里，这花是美的文章。

二

无独有偶。当我第二年春天又来到徐州市教育局教研室的时候，发现主任的桌子上又有了一盆新的花。我爱花，见了花——不论是什么花，哪怕是狗尾巴花，不论是认识的还是不认识的——我都会细心地观赏一番。

主任笑着问："你有眼力，请看这是什么花？它的叶子像什么？"

这种花的叶子是对生的，最上面的两片叶子又长又肥，叶尖向背面微微弯着。肥硕的叶面上长满了白色的绒毛。两叶中间长出一支直直的茎，擎着一个花苞。花苞是绿色的，像个紧紧攥着的小拳头。尽管它攥得很紧，可是嫩黄色的花瓣仍冲破了"手指"的禁锢露了出来。看样子过不了多久，这花便会绽开。

我说："这花的叶子最像兔子的耳朵。"

主任又吃惊了，说："不错！这花就叫'兔耳兰'。"

"是不是应当对我的观察力给予一定的奖励？"

"什么意思？"

"照旧——把花借我一用。"

"又是拿花去让孩子写作文？"

"正是。"

主任朗声说："你呀，什么都能和作文教学联系起来！看来，你似乎只有一个心眼！"

"对！我是属狗熊的，只认一，不认二。"

三

妻子从商店里买了一只电动玩具狗，准备送给一个即将过生日的朋友的孩子。棕色的小狗戴着一顶蓝色礼帽，身穿白衬衣、黑裤子，手里拿着一架照相机。一按开关，它便将照相机举起，眯起一只眼睛，按下快门；只听"咔嚓"一声响，同时闪光灯一亮——表示相已经照好了。然后将照相机慢慢放下。如果不将开关关掉，它会连续重复刚才的照相动作。

太有趣了！我以恳求的语气说："先让我用一用行吗？"

妻子问："是不是又要用它上作文课？如果你上得好的话，这个就送给你了，我再去买一个。"

"知我者，杨军也（妻子名叫杨军）！我刚刚教过习作例文《壁虎》，想让学生观察一种动物，仿照例文的写作方法写下来。这下好了，不用到动物园去了。"我高兴地说。

“什么‘知我者，杨军也’。”妻子说，“去年人家送我一把双人伞，你不是如获至宝，拿去上作文课了吗？”

“‘双人伞’是我起的名字，是对学生说的。其实它叫‘情侣伞’，送伞的人是让我们俩一块儿打的。”

“谁和你一块儿打！”妻子嗔道，“你心里除了学生还有谁？我看呀，说不定哪一天还会把我领到课堂上让学生观察呢！”

“看你长得多俊！”我刮了一下妻子的鼻子。

这节课上得颇成功。我给棕色的小狗起了个名字 —— 贝贝，并说它是森林王国的摄影师。这么一说不要紧，竟有学生由此编起童话来，一篇作文写了八页多！

一年暑假，大连的王福全老师请我去上《壁虎》，我也把棕色的小狗带去了。这小狗同样引起了大连学生的极大兴趣。

四

一天，无意中，我发现学校的垃圾箱里有一块只咬了一点点的面包。

多么可惜！我把它捡了起来。一个念头立刻萌发了出来：把它拿到课堂上，让学生看看，说说自己的感受。

上课了。学生们听了我的介绍，议论纷纷。我说：“如果你碰到了这位扔面包的同学，会怎么说？请思考一下，写个发言稿。只写个提纲也行。”

写好之后，我借了一条红领巾戴在脖子上，扮演扔面包的同学，并给自己起了个名字 —— 晓理，意思是说，我是个懂道理的“同学”。然后请大家“帮助”我。—— 有了“的”，学生才好放“矢”。

学生们动之以情，晓之以理，对我进行了批评，把我说得“心服口服”。我想，倘若那个真扔面包的同学站在我的学生面前，一定会认识错误的。下面是部分学生发言的实录：

“晓理同学，粮食来之不易呀！它是农民伯伯用血汗换来的。你把一个好好的面包扔了，我感到很可惜。”

“晓理同学，你还记得我们上二年级学过的那首《锄禾》古诗吗？‘锄禾日当午，汗滴禾下土。谁知盘中餐，粒粒皆辛苦！’……”

“粮食是宝中宝，一日三餐，谁都离不开它。它还是重要的工业原料……”

“我们虽然生活富裕了，但还有个别地区没有解决温饱问题。即使都富裕了，也不能浪费。古人说‘静以修身，俭以养德’……”

“晓理同学，我们算一笔账：如果每人一天浪费半块面包，那将是一个天文数字！……”

学生们“帮助”完了之后，我转身在黑板上写下一个题目——《劝告》，请大家把刚才的场面写下来。只不过要求把众人“劝告”的话“安”在一个人身上，即文章只出现两个人，一个晓理，一个劝告的学生。这样好写。

因为浪费粮食的现象较普遍，所以第二节课，我又让学生写了一封《致全校同学的公开信》。

捡起一块被扔掉了的面包，写了两篇作文。

这是作文课，也是思想品德教育课。

五

一年秋天，我带学生到农村参观，发现有的农村小男孩脑袋后面留着一条细细的小辫。学生们奇怪地问：“于老师，男孩怎么也留小辫呀？”我说：“这叫‘压尾辫’。那是用留下来的胎毛辫起来的。据说，留这么一条小辫好养。”

“这样的孩子，家长一定十分宠爱了？”

“是的。这都是受旧的观念的影响。”

不久，我在一张报纸上看到两幅漫画。第一幅画的是，一位教师高兴地对全班学生说：“今天晚上8点有月食。”全班小朋友很高兴。第二幅画的是，一位后脑勺留着一条压尾辫的小男孩站起来问：“几频道？”老师一听，眼睛瞪得大大的，嘴张得大大的，可是，什么话也没说出来。

娇生惯养的“小辫”，竟如此无知！我的脑海里立刻出现了前不久在农村见过的“小辫”的形象。我想，如果我的学生见了这两幅漫画，一定会和我一样。于是，我把这两幅漫画制作成两张投影片，放给学生看。学生看了，果然忍俊不禁。

“写一篇作文，好不好？题目就叫《小辫》。”我说。

学生当然愿意。

可以肯定，漫画中的这位小朋友的小辫，完全成了“娇宝宝”的象征。“小辫”一下子把学生头脑中的许多“娇宝宝”的形象“激活”了。不然，他们不会答应得这么爽快。

我很留心报刊上的漫画，特别是儿童报刊上的漫画。不少漫画成了我的学生写作的材料。

六

听说赵立廉老师每年都给一位失去父母的学生过生日。机会来了，我立即将她请到教室，让学生“采访”，先练“问”，再练“写”。题目就叫《温暖》。

学校准备组织学生到电扇厂参观。机会来了，我立即训练学生写“介绍信”，并亲自带着学生去联系；参观完了，为产品写广告。

晏妮由外校转到我们班。机会来了，我立即让学生写“欢迎词”，然后召开欢迎会，接着写《我们的新同学》……

王小汪同学要转学到哈尔滨去，同学们恋恋不舍。机会来了，我立即让学生写“欢送词”，召开欢送会。王小汪和她的家长眼含热泪和全班同学话别。然后写了一篇作文——《我的同学王小汪》。

处处留心皆学问。处处留心也皆“文章”。

有人说我“执着”。什么执着？说白了，是“职业病”！

34. 我教一年级

一

教一年级不易，当一名优秀的一年级教师更不易。

有人说，教一年级难就难在“大人要说小孩话”。

所谓“要说小孩话”，就是要说浅显的话，形象的话。开口“关于这个问题”，闭口“如此而已”，离开了具体的形象，儿童就会感到茫然——听不懂。

教一年级的孩子何止要说形象的话？道道多着呢！

二

也许男老师的形象思维特别差，所以教一年级的不多，百里都难挑一。我教书23年后的1985年，朱校长终于给了我一次教一年级的机会。因为她想搞一个“作文早起步”的实验，斟酌来斟酌去，觉得我在作文教学上有两下子，于是决定由我教这个班。若不是我在作文教学上有两下子，这一生恐怕是不会教一年级的了。

谁知第一节课便出了纰漏。

开始，我按惯例先来了个自我介绍，接着提出了几点要求：“小朋友，上课的时候要坐好，发言要举手，谁要有事、有问题请报告。”

可是小朋友有事偏偏不报告。他们只安稳了几分钟，便各自忙活起来，有摆弄东西的，有小声讲话的，有互相碰撞的。但我毕竟有维持课堂纪律的经验了，时而提醒，时而鼓励，时而严肃，课上得挺顺利。上到大约30分钟的时候，终于有一个小男孩举手“报告”了，我很高兴，说：“请站起来讲。”小男孩说：“老师，她尿裤子了。”“报告”的同时，用手指了指他的同位。我收敛了笑容，赶紧走过去。一看，果不其然——裤子湿湿的。

直到现在，我也找不出恰当的词语来形容当时的心情。

一位教一年级的同事说：“‘有事报告’这句话一年级的小朋友理解起来太困难。应该说：‘谁要上厕所解小便，解大便，谁要是东西掉到地上去了，谁要是听不懂老师讲的话，谁要是问老师什么事，请把手举起来，告诉老师。’对一年级的小朋友讲话越具体越好。”

我找到了尿裤子的小朋友的家长，表示歉意。

家长问孩子：“老师说了，上课有事请报告，你要上厕所，怎么不报告呀？”孩子忽闪着大眼睛问：“怎么‘报告’？”

什么都不必问了，什么也不必说了。我不停地反问自己：你怎么忘了儿童的思维主要依赖于事物的具体表象以及对表象的联想而进行的呢？你不是成了纸上谈兵的赵括了吗？

三

另一位教一年级的同事知道了这件事后告诉我：“教一年级，要眼观六路，耳听八方，善于察言观色。政治家要明察秋毫，当一年级的老师更得明察秋毫哩！”

她向我讲了这么件事：

一次上课，她看见一位小女孩神色不安，身子不停地动，于是轻轻地走到她跟前，低声问：“想上厕所吗？”小女孩点点头。她让她去了。可好长时间不见回来。她从衣兜里掏出一张卫生纸，悄悄地对坐在前排的一位女同学说：“到厕所去，把卫生纸送给上厕所的那位小朋友。”她断定：那位女孩子是解大便，而且没带卫生纸。送纸的小朋友到厕所一看，那位小朋友果然是解大便，而且正为没带卫生纸而发愁着急……

我敬佩不已！心里直想喊：“教一年级的老师万岁！”

从此，我上课时不再“目中无人”，不再只是“大体”地看人，像演员似的，眼睛虽然平视观众，其实谁也没看。我逐渐练就了高难度的分配注意的基本功——眼睛看着学生表情，嘴里讲着教学内容，心里谋划着教学环节……多“官”齐下，齐头并进，再也没出什么纰漏。

四

1990年，我第二次教一年级时，更成熟了。

这是一节说话课，内容是训练学生怎样做自我介绍。

小朋友明确了自我介绍的内容之后，我提了两条要求。我说：“小朋友到讲台前面向全班同学自我介绍的时候，第一要大胆。怎样做算大胆呢？身子站直，眼睛向前看。两眼看天花板或者地面，腰弯着，都是胆小的表现。”说完，我做了个翻着眼珠看天花板和耷拉着眼皮看地面的动作。小朋友会心地笑了。然后我又把身子挺直，双眸凝视前方，从正面做了什么叫大胆的动作。小朋友心领神会。

“第二，”我接着说，“说话口齿要清楚，声音要大一点儿，让坐在后面的同学也能听得见。”说完，我又从正反两个方面做了演示。就这样，在具体的表述和演示中，小朋友明白了什么叫大胆，什么叫口齿清楚。

训练在轻松愉快中卓有成效地进行着。

一个小女孩走到讲台前，眼睛望着讲桌说：“我叫祁寒，今年六岁……”

小朋友立刻评价说，她胆子小，口齿不清。

我连忙说：“这是第一次，再来。”于是，又让她说了一遍。

一个小男孩走到讲台前，眼睛看着同学，说：“我叫张雷，今年六岁半，家住在骆驼山。”

小朋友立刻评价说，他胆子大，口齿清楚，坐后排都能听见……

五

对高年级的学生来说，用“一边……一边……”造句，太容易了。但对一年级的学生来说，还真有一定的难度。请看一年级小朋友造的两个句子：

“爸爸一边买菜，一边和别人说话。”

“我一边吃饭，一边看书。”

第一句话中的“别人”如果指的是卖菜的人，这时说的话也是买菜这件事的一部分；如果“别人”指的是别的买菜的人，那么这个句子于情理上就说不过去了。第二个句子虽然通，但又有悖于事理。我告诉小朋友，如果用“一边……一边……”写人的活动，那么这活动必须是能同时进行的，不能矛盾，不能不符合情理，于是我举了个例子：

“爸爸一边走路，一边思考问题。”

然后，我又说了这样一个句子，请大家评论评论合适不合适：

“我一边唱歌，一边喝水。”

小朋友说：“不合适！唱歌的时候就不能喝水，喝水的时候就不能唱歌。”

“这个句子怎么改呢？”

一个小朋友说：“我一边唱歌，一边跳舞。”

另一个小朋友说：“我一边弹琴，一边唱歌。”

就这样，示范加讲解，使小朋友学会了用“一边……一边……”造句。

孩子们看完了海豚表演，我要求他们用“先总后分”的段式说一说“海豚做算术”。

孩子们瞪大了双眼，明白无误地告诉我：不会。

“不会不要紧，”我说，“老师先说给你们听听。”

于是，我用“海豚做算术真有趣”开头，说了下面的一段话：

海豚做算术真有趣。一位叔叔拿出一块小黑板，上面写着“3+5=？”，海豚看了看，张开嘴连叫了8声。观众立刻为它鼓掌。接着又做了几道题，连“7+8”这样大的数它都加对了。

说完，我告诉小朋友，第一句就是总起句，是先总的说说海豚做算术题怎么样。然后请大家也以“海豚做算术真有趣”开头说说试试。

一示范，小朋友茅塞顿开，争先恐后地举起了小手。

示范就是指导，对于一年级的孩子来说，还要加一个“最”字——示范是最好的指导；示范，是教师主导作用的一个重要方面。讲十遍“应该怎么做”，不如做一遍给孩子们看。

也许有人会说，这样一来，孩子们说的话不就千篇一律了吗？

没关系。植物的种子破土而出的时候，不也是“千篇一律”吗？——每棵都是两个稚嫩的瓣儿。可长着长着，就不一样了，就千姿百态了。学习是从模仿开始的，模仿是儿童的天性。古人说：“大匠诲人必以规矩。”令人担心的倒不是千篇一律，而是老师的示范是否合乎规矩。一年级起步的时候，什么都要规矩。朗读要规矩，说话要规矩，写字更要规矩。说老实话，教每一个字我都不敢马虎，都是认认真真地揣摩，反反复复地临帖，直到写得像书上的范字为止。不然，怎么会称其为“范”？如果不是教一年级，我的说话、写字基本功不会像今天这样扎实。教一年级的过程，对我来讲，是个重新认识、重新学习的过程。如果朱校长不给我教一年级的机会，我将是个不合格或者说不完全的小学教师。反之，不教中高年级，也会是个不完全的小学教师。

六

生活中，人们经常要问别人点儿什么，也常要回答别人随时向你提出的问题。因此，要教孩子学一点儿问的本领，要能有礼貌地、清楚地回答别人提出的而自己又知道的问题。

于是，我设计了“大象问路”的说话课。

我说：“小朋友，徐州火车站的出站口走出了一头大象。它从南方的大森林乘火车来到徐州，准备到鼓楼小学找朱校长。可是它不知该怎么走。它应该怎么问？如果问到你，你应该怎么说？大家想一想，讨论讨论。”

讨论完毕，我从提包里取出一个大象头饰：“谁愿意戴上它扮演大象？”

小朋友立刻兴奋起来，争着当。于是，我指定一个人当大象，其余的人当出站的“旅客”。我宣布：“我也是旅客中的一员，也可以问我。”

“大象”大概出于礼貌吧，居然向我走来，彬彬有礼地问：“老伯伯，请问到鼓楼小学怎么走？”

“什么？到‘轱辘’小学？”既然“大象”把我当成“老伯”，我索性装着耳朵聋，故意将“鼓楼”说成“轱辘”。

学生哧哧地笑。

“我想到鼓楼小学。”“大象”一字一顿地大声说。

“对不起，我是外地来的，不知道鼓楼小学在哪里。”我连忙把这个“球”踢给了学生。否则，学生练什么？

就这样，在游戏中，训练了小朋友的问的本领和回答问题的本领。

不要低估了头饰的作用。儿童的世界是童话的世界，在他们眼里，小鸟鸣叫是在唱歌，花儿怒放是在冲着他笑，树枝摆动是在向他招手。一戴上大象头饰，无论在扮演者本人的眼里，还是在其他小朋友的眼里，他就是一头大象。有经验的教低年级的老师都很注意头饰的运用。它会增加趣味性，使学习变得轻松，提高学习效率。

童心不泯才能教好一年级。面部表情能够表达出孩子们的天真、稚气、活泼、顽皮，是教好一年级的不可缺少的前提条件。要揣摩儿童心理。每次备课时我都这样想：假如我是一个六七岁的孩子……

35.“熏锅屋”

一

徐州有句俗话，叫“没有熏不黑的锅屋”。——徐州人管厨房叫“锅屋”。意为新盖的锅屋的墙壁再洁白，日子久了，也会被油烟熏黑。就是说，只要长时间地对一个人施加某种影响，总会使其有某种改变的。

“学语文与熏锅屋类似。学语文是个慢功，是个长期训练、积累的过程。”著名特级教师张庆如是说，“尽管学生千差万别，但只要发育正常，与生俱来便有一种学习和掌握口头语言与书面语言的潜能。入学前的儿童，日常交际用的口语已基本具备。哪儿来的？主要靠家庭的熏陶，是在一天天、一年年的口头交际（听和说）的过程中掌握的。从来没有见哪个母亲教孩子喊‘妈妈’时，先讲一通什么是‘妈妈’。遗憾的是，我们学习书面语言却违背了‘熏’的规律，没有引导学生下苦功去读去背去写，而是一课一课地去讲，去条分缕析。想想，你自己的读、写能力哪儿来的？是教你的老师讲出来的？不是，是你自己在大量的长期的读与写的实践中形成的。”

一句“熏锅屋”，使我陷入了沉思。

二

我掂量着张老师的话。也是的。我从小喜欢读书看报。读初中时，语文老师夸我的作文有老舍风格，我飘飘然竟萌发了当第二个老舍的念头，更是读得如痴如醉。除了读，就是写，咬着笔杆瞎琢磨《月牙儿》式的故事。不允许眼皮打架，一旦出现打架的苗头，毫不客气地拧开自来水龙头，让凉凉的自来水冲在脑袋上。我记住了“蚕吐丝，蜂酿蜜，人不学，不如物”的古训，星期天不允许自己逛街，只允许去图书馆，硬是跟自己过不去。退稿信攒了一大箱，还是扶着脑袋写呀，读呀，读呀，写呀。山东人有个倔劲。直“熏”到1980年，才在《徐州日报》上发表了第一篇小说《没脑子的人》，在《江苏教育》上发表了第一篇教学论文《选材与命题》。——那时我已经39岁。

别人的，不知道，我的语文能力哪儿来的？不就这么一天天地读呀、写呀得来的吗？

三

同样，我在教学中，用老师“熏”我的方法去“熏”我的学生。

一天，我教《马背上的小红军》。我问：“这位小红军是个怎样的人？”学生连读两遍，还有七八个人没看出来。

“再读。”我鼓励说，“我相信每个人都能看出来。”

于是，听话的学生们又朗朗地读。三遍过后，小手如林。我请他们把自己的理解写下来，尔后说。多数学生理解得正确。我动情地说：“我非常高兴，因为你们自己读懂了！”

我又请学生把最令自己感动的地方画出来，并把自己的理解、体会通过朗读表达出来。于是又读——有感情地读。有的学生读着读着流泪了。

最后请大家逐段读，看看还有什么不懂的地方。学生读到第二节时，我指点说：“大家再细心读读这一节，看看文章是怎样抓住小红军的外貌特点加以描述的。”

当学生读完了小红军和陈赓的对话部分时，我又指点说：“大家注意，看人家的提示语写得多么精彩！再细细读读，读进去，记住了，你写对话时，也就会写提示语了。”

学生们得到我的点化，皱着眉头去读、去记。

课文读完了，我一看表——下课时间到了。

有老师问：“这就是阅读教学？”

张庆老师回答说：“这是真正的阅读课。阅读课就是读书课。堵不住烦琐分析的路，就迈不开语言训练的步。”

后来，这句话成了大家的口头禅，在徐州小语界成了人人知晓的名言。

第二节课，练写。陈赓为什么说他对不住这位小红军？他会怎样责备自己？会怎样做？——我请学生接着写下去。

有个学生是这样写的：

陈赓使劲地摇晃着小红军，声泪俱下：“小兄弟，你醒醒，你醒醒呀！都怪我粗心呀！我怎么竟上了你的当呢！我太大意了！你拍粮袋时，我怎么就没想想，你为什么轻轻地拍？为什么不亲自去摸一下？摸一摸不就会发现你干粮袋里装的不是青稞面，而是一块牛膝骨了吗？”

陈赓抓出一把青稞面，向这个小红军嘴里送。一边填，一边说："小兄弟，你吃呀，你吃！"

可是，这已经无济于事了，这位小红军永远地闭上了眼睛。

瘦马长嘶一声，好像也在呼唤着这位小红军……

写完了，读；读完了，评；评完了，改。如此反复，互相启发，取长补短。一节课下来，人均写字两百多，写得感人肺腑，动人心魄。美的情感在写与读中升华。

张庆老师高兴地说："就这样节节读，课课练，锅屋岂有熏不黑的道理！"

四

一个学生请求家长买课外读物。

家长说："语文课本还没有读好呢，买什么课外书？"

一句话噎得学生直翻白眼。似乎学习成绩不好，就没有资格问津课外读物。

大谬不然。

著名教育家苏霍姆林斯基说过：越是学习成绩不好的孩子越是应当多读课外书。每本书，每篇文章，都为读者展现出一个崭新的天地，使他们开眼界，长见识，受熏陶（其中自然包括语言）。智力越是低下的学生，越应当多为他们打开一些认识周围世界的窗口 —— 其中很重要的一个窗口就是书。

一年秋天，我班转来一位叫杨鸣的男生。我指定一篇课文请他朗读。一个长句子他分三次才读完。这一"鸣"，便露了馅。我对家长说："老实说，您的孩子语文成绩不好。可以断言，他的作文前言不搭后语，而且写不长，什么事一到他的笔下，好像就没有了似的。"

几句话，把家长的眼都说直了。

"您真有眼力！"家长叹服说，"每篇作文他都写不长，像兔子尾巴似的。"什么眼力？这是经验。连学过的课文都读不流畅的学生，百分之百的语文水平低下，百分之百的写出的文章不通顺。原因很简单：语感不好。

我说："这样吧，从今天开始，您的孩子必须完成这样一项家庭作业 —— 读课外书。您要为孩子多买点好书，例如国内外著名童话，专为青少年改写的古典名著，等等。总之要有一定情节的，这样能引起孩子的读书兴趣。要出声读，不是默读。每天坚持读半小时。累了，声音可以轻一点。什么时候发现您的孩子读书很流畅了 —— 特别是读从来没有读过的文章——这就告诉您，他的语文水平上来了。开始，在没有兴趣以前，可以强制他读，时间可以短一点，比如说十分钟、二十分钟。"

家长像得了法宝似的，退着出了办公室。

不到一年，大见成效。杨鸣在参加班级举办的“五一”征文比赛中荣获实实在在的二等奖。我在他的文章后面写了四个鲜红的大字：“一鸣惊人！”

家长逢人就宣传：“于老师有办法！”

这个办法叫“治本”。学习语文，仅靠课本那点“烟火”熏，远远不够；要靠大量的课外读物去熏。我几乎在我的所有的学生的作文簿上都写过这样的话：“请和书籍交朋友！”

五

“耳濡目染”，其实讲的就是熏锅屋。语言这东西，读多了，听多了，就会印在脑子里。但是，一个字，一个词，一个句子，一段话，真正过目不忘、过耳不漏的是几乎没有的，必须经过多次反复，才能记得住。于是人们就想出了另一个办法——做笔记。好记性不如烂笔头，做笔记是熏锅屋的一个重要方法，我把我的笔记本称作我的第二大脑储存库。记下来，再时常翻翻，慢慢地，就会移植到自己的大脑里。移植不过来也无妨，用的时候再去找。

学语文是一辈子的事，只要天天读书、读报，就是天天在“熏锅屋”。前不久，我读报时碰到一个成语——“燕雀处堂”。字都认得，意思却不明白，于是我把它记下来。一查工具书，才晓得它的意思是燕子和麻雀在堂上筑窝以为很安全，房子失火了，它们还在窝里作乐，不知大祸已经临头，比喻安居而失去警惕。于是，自己的大脑里又多了一个词语。

我把我的经验无保留地传给了我的学生。他们都有读书笔记，大都养成了不动笔墨不读书的习惯。一旦尝到甜头，养成习惯，不让他们记，他们也会记，就像我现在，虽然没有老师检查，但仍然坚持记一样。

六

“棵颗”“候侯”“在再”“向像”“以已”这些或形似或同名儿的“双胞胎”不知搅得多少学生晕头转向。小珂等四人，单独默写这些字，几乎没有错的；一写作文，这些字就乱串门，气得我真想用红笔将这些走错门的字儿戳死。

终于憋出了这么一招：每天早自习请这四人到讲台前写一句话。

“听好了。”我说，“敌人像一群恶狼向我军阵地扑来。”

就这么一句话。写完，自查，互查，老师查。前后不到三分钟。

“请注意。”第二天早自习照旧，“太阳已经落山，小强说：‘咱们赶快回家吧！’”

写完的仍旧是自查，互查，老师查。

就这样，日复一日。不到三个月，他们都在我这个不收学费的、采用“蘑菇战术”的“纠正错别字学习班”结业了。不但许许多多易混淆的“双胞胎”能正确使用，就连标点符号也基本上过了关。这是“副产品”，是意外的收获。

不过，“蘑菇战术”挺“蘑菇”人的，老师要有一股子“拧劲”，一股子韧劲。学生大都是听话的，可塑可造的。老师一旦较起真来了，总会见成效的。

运用语言文字，说到底是一种习惯。习惯成自然。一旦“熏”到成“自然”的程度，意味着成功。一首歌唱得多了，熟了，那歌词、旋律为什么不假思索就能脱口而出？就是因为形成了习惯，由习惯成为自然。

是这样。也正因为运用语言文字是一种习惯，确实也就没有多少道理可讲；即使有，也没有太多的必要去讲。正如母亲教孩子喊“舅舅”，没有必要去解释“舅舅者，乃妈妈之兄弟也”一样。

36.“攒钱”与“花钱”

一

1996年教师节。

云龙公园笼罩在近乎雾的蒙蒙细雨之中。针尖似的雨点吻在我们的手背上、脸上，送来了秋的丝丝爱意。

银波荡漾的湖面上，停泊着三条带遮阳棚的游船。船上各放着一个大蛋糕，蛋糕上分别写着：

“祝于老师节日快乐！”

“祝杨老师节日快乐！”

“祝徐老师节日快乐！”

每个蛋糕上点燃着一支蜡烛。烛光随着船的晃动而摇曳着。

学生们把我们三人安排在放着各自的大蛋糕的船上，他们则分成三组，围坐在我们的周围。学生们无拘无束地说笑着，我们当老师的反而觉得舒展不开。

学生们的几十双手把三条船紧紧地连在一起。三条船像亲密无间的兄弟姐妹，并肩而行。

雨点似乎大了一些，吻在手背上的感觉比刚才强了许多。

活泼而又风趣的耿臻顺口吟道：

> 水光潋滟晴方好，山色空蒙雨亦奇。
> 欲把云龙比西子，淡妆浓抹总相宜。

她故意把苏轼诗中的“西湖”改为“云龙”。同学们的表情和掌声不但给予了认可，而且表示赞许。

一阵风，把我们船上的蜡烛吹灭了。李菲说：“‘春蚕到死丝方尽，蜡炬成灰泪始干。’这样经不起风吹的蜡烛，可不能代表我们老师啊！”说罢，重新将它点燃。

烛光又活泼地跳跃起来。船到湖中心，不时见鱼儿跃出水面。刘劼平朗声说道：

“‘细雨鱼儿出，微风燕子斜。’看，小鱼儿也在向我们老师祝贺节日呢！”

教数学的徐老师赞叹说：“看我们的学生多会说！”

班主任杨晶对我说：“于老师，您说得对，有了钱，就不愁花不出去。我们当初只是让学生们背诵古诗文，背诵名言佳句，可并没讲怎么用啊。如今，不是用上了吗？而且用得这么恰当、这么得体！”

我说：“是呀！以往，我们在语文教学中，偏重教学生怎样“花钱”——怎么说、怎么写、怎么归纳段意和中心思想，而忽视了“攒钱”——语言的积累。不读不背，脑子里没有丰富的语汇，用什么去说去写去思呢？12岁以前，是学习语文的最佳时期。这个时候如果不让他们多读多背，我们将愧对他们。”

一个下午，我们是在欢声笑语中度过的。

二

教室里，宾朋满座。桌子上放着学生们的作文，供到会的家长和关心教育的一些朋友们翻看。

彭晓明、王亚楠、蔡苏、蔡闽、张宁宁、张雷、于婧等人的作文引起了与会者的兴趣。

我告诉来宾：这些学生的共同点是爱读书，有好奇心。这次“家庭教育”学习班的主旨，就是探讨怎样为孩子进行智力投资。多给孩子们买书，常带他们到大自然中去观察，是比请家庭教师更重要的智力投资。

参加“家庭教育”学习班的家长们全神贯注地听着我的说教。

讲到最后，我建议每位家长为孩子们买或者做一个书架，给孩子们买枚图章，上刻“××藏书”。现代家庭中若少了书架，少了书籍、报纸、杂志，就像人贫血，这样的肌体是不健全的。哪怕它装潢得富丽堂皇，也会因没有书架而黯然失色。我对家长们说：“有了梧桐树，才能引来金凤凰。你做多大的书架，学生就会买多少书。”

家长们很信老师说的话。

到了六年级，战松的书架里已摆得满满的。文学的、科技的、历史的都有。因为书架的层次较矮，四卷本的《中国少年儿童百科全书》、像城墙砖似的缩印本《辞海》，只好让它们躺在书架的最上层。我随便抽看了几本，每本的扉页上都写着购书的日期，并盖有“战松藏书”的印章。

我在班级里介绍了战松的藏书情况。没想到，还有比战松藏书更多的。彭晓明讲，他的书至少有400册了。

三

我有个逛书店的习惯。目的有二，一是自己买书，二是为学生提供“书讯”。

“告诉大家一个好消息！《张天翼童话选》新华书店有售！”一个星期一的早晨，我来到教室对学生们说，“张天翼是我崇拜的大作家之一。他写的《大林和小林》我百读不厌。”

接着，我讲了记忆犹新的《大林和小林》的开头：

“从前有一个很穷的农人，和他的妻子住在乡下……”

回到办公室，我对班主任说：“等着瞧，明天保准有人把这本书带到教室里来。”

果然，而且买它的不止一个人。

我发现某个学生读的书好，就把它高高地举起来。这时，立刻就有人围上来，看封面，看定价。

不知道的人，可能会认为我得到了作者的什么好处，在替他们做广告呢。每年元旦，我奖给孩子的书也起到了广告的宣传作用。

1995年元旦过后不久的一天中午，我走进教室，看见坐在前排的一位同学正看课外书。拿起了他的书一看，是本《保卫延安》。学生站起来告诉我，他是看了我奖给他同位蔡闽的一本《保卫延安》，才到书店里买的。令我惊讶的是，扉页上写的“读一本好书，就像和一位道德高尚的人谈话一样”的名言，竟酷似我的字迹。

“谁题的词？”

他嗫嚅道：“是我照着您给蔡闽的题词写的。”

我心里一热，抚摸着他的头，心里说：“以后，我一定找个理由奖他一本书，并认认真真在扉页上写上一句话。”

我班的学生掀起了买书热、读书热、背书热。这“三热”，热得叫人舒服。

到了六年级，全班人均背古诗文100余首（篇）。还不算《三字经》《千字文》《百家姓》，不算白话文。

彭晓明是背书的冠军，能背古诗文300余首（篇）。我听他背“壬戌之秋，七月既望，苏子与客泛舟……”，比听唱歌还舒服。

四

1996年春，原国家教委基础教育司的一位领导同志在江苏省教研室主任的陪同下来我班视察。看文艺演出，听背诵古诗文，查学生的写字，还当场命题作文。当场命题作文需要真功夫。这位领导同志为四个学生出了作文题。彭晓明的题目最难，是

《要养成良好的习惯》。这是篇论说文。教学大纲不要求小学生写论说文。我为彭晓明捏了一把汗。40分钟后，四位学生写完了。下面是彭晓明的作文：

要养成良好的习惯

我们每个人都有习惯。有的是好习惯，有的是坏习惯。今天我来谈谈习惯对人的影响。

我国清末著名文学家刘蓉曾经写过一篇文章，叫《习惯说》。文中讲了这么一件事：他的书房里有一个坑，每当思考问题时，便转来转去，踏上踏下，但从没有绊倒过，因为习惯了。有一天，父亲来到书房看到这个坑，说："一室之不治，何以天下国家为？"命人把坑填平。而刘蓉再踩上去，反而跌了一跤。这就告诉我们，习惯一旦养成，就很难改正。有人即使认识到自己有坏习惯，但由于时间长，改掉它很难。

例如，现在有很多人喜欢抽烟，他们也明白烟中含有有毒物质，连烟盒上也有一句话：吸烟有害健康。可是习惯使他们不由自主地又点起了烟。有人为此患了疾病，住进了医院，甚至送了性命。

有人从小养成了写字姿势正确的好习惯，结果终身受益，不但用眼卫生得到了保障，而且有利于身体健康。而有些不注意用眼卫生，写字姿势不正确的人，则戴上了眼镜，当飞行员的愿望从此与他们无缘。

习惯对人的影响是很厉害的！我们一定要从小养成良好的习惯，从一点一滴做起；一定要克服坏毛病，不要使它养成习惯。

同学们，祖国的明天将由我们来建设，努力请从今天开始。

他朗读完这篇作文后，这位基础教育司的领导站起来和彭晓明握手，全场响起了热烈的掌声。胸无点墨的人，怎么能当场写出这么好的作文？

1996年，小学升中学考试的作文是"材料作文"。试卷提供的作文材料是：

一天，小明一大早便起来背诵昨天学过的一篇课文，可是读了好几遍也记不住。他来到学校，一看杨老师也在竹林里背课文，便去请教背书方法。小明按杨老师说的去做，果然很快就背会了。

下面是我班学生晏妮考场作文中的片段：

小明一进校门,便听到小竹林里传来的朗朗的读书声。小明仔细一看,只见杨老师背着手,右手拿了一本语文课本,正在踱来踱去背昨天教的那篇课文呢。

小明走到小竹林边,有礼貌地说:“杨老师早!”

杨老师微笑着点点头,说:“你早!”

小明问:“您怎么还背课文呀?”

杨老师说:“古人说,‘学不可以已’‘老而好学,如秉烛之明’。我也得不断充实自己呀!要给你们一碗水,我得有一桶水。再说,我背下来之后,才好指导你们呀。”

小明说:“杨老师,昨天学的这篇课文怎么这么难背呀!我念了好多遍都记不住。背课文有什么窍门吗?”

杨老师说:“《三字经》里不是说过吗?‘口而诵,心而惟,朝于斯,夕于斯。’这是读书的好方法,也是背书的好方法。另外,这一课共有五个自然段,我是一段一段地背的,背会了第一段,再背第二段。”

如果不是平时积攒得这么多,到用的时候学生们怎么会如“囊中取物”一般地拿出来“花”呢?

教了几十年的语文,悟出了一个道理:教语文要有积累的意识,学语文好比攒钱;这个“钱”要天天攒,天天花,一直到老。

37. 让学生有点“艺术细胞”

一

我发现，有灵气的人，大都懂点儿艺术。

一般地说，懂艺术的人气质高雅，这更是无疑的。

我崇尚艺术；作为一个教育工作者，我推崇艺术教育。艺术教育是情感的体操。我把“没有艺术的教育是残缺的教育”作为自己的信条。

孩子们是可塑的，尽管存在天资方面的千差万别。我们应该而且能够让每一个学生有点“艺术细胞”。

二

我认为，艺术教育首推音乐教育，音乐是更直接抒发情感的艺术，音乐是养人的。“人们对音乐的爱好和需要，比对绘画更普遍，从幼年儿童到老年人都有对音乐的某种形式的爱好。”（潘菽《教育心理学》）

现在，学校里音乐教育的主要形式是唱歌，但是另一种形式——乐器演奏，却被人们忽视了。随着人们生活水平的日益提高，许多家长倒是十分重视，有的从上幼儿园就让孩子学电子琴、手风琴、钢琴、二胡、古筝、琵琶或小提琴，虽然他们未必认识到学习乐器的重要性。

从某种意义上说，学习演奏乐器比学习唱歌更有意义。形成演奏某一种乐器的技能，从心理方面看，这种技能要求学生有一定的音乐感，听觉、视觉与运动觉的高度协调；由于演奏技能的形成，是一个长期不断练习的结果，所以还要求学生有克服困难的意志力和耐力等。歌德曾说，手是大脑的延伸。演奏乐器，活动手指，会促进大脑的发育，开发儿童的智力。

我的故乡——胶东半岛——是京剧之乡。我读小学三年级的时候，张敬斋老师便教我们拉京胡（因为那时条件艰苦，不少人的京胡是张老师帮助做的）。到小学毕业，除了“反二黄”以外，西皮、二黄所有板式的过门我都会拉，而且能伴奏《借东风》和《甘露寺》等大段唱腔。上中学，又学会了吹口琴，吹箫；上师范又学会了弹风琴；参加工作后，还学习过弹月琴。

如果说，我对教材的理解比较深，教法的设计比较新，教学的情感比较充沛，思维比较活跃，想象力比较丰富，那么，应该说，是得益于艺术对我的熏陶，尤其是音乐对我的熏陶。这样说，毫不夸张。我是首先步入了艺术的殿堂（包括音乐、绘画、书法、戏剧等），尔后才步入了教学艺术的殿堂的。当然，仅仅是“步入”而已。

三

1990年秋，我在鼓楼小学带了一个“素质教育实验班”，在课程上做了改革。改革之一，就是把学习演奏乐器列入正式课表，时间是每周一个下午。全班分两大组（根据志愿），一组学习拉手风琴，一组学习弹电子琴。到小学毕业时，每人至少会演奏一种乐器，有人会两三种。在艺术教育上，和一般班不同，每周还安排了两节舞蹈课。

手把手地教；一个音符一个音符地练；一句一句地去体会。速度的快慢，节奏的变化，节拍的强弱，感情的处理，动作的协调……一点一点地去说，去示范，引导学生去感悟。五年里，音乐老师付出了艰辛的劳动。

手把手地教；一个动作一个动作地练；仔细地去体会每个舞蹈语汇的意思，讲究协调，讲究流畅，讲究自然，讲究形体的美感……不厌其烦地说，不厌其烦地示范……年复一年，舞蹈老师付出了辛勤的汗水。

当全班48位学生在大礼堂里的汇报演出博得专家、老师、家长的阵阵热烈掌声时，舞蹈老师笑了，音乐老师笑了，我也笑了。

掌声热烈的分量，和老师付出的心血分量成正比。观众不会忘了培养这些小艺术家的老师。

四

我曾听一位教芭蕾舞的老师说过，同样是跳《天鹅湖》，中国有中国独特的神韵，因为它融进了中国人的情感，从中我们可以找到或体会出中国古典诗词——如王维的诗——的韵味和意境。

这使我想起我的学生蔡苏的一件事。小学四年级结束的那年暑假，他到南京师范大学去“考级”——钢琴六级。主考的一位姓司徒的教授对他十分赏识，认为他对肖邦的曲子《小狗》理解得最好，处理得最好，当即决定：收蔡苏为徒，让蔡苏跟他学钢琴。

家长大喜过望，激动不已。可蔡苏沉思了一会儿，平静地说："谢谢司徒老师的一片心意。不过，我要回徐州，跟于老师学作文，长大当作家。"蔡苏的钢琴弹得如此出色并非偶然。那时，我们班已经学完了《三字经》《千字文》，人均背诵古诗文100首（篇）以上。蔡苏的案头上不但有《格林童话》，有大部头的古今中外文学名著，还有他这个年龄似乎还不会或者说还不该涉及的政治书籍。一天，我到他家去，他正在啃《邓小平文选》第三卷呢。我问他能读懂吗，他说："好书，好书！"不知在他的小小的世界里，"好"的内涵是什么。

艺术教育的基础是文学（当然从广义上讲，文学也是一种艺术）。尤其是中国古典文学，博大精深。我们学音乐，学绘画，学舞蹈，学书法，而不学古典文学，是不可思议的。

每一个中华儿女，从小都应该学点古诗文，无论你将来从事什么工作。

事情总不是单一的，孤立的。正如人体不光需要蛋白质，还需要脂肪、维生素一样。学音乐的同时，也得学点其他——例如前面说的古典文学，还有绘画。另外，要适当组织一些丰富知识、扩大视野的参观、访问活动，让学生接触自然，接触社会，引导学生看适合他们看的电视节目，等等。孤陋寡闻，没有广泛的爱好，开不出艺术的奇葩。

五

在教室里，48位学生是一个优秀的学习班集体；在舞台上，48位学生又是一个演技精湛的文艺团体；在部队，穿上迷彩服就是小战士；在农村，挽起裤脚就是小农民。

艺术教育，使学生变得成熟而灵秀。学校举行广播操比赛，拿第一的是我们；全区举行的全班学生都参加的钢笔字比赛，拿第一的是我们；学校每周评比一次的卫生先进集体，拿那面流动红旗的，常常也是我们。

全校二十几个班级集合或者做广播操的时候，会明显地看出我们班学生的气质与众不同。一天做早操时，我忽然发现我们班的学生总体上身材高于其他三个兄弟班的学生。艺术能愉悦身心，是不是也能促使身体长得快？不得而知。这还有待于心理学家、生物学家去研究。

张雷是个一说话就脸红、腼腆得像个小姑娘的男孩子。但他写的作文，却妙趣横生，令人忍俊不禁。即使小草，在他的笔下也会特别有灵性。"公园里，园艺工人正在给草坪里的小草理发。边上的几棵小草，怕疼似的，使劲地把脑袋歪向一旁。它们的头发终于保留了下来，园艺工人过去了，它们又慢慢地抬起头，似乎为没剪掉长发而高兴。”这是他在《游云龙公园》这篇作文里写的话。

祁寒是个少言寡语的女孩，但她创作的儿童画 ——《吹》却构思新颖，意境深远，在捷克举行的国际儿童画展中获得二等奖。

学校要举行朗读比赛，老师找了一首诗，请耿臻、于婧读读试试。她们读第一遍时，泪水就从眼眶里涌了出来。

我台板下的一张师生划船的照片，谁都认为出自摄影家之手，因为无论从哪个角度说都没有什么可挑剔的。岂不知，它是我班学生蔡墀的作品，而且用的机子也不是什么高级的，只是“海鸥”。

安路一回到家就来到奶奶房间，问奶奶的病好了没有。 —— 奶奶患感冒已经好几天了。

奶奶坐在床上，说：“好多了，想吃点东西。”

安路高兴极了，连忙到厨房里给奶奶下面条 —— 上五年级的他，只会下面条。不一会儿，一碗热气腾腾的面条被他双手呈放在奶奶面前。

“奶奶，您吃完了，我为您拉一首曲子 ——《快乐的小战士》，老师才教的。”说完，他把手风琴搬到了奶奶房间……

最令我激动和难忘的是省教委负责同志和来自江苏各地的老师到我班参观时，四位学生当场作文的情景。四位学生是：晏妮、蔡苏、彭晓明、蔡闽。省教委领导给他们命的题分别是《我》《于老师》《介绍徐州》《我的爸爸》。四篇作文写得都很精彩。不过彭晓明没有照稿念，他脱了稿子，变成了口头作文。说，反而比读更精彩，博得的掌声更多。

他沉着大方地走上台子：“各位老师，你们可能到过张家港，一定会为它的整洁、美丽感到振奋。今天来的有张家港的老师吗？你们一定为张家港的发展变化感到自豪。可是当你们踏上徐州大地时，一定会发现，徐州不但有新建的高楼、新开的马路，还有张家港所没有的名胜古迹：淮海战役烈士纪念塔、戏马台、龟山汉墓……”

说到这儿，台下立刻响起一片掌声。

当由市内说到云龙山、云龙公园时，台下又响起了一片掌声。

也许掌声太热烈，竟使因演课本剧而见过世面、经受过考验的彭晓明一下子“卡了壳”！

我为他捏着一把汗。到底是“彭大将军”（这是送给他的外号）！他的眼珠微微转动了几下，终于说出了一句既不失面子又很得体的话：“请原谅，我太激动了！大家要想真正了解我们徐州，请抽空到各处走走吧！”

这时，台下不但爆发出了热烈的掌声，还爆发出了赞叹声。

我激动得流出了眼泪。

谁叫我是他的作文老师呢！谁叫我的眼泪这么多，这么不听使唤呢！是不是身上的“艺术细胞”起的作用？

当然，这班的孩子的成熟和灵秀不只是因为他们身上有了一点儿“艺术细胞”，但谁也不能否认与艺术教育有关。

啊，神奇的艺术教育！

不仅是音乐，一切艺术都是养人的。

38.京剧艺术与语文教学

一

1993年春，武汉铁路工人文化宫礼堂。上课的时间已经到了，可是学生还没来，把主持这次会议的黄老师急得团团转，千余名听课者出现骚动。和我同来上课、讲学的支玉恒老师突然走到台前，对着麦克风说："老师们，于永正老师不但课上得好，而且京剧唱得棒，还是唱旦角的呢！他嗓音清亮甜美，颇有梅兰芳大师的神韵。咱们欢迎他唱一段，好不好？"

台下掌声四起。—— 这事哪有说不好的？不息的掌声使我没有一点儿后退的余地。再说，"救场如救火"。于是，我清了清嗓子，上台唱了《坐宫》中铁镜公主唱的几句"西皮摇板"。"芍药开牡丹放花红一片"一句还没唱完，台上台下便掌声雷动。

"怎奈他这几日愁锁眉间"一句刚了，学生们便从前门进来了。

从北京到南京，从上海到昆明，小学界知道我会唱京剧的人不少。

1997年元旦，河南省安阳市文峰区教研室唐主任寄给我的贺年卡上赫然写着这样一句话："您在安阳唱的京剧至今还绕梁不绝！"

不可信其有。但似乎也不可信其无。

二

一方水土养一方人。胶东是"京剧之乡"。故乡的父老乡亲都懂京剧，几乎人人都能哼上几句。在田间地头休息的老农、在山间小路上赶毛驴送粪的小伙儿，唱"哗啦啦，打罢了头遍鼓""苏三离了洪洞县"者，不乏其人。

我跟本村的一位三叔学的第一段京剧是《李逵下山》中的"俺李逵做事太莽撞"。不久，张敬斋老师又教我们拉京胡。十几个穷孩子，一人一把京胡，张老师逐个指点，一点儿也不心烦。他见我小嗓好，又教了我一段《汾河湾》中柳迎春唱的"儿的父投军无音信"。那时，我不到十岁，上小学三年级。

上小学五年级的时候，一天，听大人说万第镇"赶山"（即赶"庙会"，唱大戏），我和小伙伴于奎考翻山越岭，步行二十余里，专程去看演出。第一出演的是《打渔杀家》，我们赶到时，萧桂英正在唱“老爹爹清晨起前去自首”这段西皮原板 —— 快演一半了。我和奎考惋惜得直跺脚，后悔动身晚了。第二出戏是《失空斩》。

博大精深的京剧丰富了我的精神生活，陶冶了我的情操，培养了我的审美情趣，提高了我的文学艺术素养，发展了我的思维，启迪了我的智慧。

三

学京剧讲究一个“默”字。

著名京剧表演艺术家盖叫天说：“科班里的孩子练完了功，老师常叫坐下来，静一静，默一默。什么叫默？老师说，默就是用脑筋去思索、揣摩。一出戏什么身段都学会了，不行；不经过默，艺术不能融化提高。读书认字不也是这样？书读熟了，把书合上，闭着眼睛默一默，书中说的什么意儿，哪一段怎么写，哪一个字怎么写，从这书中我得着什么益处，这样通体默一默，你才算把这本书消化了，这个字认识了。否则光读不想，就成了书读人，不是人读书。学艺练功夫也一样，是人练功，不是功练人。”

这个“默”字实在重要。默就是悟。要悟出神来，悟出老师没有讲的、书上没有写的东西来。

小时候，跟父辈学《汾河湾》，纯粹是模仿。到了中学时代，全靠一副好嗓子，只能说唱得对罢了，没有什么味道。长大了，开始知道默，知道品味，知道讲究发声技巧，知道运气，知道注意口形，知道“以情带声”。应该说，到了不惑之年，才唱出了一点儿京剧的味道。

学京剧使我养成了默的习惯。钻研教材时，我可以一动不动地默到半夜，发现别人没有发现的东西，想出别人没有想出的主意。

特级教师高万同听了我的《新型玻璃》后，说：“我是不敢公开上这种常识性的课文的，干巴巴的，弄不好，就上成了常识课。可是你却上得熠熠生辉。”他特别欣赏我设计的小练笔 ——《新型玻璃自述》，问这个点子是怎么想出来的。

我说是默出来的。是这样的。钻研教材要默，设计教法要默。没有别的办法，就是那么读哇、想啊。我有好多点子是坐在公共汽车上、躺在床上想出来的。这可能就是人们所说的灵感、灵性吧。但是，灵感不是别的，乃是长期的、不倦的思维所闪现的火花；而灵性也不是与生俱来的，主要是后天形成的。如果说我身上有一点儿灵性，比别人多一点儿悟性，我想，与我学京剧、拉京胡、热爱艺术有相当大的关系。

谈话结束后，高万同老师赠给我听课时写的袁枚的一首诗：

但肯寻诗便有诗，灵犀一点是吾师。
夕阳芳草寻常物，解用皆为绝妙词。

落款是："听永正弟教《新型玻璃》有感。高万同。九六年五月廿七日。"这首诗，通篇讲的不就是一个"默"字吗?

四

《甘露寺》中的"劝千岁杀字休出口"一段西皮原板转流水，马连良从年轻时就唱红了，晚年演出这出名剧，依然盛况不衰。这不能不归功于他对艺术精益求精的态度。马连良每唱一次，就琢磨一次，遇有不对的地方就改，改得不对又改。1929年，蓓开公司第一次把马连良的这段名曲灌了唱片，销路很好。但是，马连良把"他有个二弟汉寿亭侯"一句中的"汉"字漏掉了，引起了人们的议论。马连良不惜花巨资把没卖掉的唱片统统收回来毁掉。他说，不能以讹传讹。20世纪50年代中期，马连良在上海中国大戏院演《甘露寺》，《新民晚报》的程大千先生撰文盛赞马连良把乔国老这位虽已退居二线，说话却依然起作用的元老重臣的身份把握得很好，但认为唱词中"倘若兴兵来争斗，东吴哪个敢出头"一句见识不高，又大长了他人的志气，建议改为"倘若兴兵来争斗，曹操坐把渔利收"。这样改从孙刘联盟的大局着眼，似乎更有气度。马连良欣然接受，并给程先生写了一封信，表示感谢。

现代京剧《沙家浜》中有一段著名的唱段——"祖国的好山河寸土不让"。其中有这么一句词："芦花放稻谷香岸柳成行。"原来这句词是"芦花白稻谷黄岸柳成行"。后来，剧作者把"白"字改为"放"字，把"黄"字改为"香"字。其中妙处自不必说。

古人有"吟安一个字，捻断数茎须"的诗句，京剧界有"十年磨一戏"之说，都是极言锤炼时间之久、呕心沥血之痛的。诗人、艺术家创作过程的艰辛，和他们刻意求工的认真态度可见一斑。

一位马派老生感慨地说："戏越唱越难唱。"马连良和其他京剧艺术家又何尝不这样认为！一段"劝千岁杀字休出口"的唱词、唱腔改了又改，不就说明了这一点吗?

我常常听老师们这样说："语文越教越难教了。"这从一个方面反映了老师们不满足于现状、不断进取的精神。倘若萧规曹随，人家怎么教我就怎么教，去年怎么教今年就怎么教，谁也不会说"越教越难教"。对自己的每一次否定，都意味着一次提高。

1998年4月我应邀到河南省漯河市上《狐假虎威》。有一位老师说："于老师，十年前，我曾在一家杂志上看到过一篇介绍您上这一课的文章。您这次上的没问‘狐狸为什么说它是老天爷派来的’，也没问‘老虎看到百兽都吓跑了，会对狐狸说什么’。提的问题少了，而读的分量明显地大了。”

我笑笑说：“您的记性真好！那时候，我强调的是培养学生的思维能力，特别强调培养创造性思维能力。现在回过头来看看，觉得那时候做了一件‘种了别人的田，荒了自己的园’的蠢事，忘记了教语文的最根本的任务是学习语言文字。”

后来，张庆也听了我这一课。他很高兴，说：“十年前你上这课让学生表演，十年后还让学生表演。但这次表演是为了帮助学生更好地读课文。落脚点不一样了。你这是‘以演促读’，有创造。”

我说：“马连良一段‘劝千岁’，唱了几十年，改了几十年，何况教学呢？教学也要常教常新。我的那一点儿进步不都是您谆谆教导的结果？”

张庆拊掌大笑，学着《凤还巢》里的小生穆居易的腔调：“非也！”

我则学着“公公”的腔调：“你飞，我拿鸟枪打你！”

五

京剧艺术家为达到神妙的艺术境界而艰苦“磨戏”的严谨作风，对我的影响是很大的。反映在备课上，我更是一丝不苟，不敢有半点儿马虎。我备《月光曲》时，想一开始便要求学生简要地复述贝多芬谱写《月光曲》的美丽传说。又一想，觉得不妥，因为从理论上讲，简要复述比具体复述难。再一想，六年级的学生了，概括地复述，该不成问题了。为了慎重起见，我决定找三个学生试一下。结果，这三位学生读了一遍课文后，都能概括地把这个传说讲出来；要他们具体地说，却都有困难。难在哪儿？难在对话上，难在穷兄妹听了贝多芬的演奏引起的那一大段联想上。于是，定下来先简要复述，再具体复述。我第一次应邀到徐州市贾汪区团结小学上《月光曲》，便获得了成功。

我备《我的伯父鲁迅先生》时，目光久久地落在鲁迅先生送给侄女的两本书的名字上：“表”“小约翰”。送书，说明了鲁迅对侄女的关心。但这两本书是谁翻译的？如果是鲁迅的话，他关心的就不仅仅是周晔一个人了。可惜，手头没有这方面的资料。于是，托人到中国矿业大学图书馆去查。一查，发现这两本书果然是鲁迅翻译的！我高兴极了。当我在课堂上把这一点告诉学生时，学生对鲁迅的认识、对课文中关于给鲁迅“送挽联送花圈的”何以有“学生”的理解，就跟不讲大不相同了。

六

京剧表演艺术家的一颦一笑、一招一式都是韵味无穷的诗。周信芳演的《徐策跑城》、袁世海演的《九江口》、尚长荣演的《黑旋风李逵》、宋长荣和孙毓敏演的《红娘》，每次观看都令我激动不已。艺术家们的那种入情入境、出神入化的表演给了我很多启示。

我进行“言语交际表达训练”时常要“装猫变狗”（张庆语），在低年级阅读教学中也要时时表演一下课文中的某一个情节、某一个动作、某一种神态，但都能“装猫像猫，装狗像狗”（张庆语）。这完全得益于学京剧。

一次到苏州上《狐狸和乌鸦》。课文学完了，我和一个小朋友做表演。因为狐狸的“台词”多，由我来扮演狐狸；小朋友则扮演乌鸦。“乌鸦”站在椅子上，椅子就算一棵树；嘴里衔着一个纸团，纸团就当作“肉”。当我奉承得它张开嘴“哇”地唱起歌，“肉”掉下来时，我“叼”着“肉”便往远处跑。谁知一位小朋友站起来说：“老师，您跑错地方了！应当钻到椅子下面去！”我问：“为什么？”小朋友说：“书上说了，‘大树底下有个洞，洞里住着狐狸’。书上还说了，‘狐狸叼起肉，钻到洞里去了’。您应当往椅子底下钻。”

师生们大笑。

我说：“我光顾着高兴，找不到家门了。”师生们又一次捧腹不已。

我给青年教师辅导教材时，不是先看他们的备课，而是要他们把要教的课文读给我听听。一听他们的朗读，我便能知道他们钻研教材的程度、理解的深浅。如盖叫天所说，他们中的多数人不是在读书，而是书在读他们。但是我拿过书，第一遍便能读出他们没有体会出的感情，读出他们没有读出的味儿来。这是一种能力。这里面包括对语言的感受能力、理解能力和表情达意的能力。朗读能力的高低，还与一个人的情感、情操、艺术修养密不可分。我之所以能一下子捕捉到文章的思想感情，并与之产生共鸣，于悲痛处为之落泪，于惋惜处为之顿足，是因为京剧丰富了我的情感。袁世海的《九江口》和高玉倩的《痛说革命家史》中的大段道白使我震撼，使我折服。它们使我悟出了任何语文教学法书上所没有的东西。

我对自己说，要努力使自己的朗读具有艺术的魅力，通过声情并茂的语调、节奏、韵律再现文章的声感美，把抽象的语言文字变成动听的声音信息，使学生借助动听的听觉形象进入文章的意境，使学生感到学语文是一种美的享受，从而产生学习的兴趣。

尽管我操的是一口标准的“胶东普通话”，音色也不美，但学生们仍很喜欢听我朗读课文。京剧艺术大师周信芳的道白不但声音沙哑，而且带有浓重的南方口音。但是当观众被他的动情念白打动时，再没有人去注意这些了。京剧艺术大师使我明白了读书也好，讲话也好，入情入境是最重要的。

著名小学语文教学专家张田若先生听了我的《月光曲》和两节作文课，对我的讲解、朗读、表演以及整个课堂设计用八个字做了概括性评价："炉火纯青，潇洒自如。"听说，后来他在常州举办的一次语文教学研讨会上，也是这样评价我的。可见，当着我的面说的是真话。

有人说，教师不是演员，但应具备演员的某些素质。我认为这话是对的。

七

京剧界有句话，叫作"无丑不成戏"。

我小时候最爱看丑角，也最爱模仿丑角的唱念做打。我学崇公道的"你说你公道，我说我公道，公道不公道，自有天知道。小老儿崇公道"一段念白，常常逗得家里人大笑。

"无丑不成戏"的"戏"是什么？是生活。这"生活"自然也包括"教学"。"丑"呢？丑是生活中的一种色彩，一种不可缺少的色彩。尽管其中不乏灰色。

看戏是愉悦的事。但是，戏太"文"了，时间太长了，观众也会疲劳。可小丑一出场，剧场内顿时就会活跃起来，使观众感到轻松。教学何尝不是如此？如果教学过程中少了"丑"，课堂气氛就必然沉闷，学生也容易疲劳。京剧里的丑角是教我幽默的第一位老师。小时候，只是模仿；大了，戏看得多了，老舍、张天翼、徐怀中的书读得多了，生活阅历丰富了，逐渐造就了我的开朗、幽默的性格，所以上课的时候，会时不时地"幽"上他一"默"，放松放松学生们紧张的神经，驱走他们身上的疲劳。这恐怕是学生们喜欢听我的课的一个重要原因。

一天下午，我到一所被人们称为"三类苗"的学校上课。我一走进六年级的教室，就发现这个班有一个很特殊的现象：全班四十余位学生中，只有八位男生！八位男生都坐在里边靠窗户的地方。我走过去，弯下腰悄悄地问前排的一位男生："你们在班里生活得愉快吗？心情舒畅吗？"

样子装得"悄悄地"，实际上我的声音全班都听得见。小男孩丈二和尚摸不着头脑，一时不知如何回答。

我向女同学那边努努嘴说："她们不给你们男同学气受吗？你们人这么少，才八个。"

这位男同学哑然失笑。女同学也笑了。

他回答说："还行。"

我说："你的意思是，多少受点儿气，不过，能忍受。是不是？"

学生们笑得更开心了。

这节课上得很好，学生们无拘无束，无论是读书还是发言，都挺不错，一点儿也看不出他们有什么不如人的地方。真不知道"三类苗"从何说起。

下课前，我一本正经地对女同学说："我以男同胞的身份，请求女同胞多多关照我们班少得可怜的男同胞！"

四点多钟，我离开这所学校时，这班学生正好在操场上进行体育活动，大家不约而同地对我说："于老师再见！"

一个男孩跑到我跟前说："于老师，您什么时候再来给我们上课？"

我对着他的耳朵说："等女同学给你们气受的时候。"

他笑着跑开了。

教学少不了幽默，就像戏少不了"丑"一样。

八

京剧是中华民族传统文化的瑰宝，它博大精深，奥妙无穷。我从中得到的裨益是多方面的。这里说的，仅仅是和语文教学有关的。

如果说没有艺术的教育是残缺的教育，那么，是不是可以这样说：不懂点儿艺术（不一定是京剧艺术）的老师是"不完整"的老师？

39. 让学生体验成功的愉悦
—— 我是怎样激发学生学习兴趣的（一）

一

上四年级时，韩松的作文还很差。内容空洞且不说，最伤脑筋的是思维紊乱，东扯葫芦西扯瓢，前言不搭后语。看他的作文，有点像看卡通画，思维跟不上节拍。是不是他正是受卡通的影响才写成这个样子的，也未可知。

但他有个长处，就是虽然从一年级到四年级一直没写出篇像样的文章，却从不灰心，仍然一丝不苟地、尽心尽力地去写。“屡败屡战”的精神令人感动。

尽心，也值得表扬。我几次把他的作文本在学生中传阅 —— 只看字不看内容，看人家韩松是怎样工工整整地写字的。表扬是郑重的、动情的。

一天，我叩开了他家的门，送给他两本书，一本书的扉页上写了塞万提斯的一句话：“努力是成功之母。”另一本书的扉页上写上了我的一句话：“读书吧，书会告诉你怎样写好作文。”

我请韩松的家长为他准备一个大点儿的书柜，多为孩子买点书，当时给他开了一个书单。我对韩松说：“以后来你家时，首先看你书柜里有多少册书。”

进步是缓慢的，却是能够感觉到的。哪怕只用准一个词，写好了一句话，我都毫不吝啬地在下面画上波浪线，在旁边写一句赞许的话。

到了六年级，他的作文起了明显的变化，我多次在班里读他的作文，并请他向全班同学介绍写作文的经验。他红着脸，只说了五个字：“我喜欢作文。”

一次，我因为外出耽误了两节作文课。回来后，学生们拉着我，非让我补课不可。韩松趁人不注意的时候，塞给我两张稿纸，悄声说：“于老师，这是我自己写的一篇作文，题目是我自己出的。”

我激动了。我觉得，我成功了，至少在韩松身上。

我不由得想起语言文字学家倪海曙说的一句话：“对于孩子来说，学习的最大动力，第一是兴趣，第二是兴趣，第三还是兴趣。”

韩松能自觉地写作文，不正是兴趣的驱使吗？他的行为，不正证明了兴趣是孩子们克服困难，排除障碍，锲而不舍，以抵于成的最大动力吗？

美国学者鲁德说:“兴趣不是学习的先决条件,而是学习的产物,是良好的教学的必然产物。它来之于取得成就的满足。”

韩松对作文的浓厚兴趣,就是来自他一次一次的“取得成就的满足”。其实,这“成就”完全是我用放大镜找出来的,或者压根就谈不上“成就”而是我硬说的。老师说的,学生总是相信的。

班主任老师感慨地说:“如果换个老师教,韩松准是个后进生。”

二

难就难在教“后进生”上。

一次,一位听课老师翻着我班学生的作文簿,不解地问:“于老师,为什么有些写得很不错的文章,你才给打了90多分,而有些写得不怎么样的文章,你却给了个满分呢?”说完,随即把张雷的作文和靳冲的作文翻给我看。

我看了看说:“手指有长有短,能力有大有小,成功的标准自然也不一样。譬如举重,有100斤力气的,举起100斤才算成功;有50斤力气的,举起50斤就是胜利。硬让举50斤的人去举100斤,他只有累趴下的份儿。靳冲的文章和张雷的文章当然不能同日而语。但对靳冲来说,他已发挥了最高的水平,所以给他个满分。”

这位老师连连点头。

我接着告诉他,我评价作文因人而异,不横向比较。无论是谁,只要发挥了他的水平,超过了昨天,都给满分。

“同样是满分,含‘金’量可不一样。”

“如果横向比,文章的质量当然有差别。”

正说着,靳冲走过来,让我看看他写的草稿。我对这位听课的老师说:“他就是靳冲。”

“能让我看看吗?”这位听课的老师问。

“写得不好……”靳冲脸红了。

“请老师指教指教嘛。”我对不好意思的靳冲说,“这是煤矿子弟学校的张老师。”

她浏览了一遍连声说:“不错,不错!看来你很喜欢作文,是不是?”

“喜欢。”靳冲眼睛忽闪了一下。

课后,我对这位张老师说:“我想,您一定看出我班学生,特别是像靳冲这样所谓的后进生为什么对作文如此感兴趣的原因了。一句话,就是让他们不断体验成功的愉悦。苏联教育家苏霍姆林斯基就是这么做的,他从来不给学生打不及格的分。写得不好,怎么办?暂不打分就是了,等修改好了之后再给分,目的就是不让学生失去信心。”

“问题是，一般老师从来不给看不上眼的作文打高分。”张老师说。

我说：“是这样。说是从实际出发，要因材施教，实际上真正这样做的人少。大家习惯于用一把尺子衡量所有学生。岂不知，这样量的结果，后进生会越来越短，越来越矮。”

三

聪颖而且秀气的贝贝患了恶性脑瘤。消息传来，老师和同学感到窒息，心上像压着一块大石头。医生很快为她做了手术。手术很成功。

出院后，我和几位同学去看她。她母亲见到我和贝贝的同学们，偷偷地抹眼泪。贝贝到底是个孩子，见了我们很高兴，扎着绷带的脸露出了笑容。她能一一叫出同学的名字，我很欣慰。

她问我，什么时候能上学，什么时候能上作文课。

我心里一酸，说：“你的病很快就会好的。好了，就能上学，和同学一起玩。”

家长说：“她最想上学，尤其是想上作文课，经常念叨着：小伙伴们写了几篇作文了？”

贝贝从小学电子琴。二年级参加市里的比赛曾获一等奖。上三年级，她写过一篇关于学习电子琴的作文，很真实，很动人，我在班里读了，后来，还上了墙报。

还有一次，从邳州市运河师范附属小学回来，她写了一篇《依依惜别》的文章，写得感人至深，我在班里读的时候，连听课的老师都被深深地打动了，纷纷把它抄了下来。

是柴火，都可以点燃。是好柴火，只一把火就可以使其熊熊燃烧，且一发而不可收。

寒假过后，贝贝终于圆了上学的梦，她又回到了同伴的中间。个个同学都体贴她，关照她。她学习更认真了，作文写得更工整了。我写的批语也与往常不同，就连句号，也点得特别圆。中国教育电视台到我班拍电视，我尽量让她发言，给她一些镜头。目的只有一个，尽量多地给她一些满足，给她一些愉悦，为了她的病。

可是，就在毕业前夕，她突然发起了高烧，又住进了医院。我和校长去看她，她打着吊针，脸上没有一点血色。她轻轻喊了一声“于老师”，喃喃地说：“我最后一篇作文没写完……”

不久，她便走了。她父亲说，她戴着红领巾，表情安详，身旁放着生前用的书包。里边有一本专门为她才买的作文簿。她喜欢作文。

我永远记着她父亲描述的关于她的最后这一幕。

四

上小学四年级的蔡苏，只四篇作文就用掉一个大作文簿。他的父亲大吃一惊，说："明明是一个很简单的故事，他怎么会如此节外生枝？"

"看您！"我说，"孩子写少了，您犯愁；写多了，也犯愁。蔡苏写的，叫'放胆文'。古人说了，作文要先放后收，开始不要约束孩子，想怎么写就怎么写。如果写不出来，倒是个问题了。然后才在写'放胆文'的基础上，讲一些写文章的方法，注意事项。随着年龄的增长，阅读量的增加，知识的不断丰富，孩子会懂得怎样写文章的。但是，没有第一步的'放'，就不会有第二步的'收'。"

家长半信半疑地听着，半信半疑地端详着我在他儿子作文簿上批的一句话："你真成了作家了！"

我的话，蔡苏却十分相信。

从此，他天天以书为伴。对他来说，兴趣已变为志趣。

优秀学生的兴趣逐渐升华为志趣，意味着教育的更大成功。

我对学习优秀的学生的关照，绝不亚于后进生。我不因他们能不断地随时随地尝到成功的喜悦而有一丝一毫的忽略。对他们，评价时我着意加大使他们喜悦的剂量，使兴趣转化为志趣。

五

理论家们研究的多是带普遍性规律的东西。普遍性的规律，毫无疑问对实践有着指导作用。但是，对实践者来说，最棘手的却是"特殊性"。"让学生不断地体验成功的愉悦"有激发学习兴趣的巨大作用，正如一定的温度和湿度会使植物的种子发芽一样。可是，也正如虽然具备了一定的温度和湿度，却仍有个别种子不发芽，或者发得不好的一样，也有个别学生只振奋一阵子就拉倒的。这种"柴"水分太大，只燃烧一会儿，便悄然熄灭。几粒种子不发芽，几棵幼芽夭折，对种植者来说，损失是微乎其微的，植物学家大可不必去管。但是，一个学生掉队了却不行，因为他是未来社会中的一员，在他的家庭里则是重要的一员。

小建军对语文学习始终提不起劲。昨天才表扬他作业完成得好，字写得一丝不苟，今天的作业竟只做了一半。我想，即使是"大肚能容容天下难容之事"的弥勒佛看到他居然无所顾忌地交来只做了一部分的作业，也会勃然大怒的，甚至会怀疑有关教育法规上规定的不准体罚学生的条款是否合适。

辅导后进生很容易使老师失去耐心，后进生进步之缓慢又往往使老师失去信心。

每逢此时，我便会对自己说："慢！后退一步天地宽！"

后退之后，无可奈何的气便消去大半。接下来自然还是找他谈谈。

"作业怎么没做完？"

"看电视了。"他嗫嚅说。

我严肃地批评了他对自己的行为的不负责任，并责令其补上。

对他就得实行"胡萝卜加大棒"的政策。一方面，不能有偏见，要继续不断地为他创造成功的条件，敏于发现他的闪光点；另一方面，要严格要求，"大棒"始终拿在手中，虽然不一定举起来。

遗憾的是，直到毕业，他也没成为"韩松"式的学生。不过，令我聊以自慰的是，他没有对学语文产生厌恶情绪。还有，升中学考试，他的语文出人意料地考了88分！那年，全市的语文平均分八十五点几。

88分，对他来说，沉甸甸的。

对于我，88分发出了这样一种信息：不要对"胡萝卜"失去信心，即使对小建军这样的学生，也是有作用的。

40. 爱屋及乌

——我是怎样激发学生学习兴趣的（二）

一

有人在北京一所中学做了这么一项调查：你喜欢什么学科，为什么？你不喜欢什么学科，为什么？

学生们在“为什么喜欢”这一栏里，34.4%的人回答是“因为老师教得好”；在回答“为什么不喜欢”这一栏里，23.3%的人回答说，是“因为老师教得不好”。

这是已经谙于世事的中学生的回答。小学生是怎么回答这一问题的？

1980年校长到我班（那时我教的是三年级），问了同样的问题，结果是：90%的人说喜欢语文，在回答喜欢的原因时，众口一词：“于老师教得好。”还有相当一部分人加了一句“于老师和蔼可亲”。

这个结果也许是理论家们意料不到的，甚至不愿接受的。怎么？教得好，学生就喜欢你教的学科？道理何在？其实，道理既简单又明了：爱屋及乌。你教得好，学生就信赖你，喜欢你；喜欢你，就喜欢你教的学科，对你教的学科感兴趣。如此而已。

用心一想，大学生又何尝不是如此？成年人又何尝不是如此？

这个调查结果使我更自觉地朝“教得好”的目标努力。

二

要上好第一节课。倘若接的是新班，我更是精心设计。新官上任都要烧“三把火”，何况当老师。每接一个新班，我都对自己提出了这样的要求：第一炮要打响，要抓住每个学生的心。

“同学们，今天，我给你们介绍一位新朋友。他是谁呢？请看——”

我用彩色粉笔勾勒出下面一幅图：

“他叫四毛，是三毛的弟弟。”

学生哈哈大笑。

“请比较一下，四毛和三毛有什么不同？”

发言的人很多，而且热烈。因为每个学生对张乐平笔下的三毛都了如指掌。

比较完了，我说：“四毛在班里学习成绩数一数二，可是有个毛病——有时候马虎；还有，好耍小聪明。有一天，发生了这么一件事——”

我擦掉第一幅图，改为：

学生们饶有兴趣地看着，会心地笑了。

“发生了一件什么事？谁说一说？”

发言争先恐后。这个并不难。不但说得好，而且根据表情，大家一致认为四毛是把卷子倒过来给家长看的。

好了。接着，我引导学生推前想后——四毛为什么只考了66分？是谁让他把卷子拿给家长看的？到了家，情况又会怎样？结果如何？并请他们把想象的情景表演出来。最后把推想的前因和后果连缀起来，就成了一个有头有尾的故事。学生们自始至终处于兴奋的状态之中。津津有味地看，津津有味地说，津津有味地演，津津有味地写。

——这是学生升入四年级我上的第一节作文课。

又一个学期的第一节作文课开始了。我在黑板出示了下面一幅四毛练武图：

学生们熟悉的四毛又出现了，课堂上的气氛顿时活跃而轻松，人人争着说图意。

接着我又一一出示了下列两幅图：

“可是，加到第四块砖头的时候，四毛捂着屁股喊了一声：‘别加了！’你们猜猜，他为什么不让加了呢？”我说完，出示了第四幅图，但是四毛的后半身我用纸给盖起来了。

学生们七嘴八舌地猜，可没一个猜对的。

嚷嚷了一阵子之后，我把纸一揭——

原来四毛的裤子炸开了缝，露出了白屁股！学生们又一次捧腹大笑。

“写吧，”我说，“题目就叫《四毛趣事》，副标题是‘练武’。”

暑假过去了，学生们升入了五年级。

“同学们，和大家一样，四毛也过了一个很有意义的暑假。除了读了不少书，还经常到野外采集动植物标本，收获不小。”第一节作文课上，我煞有介事地说。

讲完，依次出示了五幅图。第一幅：四毛扛着逮昆虫的网兜对妈妈说，他要到山上采集标本。第二幅：四毛在山上的大石头旁发现了一个大蛋，脑海里出现了个大问号。第三幅：他抱着蛋，喜滋滋地往回走。第四幅：一块石头将他绊倒，大蛋滚出老远。第五幅：四毛走到蛋跟前，“妈呀”一声，抱头鼠窜 —— 事先我把蛋遮盖起来，问学生：“四毛为什么大惊失色，跑开了？”

有的说，被下蛋的大鸟发现了，来啄他；有的说，蛋的主人来了，要抓他……

我把纸一揭，呀！原来，一条蟒蛇的头从破了的蛋壳里伸了出来！嘴里还吐着长长的信子！

几个女学生尖叫起来，男学生则拍手大笑。

于是学生们兴趣盎然地以《幸亏摔了一跤》为题，写了一篇作文。

一节新颖有趣的课，会使学生们兴奋好一阵子，有的一二十年后还念念不忘。

第一节课至关重要，要精心设计。当然我们不可能节节课上得漂亮。然而，我也绝不能就此偃旗息鼓。我常常提醒自己：“该动动脑筋了。”你想，就是一段相声，如果只有一个包袱，也会令观众扫兴的，何况教学？

新颖有趣，学生才会产生学习的兴趣。

三

开头很重要，包括每节课的开头。

有一首诗叫《金色的细雨》，讲的是飞机播种，绿化荒山的事。

1998年秋，我到上海市闸北区第一中心小学上了这一课。一开头，我在黑板上写了个“雨”字，请同学们组词。于是出现了“大雨”“暴雨”“狂风暴雨”“毛毛雨”“细雨”……我把“细”写在了“雨”字前面，组成了“细雨”。然后，又在前面加上了“金色的”三个字，组成了“金色的细雨”。我说：“同学们，我们见过滂沱大雨，毛毛细雨，可没听说过更没见过‘金色的细雨’。细雨怎么会是金色的呢？请打开书，读读《金色的细雨》这一课。谁读懂了，告诉我。”

学生们迅速翻开书，带着好奇和探究一头扎进书本里。

还有一篇课文叫《新型玻璃》。我设计了这样的开头：

“同学们，在一个伸手不见五指的夜里，一个黑影闪进一座陈列着珍贵字画的展览馆里。他猫着腰来到窗户下，摸出玻璃刀，朝窗户的玻璃上划去。可是，玻璃刀刚划上去，展览馆里立刻响起急促的报警声！保安人员迅速从四面八方赶来，这个企图划破玻璃盗窃展品的罪犯束手就擒。哎！玻璃会报警吗？是的。这是一种新型玻璃。”说到这里，我随手将“新型玻璃”四个字板书在黑板上。“请大家打开书，看看《新型玻璃》这一课共向我们介绍了几种新型玻璃；它们新在什么地方，有什么用途。”

这种开头方法为学生留下了一个悬念，大大激发了学生读书的兴趣。

四

《高大的背影》写的是一位三轮车工人深夜送素不相识的母子二人到医院看病的事。到了医院，小孩的母亲和三轮车工人有这样一段对话：

“同志，这个……您拿着，喝杯酒御御寒气吧！”

“嗨，大娘……快，快，看病要紧！我在这儿等您，等孩子看完病再拉你们回家！”

我问“这个”后面的省略号省略了什么。

一个学生回答说，省略了“酒”字，是老大娘拿出酒让三轮车工人喝的。

“大娘出门前，料定路上有人送她，于是在腰里别上了一瓶酒？”我问。

学生们笑了，摇摇头。

多数学生认为省略了个“钱”字。

“但是，为什么要省略掉，不把‘钱’字说出口？”

经过一番深思，一位学生说：“三轮车工人乐于助人的品德是金钱买不来的，也不能用金钱来衡量，所以大娘没好意思把‘钱’说出口，但是，不表示一下又过意不去，所以说话就吞吞吐吐了。”

语惊四座！听课的老师无不发出由衷的赞叹。

我说：“同学们，一个小小的省略号就有这么多学问！在这里，它既表示内容（钱）的省略，又表示说话吞吞吐吐，多耐人寻味！同学们，学语文多有意思啊！——谁来读读？”

由于领悟了其中的意思，学生们读得有滋有味。

下课后，一位老师说：“看来，只有老师读出味来，才能引导学生读出味来！什么这法儿那法儿的，吃不透教材就没法儿！”

我同意这个观点。“教得好”的基础，或者说前提，是教材把握得好，作者的思想感情体会得好。这种“好”，好在它有丰厚的底蕴和内涵，好在它能激发孩子们的求知欲。

五

我喜欢朗读。

我读《卖火柴的小女孩》，能听到教室里的啜泣声，不仅我，还有学生，止不住流下凄怆的泪；我读《黄继光》，能使学生热血沸腾；我读《半夜鸡叫》，能让学生先是气得发抖，继而咯咯地笑……

好的朗读能震撼学生的心灵，愉悦学生的身心，激发学生的想象，培养学生的语感。

我是山东人，普通话讲得不好。但我肯钻研，能准确地把握课文，较好地领悟文章表达的思想感情。

有老师说："语文这东西很奇怪，有些地方一旦细考究起来，反而说不清了。"是这样。有些词句只可意会，不可言传。朗读不仅是意会的最好办法，也是表达意会所得的最好办法。声情并茂的朗读，如同赋予作品以生命。所以，备课时我先备"读"，不把文章读得有声有色，觉得"其言皆出吾口""其意皆发吾心"，我是不敢进课堂的。

学生们喜欢听我读课文。他们之所以喜欢上我的语文课，我想与我动情的朗读是分不开的。

声情并茂的朗读可以激发学生的读书兴趣。

六

语文课上，能写一手让学生惊叹的字，写一篇让学生钦佩的"下水文"，能画上几笔传神的简笔画，都可以博得学生的高度评价，都是获得"教得好"这一赞誉的要素，使小学生本来就明显的"向师性"愈加凸显，进而产生巨大的学习语文的兴趣。

"教得好"（或曰"讲得好"）是中小学生回答问题时的一种简洁的说法，是一种高度的概括。其实，"教得好"的内涵是极为丰富的。它是老师的教学思想、教学方法、文化功底，乃至品格、个性的集中体现。任何一节成功的课，都是以上诸方面的综合反映。

"教得好"当然也包括老师的教学机智，包括教学过程中的启发、点拨和激励。只是为了叙述的方便，我才把有关这方面的内容单分出来，放在上一篇（《让学生体验成功的愉悦——我是怎样激发学生学习兴趣的（一）》）里说了。

老师因教得好而获得学生的喜欢；学生因喜欢老师，进而喜欢他所教的学科，对他教的学科发生浓厚兴趣，道理就是这么简单，这么明白。这叫爱屋及乌。

所以，我经常这样对自己说：要努力教好。

41. 导入的艺术

一

“同学们，课间我听四年级一班的两位同学在争论鲸是不是鱼。一位说是，一位说不是，二人争得面红耳赤。”说到这里，我转身在黑板上写了个“鲸”字。然后接着说，“请大家打开书，认真把《鲸》这一课读一读。读过后，评一评，谁说得对，理由是什么。”

这是我教五年级的《鲸》这一课的导语。

学生迅速地将书翻开。那沙沙沙的翻书声，很像春蚕吃桑叶时发出的声响。我边巡视边念叨：“这理由必须读完全文，才能看出来。”

其实，课间根本没有发生学生争论鲸是不是鱼这件事。但我说得煞有介事，借以引起学生读书的兴趣。

学生们很快就读懂了，找出了说明鲸不是鱼的两条理由。

“但是，”我说，“读懂了只是第一步，读懂了还得记住。因此，必须把课文读得滚瓜烂熟才行。告诉大家，四年级一班的老师正好在我们班听课，谁记住了，就请把鲸不是鱼的理由讲给她听，再请她转告那位认为鲸是鱼的学生。”——我仍煞有介事地说。

这是第二次引导。

就这样，读和说有机地结合在一起了，使说的训练变成了现实的言语交际。

遗憾的是，事先没安排一位充当说鲸是鱼的学生到我班来。如果那样做，气氛会更好，效果会更佳。

“导入”的“导”字道出了它的作用。“激情激趣”是它的第一个作用。这一点很重要。没有良好的情感参与和推动，理解和记忆将是一句空话。另外，导入常常提出读书的要求，将读书的目的、课文的重点及学习方法加以提示，所以，它还有导读、导学的作用。

能使二者兼而有之的导入办法是最好不过的，也是我努力追求的。

二

如何导入，要因文而异。有的课文可以在题目上做文章。

我教《老水牛爷爷》便是由题目导入的。

师生之间互致问候之后，我转身在黑板上写了“爷爷”二字。问：“‘爷爷’指的是什么人？比如说，你的——”

学生们掩口而笑。没有一个举手的。每个学生的表情都在说：都上五年级了，我们还弄不清这个问题吗？他们不屑于回答。我却执意让他们说。因为不回答，课便无法往下进行了。于是，我请一个活泼、调皮的男生站起来说。

“嘻嘻！”他忍不住笑了起来，“爷爷就是爸爸的爸爸。”

“对。不过这只是一年级的认识水平。——你爷爷的哥哥或弟弟，你喊什么？”

他脸红了。——红，说明他意识到刚才说得不严密。

我又转身在“爷爷”前面写上“老水牛”三个字，指着黑板上的“老水牛爷爷”五个字问：“有喊‘老水牛’爷爷的吗？”

有的说没有，有的说有。说有的，显然课前把第20课预习了。我趁机说：“不错，有的。我们今天要学的第20课就有。不过，你们打开书一看便知，这个题目中的‘老水牛’指的不是真的水牛，而是一个人。但是，为什么人们称这个人为‘老水牛’，而且叫他‘爷爷’？请你们读读课文，然后告诉我。”

如果说这一课由题目导入侧重于“导读”的话，那么，同样由题目导入的《燕子》，则侧重于激趣了。

“陈燕、李燕，请你们站起来。”

一上课，我二话没说，把两位“燕儿”请了起来。

她们你看看我，我看看你，然后又看看我，满腹狐疑。是呀，难道她们犯什么错误了吗？同学们也莫名其妙、疑惑不解地望着她们，希望从她们脸上找到答案。我对两位“燕儿”说：“请不要紧张，我是想问问你们，是谁给你们起的名字，为什么起这个名字。”

陈燕松了一口气，大大方方地说：“是我爸爸给我起的名字。我是春天生的，正好是燕子从南方飞来的时候。”

李燕的回答大致相似。

我说：“你们的名字起得多么富有诗意呀！燕子是很有灵性、很讨人喜爱的鸟儿。从古到今，写燕子的诗文很多很多。‘细雨鱼儿出，微风燕子斜’，写的是燕子飞行时体态的轻盈、姿势的优美；‘自来自去堂前燕，相亲相近水中鸥’，写的是燕子的自由自在。我们班的陈燕、李燕不也像燕子那样伶俐、轻盈、活泼吗？那么，现代大作家郑振铎笔下的燕子又是怎样的呢？请把书翻到第一课——”

学生们满面春风。陈燕和李燕更显得兴奋。

我在常州市上这一课时，没想到有个男孩的名字也有个“燕”字。我灵机一动，开玩笑说：“我本来也想用‘燕’字作为自己的名字的，可是，怕别人误认为我是个女的，看来，男的起名字，也完全可以用‘燕’这个字嘛。”就这样，学生们在轻松愉快的气氛中开始了《燕子》一课的学习。

这种导入，自然、亲切，不露斧凿痕迹，可以收到出其不意的激情激趣的效果。我想，学生们是不会忘记这个教学环节的，至少陈燕和李燕会永远记住。

20世纪70年代初，有一篇反映农村生活的课文，文中写了一个瘦长脸、八字眉、小眼睛、尖下颏的吝啬鬼。一上课，我按书上的描写，用粉笔刷刷刷在黑板上勾勒出这个人的“肖像”。学生们目不转睛地看着我画的画，不知我葫芦里卖的什么药。

“认识这个人吗？”

“不认识。”学生们笑着说。女孩子笑得最开心。

“请打开课本，翻到第9课，看看我画的是课文中的哪一个人，这个人怎么样。”

学生们这才恍然大悟，兴致勃勃地打开了书……

如今，我教的这班学生都步入不惑之年了。一次聚会的时候，他们还饶有兴味地谈论着这个细节，仿佛又回到了美好的儿童时代。

由此看来，趣味性是多么重要。

三

贝多芬的著名钢琴曲——《月光曲》的优美旋律在教室里回荡。

学生们屏气凝神地听着。他们的兴奋中心立刻被集中在美妙的琴声上。

我望着学生，用庄重而舒缓的语调说：“同学们，一百多年前，德国有位伟大的音乐家，叫贝多芬。他曾经这样说过：‘我的音乐只应当为劳苦人造福。如果我做到了这一点，该是多么幸福。’他一生谱写了许多曲子。我们现在听到的，就是其中一首，叫《月光曲》。”

说到这儿，我把音量稍微放大一些，转身在黑板上端端正正地写上了“月光曲”三个字。

学生们边看边静静地听着。乐曲声把他们带进了一个美好的境界。

片刻，我把音量放小，接着说：“《月光曲》是怎样谱成的呢？这，还有一个美丽动人的传说呢！”

《月光曲》的音量更小，慢慢消失……

“请大家轻轻地打开书，翻到第19课，看看这是一个怎样动人的传说。我希望人人记住它。”

美妙的琴声和我动情的讲述，叩响了学生的感情之弦。

《马背上的小红军》写得比《月光曲》还要感人。板书完课题，等全班安静下来之后，我用比讲《月光曲》导语还深沉的声调、比说《月光曲》导语还缓慢的速度说：“同学们，这是一个真实的故事，是一个催人泪下的故事。”

教室里的气氛顿时变得肃穆。片刻，我接着缓缓地说：“这是一个什么样的故事？故事里的这位小红军是个怎样的人？请大家把书打开，自由读课文，边读边思考。”

我没说“轻轻地打开”，可是每个人翻书的动作都是那么轻；我没说“轻声读”，可是全班没有一个放声读的，声音都像我一样低沉。我发现，连最爱动的房栋也埋头于书本之中了。

“情动于衷而形于言”，说的是写文章的心理过程；“披文以入情”，说的则是阅读的心理过程。二者的核心都是一个“情”字。教学中，老师首先得“入情”。没有“情”的教学就像晒干了的丝瓜，无滋无味。

那些写得扣人心弦、动人心魄的课文，我着重以情导入。这样做不但起到了扭转学生兴奋中心的作用，而且为学习课文定下了感情的基调。学生们读到《马背上的小红军》的最后一部分潸然泪下，与我导入时的感情渲染与铺陈是绝对分不开的。

四

有故事情节或者写新奇事物的课文，导入的方法与上边说的又不同。教《新型玻璃》时，我是这样导入的：“这是一个伸手不见五指的夜晚。四周寂静无声。突然，一个黑影闪进一个陈列着珍贵字画的展览馆里。他来到窗下，摸出了小刀，准备划破玻璃，进去偷珍贵的字画。可是，刀子一划玻璃，四周顿时响起了警报声！警察立即赶来，罪犯束手就擒！—— 哎，这是什么玻璃？它怎么会报警？告诉你们，这是一种新型玻璃……”

我绘声绘色地讲着，学生们屏住呼吸听着，先是紧张，继而放松，最后又转入惊奇。导语一结束，还没等我说“请打开书”，就听到了哗哗的翻书声。这声音完全不同于翻找《马背上的小红军》的那种声音。

这种导入方法和前面说的激情激趣法，最明显的不同点是，它能制造悬念，引起学生的读书欲望。因此，我给它取名叫“悬念法”。这是我跟说评书的人学的。

《晏子使楚》的故事情节性很强，我同样是用制造悬念法开头的：

“春秋末期，齐国有个外交官，名叫晏子。他个子很矮。一天，齐王派他到势力强大的楚国去。楚王想侮辱他，叫人把城门关了，在城门旁边挖了个洞，让晏子从洞中进去。晏子一听，冷笑一声，说了几句话。楚王听过以后，面红耳赤，只得开了城门。晏子说的是什么话？请翻到第18页……”

五

导入是一种艺术。每次，我为新授课的导入都要动一番脑筋。这里谈及的，只是几个有代表性的例子。在导入这一环节上下功夫完全是受我的老师的影响。在师范学校读书时，教物理的滕老师、教代数的程老师都很重视新授课的导入。他们设计的导入方法简洁、新颖、妥帖、自然。往往寥寥数语，便能引人入胜，甚至使每一节课都充满生机，使我们的思维始终处于活跃的状态。

尽可能保持导入这个教学环节的新颖性，不但是吸引学生、激起学习兴趣的有力保证，而且会使学生在这个基础上产生更强烈的求知欲，使直接兴趣变为间接兴趣。

设计导入方法要因文而异，要自然、妥帖。既不能为“导入”而导入，完全为了追求兴趣，又不能扯得太远，说得太多，以免喧宾夺主，给人以画蛇添足之嫌。有些课文我干脆来个开门见山、单刀直入，根本不设导入这个环节。

忽然少了这个环节，学生们倒也会感到新鲜。

总之，还是刚才说的，导入要因文而异。

“运用之妙，存乎一心。”要有心，要用心。什么艺术都在一个“心”字上。

42. 写字·育人·做人

一

20世纪80年代初，徐州卷烟厂招收了一批工人。不少人托亲拜友，找到厂里有关领导，希望能分到一个好工种。新职工培训结束前，厂方要求每人当场写一首唐诗。不久，分配方案公布了：凡是字写得不好的，皆下车间；凡是字写得好的，到科室。理由是，字写不好，不能委以重任。

后来，在报纸上看到一则报道，说日本许多大公司招工也是以字取人。报名时先填一张履历表，凡是字写得不好的，不管你有什么学历、学位、经历，统统剔除，比徐州卷烟厂还厉害。他们认为：一个人连字都写不好，还能成什么大事？

这种做法孰先孰后，是日本向中国学的，还是中国向日本学的，我们就不得而知了，反正，自古以来，中日两国文化就有许多相通之处。这无关紧要。值得注意的是，这两件事都明白无误地传递给我们这样一个信息：中日两国从来都是把写字与做人紧密地联系在一起的。

二

一年秋天，我和高林生到安阳讲学时，抽空到汤阴瞻仰了岳飞庙。后殿墙上镌刻的岳飞书写的诗文，吸引了大批瞻仰者。右侧墙上有后人书写的“字如其人”四个大字（记不得是谁写的了）。是的，岳飞的字气势磅礴，透出一种刚毅挺拔的英雄气概。字固然能使我们体察到书法家蕴藏在笔画之中的喜怒与悲欢，感受到他们生命的活力与人格美，但是字毕竟主要是靠后天练出来的。家喻户晓的岳飞小时候在沙子上练字的故事就是明证。那么“其人”的造就与练字有没有一定的关系？

三

1992年12月底，江苏省教委在南通召开了一个中小学语文教学改革座谈会。省教委副主任周德藩明确提出“语文姓语”。这个论断振聋发聩。他对小学语文教学提出了四点要求，即“字写好，书读懂，话说白，文写通”。他动情地说：“有些人喜欢抓大事。但我认为什么都要从小事抓起。在我任职期间，全省中小学生的字都能写得像个样子，我死也瞑目了。”

当时，我坐在第一排，就在周主任前面。我清清楚楚地看见，而且至今清清楚楚地记得周主任那期待的目光和那坚毅的表情。我有些坐不住了。是啊，作为特级教师的我，一天到晚忙活什么去了？忙来忙去，学生连字都没写好，岂不愧对父老乡亲和学生？岂不愧对特级教师的称号？

从南通回来，我对周主任的话做了认真的思考。

汉字，不仅每一种笔画都有其书写要求，而且每个字都有自己的结构形态，或疏密虚实，或高低长短，或宽紧收放，或覆盖揖让……真是千变万化，各不相同。但是，如何搭配笔画、协调偏旁、平衡重心、衬托照应，还是有一定的规律可循的。而这，都在字帖里。写好汉字离不开字帖，离不开读帖和描红、仿影、临帖。这是写好汉字的规律，是写字教学必须遵循的规律。把字帖撇开，想当然地写，谁也写不好汉字。

几十年来，我们在写字教学上，犯了在石头上种庄稼的错误。

于是，我和我的痴心于写字教学的张庆、高林生、赵志祥等同事，花力气搞了一套硬笔字楷书字帖（各年级字帖中的字都是课文中的生字和由生字组成的词语以及学过的古诗）；又以教研室的名义规定每校每天安排15分钟的写字课（以硬笔为主），照着字帖描、仿、临。“爱你没商量”，干起来再说。“坐而论道”，就什么都耽误了。——这是我对个别有异议的校长和老师常说的两句话。

“字无百日功。”一个学期下来，就见成效。一年后，大见成效。徐州市教育局局长赵立伯在八里中心小学视察，看到全校学生写的规范、美观的字后，非常高兴，欣然命笔，写下了“写字育人”四个大字。省教委副主任周德藩来我区视察，看了大马路小学、八里小学等学校学生的字后，兴奋地说：“我要请全省的教育局局长到鼓楼区来学习！”

于是，到我们区参观的人络绎不绝。连著名教育专家斯霞也来了，霍懋征、袁瑢、杨再隋、李吉林、谢玉清、朱敬本也来了。斯霞老师颇动感情地说：“大学生们也应该来看看小孩子写的字。”霍老师拿着鼓楼小学二年级（3）班学生写的字（装订在一起的）爱不释手，连声赞叹说：“真漂亮，了不起！”她征得了我的同意，把这本学生的字带走了。她说：“我要到全国各地去宣传。”

大家请我们介绍经验。我们胡诌了八个字，叫作：“识写结合，描仿入体。”——这个“体”，指的是楷书之体。

练字是一种思维活动和感觉器官的活动。因为我们把识字和写字结合起来了，学生在作业中的错别字大大减少。一个生字，首先描一遍，再仿影几遍（把字帖放在薄纸下描），又临摹数遍，只要不是大脑有问题，记住它的字形是不成问题的。

四

两年后，当我们回过头来看一看走过的路时，使我们欣慰的不单单是学生们的字写好了，向“火柴杆体”告别了，还有很重要的一点 —— 人变了。现在我们可以肯定地说，“其人”的造就与练字有密切的关系。

下面请看部分学校的老师向我提供的事例。

大马路小学五年级（4）班有个叫刘伟的男孩，上课极少有安静的时候，家长甚至怀疑他患有多动症，曾几次产生过给他服镇静药的念头，但都因怕影响智力而作罢。1995年秋，学校规定：每天早上7：50到8：05为写字课。每天早晨一到校，刘伟便在沉稳、优美的乐曲声中，平心静气地一笔一画地描红、仿影、临帖。一天、两天、一月、两月……一个学期下来，人居然变了，变成一个上课坐姿端正、学习专心、成绩优良的孩子了。

练字练得注意力集中的，我们鼓楼区每个学校每个班都能举出不少例子。煤港路小学三年级（3）班的张薇，过去上课心猿意马，学习成绩很差，字写得就更不成样子了。现在，她只要坐下来练字，就会把一切放下，进入“忘我”的境界。有时下课了，同学们都出去玩了，她还全然不觉。老师说，她现在上课能专心致志地听课、做作业，完全归功于练字。

对写字能使人心静、注意力集中体会最深的，是坝子街小学的唐媛媛老师。有一年她接了一个新班 —— 三年级（1）班，整班学生浮躁好动，上课很费力气。认真练字不到一个学期，全班学生变了，变得稳了、静了。上课几乎不用再组织教学了。最出乎她意料的是外号叫“皮猴子”的刘宇的转变。他每天不但高质量地按时完成作业，还自己给自己布置作业！唐媛媛老师惊讶地说：“太阳从西边出来了！”

东站小学的王芳老师、鼓楼小学的胡永红老师说，她们教的郁金、王慧、甄明、高杨、刘梦、王露等学生，都是通过练字由“上课管不住自己”“好动”“注意力不集中”转变为专心听讲、好学上进的典型。

如前所说，这方面的例子真是不胜枚举。

还有人通过练字，性格由孤僻变为活泼，由内向变为外向。

大马路小学一年级的杜娇是个胆小、内向的小女孩，上课从来不举手，老师问一句，说一句，答话中很少有超过四个字的长句。写的字又小又轻，真是“字如其人”。随着字逐渐由小而轻变为大而舒展，她的性格也逐渐由胆小、内向变为开朗、活泼；上课发言踊跃，待人接物落落大方。老师说，练字在她身上练出了奇迹。

大马路小学五年级（1）班的张晓辉是从外校转来的学生，人长得不错，但浑身脏兮兮的。作业本和人一样，也是脏兮兮的。就连考试，卷子也会弄脏。来到大马路小学之后，由于天天练字，天天在舒缓的古筝乐曲声中那么仿啊、摹呀，不仅字练好了、写干净了，人也干净了。现在做的作业、卷子和以往相比，真是天壤之别！家长看到后，高兴地说："没想到练字把我孩子练干净了！"

最能说明练字能陶冶人的情操、培养人的审美能力的是朱庄小学的王刚强。他的父母都是卖肉的，也许是"近肉者油"吧，他穿的衣服总是带着油渍。经过一年的努力，他练了一手好字，也练干净了衣服，练干净了家。怎么回事？原来，他练着练着，觉得自己的个人卫生太差，衣服太脏；回到家里，觉得家里太乱。于是，他对爸爸、妈妈说："你们看，我的衣服多脏，咱们家多乱！你们也不问！"这样几次三番地说，竟然奏效了！他的爸妈一改过去的邋遢作风，结果，每个人的衣着都干净了，家里也整洁了。他自己的床铺、写字台，每天收拾得更是有条不紊。

通过练字，学生变得文明、变得有条理、变得讲卫生的突出例子还有下淀小学的潘友云等，这里就不赘述了。

不少教数学的老师反映，通过练字，学生的观察能力普遍增强了，心细了，错误率大大降低了。鼓楼小学五年级四个班，每个班都向我提供了这方面的事例。有个叫朱晓晴的，人很聪明伶俐，可总是丢三落四的，做数学题不是看错了运算符号，就是看错了单位名称，考试成绩总是在80分上下徘徊。现在不同了，粗心的毛病几乎没有了。五年级下学期的期中考试，她的语文得了98分，数学得了99.5分。

五年级（1）班的王诗梅，虽然是个女孩，但做什么事都毛手毛脚的。和朱晓晴一样，数学考试从来没有得过满分。练字不到半年，教数学的张老师惊喜地发现，她的数学成绩上来了，因为粗心而做错题基本上不见了。张老师高兴地说："看来，写字真可以修身养性。"

在我们区，练字练出恒心、练出坚毅品质的也不乏其人。

鼓楼小学二年级（3）班的李竟成，做什么事都虎头蛇尾。他的父母都是残疾人，生活又困难，对他很少过问，也无力过问。他不论做什么作业，开始几个字写得还可以，到后来便潦草了；读书，第一遍还行，一本正经的，第二遍就有口无心了；擦黑板，开头还擦得干净，擦到半截便失去了耐性。练字之后，不仅字写得规范、美观了，做事也有始有终了。做作业不允许自己错一个字，如果写错一个，便会气得跺脚，自己责备自己。跟他说错了擦掉重写就是了，他说不行，那样会影响整体。没想到，练字练出了个整体观念！他由原来学习成绩极其一般的学生，一跃成为班里的佼佼者，而且当上了数学课代表。身为残疾人的父母真是喜出望外，儿子的进步使他们看到了希望，增强了生活的信心。

五

有人说，教学生写好汉字，就是进行爱国主义教育。这似乎不能说是错的。但是，确切点儿说，是有这方面的因素，而且这种教育（或者说影响）是隐性的。

有这么一个例子可以说明。1985年7月，湖南省一位姓江的小书法家作为中国少年艺术小组的一员到意大利参加国际儿童电影艺术节活动，多次举行书法表演。有位华侨手捧她写的字，热泪纵横，甚至顶礼膜拜。可以肯定，那时，在这位华侨心目中，汉字是和祖国画等号的。

这不禁使我想起一句名人说的话：汉字，对外，它是巨大的屏障；对内，它是威力无比的黏合剂。

这句话更坚定了我教学生写好汉字的决心。

六

1962年，《人民教育》发表了郭沫若关于写字的题词：

> 培养中小学生写好字，不一定要人人都成为书家，总要把字写得合乎规格，比较端正、干净，容易认。这样养成习惯有好处，能够使人细心，容易集中意志，善于体贴人。草草了事，粗枝大叶，独行专断，是容易误事的。练习写字可以逐渐免除这些毛病。

那年我刚刚参加工作，觉得郭老似乎言过其实。转眼30多年过去了，我一直没重视写字教学。郭老的这段话也淡忘了。进入20世纪90年代，当我们遵循写字教学的规律去抓写字，当学生们遵循写字的规律去练字，而且过了一段时间取得了巨大的效果时，再读郭老这一段话，才觉得郭老说得有理。

是啊，写字就是育人，学写字就是学做人哪！

43. 低年级造句训练的艺术

一

乍教低年级，不以造句训练为然，认为是雕虫小技。直至作业本上屡屡出现诸如用“辽阔”造出“妈妈的嘴很辽阔”之类的句子时，才引起了我的注意和思考；方知对低年级小朋友来说，造句并不那么容易。

难就难在造句不是先有了内容，不是从内容入手，而是先有了词语，再根据词语去“搜寻”或者说去“编造”一个能用上这个词语的内容。因此，如何为小朋友提供能够用得上这个词语的素材，创设能够用得上这个词语的情境，就成了我备课时的一项重要思考任务。

下面是我教二年级《关怀》一课时，指导学生用“流利”一词造句的一段课堂实录：

师：先看看“流利”这个词在课文中哪句话里，找出来读读，看看是说什么的。

生：（读）“那位同学读得很流利，很有感情，周总理不住地点头。”

师：这里的“流利”是说读书不磕磕巴巴，读得很熟练。——还记得一年级学过的《锄禾》这首古诗吗？谁能背下来？

生：（背）“锄禾日当午，汗滴禾下土……”

师：他背得怎么样？谁能说一说？要用上“流利”这个词。

生：××× 同学背古诗《锄禾》，背得很不流利。

师：学过一年了，再加上紧张，没背好。我想，他现在一定想起来了。再背一遍，怎么样？

（该生又背，这次背得很好）

师：这次背得怎么样？谁来说一说？

生：××× 同学背古诗《锄禾》，背得很流利，很有感情。

师：说得真好！谁能用赞扬的语气说一说？

生：××× 同学背得多么流利，多么有感情啊！

师：请小朋友观察我在干什么，然后用“流利”说一句话。

（老师把纸放在黑板上，用钢笔做写字状；钢笔不下水，甩了甩，还是不大下水）

师：谁来说一说？（学生踊跃举手）

生：于老师在纸上写字，钢笔不大下水，写字很不流利。

师：我换一支笔，看看这支笔怎么样。

（老师用另一支笔很流畅地写出了“高山流水”四个字）

生：于老师换的这支钢笔写字很流利。

生：于老师用一支紫色的钢笔很流利地写出了“高山流水”四个字。

…………

上述情境的创设，将观察、表达、思维训练有机地结合在一起，将理解和运用有机地结合在一起，使造句训练照样在教学艺术的殿堂上熠熠生辉。

二

利用口头描述的方式创设情境，简便易行；设计好了，也不乏儿童情趣。

请看下面一段指导小朋友用“安安静静”造句的课堂实录：

师：小朋友，找一找“安安静静”在课文的哪句话里。

生：（读）“那天上午，我们和往常一样，安安静静地坐在教室里，听老师讲课。”

师：小朋友都知道，孙悟空生来爱动，坐不住。有一天，唐僧叫孙悟空坐下来念经，猪八戒一听，笑了；他在旁边说了一句话，里面有“安安静静”这个词。小朋友想一想，猪八戒会说什么？

生：师父，您叫大师兄安安静静地念经，那是办不到的！

生：师父，我从来没见过猴哥儿安安静静地念过经！（笑声）

生：猴哥儿的屁股坐不住，他怎么能安安静静地念经呢？（众笑）

师：（高兴地）对！猪八戒就是这么说的！（众笑）谁能把刚才的小故事连起来讲讲？

生：有一天，孙悟空犯了错误，唐僧叫他坐下来念经。（师插话“出家人不犯错误，也得念经”；众笑）猪八戒一听，笑了。他对唐僧说：“师父，猴哥儿的屁股坐不住，他怎么能坐下来安安静静地念经呢？”

一提及孙悟空、猪八戒这些家喻户晓、妇孺皆知的人物，学生们的脸上立刻泛出了笑意。有的小朋友甚至“手之舞之，足之蹈之”，好像血管里一下子注入了兴奋剂似的。气氛不一样，情绪不一样，撞击出来的思维的火花也就不一样。

三

第三册的《收稻谷》一课学完了。

我请小朋友用课文中的“关心”一词造句（这是课后的要求）。

一个学生说：“老师关心我的学习。”

另一个学生说：“妈妈关心我的学习。”

第三个学生说：“爸爸关心我的学习。”

有不少举手的。我说：“你们不说我也知道了，是不是想说爷爷、奶奶关心你们的学习？”

小朋友嘻嘻笑了起来。

一个学生站起来，一本正经地说：“不，我想说姑姑关心我的学习！”

“好嘛，七大姑八大姨都出来了！”我也一本正经地说。

小朋友哈哈大笑。

因袭——人云亦云，干巴——有骨无肉，是低年级学生造句的两大通病。上述局面的出现，早在我意料之中。于是，我出示了一幅“老师家访”的图画，让学生观察后说一句话，并用上“关心”一词。为了便于表达，我告诉学生：图中的老师姓李，那位小朋友叫小芳。

一个学生说：“李老师很关心小芳的学习。”

我启发说：“怎么关心的？能不能说具体一点？”

那个学生又做了这样的补充：“李老师很关心小芳的学习，晚上到小芳家，给小芳补课。”

我提示说：“李老师到小芳家会说什么？能不能在说老师说话的语气时，用上‘关心’这个词？”

片刻之后，一个学生说：“李老师来到小芳家，关心地问：‘你这两天学习退步了，是不是身体不好？’”

我又说：“老师临走的时候，谁能在小芳向李老师告别的话里，用上‘关心’这个词？”

小朋友又造出了这样一个句子："补完课，李老师要走了，小芳感动地说：'谢谢李老师的关心！'"

最后，我要求小朋友看图写一段话，用上"关心"这个词。

就这样，通过观察一幅图，一步一步地引导学生造出了好几个内容不同而又具体生动的句子，并写出了一段话。

儿童的思维离不开形象。离开了形象的思维，必然是干瘪的。

没有感知为基础的语言训练，失去了依托的语言训练，只能人云亦云，走进死胡同。

四

备课时，我除了弄清用来造句的词语的概念和外延，还要弄清在句子中可以充当什么成分，体会它的感情色彩。只有考虑缜密了，上了课堂才能从容不迫，指导起来才会游刃有余。

下面是我指导三年级学生用"悲惨"造句的一个教学片段：

师：读读"悲惨"所在的句子，看看这里的悲惨是说什么的。

生：（读）"它飞得慢，叫的声音很悲惨。"这里的"悲惨"是说声音的。大雁叫的声音很悲惨，叫人听了很伤心。

师：小朋友，我说一句话的开头，看谁能接着往下说，并用上"悲惨"这个词。——猎狗的腿断了，夜里……

生：猎狗的腿断了，夜里叫的声音很悲惨。

师：小白兔死了……

生：小白兔死了，它的妈妈哭了，声音很悲惨。

师：谁能用"悲惨"这个词自己造一个说声音悲惨的句子？

生：邻居张奶奶死了，一家人哭成一片，声音很悲惨。

师："悲惨"不光可以说声音，还可以说别的。请看下面一个句子——

（出示小黑板：杨白劳被地主毒打了一顿，悲惨地死去了。）

师：这个"悲惨"是说什么的？

生：是说杨白劳死的样子的。

师：请小朋友考虑一下，下面两个句子能不能加上"悲惨"一词，可以在哪儿加。

（出示句子：①旧社会，劳动人民吃不饱，穿不暖，有的卖儿卖女。

②卖火柴的小女孩在大年夜冻死了。)

生:旧社会，劳动人民吃不饱，穿不暖，有的卖儿卖女，生活很悲惨。

师 :“悲惨”一词还可以加在别的地方吗? 想一想。

生:旧社会，劳动人民生活很悲惨，吃不饱，穿不暖，有的卖儿卖女。

师 : 很好! 再看第二个句子。

生 : 卖火柴的小女孩在大年夜悲惨地冻死了。

生 : 卖火柴的小女孩在大年夜冻死了，死得很悲惨。

师 : 说得真好! 听于老师说个句子，你们听听行不行。—— 一个日本鬼子被八路军打得头破血流，样子很悲惨。

(许多学生都举手)

生:这样说不行。日本鬼子被我们打伤,活该! 谁叫他们侵略我们的!(众笑)

师 : 这是罪有应得! 看来，我用词用错了。(众笑)

五

《我的爸爸》课后第三题，要求学生用“痛快”造句。我向学生布置了这样一道作业:“从现在开始，你们在阅读中、听别人谈话中，只要碰到带有‘痛快’这个词的句子，就立即把它记下来。每人至少记一个。一个星期以后，咱们交流交流。”

学生们领令而行。他们像猎人似的，在阅读和听别人说话中不放过一个带有“痛快”的句子。更有甚者，竟有以“不吃饭”相威胁，逼着爸爸、妈妈、爷爷、奶奶各说一句带有“痛快”的句子的。

一个星期后，开“汇报会”。记五六个句子的不在少数，内容更是五花八门。凡是“痛快”能够充当的句子成分、能够使用的范围几乎都涵盖了。最有意思的是朱涛记的两个句子。这两句话都是他“听”来的。

其一，爸爸举起酒杯对陈叔叔说:“你痛快一点好不好? 干吗老是打酒官司? 喝!”

其二，孙伯伯站在门口，对一位青年人说:“有屎就拉，有屁就放，我最讨厌说话不痛快的人。”

他在班里“交流”的时候，引起哄堂大笑。

在这个基础上，我才要求学生用“痛快”造句。学生们造出的句子会丰富多彩到什么程度是可想而知的。

这种方法叫作“冷处理”。即一开始，我并不急于让小朋友用“痛快”造句，而是引导他们进一步熟悉它。熟悉的最好办法当然就是让小朋友在具体的语境中多次见到它。当学生逐渐对这个词耳熟眼熟了之后，再去运用。这个“耳熟”“眼熟”的过程，实际上就是对这个词的语感形成的过程。这种方法适用于一些小朋友比较生疏、比较难运用的词语。到了高年级，我仍然采用此法。对那些“只要……就”“既然……就”等难以掌握的关联词，采用此法，尤为有效。

六

在日常生活中，“小题大做”是会被人耻笑的。在教学上，却无大题小题之分，每项训练、每个环节，都要认真对待。造句训练在诸多语文训练中可谓是“小题”了，但照样可以“大做”，并能做出很好的文章来。

关键要去琢磨。

写到这里，我不由得想起一位校长对我讲的一件事。有一位老师琢磨出一个“万能造句法”—— 不论用什么词造句，都写“老师让我用‘××’造句”。如用“有名”造句，就写“老师让我用‘有名’造句。”这位校长说，这是他从试卷中发现的。那次考试，那个班有好几个学生都是用这个法儿造句的。这位校长感慨地说：“真不知他是怎么琢磨出来的！”

真是令人啼笑皆非。这哪里是琢磨，分明是“走火入魔”。

44. 解词的艺术

一

在“留连戏蝶时时舞，自在娇莺恰恰啼”的春天，我应邀到邳州运河师范附属小学上《马背上的小红军》。

这篇课文的大意是红军长征过草地时，陈赓遇到一位掉队的小红军。陈让他骑马，他说不，并摆出了个准备与马赛跑的姿势，以示体力充足；陈给他干粮，他说有，并把鼓鼓的干粮袋拉给他看；陈请他同行，他说不，还等同伴呢。陈信以为真，独自前行。没走多远，陈赓越想越觉得受了骗，于是掉转马头，寻找小红军。可是当找到时，小鬼已奄奄一息；陈把他扶上马背，他便停止了呼吸。

学生读完第二节，有人提出，“疲惫”这个词不懂。下面是我解释这个词的教学实录：

师：“惫”是个生字，后面括号里有注音，都认识了。“疲惫”是什么意思呢？只要把前后文一读就明白了。大家读读课文第二节，边读边想。

（全体学生读书）

师：我想请一位同学来读。

生：（读）“由于长时间在荒无人烟的草地里行军，常常忍饥挨饿，陈赓感到十分疲惫。（师插话：注意“长时间”和“常常忍饥挨饿”这些词语）这时他掉队了，牵着那匹同样疲惫的瘦马，慢慢地朝前走去。（师插话：注意“掉队”和“慢慢地”这些词语）

师：“疲惫”是什么意思，我想，大家肯定看出来了。

生：“疲惫”就是“很累”的意思。

生：“疲惫”就是非常疲劳，一点力气也没有了。因为行军时间长，路很难走，又没有吃的。

师：说得对！这叫联系上下文理解词语。

（板书：联系上下文理解词语）

第四小节的“倔强”一词我也是这样处理的。

课文是这样写的：

陈赓同志用命令的口吻说:“上去,骑一段路再说。”小鬼倔强地说:“怎么你要我同你的马比赛啊，那就比一比吧。”他说着把腰一挺，做出个准备赛跑的姿势。

当学生提出“倔强”是什么意思的时候，我请他们认真默读上边两节课文，仔细体会。学生们从“腰一挺”“做出个准备赛跑的姿势”和小红军说的“怎么，你要我同你的马比赛啊，那就比一比吧”的话中，一下子便看出，这里的“倔强”就是“不服输”的意思。

《我的伯父鲁迅先生》一文中有这样一段话：

老实说，我读《水浒传》，不过囫囵吞枣地看一遍，只注意紧张动人的情节；那些好汉的个性，那些复杂的内容，全搞不清楚，有时候还把这个人做的事情安在那个人身上。伯父问我的时候，我就张冠李戴地乱说一气。

其中的“囫囵吞枣”“张冠李戴”的意思课文中也都说了，只要认真读一读，就会明白，根本用不着搬词典。

词语用在文章中，总有它特定的语言环境，而且上下文中往往有某种冗余信息，为理解词语提供了线索。像“疲惫”一词前面的“长时间行军”“忍饥挨饿”和“疲惫”一词后的“掉队”“慢慢地朝前走”等词语就是“疲惫”的具体表现以及造成“疲惫”的原因。读了这些词语，就可以体会出“疲惫”的意思。“只注意紧张的故事情节；那些好汉的个性，那些复杂的内容，全搞不清楚”，就是“囫囵吞枣”在本文的意思；“把这个人做的事情安在那个人身上”就是“张冠李戴”的意思。从认知心理学看，“疲惫”“囫囵吞枣”“张冠李戴”等词语前后的那些词语，可视为学生原有的认识结构中的“思维组块”，它们对现在理解“疲惫”“囫囵吞枣”“张冠李戴”的意思，起了重要的暗示作用。

我们成年人都有这个体会：在阅读中碰到某个新词，并不忙于也不必去查词典，而是根据上下文来琢磨它的意思；以后又遇到这个词，再检验自己的初次认识正确与否；如此多次反复，就能对这个词有正确的认识。所以小学语文教学大纲上说：教师要指导学生逐步学会联系上下文理解词语。

二

有的词要联系全文——等把全文读完了，读懂了，才能理解。

《马背上的小红军》的第一节中有“深情”一词。原句是这样的：“陈赓同志回顾自己的革命经历时，曾深情地谈起这样一件往事。”有个学生问我“深情”是什么意思。这个词，备课时我根本没去考虑。但凭着我对教材比较透彻的了解，凭着我的经验和教学机智，马上意识到这个词很有分量，它引领全文，内涵丰富；在课文没读懂之前，是根本体会不出它的意思的；也就是说，只有把全文的内容读懂了，才能真正理解它。因此，我对提问题的学生说：“这个词很重要，你提得很好。等学完课文，我想会明白的。记着，最后我要请你回答。”

课文学完了。学生们被小红军宁肯牺牲自己也不拖累别人的精神所感动。同时，学生们对陈赓当时的思想感情也有了比较深入的体会：当陈赓明白了小鬼的用心——即使没有东西吃，也不要别人的干粮，把牛膝骨装在干粮袋里以遮人耳目时，内心既充满了对小红军的敬佩，又深深地懊悔，同时感到十分悲痛。学生读到最后，禁不住热泪盈眶。我抓住这个机会，重新提起“深情”这个词。

“同学们，课文第一节说，陈赓回顾革命经历时，曾经深情地谈起这样一件往事，现在回过头来看看‘深情’是什么意思。请开始上课时提这个问题的同学说一说。我相信，这个词他一定理解了。”

这位同学站起来说：“读完课文，我知道了，‘深情’就是陈赓一想到这件事就很敬佩这位小红军，很激动，同时也很后悔，觉得对不起他。”

听课的老师发出一阵啧啧称赞声。

我说：“你体会得很深刻。这个‘深情’，既有敬佩之情、激动之情、怀念之情，也有内疚之情。”

倘若学生一提出这个问题，我就以“深情就是深厚的感情”作解，词语教学不就黯然失色了吗？

三

不少学生不理解“络腮胡子”。有个男孩站起来，口齿清楚地解释说：“络腮胡子就是连着鬓角的胡子。”我问大家：“听了他的解释，你们懂了吗？”学生们一致摇头。我知道问题出在“鬓角”上。于是我请这位同学说说哪是鬓角。他用手指了指自己的腮帮子。听课的老师哑然失笑。

我说：“你是从词典里查的，对不对？”

他说："是的。"

"你很认真。预习时遇到生字词去查字典或词典是对的。如果你能接下去查查'鬓角'指的是什么地方就好了。"说完，我指了指自己的鬓角，"这个地方是鬓角，胡子连着鬓角的人不少。你们见过马克思和恩格斯的画像吗？他们都长着络腮胡子。——对了，你们看教室里挂着的孔子像，孔子长的也是络腮胡子。"当时，我一眼瞥见了阶梯教室的右墙上挂着一幅孔子的像，终于找到了"络腮胡子"的形象依据，于是把学生的目光引向了孔子画像。有了它，就不必费口舌了。

苏教版语文第五册有一篇童话课文叫《小稻秧脱险记》，写了件喷雾器大夫用化学除草剂消灭杂草的事。课文中有这么一段话：

> 突然，一阵毛毛雨从天上飘下来。一棵杂草警觉地抬起头，看了看便说："不对呀，大晴天怎么会下雨呢？"这时，一个洪亮的声音响起来："这不是毛毛雨，而是化学除草剂，是专门用来收拾你们的。"

其中，"警觉""收拾"小朋友不懂。第一个词很难说清，我便扮杂草，一边自言自语地说："不对呀，大晴天怎么会下雨呢？"一边做动作，让学生从我的动作、表情、语气去体味。"收拾"一词则是引导学生联系课文，从具体的语境中去理解。学生们一读后面的"杂草有气无力"说的话和"纷纷倒了下去"的样子，便知道这里的"收拾"是"除掉、消灭"的意思。

词属于第二信号，只有当它与第一信号——即与它所代表的客观事物和现象联系起来时，这个词才有意义。进行词语教学，就是要让学生在这两种信号系统之间建立起联系。特别是低中年级，这种联系尤为必要。

这叫借助情境理解词义。

四

好多词语不像"络腮胡子"这样，使两种信号系统之间如此容易地建立联系。人们可以感受它，意会它，却难以言传；"传"了，往往不如不"传"。—— 越说越糊涂。

例如，"幽静"。词典上解释为"幽雅安静"。但是，"幽雅"比"幽静"还难理解。"幽"字实在难说清楚。

《庐山的云雾》一课中有一个词叫"幽谷"。学生学了两节课，又看了庐山云雾的电视录像片，但不少人对"幽谷"这个词还不理解。"谷"的意思有的学生知道，指的是两山之间的沟，即山沟。问题出在"幽"字上。给它下定义很难。怎么办？

我是这样处理的，我说："小朋友，那里的山高不高？"学生说："高！""山谷深不深？""深！""再加上那里树高、草多，光线暗不暗？""暗！""那里静不静？""静！""一个人到了那里，是不是还有点怕？"有说怕的，也有说不怕的。我说："这个'幽'字，大概就有这么多的意思。但是，你们要真正理解'幽谷'的意思，非得到深山老林去体验体验不可了。"

"幽静""幽谷"所代表的那一种情境是客观存在，却又不像"络腮胡子"那么具体、实在，更不好用语言描述清楚，这种情境只可意会，即靠朗读、靠想象去"悟"。

写到这里，我想起了一件事。一次，上级派人到我们学校听三年级的语文课。下课了，一位听课的老师指着刚学过的一篇课文问一位小朋友："课文中的'坚强'是什么意思呀？"小朋友一下子被问住了，眼睛眨巴了半天，红着脸说："'坚强'就是坚强呗。"这位老师大为不满，对我们校长说："一课书教完了，里面的词学生却不懂，这怎么能行？"

我要是在场，一定会反问这位老师："您说'坚强'是什么意思？"

1997年第11期《北京文学》登了邹静之写的一篇《女儿的作业》。文中介绍了这么一件事。一天他的女儿问"灰溜溜"怎么解释。邹想了一会儿，问干吗解释这个词。女儿说，这是老师布置的作业。邹问女儿，这个词会用吗？女儿说会，并很快造了一个句子。邹说，会用就可以，解释全无必要，就像解释"馒头"这个词没有必要一样。女儿不屑，说爸爸的语文没学好，连小学的问题都答不出来。邹静之感慨地说："我不知道这个世界上的每个词是否都有再用语言解释一下的必要。如果不是，我们确实不必在'灰溜溜'面前'灰溜溜'。"我想，我们三年级的那位小朋友，也大可不必为说不出"坚强"是什么意思而脸红。

类似"灰溜溜""幽静"这样的词语——这种词语为数不少——在备课中，在教学中不可细究，越问"到底什么意思"，越是说不清。意会即可，能意会多少是多少。读多了，见多了，自会懂，自会用。语言有模糊性，人脑恰好又有模糊识别功能，不用我们太操心。要操心的是，学生是否读好了课文，是否爱读书报。

五

五年级有一篇课文叫《老水牛爷爷》。文中介绍老水牛爷爷时，有这样一句话："他酷爱养狗。"接着写他养的一只"黄狮"狗怎么通人性，却没写他怎么"酷爱"的。有一次，我到一所农村小学去上这一课，没有解释"酷爱"是什么意思，而是设计了这样一个小练习：请学生以"老水牛爷爷酷爱养狗"做开头写一段话，要求根据自己的观察和体验，把这一句话写具体。农村几乎家家养狗，有一位学生写道：

老水牛爷爷酷爱养狗。每次做好饭，他先给狗盛好，有干的，有稀的，有时还给它添点菜呢。狗的“碗”是一只盆，每过几天，老水牛爷爷就给它洗刷一次。狗窝在大门的过道里，冬天，老水牛爷爷还给它铺上草。老水牛爷爷坐在大门口休息的时候，它便蹲在主人身旁。那毛被主人抚摸得又亮又光滑。

谁读了这段文字能说学生对“酷爱”不理解？
不从概念到概念、从抽象到抽象，而还抽象为形象，又是一种释词的艺术。

六

词语教学是阅读教学的一个有机组成部分，是一项重要的基础训练。至于哪些词语可以联系上下文理解，哪些要去意会，哪些可以借助情境去弄明白，哪些可以而且必须查字典弄个“水落石出”，哪些词不要或者没办法下定义，可以通过运用（如造句）去掌握，这要从实际出发，根据具体情况来确定。而这，要靠老师去细细琢磨。

我是把工夫花在看教材上的，一个词一个词地去看。

45. 揭示寓意的艺术

一

老师问："小朋友，'刻舟求剑'这个故事告诉我们一个什么道理？"

《刻舟求剑》是二年级的一篇课文，故事有趣，可寓意很深。要求以形象思维为主的二年级小朋友将它所蕴含的道理"抽象"出来，是很困难的。尽管也有几个小朋友你一言我一语地说，尽管老师耐心地一点一点诱导，还是没有一个人能深中肯綮的。

于是老师把事先写好寓意的小黑板挂了出来："这则寓言告诉我们，事情是发展变化的，不能用固定的眼光看问题。"

然后就领着小朋友念。

这些话，二年级的小朋友能理解多少？

道理非得点明不可，不讲行不行？

不讲似乎不行，"文道结合"嘛。

那么，怎么结合，结合到什么"度"为好？

二

一次，我教《狐狸和乌鸦》时，学生的发言启发了我。

这个寓言故事说的是一只乌鸦找来一块肉，由于爱听奉承话，结果被狐狸把肉骗走了。课文学完了，一个学生问："于老师，我们一年级学过一篇课文，叫《乌鸦喝水》。乌鸦多聪明呀，怎么会上狐狸的当呢？"

纯洁、善良的心容不得狐狸的丑恶、狡诈，平静的心境由于乌鸦上了当而失去了平衡。

我心里一亮，说："是呀，当它眼睁睁地看着狐狸把它好不容易找到的一块肉叼走了，心里会怎么想，会对自己说什么？"

学生们仿佛都成了乌鸦，争相发言。

“哎呀，我怎么忘了狐狸是个狡猾的家伙！”

“我不该爱听好听的话。这下子完了，我的孩子又要挨饿了。”

“今后，我再也不听好听的话了！”

孩子们说的，不就是这则寓言要告诉我们的道理吗？虽然他们脑子里没有“奉承”这个词，但是能说出“好听的话”就足够了，就已经难能可贵了。

这个寓意是怎样揭示出来的呢？是通过发展情节，由“乌鸦”的“嘴”里说出来的。我把它归纳成一句话：“发展情节，揭示寓意。”简称“发展情节法”。

法儿，来自实践，是实践经验的结晶。

从此，我又长了一个本事。

三

下面是我执教《刻舟求剑》的一个片段：

师：小朋友，我这里有投影仪，它能把“刻舟求剑”这个故事从头到尾演示出来，可惜只有画面没有声音，别人不一定能看懂。请看于老师演示。

（说完，我将自己制作的复合的而且能够抽拉的投影片，在投影仪上将这个故事的全过程演示了一遍。最后的画面是一条江的横断面。江中心的水底坠落着一把宝剑。江对岸停着一只船，丢剑人从刻着记号的地方沉入江底。）

师：看明白了吗？

生：看明白了。

师：下面我再演示一遍。谁来当解说员？

（我重新演示。被指定的一位学生到前边用教鞭指着画面解说。）

师：小朋友，故事讲完了，但这件事本身并没有完。这时，开船的人一定觉得这个刻舟求剑的人可笑，一定会说他。我想请一位同学来演开船的人，我演丢剑的人。你们想想，开船的人会对我这个丢剑的人说什么。

（小朋友展开了热烈的讨论）

师：谁愿意到前边来演开船的人？把台词想好。

（我指定一个小朋友来到讲台前）

师：（扮丢剑人）哎，我的宝剑明明是从这儿掉到水中的（指着画面上的船边的记号），可是，怎么从这儿下去找不到宝剑呢？

生：（笑嘻嘻地）你太糊涂了！（笑声）你看（指着画面上的落在江底中心的剑），宝剑在这儿呢！船开动了，宝剑并没有动。你在这里（指画面上江边的水底）怎么能捞到呢？

师：你这一说我明白了，我太死心眼了，连个小孩子都不如！（全班哈哈大笑）

我想，孩子们在笑声中一定会有所悟。

如果硬要讲什么事物是发展变化的，甚至去批判形而上学，那么，可以断定，孩子们是不会接受的。

四

《小猫种鱼》是一篇有趣的小童话，写的是一只小猫看到农民在地里种玉米收玉米，种花生收花生，于是它把小鱼种到地里，希望能收到小鱼。可是等了好久也不见小鱼“长”出来。它终于等得不耐烦了，扒出来一看，小鱼全烂了。故事告诉我们，鱼是生活在水里的，不能种，只有玉米、花生、小麦、大豆等才能种；做事要动脑筋，不能生搬硬套。

可是，怎么才能让学生感悟到这一点呢？同样，我也采用了“发展情节法”。

我说：“小朋友，小猫一看种的鱼全烂了，肯定会跑回家去问妈妈，这是怎么回事？我把小鱼种到地里，怎么不长小鱼呢？猫妈妈会怎么说？”

讨论过后，我请一位学生戴上头饰扮小猫，一位学生戴上大猫头饰扮猫妈妈。由猫妈妈把道理讲了出来。虽然“猫妈妈”不能讲出“生搬硬套”的话，但是，鱼不能种在地里，做事要动脑筋之类的话还是说出来了。

卢梭说：“在达到理智年龄以前，孩子们不能接受观念，而只能接受形象。”

岂止是孩子？形象的东西，谁都接受得快，谁都记得牢。

我想，大概正是由于这个原因，世上才有了童话，才有了寓言。

也正是由于这个原因，童话、寓言所包含的道理也不一定非得讲得那么明白。

多读多背，记住童话、寓言这个故事，记住这个故事的载体——规范的、生动的书面语言比“挂小黑板”重要得多。

五

高年级的语文课本里也有不少的童话和寓言故事。高年级学生的理解能力和表达能力也较低年级学生强得多，对多数童话、寓言故事所蕴含的道理不但能基本读懂，而且能基本表述清楚。但他们毕竟还是孩子，乐于接受的仍是形象。因此，在揭示寓意的时候，有时我还采用“发展情节法”。只是，多数情况下我把口述改为笔述罢了。

学生学完了《东郭先生和狼》，我让学生来个“续写”—— 想一想，东郭先生再遇到类似情况会怎么样。

一句话，又把孩子们带入了童话王国。他们的思维在这五彩的王国里纵横驰骋。

一位学生写道 ——

一天，东郭先生到一位朋友家里去。路过一座树林时，一只中了箭的狼向他跑来，上气不接下气地说：“先生，请救救我！我不幸被猎人射中了屁股，请您把箭拔出来，不然我会疼死的！可怜可怜我吧，我家里还有一窝孩子……”

说完，眼泪哗哗流下来。

东郭先生一看狼屁股上插着一支箭，鲜血直流，又产生了同情心。伸手握住箭杆刚要拔，忽然想起前不久差一点儿被狼吃掉的事，想起了老农的嘱咐，说：“我不能再可怜你们这些吃人的坏家伙了！”

狼大叫：“你不拔，我吃了你！”

东郭先生使劲将箭往狼屁股里一“送”，说：“我看你还耍威风！”

狼惨叫一声，倒在地上。

还有一个学生写的是东郭先生“好了伤疤忘了疼”，又将狼救起，因而差一点儿送命。

我问他笔下的东郭先生怎么还不接受血的教训。他说：“我看书上插图画的东郭先生并没有认识到自己的错误，农夫打狼时，他好像捂着眼睛在哭。”

我赞扬这个学生的话并不比上一个学生少。

“发展情节，揭示寓意”的方法，没有离开形象，集说写训练、发展想象能力和思维能力、进行思想教育于一体，且又充满情趣，符合儿童特点。但是，不是所有的童话、寓言故事都能采用此法。哪篇能“发展”，哪篇不能“发展”，我都先试一试，在教学中，我不做“小猫种鱼”那样的傻事。

46. 阅读教学中写的训练艺术

一

这一课上的是《我的伯父鲁迅先生》。

我把学生预习时提出的不懂的词语写在黑板上，其中有一个叫“饱经风霜”。它在课文中这句话里：“他（车夫）听见脚步声，抬起头来，饱经风霜的脸上现出难以忍受的痛苦。”其他词语我在讲课时都处理了，唯独把“饱经风霜”给漏了。

“呀，”课文学完了，我惊讶地说，“‘饱经风霜’这个词怎么忘记讲了呢？”

不光是学生，就连听课的老师的眼光都在说：“是啊，怎么忘了呢？”

“不过，”我说，“我们已经把课文读得很熟了，对课文中的这位冒严寒、顶酷暑，一年到头在马路上奔波的车夫已经十分了解了，他的‘饱经风霜的脸’会是一张什么样的脸呢？如果他才三十几岁，如果他才四十几岁，请你们展开想象，把他的脸刻画出来好吗？”

这个教学环节看似随机应变，实则是我有意安排的。

不到五分钟，就有人写好了。

下面是江苏省泗洪县实验小学一位学生写的：

> 这位车夫才三十多岁，可是看上去却像个五十多岁的人。他面色蜡黄，颧骨很高，两只眼睛深深地凹了下去，眼里布满了血丝，眼角爬满了鱼尾纹。嘴唇发白，裂开了几道血口子。灰白的头发乱蓬蓬的，连眉毛似乎都是灰白色的。

这位学生写得好，读得也好。听课的老师不禁为他缓慢低沉的朗读动容。

课后，有位老师对我说：“这个写的训练设计得很巧。它一举两得。第一，检查了学生是否读懂了课文；第二，练习了写人物外貌。”

还有位老师说：“这个写的训练，化抽象为形象，‘化’的过程即是想象的过程，是思维训练的过程。”

张庆老师评论说："从教育心理学这个角度讲，它有新颖性。教学内容的新颖性，能激发学生的学习兴趣和求知欲。学生之所以能在较短的时间里写出这么生动的一段文字，这是一个很重要的因素。"

这叫"仁者见仁，智者见智"。反正老师们听过我的课，特别是张庆老师，总能找出些优点来。

新颖、巧，应该说是艺术性的一个方面。阅读教学中的写的训练，不游离于课文之外，成为阅读教学的一个有机组成部分，我想，这是艺术性的更重要的方面。

二

1997年4月的一天。

江苏省邳州市教师进修学校礼堂里，500余名老师正凝神屏息听李口小学四年级（5）班的小朋友朗读为《马背上的小红军》续写的结尾。

讲台上，一个叫王烽的小男孩读道：

> 陈赓同志把小红军从马背上抱下来，慢慢地放下。他用手扒了个坑，用土把小红军埋了。然后，他又找来一些草，放在小红军坟头上。陈赓摘下帽子，向他深深地鞠了一躬，说："小同志，安息吧！我们永远忘不了你！"
>
> 这时，太阳快落下去了，天空出现了一片红红的霞光。陈赓牵着那匹瘦马继续向前走去，身后留下了一串深深的脚印……

他读到"霞光"时，便掌声四起；读到"身后留下了一串深深的脚印"时，便掌声雷动了。

另一个叫夏萌的男生是这样写的：

> 陈赓把小鬼埋葬了。他说："小兄弟，安息吧！你放心，我一定会把你记在心里，学习你这种宁肯牺牲自己，也不拖累别人的高贵品质。"说完，他摘下帽子，拔出手枪，对天开了三枪。枪声是那么响亮，那么感人。

这"三声枪响"，不但博得了掌声，还博得了喝彩声和轰然的议论声。四年级的孩子，想象力是多么丰富！这是我教《马背上的小红军》一文时，设计的"续写"。这种续写，不只是情节的延伸，而且是主题的升华。夏萌小朋友的"三声枪响"里有多少潜台词！听完他的朗读后，我动情地说："一切都在这枪声里。它是对小红军牺牲的哀悼，是为小红军送行，是对小红军的评价；同时，也包含着陈赓对自己的责备。”

让枪声升华，点出主题，谁能说这不是艺术？

三

还有一种写的训练，既不是化抽象为具体，也不是课文故事情节的续写，我给它起了名字，叫“补写”。

《黄山奇石》这篇课文详细介绍了“仙桃石”“猴子观海”和“金鸡叫天都”，对“天狗望月”等奇石则一笔带过。课文学习完了，我出示了“天狗望月”的大幅图片，让学生仿照作者写“仙桃石”“猴子观海”等奇石的方法写下来。眼前有图可看，书上又有范例可仿，学生写起来自然易如反掌。下面是徐州矿务局中心小学一位小学生写的一段话：

> 在一座高高的山峰上，蹲着一只狗。它昂着头，翘着尾巴，竖起两只耳朵，一动不动地望着天空中的月亮，好像等着月亮婆婆给它送来好吃的东西。这就是黄山有名的“天狗望月”。

凡是没有把事物写尽的课文，我大都让学生补写。但有一条原则，即补写的内容必须是学生头脑中有的，或者能够利用其他手段（如图画等）提供给学生的，不能让学生做无米之炊。

四

老师们听了我执教的《白杨》，对我的“造段”训练，无不交口称赞。

事情是这样的。

《白杨》课后的第三题，要求学生用“哪儿……哪儿……”和“不管……不管……总是……”造句。我对学生说：“我们都上五年级了，造句是小菜一碟，不在话下。咱们来个‘造段’好不好？”说完，我在黑板上写下了“造段”二字。

造段？新鲜！学生脸上露出了异样的神色。

我继续说：“造段就是用这两组关联词语写一段话。写什么内容呢？就写课文中的这位叔叔。这位叔叔也许是个大学生，也许是位解放军战士，他听从祖国的召唤，来到新疆……请大家展开想象，写一写这位叔叔的表现。这位叔叔很像白杨树，咱们权且称他为杨叔叔。”

一则，“造段”有新鲜感，二则有我的提示，所以学生写起来并不难。在河南省新乡市上这一课时，有一位学生是这样“造”的：

杨叔叔是个解放军战士。退伍的时候，他对首长说：“我是祖国的儿子，哪儿需要我，我就到哪儿去。现在新疆正需要人，我请求领导批准我去新疆工作。”他到了新疆，不管做什么工作，不管遇到多大困难，总是冲在前面，从不叫苦叫累。他年年被评为模范。

这次，他把孩子带到新疆，就是希望孩子也能像他这样，扎根边疆，把第二故乡建设得更美好。

学生读完了这段话后，我半天没找出夸赞他的词。还要说什么呢？再说一个字都是多余的。我征得了这位学生的同意，把它留下，作为纪念。遗憾的是他没写上自己的名字。

造句是最常见的一种训练形式，几乎每课都有安排。但是，有些词语硬把它安排在一句话中，实在没有多大意思。

《收稻谷》一课，要求用“关心”一词造句。我出示了一幅夜里老师到学生家里为学生补课的图（自己画的）。先要求看图用“关心”说一句话，继而要求根据图意用“关心”来“造段”。因为有了这一幅形象的图，而且图上画的又是学生熟悉的事，所以写一段话学生并不感到困难，多数学生“造”得比较好。

我应邀到山东省微山县实验小学上《狐假虎威》时，请一位小朋友和我表演了一个“小品”。大意是一位老爷爷（由我扮演）到学校找他在一年级（4）班读书的孙子。小红（由学生扮演）把他领到了教室。情节很简单，对话也不多。演完了，我请小朋友把这件事说一说，要求用上“东张西望”这个词。因为刚刚看过，情节又不复杂，学生举手踊跃。小班长是这样叙述的：

有一天，一位老爷爷到我们学校找小孙孙。小孙孙的教室在哪里？他正在操场上东张西望，小红走过去，问：“老爷爷，您找谁？”老爷爷说：“小朋友，一年级（4）班在哪里？”小红说：“老爷爷，您请跟我来。”说完，拉着老爷爷向一年级（4）班走去。

说完，我随即要求小朋友把这件事写下来。这也属于“造段”。“造段”的训练价值显然比造句大得多。

说到表演，我不由得想起以前我教《我的伯父鲁迅先生》的一次写段的训练。

课文的第三段写的是周晔在伯父家吃饭时和伯父的一段对话。中心议题是“碰壁”。这段对话写得既有趣又耐人寻味。课文学完了，我和一位学生表演了这样一个“小品”。一天早晨，小冬（由学生扮演）迟到了。王老师（由我扮演）把他上下打量了一番，笑了。原来小冬的第四个纽扣扣到第三个扣眼上了。王老师不动声色地出了个谜语让小冬猜。谜语是：弟兄四五个，各走一道门；谁要走错了，真是笑死人。小冬一听，连忙检查自己的纽扣。一看，红着脸说：“今天早晨起床晚了，慌里慌张地把扣子扣错了。”王老师说：“我们要像鲁迅那样，事事早，时时早。”

事情有趣，学生看得有趣，写起来自然也有趣。

和写“找孙子”不同的是，这是迁移训练，即模仿课文写对话的方法，写人物对话。

模仿是孩子的天性，也是大人的天性。没有模仿，人类便不会有今天。清人章学诚说：“学文之事，可授受者规矩方圆，其不可授受者心营意造。”我们模仿的是写法，是文章构成的一般形式，而不是抄袭。至于“心营意造”，则要看每个人的生活经历、思想认识水平，这是仿不来的。迁移性仿写符合小学生学习写作的规律，已经成为广大语文教师读写结合的形式之一。不过，它讲究的是读与写的结合点和为学生提供写作的素材的选择。前者要巧，后者要新，否则，就无艺术性可言。

五

教《再见了，亲人》一课，我设计的朝鲜大娘、小金花、大嫂与志愿军话别的写话练习，更是出乎学生的意料。

课文学完了，我对学生说：“这一课写的是志愿军归国时，在火车站和朝鲜人民告别时说的话，这叫‘话别’。既然是‘话别’，就不是一方的事。想一想，这时，朝鲜大娘、小金花、大嫂会对志愿军说什么？要知道，这些要回国的战士都是黄继光、邱少云、罗盛教的战友哇！朝鲜人民怎么舍得他们走呢？怎么能不回忆起往事呢？”

学生们若有所思，若有所悟。

我把全班学生分成三组，请他们分别以大娘、小金花、大嫂的身份写一段向志愿军告别的话。

学生们写得真是棒极了！请看一位“小金花”写的一段话：

志愿军叔叔，我应该唱支《捣米谣》为你们送行，可是，我怎么唱得出来呢？我多么想把你们留住！我妈妈牺牲以后，王叔叔就像爸爸一样关心我，给我送吃的，送穿的。我更忘不了罗盛教叔叔，他为了救我们的小伙伴崔莹，献出了年轻的生命。叔叔，我长大了一定到中国去看望你们，一定为你们唱《捣米谣》。叔叔们，再见！

课的最后，我请三位学生读志愿军对大娘、小金花、大嫂说的话，三位学生读大娘、小金花、大嫂对志愿军说的话，一一对应，使“话别”成了双向的、名副其实的话别，效果非常好。

中央教科所著名小学语文教学专家张田若先生看了我教这一课的课堂实录之后，高兴地对我说：“这个写的教学环节设计得精彩至极、妙不可言！你把课文教活了。”张先生欣然为我《再见了，亲人》的教学实录做了评析。他说：“我早就说过，阅读教学要把‘写’挤进去。于老师在阅读教学中不但挤进去了，而且挤得很巧。语文教学一定要解决写得少的问题，让‘写’占有一席之地。”

六

1994年1月17日，朱作仁教授来信，邀我和徐善俊参加4月份在杭州举行的“朱作仁语文教学思想研讨会”，并做课。朱教授在给我们的信中说：“一、希望尽量把课上得朴实些；二、要给学生大量的读写活动时间。作文课可否让学生在课堂上写、自我修改等。切忌一问一答到底。可否把提问降低到最低限度。节约出时间让学生做读写活动，发挥他们的潜能。”

朱教授虽然多次使用了“可否”这一商量的字眼儿，却没有商量的语气 —— 因为句子后面不是问号，而是句号。我们的理解是：必须这样做。我们认为的确应该这样做。当然，我们不是唯朱教授马首是瞻，不是唯朱教授之命是从，而是认为这样做符合学习语文的规律。我们不能做违背规律的事。

我们的课得到了朱教授的肯定。

席间，朱教授对我们说：“现在语文教学存在着三少 —— 读书少，思考少，写得少。尤其是写，几乎没有。学语文是培养听、说、读、写能力的，但这四者不是平起平坐的，以读写为主。因为学生进了学校，就是学习规范的书面语言的，不读不写怎么能行？古人的‘熟读、精思、博览、多作’的经验不能忘，要很好地继承。”

我是认准了这个理儿。所以，我教每一篇课文都尽量安排写的训练。

“学理如筑塔，学文如聚沙。”正因为如此，在语文教学上，我信奉周德藩主任常讲的一句话：“一课一得，得得相连。”得多了，连在一起，便会形成气候，形成语文能力。

能否把“沙子”排出个“序”来？

难。

47. 指导朗读人物对话的艺术

一

徐世荣先生对讲解和朗读的理解真是独到而深刻！他说："讲解是分析，朗读是综合；讲解是钻进文中，朗读是跃出纸外；讲解是推平、摆开，朗读是融贯、显现；讲解是死的，如同进行解剖；朗读是活的，如同赋予作品生命；讲解只能使人知道，朗读更能使人感受。因此，在某种意义上讲，朗读比讲解更重要。"

有些课文，我默读时虽然也能使眼睛湿润，但感受的程度远不能和朗读相比，朗读常常使我泪流满面。我看《夜幕下的哈尔滨》，远不及听王刚朗读这部长篇小说感受真切、受到的震撼大。因为王刚把这部书读活了，因为——正如徐世英先生所说——朗读如同赋予作品生命，朗读是融贯、显现。朗读既能意会生情，又能表意传情。

吕叔湘先生曾介绍过20世纪20年代北京大学一位美国女教师克拉克夫人教莎士比亚戏剧课的例子，上课她和学生一起念，她念一段，学生也念一段，念完了，她就问："有什么不懂吗？"所有需要解释的地方解释完了，她又问："你们觉得这一段写得好不好？"学生说："看不出。"她就说："再念一遍，再念一遍。"她又和大家一起念。念完了，她又问："全懂了吗？"可学生的反应不那么活跃。她又说："再念一遍，再念一遍。"于是又念了。就这么念来念去，大家就觉得这个戏写得不错，是写得很好啊！好了，就下课了。

吕先生说的"念"，就是朗读。从吕先生的介绍中，我们可以看出，早在几十年前，外国老师就十分强调朗读，强调自主学习、自我体验了。当大家念得觉得"这个戏写得不错"时，实际上就是把戏中的人物读活了。

朗读是一门艺术，指导朗读也是一门艺术，这是一篇大文章。这里只说说我是怎样指导学生朗读人物对话的。言为心声。人物语言是人物思想、品德、性格、情感等方面的外在反映，或者说"物化"。离开朗读的中介，儿童往往很难理解课文、理解课文中的人物，当然更谈不上让人物活起来。

二

读出人物的轮廓。所谓“读出轮廓”是指开始要把课文通读几遍，对课文内容和文中人物有个大体的了解，知道每个人怎么样。离开了具体事件、具体语境，人物语言就成了死的了。因为语文教学不只是以理解内容为目的，所以这个环节我讲究的是一个“实”字，即，要求人人把课文读顺。我们给它起了个名字，叫“强化初读”。第斯多惠说：“教学艺术的本质不在于传授的本领，而在于激励、唤醒和鼓舞。”初读阶段，学生最需要的是激励和耐心。学生读不好，我从不给颜色看。我常说的一句话是：“读不好是正常的，读得好是超常。”我曾教过一个姓亓的女孩，她胆子很小，又特别的腼腆，站起来读书声音小不说，还有些发颤。一次，我对她说：“站起来，人人都会有些紧张。请你坐下读吧。”从此，不仅是她，凡是胆子小的学生我都允许他坐着读。过了不惑之年，尤其过了知天命之年，对学生的理解就更多了些，更深刻了些。至于有关朗读的方法、朗读的知识，当然也讲一些，如“扫视”—— 一下子看几个字，如语气的连贯，抑扬顿挫，语法重音、逻辑重音，标点的停顿，还有节奏，等等。但比知识更重要的是练习，是让每个学生读出自信来。有了自信，知识才能更充分地发挥作用。乐意读了，练习得多了，好多东西学生会自悟的，熟能生巧就是这个意思。任何理论都是实践的总结，而不是产生在实践之前。当然理论反过来对实践也有指导意义，所以，必要的理论知识还是应该讲的。

读出人物轮廓是读好对话的第一步，这是基础。

三

要读出人物的思想感情。刚才说了，言为心声。所谓读出人物的思想感情，就是通过朗读，把人物语言中蕴含的思想感情读出来。

方法之一，提醒学生注意提示语和对话中的标点符号，从中体会人物的处境和思想感情。例如，指导学生读《珍贵的教科书》中指导员说的最后一句话：“你们要……好好学习……将来……”我提醒学生注意提示语。（这句话的提示语是“指导员用微弱的声音说”）一注意，一想，学生就读得低沉无力了。但省略号却被忽略了。学生明白了这里的省略号是因为指导员身受重伤，说话时上气不接下气，再读，声音就既弱又断断续续了。我经常提醒学生读书要读标点符号，因为它们也有表情达意的功能。

《在仙台》一课，选自鲁迅写的《藤野先生》。文中写藤野检查鲁迅的听课笔记一事时，有下面几句对话：

"我的讲义，你能抄下来吗？"他问。

"可以抄一点。"

"拿来我看！"

学生一看藤野先生说的"拿来我看"一句话后面是个叹号，往往读得很严厉。我便笑着说："如果藤野先生像你这样说话，鲁迅就不会尊敬他了。语气是坚定的，不给不行，这一点你们体会得不错。但表情呢——"学生明白了，再读就好了——语气很硬，是命令的口吻，表情却十分和蔼。

有时，以幽默的方式加以启发，效果会更好。《小稻秧脱险记》里有这样一段话：

稻田里的毛毛雨下个不停。杂草有气无力地说："完了，我们……都喘不过气来啦。"

这段话中的"毛毛雨"，指的是喷雾器喷的化学除草剂。尽管我让大家注意提示语和标点符号，但有的小朋友仍旧读得气力十足。我开玩笑说："要么你的抗毒能力强，要么我的除草剂是假冒伪劣产品，我再给你喷洒一点。"说完，"哧哧"地又朝他身上"喷洒"起来。全班小朋友大笑。笑声过后，这位小朋友再读杂草说的话时，上气不接下气，给人马上就要完蛋的感觉。于是全班又一次捧腹。

方法之二，启发学生给人物对话加提示语，通过加提示语进一步理解人物的思想感情。这方面的例子很多，就不再说了。但正如书上有了明确的提示语，有些学生也不一定读得好一样，有人即使加上了准确的提示语，也未必读得好。"生情"，却不一定能"传情"。教《狐假虎威》时，有一位小朋友在狐狸说的"老天爷派我来管理你们百兽，你吃了我，就是违抗了老天爷的命令。我看你有多大的胆子"这段话前面加了"狐狸吹牛说"的提示语。应该说他理解得不错，但他没读出"吹牛"的语气。我说："你这样读恐怕蒙不住老虎。如果蒙不住的话，你的命可就没了！"我这么一说，第二遍他读得就好多了。

这种启发，说到底是要学生"进入角色"，即要透过全文，透过提示语和标点符号，体会人物的思想感情。——这是最重要的。

四

读出"话外音"。有些课文中的人物对话，是"话里有话"。如《我的伯父鲁迅先生》中，鲁迅见周晔读《水浒传》马马虎虎，"常常把这个人做的事，安在另一个人身上”，便说道：“哈哈！还是我的记性好。”还有，一天吃晚饭时，鲁迅说道：“你想，四周围黑洞洞的，还不容易碰壁吗？”都是话中有话。读这些句子，要先让学生理解话中之话是什么，懂了，再读。或者老师示范，让学生“看老师”读，去体会话中的意思。一旦理解了，才能读出话中话来。一般地说，这样的对话比较难读，但如果读好了，也特别有意思。学生会在读中、在听中，感受朗读的魅力，感受祖国语言的表现力。

五

读出人物的身份。有些课文中的人物对话，朗读时要提醒学生注意说话人的身份。如《惊弓之鸟》的魏王和更羸，《西门豹》中的西门豹、巫婆和官绅。身份不同，说话的语气自然也就不一样。指导学生朗读《惊弓之鸟》，我一提醒注意人物的身份，学生读魏王的话就有了国王味，读更羸的话就有了大臣腔。有的小朋友读魏王说的“啊，你真有这样的本事”一句时，还用手做了个捋胡子的动作。在他的想象中，他似乎真的成了魏王！这不就把人物读活了吗？

有些人物，如《小英雄雨来》中的日本鬼子，寓言、童话故事的反面人物，必要时也提醒学生想想他们是什么人，然后去揣摩怎样读他们说的话。对“坏人”的话，学生往往会读得较夸张，这是孩子的特点，应当理解。如果太过头了，我便进行适当引导。

六

读出人物的性格。性格和思想品德是有区别的，和思想感情也不能完全画等号。课文中的人物（尤其是文学作品中的人物）性格是十分鲜明的。如《倔强的小红军》中的小红军、《将相和》中的廉颇和蔺相如、《林冲棒打洪教头》中的洪教头和林冲，性格各异。在指导学生读这些人物的对话时，我便提醒学生注意这些人物的性格。性格把握住了，才能读好他们说的话；读出他们的性格，才能使人物跃然纸上。读出人物性格也有一定难度，为了让学生体会好、读好，范读是十分必要的。

七

读出人物的年龄。

《翠鸟》最后一段有这样几句话：

我们真想捉一只翠鸟来饲养。老渔翁跟我们说："孩子们，你们知道翠鸟的家在哪里？沿着小溪上去，在那陡峭的石壁上。洞口很小，里面很深，逮它不容易呀！"

三年级的小朋友读老翁的话当然没有一个不童声稚气的。我说："你这么读，我觉得你不是老渔翁，而是个不到10岁的小渔娃。谁能把老渔翁的年纪读出来？"第二个学生读时，声音就立刻变粗了，速度也放慢了。于是第三个、第四个，一个比一个"老"，一个比一个读得有意思。"别读了，别读了，再读你们就都变成八九十岁的老人了，早就该退休了。"在读声中、笑声中孩子们感受到了朗读是多么有意思！

八

范读。教练指导运动员投球、跳高，讲完了，常常示范一下，有的边讲边示范，所以说，示范本身也是指导。老师的范读，也是一种指导，而且是更现实、更直接的指导。但范读要选择好时机。我一般不在学生读课文前范读，这样做，"告诉"的成分太多。当学生读得不尽如人意时，处于"愤、悱"状态时，我才范读。即使这样，也没有强加于学生的意思。我总是这样说："让我读读看好吗？"教低、中年级，我的范读常常略带夸张，以突出人物的身份、性格。对儿童来说，"正统"不如"卡通"。好的范读，不仅有指导作用，而且有启迪、激趣的作用。所以，我备课首先备读。实践告诉我们，课文读懂了，读出味来了，教学方法往往也就随之有了。好的教学方法，也是读出来的。

48.“行成于思”

——“言语交际表达训练”的缘起

一

1991年元旦。

晚上，一家人坐在电视机前，观看由中国教育电视台拍摄并播出的我的三集电视教学片——《言语交际表达训练》。82岁高龄的岳母比谁都高兴，比谁看得都专注。看到岳母那激动、愉悦的表情，我心里想，就是为了娘，为了给她老人家更多的惊喜、更多的慰藉，我也得努力干。

我上电视的消息不胫而走。不少认识的或不认识的人或当面或写信向我祝贺，给予肯定和鼓励。最令我感动的是读了来自辽宁的一位邮电中专学校的学生的来信。他说：“于老师，我无意中收看了中国教育电视台播出的您的‘认识苹果’作文教学片，虽然不是电视剧，没有情节，却把我吸引住了。看过之后令我激动万分，钦佩不已！真不知这么巧妙的课您是怎么想出来的！……”

二

不错，是想出来的。古人云，“行成于思”嘛。

但是，“言语交际表达训练”不是忽然来了什么灵感，突发奇想，一下子从脑子里蹦出来的，而是经过一个长期的思索、学习、实践的过程形成的。

一天晚上，一位邻居请我给他写一份住房申请报告，她所在的工作单位盖的宿舍楼即将竣工。她的两个读中学的孩子（其中一个读高中）居然不会写！

我的孩子已经读小学二年级了。一天，我请他到邻居周伯伯家去借一把锤子，他怎么也不愿意去。我问为什么，他说不会说，不知道怎么说。我教了他一遍，他还是不去，说：“不好意思说，张不开口。”一是不会说，二是羞于表达，孩子都上二年级了，难道不值得深思？

北京一所中学的一个初中二年级班，每人写了一张向学校图书馆借书刊的借条，竟有80%的不合格！

下面是其中的一张：

借　条
学校辅导老师： 　　我班向图书馆借书，特予批准。 10 月 4 日

我感到不安。我问自己：我们当语文老师的忙活什么了？我们的作文教学是干什么的？

三

作文教学是干什么的？学生为什么要学作文？道理本来很简单：因为它有用。不是吗？狩猎，教给弯弓射箭；耕种，教给握锄掌犁。教育，不就是这么回事吗？不然还要办教育干什么！但是，就作文教学来说，社会生活中需要的表达本领，作文课上却得不到应有的训练，中学生不能写借条，师范生不能写教学计划，大学生不能写调查报告，岂非咄咄怪事？

"思而不学则殆。"于是我开始翻书。为了找到答案，看了不少论述作文的著述。

叶圣陶先生的一封信，使我心里一亮，激动不已！这封信发表于1978年第2期的《中国语文》上。叶老在信中说：

"关于作文教学，我想，大概先得想想学生为什么要作文。要回答似乎并不难，人在生活中，在工作中随时需要作文，所以要学作文。……写封信，打个报告，起个发言稿，写一份说明书，写一篇研究论文，诸如此类，不是各行各业的人经常要做的事吗？因此要求学生写好作文……至于作诗、作小说，并不是人人都需要，学生有兴趣去试作，当然绝对不宜禁止，但是这并非作文教学的目标。"

这是叶老30多年前，在《和教师谈写作》一文中关于"写东西，全都有所作为，如果无所作为，就不会有写东西这回事"的思想的发展和具体化。

中央教科所著名小学语文教学专家潘自由对作文教学谈得更清楚、更本质。他说：

"作文教学改革有两条思路。一条是从目前作文教学的现状出发，解剖现状给教学带来的困难和弊端，然后思考如何改进的办法。这是一条就作文教学论作文教学的思路。另一条是，从社会的客观需要出发，分析作文教学与社会发展的关系，分析作文教学在社会发展中自身的性质和任务，分析当前教学不适应社会需要的种种表现和原因，并提出如何改进的办法。这是一种就社会效益论作文的思路。要把作文教学放在社会需要这一大的整体中来加以研究。”

显而易见，潘自由站得更高。——长江后浪推前浪，历史就是这么发展的。

他进而提出：“作文教学必须从言语交际的实际出发，为言语交际的实际需要服务。……必须把每次作文训练看成是生活中的一次现实的言语交际。像实战一样练兵，训练才能真正落到实处。”

潘自由先生的这一论述既阐明了作文教学所必须遵循的思想原则，又勾勒出作文教学的基本路子。

荀子说得有道理：“吾尝终日而思矣，不如须臾之所学也；吾尝跂而望矣，不如登高之博见也。”

行成于思。不但要“思”作文教学的现状——找到症结之所在，还要“思”作文教学的本质；把握了本质，才能找到正确的解决问题的方法。

孔子说：“思而不学则殆。”但是在这句话前面还有一句，叫“学而不思则罔”。他把学与思的关系说得全面、深刻。

回过头看，我对作文教学的认识过程，就是一个不断地“学思”“思学”的过程。

四

只靠一个人去“思”，所得就会有限，还要“集思”，“集思”才能“广益”。我和我的好友张庆、张朝俊、徐善俊等一见面，谈论的就是语文教学，有时谈得天昏地暗。说我们是“走火入魔”也不过分。

一次，我和张庆乘二路公共汽车回家。一人手抓车上的横杆，站着，旁若无人地念起“字词句段篇、听说读写书”的语文教学“十字经”。你一言，我一语，竟然念过了站！发觉后，二人哈哈大笑，又徒步往回走。但余兴未尽，回头走的路上，又接着念。已经走到了张庆的家门口了，还要站着念一念方肯罢休。

一个深秋的下午，我们到徐州市第二十四中学听课。结束时，夜幕已经降临，而且下着小雨。我建议乘公共汽车回去。张庆说，走回去，一可以锻炼身体，二又可以拉呱儿（徐州人叫闲谈为拉呱儿）。二人共打一把伞，呱唧呱唧硬是走了至少15华里路！我开玩笑说：“你别说，念‘十字经’还能解乏呢！”

一天，张庆向我讲了这么一件事：1982年，徐州市小学升中学考试成绩一揭晓，没想到全市语文考得最好的是名不见经传的一所小学的六（1）班。这个班的作文成绩尤其突出。那年的作文考的是写信。这个班格式正确率为100%，而全市的正确率还不到30%。就内容而言，这个班写的也大都是上乘之作。这位语文老师顿时成了我市小语界的新闻人物。为此，张庆还专门去访问她，请她介绍一下教学经验。她苦笑了一下，说："我哪里有什么经验。在临近考中学的半个月前，我收到一封信。信封上款写着我校和我班，当中写着'知心姐姐'收，落款是'北京中国少年报社'。我想，六（1）班的'知心姐姐'非我莫属喽，第一，我年龄大，第二，我是女的，于是拆开了展开信纸一看，原来是我班的一位同学写信给《中国少年报》的'知心姐姐'，控诉我加班加点摧残他们的！我感到非常惭愧。汗颜之余，我又感到不安。这个班我教了整整六年，马上就要毕业了，可是学生还不会写信（写信的，还是一位学习比较好的学生）！在良心和责任心的驱使下，我一方面适当减少作业量，一方面教孩子怎样写信，怎样写信封。没料到，今年考的正是写信。纯属意外！"

我听了这个故事，对张庆说："看来，不是学生笨，而是老师没教。和不教农民怎样种庄稼，光教怎样培植人参，到了农村，多数人肯定是用不上道理一样。虽然学生的作文是一种练习，不是实际意义上的应用，但是，他们掌握书面表达的本领毕竟还是为了应用。而且他们在现实生活中，已经开始用上了——比如您说的这个故事中的一位学生写信——我们为什么不从练习的时候就教他们使用的本领呢？"

张庆说："对，问题就出在我们的指导思想上。还是叶老的那句话，没认真去想一想学生为什么要去学作文。我们要瞄准社会的言语交际的实际，从社会的言语交际的实际出发。"

我说："我好像在一篇文章里见到叶老说过这样一句话'作文要使练习和实际一致'。"

我们就这样一回回、一次次地魔魔道道地交流着自己的看法，思维的火花撞过来撞过去，慢慢地，眼前竟然撞出一条清晰的路！张庆勤于笔耕，他把我们的谈论所得写了下来，名曰：《传统作文教学的弊端及其对策》，然后以他、我和张朝俊的名义发表在1985年第1期《徐州教育科学研究》上。

文章指出：

传统的作文教学文学化倾向严重，脱离了现实的言语交际的需要。

传统作文教学重写轻说，即重视"操笔为文"，而忽视"口耳之事"。

传统作文教学以命题作文为主，但是"情以物迁，辞以情发"，"胸中不先有意思情感，单有一个题目，而要动手写文章，我们有这样的时机吗？……命题作文违反了一篇文章产生的自然程序"（叶圣陶语）。

传统作文教学从命题、指导、批改至评讲，全由老师包办，违背了学生为主体、老师为主导的教学原则。

即便如此，我们也认为，不能全盘否定命题作文，不能否定学生喜闻乐见的、行之有效的看图说话、看图作文，以及其他形式的作文。这些我们都想到了，而且写上了。

我们的大体构想是，把“从社会言语交际的实际需要出发，为社会言语交际的实际需要服务”作为指导思想，把“先有生活、感受而后作文”，“从交际中学会交际”，“各种文体交叉、说和写交叉、读和写交叉”作为三条原则，把“寓说写训练于交际、活动之中”作为基本的训练形式，“使说话、作文成为现实的言语交际”（潘自由语）。

这只是个构想。

摇羽毛扇的张庆对我说：“你是想当个一般的特级教师呢，还是想在‘特级’前面加上个‘著名’二字呢？”

“您是说，要继续前进，不要就此止步，是不是？”

“是的。叶老、潘自由的理论，还有我们的一些想法，不能只印在书上。理论再好，束之高阁，就是一纸空文，必须付诸实践。而实践我们这一理论的任务责无旁贷地落在了你的肩上。带实验班、上课，舍你其谁？”

当时身为市教研室主任的张朝俊也敲边鼓：“我们的徐惠通老师常说，教研员应当又教又研。实践是第一性的，只有实践才能出成果。”人家到底是领导干部，说话带有干部腔。

我这个人一来不甘寂寞，二来好说话，经不住别人的怂恿。1985年秋，新学年开学不久，我便在鼓楼小学兼起一个班的作文课。“言语交际表达训练”的实践从此正式开始了。

49. 探索

——“言语交际表达训练”实验的实施

一

士兵攻克一座碉堡，拿下一个阵地，绝不比战略家制定战争策略、战役方针付出的代价小。在书斋里可以高谈阔论，走出书斋，让“精神”变“物质”需要的则是冷静。

一个现实的问题摆在面前：教学计划怎么制定？课怎么上？脚下没有现成的路，只能摸着石头过河。实验的道路完全是一个探索的过程。我把探索的触角伸向四面八方。好在我的“触角”比较敏锐，很快——只用了五年的时间——就探索出几条有效途径，找到了几种可行的办法。

二

办法之一：利用生活本身提供的言语交际的机会和素材进行说写训练。

例一。

和我一起带实验班的班主任邓老师生病了。她人在家里心在校，班里的几个后进生尤其使她牵肠挂肚。学生们知道了，纷纷要求去看望邓老师。

“我们怎么表示一下自己的心情，带点什么东西去呀？”我问。

众口一词：买糖果，买水果，买罐头。还有个小朋友说：买巧克力。

——毕竟是上二年级的孩子。

我说：“买什么都不如写封慰问信好。邓老师读了你们甜甜的慰问信，病一定好得快。”

慰问信既然有如此大的效用，且不花什么钱，同学们当然乐意写。可是不会！不会没关系，我教嘛。会了，还上学吗？

于是，我教他们写信的格式，教他们写什么内容。

慰问信写好了，我分批带小朋友到邓老师家里去慰问。学生们动情地读着慰问信，泪水从眼角流出来，经过红红的腮帮和嘴角，滴在信纸上。邓老师也不时地用手帕擦拭眼角。临走，邓老师希望小朋友把这次活动写下来，题目就定为《慰问邓老师》。并说，这篇作文由她来改。孩子们忽然变得懂事了，人人写得用心。是呀，不能马虎，不能潦草，不然邓老师会不高兴的。要知道，邓老师的病还没好彻底呢。

例二。

四年级一位叫邓刚的学生在校外拾到一笔巨款，交给了校长。我把装钱的提包拿到了课堂，请大家想个寻找失主的办法。这难不倒已经上三年级的学生，他们立即取出纸和笔写“招领启事”。写作能力稍差的杜飞、祖庆涛把写好的启事争着递到我鼻子底下，一个劲地问：“于老师，您看我写得行吗？别人会不会冒领去？”他知道，这是真格儿的！再也不是“假如我拾到一个钱包，应该怎样写招领启事呀”的“假如”了。

我说了“行，不会让别人冒领去”后，庆涛还不放心，问我字写得行吗？人家认识吗？是不是还要重新写？那种认真的表情，我至今还记得。

我选了十几张“招领启事”（其中有庆涛的，可不能把学习有困难的学生遗忘了），请邓刚带着两名学生张贴在拾钱包附近的地方。

不到一个小时，失主便气喘吁吁地找来了。接着，我们又以“红领巾广播站”小记者的身份采访了邓刚，写了一篇报道。当学生们从广播里听到了自己写的文章，从报上看到了自己写的报道，心里乐开了花。哦，他们明白了，写文章有用哩！

例三。

朱校长收到一封用大红纸写的表扬信。被表扬的是教我们班数学的周老师。信是她的一位邻居写的。大意是，这位邻居的母亲心脏病犯了，幸亏被放学回到家的周老师发现，打电话要了救护车，及时送到医院抢救，不然后果不堪设想，特此向周老师表示谢意，并恳请校长予以表扬。我把它拿到教室，念给学生听。学生们为之感动。

“想不想把这件事写下来？”

“想！”

“那我们把周老师请来，把这件事的来龙去脉问个明白。先把你们要问的问题写下来。”

要不是上课，学生们准会把周老师给围起来。就像追星族拥戴歌星一样。周老师不好意思讲。学生们岂肯罢休？你一言，我一语，终于问了个水落石出。

于是一篇文章又产生了。

我对赵星说：“请把你写的送到广播室去吧，让广播员明天早晨广播广播。”

我对高原说：“请把你写的送给朱校长吧，她正要知道这件事的前后经过呢。”

当我把探索的触角伸向学校、家庭、社会等生活领域，用“言语交际”的眼光审视它们，我立刻发现了一个作文教学的新天地。

三

办法之二：创设言语交际的情境，进行说、写训练。

例一。

上课铃声落了，可我还没有到教室。小朋友们眼巴巴地望着教室门口。不料，走进教室的不是于老师，而是一位阿姨。

“小朋友，于老师在这儿上课吗？”

小朋友点头。

“小朋友，我是鼓楼区文教局的，局长要我通知于老师，今天下午两点，带着教学计划到文教局开会，我还有事，不等他了。等会儿于老师来了，请你们转告他，好吗？谢谢！对了，告诉于老师，千万别迟到！”

这位阿姨说完，转身走了。

片刻之后，我匆匆走进教室，说明了迟到的原因 —— 刚才有位家长找我。话音未落，小朋友纷纷举手，说有一位阿姨找我，刚刚的。

“阿姨姓什么？叫什么名字？”我问。

小朋友摇头。不少人眉头紧皱，个别人跺了一下脚。是呀，怎么忘了问呢？

“她有多大岁数？个儿是高是矮？身体是胖是瘦？长相怎样？穿的什么衣服？”我依次问，学生依次答。

当小朋友们生动形象、妙语连珠地将这位找我的阿姨从头到脚地描述完毕后，我十分高兴地说：“哎呀！那不是文教局的方老师吗？肯定是她！”

小朋友们异常兴奋，他们觉得，这半天没白说！

我又问：“方老师找我有什么事吗？”

于是，孩子们又纷纷向我转述方老师的通知。

第二节课，我请小朋友们将方老师的外貌和送通知的事写下来。我说，写好之后，我打个电话，请方老师来，读给她听听，看谁写得像。

孩子们来了劲。

当方老师再次出现在学生们面前时，孩子们热烈鼓掌。

“上节课是不是这位老师找我？小朋友们，知道我为什么没猜错吗？那是因为你们说得好，说得准，说得像！”

兴奋的红云再一次浮上了孩子们的面颊。

接着，学生们争相为方老师读作文。写得像的，方老师便奖励一张小卡片。孩子们开心极了。

可是，小朋友哪里知道，这一切都是我事先安排的！

例二。

我搬了一台轧面机来到教室。学生们莫名其妙，目光集中到轧面机上。我告诉他们：文教局食堂的孙师傅为了改善老师的伙食，买了一台轧面机，可是孙师傅没有文化，看不懂说明书，便来请教我。我想请同学们讲给孙师傅听，不知大家愿意否？

回答当然是肯定的。于是大家看说明书（事先复印好的），实地操作（我又借了三台机器）。掌握之后，再教孙师傅。教完之后，我让学生写一则日记 —— 记下自己刚才的所看所做所感所想。日记的内容出乎意料的广泛：有写我当小老师的，有写不耻下问的孙师傅的，有议论没有文化寸步难行的，还有写小巧玲珑的轧面机的……

其实，文教局根本没有食堂，更没有孙师傅其人，当然也就更无买轧面机之事。这个言语交际的情境也是我创设的。

要是生活一时不能提供说、写机会和素材，就创设。人，是活的；思想，是活的。不能坐着等米下锅，要主动找米下锅。

四

办法之三：开展活动，相机安排说、写训练。

一天，学生朱飞飞拿了一个又大又红的苹果非要我咬一口尝尝不可。

“谁买的？”

“我买的。售货员说，这种苹果又好看又好吃。”

“你上当了。”我说，“这种苹果叫红玉。它红得像玉似的发紫发亮，惹人喜爱，却不太好吃，属于二类果。不信，你咬一口尝尝。”

当时，正值苹果成熟的中秋季节。我顿时萌发了一个念头，何不带孩子们到苹果园认识几种常见的苹果？制订活动计划时，忽然觉得在活动过程中可以安排一些说、写训练！比如，可以将活动通知家长，可以写日记，举办展览还可以当讲解员！这时，我竟像孩子似的高兴得跳起来！据说，作家有所谓的“创作灵感”，灵感一来，文思泉涌。另据和尚说，只要专心致志地念经，念着念着，神就来了。上面两种体验咱们没有。但是，当我执着地追求某种什么，执着到入迷的程度的时候，说不定哪一会儿，心头便会豁然一亮，那某种什么便会出现在你的面前。这可能就是“灵感”。看来，“灵感”，不是别的，乃是冥思苦想的必然产物。

于是，没用一个小时，“认识苹果”活动计划便制订好了。

我将参观果园的活动决定告诉了学生。学生们欢呼雀跃。“且慢！”我说，“果园可不是一般的去处。你们去了，我还真有点不放心。”到底上四年级了，学生们灵得很，大声说：“您还信不过我们？我们保证不偷摘苹果！”“口说无凭。”“那，我们每人给您写一份保证书！”

“哗啦啦……”人人从文具盒里拿出了笔；“刷刷刷……”笔尖立刻在纸上倾吐出一行行的字。几个写作水平低的学生因“偷看”别人的，而遭到了“检举”。我说：“这不叫‘偷看’，而叫‘虚心好学’。”学生们笑了。一个男孩站起来，咬着我的耳朵说：“我看同位的写了五条，比我多了两条，我怕您不让我去，我就把她的两条抄过来了。”

我心里想，这有什么不好？此时的抄，对他们来说，不也是一种学习吗？

我夸奖他说：“这叫做虚心好学！”

此时的写，成了一种需要；写，成为活动中的一个有机组成部分。

放学时，我要求每人将这次活动的时间、地点、要求以及要准备的东西告诉家长。—— 以上是第一步。

第二步，到果园参观，请园艺师分别从形状、颜色、品质、类别、成熟期几个方面向学生介绍了金帅、红星、小国光、倭锦、红玉五种常见苹果。不但看，还亲口品尝。最后果园以最低廉的价格卖给每人一袋苹果。每袋中五种苹果都有。家庭作业：必做的是，回家向家里人介绍这五种苹果；可做可不做的是，写一篇日记。

第三步，为举办“苹果展览”写“展品说明”，练习当讲解员。

第四步，写“海报”—— 发布四（1）班举办苹果展览会的消息，欢迎全校师生参观。

第五步，布置展室。

第六步，为前来参观的师生讲解。

第七步，为报社写报道，并为将要在报上发表的一幅照片写说明。

至此，“认识苹果”活动全部结束。在这次活动中，我们进行了三次说的训练，六次写的训练，其中有应用文，也有记叙文。每次说、写都是活动本身的需要，都是活动本身的不可缺少的一部分。《教育心理学》上说：“需要是个性积极性的源泉。”正因为如此，说也好，写也好，学生都是自觉地、全身心地投入。

从此，我每学期至少搞一次学生喜爱的活动，在活动中，相机安排说、写训练。

五

办法之四：通信作文。

1986年春的一天，我和邳州运河师范附属小学的冯主任一起开会，得知运师附小的一年级也在搞提前读写的教改实验。我立即产生了一个“通信”的念头。于是请她给我们介绍一个班，和我们班结为“友谊班”，每班同性别的同学结为“对子”，在老师指导下，定期通信。这个想法立即得到了一同开会的张庆老师的同意，冯主任也支持。

两班的学生开始写信。第一封，是我们写的，信中对自己做了自我介绍，从个人到家庭，并附去了一张照片。后来，每个学期，我们把课文中大部分作文训练项目都“编织”到信中去了。信，在这里只是一个形式。而信的内容，既有写人的，也有记事的；既有描景的，也有状物的；既有说明的，也有议论的……在这里，作文完全成为一种需要，一种交际的需要。他们都努力去写，努力把字写好，怕的是朋友笑话。

到了三年级，孩子们沉不住气了，一致要求见见通了两年信的朋友。于是，我们决定，每年我们互访一次。县城的孩子游览了徐州的市容、名胜古迹，参观了工厂，在朋友家吃、住，感受到了人与人之间的温情与关心，并学习了交往；城市里的孩子到农村参观了农田、菜地，终于弄明白了韭菜和麦苗的区别，在朋友家做客，同样也感受到了农村人的淳朴与真挚，学到了交往的本领……毕业前夕的联欢会上，情融融，意浓浓，朋友们手握手，女孩子们哭成了泪人。我也为之动容，讲话时哽咽了。

联欢会是在两个班同学手拉手唱的《歌声与微笑》中结束的。学生们是微笑着唱的，但眼里却含着泪花。

我相信，我的学生们，1990年毕业的鼓楼小学五年级一班的学生们，还有邳州运师附小五年级一班的学生们，一定也忘不了这感人的一幕。

通信作文的意义，远远超出了作文本身。

六

“言语交际表达训练”否定了为作文而作文、为升学考试而作文的思想，强调了应用学科的应用性，强调了作文教学的社会效益。

这项实验很快得到了专家、学者的高度评价。周一贯先生在《教改与实验》上撰文说，我们的作文实验代表了当前作文教学改革的“主要走向”。

但，我和我的同事们只是开了个头。以后的路还很长很长。

我们还清醒地看到，这项实验，只是对传统作文教学的一个补充。它不能包打天下，不能取传统作文而代之。因为，小学生作文毕竟是一种练习，多数情况下，还不是实际意义上的应用。

任何时候，都要正确估价自己。

50.“下　水”

一

“下水”是叶圣陶先生打的一个比方。原话是：“‘下水’是从游泳借过来的，教游泳当然要讲一些游泳的道理，但是教的人熟谙水性，跳下去游几阵给学的人看，对学的人好处更多。语文教师教学生作文，要是老师经常动笔，或者作跟学生相同的题目，或者另外写些什么，就能更有效地帮助学生，加快学生的进步。经常动笔，用比喻的说法说，就是‘下水’。”

我有动笔的习惯。上学时，我最喜欢作文课。一写作文就会忘记一切，走进自己想象中的世界。工作了，业余时间喜欢写小说、教学札记。文章只要写了个开头便放不下，说食不甘味、卧不安席绝不过分。备作文课，我都得先写写。备课本上的作文题，似乎不是给学生出的，而是给自己出的。不少同事羡慕我这个动笔的习惯。这的确成了习惯，习惯到“见了题目就想写”的地步。说“人是习惯的奴隶”，我信。

一次，教导主任检查我的作文备课。阅毕，主任对我说：“你每次备课为学生写篇范文，而且有时一篇文章写好几个开头，这很好。但是教学过程写得太简单了。”

我近乎嬉皮笑脸地为自己开脱：“我一‘下水’，哪里深哪里浅，便心中有数了。从构思到写作，那过程心里自然也有了，所以，就写得少了点。”接着我把叶圣陶先生关于“下水”的话说了一遍，以为佐证。主任摇摇头说：“实在不敢苟同。”

我在心里说：“我如果当了主任，我一定这样向语文老师说‘题目出好了，能亲自“下水”，写一篇“下水文”，就是最好的作文备课。’”

后来，我果然当了教导主任；又后来，还当了徐州市鼓楼区教研室的主任。“一朝权在手，便把令来行”。于是先向全校、后来向全区的语文老师竭力鼓吹这样一个观点：“写‘下水’文就是最好的作文备课。”

居然也就有人赞同。

二

写“下水文”可不是让学生抄的。“下水”的目的首先在于了解题目的难易，怎样写才好。

一年春天，学校举行过运动会后，我们年级组决定让学生写《记我校春季运动会》的作文。开始我没觉得有什么不可的。可是一“下水”，问题来了，我发现这个题目太大。一天的比赛项目那么多，如果从开幕式写起的话，什么时候能写完？是要“有详有略”，但“略”得太多，又对不起“我校”二字。我写了三张稿纸，才把这个题目做了一半。“不行！”我在心里说。说完，便把草稿撕了。我决定“化整为零”，把题目改为《春季校运会散记》，大题目下边，再分三两个小题目写。这个意见得到了年级组老师的同意。因为我班赵彪参加男子四百米赛得了冠军，女子四百米接力赛因其中一位运动员摔倒而痛失夺魁的机会，所以，我命了这样两个小题目：《“赵彪第一！”》《虽败犹荣》。这两个小题目必作，还想写别的话自己选材自己命题。

下面是钱红平同学写的《“赵彪第一！”》：

“570号，请准备参加400米决赛！”陈老师在扩音器里喊着。570号就是我们班的赵彪。他干什么都不急不慢的。在同学们的再三催促下，他才脱下毛衣和长裤向集合地点走去。手里提着一双旧跑鞋。磨损了的鞋头记载着他为跑步付出的代价。

在起跑线上，参加400米决赛的运动员有的活动膝盖，有的练习起跑。赵彪只把腰部活动了一下。

“各就位——预备——”发令员发出命令，同时高高地举起了发令枪。运动员做好了起跑的准备。“叭！”发令枪发出清脆而扣人心弦的响声。四名运动员像狂奔的烈马，齐头并进。不一会儿，彼此就拉开了距离。跑在前面的是穿蓝背心、白短裤的运动员。他就是赵彪。他身轻如燕，跑鞋卷起团团灰尘，几乎看不见他的小腿了。

“赵彪，加油！赵彪，加油！”我们有节奏地喊着。还有于老师，也跟着喊。

离终点不远了，我大声喊道：“赵彪，加油！后面有人赶上来了！”

其实第二名离他还有一段距离。赵彪却信以为真，加快了速度。他还真有后劲！

“赵彪冲线了！赵彪第一！”同学们激动地叫起来，那条白得如雪的线，缠在他身上，飘着，飞着，好像两条大辫子。

我的一颗悬着的心，终于落下来了。

倘若我不“下水”，我这“化整为零”的主意是怎么也想不出来的。

一“下水”，什么都了然于心；老师明白了，学生才会少走弯路。如果让学生写《记我校春季运动会》，岂不害苦了学生！“下水”是“想当然”的大敌。

三

写“下水文”不是给学生抄的，但有时候要念给学生听，为学生示之以范。什么时候念？念多少？

一次，我出了个《大扫除》的题目。大扫除对学生来说真是司空见惯的了，按理说会写好的。其实不然。下面是一位同学写的“擦玻璃”片段：

擦玻璃的同学行动很快，他们站在窗台上认真地擦，不一会工夫就把玻璃擦得干干净净。

这么一项需要付出艰辛与细心的劳动，只寥寥数语便交代了。本来我可以直截了当地告诉学生如何写，如何去刻画动作、神态什么的，但我没有那样做。我念了上面学生写的这个片段，接着又念了我的“下水文”中写擦玻璃的片段：

“大扫除现在开始！”老师的话音还未落，擦玻璃的同学就出现在窗台上，谁也没有注意他们是怎样上去的。李玉伟先用湿抹布把玻璃擦了一遍，再用卫生纸擦。难擦的小黑点，她就用手指甲刮。每擦一块，她就跳下窗台，歪着身子看，看看还有没有不干净的地方。有时她还拉着别人看呢！我走到她跟前，表扬说：“李玉伟擦得真认真！”她笑了，两眼变成了一对小月牙儿，但嘴抿得紧紧的。她身边的曹敬云没有笑，但是我发现，她擦玻璃的动作加快了。

两相比较，学生自会看出自己的毛病所在，悟出修改的方法。这种“下水”指导的优越性是任何口头说教都不能比拟的。

这是选择在学生“尝试错误”之后，针对问题读“下水文”的。我没有读全篇，因为这次作文学生在谋篇布局上没大问题。

“尝试法”有它的好处。但对于比较难写的作文，不一定非得让学生栽个跟斗，头上碰个大血包才亮“下水文”。

徐州人爱菊。有每年秋天举办菊展的传统，不但各大公园有，就连街道上也有。深秋的徐州是菊花的世界。可惜有些学生熟视无睹，没有艺术大师罗丹的那种能“在别人司空见惯的东西上面发现出美来”的本领，因而很少有人把菊花写好。

一年，我带学生到徐州市博物馆的碑林看菊展，发现这里的菊花都标明了名字，每个名字都富有诗意，或从色彩，或从花型，或从姿态，或综合各方面的特点，非常贴切地概括了这种花的特征。如“千手观音”，每个白色的花瓣顶端都分出五个杈，有的弯曲着，像半握着的拳头；有的全展开，像伸直指头的手掌；有的伸二屈三，像一朵盛开的兰花。整个看去，一朵花就像由许多小手组成的。“千手观音”的花名由此而来。

我立即把学生集中起来，在“千手观音”花前，将我的发现告诉他们，并讲了“千手观音”的传说。最后，我提醒他们，赏菊花（当然还有其他的花）的时候，千万别忘了看花名。看了花名，再去看花，看完花，再去看花名，然后想一想：人们为什么给它起这个名字，这样，就会抓住每种花的特点。

这么一“点”，不但激起了学生的观察兴趣，而且激活了学生的思维。“由花名入手”，是这次赏菊的一大收获。特点抓住了，但写起来并不容易。因此，我把《看菊展》这个作文题目写在黑板上并做了简单的提示之后，便读了我写的《看菊展》一文。为什么要读全文？因为这虽然是一篇写活动的记叙文，但是又应当以“状物”—— 写菊花为主；而写菊花又不能面面俱到，必须详略得当；为了使文章有生活气息，活泼一些，还要写人物，而且全文应以“参观”（看）为主线，注意段与段之间的衔接……这些都有一定难度，所以，我读了我的全文。下面是《看菊展》中对“高山流水”（一种菊花的名字）的一段描写：

> 由花的姿态而得名并且十分贴切的，莫过于“高山流水”了。
>
> “高山流水”的茎粗壮挺直，叶子肥大稠密，而且下垂，一片一片的，紧紧地抱在一起，看上去像绿色的山崖。花朵并不大，但花瓣特别长。白白的、细细的、长长的花瓣，稀稀拉拉地从绿叶上垂下来，恰似悬崖上挂着的涓涓细流；快拖到花盆的花瓣顶端，向上一翘，弯成一个个圆圈圈，又像溅起的一朵朵浪花。侧耳细听，仿佛能听到潺潺的水声……

我写得动情，读得也动情。学生们被深深地打动了。他们情绪高涨。就连写作水平低的学生脸上的愁云也一扫而空。反过来，学生的表情又感动了我。我很高兴，为我的示范能克服学生的畏难情绪而高兴。这时，我觉得我是一位连长，是一位在训练中身先士卒，第一个越过400米障碍的连长。

身体力行的连长，技高一筹的连长，能点燃起士兵激情的连长，能消除战士畏难情绪的连长，战士们不高呼“万岁”才怪呢！

“行得一事，即知一事。”不看，不写，不想，心中哪里会有“谱儿”呢？

四

老实说，小学生在作文中说假话，都是由于教科书和老师的要求不当造成的，出作文题动辄冠以“有意义”“难忘”“有趣”，那是不了解学生。学生的童年中哪会有那么多“有意义”的事？许多人为了“有意义”，只好胡编乱造。

我从来不命这样的题目。我以“下水文”告诉学生，身边要写的实在太多，不必去编造。

下面一篇“下水文”告诉学生要多听。

“明天最低温度多少度？”奶奶问爸爸、妈妈。爸妈正在看电视里的“天气预报”。

“零下7度。”爸爸说。

“寒潮果然来了。”奶奶说，“明天别忘了给玲玲加衣服。她的红毛衣放在大衣柜里第三个抽屉里。”

妈妈说：“妈，您放心，我这就给孩子拿。”说完，果然从大衣柜的第三个抽屉中把我的一件红毛衣取出来了。奶奶怎么记得那么准呢？我心里一热，对奶奶说：“奶奶，明天您也别忘了加衣服呀！”

奶奶笑笑说：“这个我知道。不过，我不出门，不会冷的。”

下面一篇“下水文”告诉学生应当多看。

我的同桌叫刘志成，今年10岁。他长得高高的，胖胖的。圆圆的脸上常常挂着汗珠，小平头上冒着热气。一双眼睛虽然不大，但是很有神。他常穿一身蓝色球衣。上衣的前面印着“光明小学篮球队”几个字，后面印了一个“5”字。因为天天练球，平时又喜欢蹦蹦跳跳，所以他一年总要穿破好几双鞋。这不，他脚上的一双球鞋才穿了一个月，前面就裂了个口子。

如何选材的道理要讲，但是如果没有“例子”，那道理是干瘪的，不会久留在学生脑子里。

五

写的时候，是“下水”；念给学生听的时候，就是“例文”了。所以，我写“下水文”时，完全是以我教的学生中的极其普通的一员的身份（或者说心态）去写的，尽量写得有“孩子气”。

他们看到这个题目会怎么想？会有什么样的思路？哪些地方会遇到障碍？我总是这样问自己。如果忘记了自己是站在学生这个角度去写的，就使“下水”的意义减少了一大半，因为为学生出的题目能难住老师的没有。

因为“下水文”多数又要读给学生听，所以我尽量做到语言准确、浅显、畅达，读起来朗朗上口；在叙事状物上，我力求富有儿童情趣。下面是我为中年级的学生写的一篇“下水文”：

给爷爷洗脚

爷爷的病终于好了，全家人心里的一块石头落了地。

吃过晚饭，我把爷爷扶到藤椅上，拿起今天的报纸，想读给他听。

爷爷说：“文建，我想洗洗脚。洗完脚你再读吧。”

“好哩！”我放下报纸说，“我给您打洗脚水去。对了，爷爷，报上说，老年人晚上用热水洗脚有利健康呢。”

我从厨房里端来一盆洗脚水，放到爷爷跟前。盆里的水冒着热气，爷爷很吃力地脱着袜子。他说：“人老了，腿抬不起来了。”

“爷爷，我来帮您脱。”我边说边把爷爷的袜子脱下来。

爷爷把双脚放进脚盆里，脸上露出舒服的表情。他想用手搓洗一下，可是腰弯不下去，只好两只脚互相帮助——左脚搓一下右脚，右脚搓一下左脚。我连忙蹲下去替爷爷洗，从脚面到脚底，连每个脚趾缝都搓洗得干干净净。

爷爷说：“文建，你真是我的好孙子！”

我说：“爷爷，‘香九龄，能温席’，我今年都十岁了，难道不能给您洗洗脚吗！今后，您洗脚的事儿我包了。”

洗完脚，爷爷舒服地躺在藤椅上，微闭着眼睛，听我读起报来。

刘勰说：“情者文之经，辞者理之纬。”说的是情理是文章的主干，文辞是情理所不可缺少的表现形式。我为学生写“下水文”，不但注意一个“浅”字，一个

“趣”字，还注意一个“情”字，一个“理”字。

至今，我还清清楚楚地记得，我充满感情地读这篇“下水文”时学生们的表情。

什么事情都不是绝对的。到了高年级，我在“明白如话”的前提下，还注意文章意境、文章的韵味，努力做到淡而有味。

下面是我为高年级学生写的一篇“下水文”：

春天的果园

我们来到果园，正是桃花盛开的时候。

眼前的这一大片桃花，就像从天上飘落下来的云霞。我们漫步在桃花丛中，好像不是人在走，而是云霞在飘荡。

不知为什么，同学们在果园里，就像在课堂里一样，没有一个人喧哗。就连嗓门最高的朱飞飞说话也细声细语了，是不是怕声音大了会把桃花震落?

同学们走着，看着，闻着。小鸟在天空歌唱，蜜蜂在花间飞舞。桃花开得真多，密密麻麻地缀满枝头。嫩绿的叶芽儿从枝头、花的背后钻出来，使桃树更加生机勃勃。是因为花太艳才使得芽更绿，还是因为芽太绿才使得花更艳，谁也说不清。

俗话说：“桃花开，杏花败。”桃园旁边的几十棵杏树上，只剩下稀稀落落的花儿，颜色也褪成白色了。我们正欣赏着所剩无几的杏花，又有几片花瓣飘下，真是“不摇花已落，无风花自飞”呀。

老师指着树枝说：“‘花褪残红青杏小’，你们仔细看，那小小的青杏多可爱！”

我们立刻顺着老师指的方向看去，每个花托里都有一个小青杏。那杏绿豆般大小，毛茸茸的，像刚睡醒的小宝宝。

杏花谢了，使春天减少了一分色彩；但是那小青杏，又为春天增添了一道新的风景线。

有些青年教师对我说，写“下水文”并不难，但是做到语言儿童化，写出儿童的情趣很难，理由是老师是大人。我却认为容易。理由是我写“下水文”时，把自己当作了小孩。是小孩，哪里还会有大人腔呢?

如若不信，不妨一试。

后来，经验多了，也不是篇篇“下水”，但腹稿是一定要打的。有了腹稿，便会出口成章。

51. 命题的艺术

一

题目是文章的眼睛。

给文章起个好题目很不容易。我有好多文章，都是写好了之后才会想题目的，有些题目是请别人想出来的。

1981年，徐州出了个模范民警杨光彩。一天夜里，他在追捕犯罪分子时，不幸牺牲。我的朋友王曾平为此写了一篇报道。几千字的专题报道没难住他，起题目的时候却让他费了不少心思。改来改去，最后定了个《短暂而不平凡的一生》的题目。不久，《新华日报》在头版头条发表了这篇文章。不过，题目改了，编辑把它改为《光彩的一生》。我和曾平拍案叫绝，连声道："文章本天成，妙手自得之！"写文章如此，起题目也是如此！

给文章起题目是一门艺术。老师给学生出题写作文叫"命题"。因为学生必须按题目去写文章，所以给学生出题目 —— 命题 —— 更要讲究点儿艺术。

二

我刚参加工作时不讲究，也不知道讲究。老实说，我给学生出的题目，多数还是从我的老师以及同事们那儿"贩"来的。翻开我以前的作文备课，这样的题目比比皆是：

《我熟悉的一个人》《我第一次……》《我敬佩的一个人》《我和 ××》《一件有意义的事》《一件难忘的事》《一件有趣的事》《暑假见闻》……

小学生以写记叙文为主是对的，但什么事都冠以"难忘""有意义"，什么人都限以"敬佩"和"高尚"等，就把孩子给框死了。多少年来，相沿成习。单就这些作文题目，就把作文教学引入了一个死胡同。这些题目一出现在黑板上，打个比方，就像放在小学生餐桌上的一盘用老白菜帮子做的、缺油少盐的菜，不只是索然无味，而是倒学生的胃口！我们的心是好的，怕学生写的内容无意义、不健康，而受到不良影响。其实谁都知道，问题不在于出什么题目、写什么内容上。母亲过于溺爱自己的孩子的时候，许多顾虑往往是多余的，许多以为有道理的规定和限制，不但无益，反倒是有害的。

小学语文教学大纲上的这句话是完全正确的："小学生作文就是练习把自己看到的、听到的、想到的内容或亲身经历的事情，用恰当的语言文字表达出来。""练习"是对小学生作文的定性，它只是一种练习，练习用笔说话。"看到的、听到的、想到的"以及"亲身经历的"是对写的内容的规定和提示。可惜我过去对这一点论述没认真领会，没有研究学生的实际。看来，不从实际出发，不实事求是，作文教学也搞不好。我女儿上小学五年级的时候对我说，她的大部分写人记事的作文内容是自己编的，既无其人，也无其事。她很坦诚："哪有那么多值得尊敬的人？哪有那么多有趣的事？没有不得编吗？"幸亏她会编。如果不会编，那又该怎么办呢？

从此，我便十分注意命题。

三

1996年清明节，我和徐州市鼓楼小学六年级（1）班的学生一起到淮海战役烈士纪念塔凭吊革命先烈。回校后，我出了好几个有关凭吊活动的作文题让学生选写。陆璐为难地说："于老师，我没去。"

"我知道，那天你请病假了。"我安慰她说，"别愁，你的作文题，我早想好了，请看——"说着，转身在黑板的一边写下了这样一个题目：《家里，只有我自己》。

陆璐高兴了。我说："请读一读，体会体会'家里'后面为什么是个逗号，点与不点有什么不同。"

这时，不只是陆璐，全班同学都在读这个题目。

陆璐沉思了一会儿，说："读了这个题目，那天我孤单单一个人在家里的情景立刻出现在我眼前，因为'家里'后面有个逗号，就不由得读得慢了。一读慢了，心里就有说不出的那种孤独的感觉。"

"孤独而又无可奈何，着急而又没有法子，自怨自艾，后悔不该不听妈妈的话，过早地减衣服，以致感冒发烧了，对不对？"

她点了点头。

"那就把你那天的这些感受，具体地写下来吧。让同学看看，你这一天是怎么在'家里'熬过来的。"

她写得真实、细腻、生动、感人，更难能可贵的是她身在家中，也能和这次凭吊紧密联系起来。我在全班同学面前读了这篇作文。请看其中的一个片段：

……时钟嘀嘀嗒嗒地走着。一秒、两秒……八点半了，现在，同学们可能正准备乘车去淮海战役烈士纪念塔。车来了，大家排着队一个一个地上。杨老师和于老师还像往年一样，在车门口站着，把座位让给同学。不对，今天集合早，可能同学们已经到地方了。这时，可能正在向烈士纪念塔献花圈……我坐在床上，反反复复地猜想着这些不知猜想了多少遍的问题。我人在家里，心还是和同学们在一起的。

望望天花板，灯还是那个灯；望望窗外，楼还是那座楼。我下了床，来回走动一下，觉得头不沉了。“如果去的话，肯定没问题，可是医生和妈妈不同意！哎，没办法。”我自言自语。我走到书架前，信手从书架上取下一本书，书名叫《驰骋疆场》，这是一本革命回忆录。我把它打开。这本书我虽然读了好几遍了，但从来没有像这次这样认真。读着读着，我仿佛置身于战场，听到了枪炮声，闻到了硝烟味，看到了冲锋的战士倒在血泊之中……我忽然又想到了同学们，这时，他们可能正在向烈士默哀……

到朝阳菜店采访文凤菊那天，孙莉因为有事没去。面对《文凤菊奶奶二三事》这个题目她当然无从写起。为此，作文指导课上我特意请几个口头表达能力强的学生回忆了那天采访到的关于文凤菊的事迹。学生们说的时候，我请孙莉专心听。我说：“你听的能力强，写的能力也强，听了别人的发言，你照样能写出这篇作文。我们不是说过，听到的事也可以写吗？”

事实正是如此，孙莉的作文比好多亲自去采访的人写得还棒！但是有一点要说的，“听到的”内容最好是“事”，倘若是“物”，是“景”，就有点难。不亲眼目睹景和物是不容易写好的。

命题要让每个学生有内容可写。这是最最要紧的，绝不能让一个学生去做“无米之炊”。有一年，我们到一家招待所改升学试卷。一到地方，食堂管理员就问我们当中有无少数民族的。阅卷的老师中，果真有两位回族老师。用餐时，他们二人专用一个小餐厅，饭菜也比较考究。为此，还引起不少人的“妒忌”，说管理员问的时候忘了冒充回民了。这件事对我启发很大。一位伙食管理员尚且能为每个就餐者考虑，我们当老师的不更应当为每个学生着想吗？

四

学生升入六年级了，有一定的分析和表达能力了，我决定让他们写一写自己。

上课了，我把一个“我”字写在黑板上，说：“这就是今天我们要写的作文题。最熟悉的人当然莫过于自己了。”

学生的表情漠然，几乎没有反应。

于是，我又在“我”的后面加了“这个人”三字，问：“这个题目怎么样？”问完，我用几种不同的语气读了这个题目。

个别学生笑了。我又不动声色地在这个题目前面加了一个“嘿”字，题目变成了《嘿，我这个人》。学生立刻交头接耳，议论起来。显然，他们心里动起来了。我请一位学生说说这个题目好不好写，应该写什么。他说，从“嘿”字可以看出，觉得自己还不错，很自豪。凡是觉得自己还行、做了感到自豪的事的同学都可以写。题“审”得不错。我表扬了他。我又在黑板上写了这样一个题目：《哈，我这个人》。有的学生看了，不由得“哈”地笑出声来。我说：“觉得自己很逗、很滑稽的同学可以写这个题目。把你们做的滑稽可笑的、出洋相的事写出来。”说着，我又出了这样一个题目：《咳，我这个人》。写完，我拉长脸读了一遍。我问学生：“如果你听别人叹了口气这样说了自己一句，你会觉得这个人怎么样？”学生说：“这个人一定不怎么样，提起自己很难为情。”“马尾拴豆腐——提不得，是不是？”我接着说，“每个人都会做过一些错事，做过一些后悔的事。有些同学看了这个题目，一定不由得想到了自己。”说到这里，一些男孩子发出会心的微笑。

成了。看着学生那生动、丰富的表情，我再讲就多余了。“大家写吧，”我说，“三个题目任选一个。”学生个个伏案疾书，没有一个皱眉头的。

几乎所有的语文老师都为学生出过写自己的同桌或《我和我的同桌》一类的题目。因为是同桌，互相了解，可写的事多。实践证明，如果题目出得好，能激发起学生的写作兴趣，效果会更佳。

一次上作文课，我像拉家常似的，问忠厚老实的朱磊属什么的。朱磊说：“属羊的。”“从一年级到现在，你和谁同过桌？”他环视了全班同学，报出了五六个名字。其中有两名男同学，一个叫白荣光，一个叫王昊。王昊比较调皮。我问王昊属什么的。王昊说，他是属马的，比朱磊大一岁。我问朱磊：“你们一‘羊’一‘马’，同桌的时候，相处得怎么样？”

朱磊红着脸，搔着头皮，几次欲言又止。

“好得没法说？”

有些学生笑了。朱磊脸更红了。

“噢，可能经常发生矛盾。我知道，王昊的外号叫‘耗子’。”

学生扑哧笑出声来。

于是，我在黑板上写了这样一个作文题：《“马”“羊”不合群》。同样的问题，我又问了几个人。有说相处得好的，有说“井水不犯河水”的，也有说“水火不相容”的。于是我又在黑板上写下了这样一些题目：《远亲不如近邻》《“马”“羊”一家》（这个班多数学生属马，少数学生属羊，其他属相的很少）。

我对学生说：“这些题目都是要求写你和你的同桌的。有的以写同桌为主，有的双方都要兼顾。大家任选一个写下来。”

因为从一年级到五年级和自己同桌共凳的，每个人少说也有六七位了，这其中有处得很对脾气的，有处得一般化的，也有处得很糟糕的，所以有些学生问我能不能写两个题目。这是破天荒的。学生的积极性为什么这样高，兴趣为什么如此盎然？我想，不能不说与我们的命题有关。

命题要有趣味性，要能激发学生的写作兴趣。

爱因斯坦说：“兴趣是最好的老师。”

作文命题少了趣味性，学生的主动性就会减少大半，就像做菜少了油盐就提不起人的胃口一样。

五

“再过两天就是‘三八’国际妇女节了。”作文课上我很庄重地对学生说。说完，在黑板的正中偏下的位置工整地写下了“‘三八’国际妇女节”七个字。“到了这一天，我们是不是应当向妈妈表示表示呀？”

我望着学生，学生望着黑板上的七个字。

片刻之后，我又问：“3月8日的那天早晨，你想对妈妈说的第一句话是什么？”我把问题缩小了，更具体化了。

有的学生说：“妈妈，今天是您的节日，祝您节日愉快！”

有的学生说：“妈妈，您辛苦了！今天是‘三八’节，家务活儿由我和爸爸来承担。”

“你当家？无须跟爸爸商量？——丁翊、张明，你们也说说。”这两位学生比较幽默，所以我点了他们的名。看他们有没有独出心裁的想法。

张明站起来，嗲声嗲气地说：“妈妈，今天是您的节日，我保证不惹您生气。”

同学们大笑。我说：“这也好。能一天不惹妈妈生气，就会有两天、三天……”稍微停了一下，我接着说，“乌鸦有反哺之义，羊有跪乳之恩。在‘三八’国际妇女节到来之际，我们应当向妈妈致以节日的问候，像刚才有的同学说的那样，道一声：‘妈妈，您辛苦了！’”说到这儿，我在黑板的正中写下了“妈妈，您辛苦了”六个大字，在“‘三八’国际妇女节”的前面，又加上了“写在”二字，在后面又加了“前夕”二字，并在“写”的前面加了个破折号，成为：

妈妈，您辛苦了

——写在“三八”国际妇女节前夕

学生明白了，这是一个作文题。上边一行是正标题，下面一行是副标题。

我让学生重温了《再见了，亲人》这课的写作方法，要求也用第二人称的写法围绕“妈妈辛苦”这个中心，选择几件事例写下来。

所有的学生都很动情，所有的作文都很感人。

下面是我保留的庄妍同学写的一篇作文：

妈妈，您辛苦了

——写在“三八”国际妇女节前夕

徐州市鼓楼小学六（1）班　庄妍

在我呱呱坠地的那一瞬间，我看到的第一个人就是您——妈妈。我牙牙学语，最早呼出的两个字也是“妈妈”。我长大了，第一个把我送进小学大门的还是您——妈妈！妈妈，后天是您的节日，您的女儿对您说：“妈妈，您辛苦了！”

我一提起笔，眼前就出现了您忙碌的身影、瘦弱的身躯；耳边又回响起您唱的《摇篮曲》，您讲的《狼来了》的故事，您哼的《小熊过桥》的儿歌。您先是抱着我走，后来又拉着我的手走，慢慢地又放手让我自己走……想到这儿，您的女儿对您说：“妈妈，您辛苦了！”

记得三岁那年，一次，因为我贪玩，不小心把右胳膊摔脱臼了，哭着来找您。您抱起我便往第一人民医院跑，一口气跑了二里路。医生给我诊治了一下，说：“好了，没大问题，是脱臼，以后要小心些。”我转过身看看您，您脸上还挂着泪花，额上还挂着汗珠。我扑在您怀里大哭起来……想到这儿，您的女儿对您说：“妈妈，您辛苦了！”

记得一年暑假，快开学了，我嚷着让您给我买新书包。过了两天，您送给我一个蓝布绣花书包。我高兴极了，问您在哪儿买的。您指了指缝纫机，笑着回答："是它送给你的礼物。"我明白了，原来这两天您晚睡早起在缝纫机前忙个不停是为我做书包呀！这事已过去很久很久了，可是每当我想起，便想说："妈妈，您辛苦了！"

在"三八"国际妇女节即将来到之际，我祝福您——妈妈，祝您节日快乐，万事如意！与此同时，我也祝愿全世界的母亲永远幸福！道一声：你们辛苦了！

刘勰说："岁有其物，物有其容；情以物迁，辞以情发。"

黄宗羲说："文生于情，情生于身之所历。"

好的命题，不但能激趣，还能激情。尽管小学生的作文只是一种练习，但是不论练习写的是什么内容，也都是有情的，只是不像成年人，不像作家那么鲜明，那么强烈罢了。

秋天的一个有月亮的晚上，我和学生在睢宁县大余乡的田野里散步。庄稼、树木、田间小道笼罩上了一层神秘的面纱，秋虫们无休止地演奏着，田野非常静谧。树丛旁、玉米地里的捉迷藏更富有神秘色彩……这个难忘之夜肯定要写的，我的命题是《月色溶溶》。从邳州乘汽车回来，和朋友挥泪告别的情景，深深印在了每个人的脑际，这场面自然也是要写的，我出的题目是《依依惜别》……

这些题目都有激情的作用。

六

作文命题忌大，忌空，否则学生会有"老虎吃天，无从下口"的感觉。因此，有些作文，我命题的时候就为学生选好了材，并为他们剪裁好了。游公园，览名胜，走访矿山、工厂，我从不出《游览××》《参观××》之类的大而化之的题目。一年清明节，我带学生凭吊淮海战役烈士纪念塔回来，出的大题目是《凭吊散记》。散记什么呢？我又出了下面一些小题，任学生选取二三记下来。这些题目是：《哀乐低回》《献上一朵小白花》《凝视着浮雕上的儿童团团员》《铁杆海棠》（这是塔前花坛中正盛开的一种木质海棠花）《荡舟》（凭吊结束，我们在淮塔下的青年湖划船）《雪松下的午餐》等。后三篇似乎与凭吊先烈关系不大，但我要求一定要和这次凭吊活动联系起来。"军营一日"活动结束后，我给学生出的题目是《"军营一日"拾零》。"拾"什么呢？我开列了以下几个小题目供学生参考：《龙腾虎跃》《被子、衣服和牙缸》《我挎起了冲锋枪》《靶场上》《解放军叔叔的西瓜大又甜》《我为叔叔唱支歌》。

这些题目显然比出一个《凭吊革命先烈》和《军营一日》好写得多。它们不但能激情激趣，而且起到了帮助选材的剪裁作用。化大为小，化整为零，也是命题的一种艺术。

题目确实是文章的眼睛。我们为学生出的题目怎么能让学生一看便有兴趣，便很动情，便产生写的欲望？怎么能让学生一看便觉得有话可说，有情可抒，觉得好写？这是我备作文课时考虑的一个重要问题。为它耗费的时间和精力，往往不比思考教学过程和写“下水文”少。

52.“小题大做”

一

这是20世纪80年代初上的六年级的一节命题作文课。题目是《我的启蒙老师》。

“懂得题目的意思吗？你准备写哪一位老师？”我问。

有的说，准备写上一年级时教语文的田老师；有的说，准备写上一、二年级时教数学的尹老师；还有的说准备写上一、二年级时教唱歌的杨老师的。显而易见，题目都读懂了。

“写哪一位老师定下来之后，大家先写一件事，我看写得怎么样。”

立刻就有动笔的。我知道，班里有那么七八位学生，无论命什么题，哪怕是狗尾巴花，都会洋洋洒洒地写上千儿八百字，给老师一个惊喜。但不少学生在咬笔杆。他们需要老师指点。

“是不是觉得没啥可写？不错，老师从事的工作是极其平凡的，似乎没有什么可写的。可是，你们想想刚刚学过的鲁迅先生的《在仙台》。鲁迅先生是怎样写他的老师的？请你们把书拿出来，翻到这一课，再读一读，体会体会。”

学生立刻把语文书找出来。翻书的速度平时很少有这么快的。

这回，学生果然读出了过去没有读出来的东西。一个学生的发言证实了这一点。他说：“鲁迅先生写了藤野先生三件事。第一件事写的是检查鲁迅的笔记，第二件事写的是指出鲁迅把一条血管画错了位置，第三件事写的是表扬鲁迅敢解剖尸体。这样的事，我们的老师做得更多、更好。”

这正是我要说的，于是，我请大家选择一件类似的小事，仿照《在仙台》鲁迅写藤野先生三件事的方法写下来。这时，我发现“咬笔杆”的人很少了。张晓蕾写的一件事真让我激动不已！她写道：

> 一天早晨，轮到我做值日。我和田东正在整理桌椅，尹老师进来了。她把一摞数学作业簿放在讲桌上，笑眯眯地对我说：“张晓蕾你数数，咱们班有多少个座位？”

我一边摆椅子一边说："不用数，一共48个座位。"

"你怎么算的？"

"咱班有6排桌椅，每排8个座位。8乘以6，不是等于48吗？"

"可是你昨天做的一道题却等于40。不信你翻开你的作业簿看看。"

我的作业簿放在最上面，而且，尹老师把有错误的那一页折了一下。

我翻开一看，果然错了——8乘以6，我的得数是40。尹老师并没有在旁边打个"×"，而是打了个问号。这个问号好像在问："张晓蕾，你怎么这么马虎？这么容易的题都能做错，还能成什么大事呢？"我的脸顿时觉得发烫。以后，每逢做作业时，这个问号就浮现在我的眼前，我再也不敢粗心，做完作业再也不敢不检查了。

我立即把它读给全班学生听！我说："张晓蕾写的是一件多么不起眼的小事！不就是尹老师指出她把一道题计算错了吗？不就是说了几句简单的话吗？但在张晓蕾同学的笔下，却写得这么具体，这么有趣，这么耐人寻味！这就叫'小题大做'！"

如果说鲁迅的《在仙台》开了张晓蕾的窍，那么，她的作文则进一步开了同学们的窍。

至于我，只不过站在一旁点拨点拨罢了。

二

早春的一天，清晨我路过黄河公园，忽然发现春天来了——柳树发芽、杏花吐艳了。不由想起宋祁的"绿杨烟外晓寒轻，红杏枝头春意闹"的诗句，同时感叹起整天来往于积木似的宿舍与天井似的校园之间的单调乏味。

我和班主任孙老师决定下午课外活动时，带学生们到河边走走，去感受一下春天的气息。好在学校离黄河公园不远。

学生们徜徉于黄河公园的假山花木之中，像快乐的小鸟，又像飞舞的彩蝶。他们时而驻足于杏树前观赏杏花，时而俯身把鼻子凑近迎春花去嗅那花儿的味道。孩子们到了哪里，哪里便充满了生机与活力。孩子们在尽情地拥抱春天，春天也在尽情地拥抱可爱的孩子们。他们和春融为一体了。

房柯伫立在一棵柳树下，凝视着柳树的长发出神。

"看什么呢？"我走到她旁边问。

"我在看柳树的芽。郑振铎在《燕子》中把柳芽比作'黄绿眉眼'。我看，柳芽不像眼睛，倒像一个个小宝宝。它们拽着柳树妈妈的长臂在荡秋千。"

我兴奋地说：“房柯，这就是诗呀！”

房柯在《早春二月》中是这样描写柳树的：

> 最先报告春姑娘来了的，除了迎春花，还有柳树。远远望去，黄河公园的一排垂柳像罩上了一层绿色的烟雾。而走近看时，绿烟却没有了。不光“草色遥看近却无”，柳色也是如此呀！形成“绿烟”的不是别的，原来是柳枝上绽出的一个个小芽芽。柳芽很像一个个噘着嘴的小宝宝，拽着树妈妈的手臂在荡秋千。春风像一位热情的阿姨，一见柳枝停止了摆动，立刻又推它一把。

这是“小题大做”的又一个方面。不就是司空见惯的柳树吗？可是房柯却写出了别人没有想到的东西。我在班里读了她的作文。目的不单单是表扬她本人，而是告诉全班学生，什么叫“小题大做”。

但是，为什么有相当一部分学生一见作文题就咬笔杆，感到无话可写？我以为，问题主要出在要求不当上。多年来，我们往往把小学生习作等同于成人写文章 —— 要求立意要新，要有意义。后来，大纲改为“思想健康”。“有意义”也罢，“思想健康”也罢，无疑是画地为牢，结果把学生的思想给框死了。今天一个《记一件有意义的事》，明天一个《记一件难忘的事》，后天一个《记一件有趣的事》，这些“事”让小孩子哪里去找？本来是天真无邪的孩子，却在作文中说假话、大话、空话，这不是被逼出来的是什么？其实，小学生作文只是一种练习 —— 练习用笔说话。听到的、看到的、想到的，都可以写。著名教育家夏丏尊说：“对于孩子，有几分品德、知识、情感，就说几分话，写几分文。”我想，这应当成为孩子作文的一条原则，叫作“量入为出”。

三

秋天。

我带学生来到一块菜花地。菜花的叶子又大又厚，上面像搽了层粉。刚长出不久的花被叶子包围着，像一个个嫩黄的蘑菇。许多学生看了竟不认得，好奇地俯下身子瞅。成群的粉蝶在菜花地上空飞舞。

“同学们，这就是我们常吃的菜花，南方人叫‘花菜’。”我说，“你们看见叶子上的许多洞了吗？那是被虫子吃的。这虫子很狡猾，都躲藏在叶子的背面。”

话音未落，就有些男孩子扒开叶子寻找。捉害虫的“战斗”就这样“打响”了。

胆儿小的耿臻怎么也不敢进菜地，站在田埂上，怯怯地望着捉虫的同学。

我小声对周围的学生说：“你们看耿臻那表情……”

张若琛胆子大，她一声不吭地捉着。校长要求大家把捉到的青虫送到他那儿。张若琛捧着一大把虫子向校长走去。

“你们听校长会对她说什么。”我又提醒和我一起捉虫的学生……

一天早晨，我轻轻推开办公室的门，见杨老师正在面向墙壁背课文 —— 她要求学生背的，自己也一定背下来 —— 便悄悄地退出来。我来到教室，对学生说：“你们轻轻推开办公室的门，看看杨老师正在做什么，但不要惊动她。”……

课间，我在走廊和学生们聊天，一眼瞥见楼下幼儿园的林老师在水龙头前正为一个小朋友洗鼻子 —— 不知什么原因，那位小朋友的鼻子出血了。

“你们有认识林老师的吗？”我问。

“我认识。”其中一个男生说，“在幼儿园里，林老师教过我。”

于是，大家的目光不约而同地投向林老师……

这就是我不动声色随机做的“提示”工作，根本不提什么“作文”二字。

有心人后来便把他们写到作文里去了。请看汪洋在《捉虫》一文中对耿臻的描写：

> 耿臻站在田埂上，死活不敢进菜地。别说捉虫，她连看虫子一眼的勇气都没有。
>
> “耿臻下来呀，虫子有什么可怕的？”杨老师一边捉一边说。
>
> “连虫子都不敢逮，见了敌人还不吓得腿肚子转到前面来？！”一个男生说。
>
> 李震拿着一条大青虫，朝她大喊一声：“耿臻，看虫！”喊的同时，将虫子向她扔去。
>
> 耿臻尖叫一声，抱头便跑。
>
> 李震哈哈大笑，说：“虫子还在我手里呢！”

我读完这一片段后，没加任何评论，更没说一句应该如何向汪洋学习的话。“文贵自得”。班级里很静，看得出学生们听得特别专心，看得出他们在悟，相信他们也会悟。

一切尽在不言中。我常常这样想，也这样对青年教师说：教学（包括作文指导），有时可以而且应该“不言”的。说破了，反倒什么都没有了。

四

讲多了，点拨多了，练多了，学生们逐渐有了心计，开始留心周围的事物；而且，他们的“触角”变得灵敏起来。我要求一周写一篇的周记的内容也随之变得丰富多彩了。

下面是魏荣一篇周记的片断：

不知道的人，会以为她是学校的清洁工。每天早晨，她戴着套袖和我们一起打扫清洁区。

今天早上，我端着一簸箕垃圾向垃圾箱走去，迎面碰着她提着纸篓向回走。我向她鞠躬问好。谁知这时刮来一股风，把簸箕里的一片纸吹落在地上。那片纸像长了腿似的，飞快而又调皮地向操场跑去。去拾吧，又怕簸箕里的纸会被吹落得更多；不去拾吧，又挺气人。这时，她三步并作两步追上去，把它捡了起来。

她，便是朱校长。

写好一枝一叶，就不愁写好一棵树；写好一斑，就不愁写好全豹。小学生，打的是基础。作文，对他们来说，就是用笔说话。

五

“开学”是个令学生激动、亢奋的字眼。

开学第一天的晚上，几位学生来我家玩。大部分时间是在唧唧喳喳谈论开学第一天的见闻和感受。个个脸上洋溢着异样的兴奋。话一多，我的小客厅愈发显得小了。

“能不能写一写？”我瞅了一个间歇，顺便插了一句。

有的说能，有的则不表态。

“我不强人所难，谁愿意写就写。”临走时，我对他们说。

结果，都写了。房莹写得最有情趣。这篇短文后来发表在学校办的《芳草地》上。全文如下：

我们又见面了

哇！开学了！终于又能和分别一个月的好朋友见面了！

我兴奋地走进告别已久的教室。嗬！来这么多同学啦！还有人比我更早呢！好朋友李珍一见我来了，便高兴地奔跑过来，高高举起右手，我也举起右手，两只手“啪”，有力地拍在了一起。我们俩不约而同地互相问:“寒假过得怎么样?”问完，两人同时愣了一下，又一块咯咯地笑个没完，活像一对没有长大的“傻丫头”。

回到座位上，我禁不住和“左邻右舍”的同学亲热地攀谈起来，如分别已久的亲姐妹。我一转头，不禁吃了一惊，丰瑾怎么把一头长发剪掉啦！乍一看，还以为她是个小伙子呢。我这么向大家伙一叫可不要紧，同学们都伸过头来看！有的说:“哎呀，我刚才怎么没注意呢?”大家七嘴八舌地评论起来，有说“好看”的，有说“不好看”的。一个调皮的男生敲着铅笔盒大声说:“号外，号外，‘长发妹’变成‘短发哥’啦。”同学们都大笑起来。丰瑾呢，似乎也不介意，跟大家一起笑。

那笑声，比什么语言都更能表达同学们开学见面的心情。

车尔尼雪夫斯基这样说过:“任何东西，凡是显示出生活或者使我们想起生活的，那就是美的。”我之所以喜欢房莹这篇短文，就是因为它能使我们想起生活——学生时代的，现在的。这是高要求——对部分学生。

有的学生有生活，也知道写平平常常的小事，作文却写得苍白无力，这又是为什么?我觉得问题在于，这些学生对生活的感受能力不强。有道是:“对于非音乐的耳朵，最美的音乐也没有意义。”

为什么我不辞劳苦地带学生们去农村、去工厂、去军营?为什么带他们去爬山、去钓鱼、去捉虫、去拔草、去钻坦克、去参观飞机?

为什么我力排众议，让学生和农村的孩子结识，互相通信，互相交往?

为什么我经常家访，把生病的学生背回家，为学习进步的孩子颁奖，赠送书籍、文具，带学生慰问生病的、退离休的教师?

为什么我努力让学生学音乐、学绘画，并要求人人学一样乐器?

为什么我不遗余力地动员家长为孩子们买书，鼓励孩子们多读书报，适当看一些适合他们看的电视、电影，教他们背诵古诗文，背诵“三百千”?

一句话，就是要让他们的“非音乐的耳朵”变成“音乐的耳朵”。让他们在劳动中、在活动中、在交往中、在读书中、在艺术的熏陶中，感受生活的真谛，感受人间的真情，陶冶他们的情操。有情、有义、有爱、有恨，才会捕捉住平凡的小事中闪光的东西，才会与别人的情感产生共鸣，才能与大自然中的美产生共鸣。我的许多学生能“小题大做”，能写出情，写出灵性来，说到底，是因为他们有了“音乐的耳朵”。

但我并没有忘记走在队伍后面的学生。他们能把身边的小事，写得文从字顺，就难能可贵了。人人都要“量入为出”。

53.语文老师要有素材意识

语文老师要有素材意识。什么是素材？咱们先看一段大家耳熟能详的广告：

> 女：哎，你挤什么挤？没长眼哪！
>
> 男：年轻轻的！怎么不说人话？
>
> 女：哎，你挤着我了，你！
>
> 男：怎么，来劲儿了是吧？
>
> 老人：算了，算了，年轻人。把心放宽，就不挤啦！

这是几年前中央电视台的一则公益广告。第一次看到它的时候，我就意识到这是个很好的写作素材，于是录下来放给学生听，请小朋友想一想，这三个人是在什么时候、什么地点说的这些话，然后再想一想三个人说话时的神态、语气、动作是怎样的，甚至还可以想他们的打扮、衣着是怎样的，两个人听了老年人的劝告以后，事情的结果又会怎样。然后请小朋友们展开想象，把这段对话写下来。

老师们切记，生活中好多事情都是在对话中进行的，对话完了，事情就结束了。在作文教学中，一定要引导孩子学会写人物对话，包括对话的格式，比如一个人说的话要占一个自然段，比如要写好提示语，等等，这些都是要严格训练的。一次不行，就两次，两次不行，就三次，要反复训练才能够让学生基本掌握。

实践证明，学生很喜欢写这则公益广告。素材意识是语文老师的一种职业敏感、一种责任，这种职业敏感会使老师时刻想着为学生“找米下锅”—— 哪些东西能作为写作素材，而且是学生喜欢的、容易写的素材，有了这个意识就不会临时抱佛脚了。现在的语文课，其实是阅读课，作文被边缘化了，只变成其中的一道练习题，而不是真正意义的写作课。一个有远见的老师绝不会只教一本语文书，一个有远见的老师也绝不会只教课本上规定的那几篇作文。切记，只是按照书本上的作文课去训练是远远不够的，它不足以让学生形成写作能力。

素材意识就是老师的作文课程意识，就是老师的一种作文课程观，老师要构建自己的作文课程。我是怎样构建自己的作文课程的呢？我为学生选择了哪些写作素材？

下面向老师们做个比较具体的汇报。

一、引领学生走进植物王国

植物王国充满神秘的色彩，稍加留心，你就会发现无穷的奥秘和乐趣，它是个取之不尽、用之不竭的写作素材宝库。关键在于你是否“认”得它。我很喜欢植物，尤其喜欢各种花卉，比如瓜叶菊、兔耳兰、六月雪、紫叶李、菊叶梅等，所以我常常留心观察它们。如果老师喜欢这些植物，就会为学生提供很多相关的写作素材。

有一年我到徐州市教育局教研室去开会。那时正值春寒料峭，我却发现教研室主任的办公桌上有一盆很鲜艳的花。天比较冷，哪来的鲜花呢？我仔细地端详起来，问：“这是什么花？居然开得比迎春花还早！”他反问：“你看这花形像什么？你不是常对学生说，要善于观察、善于比较吗？”我一看，说：“花朵像菊花。”他又问：“那你再看看这个叶子呢？”我说：“这个叶子比较肥大，像黄瓜的叶子，甚至有点儿像兰花的叶子。”他说：“有眼力！到底是特级教师。这花就叫‘瓜叶菊’！它的叶子像黄瓜的叶子，开的花又像菊花，所以人们给它起名叫‘瓜叶菊’。”从那以后我就认识了瓜叶菊。每年到了春天，我也会买一两盆瓜叶菊放到自己的客厅里留心观察。当时我对这位教研室主任说：“能不能借您的这盆花一用？我要把它端到学校里给孩子们观察，让他们写作文。”我把一盆瓜叶菊往学校的讲台上一放，一篇篇优秀的作文就诞生了，题目就叫《瓜叶菊》。

好多植物都是非常好的写作素材，而且学生非常喜欢。像向日葵、月季花、荷花，还有春天的繁花……不仅为学生提供了很多写作素材，同时还能用来引导学生观察生活、热爱生活，陶冶他们的审美情操。但真正要写好一种植物也不容易，不是一次、两次就能成功的，要反复练习才行。

二、引领学生走进动物世界

植物王国很神奇，正所谓“一花一世界”，而走进动物世界也是非常神奇的。动物园是一定要去的，每一次去都会有新鲜感，百看不厌。我带班的时候，就一定要带孩子去动物园，不是只去一次就算完事，而是年年都要去，因为有些动物不是一次观察、两次观察就能了解、认识的。有时候我还会叫小朋友把自己喜欢的一种动物玩具带到教室来，放在讲桌上大家一起交流。一个动物玩具就是一篇作文的素材；把两个动物玩具放在一起，学生就能够编出一篇非常优美的、意想不到的童话。不信大家试一试，那真是取之不尽、用之不竭呀。我们要相信孩子。只要老师善于引导，孩子的创造力是非常大的。

三、漫画是非常好的写作素材

我喜欢关注漫画，搜集漫画 —— 漫画是非常好的写作素材，好多语文教材也都安排了看漫画写作文的环节。我平时是非常留心各种报刊上发表的漫画作品的。这些漫画真有意思，漫画家非常了不起。记得有这样一组漫画。第一幅画的是，放暑假了，一个小朋友拿着一个网兜到山上去采集标本。第二幅画的是，小朋友看到前面有一个大蛋，便走了过去。第三幅画的是，小朋友抱起这个蛋就往家里走。第四幅画的是，小朋友摔了一跤，这个蛋滚远了，蛋壳破了。结果怎么样呢？蛋壳一破，露出了一条蛇。原来是蛇蛋哪，多有意思！后来，我就让孩子用这四幅漫画写作文。

类似的有趣例子还有很多，比如有这么一组小朋友练武的漫画。第一幅图画了一块砖，小朋友把腿架在上面，第二幅加高了一块砖，第三幅再加高一块，到了第四幅图砖就垫得更高了。只见这个小朋友把腿往那儿一架，连忙把屁股捂了起来，喊道：“别加啦！”我让大家猜一猜：为什么这个小朋友不让放砖块了？为什么把屁股捂起来？后来我把这个纸一掀，原来这个小朋友腿放得太高，把裤子的线给绷开了，结果小腚包儿露了出来。同学们哈哈大笑。好玩吧？写一写吧。我给它起了个名，叫“四毛练武”。我给画中的这位小朋友画了四撮头发，三毛大家都熟悉了，这个就是三毛的弟弟四毛，所以叫“四毛练武”。漫画世界丰富多彩，漫画家非常了不起。

我的徒弟宋运来研究“童漫作文”，儿童的“童”，漫画的“漫”。在我的基础上，他做了重大的发展，远远超出我的预想，做出了自己的系列、自己的特色与主张。老师们，处处留心皆学问，处处留心皆素材。漫画作文为什么受到孩子的喜欢？因为它不但有趣，还很深刻。有一年高考的考题就是漫画作文。卷子上印了一幅漫画，画了一个断了的大树桩，周围坐了一圈人，上面写了一句话：“据说，有人在此捡到了一只兔子。”叫考生观察这幅画，写一篇作文。这幅画含义深刻，寓意深远，给人以无限想象的空间。而且我觉得教写漫画作文是比较好操作的，只要找到一幅适合儿童看的漫画，把它往多媒体上一放，这幅漫画就被放大了，学生写起来非常方便。苏教版语文教材安排了好几次漫画作文，小朋友们还是比较喜欢的。今后，老师们不妨多多留心各种报刊上发表的漫画，其中有好多可以作为写作的素材。

四、歇后语 —— 想象类作文的绝好素材

歇后语太有意思啦！好多歇后语就是一个故事，为想象类作文开辟了广阔的天

地。不说别的，就说黄鼠狼。与黄鼠狼有关的歇后语有多少哇！大家最熟悉的“黄鼠狼给鸡拜年 —— 没安好心”，是故事吗？当然是啦！还有“老母鸡给黄鼠狼拜年 —— 自投罗网”。还有“黄鼠狼偷鸡毛掸子 —— 空喜一场”，讲的是黄鼠狼去偷鸡，发现这只鸡的毛好长哦，就喜滋滋地把它拿回家去，用牙一咬，结果牙磕掉啦！原来是个鸡毛掸子。多有意思啊！对于歇后语“王婆卖瓜 —— 自卖自夸”，一个小朋友这样写：“王婆今年50多岁啦！虽然年过半百，但仍然打扮得花枝招展。真是徐娘半老，风韵犹存。”外貌描写很生动。在这位小朋友的笔下，王婆又是怎么夸瓜好的呢？ ——“卖瓜卖瓜，我的瓜是俄罗斯进口的！”很有意思，孩子的想象力真是丰富！这真是我们成人意料不到的。我班同学写歇后语故事常常写得兴起，欲罢不能，于是我灵机一动，说：“写了五篇以上的同学自己打印、装订成书，书名就叫《歇后语故事集》，作者就写你们自己的名字。”孩子们乐此不疲，越写越好玩，越写越有意思。

老师们，我建议大家买一本《歇后语大全》，先选择一个歇后语，找几个小朋友把这个歇后语的故事演一演，然后一起回忆回忆生活，交流交流感想，互相启发，最后作文。

五、把生活搬进课堂

“把生活搬进课堂”是上海师范大学吴立岗教授介绍的苏联作文形式，也叫“素描作文”。贾志敏老师是教作文的高手，我看过他好多堂素描作文课。记得他曾和小朋友在课堂上演过一个小品。三个小朋友在马路上做游戏，不小心碰到了路过的盲人（由贾老师扮演），于是发生了争执。最后小朋友认识到了自己的错误，向盲人道歉，然后扶着盲人过马路。就这么一个生活的细节，孩子们看得很认真，观察得很仔细，作文写得非常生动。这就是素描作文，把生活搬进课堂。

我跟贾老师学素描作文，上了好多素描作文课。比如说大家知道的“打鸟”。我扮演一个猎人，端着猎枪，戴着太阳帽，留着一大撮胡子，鬼鬼祟祟地走进一座森林。森林里空气新鲜，百鸟声喧。我看见了一只大鸟，于是举枪瞄准，一扣扳机——没打着。于是我问：“如果你们在森林里看见一个猎人在打鸟，你们会怎么办呢？”小朋友呼啦啦全都站起来了，纷纷上来制止我打鸟，说了好多道理。当他们道理说不全的时候，我给他们发了一张纸，上面印了一篇文章 ——《鸟是人类的好朋友》，讲了鸟是人类的好朋友的三大原因。小朋友看了以后，我问：“你们读完这篇文章之后，知道怎么劝告猎人了吗？”小朋友说：“知道了。”“能理解意思吗？”“能。”“好，你们再来劝我。”我再次举起枪准备打鸟，小朋友们站起来，你一言我一语，告诉我为什么不能打鸟，为什么说鸟是人类的好朋友。最后我羞愧地低下了头。这就是素描作文。我是跟贾老师学的。

老师们都可以把生活搬进课堂。举个最简单的例子，找几个力气大的男同学来“掰手腕”，或者“斗鸡”（斗鸡在徐州是一种游戏，即游戏双方各盘起一条腿，用膝盖对撞，若对方双脚落地，则己方获胜），等等，这都是把生活搬进课堂。让孩子们观察过以后写作文，他们就会写得非常有意思。

六、把作文课搬到社会、大自然中去

社会是个大舞台，走进社会 —— 街道、社区、工厂、乡村、部队，会感受到人情世态，感受到人情冷暖。“生活即教育。”在社会和大自然中，不仅能获得人生体验，增加人生阅历，而且能获得丰富的写作素材。我们不仅要把生活搬进课堂，还要把课堂搬到社会、大自然当中去。每个语文老师都要有自己的大课堂，这个大课堂就是社会，就是大自然。不能把学生关在教室里，一定要让他们走出去。

只要我带班，每个学期都会搞一次大的活动，走进社会、走进大自然。比如说钓鱼比赛，小孩子都喜欢钓鱼。去钓鱼之前，我先请懂钓鱼的老师给全班同学上一课 ——“怎样钓鱼”。学生喜欢听啊！都认真听，认真记。等老师把钓鱼的过程、要准备的东西、要注意的问题讲得清清楚楚，渔具、鱼饵等也都准备好之后，我就利用休息日把学生带到郊区的大鱼塘去钓鱼。

徐州市郊区有一所我们的挂钩学校。对口的两个交流友谊班每年都会互访一次，两个班的小朋友就吃住在彼此家里。农村的孩子应到城市来，城市的孩子更应到农村去，不然他们真的五谷不分。我们两个班的小朋友钓了一上午的鱼，真是乐不可支啊！只要有小朋友钓上一条鱼来，我就让他拿着鱼竿照张相，然后发张“钓鱼能手”的奖状给他。孩子高兴啊！一上午就能钓到很多鱼。怎么处理？把钓上来的鱼分成若干份。两个班的小朋友分成若干组，带着鱼去慰问当地的“五保户”“军烈属”。到了“五保”老人家里，该说什么都事先想好，到了“军烈属”家里该说什么也得想好。整个下午就是搞慰问活动。

这样，活动就增值了，其意义就远远大于钓鱼了。我经常想，既然我花了那么多的力气搞了一次活动，就一定要让活动增值，使它的教育作用最大化。不是为钓鱼而钓鱼，不是为写作而写作，着眼点还是教育。一天的活动下来，回到学校，两个班的同学各自写自己的感受，最想告诉大家什么就写什么。写怎样钓鱼的，就是说明文；写钓鱼经过的，就是记叙文；写慰问“五保户”的，那仍然是记叙文。凡是写慰问经过的，一定要写好对话。这是一次真正的言语交际。老师们，在中国，口语交际可以说是我的创造。1985年，我在中央教科所潘自由教授的指导下、在张庆老师的指引下，开展了“言语交际表达训练”实验。

口语是为了交际，写作文也是为了交际呀。不是为了交际，写文章干什么，有什么用？“口语交际”内容被写进课标里了，那是我们的创造。上面所说的钓鱼比赛是真正的口语交际训练课，是生活中的口语交际实践。在二三十年前，我的课堂就是综合的、实践的课堂了。《语文课程标准》不是天上掉下来的，是总结了改革开放以来优秀语文教学经验的结晶，也是借鉴了国外一些经验和理念写成的。

七、话题作文

时代在发展，现在高考大部分作文是话题作文。是什么人就做什么事儿，我们是教儿童的作文，不是教中学生的作文，更不是教大学生的作文，所以我们有我们的话题。我们的话题是什么呢？是小话题。比如说，以“书”为话题，你都想到了什么？学生说，买书、借书、读书、介绍一本书、我与书……你看，一个“书”字，就把孩子的思维给打开了，多有意思啊。再拿“急”这个字来说。我先让学生组词，能组一黑板。我先把这些词写下来，之后话锋一转：“小朋友，请你选择一个词作为题目，写一篇作文。大家看‘焦急、干着急、急风暴雨、急中生智、急性子’这些词，如果以它们为题目的话，大家认为哪个是写人的？”“急风暴雨”可以写自然现象，也可以写人，孩子们很感兴趣。“电”不是话题吗？“多媒体”不是话题吗？“桌子”不是话题吗？“茶杯”不是话题吗？动动脑筋，话题无处不在。

八、探究性作文

这是一个方向，非常重要的方向，应该引起我们的注意。有资料介绍说，美国的小学生能够做大题目作文，比如说“谁应该为世界大战负责”。这样的大题目能写吗？美国的小朋友做到了，令人非常佩服。美国四年级的老师出过这样一个题目——“韩国”。我有一个朋友的孩子在美国读四年级，就写过这个作文题目。家长带着孩子到图书馆，把有关韩国的书借了好多回来。拿回家，一本一本翻。第一看内容提要，第二看目录，第三浏览有关素材。这几本书翻完以后，他就开始动笔了。韩国在哪个洲，周围有哪些邻国，有什么工农业生产，有什么样的生活习惯、民风民俗等，不都是从资料里搜集来的吗？这锻炼了孩子什么能力？第一，浏览的能力、搜集信息的能力；第二，加工信息的能力。根据题目，分辨获取的信息哪些是可用的、哪些是不可用的，这叫作收集信息、处理信息，这个能力很重要。

咱们中国小朋友不笨。比如“9·11”事件，恐怖分子炸了美国的世贸大楼。初听这个消息，大家还挺高兴，心想美国也有今天哪。但是看了电视报道和评论，眼睁睁地看着几千人的生命化为灰烬，我们开始冷静思考这件事情。后来，我请六年级学生写一写自己眼中的“9·11”事件，把事件的大体经过和对事件的看法写一写。有个孩子写了《！？》这样一篇作文。这个题目引起了我的注意，文章分两部分：第一部分写一家人怎么高兴，第二部分写一家人怎么思考。他说“9·11”事件发生后他爸爸非常高兴，要喝酒庆祝，因为美国炸过我们驻南斯拉夫大使馆，炸死过我们的同胞，在海南岛的撞击事件中还撞死过我们的飞行员。中国人是一肚子火气。但“9·11”事件让他认识到，这次恐怖袭击中死的都是老百姓，都是无辜的人，由此深刻体会到了恐怖分子的穷凶极恶及危害。我们的孩子多么了不起！所以，语文老师站得一定要高，看得一定要远。

还有更简单的探究性作文，比如《说说我的姓和名》。中华民族之所以有强大的凝聚力，姓氏起到了很大的作用。你姓什么？叫什么？你能在百家姓中找到自己的姓吗？你的姓出过哪些名人？你的名字是谁取的，有什么寓意？根据以上问题，和家长讨论并查阅相关资料。和同姓同学一起读作文会产生什么效应，老师们可以想见。

九、关注国家、社会和地球村

在信息社会的背景下，地球变成了地球村。人类不仅要关注自身，更要关注世界。所以，我们要让学生多多了解国内外大事，养成看新闻的习惯，尤其是高年级的学生。我看报的习惯是从小养成的，现在也是每天的新闻联播必看。女儿小时候问我：新闻联播几集？怎么演不完哪？我说没完没了。只要留心国内外大事，就会发现很多可写的素材。一些感人的报道记下来，就是可写的素材；再就此写一写自己的看法，就是一事一议。社会在进步，条件在改善，老师要有与时俱进的理念。老师能想多远，学生就能走多远。老师站得高，其课堂才能无限大。

我们怎样建立起素材意识呢？

第一，素材意识来自责任感。不要忘记自己是教语文的，作文是语文教学的重要组成部分。

第二，素材意识来自对生活的热爱。有爱，才能有发现、有赏识；有赏识，才能有表达的欲望。热爱生活和大自然，就会有很多的素材。

第三，素材意识来自学习。语文老师要不断读书、读报、读杂志，吸取新知识和营养，启发灵感，产生顿悟。

第四，素材意识来自动笔的习惯。语文老师要读书不断，笔耕不辍。经常写东西，才会有感受力，才会发现学生爱写的、容易写的素材。

作文教学是语文教学的重要组成部分，听、说、读、写是语文的核心。现在讲的核心素养没有那么高深，我觉得老师们不必在这方面纠缠。所谓“核心素养”，还是听、说、读、写的能力，其中写是最重要的。我们衡量一个人语文能力的高低，最重要的是看他写作能力的高低。不会写作，谁都不承认你的语文素养高。如果语文有核心素养的话，这个素养就是写作。所以老师们要重视写作，要有自己的作文课程。素材意识说到底就是作文课程意识。

福建师范大学潘新和教授说：“语文老师不会写作是说不过去的。自己不会写怎么能教会学生写呢？—— 这也就是以往语文教学成效不彰的原因之一。”我很赞成这句话。如果说我的语文教学取得了一点儿成绩，那是因为我喜欢写。我的作文教学经验就是：老师和学生一起写。写“下水文”，要求学生写的我先写，要求学生造的句子我先造而且不止造一个。总而言之，老师和学生一起写。苏教版小学语文教材的习作大部分是我编的，从三年级到六年级，其中90%的习作例文是我写的，以小学生的语气写的。我要当好习作教学中的首席。写作也是在和学生平等对话，学生写的读给我听，我写的读给学生听，这叫平等对话。这是我习作教学最根本的经验，供老师们参考，请老师们批评指正。

（本文是于永正老师在2017年7月8日第二届“石城大讲堂·暑期作文高级研修班”上的录像讲话。后经扬州大学中国语文教育研究所“童漫作文”研究中心顾瑞杰、常艾子、姚力灵老师整理成文字稿，于老师的徒弟宋运来做了最后修订。）

54. 让“南郭先生”销声匿迹

一

在徐州师范学校读一年级的时候，教音乐的是刘老师。刘老师脾气好，即使是批评人，那声音也和他弹的三弦一样中听，既柔和又舒缓，不温不火的。读二年级的时候，换了个梁老师。梁老师一改刘老师惯用的“齐唱”的复习检查方法，对前一节课学的内容，喜欢一个一个查。歌儿，要一个一个地唱给他听；风琴，要一个一个地弹给他看。不少同学常常因为不会唱或者指法错了而羞个大红脸。上梁老师的课，我们几个不把音乐当回事的人一下子紧张起来，脑子再也不敢想别的事了，对他布置的作业再也不敢置若罔闻，掉以轻心了。但梁老师脾气也好，你不会唱，不会弹，最多说一句“以后好好练”就拉倒了。日子久了，上音乐课我又有些随便，常常心猿意马。

上三年级时，换了个陆老师。陆老师也像梁老师那样，喜欢“单兵教练”，但是要求极其严格，一点差错都不放过。有一次，只因一位女同学一个附点音符没唱对，便把脸一沉，说：“学习可不能有一点儿马虎！”“一点儿”二字说得特别重，连我听了都觉得仿佛是两颗石子重重地砸在了身上。同学们个个咋舌。从此，上音乐课，我们几个人再也不敢混了，再也当不成“南郭先生”了。教室里一向很少有人问津的两架风琴也闲不住了，课间、晚间叫个不停，星期天也常常得不到休息。不知是风琴质量差，还是不堪重负，一年之内修了好几次。

我们的音乐课越上越好，同学们的音乐知识、弹唱水平、欣赏能力天天见长，陆老师十分高兴。有一次，他叫平时不太喜欢唱歌的姜志勇唱《天仙配》里的“家住丹阳姓董名永”选段，因为姜志勇平时练习认真，再加上那次超常发挥，竟把陆老师的眼睛唱湿润了。陆老师动情地表扬过之后，请他再唱一遍。这回，陆老师的钢琴弹得更投入、更深沉。对姜志勇来说，这真是莫大的殊荣。

我感谢陆老师，是他使我在音乐课上最终没变成“南郭先生”，为我打下了较扎实的音乐基本功，使我有了较好的音乐素养；更感谢陆老师使我知道了在教学中怎样做才能不产生“南郭先生”，怎样做才能使已经成为“南郭先生”的学生改弦易辙，不再是“南郭先生”。

二

不过，认识常常和实践对不上号，特别是在刚刚踏上工作岗位的时候。

刚参加工作时，我班学生的考试成绩常常不如兄弟班好。那时兴统考，搞评比。终于，一天，刘校长和周主任来我班“会诊”了，又是听课，又是看作业，又是查试卷，从早晨忙活到晚上。结论是：我班的学生“活”而不“实”——上课，思维很活跃，但是浮躁；考试，“活题”不错，“死题”失分太多。（所谓“活题”是指应用方面的，如作文、造句以及理解性的题目；所谓“死题”是指默字、默课文、解词等项目）两位领导根据“病症”，给我开了一剂“药方”：要严而实，即对写字、背诵等要下大力气，抓严、抓实。这个“药方”含蓄地批评了我教学上的不足。

领导的“诊断”是对的，“药方”是对症的。自己的教学确实抓得不实，对学生的要求确实不严。比如有一回默字，全班没有一个全对的，我生气了，便把所有写错的字写在黑板上，每个字写得足有两本书那么大，要求大家认真抄写五遍，并说：“这些字明天还要默写！”这一下子，学生重视了，都瞪大眼睛仔仔细细地看，规规矩矩地写。可是，第二天因为我忙别的事了，没兑现。打雷了，却没下雨。还有背诵课文，平时没一个个落实，到复习期间再突击则为时已晚。

“教学不能有丝毫松懈，不能粗枝大叶。”向来关心我的刘校长说，“严师出高徒。你是明师——聪明的明——但不是严师。如果再加上一个‘严’字，定会成为名师——有名的名。当然，我说的‘严’不是‘厉害’，‘严’是‘责任心’和‘付出’的代名词。”

刘校长的一番教诲，使我幡然省悟。是啊，明而不严，有什么用呢？浮在上面不就给“南郭先生”以可乘之机了吗？而且，这样做，还会不断地滋生出新的“南郭先生”呀！

这时，我不由得想起了在师范学校教我音乐的陆老师。

三

经常回头看看，加上别人的提醒，加上不断地学习，再加上不断地思索，自己逐渐变得聪明了。

一天下午放学后，我把三个朗读有困难的学生留在教室里进行辅导，恰巧被路过教室门口的刘校长发现了。他轻轻地走了进来，坐在一旁看。其时，三位学生刚听完我的范读，各自正在认真地练习，等练得差不多了，我请他们三人一个一个地读给我听。其中一个学生很懂事地说：“于老师，刘校长是不是找您有事？我们三个人一起读给您听听，行吧？”我笑了，说：“刘校长没有什么事，他是专门来听你们读书的。他和我一样，不喜欢听齐读，也喜欢听一个人读。”刘校长笑眯眯地点点头。于是，三个人分别把课文读了一遍。

“合格！”我把书一合说，“只要功夫深，铁棒磨成针。看起来只要多读，把课文读好并不难。过几天我再检查的时候，你们争取得优秀。”

刘校长也说他们三人读得不错。

学生们高兴地向我们道了声“再见”，走了。刘校长说：“这样一个一个地过‘筛子’，‘南郭先生’就无处藏身了，就混不下去了。”

“正是！”我说，“经常一个一个地检查，经常督促、辅导、鼓励，‘南郭先生’不但待不住，而且会销声匿迹。”

说到这里，我从备课本里抽出一张纸条，递给刘校长看。我指着上面写的几个学生的名字说：“前天教了一个寓言故事《金银盾》，书上要求背诵。可是这几位学生今天还背不下来，明天我再检查。刚才放学时，我已经向他们打过招呼了。”

刘校长笑呵呵地说：“好！这就叫‘实’！这就叫‘严’！”

四

童士林一进办公室，我便说：“知道我请你来是干什么的吗？—— 不知道？一看作文你就晓得了。”

他急忙打开作文簿。翻到最后一篇时，顿时呆住了，喃喃地说：“怎么写了半截就交了呢？不对呀，记得我写完了呀？……”

我有个习惯，每次班长把作文簿交上来，我都先粗略地翻看一遍，凡字迹潦草的，对不起，打回去重抄；凡是文章写得差的，把作者找来，加以指点后，重写。不能滥竽充数。童士林是从别的班转来的，不知我的底细，第一篇作文就因字迹不工整被我退了回去；第二篇，积习未改，又责其重抄。这一次，字倒是写得整洁些了，但是“一波未平，一波又起”—— 没写完！如果他是和我开玩笑的话，我想，这个玩笑该够国际水平的了。

“于老师，”他继续喃喃地说，“我不是故意的，我觉得做完了……”

从他的话和表情里找不到一点儿和我开玩笑的意思，更没有一丝试探我是否能“一严到底”的用意 —— 他才上四年级，还不至于有这个心眼儿。我点点头，对他的话表示相信。他走了，下午便把作文本交给了我。他交作文时的表情，真可以用“战战兢兢，如临深渊，如履薄冰”来形容。直看到我脸上露出了满意的微笑，他才松了一口气。

那时，对我来说，“说是说，做是做”已经成为历史，而且，较之刚毕业时的我，已经聪明得多，有办法得多。我发现童士林第二次作文的字写得仍然不认真时，我把班长和小组长请到办公室，对他二人说：“你二人把童士林给我请来。你们到了教室大声喊：‘童士林，于老师请你到办公室去一趟！’一定要大声喊，还要说：‘于老师脸色铁青，看样子很生气。’他要问什么事，就说‘不知道’。”不一会儿，士林来了，诚惶诚恐地站在我面前。我把作文本往他跟前一摊，说：“这是你写的字吗？”

只两次，他再也不敢马马虎虎了。

我让班长、组长大声说，第一想给士林一点心理上的压力，叫他知道，我是不允许草草了事的；第二想在全班学生面前立起一块无形的、上书一个大大的“严”字的牌子，告诉他们，凡应做到的，必须做到；凡应做好的，必须做好，否则老师是不答应的。这也是立规矩的一种办法。

一切好习惯的养成都有一个过程，而且对某些学生来讲，一开始多少带有强制的意思。等他们尝到了甜头，才会产生一种内驱力，随着实践次数的增多和得到更多甜头的刺激，才会慢慢变成一种自觉的行为，即我们说的习惯。使童士林这样的学生不再是“南郭先生”，改掉他做事毛糙的习惯，开始就要紧盯不放。“盯”有两层意思：一是一点儿马虎之处都不放过；二是有一点点进步都予以肯定，给予鼓励，而且尽量让全班学生知道，一起分享他成功的喜悦。直到他尝到成功的喜悦多了，产生了内驱力，养成习惯为止。但是，这个过程的长短是因人而异的。应该说，士林的转变是快的。

五

有些“南郭先生”的混的思想根深蒂固，想革除掉，必须假以时日，付出更多的心机。

一年，我接了个四年级班，前任班主任对我说，小东是拖拉作业的大王。拖拉作业的学生，几乎班班有，还有居然敢把没做完的作业夹在其他同学本子里交给老师的，这都不足为怪。拖拉作业的原因却不一样，有懒惰的，有贪玩的，有手脚动作慢的，有学习有困难的，也有对学习无兴趣、失去信心的，等等。我详细询问了前任老师和几位学生，得知小东拖拉作业主要是因为贪玩、偷懒造成的，于是心里有了底。

接班的头几天，我来了个欲擒故纵 —— 根本不查家庭作业，把“权力”统统下放给小组长。几天之后，小东的组长向我报告了：“于老师，小东天天不做家庭作业，一问他要，他就嬉皮笑脸地说：‘对不起，忘带了。’我说他脸皮厚，他头一晃说：‘过奖过奖，不厚不厚。’于老师，您得管管他！”

我对她说：“你要随时把小东的变化告诉我。不过，以后不许说他脸皮厚了。”

一天，小组长又对我说：“于老师，小东今天一来到学校便补家庭作业，不过，全是抄别人的。”

我说：“抄总比不做强，这是个进步。你回去表扬表扬他。一定要表扬哟！”

原来，那天一大早，我对班长说：“等小东来了，你悄悄地对他说：‘听说于老师要查你的家庭作业。’看他有什么反应。”没想到他听了之后，感到紧张，而且赶忙去抄！这就说明他还是爱面子，有自尊心的，我很高兴。但是，我没动声色，那天根本没有去查他的作业。又过了三两天，我来了个“突然袭击”—— 叫他把家庭作业拿来给我看。他惊愣了，嗫嚅着，不肯打开书包。

“没做？”

“没做。”

一声简单、坦率的回答之后，眼帘垂了下来，脸也红了。看来，他的脸皮并不像小组长说得那么厚。

“今天原谅你。明天我还要来检查，不光检查你一个人的，包括其他同学的。”

回到办公室，我和教数学的侯老师商定，从今天起，适当减少作业量，尽量多布置一些选择性的题目，让他和别的不愿做家庭作业的学生感到，做家庭作业并不费事。

这样的“单兵教练”一直坚持了近两个月，表扬和批评并施，温和与严厉共用，才使他拖拉作业、作业潦草的积习得以纠正。后来，我请他每天为我收家庭作业，当班长的助手。这样一来，他的作业做得更工整、更及时了。

有则外国谚语说：“人是习惯的奴隶。”让每个学生养成良好的学习习惯多么重要啊！而让学生改掉一个坏习惯又是多么难啊！

我们这样做，也许会得到某些国外同行的讥笑。据说，有些国家的学生上课可以随便离开教室，美其名曰：“尊重学生。”强迫学习不好，训斥乃至体罚学生更不对，但放任自流亦不可取。孔子有云：“过犹不及。”

六

“过筛子”也罢，盯也罢，不管怎么说，我们采取的一切措施，不是置“南郭先生”于死地，也不是像齐缗王那样，把“南郭先生”吓跑，而是为了教育“南郭先生”，为了不再产生“南郭先生”，是让每个学生都懂得，不能混日子，要尽力去做应该做的每件事。

55. 把“发现”留给学生

一

千万不要低估了学生的潜能，更不要说在信息社会的今天了。

2001年7月7日，我在新疆维吾尔自治区乌鲁木齐市八一小学，为来自全疆的一千多名同行上《我的伯父鲁迅先生》一课。学了一、二两段，我深深地被新疆学生的悟性所感动，学第三段“谈碰壁”时，我灵机一动，一改前面“引读”的方法，来了个“大放手”——让学生以老师的身份自己去批阅。我告诉学生，所谓批阅，即像老师改作文一样，圈圈点点，批批改改。转换角色，实际上是把学习的权利交给了学生。这时，每个学生立即变得认真起来。课堂上，他们的体会和见解不但使我，也使听课的老师感动、吃惊。限于篇幅，现仅把第三自然段的教学，实录于下：

师：下面请一位同学读读第三自然段。

生：（读）“哪一点不像呢？伯父转过头来，微笑着问我。他嘴里嚼着，嘴唇上的胡子跟着一动一动的。”

师：请谈谈你是怎么批阅这一段的。

生：我在“他嘴里嚼着，嘴唇上的胡子跟着一动一动的”这句话下面画了波浪线，然后加了个眉批：“观察仔细，写得具体。”

生：我加的眉批是：“生动、形象。”

生：我把这一自然段都画上了波浪线，加的眉批是：“写得具体生动，读了如闻其声，如见其人。”

生：我的眉批是：“写得栩栩如生。”

生：我的意见和上面同学的不一样。我认为“他嘴里嚼着，嘴唇上的胡子跟着一动一动的”这句话应该删掉，因为这句话是多余的。

生：我也觉得这句话是多余的，删去更简练，而且读起来更通顺一些。

生：我认为这句话还是保留的好。因为读了这句话，我们就像见到了鲁迅一样。鲁迅逝世了，周晔写得这么细致，我想，也有纪念的意思……

这就是我们的学生 —— 年仅十一二岁，才读小学五年级的学生。如果说，他们的褒扬性的眉批还在意料之中，那么，两位学生发表的相反意见（认为最后一句该删去），却是我万万没有想到的。如果说，认为因“具体、生动”而主张保留的看法不足为奇，那么，认为值得保留的原因是因为“有纪念的意思”，则是很独到、很深刻的。

谁能说他们的“发现”没有道理？谁能说他们是“小孩子”？对他们的不同感受我不但表示尊重，而且表示钦佩。当时我就想：课堂上，我们的确不应该包办得太多，应该把“发现”交给学生。当我继续把“发现”交给学生时，学生果然又给我们带来了意想不到的惊喜。在学习第四及第五自然段时，学生们的“发现”绝不亚于我们老师。

这一自然段是这样写的：

> 爸爸跑到伯父家里，不一会儿，就跟伯父拿了药和纱布出来。他们把那个拉车的扶上车子，一个蹲着，一个半跪着，爸爸拿镊子给那个拉车的夹出碎玻璃片，伯父拿硼酸水给他洗干净。他们又给他敷上药，扎好绷带。

以往，我每教到此，都把鲁迅及其弟弟救助车夫的一系列动词板书出来，加以分析，让学生从中体会人物的思想感情。这次，我“退居二线”，让学生谈谈应当板书哪些词语。学生们边读边想边画，课堂上出现了极为专心的场面。几乎所有学生都画出了“扶、蹲着、半跪着”这三个词，不少学生还画出了“跑、夹、洗、敷、扎”等词。我请两位同学把上述词语写在黑板上（他们写的字也不比老师逊色），并说说为什么要板书这些词语。学生的回答同样让所有的老师叹服：“因为我们从这些词语中可以看出鲁迅和他弟弟非常善良，非常同情劳动人民。”有位同学说：“我从这些词语中不但看出了鲁迅和他弟弟很善良，而且还看出鲁迅懂得医学。”

由此，我们可以得出这样一个结论：要相信学生，应该把“发现”交给学生。

二

四年级有一篇课文叫《全神贯注》，写的是大雕塑家罗丹邀请著名作家斯蒂芬·茨威格参观他的工作室的故事。到了工作室，他只顾修改刚塑好的女像了，竟把他的好友忘得一干二净，临走时，差一点儿把茨威格锁到屋子里。后来，茨威格把这件事写了下来，并深有感触地说了这样一句话：“人类的一切工作，如果值得去做，而且要做好，就应该全神贯注。”教学这篇课文时，我未做一点儿分析，就是引导学生仔仔细细、认认真真地去读书，学生之间、师生之间比着读。读熟之后，我说：“茨威格看到了这件事，说了一句发人深省的名言。但名言不一定出自名人之口，老百姓说的话，也有好多名言。你们知道了罗丹的这件事，想不想说点什么，能不能也写一句‘名言’？”

没想到学生的感悟能力竟是这么好！请看泰兴市襟江小学部分三年级学生（因为该校四年级学生已经学过这篇课文，故而借三年级一个班上这一课）写的“名言”：

“做什么事都要全神贯注，只要全神贯注，就一定能成功。”

“不满足＋一丝不苟＋全神贯注＝成功。”

“没有最好，只有更好。”

“不满足现在，只满足未来。”

“人不断地皱眉，就能不断地发现自己的缺点；不断地发现自己的缺点，就能不断地进步。”

还有一位学生写了一首诗：“罗丹罗丹真专心，朋友在家不‘放心’，我们应该学罗丹，全神贯注永记心。”（我称这首诗是“心”字诗）

该校杨金林校长听完课后，感慨万端，说：“没想到孩子的潜能竟这么巨大！”该班的语文老师说：“听着孩子朗读自己写的名言，看着同学们激奋的精神状态，我简直不相信这是我教过的孩子。对孩子们我要重新认识，对自己的教学，我要彻底反思。”

是呀，学生说的哪句话不是这篇文章的中心思想？看来，不仅一句话、一段话，学生能发现我们老师可能发现不了的东西，就是一篇文章的主旨，学生也会感悟出来，而且他们的“发现”往往超出了我们老师。学生的表现使我有了这样一份清醒：不能小看了学生，教学中，要尽量少“告诉”。

三

词语教学，多数情况下更不需要“告诉”。

《狐假虎威》是二年级的一篇课文。学生读了几遍课文之后，我请小朋友们用一句话把这个故事说出来。其实，只要把课文的最后一句话——“狡猾的狐狸是借着老虎的威风把百兽吓跑的”——稍微变通一下就行了。小朋友找到后，是这样说的：“‘狐假虎威’就是狐狸借着老虎的威风吓唬百兽。”我接着问：“那么，‘狐假虎威’的‘假’是什么意思呢？”小朋友开始的回答都是这样的：“是真假的假，狐狸的威风是假的，老虎的威风是真的。”

当我要求他们再读书，特别是想一想最后一句话时，学生们看出来，这里的“假”是“借”的意思。但我并不满足学生发现了正确的答案，而是请他们再查查字典，看看“假”有没有“借”的意思。一查，“假”字果然有此义项。从学生的表情中，我们可以发现，他们为自己弄懂了一个问题是多么高兴。有位老师曾经问我，为了弄清一个字的意思，有必要费这么大的劲吗？老师一说不就得了吗？这使我想起了明代胡宪仲说的话：“引之自悟，则得之渐，故为身心之益；倾之速悟，则得之轻，故为口耳之赘而旋忘之。”意思是说，引导学生自己领会，就能逐渐获得扎实的知识和能力，对学生的身心发展有益；大量讲授而期望学生很快明白，获得的知识就肤浅、有限，因为师生口授耳听反倒疲劳，很快就会忘记。我们的先人对这个问题认识得多么深刻啊！总而言之，自己读懂和听老师讲懂的意义是大不一样的，我们应该尽快从重结论而轻过程的羁绊中解脱出来。须知，过程产生方法，过程产生能力，过程产生悟性。

四

说到释词，不由得想到写字教学。在写字教学中，如果把“发现”交给学生，对培养学生的观察、审美和书写能力的作用就更大。每次写生字词，我都是让学生先“读帖”，认真观察每个字的结构，每一笔在什么地方起笔，在什么地方收笔，边看边书写。“读”过之后，我便请学生到黑板上写——看看“读”懂了没有。这种做法，对培养学生的专心致志、克服粗枝大叶的毛病十分有用。如“咳”字，不细心看，很容易把两撇（七、八两笔）写得基本相同。我提示后，学生再“读帖”，明白了，原来第一撇（第七笔）要写得长。再如“多”字，即使“读帖”之后，也仍有许多人把它写得像弯腰驼背的小老头。我请大家再“读帖”。三读两读，问题发现了，原来是第二个“夕”的撇起笔高了。规范的写法是，它应在第一个“夕”的点下（第三笔）起笔。真正“读”懂后再写，“多”字的腰杆便立即挺直了。

这样训练久了，学生变得细心了，能够自己发现每个字的特点了，写字时“想当然”的毛病也少了。在写字教学上，“发现”也比“告诉”好。“告诉”，所得是有限的；而“发现”，却受用终生。

五

一般地讲，我指导学生朗读时不先“范读”，因为一开始范读，实质上也是“告诉”。在教学中，我朗读课文，只是为了和学生交流，我从不期望（也不该期望）全班学生的心中只有一个哈姆雷特。一句话，一段话乃至一篇课文该怎样读，也应当让学生去读，去体会，去“发现”。同样一句董存瑞说的话：“班长，让我去炸掉它！”有的学生激昂慷慨，读得声音很大，但也有读得声音较低的，听起来，每个字就像从牙缝里挤出来的一样（真是咬牙切齿），孰优孰劣？都很好嘛！都有味道嘛！即使有人读得“不到位”，但好歹是他们自己悟出来的，总比从老师的“告诉”中得来的好。因为那是模仿来的，是克隆出来的，而不是自得的。

《高粱情》一课中有这样一句话：“我小时候练摔跤时，教我的伯伯说：‘站得像高粱一样，要有它那抓地的根，要练到根从脚脖子上生出来。’”学生读这段话时，都把“得”读成“de”。我便把“得”字写在黑板上，说：“大家知道，‘得’有三种读音。它在这句话里该读哪个音，我备课时没拿准，请同学们读一读，看看该读什么音。”说罢，我把“de、dé、děi”这三个音节写到了黑板上。

经过一番读、议、查，学生们取得了共识，认为该读“děi”，而且从字典上找到了“理论根据”，告诉我：在这句话里，“得”是“必须”的意思。我表示接受，并表示感谢。学生为自己“发现”了正确的，而且被老师采纳了的答案而兴奋不已。

课后，许多老师夸我钻研教材细心，说他们从来没注意这个字，一直读“de”。

上面说的仅仅是一个字的例子。刚才说了，一句话，一段话乃至一篇课文，放手让学生去读，他们都能有所“发现”，都能找到自己的感觉，读出他们的理解来，只是程度不同罢了。有些学生的语感、语气、表情，常常使我们当老师的吃惊，甚至自叹不如。

六

一天，我带学生去游泳。我把几位做事毛毛糙糙的学生拉到身边，小声对他们说：“你们看看，胆大的和胆小的，他们的表现有什么不同；会游的和不会游的有什么区别；好逞能的和不善于张扬的又有什么两样。”我一提示，他们便细心地观察起来。看着看着，他们忍不住乐了——原来班里好逞能的小胖子跳水跳砸了！他整个身子像炮弹一样，重重地落到游泳池里，肚子砸到水面上，发出很大的响声。小胖子爬上岸来，捂着肚皮连声叫道：“疼死我了，疼死我了！没想到水这么厉害！哎哟，哎哟……”

我的提示使他们专心了，发现了过去没有发现的（或者说视而不见的）东西，写出来的文章自然也比以前鲜活多了。这个方法叫“比较”。

指导学生观察和作文时，更应当把“发现”留给学生。但必要时，方法是要告诉的。

七

有人用三个算式分别表示三个不同层次的教学。第一个层次的教学叫“告诉”，用“5 × 3=15”表示；第二个层次的教学叫“启发”，用“5 × 3=？”来表示；第三个层次的教学叫“唤醒”，用“5 × 3 = 14”来表示。是呀，5 × 3怎么能等于14呢？不对吧？于是大家都会瞪大眼睛，去探讨，去思考。唤醒所有学生，调动所有学生的积极性，让所有学生都投入到学习中去，这是最理想的教学境界。我努力向第二、第三个境界迈进。凡不需要告诉的，则不告诉；非要告诉不可的，也不马上告诉，到了不得已，才告诉。

当然，要启发、引导学生去发现，而且能发现得准，老师必须先发现，尽量地去发现，即把自己要教的东西把握好。备课时，我一旦发现了别人（包括教学参考书）所没有发现的东西，是很兴奋的。自己发现了，在学生面前却要装糊涂，只是在关键的时候点拨、引导一下。不能盲人骑瞎马，心中无数。至于学生的发现出乎我们的意料之外，有的见解甚至比我们更深刻，更高明，则又当别论。每遇到这种情况，我总是比自己发现的还要激动、兴奋。

学生的潜能是很大的，但必须去开发，而且会开发，才能发挥出来。否则，只能永远“潜”在心中。所谓“会开发”，就是老师要树立正确的学生观和教学观。“把发现留给学生”，实际上反映的是一种教学观。现代教学论的核心是两句话：学生是学习的主人，是主体；老师是引导者、帮助者，是主导。老师的责任是唤起并引导学生的学习活动，并使之体验到学习的成就感。现代教学论最看重的是过程，而不是结果。学生在老师指导下自己去探索、研究，即使得到的结论是错误的，它对学生的发展起的作用，和老师把正确的结论直接告诉学生所起的作用，是不能相提并论的。现代教学论认为，教学应当是民主的，师生之间应当是平等的，课堂氛围应当是和谐的、宽松的。只有这样，学生的潜能才能得到开发，把发现留给学生，学生才能有所发现。

56.解读“三席话”

古人有“与君一席话，胜读十年书”之说。我深有同感。下面写的，是我三次听别人讲的话以及听过后的想法，故曰：“解读‘三席话’。”

一

一次，在南京开会期间，与当代教育家、德高望重的斯霞老师谈及作文教学时，她说了这样一件事：“过去，我教一年级时，有一项作业叫‘写话’。一天，一位小朋友在‘写话’中写道：‘今天，有一位法国阿姨到我们学校听课。这位阿姨是女的。’我看了好笑，想把最后一句画掉。再一想，不可。他刚上一年级，刚刚分辨出叔叔和阿姨的区别，他这样写是有他的想法的，是符合儿童心理特点的。”

这是一个典型的“蹲下来看学生”的例子。“蹲下来”和“站起来”看学生大不一样。站起来看学生，就是以大人的标准要求学生，要孩子和大人“相似”；“蹲下来”看学生，就是以孩子的标准衡量孩子，是老师和孩子“相似”。老师和学生“相似”了，就有了共同的想法、共同的看法、共同的理解、共同的语言了。

二

在一次语文教学座谈会上，全国著名语文教育专家、特级教师张庆先生说：“语感好了，写文章就通顺。怎样修改文章？叶圣陶先生讲：念。一念问题就出来了。读起来上口，听起来顺耳，就好了。叶老怎样教人修改文章？——‘再念再念再念’。听不听由他。主要靠的语感。”

常听人说，高明的人，能把复杂的问题简单化；蠢笨的人，则把简单的问题复杂化。叶老当然是个高明的人，因为他把修改文章这么复杂的问题，用一个字便概括出来了 —— 念。说得复杂一点，也不过是六个字：“再念再念再念。”张庆老师自然也是个高明的人。“听不听由他”，说这是唯一正确的办法，别无他途。改到什么程度为好？“念起来上口，听起来入耳。”如此而已！张庆的话说得同样简洁、明白！

如何修改文章，修改到什么程度，还要再说吗？

由此，我想，我们教学，我们讲话、写文章是不是也应该努力使它简单些、浅显些、明白些？

我这样想了，也便这样努力着。

三

教育部基础教育课程改革专家组成员陆志平先生到我们区做了一个关于课改的报告。在讲到“对话”时，陆先生有这样一段精彩的论述：

> “对话”指的就是教师要实行“对话教育”，与学生平等沟通。现代教育以促进人的发展为目标，要求为学生的发展提供充足的空间，这就要求老师转变权威角色，作为学生成长的引导者、组织者，彻底改变灌输的做法，树立“学生需要什么帮助，我们给学生提供什么样的帮助”的观念。有人打比方说，中国老师把牛拉到一个地方去，告诉它，这里的水最好、草最好，然后就不由分说地把牛的头摁下去——吃；而西方的老师把牛带到同样的地方，只告诉它，你自己去吃吧。同样是吃水吃草，中国的牛吃得很难过，西方的牛却吃得很舒服。灌输的背后是对人性的压制。

听到这里，老师们都笑了，我也笑了，不过我是笑自己的。——我干过多少“摁牛头吃草”的事啊！

摁，是强迫学习。强迫学习是被动的，是不会有好效果的。强迫学习也是不尊重人的表现。它爱吃什么，应该吃什么，应该吃多少，这些最重要的问题、最应该考虑的问题，我却不管。摁，就谈不上民主，谈不上平等了。

摁，是灌输。学生没有选择的权利，没有一点儿自主。教师“摁”到哪里，就只好“吃”到哪里。

笑过之后，我对老师在课堂上“是个组织者、引导者”这句话，理解得更深一些了。

是的，我们的教学确实应该少些包办，多些自主；少些限制，多些引导；少些理性，多些情趣。一句话：我们应该把摁牛头的手松开了。

57. 语文教学随想录

一

自己最了解自己。我自己这点语文能力是从哪儿来的？是读来的，写来的。我上小学时就喜欢读书。读初中时又幻想当作家，于是课余时间不但读书，而且作文。从中学到师范，仅六年的时间，退回来的稿子就攒了半纸箱，但仍不灰心。就这样，日复一日、年复一年地挤时间写呀，读呀……直到如今，还乐此不疲。吕叔湘先生说，他的语文能力，30%得益于课内，70%得益于课外。我呢，10%得益于课内，90%得益于课外。所以，我在语文教学中特别重视培养学生的阅读和写作的兴趣，尽可能地扩大学生的阅读面，增加阅读量，着力培养学生“操笔为文”的习惯。兴趣有了，习惯养成了，就意味着成功。

二

语文教学的规律就是学习语文的规律。学习语文的规律就是张庆先生常说的“熏锅屋”；不是吹糠见米，而是水滴石穿；不是速成，而是慢功。

三

报载：古代书生要背《论语》（11750字）、《孟子》（34685字）、《尚书》（25700字）、《诗经》（39234字）、《礼记》（99010字）、《左传》（196845字），合计431386字。此外还要读大量的注释和非读不可的典籍、史书、文学书等。当然，时代不同了，我们不可能也不应该要求今天的学生去背这么多的书，但“背”字不能丢。小学阶段是背诵的黄金阶段，此时不背点名篇佳作，长大再背就晚了。其一，没有那么多的时间；其二，记不住。

中央教科所的郝家杰先生对我说：有三位韩国学者到他们所里了解中国学生学习清版《三字经》的情况。他说“无可奉告”，韩国人黯然；我听了则赧然。联合国教科文组织把《三字经》列为世界儿童道德教育丛书，我们多数人竟然不知，而且不学，连韩国人都不如，岂非怪事？数典忘祖呀！于是我赶紧和学生一起学习、背诵《三字经》，还有《百家姓》《千字文》以及优秀的古诗文。

学生们吮吸的是母乳，强壮的是筋骨啊！

四

有人说："当您气恼时，先数到10，然后再说话。假如怒火中烧，那就要数到100。"数数，就是后退一步的意思。数得越多，退得越远。俗话说，后退一步天地宽，何况退几步呢！我们做老师的，天天和学生打交道，难免有气恼的时候，遇到这种情况，就要学会数数。只要压住火气，对问题的处理就会更好，而不会更糟。有一个学生把"冒"字默写错了，被我打了个"×"，因而对我出言不逊。我还没有数到10，气便消了。我心平气和地翻开书，请他看这个字的正确写法，并对他讲了这个字的本义和构字方法。我告诉他，"冒"字的上半部分，既不是"日"，也不是"曰"。它是最早的"冃"字。上边表示帽子的形状，中间两横表示帽檐和上边的装饰品，是个象形字（还有一说是表示眉毛）。还后来，下边又加了个"目"字，表示帽子戴在眼睛上面。"冒"字左边加个"巾"，是表示戴在头上的头巾。现在"帽"字完全取代了"冒"的意思，而"冒"不再做"帽"字讲了。讲完了，他喃喃地说："于老师，请原谅我……"

五

支玉恒先生是我国小语界的怪才。一次，他执教《将相和》时，一生问："为什么蔺相如不说碰柱子，而说撞柱子？"他说："请你过来碰我一下。"于是该生走过去碰了他一下。他又说："请你撞我一下。"该生说："不敢。"他问："为什么？"生答："怕把你撞倒。"他笑了，说："看来撞比碰力气大是吧？你明白了蔺相如为什么说撞而不说碰了吧？"生笑了，说："明白了。"

我佩服支老师的睿智和随机应变的能力，同时从中也得到了启示：我等虽是"笨鸟"，不及支老师机敏，但可以"先飞"——备课时把重要的地方想细些，想全些，方法想多些。这样，一旦遇到问题，即使我们的应变能力差一点儿，也不至于束手无策。

58. 艺术教育感言

一

据联合国统计，奥地利是世界上犯罪率最低的国家。专家分析，这与该国重视艺术教育有关。奥地利教育法规定：年满18岁的公民必须学会演奏两种以上的乐器，否则将追究家长的责任，不但罚款，还要蹲牢。专家认为，人的艺术修养高了，一般来说，情操也就变得高尚。

此话当真？当真。

席勒早就说过，最终而言，有道德的人不是国家工具造就的，只有打开艺术之泉，通过艺术之泉的浇灌，才能养育出有道德的人。

前不久，我在《读书》（2000年第5期）杂志上读了田青的一篇文章。田青说："音乐，是养人的。"又说："艺术，能成就人格，成全历史。"可见，音乐能陶冶人不是一家之言。确实，我们很难把一个能纯熟地弹奏钢琴或者演奏其他乐器的人与抢劫犯联系在一起。在中国历史上，从先秦时代推崇的君子，到魏晋时代的才子和唐宋以后的文人，都无不通过艺术得到人格的力量。

二

听乐曲，是感受，是欣赏，是想象，同时也是吸纳；唱和演奏乐器，则是表达，是抒发。听、唱和演奏的过程，就是愉悦身心、净化心灵的过程，所以说"音乐，是养人的"。说它"养人"，还有一个原因，即唱和演奏乐器能健体益智。唐代诗人孟郊曾写过"达人识元气，变怒为高歌"的诗句，意思是说，"高歌"能驱散忧愁。而"乐易者"则"常长寿"。演奏乐器除了能驱忧遣愁，还能开发智力，强身健体，因为活动手指具有这种功能。有人说，知识和能力是有限的，而艺术启迪出来的想象力却是无限的。

三

两千多年前，在孔子提出的“六艺”（礼、乐、射、御、书、数）教育主张中，就有“乐”，“乐”即是音乐。那时孔子就认识到音乐的重要，是十分了不起的。音乐，作为教育的手段，有着明显的育人功能；作为“艺”，它是人的素养、人的生活不可缺少的一个组成部分。人类社会发展到今天，我们更要重视音乐教育，让每个学生喜欢音乐，爱听，爱唱，并会演奏至少一种乐器。只会唱，只喜欢欣赏，还不能算跨入音乐殿堂的门槛，一定要会演奏乐器。所以，我在鼓楼小学带实验班的时候，把器乐引进了音乐课堂，要求学生至少熟练地掌握一种乐器，让钢琴或者手风琴、小提琴、二胡、琵琶等乐器成为学生的人生伴侣，就像张敬斋老师教我拉京胡，从小学三年级起，京胡就成了我不可缺少的亲密的人生伴侣一样。

人生有琴为伴，其乐无穷，其义深远，实在是一大幸事！我的悟性和灵性，至少有一半来自音乐。衷心地感谢栽培我的敬爱的张老师！

四

没有艺术的教育，是残缺的教育。可是，时至今日，有些学校竟然可以随意停上音乐、美术课，岂不悲哉？

重视艺术（特别是音乐）教育吧！愿我们学生的人生不是一个“错误”。

59. 书信两封（致三弟永一）[①]

一

三弟：

得知你被评为小学高级教师，很高兴。职称只是个标志，就像我们上小学佩戴的“一道杠”的小队长标志一样（在我的记忆中，你小时候当的最大的“官儿”好像和我一样，也是小队长），重要的是我们更要脚踏实地做点事儿。

在阅读教学中为什么要摒弃烦琐的内容分析，我和张庆等老师已经在好多文章中说过，再谈便有饶舌之嫌了。不过，最近我在学习时，有两个事例对我启发很大，想说给你听听。

其一，美国内华达州的一位3岁的上幼儿园的小朋友，一天回到家里，指着礼品盒上的字母“O”说：“妈妈，我认得这个字母了。”说着，便读了出来。“谁教你的？”幼儿园的薇拉小姐。”母亲听了不但不感谢这位老师，反而把薇拉小姐所在的劳拉三世幼儿园告上了法庭，说老师剥夺了孩子的想象权利。她说，在孩子没认识这个字母以前，可以把它想象成许多事物，现在再也没有了。结果胜诉！而且就因为这件事，内华达州的《公民教育保护法》做了修改。现在美国的《公民教育保护法》规定，幼儿在学校里拥有两项权利：1.玩的权利；2.问为什么的权利。

其二，一位美术老师让学生画太阳，他把事先画好的太阳往黑板上一挂，要学生照着画。结果就不要说了——全班50名学生只有一个太阳。另一位老师不然，他让学生自己画。这样，50名学生便有50个太阳。

这两个例子是不是对我们教语文的也有很大的启迪和警示作用？语文课上，以老师的分析代替学生的阅读实践、以老师的见解取代学生的感悟的例子可以说更是屡见不鲜。读了第一个例子，我也担心起来，一旦我们国家公民素质提高了，法治意识增强了，是不是也会把我们这些总是喜欢“告诉”的老师告上法庭？

---

① 于永一：于永正的三弟，当时在山东省莱阳市万第镇东诸麓小学当老师。

还是以前多次说过的，老师对课文的某些精辟、独到的见解，当然也可以而且有必要和学生交流交流，但不能强加于人，应是和学生“平等对话”。老师的独到见解对提高学生的理解、欣赏能力，对激发学生的读书兴趣，引导学生“潜心会本文”，无疑都有积极作用。有一条，只要我们教完了一篇课文，全班50名学生不是只有一个“哈姆雷特”就行。

文学性的课文，更应当引导学生自读自悟。还记得苏东坡的那首有名的“花褪残红青杏小”的词吗？词的后半阙是：“墙里秋千墙外道。墙外行人，墙里佳人笑。笑渐不闻声渐消，多情却被无情恼。”这首词写得多妙啊！妙就妙在有一堵墙隔着。由于这一堵墙把佳人的容貌和荡秋千的动作全部挡住了，这就为那个“行人”和读者留下了一个想象的空间。在想象中可以产生无穷的意味，想象可以飞越围墙，创造出一个瑰丽的诗的境界。我们课文中的好多东西，也只可意会，有些东西即使能讲个明白，也不一定讲，或者不要全部讲，要留有空白。在教学中，如果把“墙”拆光了，一览无余了，反而什么都没有了。正如美国的那位幼儿园的薇拉老师把不该教的“O”讲明白了，那个幼儿却什么也没有了一样。

关键是理念。只要我们心里始终想着学生是学习的主人，尊重他们的权利，老师在课堂上只是个组织者、引导者、激励者，就不会做越俎代庖的事儿了，就不必担心家长会以“不尊重学生的学习权利”为由，把我们告到法庭上去了。

我特别欣赏并赞同《语文课程标准》（实验稿）中的这一段话：“培养学生广泛的阅读兴趣，扩大阅读面，增加阅读量，提倡少做题，多读书，好读书，读好书，读整本的书。”吕叔湘和张志公先生都说过，他们的语文能力，70%得益于课外阅读。现在，咱们老家生活更好了，办学条件也更完善了，一定要千方百计（包括动员家长）让孩子多读课外书。

春天来了。家乡的杏花又开了吧？小时候，杏花盛开，我们村掩映在如霞的杏花之中的景色常常在我的脑海里浮现。正是因为小时候在故乡有了这样美好的感受和体验，并出于对故乡的怀念，长大了，我才非常喜欢“绿杨烟外晓寒轻，红杏枝头春意闹”“沾衣欲湿杏花雨，吹面不寒杨柳风”等描写杏花的诗句的。可惜，我离家40多年，从来没在春天回去过。

顺祝

春安

胞兄　永正

2002年3月20日

二

三弟：

见字如面。

来信收悉，内容尽知。你调到了一所新学校，意味着一个新起点开始了，是件好事。我不主张一个人老是待在一所学校里。新单位，对你来说，什么都是新的；而你在这所学校的老师和学生眼里，也是新的。人一穿上件新衣服，就会处处小心、处处留意，以免把新衣服弄脏了。我想，你调到新的学校，定然会有换上一件新衣服的感觉，会洁身自好。换个新环境，绝对有利于你的进步，应该为之高兴。当然留恋过去的学校也是人之常情。

信中所谈的关于激发学生学习兴趣的问题，的确很重要，现在，城市里也有不少孩子厌学，对学习不感兴趣。我想说的是，这法那法，最重要的是关爱学生，激励学生，让每个学生都能获得他所能获得的成功。中央电视台《东方之子》节目主持人问丁肇中先生取得成功的经验是什么，丁答："兴趣。"当主持人得知丁先生在校学习期间，历史成绩也很突出时，问他何故。丁说："考试成绩好。历史经常考100分。总是考不及格，恐怕就没有兴趣了。"你我兄弟二人都喜欢语文，还不是因为我们小时候考试成绩好？所以，我们要想方设法让每个学生取得好成绩。学生考不好，需要的是鼓励，而不是指责。没考好，讲一讲再考嘛；作文没写好，指导指导重写嘛，有何不可？当老师的要想开点儿，怎么有利于学生的发展就怎么做。

江苏省教科所成尚荣所长曾经给我们讲过这样一个真实的故事：一个小学生上课时偷看一本刚买来的小说，被老师没收了，并叫他回家把家长请来。该生边走边思忖：请爸？爸厉害，会打我；请妈？妈和爸一个鼻孔出气，把此事告诉爸，还免不了挨打；请外婆？对，外婆好。于是他到外婆家，把此事告诉了外婆。外婆去了，很长很长时间才归。该生怯生生地问："外婆，老师说什么了？"外婆说："嘿！老师夸你呢。他说你从小喜欢看书，说不定长大了能成为作家。——这不，老师叫我把书给你带回来了。"该生深受感动，也深受鼓舞，从此更喜欢读书了。长大了，这个学生果然成了作家！一天，师生聚会，老师对这位已成了作家的学生说："我对不住你呀！上小学时，我不该没收你的书，更不该叫你请家长到学校来。现在，我把这本书还给你……"该生喟然，在心里说道："外婆不懂教育，但她懂得关爱和激励！"

三弟，这个例子多么生动，多么深刻啊！王中力在《激励论》中说："一个人在没有受到激励的情况下，他的能力只能发挥到20%～30%，如果受到正确而充分的激励，能力就有可能发挥到80%～90%，以至更多。"为什么说老师的一句话可能成就一个人，也可以毁掉一个人？道理就在这里。但是，激励也好，表扬也好，让学生获得成功的体验也好，它的前提是个“爱”字。少了这个前提，一切都成为空的了。

我的话是不是说多了，给你我“以老大自居”的感觉？我是老大不假，但如果说出的话让三弟觉得有“老大味儿”，就不妥了。好了，就此打住。一笑。

祝好！

胞兄　永正

2002年8月5日

60. 让我们的教学“增值”

一

这是一节一年级的社会课，课题是“你从哪里来”。课文告诉小朋友，人是母亲生的，母亲从怀孕到生孩子很不容易，我们要关照孕妇，孝敬母亲。为了上好这一课，这位执教老师还特地请来了一位孕妇，回答小朋友在学习中遇到的问题。所有问题的答案都表达了这样一个意思：母亲怀孕要付出很多很多。但是，这位孕妇从走进教室到离开教室之前竟没有人请她坐下讲！和我一起听课的卢咏莉教授一个劲儿地摇头。

一位教低年级数学的老师，刚把“萝卜”“白菜”（用纸做的教具）贴到黑板上，啪嗒一声，一只“萝卜”掉在地上。一位小男孩连忙跑到黑板下拾起来，双手递给了老师。没想到，这位老师白了他一眼，说：“上课不要随便下位！”

走进我们的课堂，这样的现象我们会经常碰到。这是我们教学中普遍存在的问题，这些问题有一个共同的名字叫作“知识本位”—— 教学中，我们关注的是知识，注意的是书本，是教案。“知识本位”，也叫“目中无人”。

二

就知识这个层面上，我们的教学就没有问题了吗？有，而且也不少。

前不久，徐州市教研室为初中二年级的学生出了两道数学题，一道是查阅资料或上网，看看勾股定理是怎么被证明出来的；一道是到商店调查一种商品，了解它的出厂价、销售价，等等，用这些调查来的数据证明一个定理。一位读初二的学生告诉我，为了做这两道题，他又上网，又跑商店，好容易做出来了，但是没得满分；虽然没得满分，可是通过这个探究的过程，能力增长了不少，收获很大。另一个在另一所中学读书的学生的回答使我吃惊。他说，这两道题他们全班每个人都得了满分 —— 20分，因为这两题是老师给做出来的。老师说：“同学们，这两题共20分呢，我保证你们一分不失。”

这种问题也普遍存在。知识是很重要的，无知便无能，但是怎么让学生获取知识？是在老师组织、引导下，学生们自主、合作、探究，还是灌输？是老师把“鱼”捉到送给学生，还是“授之以渔”，并且提供一个“渔场”引导学生自己捕鱼呢？

三

如果我们跳出“知识本位”这个误区，还会发现更多的问题。

请看2002年12月30日出版的《小学教学改革与实验》刊登的《老师，您真的伤害了学生》一文中举的四个案例（这四个案例都出自小学生之手）。

［案例一］

那次上《卢沟桥的狮子》一课，老师让同学们按顺序读课文。当轮到我时，我很激动。可老师却没有叫我，而是让全班同学齐读。我顿时感到无地自容，我知道，不就是因为我上次朗读时卡壳了吗？你看不起我不让我读，我还不想读呢。从那以后，我对朗读非常反感，有一种抵触情绪，甚至连语文课也不愿意上了。

［案例二］

一次自习课上，老师随堂辅导，我先举手问问题，隔我一排的学生××后举手。老师的眼光滑过我，却背转过身朝××走去。我感到非常失望，也很自卑，原来老师的眼里没有我。后来上课即使我有了问题，也不敢问，慢慢地也就不愿问了。

［案例三］

一次上《五彩池》一课时，老师让我们用喜欢的方式读读自己喜欢的句子。我主动站起来读。当读完“明明是清水……有的像起伏的丘陵……有的像成簇的珊瑚”之后，老师让其他同学对我的朗读进行评价。许多同学都说我的声音洪亮，但把一些字读错了。这时，老师表扬了他们：“你们听得真仔细！”接着老师又让其他同学读自己喜爱的句子。看着老师表扬他们，对我不闻不问，我心里很不是滋味，刚才那股高兴劲没有了。

［案例四］

在上《加了一句话》一课时，老师问：“中午，老妇人在街头乞讨什么也没得到，晚上过往行人纷纷给她铜币。这么大的变化说明了什么？”我看到全班举手发言的同学不多，于是主动站起来回答老师的问题。我想我的回答肯定会得到老师的表扬。这时，老师看了我一眼，说：“还有哪位同学比他说得更好些？”我一听，顿时泄气了，这不是明摆着不承认我的回答吗？

类似的情况在我们的教学中是不是也随处可见？可以说，比比皆是。显而易见，这些问题已经涉及老师的教育观、学生观、思想方法等方面了。

我在和北京师范大学卢咏莉教授讨论上述问题时说：“我们应当让我们的教学‘增值’。”她很赞同我这个说法。

如果教一年级社会课的那位老师，请孕妇坐下回答学生的提问，讲完了，小心翼翼地扶送她走出教室；如果那位教低年级数学的老师真诚地向拾“萝卜”的小朋友道一声“谢谢”；如果那位教初中二年级的数学老师放手让学生去做那两道题，不放心的话，和学生一起去做；如果我们在教学中多关注“人”，多给学生一份尊重、一份信任、一份鼓励、一次机会，多一点同情和爱抚，那么，我们的学生所得到的就不仅仅是知识、能力，而且有良好的情感体验，会对学习产生兴趣，并逐渐形成正确的价值观、人生观。这样的教学就叫“增值”。这样教，我相信我们的学生一定也会很棒的。如若不然，我们的教育确实令人担忧。

四

下面，具体说说我所说的“增值”是什么意思，也就是说应该增什么“值”。

首先，增加人文性。最近我读了中科院院士杨叔子的一篇文章，题目叫《同根生，融则利》。真是受益匪浅！他说：“科学是‘立世之基’，人文是‘为人之本’。”“科学是求真，人文是求善。”“物不格，知不致，背客观现实而为，违自然规律而行，逆历史潮流而动，即反科学，则必败必亡。意不诚，心不正，身不修，人而不人，似人非人，即反人文，则必祸必灾。一个社会，一个人，科学与人文是不可分割的，不可缺一的。科学与人文，两者相融则利，相离则弊。”

他说得何等好啊！反思我们的教学，我们不少人的确忽略了比知识、能力更重要的东西，即人的情感、态度、价值观。而人文的东西不是靠说教所能奏效的，是靠感化、靠影响，是在学生和教师相处中（即教学中、活动中），靠老师言行的感化和影响。理性说教的作用极其有限，有时很可能等于零——当老师在学生心目中是“老虎”或者什么地位也没有的时候。当学生遇到困难时（无论是学习上的，还是生活上的），老师要伸出援助的手，让学生在感受老师的关爱中学会关爱别人；当学生遭遇挫折时，老师要予以鼓励，让学生在老师的鼓励下变得坚强；当学生在取得进步时，老师要及时激励，让学生在激励中获得更多的成功体验；当学生不能正确对待自己、对待别人时，老师要以自己的人格，自己的言行告诉学生应该怎样去做，告诉学生什么叫互相尊重……古人说："学高为师，身正为范。""身正"指的就是人文性，就是一个"善"字。为什么说当老师不易？因为既做到"学高"，又做到"身正"，要付出巨大努力，要不断地修炼。

其二，增加对弱者的呵护。素质教育的要义是面向全体学生，让每个学生都得到全面发展，让每个学生都主动地、生动活泼地得到发展。由"精英主义"教育到"大众主义"教育是教育的一大进步。如何对待班级中的弱势群体，是摆在每个教育工作者面前的一项艰巨的任务。他们也是人，有着独立的人格，同样地应当受到尊重，而且老师应当给予他们更多的关爱，使他们能在自己的原有基础上，在各方面得到力所能及的发展，把他们培养成合格的公民，对自己、对别人、对社会负责的公民。要正确地对待他们中的所谓顽劣行为，既要理解，又不姑息迁就。对他们要特别注意教育的方式方法。要使他们懂得什么叫负责，既要善待自己，又不要忘记别人，要为别人着想。这一部分学生，一般学习上都有一定困难，所以还要在学习上予以个别指导，对他们要有极大的耐心，千万不能要求过高，也不能企图一蹴而就，应尽力使他们能有所进步。"东方不亮，西方亮"，有短处就有长处，老师的责任是发现每个弱者的长处，扬长避短，变短为长。

其三，增加探究性的学习。让学生在探究性的学习中获得知识、能力和方法，引起学习兴趣。这里说两点。第一，要改变学习方式，变灌输式为自主、合作、探究式。彻底改变满堂灌、满堂问的局面，把时间留给学生，把"发现"留给学生。第二，要努力使我们的探索性学习设计具有综合性。

我们曾经为三年级的学生出过这样一道作文题：《说说我的姓和名》。最初的要求是：你姓什么，叫什么，这个名字是谁起的，有什么用意。后来又增加了这样的内容：你的姓氏在《百家姓》里能找到吗？如果能找到，请把原文引出来；你的姓氏是怎么来的？从古到今，在你的姓氏中出过哪些杰出人物？请通过咨询或查阅《百家姓》《百家姓考》等有关书籍，并根据以上问题写篇文章。写好之后，先读给家里人听，回到学校再和同姓氏的同学交流一下。

我们还给六年级的同学出过这样一道数学题：请计算一下你爸妈用来喝茶的杯子的容积，再了解一下一个健康的成年人一天要喝多少水；然后计算一下，爸妈用他们的杯子一天应喝几杯水，并把计算结果告诉爸妈。估算一下，你见过周围的人用来喝水的杯子的容积，告诉他，为了他的健康，用这个杯子一天要喝多少杯水。

这些题都属于探究性的，而且具有综合性。它不仅着眼于知识、能力、过程和方法，而且具有人文性。可以说，越具有探究性，越具有综合性，它的"值"也就越大。

五

要想使我们的教学“增值”，关键在于老师。老师要有新的理念，要有扎实的科学文化根底，要有较好的个人修养和高度的责任感，还要善于思考，会出主意。总之，要不断地学习，不断地实践，不断地反思，不断地总结。

61.“用教材教”和“教教材”

一

一位刚刚当老师的大学生问我：“于老师，我在报纸杂志上以及与老师们的交谈中，经常看到、听到这样一句话：‘我们不能只教教材，而是用教材来教。’这句话应当怎样理解？”

我沉吟片刻，给他讲了我教《水上飞机》时的一个造句练习。

这是小学三年级的一篇课文，课后要求学生用“究竟”造句。书上是这样写的：“小海鸥想：‘客轮、货轮，啥样的船我都见过，可就是没见过这种长翅膀的船。’它飞过去，想问个究竟。”“究竟”在这里作何解释？于是我翻开了《现代汉语词典》。一查，是作“结果”讲。“问个究竟”，即问个明白，把结果搞清楚。“究竟”还有另一个意思，即因有疑问而表示追究。如：“先生，捷达车究竟省油不省油？”弄明白了，我便设计了指导造句的方案。

我先请小朋友读读“究竟”所在的句子，学生读的时候，板书：“问个究竟。”接着，我让小朋友想一想，“究竟”能不能换个词。—— 讲到这里，为了少费口舌，节省时间，我把已经整理好的课堂实录递给了这位青年教师。这是我在金山桥寄宿学校三（3）班执教这一课的指导造句的实录：

生：“问个究竟”也可以说“问个明白”。“究竟”可以换个“明白”。

师：对！就是问个清楚。在这里，“究竟”作“结果”讲。想一想，在生活中，你有没有遇到过想“问个究竟”的事？在什么情况下，需要我们去“问个究竟”？

生：有一次，我遇到一道难题，怎么也做不出来，我便想找老师问个究竟。

师：是一道数学题吗？你去问老师了吗？

生：是一道应用题。老师一讲，我会做了。

师：把你刚才讲的话记下来，就是一个很好的句子。

生：有一次写作文，我不会写“马蹄”的“蹄”，问了好几个同学都说不会。张斌说：“咱们到字典公公那里问个究竟吧！”

师：（高兴地）查到了吗？

生：查到了。

师：你把这些话记下来，也是一个很好的句子。

（这时，老师把“问”字改为“看”字，成了“看个究竟”）

师：在什么情况下，可以用“看个究竟”呢？

生：一天放学，我发现马路旁边围了一堆人，他们在干什么呢？我连忙走过去，想看个究竟。

师：他们是干什么的？

生：原来有个人在那里卖小狗。

师：噢，那里有人卖宠物。（生笑）

（师将“看”又换成了“探”，成为“探个究竟”）

师：谁能用“探个究竟”说一句话？想一想。

生：一天，我发现鱼塘里的鱼乱蹦乱跳，这是怎么回事？我决心探个究竟。

师：究竟什么原因？探明白了没有？

生：爷爷说，是因为鱼缺氧。

师：怎么办？

生：加氧，有加氧机，就是鱼塘当中那个能转动的机器。

师：噢，那叫加氧机，没听说过。

生：是我给它起的名字。（笑声）

师：同学们，注意听我说的话，看看这句话中的“究竟”是什么意思，可以换个什么词——“一天，我发现鱼塘里的鱼乱蹦乱跳，这究竟是什么原因呢？”

生：“究竟”可以换成“到底”——到底是什么原因呢？

师：对。“究竟”放在疑问句里，是表示“追究”的意思。谁能造一个这样的句子？这样的句子比较好造。

生：我的家庭作业究竟放到哪里去了，怎么找不到了呢？

生：有人说于老师60多岁，也有人说于老师50多岁，请问于老师，您究竟有多大年纪了？（笑声）

师：（高兴地）你们猜得都对，我虚岁60，周岁50。（生大笑）

生：您究竟多大呀？

师：我呀，六十又三。——同学们，看来用“究竟”造句是不成问题了。下面于老师出一个难题，看你们能不能做出来。请你们以“恐龙”，或者“外星人”为话题，写一段话，用上两个“究竟”，一个表示结果，一个表示追究。（说完，板书：恐龙，外星人）先想想，再写下来。

（生写，师巡视指导。写完，三位小朋友读了写的片段。下面是其中的一位。）

生：（读）“我们现在只能看到恐龙的化石和它的蛋化石了。恐龙究竟是怎么灭绝的？那么多的恐龙怎么会一下子消失了呢？科学家们的说法有很多，但是没有一种说法是对的。（师纠正为“是能站住脚的”）我长大了，决心去探个究竟。”（师建议把“究竟”后面的句号改为逗号，再加上一句：“揭开恐龙灭绝这个谜。”）

这位青年教师读完了这个教学片段后，我说：“这就是我所理解的‘用教材教’。它是以教材为凭借，在尊重教材的基础上，创造性地使用教材，把学生教活，教聪明。如果只是‘教教材’，那就简单得多了，让学生用‘究竟’造句，相对说，还是比较容易的，仿一个就是了，再不然老师造几个句子，抄抄背背也不是不行。但，这样做，它的训练价值就小得多了。‘用教材教’，就是尽可能地让教学‘增值’。”

二

顿了顿，我又告诉这位青年教师，以教材为凭借，创造性地使用教材，我做得最多的是“读写结合”。

朱作仁教授说：“大量读写，读写结合，是学习语文的基本规律。”阅读教学中，为“读写结合”选择好结合点，进行写的训练，会使阅读教学大为增值。

教完《新型玻璃》，我让学生以某种玻璃的身份，写“自述”；读了《马背上的小红军》，我则让学生展开想象来个“续写”；学完了《望月》，我则请学生也留心星空，观察月亏月盈，写写自己心中的星星和月亮；读了《月光曲》，我便要求学生为一篇短文加上适当的“联想”，如此等等。

这些写的练习，教材上没有规定，是我根据教材加上去的。

当学生的潜能被激活以后，他们的“妙笔”真的可以“生花”。请看看一位五年级的学生读了《望月》后，写的一篇短文。

迷人的星空

徐州市金山桥寄宿学校小学部五（5）班　张浩

深蓝的天空，星光灿烂，真像一个巨大的盘子里布满了棋子儿。星星密密麻麻，越看越多，显得很乱。但仔细一看，就会发现它们各有各的位置，组成了多种多样的有趣的图案，有的像猎人，有的像骏马，有的像勺子，有的像老鹰……它们把夜空点缀得格外美丽，演绎亘古的神话传说。

望着美丽的夜空，我想起了奶奶说的话："地上有多少人，天上就有多少颗星。每个人都有自己的星星。好人的星非常亮，好人的星非常明。"如果这话是真的，那么我希望那颗离我不远的格外明亮的星就是属于我的。

三

我在南京听了一节"语文活动课"，课题是"走近冰心"。这是老师在教完冰心写的散文《只拣儿童多处行》之后，向学生布置的"作业"—— 请学生搜集、阅读冰心的著作，尽可能地了解冰心。若干天后，全班同学进行交流。我听的就是学生的"交流课"。学生的发言使我瞠目结舌，有谈读了某本书、某篇文章、某首诗的体会的，有介绍冰心生平的，有评价冰心文章风格的，有朗诵冰心诗作的，还有介绍读冰心著作时摘抄的名言名句的……小学五年级的学生，俨然成了研究冰心的专家！这也是"用教材教"，这种做法叫"读的拓展"—— 是由课内到课外的拓展。

南京的老师能由课文《只拣儿童多处行》，引领学生走近冰心，我们为什么不能由《荷花》引领学生走近叶圣陶，由《给家乡孩子的一封信》引领学生走近巴金，由《草原》引领学生走近老舍，由《望庐山瀑布》引领学生走近李白，由《卖火柴的小女孩》引领学生走近安徒生？古今中外的名作家多着哪！

其实，值得而且可以拓展的，还有很多很多。

我教了《海底世界》，给学生出了这样两道题：

1. 我国的海和海岛 —— 祖国有哪四大海？我国的海岸线有多长？祖国有多少岛屿，最大的岛是什么，最南端的礁岛叫什么？

2. 中国人民解放军海军 —— 我国海军有哪三大舰队？最现代化的舰艇是什么？国外水兵服的衣领和袖口有三条白道，为什么中国人民解放军海军水兵服的衣领和袖口有四条白道？请为中国人民解放军海军设计一艘现代化的军舰（用图画表示）。

以上两道题，学生任选一题。要求搜集资料，然后根据题目，形成文字材料，一个星期以后在班里进行交流。

这是与所学课文有关的知识性的拓展，这种拓展具有综合性。学生经历了这么一个探究过程，得到的东西绝不仅仅是知识。

有些拓展不是读，也不是去查阅资料，而是引导、提醒学生去关注，去感受。读了《翠鸟》，我对学生说："请小朋友走进鸟的王国，留心天空中、树林上的鸟儿，细细看看鸟儿们的美丽身姿，细细听听它们的婉转动人的歌声。"读了写法布尔的《鼓起的衣袋》，我对学生说："请大家留心昆虫世界，我们周围随处都有它们的踪影，看看它们是什么样的，都在忙些什么。"读了《夕阳真美》，我对学生说："请注意早晨和傍晚的天空，朝晖夕阴，气象万千，朝霞和晚霞是大自然赐予我们的一幅壮丽的变幻莫测的油画。"读了《第一场雪》，我对学生说："冬天，当雪花漫天飞舞时，千万不要待在屋里，一定要走出去，去迎接冬天送给我们的这份珍贵的礼物，去感受雪的纯洁，雪的亲吻，雪的欢快……"

我不是急功近利地让学生去看，去写。我是让学生去关注外部世界，关注大自然，去发现美，去感受美。我想得显然更远。

在我很小的时候，奶奶就对我说："二八月看巧云。"由此，我便关注起不仅是春、秋二季的云，而是一年四季的云来。观云真是一种享受，一种心灵的陶冶和净化，也是一种启迪和一份感动。看了几十年的云——故乡胶东半岛的云，还有大庆的云，牡丹江的云，长春的云，昆明的云，西双版纳的云，三亚的云，黄山的云，泰山的云，庐山的云……到了50多岁时，心中产生了一种涌动，于是写了一篇散文——《二八月看巧云》。文中说："二八月的云，是流动的诗，是变幻的画。"这是我看了一辈子云的真切感受。感谢奶奶，她的一句话，使我的人生多了一份别人不曾有的色彩，多了一份别人不曾有的感受。我当了老师，于是，我也想让我的学生人生尽量多一份色彩，多一份感动，让尽量多的美丽色彩和感动，伴随着我亲爱的学生的一生。

四

最后，我对这位青年教师说，"用教材教"，不但要传授教材中的知识，吸收课文中的规范的语言，培养语文能力，还有一个激发兴趣、培养良好学习习惯、教给学习方法的问题，一句话，即培养学生的语文素养的问题。

下面这些方面，在教材里也找不到。

—— 老师写一手好字。能写好楷书、行书，甚至懂点草书，学生必然能从老师写的字中去感受汉字的魅力，并喜欢写字，学会欣赏字帖。多数学生懂得字，能写一手好字，那该是一种什么境界啊！

—— 会朗读。一个能把课文读得声情并茂，能把课文读活的老师，他的课必然有生机，有灵性，有情趣；他的学生定会感到学语文是一种享受。他的学生情感必然丰富。

—— 能写一手好文章。若能，他的学生的作文一定会写得个性鲜明，文采飞扬。

—— 善于把握教材，能发现文章的精妙处。这样的老师，必定会把学生领进一个更高的读书境界，从中领悟出更多的语文的奥妙，学会阅读。

—— 教法灵活。跟着这样的老师学习，课堂就会变成一种真正的生活，学生就会真正享受到学习语文的快乐。

—— 幽默。幽默是一种智慧，一种豁达，是一份心情，一种溶解物。有了它，课堂上师生定会融为一体，让学习变得轻松。

—— 心中装着平等和民主。这样，师生关系就会和谐，教学就会成为一种真正的对话，学生的个性就会得到张扬，特长得到发展，使学生健康地成长。

等等。

这是我的追求，我的努力目标。

上述目标，教材里当然没有，但教学中又自然地存在着。它是教学的更为重要的组成部分，或者说更重要的要素。千千万万的老师用着同样的教材教，为什么有着千差万别的效果？就因为上述因素是千差万别的。

五

“不要只教教材，要用教材教”，绝不是说不要教材，教材是凭借，是不能小看的。任何拓展都要在尊重教材的基础上进行，而且要适度。“用教材教”，教学就是立体的了，综合的了。时代对我们教师的要求虽然更高了，但我们可以努力。努力了，人人都能与时俱进。

62. 就作文教学答青年教师问

1. 于老师，您在作文教学上有很高的造诣。请问您是如何让学生喜欢作文的？

答：我没有什么“造诣”，只是喜欢作文教学，喜欢在这方面动脑筋而已。我的学生的确喜欢上我的作文课。原因是多方面的，但主要有两点。首先，因为我喜欢作文。我这样回答，您也许一时摸不着头脑，老师喜欢作文，学生怎么就会喜欢作文呢？因为我对作文情有独钟，经常动笔写点东西，对作文是怎么一回事就感悟得多一点，因而在指导学生作文时，就得心应手一点，这是一。因为从读初中就养成了动笔的习惯，因而也就养成了观察、思考的习惯。老师发现得多，为学生提供的素材就多；老师的思路开阔，学生的思路就会开阔，这是二。有句老话叫“上有所好，下必甚焉”。老师喜欢作文本身就是一种“教育资源”，它对学生的影响是潜在的。以上讲的是第一个方面。

其次，我特别重视作文批改和作文评讲，批改的过程就是发现闪光点的过程；评讲呢，则是“放大”闪光点。学生用了一个传神的词，写了一句有意思的话，我就做上记号，加上眉批。到了评讲课，便大讲它如何好，好在哪里。学生的一句话，我能夸他几句、十几句话，这就叫“放大”闪光点。我常常把“芝麻”说成“西瓜”。学生取得成功，而且被老师发现了、表扬了，兴趣就会慢慢产生，就逐渐喜欢作文了。以上两个方面是我最主要的体会，也可以说是“经验”吧。

2. 可是有些学生作文就是写不好，没有闪光点，怎么办？

答：这就是个观念问题了。我们是用一把尺子量全班学生呢，还是用不同的尺子量不同的学生呢？答案显然是后者。我教过一个叫张斌的学生，读三年级了，每次作文只能写三四行（我是搞的“作文早起步”实验），但有一次，他没写一个错别字，很通顺，无须我去一个字、加一个字。我高兴极了，因为对他来说，这是相当了不起的进步。于是我把全文画上红波浪线，评讲时，读了他的作文。张斌激动极了，作文就更认真、更努力了。虽然到了六年级作文成绩在班级里仍然平平，但他尽力了，对他来说，这就是最好的了。作文教学中，我第一抓“大典型”—— 作文优秀者，第二抓“小典型”—— 哪怕只是用得恰当的一个词，只是写得漂亮的一句话或一个好的开头、一个好的结尾，我都加以“放大”，在全班学生面前大力鼓吹。这些“小典型”的标准也因人而异。总之，一定得让每个学生都感受成功、体验成功的喜悦。没有成功的体验，就很难产生兴趣，这一点我们一定要认识到。对个别写作困难的学生，我都予以辅导，必要时，我口授，让他记。不要怕别人说我们“抱”着学生走。他不会走，你不抱，行吗？干什么都要实事求是。

3. 于老师，我的班是从一年级带上来的，现在是五年级了。可是学生的作文总不令人满意，不能怨天，也不能尤人。我应该怎么办呢？

答：你肯定能飞快地进步，因为你对自己的工作总是不满足。作文是个复杂的工程，哪一个环节缺了或者薄弱了都不行。作文没有东西写不行吧？对表达的东西没有认识、没有感受不行吧？要写，还得具备一定的语言材料和掌握基本的表达方法吧？所以说它很复杂。尽管如此，写作也有它的规律。

写作的规律是什么？第一，多读书。“不学诗，无以言”“读书破万卷，下笔如有神”“书多笔渐重，睡少枕长新”，古人这些话都是讲读书对作文的作用的。一定要引导学生多读课外书，养成读书读报的习惯。少年时代的大量阅读，就好比在银行里储蓄，孩子可以终生享受它的“利息”。“利息”的内涵是很丰富的，其中包括“语言”。大量的阅读，会使人的语言不断丰富，在不知不觉中掌握文字的搭配组合、情感的表达，感受到文字的魅力和生命力。第二，多积累生活和感受（包括情感）。杨万里说：“闭门觅句非诗法，只是征行必有诗。”刘勰说：“岁有其物，物有其容，情以物迁，辞以情发。”讲的就是这两种积累的重要性。要开展多种活动，要把学生带到社会中、大自然中去，但仅仅带去还不够，还要给学生一双善于发现的眼睛、一颗好奇心，并让学生在“感受”中学会“感受”。在活动中，老师要善于发现，老师要有一颗好奇心，带学生去感受感动了你的事物，把你的感受描述给学生听。同样带学生去钓鱼，我的活动设计却和别人不一样：凡是钓上一条鱼来的，都照相留念，把学生的喜悦连同鱼竿、鱼一起凝固成永久，并发一张写着“钓鱼能手”的奖状；最后把钓来的鱼分成若干份，让学生分头去慰问“五保”老人。同样是游览名胜古迹，我总不忘搜集有关的历史故事、传说，有时向学生讲解一些好的楹联，而且让他们抄、背。玩儿，要玩儿出见识来，玩儿出品位来，玩儿出感受来。这样的活动，对作文（包括对人生）更有益。第三，多做。多到什么程度为好？一星期一篇就差不多了。我主张写日记或周记。好多学生对写日记很头疼，那是没引导好。我的要求是有话则长，无话则短，短到只有一句话也行。但一周之内，得有一篇较长一点、像一篇作文的。这样要求，孩子们就乐于接受了。布置作业一定要站在学生立场上考虑——量大不大？难易程度怎样？学生有没有条件完成？学困生能否做出来？等等。

4. 有的学生就是不爱读书怎么办？

答：强迫他读！人到学校里来干什么的？学规矩的，扬善弃恶的，长知识、学本领的。人没有规矩不行。人人都有勤劳的一面，也有懒惰的一面。为什么学校要有校规？为什么企业要管理，经理要学管理学？就是用它来发扬积极的一面，克服消极的一面的。我的好多好习惯都是在老师、家长严格要求、督促下形成的。比如写字、读书，没有老师的严格要求、家长的训斥，我是不会把字写好，不会养成读书的好习惯的。在“严”字的后面，当然还有许多工作要跟上。

5. 您能不能再具体说说后面的“工作”？

答：第一，要求人人做读书笔记，以摘抄为主，定期检查。第二，要及时表扬读书好的 —— 总是有人读得好，批评表现仍不好的。第三，要让学生尝到读书的甜头和乐趣，如召开读书会，表扬因读书而在做人、作文、谈吐等方面有变化的学生。第四，老师为学生做出表率 —— 也把书带到教室里和学生一起上自习课。老师爱读书，学生才能跟着你读书。什么事都要去思考，只要思考，办法一定会有的。

6. 您是怎样指导学生作文的？是不是不要指导得太细？

答：刚才讲的是作文（写作）的规律。说到作文指导，当然作文教学法里也有它的一些要求。我同意您说的 —— 不要指导得太细。邱学华先生教数学有个“尝试法”，作文教学也可以让学生先“尝试”。一定要改变学习的方式（包括作文的方式），先让学生写，草稿写好了，再根据那次作文的要求，根据存在的问题去指导。这样做符合自主、合作、探究的原则。指导多了，要求多了，束缚也就多了，这不利于学生的发展。昨天，大家看了我的作文课，学生写前，我提的要求很少，但讲评草稿时，我说的就比较多、比较具体了。有的放矢，学生的收获才大。

7. 叶圣陶先生不主张精批细改，可是我们领导强调要仔细改。刚才您说您很重视批改，您是怎么改作文的？

答：所谓重视，就是篇篇看。学生好不容易写了一篇文章，如果不看，就对不起学生了。但我改得不细。看什么？看闪光点，看精彩处。红色波浪线、红圈圈随处可见，“总批”的话很少，有时没有，但“眉批”较多。我主张少“总批”，多“眉批”。几十本作文，都“总批”，即使是由文学评论家来写，也会千篇一律。“眉批”则不会，而且针对性强，语言也不会太多，省时省力。我主张给高分，有人得了100分了还觉得不够，于是再加个五角星，最多的加4颗星，我戏称是“四星大将”，“三星上将”就了不起了，“四星大将”就更厉害了。这样学生高兴。总之，作文收上来，有三条我必做：一是浏览一遍，二是记下精彩之处（在作文本上折出来即可，留做评讲时表扬或者指正用），三是打分。学生最关心的是什么？是老师给多少分，画了多少波浪线，写的什么评语。还有一条，是我跟别的老师学来的，即每篇作文都先让学生互改（相对固定好互改对象），用铅笔改，圈出错别字，用“？”标明哪里有问题，用波浪线画出好的句段，也可以写上“眉批”和“总批”。互改过之后，再自改。这样有利于提高学生的修改能力。这不是老师偷懒。肉烂烂在锅里，总比老师改意义大。实践证明，学生很了不起（至少有些学生），凡学生改过的作文，老师改起来很容易（至少错别字少了）。此法大家不妨一试。

8. 于老师，我们刚听了您的“歇后语”作文，很受启发。我还读过您的许多教学实录，都很精彩。请问这些课您是怎么设计出来的?

答：首先，感谢您的鼓励。一开始我就说了，我是个肯在作文教学上动脑子的人。“思则得之，不思则不得也”，就是这么回事。什么是创造？创造的代名词是思考。上课也是这样，成功的课、有效的课，都是思考的结晶。最近我写了一篇文章，题目叫《崇拜思考》，发表在2004年第10期的《小学教学参考》上。今天，我把这四个字赠送给年轻的朋友们：崇拜思考。教育的理论是古老的，而实践是常青的。让我们的作文教学园地，盛开出更多、更鲜艳的艺术之花。

（根据与浙江省平阳县鳌江学区部分老师的座谈记录整理）

63. 教语文，其实很简单

“教语文，其实很简单”，这个看法我是早就有了的，而且好多人都这样认为。以前只是觉得大家都明白，无须多说，所以没写。近来听了不少课，又读了报刊上发表的一些文章，才觉得有必要把这个问题说一说。因为这个结论是从实践中得来的，所以还是让实践来说明这个问题吧。

一

山东省高密市第一中学语文的高考成绩总不尽如人意。李希贵先生出任校长后，决定实施“语文实验室计划”。“计划”规定：高中每星期上六节语文课，两节由老师讲，四节放手让学生读书（包括读课外书）。老师只讲教材的精彩之处、表达的方法和语文知识。一位教高一的语文老师大不以为然，悄悄推开教室门，对读书的学生说：“别听李校长那一套，不讲怎么行呢？”于是又讲起来。此事被李校长知道了，于是他请高一的老师出了一张语文试卷，让自己读初一的儿子和读初四的侄女也参加这次高中一年级的统考。结果，他的儿子考了82分，侄女考了85分，均高于平均分（那次考试的平均分是八十多一点儿）。李校长笑问：“我们讲了那么多，有用吗？”老师们默然。

这项计划实施以后，高密市第一中学学生的语文素养大幅度提升，彻底改变了高考时语文成绩低迷的局面。精讲，多读，居然就成了！教语文是不是很简单？

二

也许有人会说，这个例子没有典型意义，高中生具有自学能力，当然可以这样做了。好，我们再举一所普通小学的一个普通班的例子吧。吉林省吉林市丰满区的中学老师们经常抱怨，说中学教育质量之所以不高，是因为小学老师没有教好。小学老师当然不认账——你们怎么把责任推到我们小学老师身上来了？为什么不从自身找原因呢？

1997年，丰满区教育局决定全区小学毕业班来一次统考，看看小学的教学质量究竟怎么样。这一考竟考出了个令人瞩目又令人吃惊的结果 —— 全区3000多名毕业生，语文成绩排前17名的学生都是区第二实验小学杨巧云老师班上的，班里的其他学生排名也很靠前！而且，该班数学成绩也不错。杨巧云是个名不见经传的老师，平时几乎没上过什么公开课！这样一位默默无闻的人，怎么能教出语文成绩这么优秀的学生？真是匪夷所思！这件事惊动了省教研室的邓治安主任。这位全国有名的语文教育专家带人到吉林市丰满区第二实验小学去调研，想看看杨巧云是怎么教语文的。杨巧云老师说，六年来，她只抓了两件事：一是读书，大量地读课外书；二是写日记，有话则长，无话则短，但要坚持写。别的家庭作业基本上没有。她拿出保留的一部分同学的日记给邓治安主任看。学生的日记，从篇幅上看，有长有短，长到几百个字、上千字，短到只有一两句话。日记的内容包罗万象，有记事的，有状物的，有议论的，也有写读书心得的。有一位学生写的一篇《论关羽》，让邓老师大为惊叹。学生在日记中写道："关羽忠义固然可嘉，但他胸无全局，把刘备的事业葬送了。"在日记中，学生把关羽哪里忠义、哪里胸无全局，写得详详尽尽。一篇日记洋洋洒洒写了几千字！在这个班里，日记只是一种形式。许多日记有题目，实际上是"作文"。我对邓老师说："靠自己读书成长起来的学生，不但结实，而且有可持续发展的后劲儿。杨老师的课可能上得没出什么'彩'，但她按照学语文的规律去教了。六年来，她坚持引导学生读书、作文，使学生养成了读写的习惯，这是最大的彩！"邓老师接着说："全区3000多名小学生统考，前17名都是她班上的学生，这叫大放异彩！"杨老师怎样教语文？概括起来就两个字：读、写。说得稍微复杂一点儿是四个字：多读、多写。

三

中国人民大学教授、红学家冯其庸先生读到小学五年级时，由于抗日战争爆发，无学可上了，只好回家务农。书包里装的一本从学校借来的《三国演义》，成了他唯一的读物。他不知读了多少遍，以至于许多回目都能背下来。他一边务农，一边继续找书读。其间读了《论语》《孟子》《古文观止》等著作，有的似懂非懂。17岁那年，他在哥哥的支持下，考取了镇上办的中学。教国文的丁约斋老师说冯其庸读的书比别人多，悟性好，说他肯定出身于"书香门第"。冯先生说，他是真正的"稻香门第"，甚至是"饥寒门第"。丁老师对冯其庸十分器重，这使他很受鼓舞。冯先生说，丁老师有三句话深深地影响着他。第一句是："读书要早，著书要晚。"冯先生后来虽然又被迫辍学，回家务农，但读书仍不间断。第二句是："读书要从识字开始。"第三句是："写好了文章自己要多看几遍。"

冯其庸先生说："我现在快80岁了，回过头来想想，丁老师的这几句话，仍旧是对的。我现在无论是读书还是写作，总是不敢忘记这几句话。而且总觉得自己读书太少，自己的古文功夫太差，自己写好的文章更要多看几遍，五到十遍才敢放手！”

丁约斋老师是怎样教语文的？一是赏识学生；二是启发点拨，教给方法。冯先生的例子再次告诉我们，教语文和学语文一样，都是一个“读”字——多读书。从老师这个角度说，要激发兴趣，教授方法，教学生多读书；从学生的角度说，要多读书。

四

《当代教育家》杂志总编辑李振村先生出生在山东省沂蒙山区的一个小村庄里。升入小学五年级时，教他语文的是一位叫徐宗文的京剧演员。这位“门外汉”不会讲解，但会朗读。这不奇怪，因为他文化底蕴深厚，能说一口流利动听的普通话，又是演员，感情丰富且又善于表达。山村的孩子们第一次听到这么纯正的普通话，第一次听到这样声情并茂的朗读！李振村被徐老师的朗读感动得泪流满面。讲解只能使人知道，而朗读能让人感受——感受文章中的人、事、物，感受语言文字，让语言文字在学生心中活起来。这位老师还经常朗读课本以外的优美文章给学生们听。下雨了，教描写下雨的诗；下雪了，教描写下雪的诗。学了，就叫学生背。李振村痴迷语文了。徐老师看李振村作文写得好，说：“一个未来的作家将在我们村里诞生！”并偷偷送了几包书给李振村读。那年头，像茅盾的《林家铺子》、茹志鹃的《百合花》都是不准看的。徐老师在李振村幼小的心灵里播下了梦想、憧憬和向往。激情和梦想，带着少年李振村一头扎进书堆里而不能自拔。在那个文化荒芜的时代，他竟读了50多部长篇小说，包括我国古典四大名著。1981年高考时，李振村虽然数学只考了40多分，但语文成绩优异，被山东大学中文系录取。现在，他真的成了作家，人刚到中年，便著作等身。由于长期和语文教学打交道，他还成了一个语文教育家。

李振村深有感触地说：“教育的一个重要使命就是要让孩子充满梦想和激情，这比学到多少知识更为重要。有了憧憬和向往，人的心才会变得格外纯净，人的情感才会变得格外丰富，人才能热爱阅读、热爱学习。”（就凭这几句话，李振村先生是不是语文教育家？）

徐老师没学过教育心理学，没学过语文教学法，更没学过课程标准，但他知道激励，知道读书的重要，还知道运用情境教学法。是啊，下雨天教写下雨的诗，下雪天教写下雪的诗，还有比这更“情境”的吗？梦想和憧憬是少年儿童学习的发动机。让学生充满幻想、充满对未来的憧憬，是徐老师培养出一批优秀学生和一位作家的宝贵经验。细想一下，做到这一点难吗？——不难。

五

说说高林生吧。

高林生和李希贵先生一样，现在也是大名鼎鼎、蜚声全国的教育专家了。高林生是我的学弟，在徐州师范学校读书时，他比我低一级。后来，他当了我们鼓楼区文教局的副局长，我才忽然发现他比我“高”，便不敢直呼其名了。现在他不当副局长了，我觉得他又和我一样了，便又叫他高林生了。

林生考入师范时才15岁，是个穿大裤衩的孩子，一天到晚手拿竹板或月牙板（说山东快书用的铜板），说着、唱着过。长篇山东快书《武松打虎》、长篇快板书《奇袭白虎团》，他说得栩栩如生、活灵活现。他的数、理、化成绩勉强过得去，数学偶尔还考不及格，但语文成绩优秀。可是即使他上的是自己比较喜欢的语文课，也很少专心听讲。干什么呢？偷看课外书。因为 —— 用他的话来说 —— 课本中的那些古文、古诗小时候就会背了，课本中的现代文看一遍就差不多记住了，所以就不想听老师说了。这倒也是，谁叫他过目不忘呢！然而每次考试，他的语文成绩都位居榜首，有时即便排到了第二、第三名，那也相当于榜眼、探花了。这就应了李希贵先生的那句话：“我们（指老师）讲了那么多，有用吗？”

说到背古文，那得从他的父亲说起。高林生家学渊源颇深。其父是中央大学的高才生，通古文、谙音律，中华人民共和国成立后，在徐州市第一中学任高中语文教师，一部《论语》、一部《史记》都烂在他的肚子里。高林生幼承家学，在父亲的管教下，《古文观止》中的多数篇目都能背下来，而且至今不忘。高林生说，他父亲教他的方法很简单：给你一本带注释的《古文观止》，给你一本字典，学去吧！读懂个七八分，就背诵。那才叫真正的“自主探究”呢！背不下来，不给饭吃，有时还打人。林生说：“我小时候贪玩，坐不住。老爹不得已才打几下。但戒尺对我确有震慑作用。”我打趣说：“看来光有要求不行，还得有得力措施。‘不打不成才’，这话至少对你适用。”高林生嘿嘿一笑，说：“这叫因材施教！开始是老爹逼着读书，后来尝到了甜头，对读书有了兴趣，不叫读也读了。”这是真话。林生现在家里四壁皆书，可谓坐拥书城。他的学问真是自己读出来的。对不愿读书的学生（其实多数孩子一开始都是不愿意读书的），可以采取点儿强硬措施（当然不是体罚），一旦他尝到了甜头，有了兴趣，养成了习惯，不就成了吗？高林生的父亲不就是这样教语文的吗？

必要的管教是少不了的，该严的时候还是要严。孩子毕竟是孩子。

六

谈到习惯，不由得想起了我自己的学生时代。

我是在山东老家读完小学的。1954年夏，小学毕业后才到了徐州。那时，我们山村老师的教学方法绝对是“原生态”的。到了四年级，张老师还一句一句地领着我们读课文，所有课文都要求背诵。到了五、六年级，徐老师和白老师都是串讲，串讲完了，分段、写段意、抄中心思想。但和张老师一样，多数课文也要求背诵。《开国大典》《铁脚团长》《火烧赤壁》都要求我们背。

从三年级到六年级，每天写一篇大楷，写四行小楷。作文都是用毛笔抄写的。值得一提的是，到了高年级，白老师特别重视课外阅读。那时画书（即连环画）很流行，《新儿女英雄传》《小英雄雨来》、古典四大名著都有画书。看了画书，便想看原著。我读的第一本是《三国演义》，似懂非懂地读。遇到“诗曰”“有诗赞之曰”就跳过去。记得读到第四十二回“张翼德大闹长坂桥，刘豫州败走汉津口”时，感到非常失望，大叫“写得不好”！因为书中写的张飞不是“当阳桥上一声吼，喝断了桥梁水倒流”，和京戏里唱的不一样！后来又读了《水浒传》，一则喜欢书中的人物，二则喜欢作者的语言，所以我读了好几遍。从小我就觉得读书是一件非常愉悦的事，有书必读，就像牛一样，是草就吃。读初中一年级时，受到李老师的启迪和激励，萌发了当作家的念头。心中有了梦想，有了憧憬，读书便由兴趣变为一种志趣，成了一种追求、一种自觉。那时，我经常到父亲的办公室里读报。时间长了，竟一天不读报便像缺失了什么似的，小小年纪又养成了读报的习惯。我在还很小的时候，就成了读书、读报的习惯的“奴隶”。这是我最感谢老师的地方之一。

怎样教语文？我的老师告诉我：培养学生阅读的习惯。因为语文能力是长期读书积淀而成的。

七

我正是从我的老师那里，从我在实践中对语文教学的不断思索那里学会了教语文的。实践使我知道了教语文其实并不那么复杂，就是教学生识字、写字、读书、作文。我就是这么教语文的，而且取得了较好的效果。教学生写字，老师要是喜欢写字，对书法略知一二，教学生读书，老师要是喜欢读书，会读书，能读出课文奥妙之所在，教学生作文，老师要是能写点儿文章，知道一点儿写作知识，那么，教语文就更不难。

老师还要有责任心，要对学生负责。例如识字、写字，必须读正确，写正确，写规范；要不放过一个读错、写错的学生。写字时，每个学生都要认真描红、仿影、临帖，不可“想当然”地写。例如读书，每个学生都必须做到正确、流利，这是“保底工程”，达不到这个要求的，决不放过。至于读得有感情，则因人而异了。再如，读课外书、背古诗文，也必须认真落实。只要老师认真负责，多数学生还是能完成老师布置的作业的。当然，也要因人而异。

还有一点，老师要善待学生。老实说，我并无多大能耐，读书没有张庆和高林生多，但我特别喜欢学生，喜欢和学生在一起，我能想到每个学生的心眼儿里去，知道他们需要什么。学生不断地感动着我，我也要求自己不断地感动着学生。我深知，教材中的人文性远不如老师身上的人文性对学生产生的影响大。

八

写到这里，我不由得想到了山东省龙口市实验小学。我想以龙口市实验小学的宝贵经验作为本文的结束，或者说作为本文的归纳吧。龙口市实验小学的孙宝书校长搞了一个“大量读写，双轨运行”的实验，他的办法比我的简单得多，却取得了惊人的效果。我们去考察了，也听了课。老师们的课上得并不比我们好多少，教学方法也不复杂，就是“大量读写，读写结合”。朱作仁教授考察过龙口市实验小学后说：“别小看了‘大量读写，读写结合’这八个字，这是教语文，也是学语文的规律呀！”

真的，只要我们让学生“少做题，多读书，好读书，读好书，读整本的书”（课标语），只要抓住“读写”这两条线不放，即按照教语文的规律去做，谁都能把语文教好，谁的学生都会有好的语文素养。

64. 做有利于学生发展的作业

一提到语文作业，真是感慨良多。

感慨之一，我们的小学生太累，不堪重负。在南京，我竟看到了一位小学生用拉杆拉着书包上学（他的书包带拉杆），就像大人拉着行李包赶火车，乘飞机。小学生走路看来轻松了，我的心情却很沉重。太原的一位朋友告诉我，他的女儿才上小学二年级，每天就有大量的家庭作业。新课预习，要求每个生字要组三个词语，有时大人翻词典都组不到三个词。这使我想起了斯霞老师的故事。一天，外孙女用“钊”字组词，怎么也组不到三个（老师也是让她每个生字组三个词语）。斯老师说：“书上写的是李大钊，你就再来个王大钊、张大钊。”斯老师每说到这件事，便无奈地说：“这样的作业有什么用？”

2006年秋，我在南京东南大学礼堂听了一位美国驻华外交官戴维的一个题为《小学生做家庭作业有用吗》的报告。他说，他在美国从小学到高中，从未做过家庭作业。现在他的两个孩子在中国上小学，每天要做很多家庭作业。戴维打趣地说：“孩子的作业真的成了‘家庭作业’，一家人陪着孩子一起做。我似乎又回到了儿童时代，重新读小学。”他报告的结论是：小学生不必做家庭作业，孩子需要玩，我们要给儿童一个生长的自由的空间。

感慨之二，我庆幸自己早出生了几十年，免除了做这么多而无用的作业之苦。20世纪50年代初，我是在山东老家读的小学。那时没有任何家庭作业，寒暑假完全属于自己。初中是在徐州市第七中学读的。那时住校，每晚有两节晚自习，完全是“自”习，做完作业，一切由自己支配，可以看课外书，也可以画画儿。星期天和寒暑假也没有任何作业。那时没有“红”与“专”之争，很自由。就因为李晓旭老师在我的一篇作文上批了一句“此文有老舍风格，可试投《中国青年报》”，我便做起了作家梦，从此便贪婪地读书，拼命地“爬格子”。读书和写作成了我的习惯，我就成了它的奴隶。

小学生（包括中学生）要不要做语文作业？做什么作业？下面结合我自己的成长经历和教学体会，谈谈个人的看法。

回顾自己从小学到师范，哪些语文作业对提高我的语文能力、对我的成长有帮助呢？

一、写字。从小学三年级开始，上午的最后一节课都是写字课。每节课写一张毛笔字，共16个字。开始是仿影——把纸蒙在老师写的字上面描。一年之后临帖，一临临到六年级毕业，从未间断。作文都是用毛笔抄的。老师认为写得好的字，便给画一个红圈，特别好的给圈两个圈。我们天天为一个字能得到两个红圈而奋斗。红圈得多了，便乐此不疲。同学中，字写得最好的是梁延生。现在，他的书、画在青岛颇有名气。写字，是小学生的必做作业。学写字就是学做人。你写字，字也写你。3500个常用字认识了，2500个最常用汉字会默写了，写规范了，就为日后的学习奠定了基础。但每个生字每次不要写很多遍，事不过三，三遍为好。现在学生写字质量普遍下降，原因在于没遵循写字规律去写，都是“想当然”地写。写好硬笔字，也得遵循“描红、仿影、临帖”的规律去写。苏教版小学语文教材在写字教学上，继承了我国传统的写字经验，做了科学安排，在教学中取得了良好的效果。

二、读书。读小学时，天天有晨读课，我们都拖着腔唱读。从一年级“唱”到四年级。八本书能全部“唱”出来。到了高年级，因为老师要求严，必须读得字正腔圆，我的朗读有了改观。多数课文老师也要求背诵。《开国大典》《铁脚团长》至今我还能背。到了高年级，学习条件好一些了，学校有了一部分课外书，老师就让我们读课外书。在小学，读书完全是为了了解故事情节，关注的是人物命运。到了初中，读书是为了当作家，因此，除了关注人物、故事情节，更多的是关注语言和表达形式。严格地说，到了初中，我才会读书。读书使我成为一个“好人”；因为我是个公认的“好人”，所以成了一个学生喜欢的老师。书是我的良师益友。我爱书，书也爱我。语文课本要读，课外书更要多读。读书是“主体性”的语文作业。课标上说的语文教学“提倡少做题，多读书”是很有道理的。

三、背书。我真的感谢我的小学老师，感谢他们“看”着我背诵了那么多的课文。还感谢我的母亲，从小就教我背古诗。《木兰辞》就是母亲在被窝里教我的。小时候背书太重要了。可惜太少，因为母亲会的不多。

四、作文。作文是语文能力的综合体现，是和读书、背书一样重要的作业。写话、造句、写片段、习作要落到实处，要抓好。我读小学时，因老师在作文本子上画的红波浪线多，便喜欢作文。升入了初中，因想当作家，除了完成老师布置的作文外，还写了大量的小说、散文，到处投稿，虽一篇未发表，但不气馁，每退一次稿，便念一遍：“有志者，事竟成。”那时，没有毛主席语录，若有，一定会念：“下定决心，不怕牺牲，排除万难，去争取胜利！”每当要偷懒时，“少壮不努力，老大徒伤悲”“明日复明日，明日何其多”之类的古训便出现脑际，于是又埋头书案。如果说，读书使我健康地成长，那么，写作使我的思想有了几分凝重。语文作业中，写，是万万少不了的。当然，得有个度。现在许多老师重视写日记，我十分赞成。吉林省吉林市丰满区第二实验小学的杨巧云老师名不见经传，平时几乎没上过公开课（她说她不会教书），但她教的那个班在全区毕业生会考中，3000多名学生前17名都是她班的！六年来她抓了两件事，一是读课外书，一是写日记，常抓不懈。天天写日记学生烦不烦？不烦。因为她说："有话则长，无话则短。写一句话不嫌少，写一千字不嫌多。"书读多了，作文写好了，就不怕考语文，而且能考出好成绩。靠读书长大的学生，才有可持续发展的后劲。靠做练习册长大的学生，是没有文化底蕴的。

我认为，以上几个方面的作业最重要。把以上几个方面落实了，就差不多了。

但是，时代在前进。时代要求我们要培养学生的自主探究能力，培养搜集信息、处理信息的能力。这类作业要进入我们的语文教学。一个有眼光的、具有先进理念的老师，应当看到书本以外的东西。

美国的小学四年级的学生能写《韩国》（老师为学生出的题目），我们为什么不能写《美国》？美国的老师要小学生写《谁该为第二次世界大战负责》，我们为什么不能让学生写《美国为什么入侵伊拉克》？外国的老师经常把世界上发生的大事件作为"教材"介绍给学生，我们为什么不能？2001年"9·11"事件发生不久，我们要求六年级的学生写写对"9·11"事件的看法。有一位学生的题目是：《！？》。我感到奇怪。一看，明白了。原来，他刚听说"9·11"事件时，高兴极了，跳起来大声喊："好极了！你美国也有今天！"但冷静一想，这样做对吗？结论是：这样做不对。文中他讲了他之所以"高兴"的理由，又讲了为什么觉得搞恐怖不对。我们的学生真的很棒。

我们还为六年级学生出过这样一道题：请计算一下你爸妈用的喝水杯的容积，再查有关资料，一个健康的成年人，一天要喝多少水，然后算一算，爸妈用这个杯子一天至少要喝几杯水。最后把计算结果告诉父母，并顺便问问，平时他们喝的水达没达到这个要求。到了学校再估算一下老师喝水杯子的容积，告诉老师用这个杯子喝水，每天至少要喝几杯，并问问老师平时是否达到了这个要求。然后写一遍短文，告诉所有成年人饮水的重要性和每天要饮多少水。

这是一道"综合题"。知识与能力，过程与方法以及情感、态度、价值观全在其中了。

我们还为五年级学生出过《超7战斗机》，为四年级出过《祖国的海》，为三年级出过《说"冒"字》和《说说我的姓和名》等题目。《说说我的姓和名》是这样要求的：你姓甚名谁，你的姓在《百家姓》里能找到吗？请把原文引出来。介绍一下你的姓氏起源。在你的姓氏中，古今出过哪些名人？你的名字谁起的？有什么含义？请查找资料，或询问别人，然后写篇短文。写好后，先读给家里人听；到了学校再读给同姓的同学听。

实践证明，我们的学生也很聪明，能力也很强。人的潜能是很大的，就看你开发没开发。

写到这里，我想，老师们在肯定我的看法、做法的同时，可能还有这样的疑虑——这样做，考试能考好吗？

首先，我要说的是：能考好，不会出大问题，而且有“后劲”。其次，我把著名特级教师钱梦龙先生的做法告诉大家。钱老师教初中，中考成绩好；教高中，高考成绩好。诀窍在哪里？钱老师说，平时一定要让学生多读多写，考试前，搞“应试”。有“考试”就有“应试”。考前利用一点时间做做历年来的考试卷子，做做针对考试出的练习题。会的不做，不会的要做；做不出来则给学生讲讲，并告诉他们，考试时遇到这种类型的题，怎么对待。钱老师说，如果平时也这样做，就叫“应试教育”了。

说了这么多，不知对大家有没有用。总之，我们要让学生做有利于终生发展的作业。

65.我是怎样研读文本的

2006年暑假，我应邀在贵阳为参加全国小学阅读大赛的老师们上了《圆明园的毁灭》一课，并讲了我对语文教学的一些认识。课后，一位青年教师对我说："我曾经上过这一课，也听过不少老师上这一课，但是都没有像您这样把教材解读得这么好、概括得这么好的。真的，就像您说的，这法那法，钻不好教材就没有法；只有老师钻出味儿来，才能教出味儿来。——我们很想知道，您是怎样钻研教材的。"

好多老师听了我执教的《第一次抱母亲》《秋天的怀念》以及《林冲棒打洪教头》等课，都向我提出了这样的问题。

思之再三，有以下几点做法和体会。

一、多　读

教材须反复读，只读一遍两遍不会有什么感觉。初读《圆明园的毁灭》，觉得这篇课文写得并不怎么样（许多课文初读时都有这个感觉）；读着读着，发现它的妙处来了！读出味道了！这时心头一热，很激动。第二自然段写的什么？原来是写圆明园的布局呀！它规模宏大，布局巧妙！一个"众星拱月"作了形象的概括。这是"鸟瞰"，由高处看圆明园。接下来三、四段则是走进圆明园，在园内看到的景、物。先写建筑。那里有"金碧辉煌的殿堂"，也有"玲珑剔透"的"亭台楼阁"；有热闹的"买卖街"，也有僻静的"山乡村野"；有仿造的名胜，也有"根据古代诗人的诗情画意"建造的景物；不但有"民族建筑"，还有"西洋景观"……有大有小，大小相间；有仿有创，交相辉映；有中有西，中西合璧，岂不美哉？什么是艺术？艺术求新，艺术求变！没有变化就没有艺术。为什么说圆明园是"园林艺术的瑰宝""建筑艺术的精华"？道理就在这里。接着写的是园内珍藏的珍贵文物。一个过渡句"圆明园不但建筑宏伟，还收藏着珍贵的历史文物"，承上启下。园内无数的"奇珍异宝"都是价值连城啊！但是，无数国宝被掠夺一空！圆明园被毁灭了！以上这些都是我读出来的。朱熹说："大凡读书，须是熟读。熟读了自精熟，精熟后理自见得。"这是读书人的切身体会。自己读懂了，感悟了，再引领学生重新走老师的阅读之路，让学生在读中感悟。我在课堂上是个谙熟一切的向导，只是在前边引领着，提示着，点拨着，有时也作些必要的解说。“书忌耳传”“文贵自得”。这是我对阅读教学的理解。在老师引导下，学生自己读，读明白了，真情才会有，才能“文意兼得”。课内放一放有关录像也可以，它可以帮助学生从形象上感受。但它取代不了读书，语文教学的真正亮点也不在那里。因为学生学的是语文，要得“语”得“文”，还要培养学生阅读能力。没有“读”的实践，语言从何而来？能力从何而来？只为了得“意”，看看录像就行了，但那就不是语文教学了。

不能企图读一两遍就能进入文本，即使悟性好的人。我就是读啊思啊，思啊读啊，一遍又一遍，不知什么时候就会豁然贯通，有了新的发现！《管子·内业》有云：“思之思之，又重思之。思之而不通，鬼神将助之；非鬼神之力也，精诚之极也。”教材要钻研。只要钻研到一定程度，终会有结果的。我练得了一身坐冷板凳的硬功。什么时候读得兴奋起来，这篇课文准能上成功，准能取得好的教学效果。

不是所有课文都需要深入研读，没有时间，也没必要。像常识性课文、说明文，一般读几遍就行了，把它朗读好，再看看“教参”，就能走进课堂了。

二、朗　读

“读”本来包括朗读，但由于朗读很重要，所以专门说一下。朗读是进入文本的不可缺少的一环。我备课时备朗读。因为教学时老师要范读并指导学生朗读，又因为朗读更容易走进作者的情感世界，更容易体会课文的思想感情，所以我钻研教材时，总少不了朗读这个环节。默读时，课文中有些理解不到、体会不出的东西，一朗读就感受到了，体会出来了。朗读是赋予作品以生命，是活的，所以它有助于理解，能让读者和听者感受乃至感动。尤其朗读课文中人物的对话，如果读得声情并茂，更能深刻地通过人物语言感受人物的内心。我在朗读《秋天的怀念》时，读到母亲说的：“你要是愿意，就明天？”我的心为之一动！母亲为什么不用肯定的语气说，而是用问的语气说？一个小小的问号告诉了我们多少东西啊！母亲在有病的儿子面前，真是小心翼翼呀！生怕哪句话没说好，惹儿子发脾气！我朗读“你要是愿意，就明天？”时，就连母亲的表情都出现在我眼前！这个问号告诉我们母爱是什么——是平等，是商量，是小心翼翼呀！朗读有时能使我理解得更多，感受得更多。朗读好人物对话不容易。但一旦把它读好了，语言背后的东西就呈现在眼前了。这时候，我就有把握走进课堂了。朗读是走进文本的需要，也是阅读教学的不可缺的手段。声情并茂的朗读会使语文课充满灵性和活力。

三、“合作探究”

钻研教材虽然要靠“自主”，要“单打独斗”，但也要“合作探究”。思维需要碰撞；碰撞，才会发出明亮的火花。我喜欢与同事交流、探讨。无论是“官方”的教研活动，还是“私下”的个人交谈，常常会有“听君一席话，胜读十年书”的感觉。与别人交流是借“智慧”，会非常便捷地走入文本。与老友张庆、高林生、高万同、徐善俊、孙景华、郝敬华等人见面，三句话不离本行——谈的都是教学。激昂慷慨，眉飞色舞，常常谈得天昏地暗，忘乎所以。这是一辈子的毛病了。

我的好多课是在与同事的交谈中得到启发而设计的。一次，与张庆老师闲聊，不知怎么聊到了《白杨》。张老师说：“这篇课文里有个关键词叫‘高大挺秀’，这个词中又有个关键字叫‘秀’。抓住了它，一切便迎刃而解了。‘提领而顿’，就‘百毛皆顺’了。”这使我恍然大悟，于是抓住它，走进了《白杨》。心中果然明亮起来！备好课一上，果然取得了良好的效果！有时候言者无心，但听者的我却“有意”——“有意”，别人的智慧就被我偷来了。

我也偷过高万同的智慧。一天，他在评一位老师教的《林冲棒打洪教头》时，说道：“林冲不仅仅是谦虚，有礼貌，‘让’才是他的最本质的品格。林冲是真正被逼上梁山的。他一让再让，实在无路可退，才揭竿而起，造反了。”后来，我认真地读了高万同老师根据《水浒传》的有关章节改写的《林冲棒打洪教头》，又重温了《论语》中有关写孔子五大美德——“温良恭俭让”的一段话，弄明白了“让”的内涵。这时，我对林冲这个人物便有了较全面、准确的认识。在这个故事中，林冲身上的“让”，体现得十分突出——洪教头进到大厅，林冲“躬身施礼”“起身让座”，是“礼让”；被洪教头奚落、羞辱了一顿，他不但不怒，反而连声说“不敢，不敢”，是忍让；洪教头掂起棒来，“要了一阵”，大喝一声：“来！来！”，林冲说“请教了”，是谦让；一交手，洪教头举起棒“劈头打来”，三五回合后，林冲找个破绽，却只是“一扫”，洪教头“扑”地倒地，而未受伤（万一伤着了，也不是要害）！这是什么让？——宽让！我在淮安上完这一课后，一位年轻的老师对我说；“于老师，您太厉害了！您抓到人物的本质上了！我们怎么看不出来？您‘让’出了一片新天地！”

他说的“新天地”，不单单是说我的课吧？

要善于倾听，做个“有意”的听者。

四、跳出“庐山”看“庐山”

京剧艺术大师梅兰芳说：“不看别人的戏，就演不好自己的戏。”上课也是这样，不看别人的课，就上不好自己的课。自己上课，是坠入“庐山”；听别人上课，是跳出“庐山”。跳出来，反而能把课文看懂了，把“课”看清楚了，把自己看明白了。听别人的课，至少能帮助你熟悉教材。这是我的切身感受。有许多课文，我是边听别人上课边理解，由片面理解，到全面、准确地理解的。有许多课的教学方法，也是听了别人的课想出来的。我听别人课的时候，常常这样想：这个词、这段话应该怎样解读？这个环节还有更好的处理方法吗？……因为我跳出了“庐山”，所以便能看清“庐山”真面目。又因为我把自己当作“参与者”，所以执教者的成功和失误，都会成为我的宝贵财富。这样，一加一，就大于二了。

著名小语教学专家、特级教师周一贯先生听了我执教的《秋天的怀念》后，评价很高，说这是我继古诗《草》的教学之后，又一座里程碑。我听了几位老师上这一课。听课时心中产生了许多问题：怎样把握这篇课文？怎样解读母爱？怎样教才能较好地体现工具性和人文性的统一？怎样教才能给学生留下语言、留下形象、留下情感？于是我带着这些问题走进了文本。首先得准确地、全面地解读文本，解读母爱。我读着读着，答案逐渐清晰起来。母爱在一句句话里，在一个个动作里，在一个个表情里，一句话，母爱就是一堆细节！一切都在细节里！继而我想：这一堆细节的背后又告诉我们什么？于是我继续读，继续思，又读懂了一个个细节的内涵。至此，我心里有一种释然的感觉。课文读懂了，方法也随之就有了。在课堂上，我引领学生一遍一遍地读，披文入情，披文入理，几个往复，既读懂了母亲，读懂了作者，又留下了语言。这篇课文的教学实录在《中国教师报》上全文刊登，编者加的大标题是“留下语言”——这位编辑是深谙语文教学的。

听别人的课——不论是成功的还是失误较多的——等于别人把教材的大门打开了，我跟随他进去以后，不但他的发现属于我了，他没有发现的，我也很容易发现——因为我是个跳出“庐山”的人。收获大呀！我要不是听了几位老师上《秋天的怀念》，我不可能那么深入地思考它，研读它。

当教研员听课，是我的工作的一部分；当老师的时候，我也经常听同事的课，更不放过任何一次听名师课的机会。只要抓得紧，时间总能挤出来的。

五、与教育杂志上的智者交流

有人说，读一本好书，就是和一位智者谈话。读一本杂志呢？一本杂志发表几十篇文章，有几十位作者，那就是和几十位智者交谈呀！我非常喜欢读杂志。《江苏教育》《小学语文教师》《小学语文教学》《小学教学》《中国小学语文教学论坛》《福建教育》《小学教学参考资料》等杂志都是我的良师益友。同一篇课文，往往会从几本杂志上同时读到几位名师对它的解读。这对我来说，就像和这些作者一起座谈。我会虚心地听取他们的意见，择其善者而从之。我会把他们的长处综合起来，为我所用。“组装”本身也是一种创造呀！不要怕别人说我们“抄袭”，作者发表的目的就是为了交流；杂志刊登他们的经验，就是为了传播。学习、移植、组装，有什么不好？只要对教学有帮助，对学生有好处，这样的移植多多益善！我们应当“善假于物”，只不过这个“物”是指别人的见地、别人的经验罢了。

六、打铁还得自身硬

有些老师对我说：“于老师，我也按您说的，反复读了，可读了许多遍，还是没有多少发现，不能像您那样领会得那么好，而且，我怎么练，也不如您朗读得好。问题在哪里呢？”

是呀，为什么同一篇教材，有人进入得快，有人进入得慢；还有的人虽然进去了，解读却出了偏差？为什么一篇课文同样朗读了三遍，有人读得有声有色，有人却读得味同嚼蜡？

这就得从老师本身去考虑了。

我读过黄永玉教授写的《凭自己的高兴读书》。文中有这样几句颇耐人寻味的话：“一位长者曾对我说过的话，几十年后依然记忆犹新。这位长者告诫我说：‘一定要读书，不读书而观察生活等于零，因为你没有文化，没有消化生活的胃。’”语文老师也得有消化教材的胃，这个胃就是文化。首先得读书。语文老师得是个读书人，一个会读书的人。其他各科的老师也应当是。不但要读专业书，还得读其他的书，尤其是文学书。还得会读书，要“文意兼得”，不可只知个大意。书读多了，“知识背景”就会广阔。“知识背景”广阔，理解力、想象力才会丰富。人的理解能力受到“知识背景”的制约。如果你对历史上的萧何和曹参不了解，那么你读书时遇到“萧规曹随”这个成语就会茫然；如果你对京剧知之甚少，那么你遇到“四功五法”“生旦净丑”之类的词语便会不知所云。文化的内涵很丰富，除了知识外，还包括道德修养、艺术修养等。有人说：“文化，它是随便一个人迎面走来，他的举手投足，他的一颦一笑，他的整体的气质。”“品位、道德、智能是文化积淀的总和。”

一个语文老师应当有一定的艺术修养，特别是音乐修养。音乐是养人的。尼采说：“不懂音乐，人生是一个错误。”这话说重了。不过，音乐对每个人来说，都十分重要。我酷爱京剧，喜欢听，喜欢唱，喜欢拉胡琴，须臾不可离开。京剧给我的太多。它丰富了我的“知识背景”，丰富了我的情感，启迪了我的智慧。

一个老师应当有良好的道德修养：善良，有同情心，有爱心，有责任感。我常说，是好人才能是好老师。好人，情感丰富的人，才能体会出作者的思想感情，才能和作者的思想感情产生共鸣，很快进入文本，自然也就会朗读得声情并茂。

总之，老师要具备消化教材的胃，这个胃就是“品位、道德、智能”的总和。这个胃是靠勤劳和汗水，长期修炼得来的，而且还得天天充电，不然它会萎缩。

修养篇

66. “谁也说不准哪块云彩会下雨”

一

在我的故乡胶东半岛有这么一条谚语：“谁也说不准哪块云彩会下雨。”

我第一次听到它，是我读师范一年级的那年冬天。讲这话的是一位非常健谈的长辈。在故乡温暖的炕头上，他讲了许多事例，说明本事多了，说不定什么时候就能派上用场。其中有这么一个真实的故事。

抗日战争时期，一位地下工作者不幸被盘踞在万第镇的大土匪、大汉奸赵保元的手下逮捕了。春节在即，他知道敌人要处决他，晚上引吭高歌，先唱了一段《女起解》，又唱了一段《男起解》，字正腔圆。

正在喝酒的赵保元听到了，问：“谁唱的京戏？”

手下人报告：“是个共产党。”

“共产党？—— 叫他过来！”

那位地下工作者被带到赵保元跟前。

“刚才是你唱的《女起解》？”

“是的。”

“你是干什么的？”

“我是个庄稼人。你手下的人说我是共产党。”

“哪个村的？”

“溪聚。”

“溪聚？听说你们村的戏演得不错。”

“承蒙长官夸奖，我们剧团曾经到万第镇演出过。我是唱青衣的。”

赵保元喜欢京戏，也能唱几句。他吩咐手下找来一帮人，有唱的，有操琴的，闹了大半宿。临了，赵保元对手下说：“把溪聚的这个人给放了。”

唱京戏，救了他一条命。

法国的莫里哀说：“能发人深省者，莫过于格言。”

中国的王朝闻说：“警句出现的是时候，是地方，它会像一次‘爆炸’，给人强烈的刺激，造成深刻的印象。”

我深深地记住了“谁也说不准哪块云彩会下雨”这句凝聚着故乡人民智慧、经验的名言。它给了我啃书本的韧劲，萌动了我什么都想学的心。站在图书馆的书架前，我觉得自己渺小；站在一件精美的艺术品前，我觉得自己粗俗；站在能工巧匠前，我觉得自己笨拙……总之，一切知识我都想采撷，所有比自己有本事的人都是我心目中的老师和赶超的对象。

我所有的星期天、节假日，都以书为伴。不论到哪儿去，带的第一件东西就是书。

看书之余，习京胡，唱京戏，练书法，弹月琴，研丹青，弄诗文……学什么，我都很投入，用心去悟，尽力朝着悟出的感觉靠拢。我能在人声嘈杂的环境中写文章；能不用校音器定准演唱者所要求的胡琴调门，此招被戏友们称为“一绝”。

我努力学习“十八般武艺”，是因为故乡谚语的启迪。

真说不准它们中的哪块“云”能“下雨”。

艺多不压人，即使用不上也无妨。

二

岂有用不上之理。

一年春天，我应邀到山东省枣庄市的一所煤矿职工子弟小学上课、讲学。教导主任要我上《在仙台》。主人点的“戏”不好“唱”，而且点的确实是重头戏。大家知道，鲁迅的文章难懂更难教。

既然主人点了，没有什么可说的，上！

文章难懂的地方多，是事实；但是这个班的学生也的确非同一般，善思善问：

> 鲁迅是怎样出国的？是坐飞机吗？
> 鲁迅怎么一个人到了仙台？
> 东京、仙台在日本的什么地方？
> 鲁迅学的是医学，怎么没当大夫？

霎时间，沉淀在大脑深处的有关历史、地理、文学史知识，汇聚成一块“云”，飘出来下雨了 —— 我在黑板上迅速勾勒出一幅中国、日本地图，标出鲁迅乘轮船出国，先到东京后至仙台的路线图，画画讲讲，讲讲画画，学生的注意力全被吸引住了。讲的过程中，我能清楚地听到坐在教室后边听课的老师发出的啧啧赞叹声。

画地图的本领我是跟小学教地理的徐国芳老师学的。他教地理的方法很独特 —— 画地图，边画边讲。地图画完了，课也就讲得差不多了，于是再要求我们画。教一个省画一个省（我们那时的地理书是按省编的，一个省一课），画完了省，画全国。到了中学、师范，我还保持了学地理画地图的习惯，由中国画到世界去了。世界各国的地图都装在我的脑袋里。

三

1984年3月底，徐州市鼓楼区语文教学研讨会在民主路小学礼堂举行。会上，我执教《燕子》一课。

一位女生用银铃般的声音朗读着课文的第一节：

> 一身乌黑发亮的羽毛，一对轻盈俊俏的翅膀，加上那剪刀似的尾巴，凑成了那活泼可爱的小燕子。

几乎在朗读完的同时，我便在黑板上勾勒出了一只展翅飞翔的燕子，抽象的文字立刻变成了形象的图画。“轻盈俊俏”“剪刀似的”“活泼可爱”的意思都在其中，根本不需要老师饶舌。

学生的眼神由惊叹到佩服到愉悦，很快经历了一次对老师、对学习语文的认识上、感情上的体验。这种体验的落脚点是对老师的钦佩和对学习语文的兴趣。

课文最后有这样一个精妙的比喻句：“几只燕子倦了，落在几根电线上，多么像正待演奏的曲谱啊！”

我问学生：“请想象一下，这会是一首什么曲谱呢？”

“《小燕子》！”回答几乎是异口同声。

“那么，就让我们一起唱这支歌吧！”

说完，我用钢琴伴奏，学生合唱。——这首歌孩子们在幼儿园就学过。

琴声伴着歌声，在小礼堂内回荡：

> 小燕子，穿花衣，
> 年年春天来这里。
> 我问燕子你为啥来，
> 燕子说，这里的春天最美丽。
> …………

歌声升华了课文的主题，歌声把学生带到了一个美妙的境界。

在低年级段的语文教学中，我经常和小朋友一起即兴表演课文中的某一个情节，以帮助他们理解课文内容，激发学习语文的兴趣。我的表演常常博得孩子们的掌声和笑声。下面是我和一位小朋友在《狐假虎威》里表演的一段对话。狐狸由学生扮演，老虎由我扮演。

师：（凶狠地抓住狐狸）我看你往哪里逃！

生：（眼珠子骨碌一转，扯着嗓子）你敢吃我？

师：为什么不敢？

生：（神气地）老天爷派我来管理你们百兽，你吃了我，就是违抗了老天爷的命令。我看你有多大的胆子！

师：不对呀！我既没犯什么错误，又没到退休的年龄，老天爷怎么不让我当大王了呢？你说的话，我不相信！

生：（眨了眨眼）不信，我带你到百兽前走走，让你看看我的威风！

表演到这里，班里笑声一片。我趁势对全班同学说："好，那我们就跟着狐狸到森林深处走一走。请读一读7、8、9三节。"这个表演既形象地展示了上文（1—6节）的内容，又巧妙地过渡到下文（7、8、9节），收到了很好的教学效果。

胸中的"云"储存多了，教学中真是左右逢源：

教《翠鸟》《草》《壁虎》等，我边讲边画，直观性的原则在我的教学里得到了较充分的体现。

在作文教学中，我一会儿扮奶奶，一会儿演哥哥，将学生带到创设的言语交际情境之中，进行了有效的表达训练。

作文指导前，我坚持写"下水文"，在学生时代练出来的写作能力，在教学中发挥了重要作用，收到了良好的教学效果……

我获得了教学成功的果，赢得了千万个学生的心，原因之一是我胸中积攒了许多"云"。

四

"文化大革命"时，学校搞的是"开门办学"：学工、学农、学军。我们班搞"学医"——采集中草药。我抽暇学针灸。买书，买针，拜师，三下五去二，居然捣鼓会了。当然，也付出了代价——为了寻找感觉，我把全身能够找得着的穴位都扎了一遍。我这个人就这样，不学便罢，一学就全身心地投入。

一年春天，我带领学生到体育场观看市小学生春季田径运动会。全班学生正在声嘶力竭地为我校运动员加油，突然发现一位男生捂着肚子"嗷嗷"直叫唤。全班的视线不约而同地由运动员身上移到了这位学生身上。

“哪儿不舒服？”我问。

“胃疼。”他答。头上冒出了汗珠。

“以前疼过吗？”

“疼过，医生说是胃痉挛。”

“都怎么治的？”

“服阿托品。”

无怪乎人们说“久病成良医”，一个12岁的孩子用的全是专门术语。

“你怕不怕扎针？阿托品这儿不好找。”

“不怕。”

我从提包里取出银针两枚，一枚二寸五的，一枚一寸的，用药棉球消毒完毕，交叉取穴：左腕取内关，右腿取足三里，快速进针，较强刺激。

“什么感觉？”

“又酸又麻。”他咬牙说。

“胃怎么样？”我行了一会儿针问。

“不疼了。”

手到病除。

他是个普通工人的儿子。他告诉我，他爸爸这两天正在家里闹牙疼，没上班。

从体育场回来，我顺路来到他家。他父亲说话口齿不清，原来牙里咬着花椒。邻居对他说，咬花椒可以止疼。

“针灸过吗？”

“昨晚，对门王大夫扎了两针，没大见效。”

他一说地方，我就知道王大夫取的是合谷、下关二穴。征得了他的同意，我在他的脚趾缝里取内庭穴。只一针，疼痛止住。

“怪！于老师，您说这脚趾头离牙多远！怎么能管得着呢？”

他大惑不解，我也说不清楚。反正医书上写着：内庭，主治胃疼，牙疼。我告辞。他一送再送。眼里噙着的是感激，手里握着的是嘱托。

没想到，我一针扎好了学生的胃，也扎好了这个桀骜不驯的学生的心。是不是他良心发现，觉得再像过去那样，便对我不住，还是他父亲对他有什么特别的训示？

不得而知。

翻遍教育心理学也没找到答案。

没想到针灸这块“云”，在这儿凝聚成了“雨”。

67. 学会和家长相处

一

“现在的老师真厉害！训家长就跟训小孩一样！”路旁，一位妇女对一位过路人说，同时手里领着一个孩子。过路人大概是她的熟人。“天这么晚了，孩子还没回来。我到学校一看，原来老师留下补作业了。”

“补作业好，老师负责任。”

“可是老师把我好一顿奚落，什么‘孩子又懒又滑，家长也得管管’啦，什么‘你的孩子没治’啦，什么‘干脆领回家，别上’啦！咳，孩子一无是处，家长也一无是处了！现在，孩子一出错，老师就请家长到学校去，难道孩子不好好学，老师就没有责任？”

这位家长越说越恼，居然失去了理智，接着脱口说出了几句脏话，站在她身边的孩子一副心安理得的样子。

当家长当着孩子的面一个劲儿地数落老师的时候，那便意味着教育的失败。可以断言，这位老师的话，对于这个孩子来说，将很难再有什么教育作用，哪怕句句说得对。

类似情况，屡见不鲜。

二

要学会和家长相处。

动辄请家长到学校来的做法不足取，更不可以告状者的身份和家长谈话。一个“请”字，就把家长推向了老师的对立面；“告状”等于宣布老师无能。解决问题的最好办法是老师到学生家里走走。老师一跨进学生家门槛，问题就解决了一半儿。

小利的随便是出了名儿的。有时课堂上实在憋不住，便写纸条儿和同学说话。“传书递柬”的人常常因为胆怯、动作笨拙而被老师发觉。一追根寻底，挨训的自然是小利。

一天晚上，我叩开了他家的门。他的父母是普通工人。可以明显地感觉出家长们对老师有一种特殊的情感，尤其是老师出现在学生家里的时候。

“小利这孩子在学校又犯错误了？唉，这孩子让您操心了！”一落座，家长诚惶诚恐地说。

我笑了：“非得孩子有问题，老师才和家长联系？难道没有事，就不兴老师来坐坐？”

一句话，把家长说乐了。小利闻声从里间走出来，喊了一声“于老师”，便规规矩矩地站着，像犯错误站在办公室里一样。我把他拉在我身旁坐下。

“小利这孩子脑瓜很灵，开学以来进步很快。数学老师说，上课比以前守纪律了，作业错得很少，语文就更不要说了。”我从提包里取出他的作文本并翻开，“你们看，一连两篇作文都是优秀。”

家长认真地看着，连声说：“这都是老师教得好。”

说着，小利的父亲双手端起茶杯，请我喝茶。这时，老师无论谈什么，家长都会听，学生都会接受的。

我话锋一转，很中肯地指出了小利的问题，最后以“教不严，师之惰”作结。送到大门口了，家长还一个劲儿地说：“老师您那么忙还来家访，孩子不好好学，真对不起您！”

如果要使学生相信你是对的，并让他们按你的意见办，仅仅提要求是不行的，首先要使他们服你。当家长和学生认为老师是可亲可敬的时候，老师的话才会在学生身上起到教育作用。

三

也有脾气暴、火气大的家长。

这样的家长有个特点，即一进办公室的门（有的一进校门）就亮开嗓门嚷嚷，什么“老师怎么怎么的”“学校怎么怎么的”，大有“口诛笔伐”之势。

一天上午，我就接待了这么一位家长。我搬把椅子请他坐下之后，他还嚷嚷个没完，口口声声要找校长。我说：“我是教导主任，有话请跟我说吧！”

原来，今天上午他的孩子因没完成家庭作业被老师“勒令”回家了。

“主任，幸亏我今天上午休息。如果家长不在家，孩子到外面跑，耽误课事小，出了事怎么办？”话说完了，这位家长的气也小了许多。做老师的，应该让家长把话讲完，“火气”得到宣泄，才会进而熄灭。

我说：“这件事您应该反映。正如您说的，如果孩子出事谁负责？学校有明确规定：任何人不得以任何理由擅自停学生的课。学校一定认真处理您反映的问题。”

我敬他一杯茶，他说一声“谢谢”。感情从外表到内里开始沟通。

“我也知道孩子不好，做家长的也有责任。”他的态度已改变不少。

我趁机严肃地指出了孩子不做作业的错误，并请家长督促孩子完成家庭作业。

这位家长说：“虽说老师撵学生回家违反了学校的规定，说到底还是为了学生好。当老师也不易！”

这是我没想到的。我紧紧地握住家长的手，说了一句当时流行的话：“理解万岁！”

接着，我坦诚地指出，家庭是孩子的第一课堂，父母是孩子的第一位老师，父母的言行对孩子的影响很大。“孔子家儿”之所以“不知骂”，“曾子家儿”之所以“不知怒”，是因为受到了良好的家庭教育和影响。我的话暗含了对他刚才近乎鲁莽的言行的批评。

家长频频点头。

先肯定对方正确的一面、好的一面，再指出其不对的一面、欠缺的一面；老师确有不合适之处，则先做检讨，尔后指出学生的不足，这样才谈得拢。

四

的确，不一定非得学生出了问题才和家长联系。

一天傍晚，我从教育局开会回来，路过李志安家门口。见门开着，决定进去坐坐。他母亲正在做饭。

“我开会恰好路过这里，顺便看看您。”我说。

她停下手中的活，连忙让座。

这是两间低矮的平房，中间没有什么间隔，通着的。家里陈设极其简单：两张床，一张桌子，两把椅子，一个发黑的柜子，此外还有一个面案，两把小凳子。

“您上着班，还得照顾两个孩子，真不容易。”

她讲述了丈夫去世后生活的艰辛和两个孩子在家的表现。讲到孩子，脸上露出了欣喜的、充满希望的神色。正说着，志安回来了。

“现在正是困难时期。孩子大了，工作了，您就会好的。”我转脸对志安说，“你和哥哥一定要争气。”

“哥哥还好，在中学还是个班干部。志安不行，不知大人的辛苦。不好好学不说，有时还和别人攀比。家里每月都靠政府救济，能和别人比吃比穿吗？”

我这才明白，学校包电影，志安为什么有时不看。从此，每次包电影，我都为他垫钱。仅仅八分钱，就使志安的母亲感激涕零，逢人就说“于老师好”。后来，我还多次去过李志安的家。他逐渐发生了变化。他不再那么放纵不羁，不再把老师的批评当耳旁风。上课时，他努力约束自己。我则尽量地给他面子，发现他不专心听讲，不认真做作业，便走到他跟前（他坐在前排），点一点桌子，或抚摸一下他的脑袋。我把他的细微的变化告诉了他的母亲。我说："志安现在知道脸红了。'无羞耻之心，非人也'，知道羞就意味着进步。"直到现在，她还念念不忘，逢年过节，让她儿子来看我。

和家长相处，也要处"心"。多份了解，多份感情交流，多份体谅与关心，就多份教育的希望与成功。

五

家访时，有的家长常常把自己的孩子的短处数落一顿，弄得孩子很难为情。

一天，我到祖庆涛家去，他妈妈正在看他写家庭作业。

"怎么，还要妈妈看着？"我问祖庆涛。

"于老师，这孩子可不自觉了，看着都写不好。"接着，把祖庆涛的许多短处都抖搂出来，连晚上有时不洗脚的事都说出来了。祖庆涛一会儿皱眉，一会儿撇嘴。

我连忙说："祖庆涛并不是像你说的这么不好。他在学校里学习是很用功的，也比较懂事。"

说完，我把庆涛拉到我的身边。他偎依在我的胳膊上，好像我是他的母亲似的。每逢遇到这种情况，我便站出来替学生解脱。既然家长当着孩子和老师的面把什么都说了，而且学生也接受了，我不能再做"落井下石"的事了，反而要站在学生一面，保护他的自尊心。

六

一位家长为孩子的事到我家来了。一看我买了些地板砖之类的东西，问："于老师，您是不是想装修房间？我在水泥厂工作，水泥我包了。"

我婉言谢绝。每逢家长提出要为我做点什么的时候，我参加工作不久时，刘校长讲的一段话便在耳边响起：

"利用家长为自己做事是当老师的大忌。尽管学校三令五申不准利用家长，但这话对个别老师犹如东风吹马耳。殊不知，当你在家长那里得到了点好处时，教师的人格却掉了价，教育也就变了味，失去了意义。当然，有些家长出于对老师的关心，确实想为老师做点事，但我们只能说声'谢谢'。"

68. 站在巨人的肩膀上

一

牛顿有句名言："如果说我所见的比笛卡儿要远一点，那是因为我是站在巨人的肩膀上的缘故。"

只有傻瓜制造蒸汽机还从观察烧开水开始，而不去吸收瓦特及前人的成果。

我和其他老师相比，并没有什么迥然不同之处。我之所以在教学上有所作为，就是因为我不傻。我善于博采众长。各门各派，兼收并蓄。既不闭关锁国，又不夜郎自大。一言以蔽之：我敏于发现"巨人"，并马上爬到其肩膀之上，直直地站立起来。不只是巨人，只要在某一方面比我略高一筹的，哪怕一个生字的处理有独到之处，我都要学。

"敏于发现别人之长"的关键并不在于一个"敏"字，关键要具备一个"虚"字和一个"诚"字。要虚心，要有诚心。少了一个"虚"字，缺了一个"诚"字，就很难发现别人的长处，就很难将别人的优点学到手。即便发现，也会采取不屑一顾的态度。

少"虚"缺"诚"，是学习的大敌、做人的大敌。

二

我的古诗《草》的教学颇受广大教师的好评。我国著名语文教育专家李伯棠教授极为赞赏，欣然挥毫写下了《寓庄于谐，妙趣横生，教得轻松，学得愉快》的评论文章。他称我的这节古诗教学是"古诗教学园地中一朵奇葩"（见1987年第10期《小学教学》）。见诸报刊的专家评论文章竟有五六篇之多。后来这节课拍成电视，在中国教育电视台多次播出。

其实，这节课我吸收了著名特级教师袁浩先生的许多长处，是"站在巨人的肩膀之上"，才"看得远一点"的。

"站"是什么意思？第一是"学"，将"巨人"的长处学到手；第二是发展、创新。鹦鹉学舌不叫"站"，"活剥王昌龄，生吞郭正一"更不叫"站"，尽管王昌龄、郭正一是“巨人”。最重要的是在学习、继承的基础上加以发展。

李伯棠教授最为欣赏的地方，恰恰是我的创新之处。现将李教授说我“把课堂教学戏剧化了”的最后“复习”部分的教学，实录如下：

师：小朋友，回到家里，谁愿意把新学的古诗《草》背给妈妈听？（生纷纷举手，师找一名学生到前面来）好，现在我当你妈妈，你背给我听听好吗？想想到家里该怎么说。

生：妈妈，我今天学了一首古诗，背给你听听好吗？

师：好！（生背）

师：我的女儿真能，老师刚教完就会背了。（众笑）

师：谁愿意回家背给哥哥听？（师指一名学生到前面来）现在我当你哥哥，你该怎么说？

生：哥哥，我背首古诗给你听听好吗？

师：哪一首？

生：《草》。

师：弟弟，这首诗我也学过。它是唐朝大诗人李白写的！

生：哥哥，你记错了，是白居易写的！

师：反正都有个“白”字。（众笑）我先背给你听听：离离原上草，一岁一枯荣。野火……野火烧……烧不尽……哎，最后一句是什么？

生：春风吹又生！

师：还是弟弟的记性好，谢谢你。（众笑）

师：谁愿意背给奶奶听？（指一生到前面）现在，我当你奶奶。你奶奶没有文化，耳朵有点聋，请你注意。

生：奶奶，我背首古诗给您听好吗？

师：好。背什么古诗？

生：背《草》。

师：草？那么多花儿不写，为什么写草哇？

生：因为草有一种顽强的精神，野火把它的叶子烧死了，可是第二年春天，又长出了新芽！

师：哦，我明白了。你背吧。（生背）“离离原上草”是什么意思？我怎么听不懂？

生：这句是说，草原上的草长得很茂盛。

师：还有什么“一岁一窟窿”？（众笑）

生：不是！是“一岁一枯荣”。枯，就是叶子黄了，干枯了；荣，就是茂盛。

师：后面两句我听懂了。看俺孙女多有能耐！小小年纪就会背古诗。奶奶像你这么大的时候，哪有钱上学呀？（众笑）

什么叫创造，什么叫有新意，从中可见一斑。

三

我有好多课，如《高大的背影》《曼谷的小象》等的教学思路、处理方法倒不是听了一些成功的课受到启发而琢磨出来的，恰恰相反，我是听了一些不太理想的课产生的。对于我来说，这些执教的老师是先行者。我看他们“过河”，使我知道了水的深浅，水的流速，水底的平坦与坎坷；记住了他们没顶的地方，看清了他们踉跄的方位，默想着我蹚这条“河”时应该怎么样……我的不少好的教学方法、好的主意就产生在这听课的一刹那。

《月光曲》里有这样一段话：“有一年秋天，贝多芬去各地旅行演出，来到莱茵河边的一个小镇上。一天晚上，他在幽静的小路上散步，听到断断续续的钢琴声从一间茅屋里传出来，弹的正是他的曲子。”其中“幽静”一词，词典里的解释是：“幽雅寂静。”我听过三位老师上这一课。三位执教者都是原封不动地将词典里的解释抄在黑板上。把一个好端端的、非常有意境的词给讲死了。我坐在教室后面为之扼腕的同时，思索着处理的办法。我觉得此词只可意会……

课堂上，我请学生们细细读这一段课文，边读边想象当时的情境。学生读时，我在一旁轻声提示：“请注意两个‘小’字 —— 贝多芬是在一个‘小’镇的一条‘小’路上散步；请注意这是一个秋天的有月光的夜晚；请注意贝多芬听到的是断断续续的钢琴声……这样一种环境，这样一种静，就叫幽静……”

学生们读得深沉而静谧，让人明显地感觉到“幽静”所表达的意境。显而易见，他们已经意会出了它的难以用语言描述清楚的意思。试想，如果不是一座小镇而是一座繁华的城市，如果不是一条小路而是一条大路，如果不是一个有月光的夜晚而是一个伸手不见五指的夜晚，能用“幽静”这个词来形容吗？“幽静”一词在这里的内涵用下定义的方法是难以说清楚的。下定义不但使这个词失去了神韵和特定的丰富的内涵，也使通过朗读、通过想象意会词语的意思的训练化为乌有。

中央教科所著名语文教学专家张田若先生听了我上的这一课，对我这个词的处理方法赞叹不已。

先行者吃了“一堑”，我跟着长了“一智”。这是我与众人不同之处，也是我在教学上之所以能够取得成功的原因之一。

科学家搞科学实验从来没有一次就搞成功的，但每失败一次都离成功近了一步。从这个角度讲，吃了“一堑”的先行者们也是巨人，站在他们的肩膀上，同样也能“看得远一点”。

四

最应该而且最值得站的，是理论家这些巨人们的肩膀。站在他们的肩膀上，将使我们看得更远。

20世纪80年代初，一位有两个儿子上高中的邻居请我写住房申请报告，这件事引起了我对传统作文教学的反思。孩子上了十来年的学，却不会写申请报告，岂非咄咄怪事？教育是干什么的？教育不就是传递有关生存的、生活的，对自然的、对社会的一切经验，从而谋求提高与发展吗？狩猎，教弯弓射箭；耕种，教握锄掌犁……为什么社会生活中需要的写作技能和本领反而不传授了呢？我开始考虑作文教学如何面向社会生活需要的问题。

恰恰这时，中央教科所语文教学专家潘自由先生提出了“言语交际表达训练”的理论。理论家的理论开阔了我的眼界。在潘老师的具体指导下，我殚精竭虑地进行了探索。在实践中，又不断地完善了潘老师的理论。经过多年锲而不舍的努力，终于摸索出了一条作文教学的新路子，自成一派，并在全国产生了广泛的影响。华中师范大学杨再隋、雷实教授给予了我极高的评价。周一贯先生认为“言语交际表达训练”这项实验“代表了当代作文的主要走向”。

有了理论家的指导，我感到如鱼得水、如虎添翼。

五

1995年4月9日上午，南京大行宫礼堂。

江苏省教委副主任周德藩，全国著名教育家斯霞、王兰，以及来自全省的一千多名老师在听我执教《马背上的小红军》。

代表们用热烈的掌声为我的课作出了评价。

斯霞老师握着我的手，连声说：“上得好，上得好！令人耳目一新！”

王兰老师说：“你的课就像一杯龙井茶，看似平淡，其味儿无穷。”

掌声，是代表们的无字的评价；“令人耳目一新”，是代表们的有字的评价。

我想，“新”就新在我体现了省教委颁发的关于“改革和加强中小学语文教学，大面积提高语文教学质量”的22号文件精神。一句话，体现了周德藩“语文姓语”的思想。

现在已经证明，历史将进一步证明，周德藩主任提出的“语文姓语”是一个划时代的科学论断。

语文课要强化语言文字训练，已成为大家的共识。语文教学不能再左右摇摆了。

朱作仁教授在给我的一封信中说：“希望尽量把语文课上得朴实些；要给学生以大量的读写活动时间。切忌一问一答到底。可否把提问降低到最低限度？节约出时间让学生做读写活动，发挥他们的潜能。”

于是我照着做了，把提问降到了最低限度，把语文课上成了“君子动口又动手”的读写实践课。于是，大家便觉得“耳目一新”。——如此而已。

我曾聆听华中师范大学杨再隋教授关于语文教学的论述。一次，他在南京听了《美丽的丹顶鹤》后说：“语文教学就要重视感悟，让学生自己读书，在读中感悟课文的思想感情。大凡讲给学生的、灌输给学生的，都很难留下什么痕迹。听完课，一位老师问我，‘高雅’这个词不讲能行吗？我说，行。因为这个词讲不清，即使讲清了，二年级的孩子也记不住。学生大了，会懂的。就像‘含情脉脉’这个词，等学生知道含情脉脉了，就知道什么是‘含情脉脉’了。”

听的人都笑了。

从此，我在语文教学中，更注重一个“读”字、一个“悟”字，再也不为一些说不清、道不明的词语而发愁了。

理论不能束之高阁，有作为的教学离不开理论的指导。

不站在理论家这些巨人的肩膀上，所得所见，就会极其有限。

而我，作为一个工作在一线的特级教师，最大的与众不同之处，是能把理论转化为“生产力”——把所得所思转化为课堂教学行为，并取得良好的教学效果。

69. 以人为镜

一

“以人为镜”是唐太宗说的。

原文是这样的：“人以铜为镜，可以正衣冠；以史为镜，可以知兴替；以人为镜，可以明得失。”（《资治通鉴·唐太宗贞观十七年》）

当皇帝的，一定要“以古为镜”，研究点历史，知道怎样才不会亡国。平民百姓却不一定去操那份心。但是，“以人为镜”，倒十分必要。以别人来对照自己，知道什么是对的，什么是错的，可以使自己的路走正一些，走直一些，走出点出息来。

我上中学时就把“以人为镜”作为座右铭。

二

1959年6月的一天傍晚。

夕阳的余晖照在清凌凌的小河里。我和同学马龙哲在长满了青草的岸边散步。迎面走来了晚饭后也出来散步的李晓旭老师。李老师从初中二年级开始担任我们的班主任兼教语文，到现在整整两年了。

“听说你们二位都准备报考师范？”

“是的。”

“为什么不考高中？你们二人的语文程度这么好，最好上大学深造。——永正不是说将来要当作家吗？”

我说：“我现在想当一位像您这样的老师。您的文学这么好，不也选择了教师这门职业？当作家太遥远。”

李老师爽朗地笑了。

这是真的。我之所以报考师范学校，主要是受李老师的影响。当时，17岁的我，思维就是这么简单，由于崇拜李老师，于是也决定当老师。而且还朦朦胧胧地觉得，我可以成为李老师那样的老师。

李老师是一面镜子，从中我窥见了自己。

毕业前夕，李老师为我写了长达四页的赠言，并为我题了李商隐的一首诗：“嫩箨香苞初出林，於陵论价重如金。皇都陆海应无数，忍剪凌云一寸心。”

诗的前两句本是喻指有才能的青年弥足珍贵，这里显然就是对我的鼓励；后两句则隐含了老师意欲劝阻我考师范而又觉得不该劝阻，非但不该劝阻反而应该支持的心态。

三

三年的师范生活，我去得最多的地方是学校图书馆。要想像李老师那样博学多识，出口成章，不在图书馆泡怎么能行?

我借阅的《教育诗》和《塔上旗》因摘抄的东西太多，迟迟不能如期归还，惹得管理图书的南老师几乎发脾气。当我把做的读书笔记拿给她看，她惊愕了：“没见过像你这样认真做读书笔记的学生！”只字未提借书过期的事。而且以后再有类似情况发生也从未责备过我。

有一次，我借阅《政治经济学》。南老师说：“这本书可难啃呀！”

我似懂非懂地啃了一个多月。不管怎么说，以后再听到或者看到什么“抽象劳动”呀，“价值规律”呀，就不至于一窍不通了。

说话，我力求像李老师那样清晰，畅达，有幽默感。只可惜乡音难改，练至今日，仍有较重的山东口音。写文章，我力求像李老师写的那样朴实无华，淡而有味。课余时间，写小说，写诗歌，也写针砭时弊的短文。那时学校要求写“周记”，即每人每星期要写一篇文章，体裁不限，内容不限。每篇周记我都特别用心，几乎每篇的选材、立意都与众不同，颇得语文老师的赏识，老师经常在班级里读我的文章。老师越夸我越有劲，写作的基本功打得也越扎实。

四

就像哪个工厂都有出类拔萃的工程师，哪个剧团都有技压群芳的艺术家一样，哪所学校也都有杰出的被学生崇拜的老师。

在徐州师范学校最被学生崇拜的是教数学的徐惠通老师。他有“三绝”—— 课讲得绝，字写得绝，京胡拉得绝。徐老师身体孱弱，好像一阵风都能把他吹倒似的。平时也少言寡语。但当上课铃一响，他走进教室时，却判若两人。课堂上，徐老师精神矍铄，富有激情，宛如青年人一般。他语言铿锵，干净利落，具有摄人心魄的逻辑力量。而且口到手到 —— 嘴讲着，手写着；讲完了，也写完了。那黑板上的字绝不因为快而失去整齐和匀称，绝不因为快而失去遒劲与神韵。毕业时，学生们把他的备课本拆开，你两张我三张地给分了。老师站在跟前，无可奈何地摊开双手。

在一次学校召开的庆祝“五一”晚会上，我清唱《凤还巢》，徐老师为我操琴。徐老师的“过门”一拉，会场掌声雷动。唱完了，掌声仍不停。我已经谢幕了，还鼓掌？刚想到前台再鞠一躬，忽听台下有人喊：“徐老师！”我才明白是喝徐老师的彩。于是，连忙退避三舍 —— 站在舞台的一角，为手持胡琴正在走上舞台中央的徐老师鼓掌。

徐老师又给了我新的启示：当一个受学生爱戴的老师，身上要有点儿艺术细胞。于是我又有了新的爱好 —— 学琴。

节假日，教室里常常只有我一个人，要么读书，要么弹琴或拉京胡……

冬季的一个星期天早晨。天很冷，教室门前的玻璃上结满了冰花。我独自一人坐在风琴前练习音乐老师布置的《青年圆舞曲》和《八月桂花遍地开》。一个四分之三拍的，一个四分之二拍的，要求用分解和弦伴奏。可那笨拙的左手就是不听指挥，“1935”“1646”怎么也“分解”不出来，老是想和右手“齐步走”。大冷的天，头上竟渗出了汗珠。我仿佛觉得徐老师微笑着站在我跟前。我不敢怠慢，练了整整一天，总算把左手驯服了。

一进入师范学校的大门，我便努力按照我崇拜的老师塑造自己，包括小学的、中学的、师范的。

五

参加工作不久的一天中午，我到一位亲戚家做客。饭后，亲戚的孩子议论起他们各自的老师来。话题是由谈我当老师引起的。

上小学四年级的二孩子说：“我们的老师最坏了，动不动用脚踢人，还常常撕我们的本子。”

上小学二年级的三孩子说：“我们的老师才有意思呢。讲完课，他在黑板上画一个小孩，说：‘谁不守纪律，这个小孩都能知道。’说完，到教室门口抽烟去了。开始我们还信，后来就不信了，他一出门，我们就小声说话。”说完，嘻嘻笑起来，她爸妈也笑。我却笑不出来。

上小学六年级的大孩子说：“我们的班主任老师，讲课生动极了。他教《半夜鸡叫》，还教我们排演课本剧呢。我演的高玉宝，邹君明演周扒皮。可有意思了。课间他还和我们掰手腕呢！别看他五十多岁了，我们班的大个儿两只手都扳不过他。”

孩子们的心灵是清澈的，目光也是清澈的。孩子们评说的各自的老师，不是立在我面前的一面镜子吗？它告诉我：怎样做，学生喜欢；怎样做，学生不喜欢，甚至憎恶。

我可不能做个让学生讨厌乃至鄙夷的老师。从此，我眼中的学生再也不是孩子。

天下着小雪。午饭后，正站在我家门口观赏着稀稀疏疏飘飞着的雪花。嘴里不由得哼起《智取威虎山》里少剑波的一段唱词："望飞雪，漫天舞，巍巍丛山披银妆，好一派北国风光……"忽然发现一位同事从左边巷口走来。头低着，嘴唇微微动着，好像在念叨什么。他和我一样，不会骑自行车，上班下班全靠两条腿。等走到跟前，我招呼他，他才发现，猛然收住了脚步。

"您从哪儿来？怎么才回家？"我问。

"到一位学生家去了，正好路过这里。怎么，您住在这儿？"

"您刚才好像在自言自语什么，是不是有什么难事？"

"没有什么事。我是在背岑参的诗《白雪歌送武判官归京》。看到飞舞的雪花，触景生情，我想起了这首诗，想起了其中'忽如一夜春风来，千树万树梨花开'的名句。我已经养成了习惯，每天利用上下班时间背古诗词。短的，一天能背一首；长的，可能要背两三天。走路，嘴闲着没事，正好可以利用。"

"嘴辛苦了一上午，该让它歇息歇息了。"

这位同事貌不惊人，戴着一副高度近视镜，那酒瓶底儿似的镜片把他的一双眼睛缩小得几乎没有了。他着一身半旧的中山装，浑身上下却散发着书卷气。听了他的一番话，我不由得肃然起敬。敬佩之情立刻转化为催我向上的动力。

周围的同事是距离自己最近的镜子，用他们来对照自己，看得更真切。

看到老教师废寝忘食地工作，自己就不敢懈怠偷懒；看到别人批改作文，评语写得一丝不苟，自己也就不敢潦草马虎；看到和自己坐对面的老师手不释卷地读书，自己也就不敢苟且偷安；看到有的同事犯了错误而受到处分，立刻反省自己。我参加工作的第二天，我的一位同事因犯错误而自杀，我简直惊呆了，沉默了好久好久。

"镜子"有正面的，也有反面的。孔子说的"见贤思齐焉，见不贤而内省也"也包括了两个方面的意思。以贤为镜，更多的是发现自己的努力方向，激励自己去争取。以不贤者为镜，则是透视自己的丑陋。因此，对照反面的镜子，除了有正视自己、剖析自己的勇气外，还得有矫治毛病的决心。

"镜子"也是动力，也是鞭策，也是警示。

70.“幼吾幼，以及人之幼”

一

俗话说：“有儿方知报母恩。”的确，自己不经历生儿育女的艰辛过程，是体会不出父母的恩泽的。我想，孟郊写“谁言寸草心，报得三春晖”的时候，一定是有了孩子的；仅仅因为看到母亲为他远行缝补衣服，无论如何也不会认识得这么深刻。

当我得知儿子因为学习成绩下降而遭到老师的冷眼和体罚时，我的心被震撼了。我甚至下意识地想，这位老师也应该有个笨儿子或傻闺女！不然，他体会不出受到老师歧视的所谓“差生”的可怜。他们形单影只，从老师身边走过时，甚至不敢看老师一眼。下课了，别人在操场上跑呀、跳呀，他们却依在树干上或教室门旁，漠然地看。

我爱学生，对所谓“差生”从未歧视过。但我更加体恤、关照他们，是在我儿子被老师冷落了之后。

我深深地记住了孟子的话：“老吾老，以及人之老；幼吾幼，以及人之幼。”

我又加了一个字：“幼吾愚幼，以及人之愚幼。”

有儿方知父母恩；有了“差”孩子，才知疼“差”生。

是的，“漂亮的孩子人人喜欢，而爱难看的孩子才是真正的爱”（赞可夫语）。

二

祖庆涛是个留级生，长得胖乎乎的。学生们瞧不起留级生，管他们叫“留级鬼儿”。这个外号似乎是全国性的 —— 我在昆明官渡区上课，一个小朋友读书一字一顿的，费了好大的劲，才读完了要求读的那一节。下课后，一位小朋友凑近我的耳朵说：“老师，他是留级鬼儿！”

上课，祖庆涛木然地坐着；课间，独自坐在位子上，呆呆地望着天花板，不和任何人讲话。

不行，我得让他挺起胸来。

于是安排了这样一节作文课：一开始，我请做了准备的庆涛的同桌向大家介绍这位新同学。先把外貌特征说了说，又介绍了庆涛怎样乐于助人——主动借给他橡皮，为他拾起掉在地上的东西等。接着，我请其他同学向庆涛介绍一下自己，并说一句欢迎的话。课堂上的气氛很活跃。有的说："庆涛同学，欢迎你到我们班！我愿意和你交朋友！"有的说："庆涛同学，如果有需要我的地方，请提出来。"

也许是激动，也许是没有在这种场合下讲过话，也许是真的嘴笨，最后，庆涛好不容易挤出这样一句话："我，我也愿意和大家做朋友。"

我随即出了这样一个作文题：《我们的新同学——祖庆涛》，要求将这位新同学的长相、穿戴和同位介绍的事写下来。

就这样，一下子把庆涛和同学们的距离拉近了。

老师喜欢谁，学生们往往亲近谁；老师看得起"差生"，学生们就不冷待他们。反之，亦然。对学生有亲有疏，是当老师的大忌。

三

对像祖庆涛这样的学生的学习成绩期望值不能过高。硬要他们考一百分，就等于要求小指长得和中指一样长。这是不现实的。如果十个手指头都一般长，那就不叫手了。经过努力，差距可以缩小，但不可能消灭。

"于老师，怎么能让俺小涛的学习成绩上去呢？"庆涛的妈妈哪次见到我，哪次这样问，一脸的焦虑，一脸的企盼。在她看来，特级教师一定有高招，有灵丹妙药。

"你是营业员，庆涛的爸爸干无线电，我是小学教师，你看——"我指着远处正向门口走去的传达室的王师傅，"他是工友，工农商学兵，组成了一个社会。社会需要各种人才。文化成绩只是一个方面，把文化成绩的高低作为衡量学生优劣的唯一标准是不对的。孩子只要尽力了，能学到什么程度就学到什么程度。尺有所短，寸有所长。不少学习成绩不怎么好的学生，到了社会上却很有出息，说不定小涛以后还能作出一番事业呢！"

家长笑了，焦虑的阴云顿时从脸上消散了。

接着，我给她讲了一位美国总统的母亲的故事。一天，一位记者对一位美国总统的母亲说："你呀，真了不起！因为你有一位了不起的儿子！"这位母亲说："我还有一位同样了不起的儿子，他现在正在地里挖土豆。"

讲到这里，家长更乐了。

三百六十行，行行都要有人干；三百六十行，行行出状元。树立了正确的人才观，我们就会感到，每个学生都是一个"人"，就会把他当成"人"来培养。树立了正确的学生观和人才观，在教学中，我就不会——确切说是没有——搞"一刀切”，让所有的学生都去够同一高度的桃子。一刀切，用一把尺子去量全班学生，切出来、量出来的只能是失败和沮丧。庆涛的作文只要是一丝不苟地写，没有多大毛病，哪怕只有一拃来长，也照样得高分，照样在班里宣读。如果是比赛，也照样得到一份奖品。做到“没有大毛病”很容易——写草稿时，走到他跟前“如此这般”耳语一番即可。

让“差生”挺起胸膛，除了尊重他的人格，还要让他们不断体验成功的愉悦，尤其是学习方面的。

四

期中考试成绩一公布，张维维便哭了——数学只考了五十多分。经过努力，她已经一年多没出现不及格的情况了。

“哭，也好，也不好。”我说，“说它好，是说明你对自己不满意；说它不好，是因为它不能给你带来信心和勇气。让我看看试卷好吗？”

她取出卷子，我认真看了看做错的题。还没等我开口，她说开了：第四题看错了运算符号；第五题竖式对了，横式抄错了数……只有做错的两道应用题只字未提，看来，她现在还不会。

我说：“如果四、五两题不错，不就及格了！这次找出了毛病，就意味着下次的成功！要养成仔细审题、做后逐题检查的好习惯。好习惯的养成要从平时做起。我坚信下次你能考好。”

对于因为战败而哭泣的士兵，给予他的应该是鼓励，而不应该是指责。

后来，我见到了她的家长，重复了我上述的话。——也应当使家长有信心。

期末，她的数学考了78分！

我说：“下次能不能让‘7’和‘8’调换个位置？”

她莞尔一笑。

爱学生，要爱在他们碰到困难、受到挫折的时候，爱在他们感到沮丧、伤心的时候，爱在他们取得进步、沉浸在喜悦之中的时候。一句话，爱在他们需要爱的时候。

五

刘希隆的作文又潦草了，不但潦草，且“偷工减料”——当中省略了一部分。草稿上明明写着的，誊写时却“扔”了！

我终于按捺不住，狠狠地把他训斥了一顿。教室里鸦雀无声。偶尔发一次脾气具有震慑力量，教育作用也大，就像人们偶尔听到一声霹雳就特别惊骇，偶尔打一针、吃一剂药的作用就特别明显一样。但是，经常电闪雷鸣地发作，一旦学生产生了“抗药性”，也不会有好效果。而且，太严厉，会扼杀学生的个性，会使学生变得冷漠，甚至残忍。

从此，他轻易不敢马虎。好习惯的形成似乎都是由强迫开始的。严厉，也是爱的一种表达形式。可以想象得出孟母断机的情景：她见孟子逃学回家，把织布的梭子砸了，把织好的布剪断了，是绝对不会面带笑容的。

一连两天，刘希隆都不敢正眼看我。这不是好现象。我得找个机会夸他几句。他写字时，我走到他跟前。字是一笔一笔地写的，于是我举起了他的写字本对全班同学说：“看刘希隆的字写得多工整，一丝不苟！”放下本子，我较重地拍了一下他的肩。让这较重的一拍，传递老师的爱意与宽容，拉近由于我两天前的训斥而疏远的距离，消除由于训斥而产生的隔阂。严格要求和耐心说服是相辅相成的两个方面，辩证法从来都是讲两面，不是讲一面的。

我教过一个叫刘书田的学生，他有个把大拇指放在嘴里漱的坏习惯。六年级我接班的第一天，他父亲就恳求我将他这个坏习惯纠正过来，并说“可以采取一切手段”，言外之意可以施以拳脚。“政策”有了，但作为老师的却总觉得不好使用。可是，一个多月的耳提面命奏效甚微。有则外国谚语说：“人是习惯的奴隶。”确实如此。改掉一个坏习惯比养成一个好习惯难得多。

一天，写大字时他又不由得将左手的拇指送到嘴里。我走到他跟前一看，大字本子像大花脸，放在嘴里的拇指上还沾着墨汁，把嘴角都染黑了。我一巴掌将其左手的拇指从嘴里打了出来。

他惊恐地望着我。由他的目光，可以想象得出我怒不可遏的神情。

过了几天，我对他说：“对不起，我那一巴掌打重了。”

“比俺爸爸的轻多了！嘿嘿……”他眨巴着机灵的大眼睛，“不过，您这一下，比俺爸爸打五十下还管用呢！”

“真的？那好，我索性再打几下，把你的毛病彻底矫治好算了。”说完，我扬起了右手。

他做了个鬼脸，跑开了。

心中藏着爱和善意，耐心说服也罢，电闪雷鸣发作也罢，指指戳戳训斥也罢，都是爱的自然流露。

日本心理学家松达哉说：“和孩子进行亲密交流，训斥就会收到好的效果，给孩子的人格以好的影响，即使训过了头，也会取得孩子们的谅解。”

这就是为什么我对刘书田有“过火”行为，他却依然围着我转的原因吧。

是不是可以这样说，学生是否围着老师转是鉴别老师爱的试金石？

六

我经常这样对老师们说：“热爱所谓的差生吧！我想，大家都会有这种感觉，毕业之后见了老师老远就打招呼的，多数是他们；老师有困难伸出援助之手的，多数是他们；逢年过节进老师家门槛最多的，还是他们。”

老师们频频颔首。

71. 童心未泯

一

巴金爱繁星。他说，“在星的怀抱中”，就仿佛觉得“自己是一个小孩子”。

我爱学生。在他们之中，我就会融入其间，完全变成一个小学生。

二

秋天，又高又蓝的天幕下，睢宁县大余乡到处是金的色彩。

稻田连着稻田，间或有一块玉米或棉花地。行走间，忽然出现了一块芋头地。

“好大的叶子！”我惊叹着。好奇心驱使我走进地里。

“于老师，这荷叶比起微山湖里的荷叶小多了。”一个跟着我走进芋头地里的学生说。

我笑了。显然他把芋头当成荷花了。我不由地想起在师范读书时，一位城里的女同学也把芋头误认为荷花的事。

陪同我们参观的大余小学的朱以勋老师说：“同学们，这不是荷花，是芋头。芋头也叫芋艿，咱们徐州人叫它毛芋头。—— 吃过毛芋头吗？对，芋头的营养很丰富。我们这里，几乎家家都种一点儿。这块地的芋头是我家的。”

“朱老师，”我说，“我是胶东人，小时候，母亲是用乳汁和芋头把我一口一口地喂大的，所以我对芋头有一种特殊的感情。我一眼就看出您的芋头不同一般。第一，叶子又大又绿，叶柄又粗又壮；第二，您的芋头是种在垄上的，好像借鉴了种红薯的办法。”

“好眼力！一下子就看出了我的芋头与众不同。”

“什么好眼力？六百度的近视镜一摘，不光月朦胧，鸟朦胧，什么都朦胧了！说正经的，您能不能介绍一下您的种植芋头之道？”

朱老师眉飞色舞，侃侃而谈：“这种芋头嘛，是很有学问的。芋头，属于南星科，喜水……”

“既然喜水，为什么还把它种在地垄上？”

“咱们要的是长在地下的芋头，而不是它的叶子。水多了，芋头不好吃；所以，到了长芋头的时候，就得培土。看起来像种在垅上，实际上不是。还有，施肥也很有讲究。芋头这东西，最喜家禽粪，尤其是鸡粪，一施上去，疯长……”

“为什么家禽粪能促进芋头的生长？它的成分是什么？”我打破砂锅问到底。

谁知他竟不再回答，而是说起我来了：“老于，您发现了我的芋头与众不同之处，我也发现了您非同常人的地方。您像小学生一样，心里装满了问号，眼里充满了好奇。我终于明白了，您之所以成功，是因为有一颗好奇心。”

说完，双手握着我的手。从力度上，我感到了他的真诚与实在。

这，我承认。

没有孩子般的好奇，就不会有任何发现，就不会有什么爱好，更不会有什么执着的追求。好奇，尽管不意味着成功，但，它是一切成功的起点。因为，正如亚里士多德所说：“思维是从惊奇开始的。”

三

一年一度的菊花展览又开始了。

学生们都三三两两地向前走去了，可我还在第三展区踯躅。我发现这个展区的每株菊花都插有一个写着菊花的名字的小牌牌。看看花的名字，再看看菊花的姿态和色彩；看看菊花的姿态和色彩，再看看花的名字，不由地赞叹起名者的睿智和非凡的想象力。“玉佛座”“千手观音”“金狮怒吼”“钢花飞溅”“满天星”……每个名字不就是一首隽永的诗吗？

我把早已进入第四、第五展区的学生们喊了回来，请他们把花和花名对照起来观察，看看能不能有新的发现。

经过片刻的静寂之后，展室里立刻发出了欣喜的议论声。

孩子们的心是好奇的，但缺少一份专注与思索。我既有儿童的好奇，又有成人的深沉和细心，所以我发现了孩子们不易发现的东西。我把观察所得告诉了学生，于是学生们又多了一份惊喜，得到了一份收获。

我不禁想起罗丹说的一句名言：“对于我们的眼睛来说，缺少的不是美，而是发现。”

至于怎样才能发现，罗丹没说。我以为，最少要具备两点：一要具有孩子的好奇心，二要有思考的习惯和能力。“才华的高低，取决于思索的能力”，这话千真万确。

四

又是一个秋高气爽的季节。市郊的一个山脚下，炊烟袅袅。我带领学生们正在这里野餐。

津津有味地饱餐一顿之后，几个学生和我一起在山坡上散步。忽然一只大蚂蚱从我脚下飞起。我瞅准了它落的地点，急步追去。这家伙机灵得很，还没等我走近它，噌地又飞起。于是又追，几个学生也来围歼。

我发出命令："你们别追！你们的任务是搜索、跟踪目标。请立即把你们的'雷达'——眼睛——打开！"

学生们立刻站立不动，睁大了眼睛，充当起雷达的角色。

"落在那儿！"蚂蚱一起飞，"雷达"们便跟踪上了；一落下，便立刻准确无误地指示出所在方位。

开始，这只蚂蚱凭借着它的体力还能飞远。渐渐地体力不支，终于被我"生擒"。雷达们一齐围上来，祝贺"战斗"的胜利。

我总结了刚才的"战斗"经验："我们刚才采用的是'疲劳战'的战术逮住了这只骁勇剽悍的大蚂蚱。对于那些反应迟钝的家伙，还可以偷袭、智取。"

欢乐的笑声在山谷回荡。

接着，一场逮蚂蚱的"大战"在山坡上展开。参战的不光有男同学，也有女同学。

战果辉煌。不足一小时，每个人的手中都有了一串蚂蚱。——意外的收获。

现在，蚂蚱成了人们餐桌上的一道佳肴，可是那时人们的嘴还没"刁"到这个程度。要不，当时，它岂不为我们的野餐增加一道美味？

那时，我完全是一个孩子，忘记了自己是一个老师。学生们之所以玩得如此开心，也正是因为在他们眼里，我是他们中间的一员，确切地说，是他们的"王"——真正的"孩子王"。

"逮蚂蚱"成了孩子们津津乐道的话题，一连几天都谈它。我理解孩子。小时我就喜欢逮蚂蚱，把逮到的蚂蚱，用一根草穿成一串，带回家喂鸡。因此，作文课上，我索性让他们写下来，题目就叫《逮蚂蚱》。

学生们仿佛回到了那值得留恋的山坡上，刷刷刷，写下了他们想表达的话。

五

课间，冯韵哭丧着脸向我报告："于老师，涂凡打人！"

站在冯韵后面的涂凡没有申辩，可见冯韵说的属实。

冯韵继续说："涂凡做作业时，我不小心碰了他一下，他就朝我背上狠狠地打了一拳。我说了一声'对不起'，他还打。"

我严肃起来。脸涨得红红的涂凡对冯韵说："都是我不好，请你不要和我一般见识。刚才我打了你两下，现在请你打我四下吧！"说完，转过身去，将背部给了冯韵。

冯韵把手抬了起来，可扑哧一声笑了，又把手收了回来，道："谁稀罕打你！"然后转过脸对我说："于老师，涂凡可坏了！天天把废纸放在我的位洞里说让我'学雷锋'……"

"从今天开始，你把废纸放在我位洞里行不？我替你收拾。"涂凡说，语气很真诚。

"谁像你似的！难道我不知道把废纸放到纸篓里？"

马上要上下一节课了，我请涂凡帮我擦黑板，请冯韵帮我发作文簿。可是，我转身的时候，不小心踩了涂凡的脚，我觉得踩得很重，连忙问踩得怎么样，涂凡却说不疼。我很过意不去，心疼地说："不是不疼，而是你不说疼。"说到这里，我忽然"童心萌动"，学着他刚才的模样，一本正经地说："对不起，请你踩我两下吧！"说完，将一只脚伸到他跟前。

正在发簿本的冯韵又扑哧一声笑了："于老师，您怎么跟涂凡一个样儿？"

和孩子们一样，有什么不好？

六

坐了不到半小时的火车，便来到大湖车站。这儿离要去参观的阎窝村还有一大段距离。我们只好步行。乡村道路，坎坷不平。走在班级最前面的许建设没走几步就累了。我蹲下身子，以命令的口吻对他说："上来，我背你走！"他不敢违抗，只好乖乖地趴在我的背上。

我的行动感动了几位大个儿男生，吕东平、魏家福、王克利等人都争着要背许建设。就这样，大家像照顾小弟弟一样，轮流把他背到了目的地。

不知什么原因，许建设光吃饭不长个儿。上五年级了，还不如他上二年级的妹妹高。教数学的李老师为此还闹了个小误会。他接班上第一节课时，请许建设回答问题。答得不错。但是李老师批评他没有礼貌——回答问题没站起来。

同位的连忙站起来说："李老师，许建设是站着回答你的问题的，他现在还没坐下呢。"

教数学的老师逻辑推理能力都很强，李老师顿时明白了，赶紧说："对不起，请坐下。"

谁知坐下的许建设比站着还高些。为什么？因为板凳比他的腿还长点。

一天，许建设见我给一位老师理发，笑眯眯地央求我也给他剃剃头。

我说：“我不会剃分头，只会剃平头。”

他说：“剃光头更好，凉快。”停了一会儿他又说，“省得头发长压得我不长个儿。”

我给他剃了，但没剃光，脑门上留了一个刘海儿。圆圆的脸蛋，留个刘海儿，再加上他笑眯眯的表情，更像个娃娃了。他回到教室，人人开怀大笑。

我说：“现在，许建设就缺少一件红兜兜了。我要是在商店碰到了，一定给他买一件戴上。”

大家笑得更欢了。

许建设也很高兴，他还专门到照相馆拍了一张照片呢。

尽管他和同学是同龄人，但在同学们眼里，他就是一位小弟弟。从此以后，大家更关心他了。谁要让他去打水，别说班长，就连组长也不会答应。

他在公安局工作的父亲见了我就笑，说从我给他儿子剃的头，看出了老师的一片童心、一片爱意。

他的母亲修正说：“我看，于老师比我们还疼爱建设！”

许建设毕业了，他送给我一张照片 —— 就是留着刘海儿的那张照片。照片的背面上工工整整地写着“于老师留念。学生：许建设”。

我的确一直念着他 —— 念着他的个头儿，担心他长不高。

若干年后，一个偶然的机会，我在街上碰见了他。那时他已经参加工作了。还是圆圆的脸，表情还是笑眯眯的。但是个儿长高了。

我握住他的手，心里的一块石头落了地 —— 他终于像个大人了。

七

一个小男孩在前面走。背上的书包像个驼峰，随着步伐的轻快节奏，也跟着一颠一颠的。我悄悄地追上去，伸出右手，轻轻地在他的右肩上一拍。他猛地向右一回头，却什么也没发现。原来，我在拍他右肩的同时，迅速地闪到了他的左侧。他又机灵地向左一转身，发现是我，笑了。但他并没有忘记问我“早上好”。不过，声音里明显地少了往日师生之间的那种隔膜。

有人对我的举动不以为然，认为孩子气太重。其实，孩子气并不坏，它的别名叫“童心”。

不错，当老师的要有爱心。学生不能没有爱的呵护，正如婴儿不能没有母亲，河堤不能没有树木的呵护一样。爱心的别名叫“责任”和“奉献”。

但是，老师还应当有一颗童心。有了童心，才能使自己变得年轻，变得活泼，使教学充满童趣；有了童心，才能走近孩子，理解孩子，体谅孩子；有了童心，才能想孩子之所想；有了童心，才能和孩子打成一片，成为他们中的一员，才能和他们一起唱，一起跳，一起哭，一起笑；有了童心，才能保持孩子般的好奇和探究精神。

我之所以不大责备为了拾足球而翻越墙头的孩子，不大批评因看足球赛转播而没完成家庭作业的学生 —— 反而说那天我压根儿不该布置作业；我之所以带学生去钓鱼摸虾，带学生去农村劳动，下工厂参观，到军营里爬坦克、摸大炮，挎着冲锋枪照相；我之所以要努力把课上得有趣，千方百计地创设学生喜闻乐见的语言交际情景，进行说、写训练……是因为我有一颗童心。这也是为了重温我童年的梦，圆我童年的梦。童年，我多么渴望有一支红缨枪，哪怕是木头的；童年，我多么想钻进坦克里，看看里边是什么样的；童年，我多么想每个教我的老师都能像张敬斋老师那样和蔼，会画画，会拉琴，会书法……

因此，从我当老师的那一天起，我便对自己说：

愿童心不泯。

72.为了岳母和妻子

一

我每次下班回家，妻子总是要把我上下打量一番。如果她比我回家晚，我听到妻子进门的第一句话总是："娘，永正回来了吗？"尔后问及的才是孩子。娘回答"回来了"，是耳闻，这不够，还得目睹——把头伸向我们的房间看看，眼见为实。看着妻子那双弯弯的眼睛，我便不由得想起"举案齐眉"的动人故事。

一天中午放学回家，妻子只瞅了我一眼，便问："学校里发生什么事了吗？"

"没有哇！"

"不可能。说说呗，别闷在心里。"我脸上哪怕有一丝愁云，有一点儿不快的蛛丝马迹都逃脱不出妻子锐利的眼睛。

"噢，是这样，今天上的一节课，自己不大满意。"

"什么课？"

"《翠鸟》。"

"这不是你以前上过的吗？而且上得很成功。我记得是在民主路小学的礼堂里。"

"此一时，彼一时。这次上砸了，听课的人又那么多。"

"那是你对自己要求高。别人听了说不定——不是说不定，是一定，一定会觉得不错的。来，今天咱们杀鸡！"

只要我有什么不称心的事，妻子的爱就释放得特别多。

一天下午回到家，我忽然开了胃口，想吃点好的，便往沙发上一坐，长长地叹了一口气。

妻子忙不迭地问："怎么长吁短叹的？出了什么事？"

我只是叹气，一言不发。

妻子急了："你倒是说话呀！"

我"扑哧"一声笑了，指指肚子说："想吃点好的！"

妻子嗔道："想吃什么说一声，别装成这副模样，把人吓一跳。"

我给了妻子一个爱的表示。

二

我的爱情道路颇曲折，走了几个“之”字形，我也说不清。曲折而成功倒也罢了，那样的爱情史反而更具浪漫色彩。我却不是，“曲折”的结果，都是被人家甩了。那年头，小学教师没有多少人瞧得起。

最初谈的是一位同学。在师范学校读书时，因为都爱好文学，接触得相对多些。我每每写了篇好作文，尤其是老师在课堂上读过的作文，她便要去看，说是“学习学习”。“学习”自然是说给别人听的。毕业前夕，她把所有的讲义、笔记都装订成册，把一些专业性强的书，包上皮儿，让我一一写上书名，她说，非常喜欢我的毛笔字，要留作纪念。

就这样，初恋的萌芽慢慢催发了。

毕业后，她被分配在一所农村小学。一年多来，书来信往，交流着彼此的一切。

一个星期天，她来我校，为我拆洗被子，被我校几位老师碰到了，大家免不了评头论足一番，对她的评价颇佳。

爱情的确能给人以向上的动力。于是我天天心无二挂地、信心十足地投入到工作中去，业余时间钻进书堆里，做着美丽的作家梦。

一年后的一天，我接到她的一封信，欣然地拆开，却颓然地丢下。原来她提出要“中断关系”。我这才如梦初醒。

朋友们一方面对我“深表同情”，一方面为我这个书呆子总结“经验教训”。说什么“一年多了，不该不到女方那儿去”啦，“主要是你没有盯紧”啦，等等。结论：今后要把丘比特之箭射得深深的。

不过，书呆子自有书呆子的“呆气”。我“呆气”一来，抓起笔，一口气写了洋洋数千字的回信，淋漓尽致地抒发了我对人生的看法、对“背信弃义”者的鄙夷，越写越觉得自己是个“伟岸丈夫”。

第二天，我看到我的学生，感到特别亲切，一种从来没有过的亲切；打开书，书香味备感浓烈，书中所展现的世界更加明媚和广阔。

我像个孩子似的在心里说：“我要活个样儿让她看看。”

失恋，我同样得到了奋进的动力。

三

知识分子的地位每况愈下，“文化大革命”时成了“臭老九”。

和我同龄的男老师，很少有“按时”娶到媳妇的。不是箭射得深不深的问题，而是根本没有受箭的对象。我却例外——一位学生的姐姐居然看上了我。她是参加家长会认识我的。至于为什么爱我，不得而知。也许家长会上，我口若悬河的谈吐折服了她，也许她弟弟说我如何如何好，打动了她。

她以家长的名义找我的次数多起来。

一次，她约我到她家去，说她弟弟“学习遇到了麻烦”。其实，醉翁之意不在酒，她是叫我到她家去，让她的家人过目的。此后，她直率地向我提出了建立恋爱关系。显而易见，她的想法得到了家人的同意，我已被“验收”合格。这时居然有人爱小学教师，我心里免不了有几分得意，同时，也有几分对她的感激。

又过了一年，她的母亲变了卦，为此事和她女儿闹得很厉害，几次欲寻短见。一天晚上，若不是邻居把她老人家从河边拉回来，早就呜呼哀哉了。老太太一反常态，是因为别人做了大量的“策反”工作。死不同意女儿婚事的原因有两个：一、小学教师没出息；二、我是农村来的。那时城里人都下放农村，你本来就是农村的，能保得住吗？

当时，女方厂里有个年轻人“乘虚而入”（据说他很早就追过她）。老太太一看是个“工人阶级”，小伙儿长得虽不英俊，倒也厚实，便对女儿说：“情愿找他，也不能嫁给一个小学老师！”

女方无奈地对我说：“算了吧！万一老娘有个三长两短的……”

没有说的，分手。用当今的话说，叫“拜拜”。我这个人向来干脆，好说话。

书呆子自有书呆子的“呆气”，别人可以看不起自己，自己不能看不起自己。

书呆子还有书呆子开导自己的办法——我把巴尔扎克的一句名言抄下来，压在自己写字台的玻璃板下面：

“我必将勇敢地追随我的命运，举眼眺望比一个女人的爱情还要高超的地方。”

四

光阴荏苒。

我们眼看着一个个成了“大龄青年”。正当我的男同行们纷纷“面向农村”时，我校的一位被打成“右派”的贾老师却在暗中关心着我的婚事。贾老师多次向我岳母介绍过我的情况（她们过去是邻居），说我人品好，有才华，有能力。岳母被说动了心，两次到学校“暗访”。第一次没相中，说我衣着邋遢，不修边幅。贾老师说，不对呀，是不是看错人了？再看看。于是岳母又去。第二次看中了。这次去，我正在操场的讲台上讲话。后来，岳母描述说：我当时身穿白衬衣、蓝裤子，脚穿黑皮鞋，颇有点风度。就这样，很快地和她女儿——杨玉芝，见了面。

“第一印象怎么样？”我问她。

“还行。你呢？”她问我。

“不错。”我说。

于是双方约好了下次见面的时间和地点。

第二次，见面的地点就在岳母家。我对岳母说：“我是小学教师，没地位。”

“嗨！什么地位不地位的！人好就行。”

“我的工资低，每月才35元钱。”

“人家能过，咱也能过。”

“我是农村的，说不定哪一天还要打回老家去，‘彻底闹革命’呢。”

“嫁鸡随鸡，嫁狗随狗，嫁根扁担拎着走。”

别看岳母没文化，说话却很风趣，说得杨玉芝也乐了。

杨玉芝的一位挚友，外号叫“胖子”的说：“杨玉芝，你怎么找个当老师的！我情愿一辈子不嫁人也不找老师。听说他脾气坏，以后你怎么受？还有，据说他年龄大，都三十好几了，不是你说的二十八九岁。”

人家也确实出于对朋友的关心，无可非议。不是挚友，谁管？但杨玉芝有她的主意，她相信贾老师，更相信通过接触了解了一些我的情况的自己。

我既没有“穷追不舍”，丘比特之箭也没有着意地射，半年之后，我们就结合了。我是空着手到她家去的。但我们夫妻相敬如宾，岳母疼我胜过疼她的女儿。

她老人家不知听谁说过，从事脑力劳动的人比从事体力劳动的人还要费神，因此她总是把饭菜做得符合我的口味。吃饭时，这顿比上顿少吃一口都能看出来，而且心里犯起嘀咕：“怎么啦？哪儿不舒服？”一旦发现我夹哪盘子菜的频率快，她绝不再夹第二次。问她为什么不吃，她要么说“不爱吃”，要么说“嚼不动”。

一天中午，一家人刚在饭桌周围坐好，岳母对我说：“我破个谜语，你猜着了再吃饭。”我说：“行。请讲。”岳母说：“一个小罐儿，盛两样菜儿。”我想了老大一会儿也想不出来。这时，岳母手拿一个青皮（咸鸭蛋），往饭桌上轻轻一磕，说：“就是它！”说完，放到了我的眼前。

我咽下了可口的饭菜，也咽下了涌到喉咙的令我感动的母爱。

我在心里说：我一定要朝着我心目中的“高超的地方”奋力迈进。我知道，最令岳母和妻子眉飞色舞和高兴的，莫过于我有能耐和有作为。郎才女貌嘛！男的长相不怎么样没关系，但是没有才那就会令女方伤心了。

我和妻子筑起了一个小小的巢。它虽然不足15平方米，而且简陋，但是十分温暖而舒适。晚上，我伏案写作，埋头读书，妻子便悄悄地在一旁忙着做家务。

一个冬天的晚上，妻子一觉醒来，见我还在伏案写作，说：“几点了？睡吧，身体要紧！”

那时，我正在备课——徐州师范学校请我去给师范生讲作文教学法。冬夜特有的宁静，似乎为我的大脑注入了“脑黄金”，对叶圣陶、李伯棠、高惠莹等学者的关于作文教学的论述，好像领悟得特别透彻，记得特别牢固。我不停地读着、记着，备课本翻过一页又一页。

妻子见我无动于衷，便默默地起身，为我倒了一杯开水，轻轻地放在案头。

这水喝进肚里，像发动机有了汽油似的，马力更足了。

五

“你这是忙活啥，怎么又买点心又买酒？”一天中午，我见妻子双手拎着许多东西，风风火火地从外面进来，奇怪地问。

“后天——4月14日，是爸爸的85岁大寿。”

我一指脑门儿：“嘿，这么大的事，我怎么忘了？！”

妻子说：“生日蛋糕已经定做了，明天去拿。你这么忙，明天还要到北京讲学，这次，一切就由我来办吧。我在爸爸面前多说几句好话，多替你敬几杯酒就行了。”

我感激地说：“那就烦劳你了，由你替我行孝了。孔子说：‘父母在，不远游，游必有方。’‘不远游’做不到了，但‘游必有方’可以做到。请转告爸爸，等我从北京回来，再去看他老人家。”

父亲离休后，一直住在乡下二弟家里，说农村空气好，在那里生活，觉得舒畅。隔一段时间，妻子便会提醒我去看看父亲。有时看我忙，便一个人去。她能替我做的事，都做了，我能替她做的事，却不让我做。她为我在家中拓展了一个十分珍贵的工作时空。每次见她风尘仆仆地从乡下回来，心里总是有说不出的感激。我回报她的只有两个字：努力。

六

锲而不舍，金石可镂。

1980年第12期《江苏教育》上发表了我的第一篇论文：《选材与命题》。

同年，我执教的《翠鸟》获徐州市鼓楼区中青年阅读课比赛第一名。

1984年，我的《燕子》一课教学赢得了省内外听课者的一致好评，当即被邀请到常州、无锡讲学、上课；1985年，我被评为江苏省特级教师。

从此，一发而不可收。论文一篇篇地发表，全国各地邀我讲学、上课的信接连不断地寄来。第一篇论文的稿费给妻子买了一条裤子。

第一篇小说的稿费给岳母买了两瓶洋河大曲。

我把特级教师证书递给妻子时，她笑得最开心，一双眼睛弯弯的，像一对月牙。我在心里说：我要对得起她。

我在电视里出现的时候，岳母最兴奋，手帕不停地擦着眼角，我在心里说：娘，我不能让您白疼我！

1995年8月，我被评为“国家级有突出贡献的专家”，享受国务院颁发的政府特殊津贴。8月5日，我出席了徐州市“专家会议”，市长亲自将国务院的政府特殊津贴证书递到我的手里。回到家，我又亲自把它递给我的妻子。这津贴应当属于她。

妻子把激动和兴奋藏在心里，然后把它转化成对我、对母亲、对子女的爱。

我把激动和兴奋藏在心里，然后转化为追求事业的动力。

我开玩笑地对妻子说：“你有眼力，没找错对象。”

她说：“别忘了，那时你是每月只挣35块钱的臭老九。”

“所以说你有眼力。”

“当特级教师可是万万没有料得到的。”

“贾老师不是说过吗，我这个人多才多艺。”

“臭料！”

说“臭料”是好听的，有时骂得不堪入耳——“熊样儿”！

但我通通给加上引号，朝着反面理解。

1995年，人民日报出版社为我出版了第一本教学专著——《于永正课堂教学教例与经验》。我首先想到了岳母。我在一本书的扉页上工工整整地写下了：“献给岳母大人。您的儿子：永正。”然后双手呈给她老人家。岳母把书掂在手里，看着书上印着的我的照片，说了两个字：“孩子……”

脸是笑着的，声音却是颤抖的。

真的，就是为了岳母，为了妻子，我也得干出个样儿来！

73. 初读社会

一

在我走上工作岗位的前夕，一位长辈对我说："社会是个大染缸，你要好自为之。"听了以后，把我吓了一跳。父亲到底是个当老师的，说话不叫人发憷："社会是个大课堂，是真正锻炼人的地方。"

"既然是课堂，一定也有书读了？"我笑问。

"当然，这本书就叫'社会'。"

人们称参加工作为"走入社会"。在踏入社会之前，长辈们自然免不了如此这般地告诫一番。这是中国人的传统。

1962年8月底的一天，我背着行李跨进了徐州市搬运工人子弟小学的大门。学校不大，有一幢古老的楼，三排平房。学生不足五百，教职员不过三十。心里想，这就是长辈们说的社会？这就叫跨入了社会？

于是，我小心翼翼地翻开了"社会"这本书的第一页，以一种新奇的目光去读它。

老校长向后梳着的满头银发和嘴里叼着的烟斗，让人觉得凝重；他那为我拎着行李上楼的身影深深地印在了我的脑际，什么时候想起来，都会觉得喉咙里像有东西堵着似的。

同宿舍的老师对我关怀备至，每天晚上都毫无保留地介绍他们的经验，告诉我，在黑板上写字时如何突然转身逮住那些背后做鬼脸的学生。

我清清楚楚地看见了"社会"这本书的第一页开头写着一个醒目的字——诚。

年过半百的刘老师诚得让我落泪。她见我洗的白色圆领衫上有黑色的汗渍，不由分说，从晾衣服的绳子上扯下来，一把按到盆里，端起来，噔噔噔地朝水池走去。她的麻利劲儿，多像我的母亲！

洗好后，她告诉我，她的唯一的儿子和我同庚，在连云港工作。这时，我才琢磨起她从绳子上拽衣服时说的"到底是个男孩子"的意思。是啊，她为我洗的时候，一定想到了她远在外地的儿子，正如我看到了她为我洗衣服的动作想到了我的母亲一样。

一年的时间匆匆过去了。在放暑假的前两天，校长宣布我为少先队大队辅导员，暑期去参加市里举办的辅导员训练班和夏令营。

读完了“社会”这部书的第一页，我觉得它是一首诗，和谐、隽永、美丽、流畅。它并不像我父辈所描述的那样复杂，那样可惧。

二

新学年开始了。有人说我多才多艺，头脑灵活，前途无量；还有戏称我为“二校长”的。我不知深浅，信以为真，踌躇满志，准备干一番事业。

十分关心我的教导主任到底长我几岁，听了这些议论后，找我说：“小于，你要夹紧尾巴做人哟。”

“什么？”我不以为然，“夹紧尾巴是什么形象？那不成了癞皮狗、丧家犬了吗？不行！人活一口气，得翘起尾巴做人嘛！”

“夹紧尾巴做人的意思是说要谦虚、谨慎。”

“我没当大队辅导员时，没有一个人不说我虚心好学的，怎么一当大队辅导员，就说我自满了呢？我在师范学校读书时，入共青团前都说我不错，我要入团的时候，问题来了，有说我骄傲自大的，有说我盛气凌人的。看来，人不能有作为，不能搞点名堂，更不能擢升。——其实，大队辅导员算个啥？”

一席话把主任说愣了。我望着她那双睁得大大的眼睛，笑了，说：“主任放心，我知道该怎么做。”

我翻开“社会”的第二页，只读完了第一行，就觉得其中有点苦涩。

一天，上级派人来考察我，看我是否能转正。我们参加工作的头一年，叫见习；一年后，经考察合格，才能转正。先开座谈会。那天几乎全体老师都出场了。

开始几个人的发言使我震惊。他们好像事先约好了似的，先发制人，一直反对我转正。座谈会的气氛一下子紧张起来。理由很多，有说我骄傲的，有说我思想认识有问题的。说我思想认识有问题的，举了这样一个例子。说我曾经说过，把一根木棍截成两半，这就是“一分为二”。他严正指出，这样说，显然曲解了毛主席“一分为二”的唯物辩证法。还有位老师讲：“有些事不便在会上说，我准备和领导单独谈谈。”

那时，我好像站在审判台上似的。

读到了这儿，我嗅到了火药味儿。

但不知为什么，那时我竟十分冷静。我开始迅速地审视自己。我也是社会的一员，也得读读自己啊！

德高望重的戴希圣老师发言了。他说我有才华，有理想，有干劲，有成绩，完全符合转正条件。接着，有几个人表示同意戴老师的意见，但声音很小，听起来，好像是胆怯的学生发言。

过了几天，不断有人找我班学生谈话，走马灯似的，一个又一个。

又过了几天，老校长对我说：“小于，你不知道，有人反映你跟女学生一起看电影。这两天都为这事忙着。经调查，没有这回事。”

所谓“会上不便讲的事”，大概就指的这。

“还有，”老校长说，“你说的那个‘一分为二’是怎么一回事？”

“那是庄子说的一句话。不过，我说的时候，不是引用的原话。原话是这样说的：‘一尺之捶，日取其半，万世不竭。’讲的是事物的相对性、可分性。我要能讲出这种话来，岂不也成了哲学家？”

戴老师早就沉不住气了。他悄悄地把我拉到他的会计室，说：“小于，人言可畏，你可要想得开。”

我乐呵呵地说：“戴老师，我给您唱一段京戏《探阴山》怎么样？——‘扶大宋锦华夷忠心赤胆……’”

戴老师乐了，摆摆手说：“行了行了，我是服了你了！”

我停住了，正儿八经地说：“戴老师，‘人言可畏’应改为‘人言可为’。旁听则暗，兼听则明。周总理曾经说过，人为什么长两只耳朵？就是叫我们尽量多地听取别人的意见的，既能听好话，也能听反话。座谈会上老师们的发言都是对我的关怀。在我刚刚步入社会时，他们就在我前进的路上插上了许多路标，有的写着：由此向前；有的写着：此路不通；有的写着：前方为事故多发地段，小心走好。这会使我少走弯路，少栽跟头，不会走入歧途。再说，人与人之间有个了解过程，我刚刚读他们，他们也刚刚读我。不过，请您放心，我会努力把我这本书写好，尽量不让它有大毛病的。”

戴老师紧紧地握着我的手，半天没松开。

不久，校长宣布：于永正按期转正。

读到这里，苦中又有了一点甜味儿。

三

“说来说去，读社会就是在读人。”一天，我们几个同学聚在一起，共同交流初读社会的感受，逻辑思维和形象思维都“发达”的振海同学得出了这么一个结论。

“是这么回事。”庆增同学对这一看法表示赞同。但他又说，“不过，我们是不是能不去管别人？井水不犯河水，各人做各人的事就是了。”

“不管？你不管可以，可有人要管你！他硬把屎盆向你身上扣，你不管？年轻人就得有年轻人的率直和勇气，对个别居心叵测的人不能坐视。”振海意气风发，逻辑思维和形象思维又一次得到了充分展示。

我说：“同事之间还不至于那么严重。我看，以德报怨总比以怨报德、以怨报怨强吧。当然，我们头上的‘角’是不能锯掉的。”

事隔不久，我头上的“角”便使用了一次。一位老师因为校长在全体老师会上说他讲课出现了科学性错误 —— 记得是一个成语解释错了 —— 而大发雷霆，说校长故意刁难他，夸大其词，把芝麻说成了西瓜。老师们越劝，他越是不让，指鼻子挖眼的。老校长手里的烟斗都被他打落在地。

我按捺不住，走上前问他：“校长讲的事可有？”

“有，但有出入！”

“有您还吵什么？当校长的如果不批评，那叫失职。作为您，首先考虑的不应当是校长的‘出入’，而是自己的错误。”

“小于，是不是因为你转正时，我提了你的意见，来报复的？”他的声音比刚才还高。

“路不平，有人踩。你太过分了！”我是练过嗓子的，声音比他更响。

他脸色蜡黄，眼睛瞪了我半天没说出一句话来。还没等他的舌头拐过弯来，我毫不客气地又说了一声：“厉害、撒泼堵不住别人的嘴。”

一天，徐州市教育局人事科葛科长见到了我，说：“小于，听说你很正直，敢于批评和自我批评。年轻人，该这样。”

工作不到两年，我得到了一个“正直”的美名。但是，我知道，我自己离“正”和“直”还差得远。

读社会也和读书一样，其中真善美和假丑恶并存。对假丑恶的东西，只要看出来了，我是坚决抵制的，包括自己身上的。所以我说，读社会，也包括读自己。

四

三十多年过去了。我成了教师队伍中的佼佼者，被评为“特级教师”，被评为“国家级有突出贡献的专家”，享受国务院颁发的政府特殊津贴。

我之所以会有今天，原因之一，就是我一开始就遵照父辈的教导，认认真真地一字一句地去读社会这本书了。

社会是本人人都得读的书。

不过，这本书得冷静地读，坦诚地读，超然地读，把自己摆进去读，有时还得和朋友一起读。

只有这样，才能读懂。

74．“没脑子”

一

一辆“大通道”公共汽车不急不躁地在中山路上行驶着。它那有节奏的晃动和车内的宁静使坐在车内的我又继续思考起上午思考的问题——《高大的背影》一课的读写结合点应放在哪里，应选择什么样的写作素材。

一阵嘈杂的声音打断了我的沉思。抬头一看，几个人争着为腿有毛病的年轻人让座。

“谢谢！我是‘临时残废’——脚脖子崴了。”年轻人嘻嘻哈哈地说。

我想起了我为学生张文生揉脚脖子的事。两年前的一次课外活动中，张文生跳远，不小心把脚脖子崴了，他一瘸一拐地来到教室，脸上露出痛苦的表情。我把他的鞋袜脱掉，运用我学过的按摩技法为他治疗……想着想着，我心里一亮，有了！就写这件事！有动作，有对话，而且事小，好把握。可是，怎么告诉现在教的这个班的学生？讲？不好，没趣味性，那就把作文课上成复述课了。对！来个“课堂素描”——把两年前发生的事，通过表演再现出来，让学生观察后再写！我兴奋起来，仿佛打井人在荒漠里凿了一眼甘泉！

接着，我又在大脑里自编自导“揉脚脖子”的小品。编着，演着，我不由得兴奋起来。凭感觉，这节课准会产生“轰动效应”。有人反对追求“轰动效应”，但是我想，能激发学生的学习兴趣，能振奋学生的精神，能提高教学效率，“轰动”一下又有何妨？

汽车咯噔一下停了。小小的震动，又打断了我的思绪。我向车外望去，站牌上“四道街”三个字赫然映入眼帘——糟糕！坐过了两站。

回到家，饭菜早已凉了。听我叙述完迟归的原因，家里人一齐问：“你的脑子呢？”

二

我喜滋滋地抱着一摞书回到家，一本一本地向妻子谝，如数家珍。

“看，这是张中行先生的文集，共三卷，第二卷中大部分讲的是作文教学，这位张先生可是大家！这本，是我梦寐以求的缩印本《辞海》……”

“缩印本都这么大，这么厚！”妻子边说边用手掂了掂，“嗬，好重！简直像块城墙砖！”

“还有《走出人生误区》，这么好的书，居然没有人买，被降价处理。”

妻子笑眯眯地听着，笑眯眯地看着，分享我的欢乐。我买书，买京剧磁带或唱盘，花再多的钱，她都不心疼。“理解”岂止是“万岁”，应该“万万岁”。

介绍完毕，我便迫不及待地打开《张中行文集》第二卷。清新的墨香把我诱进了张先生为我们展现的作文教学的天地。

“吃晚饭了。你美餐了一下午的精神食粮，也该换换口味，吃点物质的食粮了。”妻子在厨房里说。

饭毕，妻子忽然问：“唉，伞呢？”

“伞？”

“是啊！你到书店不是带了把伞吗？”

“坏了，丢在柜台上了！”

“丢三落四！你说你丢了几把伞了？”

“能怪我吗？我回来时，谁叫老天不下雨了呢？”

三

伞的确丢了好几把。其中，一位挚友赠的一把“情侣伞”丢得最可惜。

那是一把制作精美的伞。张开后，伞面是椭圆形的，能同时为两个人遮挡雨水或阳光，故美其名曰情侣伞。其实，称它为“双人伞”更合适。我之所以一句推辞的话都没说就收下它，是因为它特点鲜明，是用来进行说话、写作的好材料。朋友送的哪里是伞，分明是写作文的好素材！

我很快备好了课。上作文课的那天早晨，我把双人伞拿在手里，对妻子说“请祝我上课成功”。这次，她不但没说任何祝愿的话，反而说：“我担心你会把它丢了，因为天现在就没下雨。”

我假装生气，转身走了。

这两节说写课上得很成功。徐善俊同志立即把课堂教学实录整理了出来，请张庆同志做了评析后，寄给了《小学教学》编辑部。不久，便在这家颇有影响的杂志上发表了。后来，我收到了一位湖北老师的洋洋千言的信。信中说："于老师，看了您的《"双人伞"说写课实录》，真叫人拍手叫绝！怎么什么东西到了您的手里都会成为说话、写话的好材料呢？"信的最后他引用了袁枚的一首诗："但肯寻诗便有诗，灵犀一点是吾师。夕阳芳草寻常物，解用多为绝妙词。"

这都是后话。不幸的是，上完了那两节课，双人伞真的没了！是丢在公共汽车上了，还是放在教室里被别人拿走了，抑或上车前在一家商店里买东西时扔在柜台上了？不得而知。

中午下班，我一进家，妻子便问："双人伞带回来了吗？"

因为我没进门就发现伞没了，领先于妻子一步，有了思想准备，所以装着坦然的样子说："放在教室里了，明天有位老师上课要用它。"

我之所以选择"教室"这个地方，一是因为在汽车上称为"丢"，在教室里称为"放"，两个字的性质不同；二是寄希望于教室，希望明天能在教室里突然发现它。

希望最终变成了失望。第二天中午回家，我沉重地对妻子说："情侣伞不见了。"

"真的还是假的？"

"都怪昨天你说的那句话。我还没出门，你就说我会丢。"

"你呀，"妻子嗔道，"是个属狗熊的，吃饱饭不认铁勺子。"

四

最说明我没脑子、在徐州小学教育界广为流传的是我请别人客而自己却忘记到场的那件事。

1986年第四期《小学语文教学》"人物专访"栏里发表了张庆、高林生、徐善俊撰写的关于我的长篇报道，封三上发了由梁宝华拍摄的五帧教学照片。为了表达对上述朋友以及其他几位同事的感谢，我准备宴请他们一次。我把宴请的时间、地点通知了他们，并把钱交给梁宝华，一切由他张罗。

那是一个星期六的晚上，朋友、同事们高高兴兴地应约按时赴会，可就是迟迟不见我的影子。那年头，电话还没进普通百姓家，且饭店离我家又远，不好联系，客人们只好耐着性子等。一直等到晚上八点，他们实在忍受不了饥饿的折磨，在宝华的主持下先吃了起来。

那天晚上，我干什么了呢？吃过饭我便在灯下写一家杂志社约的文章了。写着写着，因为一个数据拿不准，便到楼下教研室主任家咨询。

"主任呢？"我一进门便问主任夫人。

主任夫人睁大了惊愕的眼睛："你？！今天晚上你不是请他的客吗？"

我的脑子轰的一声，呆若木鸡。

一看手表，小针指着9，大针指着12，完了！

以前，别人说我没脑子，我还自我解嘲说："大智若愚嘛。"打那以后，别人无论怎么说，我都不吭声 —— 认了。

五

主任要出差，临走时，他对我的同事徐善俊说："老徐，千万别忘了提醒永正，星期五下午到师范学校上课。师范学校王主任来了好多趟了，那边什么工作都准备好了。这可是件大事，一定提醒他。唉，这个没脑子的家伙！"

"当着我的面，不跟我说，而跟善俊说，真是岂有此理！"我装着生气的样子说。

善俊说："别的事他能忘，教学的事绝对忘不了。主任尽管放心走好了。"

课是没忘记上，而且颇受师范生的欢迎。王主任一再握着我的手说，讲得不错。我心里一激动，脑子一热，又忘了一件事 —— 徐善俊托我捎给王主任的一份有关作文教学的材料，被我原封不动地带回来了！

善俊摇摇头，无奈地说："我只好亲自跑一趟了。"

善俊说："教学的事你能不能少考虑一些，给大脑腾出点地方，好思考、记忆其他的事？你还记得我给你讲的巴尔扎克的一件趣事吗？一天，巴尔扎克约一位好友会晤。朋友来后，见巴正在写作，便在椅子上坐下来。一会儿，佣人给巴送来了午餐。朋友当是给自己准备的，便把它吃光了。又坐了一会儿，见巴还在专心致志地写作，不忍惊扰他，便悄悄地走了。过了好一会儿，巴觉得有些饿，便停了笔，准备吃午餐。可是当他转身看见旁边小桌上的空空的餐具，只当自己吃过了，自言自语地说：你这饭桶，吃过了还想吃！接着又伏案写作起来。我真担心你会像巴尔扎克那样，闹到连自己吃没吃饭都不知道的地步。"

徐州市教委教研室张庆老师曾赠给我一副对联，在徐州小学教育界流传甚广。这就是："此也忘，彼也忘，唯教学不忘；这也能，那也能，教语文最能。"

六

日积月累，量变质变，后来同事们又把我的"没脑子"的外号改为"忘事精"。徐善俊送我一个记事牌 —— 一块能立起来的搪瓷片，可以用来写钢笔字；写满了，还可以用水擦掉。他说，好记性不如烂笔头，何况你呢！你随时把要做的事情写在上面，这可是名副其实的“备忘录”。这个记事牌还真帮了我不少忙，每个星期有哪些活动，或者接到一个重要的电话，或者别人托我办什么事，都及时写在上面，给我提个醒。

一天，我接到一个电话，一位朋友问我，往大马路小学送一年级学生上学的事办了没有。我的脸顿时长了——因为报名时间昨天已经截止了，而我竟忘了说！

善俊说：“你不是把这件事记在小牌子上了吗？”说完，从我桌子上取过牌子，一看上面只有这样一行字：7月1日前，《小学教学》约稿必须寄出。

“朋友托你办的这件事擦掉了吗？”善俊问，“你那天好像写上去了。”

“我忘了写了！”

善俊的嘴张得大大的，半天说不出话来。要是说出来，肯定是这三个字：“忘事精。”

75. 爬格子

一

在家里，我为自己营造了一片小天地。它占地不足两平方米，陈设也极为简单：一张写字台、一盏台灯、一沓稿纸、一支笔、几本工具书，还有一把椅子，就这些。

入夜，这片小天地明亮而温馨。我在这片纯属自己的小天地里读书、爬格子。一旦爬得性起，便如入无人之境，任凭家里人说什么、做什么，我都全然不觉、全然不知。别说在家里，就是在办公室里，不管如何嘈杂，都不会影响我写东西。有位同事很“眼红”，问我身上是否安装了什么“抗干扰”装置。我回答说：“有的。它的名字叫‘专注’。”

爬格子锻炼了我的注意力。

爬格子磨炼了我的意志。

二

第一次爬格子是读初中二年级的时候。教语文的李晓旭老师在一篇作文上批了一句“此文有老舍风格，可以试投《中国青年报》”，激动得我顿觉脑袋有斗大。于是买来稿纸，工工整整地誊写下来，投进了邮筒。从此做起了作家梦，开始了爬格子生涯。

爬呀，爬呀，从1957年一直爬到1980年也没能使自己的名字变成铅字。

一位老师见了我的一箱子退稿，惊讶地叫了起来，然后手一摊，头一摇，走了。他逢人便说：“发表文章，哪有那么容易的。”

我知道不容易。但我也坚信：种豆必得豆，绝不会得蒺藜。

1980年底，当我39岁的时候，我的论文——《选材与命题》在《江苏教育》第12期上发表了！同月，我的小说《没脑子的人》刊登在《徐州日报》上。

台灯下，我把发表的论文和小说看了又看，读了又读。妻子为我斟的一杯茶冒着缕缕热气。热气变幻着形态，升腾着，我心里有说不出的激动和喜悦。

我越发觉得台灯下的这片小天地明亮而温馨。

三

我一进办公室的门，先我一步的徐善俊高兴地说：“《语文老师应当是个语言医生》在《小学语文教师》上发表了，果然头版头条！到底是千锤百炼出来的。”

说它是千锤百炼出来的并非言过其实。我写这篇文章，整整耗了两年的时间。

“语文教师应当是个语言医生”这个想法早就有了。听课中我经常发现，明明学生说话有语病，老师却说“很好”。怎么能说“很好”呢？为什么不予以纠正？是压根儿没听出来，还是漫不经心？于是，晚上展开稿纸写下了个题目——《语文老师应当是个语言医生》。但写了不到两页又觉得朦胧，便暂时搁笔。

后来，听善俊同志上了《狐假虎威》，其中，有这么一个片段：

师：“骨碌”除了能说眼珠转动，还可以用来形容什么？谁能用“骨碌”说一句话？

生：天亮了，小强擦擦眼睛，从床上一骨碌爬起来。

师：“骨碌”这个词用得很恰当，这里形容起床的动作相当快。可是“擦擦”用得恰当吗？换个什么词更合适？

（一时无人举手）

师：一觉醒来，还有点困意，于是用手——（徐老师用双手在眼睛上做揉的动作）

生：（恍然明白）换个“揉揉”！

师：对！早上睁开眼睛，一般情况下眼里是不会有什么的，擦什么呢？

（生笑……）

我听到这里，情不自禁地在听课本上写了这样一句话：“多么高明的语言医生啊！”

不久，我在安徽省马鞍山市听了贾志敏老师的两节作文课。他的瞬间辨别学生语病并立即予以纠正的能力再次激起了我写作的动机。一回到家，便翻出一年多前写的旧稿继续往下写。这次颇有“文思泉涌”的感觉。论述完如何当一个好的语言老师、如何医治学生的语病后，像有仙人点化似的，突然想到了打腹稿时没有想到的“医德”问题。是呀，一个好的医生不但要有高超的医术，而且要有良好的医德，一个好的语文老师不也应当如此吗？有人并不是没有敏锐的语感，不是发现不了学生的语病，而是漫不经心、不负责任；有人发现了语病，却不是善意批评引导改正，而是言语刻薄、冷嘲热讽，说得学生无地自容……越想越激动，越写越流畅，直到画上了最后一个句号，心情还没平静下来，真想亮开嗓门高唱“一马离了西凉界”。

此文写完之后，并未立即发出。我把它放进抽屉里“闷”了一段时间后，又进行了加工、修改，才寄给了《小学语文教师》。编辑很快回了信。我对善俊说：“回信的时间如此之快，我估计这篇文章很可能登在头版头条。”果然不出我所料。

我有个习惯，每写完一篇文章，并不急于投寄出去，而是放在抽屉里“闷”上一段时间。“闷”的过程实际上是继续想的过程。过一段时间拿出来看，不但会发现语言的稚嫩、内容上的疏漏，还会发现论述的偏颇和谬误。

这是“冷处理”。

发表在《山东教育》上的《阅读教学要加强读的训练》和发表在《小学语文教学》上的《鲁班学艺给我们的启示》，“闷”的时间都在一年以上。正因为“冷处理”得好，所以一寄出去就得到了编辑的青睐，他们立即回信，嘱我千万别投第二家。著名特级教师张庆说，爬格子是最好的思维体操。的确如此。它促使我不断地思索，使自己的思维具有条理性、周密性和深刻性。那些改得“一塌糊涂”的草稿，如实地记录了我的思维的轨迹。

四

爬格子使自己的认识不断得到升华，升华了的认识又促进教学水平不断提高。

1992年春，我们教研室对我区小学语文教学现状做了大面积的、细致的调查。我调查的重点是说与写的训练，获得了大量感性材料。我对这些材料进行了分析整理，发现写的训练少了，而衡量一个人的语文能力高下的一个重要标志是写作水平怎样。于是写出了《君子动口，更要动手》的论文。因为材料翔实，在写的过程中又学习了一些专家的论述，所以文章写出来后自己很满意。“冷处理”的时间只有一个月。该文在《江苏教育》发表时，编者还加了按语。

如果说，1992年以后我的语文教学有了一个新的飞跃，那是因为我认识上有了一个质的飞跃，这与爬格子有很大关系。我上的《马背上的小红军》《新型玻璃》《白杨》等课，之所以受到广大教师、专家、学者的好评，正是因为我把提问降到最低限度，摒弃了烦琐的内容分析，把大量的时间留给学生读、写，强化了语言文字训练。同时注意激发学生的学习兴趣，调动他们的积极性，使他们真正成为学习的主人。面向全体学生，注意语文教学的综合性，让学生主动地、生动活泼地学习，是我追求的更高目标。

如果没有爬格子的习惯，可以肯定地说，我充其量是一个好的教书匠。

我常对青年教师说：“不要懒惰，不要强调自己忙，一定要拿起笔写东西，从一节课写起，从点滴小事写起。”

有人对我说，脑子浑，不会写。

我说，不要埋怨自己的腿不好使，走不动，应检查一下你是否走了。

还有人对我说，也想写，可写不出来。

我说，写不出来硬写，强迫自己去想，去读书，去实践，去总结。我有好多文章是“硬”写出来的。真正搞出点名堂来的，都是自己给自己加压的。靠别人督促，是不会有出息的。

五

我的《听懂与读懂辨》一文在《山西教育》上发表后，一位同事对我说：“老于，你真行，听了别人一句话就能写出一篇文章来！这句话当时我也听到了，可怎么什么感觉也没有？”

原来，不久前，一位老师当着这位同事的面问我：“您教《狐假虎威》时为什么费那么大的劲，先让学生读课文，说说这个成语的意思，学生连读两遍，才勉强说出来。尔后又让学生查字典，看看‘假’字在这里到底作什么讲。学生们又去翻字典。这两个问题，老师一讲，学生不就明白了吗？”我立刻意识到这位老师还没有领悟到语文教学的真谛，于是写了一篇《听懂与读懂辨》。

我笑着对这位同事说：“那是因为我喜欢爬格子。爬格子使我养成了思考的习惯，练就了捕捉问题的本领。”

说过之后，我觉得不妥，于是解嘲似的说：“我这不成了王婆了吗？”

“成了王婆也未尝不好，只要你的瓜甜。”

我的这位同事也很会说。

不少老师问我：“你写了那么多文章，你是怎么想出来的？”

我说：“大体有三种情况。一是自己做的，二是自己看的（包括看书、看报），三是自己听的。好多事，大家都是做过的，有些问题也是想过的，只不过思维的触角不像常爬格子的人灵敏，没有深入思索，更没有动手写下来的习惯罢了。我像培根那样，口袋里常装支笔，随时记下瞬间的思维。这些不寻常的想法是很有价值的，且往往稍纵即逝，永不再来。我常常因为疏忽而没有记下一些很有意义的想法而后悔。”

六

爬格子有时会感到走投无路，有时会觉得力不从心。这是一个信号，该加油了，该读书了。

茅盾曾说过一句很有见地的话："光读不写，眼高手低；光写不读，眼低手也低。"

一次，我的一位当校长的同学听了我上的《狐假虎威》。他对我的教学情感倍加赞赏，邀请我到他的学校里跟老师们谈谈这个问题。虽然我再三说我对这个问题没有研究，但他执意要我去。我只好答应两个月后去。正巧，《湖北教育》的一位编辑写信也要求我写这方面的稿件。这位编辑说，他曾在湖北省黄石市听过我的课，说我的教态没说的。大凡人都经不住别人抬举，给点颜色就想开染坊。于是我决定由"必然王国"朝"自由王国"迈进，认真地研究起"教学情感"来。两个月读了近20万字的资料，做了约1000字的读书卡片。联系自己的实际，边读边思，渐渐明确了什么叫教学情感，良好的教学情感有什么作用，教学中教师良好的情感的表现，怎样激发学生的积极情感等，写了1万余字的演讲稿。我把其中一部分摘出来，冠以《伴随语言的意义及其运用》的题目，寄给了《湖北教育》。

两个月后我来到了老同学的学校做了演讲。

演讲引起了极大反响。

老师们为我鼓掌，我则把手伸给了我的老同学。没有他出的题，我怎么会去探讨，怎么会对教学情感有较深的认识呢?

《伴随语言的意义及其运用》亦被刊用。发表不久，一位读者还专门写了一篇心得体会，也发表在《湖北教育》上。可见关注这个问题的人不少。

开始，写不下去，感到力不从心时读书；后来，即使写得下去，也要去翻翻与所写文章内容有关的书籍。这样定能得益匪浅。

以写促读，以读促写，这叫"相得益彰"。

七

爬格子是最好的思维体操，也是健脑的最好的体操。

一年体检，我把体检报告拿给一位在医院当院长的朋友看。朋友看了我的脑电图，连声说："到底是特级教师的脑袋，就是与众不同。"他说的许多行话我听不懂，意思是说都很正常。结论是："脑子的确得常用。"

我说："常用的钥匙总是亮闪闪的，何况大脑？"

朋友说："对，对！名言，名言！"

我说："当然是名言，因为它是富兰克林说的。"

76. 老师，也是一本教科书

一

有位朋友问我："你当了特级教师之后，最大的感受是什么？"

我说："最大的感受，觉得我应当是个'人'了。"

朋友嘴一撇说："别开玩笑了，不评为特级教师，也是个人。"

我告诉朋友，我说的这个"人"，是加了引号的。确切点儿说，我是一本书——一本封面上写着一个大大的"人"字的教科书。

我发现，当学生们得知我是特级教师以后，他们那一双双明澈的、求知的、探索的眼睛看我比看语文课本还专注。是的，学生们用稚嫩的小手轻轻地翻开语文书的第一页的同时，不也就翻开了"我"这本书的第一页了吗？

我，作为一名特级教师，应该成为一本好的关于"人"的书。

一方面，我要不断地为自己写上新的内容；一方面，要不断修改过去已经写的那一部分。

二

一本书捧在手里，人们首先评价的不是它的内容，因为内容须看过之后才能下结论。首先评论的是什么？是它的装帧。同样，老师这本书出现在学生们面前，学生们首先品评的也是老师这本书的"装帧"——即老师的仪表，老师的气质，老师的精神状态。

五官、身材是爹妈给的，即使有对不住学生的地方，也没有办法，改变不了。但是，不胡子邋遢、不蓬头垢面、不衣冠不整、不面带沮丧、不唉声叹气地出现在学生们中间，我是能做到的。

"同学们，孔子说：'登峄山而小鲁，登泰山而小天下。'我们这次攀登峄山，使我们领略了齐鲁大地的秀美风光，看到了山东大地的巨大变化。这次峄山之行，给我们留下了多少美好的回忆！那奇特的石，那深邃的洞，那叮咚作响的泉……"

这是我带学生从峄山回来后上的作文课的开场白。我动情的描述，立刻点燃了学生记忆的火花，人人都兴奋起来。

“情动而辞发”。学生们打开了回忆的闸门，把在峄山的所见、所闻、所思流于笔端，形诸文字。

“写五彩石形象逼真，写狗爬洞生动有趣，写断机石联想丰富……”我读了部分作文草稿夸赞道。

一位外校来听我的课的老师下课后，从后排走到讲台前对我说：“以前，总以为眉飞色舞是夸张，没想到还真有这么回事。看你在课堂上的那个兴奋劲儿，真是眉飞色舞，神采飞扬。”

我笑笑，说：“那是因为峄山美，学生写的文章美。”

放学前，这位老师有事找我。可是，当她得知我请假到医院去看昨天生病住院的妻子后，惊呆了。她喃喃地说：“怎么从于老师身上一点也看不出来呢？他上作文课是那么轻松，谈笑风生！”

为什么要让学生看出自己不好的心绪呢？进了课堂，我的身份只有一个：老师。这时的我，应该是一泓清水、一股春风、一盆炭火。

三

每学年开学，我们经常听到大人与孩子、孩子与孩子之间这样的问话：“喂，你的老师教得好吗？”

“教得好”与“教得不好”是朴素的，也是高度概括的评价老师的语言。

我希望学生读了我这本书的第一页就能在天头上批上“教得好”三个字，所以我备课从来不马虎。我这样要求自己：每节课都能让学生得到点儿什么，都能留下美好的回忆；每节课都争取得到学生的“教得好”的评语，就像学生每次交给我的作业也希望得到我写的一个“优”字一样。

“小朋友，我国南边有一个友好邻邦——泰国。泰国的首都叫曼谷。”说到这里，我随手将“曼谷”二字写在黑板上面，接着说道，“曼谷是一座终年百花盛开、景色迷人的城市。它是世界上名字最长的城市，汉字译音全名是‘共台甫……’。”

我憋足一口气念完了40个字。学生们咯咯地笑起来。为了把这40个字念流畅，我练了不知多少遍。因不懂泰语，也不知在哪儿停顿，只是念。

“什么意思呢？”我解释说，“就是说，曼谷是个神仙城、伟大的城、玉佛的住处、坚不可摧的城、被赠予九块宝石的世界大都会、幸福的城。这个名字实在太长，泰国人叫它‘共台甫’，外国人则管它叫‘曼谷’。有一天，中国记者代表团到曼谷访问，遇到了一点儿麻烦，结果被一头小象给解围了。”

说到这里，我在“曼谷”后面写上“的小象”三个字。然后说：“咱们今天就学习《曼谷的小象》这一课。请打开书，看看中国记者遇到了什么困难，小象是怎样帮助解决的。”

这是我教三年级《曼谷的小象》一课的导语。虽然稍长了些，但我斟酌再三，没舍得将它去掉。实践证明，它激发了学生读书的兴趣，同时也为理解这篇课文奠定了一定的基础。

“导语”的一个“导”字，道出了它的分量与作用。好的导语之所以令人难忘，是因为它的确起到了“导”的作用。

我每次提笔写教案的时候，笔尖常常在“导语”二字后面停留很长时间。备《曼谷的小象》时，我忽然想到我剪下来的关于曼谷名字趣闻的剪报，于是翻了出来，把它抄下来，作为导语。

当然，正如写文章一样，虽说开头很重要，但毕竟不是重点，要尽量简洁。

《壁虎》一课写得精美绝伦。第二段写的是壁虎的外形，真是栩栩如生。“这一段写了壁虎外形的哪几个方面？每个方面有什么特点？”我请学生们带着这个问题读第二段。读书之后，学生们依次说，我依次在黑板上画。学生们说完了最后一部分——尾巴，我的板画也完成了——一只活生生的壁虎出现在黑板上。直观性原则在这里得到了充分体现，形象思维和抽象思维在这里达到了完美的结合，课堂上洋溢着欢愉和轻松的气氛。

接下来，我请学生看着板画，从头到尾把壁虎的外形说一说。学生说到“壁虎的尾巴又细又长，爬行的时候左右摆动”，我开玩笑地说：“壁虎是跳迪斯科的大专家。你们知道青年人跳迪斯科，起先是跟谁学的吗？——壁虎！”学生们自然又免不了咯咯地笑。

若干年后，学生们长大成人了，还常常回味着我的教学，如数家珍一般。有的学生竟能再现我当年的表情、动作和语言。可见，“我”这本书，不是一杯淡而无味的薄酒，不是一览无余的《小学生作文选》。

这足以令我聊以自慰的了。多学点儿知识，多学点儿本领，多点儿趣味性，这本“书”学生读起来就会有味道。

四

1980年的一天，一位学生突然问我：“于老师，您相信‘UFO’吗？”

他见我迟疑了，便很懂事地说：“‘UFO’就是飞碟。您相信有外星人吗？”

那时，我才注意到咱们国家有一本叫《飞碟探索》的杂志，我才从里面知道了许多有趣的关于飞碟的事，我才取得了和学生讨论飞碟的资格。

老师要不断地学习，不断地获取新的信息。有人把接受新知识比成充电，这太形象了。每充一次“电”，就为自己这本书增添了一点儿新的内容；准确地或比较准确地回答了学生的一个提问，学生就会感受到“老师”这本书的厚实。

后来，我发表了所谓“外星人”纯属子虚乌有（至少在目前）的观点。我引证了外国有人说美国人乘阿波罗登月都纯属假的这一报道。我说：“录像都不足以为凭，何况照片呢？还是让‘实物’来说话吧。”

学生听了，眼睛里露出异样兴奋的目光。

六年级的学生提的问题常常更有深度。学《琥珀》一课时，有个学生问：“于老师，说琥珀是松脂的化石有什么证据？”

我说：“起初，人们并不知道琥珀是怎么来的。有人说它是大海的泪珠，是浪花把它冲到海滩，送给穷人的礼物；有人说它是硬化了的神鱼的卵。人们不了解的事物，往往便神化它。后来，有人不小心把它落在火里，立刻散发出松脂的香味，把它送到化验室一化验，它的组成和松脂一样，人们这才明白，原来琥珀是松脂的化石。”

我还告诉学生，几年前，在我国的河南省西峡县发现了一块重5～8千克的大琥珀呢。

我胸有成竹，言之凿凿。

学生们听了我的解释，眼睛里顿时放出满意而又兴奋的光彩。

从学生的目光中，我看出，他们感到了“我”这本书的厚重。他们肯定会在心里这样说：“于老师怎么知道得这么多呢？”

几十年来，我每天看书看报是少不了的，每天看《新闻联播》是少不了的，跟家人、朋友经常到大自然中走走是少不了的。这样，才会使自己这本书不至于变得轻薄，更具有“可读性”。

不厚重，谁还愿意读呢？

五

一次，全校大扫除。中午放学前，班长向几个小组布置了任务，要求中午回家做好物资上的准备。

“班长，下午我的任务是什么？”我一本正经地问班长，俨然是个老战士。我给自己做了个规定，每次大扫除都要以“普通一兵”的身份，和学生一起劳动。

班长俨然是个“老班长”，略加思索，以班长的口吻说：“擦玻璃的同学任务比较重，请你下午带抹布和卫生纸，擦教室北面的窗户吧。”

“是。”

下午，第二节课刚下，我便出现在窗台上。“其身正，不令而行。”学生们很快各就各位。

只要发现学生的桌子下面有片纸屑，我就会不声不响走过去，弯腰捡起来。凡是看见了我这一动作的学生，便会立刻向自己座位周围的地面上瞅。一旦发现谁的座位下面也有纸屑，也会像我一样，不声不响地拾起来。哪位学生的橡皮掉在地上，我会马上走过去拾起来，一声不响地放到他的桌面上。学生说“谢谢”，我则轻轻地抚摸一下他的肩，意思是说“不用谢”。

要求学生做的，我首先要做到。——这也是我对自己的一条规定。

一本书光有知识性还不够，我们中国人更看重的是“道”。自古以来，就有“文以载道”的说法。“道”不仅体现在大事上，更多的是体现在举手之劳的小事上。“学高为师，身正为范”，我努力从“学”和“身”这两个方面写好自己这本书。

六

天很冷，还下着小雨。路上行人稀少。

我从巷口里出来，向东一拐，发现公共厕所旁边躺着一个人。那不是我班的学生刘其太吗？怎么躺在路旁？我赶紧走过去。他脸色蜡黄，但很清醒。他告诉我，刚才从厕所出来，头一晕，便倒下了。

我把他背起来，送到了他的家里。——他的家离这儿很近，我知道。

家长见我身上沾满了泥水，很过意不去。我说：“就是别人也得帮助呀，何况是我的学生呢？”

数学试卷批改完了。李静、张惟又是一个“不及格”。我把卷子从头到尾看了一遍，企图找到老师改错了的地方，可惜没有。

我把他们喊到教室门口，和他们闲聊。先说他们的衣服如何如何整洁，再夸他们的字写得如何如何漂亮，然后说：“告诉你们，我上小学的时候数学成绩最差，常常考不及格。老师批评我不用功。到了中学，我知道用功了，可是数学成绩还不好。所以，现在只会教语文。”

“您也考不及格？是不是也觉得在班里抬不起头来？”他们的身子凑近了我。

“是的。不过，我想，我也有长处呀！干吗抬不起头来呢？”

二人的眼睛里立刻露出了宽慰的神色。那神色在说，噢，于老师也曾考过不及格呀！

我注意到，他们领到试卷时没有哭。我给他们一个安慰的笑，轻声，但有分量地说了一句：“让我们再努力。”

我没有用“你们”，而是用的“我们”，而且“我们”说得特别实在。

1996年的“六一”国际儿童节刚过去没几天，我们班到部队去参观、慰问，离开营房时已是下午1点钟了，这是夏季一天中最热的时候。身材不矮却很瘦削的刘劼平背着一架120贝司的手风琴在前边走着，我几步追上去，边从她背上拿手风琴边说：“你还没有手风琴重呢，让我替你背吧。”大个儿男生夏志成连忙把风琴从我手中夺了过去，说：“于老师，让我背。”背好之后，他转脸对刘劼平说：“喂，我是替于老师背的，可不是替你背的哟！”到了六年级，男女生之间似乎有了那么一层说不清的东西。

“那我也得谢谢你！因为手风琴毕竟是我的呀。”刘劼平大大方方地说。

走出营房大门，我请学生们先上车，学生们则请老师们先上车。女同学请男同学先上，男同学则说“女士优先”。

师生之间、学生之间充满着温馨。

如果说知识、能力乃至于乐观的情绪、风趣的言谈、雷厉风行的作风等是“我”这本书的内容，那么，爱则是这本书的“主题”。

七

老师这本教科书不可能写得尽善尽美，正如学生们读的语文教科书不可能编得无瑕无疵一样。但是，当我认识到学生们在跟我学语文的过程中，在跟我一起活动的过程中必然受到我的人格的影响时，我就自觉地、努力地去写好、改好这本书了。

时刻记着我是一本关于“人”的教科书，真不知道少说了多少不应该说的话，少做了多少不该做的事。

77. 跟京戏一块活着

一

刘连群先生曾写过一篇文章，题目叫《跟戏一块活着》。一看题目我就激动。这不是替我说的吗？世界上还有和我一样痴迷京剧的呀！

读完文章，更是激动不已！激动“不已”，就想倾吐。于是套用刘先生的题目（只是在“戏”前加了一个“京”字，为的是不产生歧义，因为，据专家说，中国戏曲有三百余种），写了下面的文字。

不知套用别人的题目算不算剽窃，也只好厚着脸皮不管了。不过，我想，刘先生读了我这篇文章是不会生气的，非但不会生气，反而也会感动，就像我读了他的文章深受感动一样。

二

1988年春，我出席徐州市鼓楼区政协会，正好和徐州京剧团团长坐在一起。我认识他，他却不认识我。团长很客气地问：“您贵姓？”我说：“不免贵，姓京。”他一怔，意思是说，没听说有姓京的，更没见有人这样不客气的。当得知我是个京戏发烧友，才恍然大悟，激动得差点儿拥抱我。

那年的春节，政协开联欢会。团长带着京剧团的琴师和几名演员来助兴。从省戏校毕业不久的李雪梅唱完了“看大王在帐中和衣睡稳”一段南梆子，团长便点了我的名，请我来一段。我本来听到胡琴响，嗓子眼就痒痒，于是“就坡骑驴”，上了场。我唱的是《凤还巢》里程雪娥的一段西皮原板：“本应当随母亲镐京避难。”第一句刚唱罢，就赢了个满堂彩。我从台上下来，团长握着我的手说了三个字“好极了”。

“看我是不是姓京？”

“姓京！纯纯正正的京味！”

京戏伴我几十年了。我上小学三年级学拉京胡。一把刻有“民国三十一年，杨宝忠监制”的和我同庚的、一直跟着我的京胡，便是见证。

三

我第一次看《失空斩》，个子还没有戏台高，但是全神贯注，眼睛一眨不眨的。听孔明唱“一见马谡跪帐下，不由老夫咬钢牙”，心里为马谡捏着一把汗。孔明唱完了，说完了，把羽毛扇一挥，说：“斩！”我心里“咯噔”一下，好像斩自己似的。马谡还没下场，孔明喊了一声：“带回来！”马谡快步回来，连忙跪下说：“谢丞相不斩之恩！”我的心跟着一松。谁知，孔明和马谡说了一会儿，哭了一会儿，还是下令“斩”。我的幼小的心再也承受不了，在台子下面叫道：“别斩！”许多大人把目光投向我，但没有一个有责备的意思。

一年正月，我到大姑家里看戏。大姑家在海阳泉水头。泉水头的京戏闻名遐迩，箱底也好，八蟒八靠，就连张飞的兵器——丈八蛇矛都有。那矛弯弯的，长长的，矛尖上有两个齿儿，像蛇张开的嘴。而我们村的剧团没有，张飞一出场，手里拿的都是枪，以枪代矛，我非常失望。头一天，演的《李陵碑》。杨继业唱完那一段愤怒悲怆的“叹杨家秉忠心大宋扶保，到如今只落得兵败荒郊”后，往李陵碑上那一撞，竟撞得我茶饭不思，心里恨透了奸臣潘仁美。大姑说：“傻孩子，你真是‘看戏落泪，替古人担忧’了。那是唱戏，咱们难过什么？”说完转身问大姑夫：“明天演什么？要是不好，别让孩子看了。”姑夫说：“明天演《白水滩》和《战马超》。”

第二天，看完《战马超》，我便找来一根高粱秸当丈八蛇矛，在院子里挥舞起来，嘴里还叫着：“哇呀呀……马超，三爷与你大战三百回合！”一阵乱舞，落得了个饭量大增，姑姑笑了，说：“明天再演战什么超的，咱们还去看。”

长大了，再看《战马超》，就少了一份打斗，多了一份思考；再看《击鼓骂曹》，就少了一份为祢衡的以卵击石的担心，多了一份一个人的威风在正义的旗帜下竟会如此光芒四射的认识。

中学时代，学校里有一批喜欢京剧的老师和同学，我们常常聚在一起谈戏、唱戏，有时还到广播室里唱，向全校广播。我大嗓小嗓都有，这期间学了不少唱段。

唱戏跟听戏不同。唱戏，是自己去悟戏中之情；听呢，是品别人悟出的戏中之情，中间隔着那么一层。我唱戏很投入，一段“杨延辉坐宫院自思自叹，想起了当年事好不惨然”唱下来，必是泪水涟涟。你想，盖世的英雄，沦落番邦，有家难回，报国无门，多难受！那旷世的幽愤和怅惘，只一句“金井锁梧桐，长叹空随一阵风……”的念白，就从嗓子眼里全涌出来了；及至唱完“我好比笼中鸟有翅难展，我好比虎离山受了孤单。我好比南来雁失群飞散，我好比浅水龙被困沙滩”，那幽愤和怅惘就化为泪水，夺眶而出了。

唱，就得去仔细琢磨，仔细体味，要了解戏里人物的身份，揣摩人物的性格和思想感情，要考虑咬字、吐字、行腔、气口、韵味、尺寸。就说大家熟悉的《甘露寺》中的那段脍炙人口的“劝千岁”吧。那是乔国老规劝孙权不要鲁莽从事，要谨慎考虑孙刘两家和好与决裂的利害关系的。话的分量很重，但又要以一种温和的语气说出，因为孙权与乔国老是君臣关系。京剧讲究的是“以情带声，以声传情”，如果说唱京戏难的话，恐怕就难在这里。

一天，我在家里洗衣服，跟前放着一个录放机，边洗边听京戏。一位朋友来了，见此情景，笑着说：“你真会忙里偷闲！”

我说：“手不闲着，耳朵也不能让它休息。一个开发左脑，一个开发右脑，相得益彰。”

朋友撇撇嘴。他不是笑我的荒谬，而是笑我对京剧竟痴迷到不可救药的地步。

“是不是所有的唱段你都听得懂？”他耐着性子煞有介事地听了一会儿，认真地问我。没等我回答，他又说，“我怎么一个字也听不清？”

“我也不是每段都能听懂。比如现在放的张君秋唱的这段《怜香伴》，我就听不大懂，因为对这出戏不熟悉。但是我能听出这是一段‘四平调’。说实话，很大程度上，我是把京剧当成音乐来欣赏的。京剧的唱腔很丰富、很优美。许多唱段，曲调本身就很感人。和其他音乐一样，它表现的也是一种情绪。‘喜则欲歌欲舞，悲则如泣如诉，怒则欲杀欲剜’，是的的确确的。听程砚秋的《六月雪》，即使一字不懂，也会令人生悲。不知你注意没注意，许多京剧爱好者悠然自得地哼京剧，常常是没词儿的，哼的只是调儿，是那种美的旋律。‘哩格隆’这个词哪儿来的？就是哼京胡拉的过门哼出来的。”

我的这位朋友虽然不停地颔首，但我怀疑，他只是出于礼貌。因为我这一番宏论，讲给不爱京剧的人听，无异于对牛弹琴。

每学一段京剧唱腔，每唱一遍哪怕是很熟悉的唱段，对我来说，都是一次感情上的洗礼，都会增加一次感情上的积淀。京剧使我懂得了爱，懂得了恨。京剧教会了我喜，教会了我怒，教会了我悲，教会了我乐。总之，京剧使我懂得了人世间最重要的一个字——情。

人是要有情的。情是一点点积淀的。

教学也是要有情的。

我在一本关于京剧的书的扉页上题了这样一句话：

以情教书，以情育人；以情育人，理在其中。

听戏好，唱戏更好。

四

从前，我的家乡胶东半岛的许多农村里都有关帝庙。我们村的关帝庙规模较大，里面除了有关公、周仓、关平的塑像外，还有刘备和张飞的塑像。由于认识了这五位，也就特别喜欢看三国戏。演三国戏的京剧剧目似乎也特别多。我小时候对三国这一历史时期的大概了解，完全得益于看京剧。

如果说，我们村的关帝庙是我了解祖国历史的起点的话，那么，京戏便是一部紧跟其后的认识祖国历史的鲜活的教材。

把所有的京剧剧目按朝代排列起来，可以说就是一部活生生的中华文明史。

是京戏，使我很小的时候便知道了商纣王、周文王、西门豹、蔺相如、廉颇、赵高、刘邦、项羽、萧何、韩信、赵匡胤、杨继业、包拯、岳飞、文天祥、海瑞等历史人物以及许多名不见经传的平民百姓，如萧恩、宋士杰等。

京剧是最能代表中国传统人文精神的一种艺术形式。说“京剧至少是中国戏迷的‘正心、修身、齐家、治国、平天下’的‘百科全书’”，绝不是夸张。

不能没有京剧，至少对我。

五

一段京剧唱词就是一首优美的诗。唱京剧就是唱诗。念诗可以念出感情来，唱诗可以唱出神韵来，能把诗唱活。能唱几十段京剧，就等于往肚子里装进了几十首活诗。这是一笔不小的财富。唱，记得快，记得牢，若不是唱，而是背，我想，是无论如何也记不住的。即使记住了，也不会像唱记得这么长久。光一出现代京剧《沙家浜》，就有多少唱段！但我能从头唱到底。如果背，就不可想象了。《野猪林》一出戏里，林冲有这么一段“反二黄”：

大雪飘，扑人面，朔风阵阵透骨寒。
彤云低锁山河暗，疏林冷落尽凋残。
往事萦怀难排遣，荒村沽酒慰愁烦。
望家乡，去路远，别妻千里音讯断，关山阻隔两心悬。
讲什么雄心欲把星河挽，空怀血刃未除奸。
叹英雄生死离别遭危难，满怀激愤问苍天。
问苍天，万里关山何日返？
问苍天，缺月儿何时再团圆？
问苍天，何日里重挥三尺剑，诛尽奸贼庙堂宽，壮怀得舒展，贼头祭龙泉？
却为何天颜遍堆愁和怨？
天呐天！莫非你也怕权奸，有口难言！
风雪破，屋瓦断。苍天弄险。
你何苦林冲头上逞威严？
埋乾坤难埋英雄怨，忍孤愤山神庙暂避风寒。

我很喜欢这段唱，既能酣畅淋漓地唱下来，也能一字不差地背出来。单说这京剧的唱词，是不是就是一种文化？

著名作家苏叔阳在《联想到〈复活〉》一文中说："一折《女起解》就是一本教科书，让人读懂什么是封建社会，什么是人性美的光辉，也可以解读一下美学书。"

是的，每出京戏都是一本教科书。

看戏，唱戏，就是在接受这种文化的熏陶。我说不出这种文化究竟影响了我什么，影响有多大，但是，我的的确确受到了它的影响。正如说不清吃到肚子里的水果的养分究竟会跑到身体的哪个部位、发挥了什么作用，但谁也不能否认它确实发挥了作用一样。

六

京剧不但唱词美，它的音乐、唱腔、舞蹈、服饰、脸谱都是美的。正如苏叔阳所说，一出京戏，不但是一本教科书，而且是一部美学书。

就说《打渔杀家》吧。你看萧桂英那双手。那是一双什么手啊！一出戏下来，手势变化有多少啊！站有站的手势，坐有坐的手势，走有走的手势，参见爹爹有参见爹爹的手势，就是划船，那拿船桨的手也是艺术化了的！难怪俄国大戏剧家梅耶荷德看了梅兰芳的演出后，惊叹道："梅先生的手势美妙多姿，能够随着剧情的发展，使我们不懂汉语的人，也能够了解剧中人的思想感情，这是我们应该学习的。看了梅先生的手势，我觉得苏联某些演员的手可以砍掉。"美国著名戏剧评论家斯达克·扬也盛赞过梅兰芳的手。真的，关于京剧旦角演员的手，就可以写一本书。

你看萧桂英是怎么站、怎么走的。她站在爹爹面前，双手成兰花状，放在腰的左侧偏上，一只脚稍向后撤，成"丁"字形，给人一种既恭顺又有精神的感觉。坐呢，臀部只是稍稍沾一下椅子。作为京剧道具的椅子，腿较高，人往上一沾，既让人感到是坐着的，又给人以挺拔的感觉。真是站有站相，坐有坐相。我们不得不佩服中国艺术家的高明。我们再看她走路。抬脚时，脚尖向上一挑；落脚时，先向外一撇，然后脚跟轻轻地落在正前方，无声无息，多美！服装模特的走法，都是跟京剧青衣学的。

快走更好看，全是碎步，看上去，人就像在舞台上飘一样。

再看那萧恩和武师爷的一番较量，每个身段都是一尊雕像！京剧讲究的精、气、神全在里面。我每看一场京剧，便能振奋好几天，看完戏，连走路都格外有精神。有一回，生病了，无精打采的，一位同事开玩笑说："你是不是好长时间没看京剧了？"

萧恩父女上船的动作充分表现了京剧的以虚带实、营造气象的美学思想。他们往"船"上一跳，大锣发出轻微的响声，人随着锣声一起一落，上下摇晃。每逢此时，我总在心里说："天哪，千万别翻了船！"真是"此时无船胜有船"！但是，如果真的把一只船弄到舞台上，真实倒也真实，可是，那就把京剧艺术彻底糟蹋了。

京剧舞台上只有一张桌子，两把椅子。别管谁的家，哪怕是金銮殿，统统是这三件东西！只不过换换桌围椅披而已！换上黄色的绣有龙凤图案的，代表皇帝（皇后）的办公地方或居室；蓝的或其他颜色的，代表一般百姓的住家。但是，那蓝色的桌围绝不因为代表穷苦百姓的居家而破旧不堪，上面仍然绣着美丽的图案。穷，也让人觉得美。话说远一点，《女起解》里，苏三戴的刑枷明明是犯人戴的刑具，却做成了两条精致好看的鱼！但，如果让苏三戴上一副真的刑枷，铁链子哗啦啦地响，我想，观众是不会接受的。

这就是京剧！这就是京剧的美学！

看京戏，实在是一种美的享受，是在解读中国人的或者说具有东方文化特色的美学！

京戏真好。生活不能没有京剧。有了京剧，我的生活才如此多姿多彩，才如此有滋有味。

我爱生活，爱音乐，爱美术，爱自然，爱学生，爱一切美好的东西，与爱看京戏有很大的关系。"目濡耳染，不学以能。"韩愈说的，不就是这个理儿？

七

话已经说了不少了，但还不愿意把笔放下。放下了，就觉得好像对不起京剧似的。我又想起了刘连群先生写的《跟戏一块活着》。刘先生在文章的最后说："活着吧，有戏的日子挺有滋味。"死后呢？他没说。我续上一句，作为结尾吧。

> 我的孩子们，你爸百年之后，不要烧纸，不要烧香，每年清明节，在我坟前放京剧磁带，倘有时间，照它一天的放。在阴间，有戏的日子肯定也会有滋味的。

刘先生看到这里，脸上是不是会露出会心的微笑？

78. 听　课

一

天下着雨。虽然是暮春季节了，但颇有几分凉意。我冒着雨匆匆走着。突然一把伞从我身后举过了我的头顶。我回头一看，原来是徐州教育局薛守固局长。一问，他也是到马市街小学听来自上海的左友仁老师的课的。他批评我出门不该不看天。

那天，左老师上的是《航天飞机》。当时的感觉是，从来没听过这样好的课，从家里来，挨雨淋值得。后来，又听了他的《小珊迪》《伟大的友谊》等课。左老师上课，全身心投入。他朗读《小珊迪》催人泪下。另外，左老师教材把握得好，处理得非常巧，巧得让人叫绝。《小珊迪》，他抓了三个“想”；《伟大的友谊》，他抓了一个过渡段，一下子把全文带起来了。可以说，这些课是“纲举目张”的典范。特级教师高万同曾以郑板桥的“删繁就简三秋树，领异标新二月花”来赞美我的课，我受之有愧，用它来形容左老师的课却是恰如其分的。

1996年秋，我应邀到绍兴讲学。是早上到的。本想上午在宾馆休息一下，可听说上午贺诚上课，我立即赶到开课的教室。课刚刚上。我悄悄坐在最后一排一个空座位上。贺诚上的是《田忌赛马》。因他思想太集中，竟没发觉我的到来。

下课后，学生陆续走出教室，他才看到了我。他急忙走过来，双手握着我的手，说：“幸亏没有发现您，不然我会紧张的。”

我觉得这位年仅三十多岁的特级教师更成熟了。他除了依然保留着上课时的那种极其动情、极其投入的特点外，语言文字训练的意识明显增强了。

我不放弃一切听课的机会，无论是名师的，还是普通老师的。一次我们到民主路小学看作业。检查完了，正欲走，刘尊立校长说，二、三两节课有两位青年教师上研讨课。我一听，来了兴致，接着跑到教室听了两节课。

听课成了我教学生涯中的一个重要的、不可缺少的组成部分。听特级教师的课，听一节好课，能开眼界，长见识；听一般的课，能发现问题，能窥见自己的短处，使自己少走弯路。我把听课比作蜜蜂采蜜。叮的花的数量越多、品种越多，收获就越大，酿的蜜质量就越高。

我国当代名师的课我几乎听遍了。斯霞、李吉林、袁浩、庄杏珍、左友仁、贾志敏、支玉恒、靳家彦、李蒙铃、徐善俊、张平南、张光瑛、顾家彰、陈文彰、张树林、张均篪、张化万、顾美云、刘中和、杨丽娜、张伟、贺诚、施建平、孙双金等人的课都不止一次听过。他们都是我的老师。如果说我在教学中酿出了一点“蜜”，那是因为我从上述大家及许多鲜为人知的普普通通的老师们身上采了高质量的“花蜜”的缘故。我酿的“蜜”，是名副其实的“百花蜜”。

听课很累，但干什么不累？农民种地、工人做工、战士训练不更累？

“成就”是“付出”结出的果实。

二

我的看图作文 ——“四毛的故事”上遍大江南北，受到一致好评，并拍成电视片。这应归于贾志敏老师，是他的一节看图作文——“检查卫生”启迪了我。一年，我们一起在洛阳讲学，有幸听到了他的这堂作文课。他的化“静”为“动”（即师生把图中的事演出来）的做法，使我大开眼界。他把“课堂素描”（即在课堂上表演一个生活小品，让学生观察写作文）融入了看图作文之中。这是个创造。我借鉴了他的做法，修正了我设计的“四毛的故事”看图作文教案，化静为动，结果出现了意想不到的教学效果。

名家的课固然可以模仿，例如我上的“练武”“枪声”，基本上是由贾老师的课“化”来的。但是，一个有出息的老师不能停留在模仿上，更重要的是要学习名家的教学思想和开拓精神，举一反三。要根据自己的特长，设计出自己的教学路子，上出自己的风格。我上的《惊弓之鸟》《壁虎》《狐假虎威》以及许多作文课，都是自己的创造。但实事求是地说，如果我“闭关自守”，不看那么多名师的课，我是很难设计出来的。这就是听名师课效应。如果给它起个名字的话，不妨叫它“开眼界效应”。它的影响是无形的，但又确实是客观存在的。

创新、发展必须植根于借鉴、学习的沃土之中，“空中楼阁”是不存在的。

三

1987年春季的一天上午，我到徐州铁路分局第三小学去听青年教师韩秀君试讲《狐假虎威》。她要代表徐州铁路分局去济南参加济南铁路局教育处举办的青年教师阅读教学比赛。这事非同小可，所以我听课特别专注。听她讲“狡猾的狐狸眼珠子骨碌一转，扯着嗓子对老虎说：‘你敢吃我！’”这一节时，因为一个“扯”字没处理好，而且读的语气也不对，我竟忘记自己的身份，噔噔噔走上讲台，拿过小韩的教本，说：“你看我是怎么处理这一节的。”听课的老师被我这一“反客为主”的举动惊呆了。下课后，小韩哭着对她的张校长说：“我不上了！我不上了！”张校长连哄带训地把她的眼泪止住，一起来到会客室，“恭听”我的“教诲”。

小韩不负众望，在济南上的课十分成功，得了一等奖。

我一坐在教室后面听课，便不由得把自己摆了进去。学生活动，我便成了学生；老师讲解，我便成了老师。这就是所谓的参与意识吧。

“这一点不成功，如果我上，该怎么处理？”我听课发现不足之处总是这么自己问自己。说起来也怪，这时脑子转得特别快，常常能想出个好主意来。例如上边谈的那个“扯”字，我上了讲台是这样处理的。第一，扯是什么意思？（“拉的意思”，这个，小朋友都能说出来）第二，“扯着嗓子”什么意思？（有的小朋友说：“把嗓子拉长。”我说：“嗓子拉长，谁受得了？”大家明白了，“扯着嗓子”是使劲把声音拉长。）第三，既然这样，“你敢吃我”该怎么读？“扯着嗓子”弄明白了，怎么读也解决了。下课后，老师都说这样处理好。这个方法就是我听小韩讲这一节时感到不合适，在瞬间想出来的。平时，我听过课和老师交换意见时，不但能开诚布公地指出不足之处，而且能当即指出纠正毛病的办法。我不做那种只能诊断出病症而开不出医治病症药方的医生。

别人说我的脑子好使，其实不对，应该说是我好使脑子。

一天，我到一所小学听一位青年教师讲《新型玻璃》。课上完了，给学生留下了什么呢？留下了一黑板字！先是写的五种新型玻璃的名称，其中最少的是四个字——“吸热玻璃”，有的多达七个字——“夹丝网防盗玻璃”。每种玻璃后面，又分别写了各自的特点、用途。多亏书上只介绍了五种，再多一种，黑板就写不下了。看着黑板上的板书，说这是上的一节常识课，人们也会深信不疑。说明文说明文，人家书上已经把新型玻璃说得明明白白了，老师还要喋喋不休地再“说”，岂不是多余？何不把老师“说”，改为学生“读”，然后让学生“说”？

听完了课，我的教学思路也出来了。我教的时候，共分两步。第一步，请大家读课文，思考：课文共介绍了几种新型玻璃？是哪几种？直到每个学生把课文读正确、流畅了（做到这一步并不容易），我才让学生回答。醉翁之意不在酒，而在一个“读”字上。第二步，再读，直到基本上熟读成诵了，再让学生以《新型玻璃自述》为题，介绍其中一种玻璃的特点和用途。写好后，再读给大家听。整个儿两节课，贯穿了一个“读”字，突出了一个“写”字，取得了良好的教学效果。

这样的例子很多。我到外地讲学时上的《在仙台》《月光曲》《白杨》《曼谷的小象》等的处理方法、练习设计，好多都是听别人上这些课时想到的。

为什么听课能听出办法、听出主意来？思来想去，应了这么一句话，叫“旁观者清”。—— 看人家上，是最容易发现毛病的。

但是，我又不同于一般的旁观者，而是具有强烈的参与意识的旁观者。当然，像听韩秀君老师课的那种取而代之的做法有些莽撞，但把它变为“隐性”的，即在脑子里取而代之——取代老师和学生 —— 是可取的。

再者，听别人讲一篇课文，实际上是一次进一步熟悉教材的过程，而好的教法很多是在深入钻研教材的过程中产生的。一天，淮北市实验小学的丁校长让我和徐善俊去听一位老师的课。他上的是《白杨》。这篇课文是借物喻人 —— 明写白杨，暗写人。这位老师总体上把握得不错。对于白杨，他抓得很准，什么特点啦，什么品格啦，都讲到了，但怎么“暗写人”的呢，他却茫然。当时，我便在课文上去找。是啊，哪里是“暗写”呢？读着读着，发现了两个“沉思”。评课时，我提出：讲白杨，抓住一个“高大挺秀”，讲人抓住两个“沉思”。一句话，使这位青年人茅塞顿开。

这次听课的过程，是曲线型的再学习、再认识教材的过程。

教材把握准了，一般地说教法也就有了。

四

1994年秋，天津著名特级教师张树林在徐州电业局礼堂上《火烧云》。一位女学生在回答“作者从哪几个方面写火烧云的变化”时，卡了壳。张老师慈祥地用他那音色纯美的男中音说：“请不必着急，好好想一想。”

时间一秒一秒地过去了。全场出奇地静。许多学生举手，表示要为同伴解围；老师则为她捏了一把汗。

“想不出来可以看书。”张老师依旧笑着。

在老师的鼓励与期待中，她终于圆满、准确地答出来了。

我深深地被这个细节所折射出来的教学思想、教学观念感动了，顿时觉得认识得到了升华。

李吉林老师执教《桂林山水》时当场作画，把抽象的“怪石嶙峋、危峰兀立”立即化为形象的图画。

徐善俊老师执教《景阳冈》抓住了三个“闪”字，使这一课的教学熠熠生辉。

靳家彦老师执教的《跳水》，构思精巧，课上得既扎实又活泼，使师生陶陶然于一体。

一位教师讲《坐井观天》，总爱提问左边的学生；朗读课文时，不停地在学生中间走动，这？……

我坐在教室的后面，目睹着许多老师的一招一式。成功的，不成功的，值得商榷的……这时我觉得我不是在听课，而是在照镜子。他们使我发现了自己的不足，使我明白了应该怎么做，不应该怎么做。

五

1994年初冬的一天，我陪中央教科所的张田若先生到民主路小学听课。张田若先生听课特别专注，有时学生发言声音小了，他侧着耳朵听。他不像我们总是不停地记，只是偶尔在本子上写点什么。

讲课时，我瞟了一眼他的听课簿，他没有记整个教学过程，记每个环节干什么，他记的内容分两类，一是成功的地方，一是值得商榷的地方。成功的地方一二三四……值得研究的地方一二三四……

我向张老讨教怎样做听课记录。张先生说："我们读书不是要做笔记吗？记什么？无非是两个方面，一是记论述精辟的、有见地的，能使自己产生共鸣的语句；一是记值得商榷的观点。记下来之后，有时还可以顺便加几句批注，写出自己的看法和改进意见。没见有人阅读时，把一本书都抄下来的！听课也是这个道理，我只记感受深的、有价值的东西，记值得探讨的东西，把精力都集中在记笔记上，不仅没有必要，还会影响思考。"

这对我是个启发——听课还要会做听课记录。

我现在听课基本上是学张田若先生的方法做记录的。不过我多了一条，就是在"问题"下面加"假如我来教，打算怎么办"的设想。即使和授课老师再交换意见，也写上，它是我的宝贵财富。如果听过课后，觉得整个课堂结构构思很巧，非常合理，就快速补记一下。

但对名师的课，我一般都做较详细的记录。

79. 走南闯北（一）

一

20世纪80年代，名牌教师到外地上课之风颇为盛行。特级教师们走马灯似的走南闯北，热闹非常。这是件好事。对特级教师来说，是一种宣传，一种锻炼，同时也增长了才干和见识；对广大听课的老师来说，听了特级教师的课，自然会从中受到启迪。许多有志青年，甚至会从特级教师身上找到自己的归宿。

我第一次到外地上课的时间是1984年4月。请我的是常州市钟楼区教育局副局长周阿秀。那年的3月底，她率常州一部分老师来徐州听我执教的《燕子》。没想到得到她的青睐，当即邀我去常州上这一课。到底是局长，说话算数，敢拍板。但是在常州上的不如在徐州好。原因是对学生估计不足，对学生缺乏了解。

“小朋友，为什么说‘青的草，绿的叶，各色鲜艳的花，都像赶集似的聚拢来’？”

小朋友不举手，但也不摇头，个个脸上露出迷茫的神色。我明白了，他们头脑里压根儿没有“赶集”这个概念！换个什么说法，常州的小朋友能听懂？自己又不知道。课在这儿“凝固”了。幸亏周阿秀坐在离讲台不远的地方，她把手卷成了喇叭状，朝我说：“农贸市场！”

当时，因为我处于高度紧张状态，耳朵十分灵敏，脑子也特别好使，我立刻问：“小朋友到过农贸市场吗？”小朋友说：“到过。”我一下子轻松了许多！赶紧接着说：“人们到农贸市场去买卖东西就叫‘赶集’。人们赶集是同时去的吗？”学生说，不是的，是陆陆续续的。那么，春天的草、花是同时长出来，同时开放的吗？学生们说，不是的，也是有先有后的。农贸市场人多不多？热闹不热闹？学生们说，多，热闹。那么，春天来了时，草和花怎么样？学生们说，草陆陆续续长出来了，花儿盛开了，很多很多，也很热闹。

“突破口”攻破了，我的一系列准备好的问题，学生才如海水一般哗哗地讲出来了。课，这才畅达地进行下去。

4月初，乍暖还寒，尽管课上得据周阿秀说很成功，但我额上却汗津津的。常州的小朋友给我上了一堂深刻的教学必须“吃透两头”的教育课（即吃透教材和学生）。

看来，正确的理论，非得让失败给撞得头破血流，才能真正领会，并在头脑中扎根。

无怪乎人们说："失败是成功之母。"

二

1991年暑假，我到哈尔滨上古诗《草》，也差点栽跟头。不过，这回不是因为不熟悉学生，而是忽视了研究老师。

上课伊始，我按照惯例先让学生读读这首诗，看看哪儿不懂。没曾想，学生都说懂！原来，这个班的语文老师怕学生和我"配合"不好，课堂上不能"对答如流"，事先把每句诗的意思都说了一遍！帮倒忙了！好在我走南闯北已不是第一次，见的世面多了，不皱眉头，便计上心来。我不动声色地问坐在头一排的一个总是胆怯地望着我的一个小女孩："'一岁一枯荣'中的两个'一'有什么不同？"

她咕嘟嘴了。课堂气氛本来很活跃，这一下像在沸腾的水里泼了一桶冷水似的。别的小朋友也一下子呆住了。课堂一下子安静下来了。

我笑笑说："你们不是说都懂了吗？"

其实，我是故意"将"他们的"军"的，不然课怎么往下进行？

我笑笑说："看来没真懂，让我们一起学习，好吗？"

课后，和我同来的天津著名特级教师靳家彦说："开始，我还真为你捏一把汗，没想到老兄应变能力这么强。"

在哈尔滨我又长了一个见识，到外地上课，凡是教古诗或寓言故事一类的课文，绝不能先告诉学生和老师。一旦老师"下毛毛雨"，把诗的意思说一说，把寓言的寓意揭示出来，再上还有什么意思？这样一来，课就假了。老师们对假课向来都是嗤之以鼻的。他们对假课深恶痛绝的程度远远超出假冒商品。

失败是成功之母，成功更是成功之母。

三

什么叫教学？说白了，就是学生在老师指导下学。学生是主人。什么叫教学艺术？它固然包括许多方面，但重要的一个方面是老师指导得比较巧妙。因为到外地上课用的都是别人的班，所以课堂上常常出现预料不到的情况。这些情况如果处置得好，往往会给听课的老师留下难忘的瞬间。

1988年4月7日，我应邀来到山东邹城岗山小学上课。正是"花开红树乱莺啼"的季节。亚圣孟子的故乡，处处洋溢着浓浓的春意。学校旁边的岗山上桃花和绿树互相掩映；校园里，杨柳依依，倒映水池之中。不由使我想起范成大的“花燃山色里，柳卧水声中”的诗句。我正好上的是一篇写周总理在明媚的春天视察山村小学的课文——《关怀》。山上艳艳的桃花，池边依依的垂柳，触发了我上课的激情。

我请一个小女孩读第一节。她用甜美的童音读道：

“我没有想到，周总理会到我们这所山村小学视察；更没想到周总理会到我们班听课。”

“读得多甜美！”我的话刚说完，一个女孩举手问：“请问老师，‘视察’什么意思？”

我心里一怔。解释吧，为时过早，学生得到的只能是一个不懂的概念；不说吧，学生又问了。我先对她笑笑，夸了她一句：“好哇！这个问题提得挺好，你很会动脑筋。”夸她，其实是“缓兵之计”；夸她的同时，我正迅速考虑怎么办呢。结论：还是不讲为好。于是，我把这个“球”暂放一边，说：“等课文学完了，我请你来回答，好不好？你准能找到答案。”

课文学完了，我问小朋友：“大家想想，周总理来到学校，除了听课，还会做什么？”

“还会检查卫生，看看校园干净不干净，教室干净不干净。”

“还会检查我们的作业，看看写得工整不工整。”

“还会看看学校绿化得怎么样。”

“还会看望校长和老师，问身体怎么样。”

“还会问老师工资涨没涨。”

老师的笑声过后，我问开始提问题的那个小朋友：“‘视察’这个词，你懂了吗？”

她眨巴眨巴眼，说：“懂了，就是检查工作。”

坐在讲台边听课的苗校长情不自禁地说：“真是水到渠成！”

作为二年级的孩子，能理解到这个程度就很好了。我想，即便是语言学家，也不会挑剔的。

1997年秋，我到江苏省淮阴市（今淮安市淮阴区）洪泽实验小学上《我的伯父鲁迅先生》。读到“救助车夫”这一段时，有个学生问“呻吟”是什么意思。有好几个学生举手，表示懂这个词的意思，愿意告诉这个同学。我没让他们说。这时的我，一方面牢牢记住了祖宗的“文贵自得”“书忌耳传”的教诲，一方面有了处理这方面问题的经验，因此当即说：“请你往下读。一读下面的话，你就明白了。”他很听话，朗声读道：“走到离伯父家门口不远的地方，看见一个拉黄包车的坐在地上呻吟，车子扔在一边。我们走过去，看见他两只手捧着脚，脚上没穿鞋，地上淌了一摊血。他听见脚步声，抬起头来，饱经风霜的脸上现出难以忍受的痛苦。”

“明白了吗？”

他若有所悟，但一时又说不出。

“再默读一遍，边读边想，注意‘呻吟’两个字的左偏旁。”

这一点拨，他悟出来了，说：“‘呻吟’就是车夫因为脚受伤了，发出的痛苦的声音。”

我高兴地说：“对！你是怎么读懂的？”

他的脸红了，说：“我是联系课文读懂的。”

我说：“这条经验很宝贵，这叫联系上下文理解词语。”

听老师或同学讲懂与在老师指导下自己读懂有着本质的区别。教学中，我尽量让学生既得到“兔子”，又得到“猎枪”。

当学生把“球”踢给我的时候，我不以教练自居，指手画脚地讲这是一个什么“球”，应当如何如何“踢”，常常是把这个“球”再踢给学生，我只是在“场外”指导。在非我上场不可的时候，我才进入“场地”。不过，把“球”踢给学生，不是一“踢”了之。踢出去的时候，我脑海会立刻翻滚起来，思考解决问题的办法。到外地借班上课锻炼了我的这种应变能力。

四

在洪泽实小上完《我的伯父鲁迅先生》，我顺便问了一句：“马上要下课了，到了我们该说‘再见’的时候了。同学们还有什么话要对于老师说吗？”

一位女学生站起来说：“于老师，谢谢您给我们上了两节难忘的课。衷心希望您再来……”

说到这里，她竟哽咽起来。她叫杨颖。一上课，她便“崭露头角”。我问作者周晔是鲁迅先生的什么人，大家都知道是鲁迅的侄女。我再问周晔的父亲是鲁迅的什么人的时候，三个站起来的学生中，只有她说对了：是鲁迅的弟弟。我开始注意她。她的朗读能力也不错。我请她读第二段——谈《水浒传》。读完之后，我问她：“周晔听了鲁迅说的‘哈哈，还是我的记性好’这句话，为什么感到羞愧、难受？人家鲁迅是夸自己的嘛，没说周晔半个不字嘛。”

杨颖说：“这句话表面上看是鲁迅夸自己，实际上是拐弯批评周晔读书不用心。所以周晔听了感到很羞愧，比挨打挨骂还难受。”

我由衷地称赞说：“说得多好！好就好在‘表面上’和‘实际上’。俗话说‘听话听音，锣鼓听声。’杨颖会读，会听。”

她以后再举手，我便不喊她。我对她说：“我知道你很厉害，非同小可。等别的同学都说不出来的时候，我一定请你出马。”

她很高兴，露出小女孩独有的得意的神色。她更专心了，时刻做好“出马”的准备。

后来，我终于又请她出了一次“马”。那是读“碰壁”这个故事的时候。当读到“四周围黑洞洞的，能不碰壁吗”这句话时，我请同学们想想这句话的意思。可是，一连请了四五个学生都没说对。于是，我请杨颖出马，谈谈她的高见。所有听课的老师和学生的目光都投向她。她不负众望，谈得既正确又流畅：“这句话是说鲁迅生活的那个年代非常黑暗，民不聊生，鲁迅和反动派作斗争，经常遭到迫害。”

下课后，洪泽教研室教研员李老师对我说：“我到学校听课，经常发现少数思维活跃、学习成绩优良的学生垄断课堂的现象。老师大概也怕出丑，总是喜欢喊那几个学生。多数学生成了旁听者、陪读者。这个少数和多数的关系，您处理得多好！各方面的学生您都照顾到了。第二节课，您虽然只喊了杨颖一次，但她很高兴，积极性得到了保护。不然她不会对您有这么深的感情，不会这么动情地说出‘请您再来’的话。”

我告诉小李这是我走南闯北学来的一招。1994年暑假，我到大连讲学。张田若评我的课的时候，对如何面向全体学生做了这样精辟的论述：“桃子，有的长在树的上面，有的长在树的中间，有的长在树的下面。学习好的，就让他去够长在树梢上的桃子；学习一般的，就让他去够长在树中间的桃子；学习差的，就请他去够长在矮树枝上的桃子。谁跳起来能够着哪个桃子，哪个桃子就是他的‘最近发展区’。这样，全体学生都会照顾到，都会得到发展。”

张田若先生对“最近发展区”的高深理论讲得多么浅显易懂！张先生身上全然没有善于把简单问题说复杂、把本来大家都懂的事说得人人都糊涂的某些学院派理论家的味道。每次听他讲话，读他的文章总会使我想起一位哲人说过的这样一句话：

“一目了然，是才情卓绝的表现。”

五

“中国有960万平方公里的土地，可是我们说不定什么时候就碰到一起了。”1994年春，我应邀到杭州参加“朱作仁语文教学思想研讨会”，先我一天到达杭州的贾志敏老师握着我的手说。

这倒是的。我和左友仁、支玉恒、靳家彦、张均篪、陈文彰、张化万等老师，在洛阳、武汉、太原、青岛、北戴河、牡丹江、昆明等地都曾多次不期而遇。这是我向他们学习的好机会。只要有空，他们的课我必听。有些课即使听过了，还要听。他们的课，每听一次都会有新的体会，就像一首好诗，每读一遍都会有新的感悟、新的收获一样。

请看贾志敏老师的一个作文教学片段：

师：能说说我们为什么要保护青蛙的理由吗？

生：青蛙是庄稼的保护神。

生：青蛙是人类的好朋友。

生：青蛙是捉虫能手。

（师把这三句话重复了一遍，予以肯定。然后请一高一矮两位学生到讲台前，一个站在贾老师前面，一个站在贾老师后面）

师：我们三人这样站队好吗？

生：不好。应该按高矮个儿站。矮个儿站前面，贾老师站后面。

（贾老师按学生说的，重新站队）

师：这样站队好，是吗？那么，刚才同学们说的那三个句子应该怎么排列呢？

（学生恍然大悟，纷纷举手）

生：应当先说“青蛙是捉虫能手”，再说“青蛙是庄稼的保护神”，最后说“青蛙是人类的好朋友”。因为青蛙是捉虫能手，所以才说它是庄稼的保护神；因为它是庄稼的保护神，所以才说它是人类的朋友……

再看贾老师当面批改（确切地说是“听改”）学生作文的一个片段：

生：我来到大街上，只见一个二十来岁，剃着小平头，穿着一件……（师：先介绍是谁，然后再具体描述这个人的形象。否则，你鞭长莫及，句子一写长，就不容易照顾到后面了。）只见一个小贩正在杀青蛙。他二十来岁，剃着小平头，穿着一件沾满血迹的汗背心，嘴里直喊……（师：把“喊”字改成“吆喝”）嘴里直吆喝：“卖青蛙喽，卖青蛙喽！青蛙味道鲜美，要买的快来呀！”边说边弯下腰，从篮子里（师：改成“篓子”）从篓子里抓起一只青蛙（师：“起”改为“出”），从篓子里抓出一只青蛙，按在砧板上，举起刀，“咔嚓”一声（师：写得有声有色），青蛙的头砍了（师：前面加个“被”字），青蛙的头被砍了。他又熟练地把皮剥了，随手往篓子里一扔，一个小生命就这样结束了，真是惨不忍睹。

什么叫“匠心”？这就是“匠心”！什么叫“独运”？这就是“独运”！

赞扬的同时，我想，我的大脑表面积（据说大脑表面积越大，人越聪明）不见得比贾老师小，贾老师能做到的，经过努力，我也一定能做到。于是，我得到了一种激励、一种鼓舞。

事实证明，没有不好使的大脑，只有被闲置而荒芜的大脑。“脑子笨”是懒惰的别名。

孔子说：“弗学何以行？弗思何以得？小子勉之。”

贾老师的课不就是为这句话做得最好的注释吗？

它不是诗，却有诗的韵味；它不是哲学，却含有哲学一样深邃的道理。有人说，王维把诗写成了哲学，把哲学写成了诗。我说，贾老师把语文教学上成了诗，把哲学融入了语文教学。

靳家彦的饮誉四海的《跳水》，我听了三遍。就像听梅兰芳的《霸王别姬》、马连良的《甘露寺》、刘长瑜的《临江驿》、李维康的《秦香莲》、李世济的《锁麟囊》、张君秋的《西厢记》一样，韵味无穷，百听不厌。它的内涵很难用语言说清楚。因为艺术——包括教学艺术——是不可能用语言描述清楚的。请看下面的一个精彩教学片段：

师：请思考一下，什么叫取乐？

生：玩儿。

师：咱们到操场上去取乐？显然不行，再思考。

生：捉弄对方，寻开心。

师：哪个字相当于寻？

生：取。

师：哪一个字相当于乐？

生：开心。

师：合起来就是——

生：取乐。

师：对。你们在生活中有没有拿同学取乐的事？

生：有。

师：具体怎么取乐我就不问了。请注意，开玩笑要有限度，超过了限度就要吵嘴了。

靳老师显然不仅仅是解释词语。“我就不问了”“请注意”里面所蕴含的内容不是更耐人寻味吗？

《跳水》的最后，有这样一个小小的环节——

师：这一课的题目是什么？

生：跳水。

师：谁跳水？

生：孩子。

师：还有谁跳水？

生：水手。

师：水手跳进海里，把孩子救了上来，如果没有二十名勇敢的水手，孩子会得救吗？

生：不会。

师：所以，我们任何时候都不要忘记大家。

最后一句话是一字一顿地说的。靳老师说完这句话，目光注视着全班学生至少三秒钟。我为这句话和说完这句话的短暂停顿拍案叫绝！绝就绝在这句看似说教的话加在这里是那么熨帖、那么自然。不动声色，却打动人心；没用刀劈斧凿，却深深地刻在人们心里。这是点睛之笔。不点，不活，而且不亮；点多了，便有添足之嫌。这就是大家手笔！道理不是不要讲。我们要研究的是，什么时候讲，怎样讲，才能滋润到学生心里去。

我感谢时代给了我走南闯北的机会。走南闯北使我得到了极大的锻炼，使我增长了不少见识。这是在书本上学不到的，更是坐在井里看不见的。

我常常对青年教师说，不要拒绝上研究课，不要拒绝别人听你的课，更不要不屑听别人的课——哪怕是普通的课。如果别人请你去上课，不但不要拒绝，还要好好感谢他，感谢他为你创造的这个锻炼机会。到别的班去上课，它告诉你的，绝对是你在自己班永远得不到的。不要拒绝“走南闯北”——如果有这个机会的话。

80. 走南闯北（二）

一

走南闯北还有另一面，即可以饱览祖国的大好河山。

山山水水是一本自然的书，不可不读。苏轼泛舟赤壁，读出了个“寄蜉蝣于天地，渺沧海之一粟”；刘禹锡读来读去，读出了个“山不在高，有仙则名；水不在深，有龙则灵”；文天祥则从山山水水之中读出了“正气”二字：“天地有正气，杂然赋流形；下则为河岳，上则为日星。”毛泽东长征途中，跋千山涉万水，读出了个“万水千山只等闲”的英雄气概。

我虽是个等闲之辈，但也自有等闲之辈的理解。

二

第一次到石林是1987年秋。当汽车进入外石林时，人们一下子惊呼起来；汽车拐了几个弯，来到大石林，面对着壁立的群峰，人人竟张口结舌，反倒出奇地静。这时我才真正懂了，什么叫“惊呆”。眼前，一支支巨大的黑灰色石峰、石柱拔地而起，直刺青天；放眼望去，犹如一片茫茫的森林，蔚为壮观。正前方最高的一座石峰上，刻着两个醒目的红色隶书大字：石林。走进石林，一泓碧水，像明镜似的嵌在奇峰异石之间，峰与峰有石桥相连。这就是有名的剑峰池。因池中有一石峰，像一把宝剑直插蓝天而得名。走出剑峰池不远，只见前方两世峰之间的齐胸处，被两块突出的石头锁住，当中只有一条缝隙。导游的哈尼族姑娘说，如果谁的脖子能从中间的夹缝中挤过去，必将大吉大利，事事顺心。于是游人争相去试。但能挤过去的人很少——那缝隙太窄。要想过去，第一，脖子不能太粗；第二，要选好角度。我细心观察了两个挤过去的人的动作和入缝的部位、角度，然后像他们那样先把脖子正面挤进夹缝里，当挤到一半，感到挤不动了的时候，再把头向右一扭，便轻而易举地过去了。导游小姐为我成功感到十分高兴，连声说：“您将来必定事事如意，大吉大利。”中国人喜欢听吉利话，虽然未必兑现，但心里很舒坦。

这里的石峰千姿百态，有的像孔雀梳翅，有的像双鸟觅食……每座象形石峰，导游小姐都能讲出一个美丽的传说。最著名的是小石林中一池碧水侧畔的阿诗玛石峰。它欣长高挑，风姿绰约，背后又有一峰相连，侧看宛若一位背篓的少女。导游的哈尼族小姐说：传说很久很久以前，哈尼族姑娘阿诗玛被富人热布巴拉抢占为妻；哥哥阿黑前来营救，历尽千辛万苦，终于逃出虎穴；当兄妹走到这里时，热布巴拉勾结崖神变出滔滔洪水，淹死了阿诗玛；后来，她就变成了这座石峰。来石林的人，几乎没有不和阿诗玛合影留念的。我想，既然是和阿诗玛合影，就应该把自己打扮成哈尼族人，于是，我租赁了一套哈尼族服装，穿在身上。导游的哈尼族姑娘笑着说："您成了哈尼族小伙子了。"我说："我都46岁了，我是阿黑哥。"在笑声中我和"阿诗玛妹妹"合了一张影。

昆明市官渡区教研室的陈老师说，到昆明不爬西山是个遗憾。他指着研讨会发的提包上的图案说："这图案画的就是西山。西山又叫'睡美人'。"我仔细一看，这山果然就像一位仰面睡卧的女子。

"是不是故意画成这样子的？"

陈老师说："没有一点虚构，实际上就是这个样子的。"

西山在昆明的西面，立于滇池西岸。远看，起伏的山峦果然犹如一位丰盈的美女仰卧岸边。那长发、前额、鼻梁、下巴十分清晰、逼真，那隆起的胸，更会令翩翩少年郎想入非非。陈老师说："传说从前有一青年女子，因丈夫到边远的地方当奴隶，她日日思念，夜夜啼哭，泪水积成了滇池，然后仰面倒下，化为西山。当时，有凤凰前来哀吊，人们误当碧鸡，所以西山又称碧鸡山。"

西山的龙门堪称滇中第一胜景。它建在西罗汉山崖的峭壁上。我们沿峭壁拾级而上。那峭壁并不是上下直立，而是微微向滇池倾斜，是名副其实的"悬崖"。左侧万丈峭壁下是滇池。我有恐高症，紧贴右壁而行。爬到龙门时，连怕带累，已是大汗淋漓，气喘吁吁。龙门石坊门横上刻有"龙门"两个金色大字。门横的正下方有一圆形的装饰物，像一宝珠，十分明亮。陈老师说："过龙门，一定要跳起来，摸一下那珠子。摸到了，写文章一定会文思如泉。凡评称职没有论文的老师，一定得摸一摸。"于是人们便嘻嘻哈哈地跳起来去摸那珠子似的石头。也有大人让孩子骑在脖子上去够那石头的，内中自然有望子成龙的意思。这说法虽然荒诞不经，却为旅游平添了一份情趣。

入龙门内，右侧的石壁上凿有一间石室，名叫"达天阁"。室内壁上有魁星点状元的浮雕，栩栩如生。室外左侧有月台，月台外侧有石栏保护。壁上镌刻着一副对联："仰笑宛离天尺五，凭临恰在水中央。"我"仰看"可以，但笑不起来，这里太险。至于"凭临"就更不敢。陈老师说："贵在体验，既来这里，怎么能不站在边儿上俯视滇池，向远处看一看呢？”我只好硬着头皮走到护栏前，向下看了一眼。只看了一眼，便觉得后脊梁上过电似的一凉。

别人游龙门，感受到的是险峻壮丽，我比别人多了一种感受，即心惊胆寒，但我情愿。就像我情愿恐惧，也要去爬黄山的天都峰，华山的千尺幢、百尺峡一样。黄山的秀美，华山的峻奇不能只在听别人讲述中去想象。

三

1991年暑假，我和杨再隋、袁瑢、朱敬本、支玉恒、靳家彦、徐善俊等人到牡丹江市讲学，适逢下暴雨，计划中的游镜泊湖未能如愿以偿。1993年暑假，我和善俊再次来牡丹江讲学，游镜泊湖夙愿终于实现。陪我们游湖的是朝阳小学的宋校长。宋校长是典型的东北汉子，为人热情、豪爽。

我们驱车直达镜泊湖边。这里风光旖旎，堪称人间天上。镜泊湖是山地堰塞湖，长百里，最宽处十余里。湖水碧绿，平明如镜。两岸峰峦叠嶂，披翠挂绿，各种造型别致的别墅掩映其间。望着远处的青山，我这时才真正理解了小时候学的“山青远灭树”这句诗的意思。我们乘快艇，在湖上兜了一个大圈儿。

这里的天空也蓝。它高深辽远，蓝得纯净、透亮。放眼望去，直到天的尽头都是蓝的。那云也特别讲究，不懒散，也不拥挤，一团一团的，既有层次，又注意造型。它使我想起了故乡胶东半岛的天空。故乡的天空、故乡的云也是这样的。

从湖中出来，我们又来到了平水楼瀑布。瀑布落差不大，却轰然作响，很有气势。瀑布下面是一个圆形的大潭。潭水漫出来，穿过乱石，向下奔流而去。这水清得让人舒坦，活泼得令人心动。我们挽起裤腿，随着众人，蹚了进去。有人把清水撩在臂上、脸上，孩子们则干脆躺在水的怀抱里，享受着水的纯洁的爱抚。

我仿佛站在家乡的河里。我家的门前也有这么一条川流不息的清清的河。

我爱青山，我爱绿水，我爱蓝天。

愿青山不老，绿水长存，天空永碧。

四

说到水，我想到了青岛。我去过连云港、宁波、温州、厦门、大连。但那里的海都不及青岛的海。尤其是宁波的海，浑黄一片，看了叫人失望。

青岛的海是绿的，是碧的。

我每次到青岛都要去看海。徜徉在青岛的海滨，望着那碧绿的、无边的海，听着那海浪拍打岸边岩石的声音，呼吸着那清新、湿润的空气，是一种美的享受。

1991年秋，我到青岛北市区讲学，又一次来到鲁迅海洋公园。那天，风和日丽。海水依然是那样的清，我坐在红色的岩石上，经不住海水的纯洁的诱惑，脱掉了鞋袜，把双脚伸进海水里。海水一漾一漾地亲吻着我的脚。我忽然觉得把脚伸进海里是对海的一种亵渎，于是把脚收了回来，伸出双手去捧那涌来的浪花。我眺望着蔚蓝的大海，恍惚觉得展现在眼前的，不是无边大海，而是巨大的、柔美的蓝色天鹅绒。那上下翻飞的海鸥，就像绣花姑娘的灵巧的双手，不停地在上面刺绣；那大大小小，远远近近的船帆，就像绣成的白花。

有人说："世界上最大的是海洋，比海洋大的是天空，比天空大的是胸怀。"但是，当我面对"无边天作岸"的大海时，我想，胸怀能够比大海宽阔的人有吗？不说别的，听到别人骂能真正做到不计较，听到别人的批评能真正做到虚心接受的又有几人？

大海的内涵实在太丰富。但我最爱它的清。假如没有了一个"清"字，大海就会失去很多。

这正是我爱青岛的海的根本原因。

五

就内河而言，最清的莫过于桂林的漓江了。语文课本中的《桂林山水》一课的作者游览了漓江后，读出了"静、清、绿"三个字。他写道：

> 漓江的水真静啊，静得让你感觉不到它在流动；漓江的水真清啊，清得可以看见江底的沙石；漓江的水真绿啊，绿得仿佛那是一块无瑕的翡翠。

1998年10月7日，我到桂林讲学。翌日，乘船游览了漓江。从桂林到阳朔，一双眼睛始终没离开过漓江的水和漓江两岸的山。就是中午在船舱内用餐的当儿，眼睛也是透过窗户，紧盯着缓缓向船后移动的山和水。整整看了七八个小时，真可谓"饱览"了。"览"的结果，不但感到漓江的水的确静，的确清，的确绿，而且我又从中读出了个"圣洁、和谐"四个字来。

漓江的水是圣洁的水。它静静地在祖国母亲的血管里流淌。人们不允许水面上有一片树叶、一根枯草。一旦出现，立刻就会被乘着竹筏的人不声不响地捞出去。它的圣洁赢得了人们的爱，它又因人们的呵护，变得更加圣洁。漓江两岸的拔地而起、各不相连的山，山上的绿树红花，岸边的房舍农田与漓江相映成趣，使漓江更增添了几分秀美。如果把桂林山水比作一幅长长的画卷，比作一首长长的诗，那么，这幅画的主题，这首诗的诗魂便是“和谐”。

和谐，是大自然永恒的主题，也是人与人之间永恒的主题，更是教与学的永恒的主题。

六

1997年8月7日，我乘第二次到昆明讲学之机，来到景洪，游览了西双版纳植物园。

一进入植物园，自己立刻变成了一个茫然无知的人。这里的植物几乎都不认识。我们一行十几个人都成了傣族导游小姐的学生。

我忽然发现一个漫冈上有一片从来没见过的树林。那树干是灰白色，又高又直，而且很细；树干顶端，长着一撮羽状叶子，像有人在上面放了一个大鸡毛毽子。我问导游小姐：“前方是一片什么树？怎么像联合国大厦前的一排排旗杆？”姑娘笑了，说：“那是槟榔树。中药槟榔就是它的果实。”

我努力向树顶上瞅去，想看看它的果实是什么样。可是太高，看不见。我问北京来的、自称视力为“3.0”的赵景瑞主任，他孙悟空似的打起眼罩看了半天，也说不出个所以然。

植物园里有一种叫“舞蹈树”的，进园不久，导游小姐便对我们做了“渲染”，说这种树很神奇，只要听到姑娘唱情歌，它的叶子就会翩翩起舞。我在心里说：“植物王国里难道也有张君瑞式的痴情种？”于是我们便很想早早见到它，一睹它的舞姿。其实，这是一种其貌不扬的树。与其说它是树，不如说它是灌木更确切，因为它的枝叶是丛生的，且只有一人来高。它的叶子瘦长，有人的手指那么长、那么宽。叶子前端稍宽一些，呈棒槌状。我们十几个人围在它的周围，等待着奇迹的出现。傣族姑娘对着它唱起了我们听不懂的傣族民歌。一会儿，奇迹出现了！那长在上面的叶子，果然一上一下地动起来！嫩叶子动幅最大。歌声一停，动作便止。我们惊叹不已。

“您一定唱的是傣族情歌。”我对导游小姐说。

“那当然。”小姐笑着说。

大队人马跟着导游小姐走过之后，和我同样好奇的赵景瑞主任说：“非得姑娘唱情歌它才跳舞？老于，您来一段京戏，看它跳不跳。”老赵知道我会唱京戏。

“不唱情歌能行？”

“咳！‘苏三离了洪洞县，将身来在大街前’不就是情歌？唱一段！”

“咱们俩合唱《红灯记》中的‘临行喝妈一碗酒’，怎么样？”

于是我和赵主任傻老帽似的放声唱起来，没想到那叶子跳得更厉害！

附近的因为没有人导游而在植物园里信马由缰地漫游的游客，以为我们两个老头子得了疯癫症，纷纷过来看热闹。我们旁若无人，一直唱到完，然后拍手大笑。当他们知道了我们引吭高歌的原因后，男男女女也像我们一样，在树的周围发起了疯癫。

七

我从小喜欢看云。故乡胶东半岛的云也的确好看。自从坐了几次飞机，我发现，坐在飞机上，才是看云的最佳位置。

坐在飞机上看云别有一番景致。别在哪里？别在角度上。在地面上看云，看到的只是云的底面和侧面。当天空彤云密布时，那云的上面是什么样的？就不得而知了。当飞机升到七八千乃至一万多米高空时，由上向下看，那才真正叫“鸟瞰”哩！那景象才叫壮观哩！

一次，我从杭州乘飞机去武汉。飞机起飞时，杭州正下着大雨。飞机起飞不久，便穿出乌云。上面是湛蓝的天空，下面是茫茫云海，我们仿佛来到了第二层世界。云海怒涛翻滚，如烟如尘。我疑心下面有张翼德率领的千军万马在驰骋。如果不是他命令在千万匹马的尾巴拴上树枝，怎么会把云搅得如此翻江倒海？那滚滚波涛，一层连着一层，远远地跟蓝天相接。

飞机飞了约莫20分钟，云海不见了，代替它的是一片莽莽的雪原。莽莽的雪原上散落着零星的小丘。小丘有大有小，有高有矮，有的像孩子推起的逗人喜爱的雪人，有的像用汉白玉雕琢出来的造型别致的假山。因为有了这大小不一、高矮不等的小丘，所以雪原并不显得单调。忽然飞机前方的天边上出现了连绵起伏的雪山，虽然很远，但轮廓清晰。难道我们飞到了昆仑山上空？

临近武汉时，天空中却一丝云也找不到了，地面上的河流、山脉、公路、村镇依稀可辨。

还有一次，我在延吉讲学结束后，乘飞机经大连回北京。飞机升空后，下面全是云山。一座接一座，座座险峻，座座壮美。云山虽然靠得很近，却不相连，极有层次。快到大连上空时，飞机高度开始下降，然后就在云山之间穿行。有时飞机钻进云山的肚子里，就像进入蒸笼里一样。这时我才看清，那组成云山的水蒸气和打开蒸笼的水蒸气一样。

我想，这时如果是早晨或者傍晚，那云山披上霞光，一定更壮丽无比。以后有机会再从延吉乘飞机回来，一定选择在早晨或傍晚。但是，那一天，天空是否会出现这样的气势磅礴的云山呢?

我爱大自然这本书。走南闯北使我有更多的机会去接触这本书。虽然我的理解能力有限，但由于我的努力、我的专心、我的思考，所以从中读懂了不少东西。

我每读懂一点，便觉得自己充实一点。

我每读懂一点，便感到多了一点教学的资本。不一定去游名山大川。我觉得，只要走出家门，大自然便会无私地为自己打开崭新的一页。

81.和教育名人的一席谈

一

1997年11月10日，扬州瘦西湖度假村。

这是一所新建的古典园林式的宾馆。三座重檐飞翘、气势雄伟的主楼傍水而建。瘦西湖似的小湖由北头的后花园一直蜿蜒到南头一号楼的东侧。它时而宽，时而窄，时而弯。极窄处有小桥相连。宽的水面上有曲桥，与湖中的假山和造型别致的亭轩台榭相接。这儿一丛修竹，那儿一簇枫树，这儿几棵垂柳，那儿数株玉兰，高高低低，红红绿绿，错落有致，把整个度假村点缀得十分幽雅、别致。

经过六天的紧张工作，以斯霞老师为组长的江苏省教材审查委员会小学语文组，对苏教版小学语文教材的审查工作告一段落。晚饭后，八十又七的斯老师来到我的房间。斯老师步履稳健，思维敏捷，十分健谈。每次见到她，总能听到一些新鲜话题。

我们正谈着下午到何园游览的感受，度假村经理来请斯老师为其女儿题词。斯老师略一沉吟，挥笔在一本崭新的日记簿的扉页上写下了“好好学习，天天向上”八个字。她对经理说：“告诉孩子，要自觉地学习，多读书。”

送走经理后，斯老师说：“现在小学语文教学问题不少。一是讲得多，读得少。小学语文教学一定要十分重视朗读。在朗读中去理解词语的意思，理解课文的意思，体会课文的思想感情。有些词语是很难讲清楚的，要靠朗读去意会。我曾教过一篇写秋天的课文。课文最后一句话是：‘一阵风吹来，好不凉爽啊！’这句话怎么讲？怎么又‘好’又‘不’？对二年级的小孩子来讲，是说不清楚的。怎么办？朗读。朗读好了，就行了。”

斯霞老师娓娓道来，句句话语像清澈的溪水轻轻流入我的心田。

她呷了一口茶，又说：“第二，现在字词训练花样太多，有些字词训练没什么意义，白白耗费了学生的精力和时间。”

接着，斯老师给我讲了这样一件事：

一天晚上，她正在读小学二年级的外孙女问：“外婆，‘钊’字怎么组词呀？”

斯老师问：“它在书上的哪句话里？在书上它组成了一个什么词语？”

“李大钊。”

斯老师眉头一皱。但她毕竟是老教师，有着丰富的教学经验和智慧。她抚摸着外孙女的头说：“你就组一个王大钊。”

“老师要组三个词呢！”

“三个？那就再来个张大钊、刘大钊。”

说到这里，斯霞老师双手一摊，一丝苦笑淡淡地写在了她的脸上。两只手放下去的时候，她轻轻地叹了一口气，算是对这件事的又一次评价。她没有再说什么。因为，要说的，上面已经说了。

二

1997年8月22日，江阴市。

苏教版九年义务教育小学语文教材培训会在这里举行。全国著名特级教师霍懋征老师应邀参加这次培训活动。霍老师是山东济南人，8岁时随父母去了北京。1997年4月，她到徐州听我上《狐假虎威》的时候，我们认了老乡的。

吃过晚饭，我来到了她的房间。她很高兴，说：“我们是老朋友了。”

霍老师又一次提到了我上的《狐假虎威》。她说：“每篇课文都是一件完美的艺术品，我们要引导学生从整体上去感悟它，通过读去品味它。语文教学一定要有整体观念。有人搬西方的那一套方法，喜欢条分缕析，把一篇好端端的课文分割成一块块的，让学生去看。看看这一块写的什么，那一块写的什么；这一块怎么怎么好，那一块怎么怎么好。其实，一分开，哪一块也不好。就像把一个精致的花瓶打碎了，把一块块碎片拿给学生看。—— 那能好看吗？我不是说不要分析，但千万不能烦琐。学习汉语不能这样。就像你教的《狐假虎威》，学生读得有声有色，精彩的地方背下来了，就很好了嘛！在读的过程中，您不就点拨了几个词语吗？像什么‘窜’啦、‘扯’啦，还有‘半信半疑’‘东张西望’啦，等等，这就够了。”

听了霍老师这一席话，我想起了著名学者北京大学副校长季羡林在《精神的田园 ——“东方之子”学人访谈录》中说的话：“人类共同创造了两个大的文化体系，一个东方，一个西方，再没有第三个了。西方就是分析的，东方是综合；分析出理论，综合出技术。”

这是不是就是理论根据？因为说到底，我们的语文教学是为了掌握汉语言文字的，是培养听说读写的技能的，而分析，是分析不出能力来的。

当我把上述的意思说了之后，霍老师非常赞同。

在谈到词语教学时，霍老师说：“不要机械释义、说教。要把字形和字义结合起来，用形象的语言帮助学生记忆、理解。”

“您在这方面积累了不少经验，报刊上时有报道。”

霍老师说：“有一些。我教‘聪明’时，我对小朋友说，我出四个谜语，看看谁聪明，能猜出来。第一个是：上边毛，下边毛，中间一粒黑葡萄（眼睛）。第二个是：左一片，右一片，隔个山头看不见（耳朵）。第三个是：红门楼，白门楼，里面坐个嘻嘻孩（嘴）。第四个是：小孩住高楼，看不见摸不着，一出来就不得了（脑子）。小朋友都猜出来以后，我说：人有四件宝，耳朵（板书‘耳’）、眼睛（板书‘丷’），口（板书‘口’）和心（板书‘心’）。这就组成了一个‘聪’字。我指着‘聪’字说，多用耳，多用眼，多用口，多用心，一次不行，要日日用（板书‘日’），月月用（板书‘月’），于是组成了个‘明’字。我指着黑板上的两个字说：这才能聪明。”

话音未落，我拍手叫绝！然后我说：“您设计的这个教学环节，不就是对‘聪明’一词的最好的注释嘛！”

霍老师朗声笑道：“是吗？—— 不过，不管怎么说，得动脑子，想办法。不然，科学化、艺术化哪里来？”

三

1994年春，朱作仁教授邀我和徐善俊到杭州参加关于他的语文教学思想研讨会。

朱教授快人快语。徐善俊刚上完《可爱的草塘》，朱教授便说：“这两节课读书很充分，精彩部分都能背下来了。这就对了。阅读教学不能一问到底，应当把大量的时间留给学生，让学生从事读、写的实践活动。可惜这两节课没安排写的训练。”我问：“可以安排哪些写的训练呢，就这两节课来说？”朱教授说：“徐老师不是想让学生当‘导游’吗？可以写写导游词嘛，写个提纲也行。”

中午吃饭的时候，朱教授说：“现在，语文教学的名堂很多。有些我不赞成。我特别不赞成把语文课上成哲学课，讲什么事物之间的联系。语文课就是语文课。”

徐善俊插话：“我们江苏省教委副主任周德藩说，‘语文姓语’。”

“对！”朱教授说，“学语文就是为了掌握语文这个工具，为了培养学生的听说读写能力。这四者又以读写为主。没有主次就没有辩证法。有些农村干部没有文化，但照样说得呱呱叫，你能说他语文能力强？我看不能。衡量一个人的语文能力的高低，主要看读、写能力，特别是写的能力。我为什么特别推崇丁有宽的语文教学？为什么大力宣传山东龙口的‘大量读写，双轨运行’的经验？就是因为他们抓住了主要矛盾，抓住了读和写。大量读写、读写结合是学习语文的规律，是实践证明了的真理。”

朱作仁教授也不赞成“注音识字，提前读写”实验，尤其不赞成“直呼”。他说："汉语拼音只是个识字的拐棍，它的作用只是标音。我们要掌握的是汉字，不必要花那么大的力气去直呼。有人喜欢刮风。什么都是一阵风。凡是一阵风刮起来的东西，有多少能站住脚的？'注、提'实验不会长久的，不信，你们等着瞧。德国的布莱希特说过：'真理是时间的孩子，不是权威的孩子。'"

我说："朱教授对词语教学也做过许多论述，对我们启发很大。"朱作仁教授接着说："词语教学不要孤立地进行。要在读中理解、记忆，不要记定义。我多次说过，80%以上的汉语词汇只可意会。我曾经做过这样的调查：我请10名小学高年级的学生先解释'眺望'，结果，70%的人解释得不准确；我再要求他们用这个词造个句子，结果100%的人造的句子都很好。能意会，能会用就行了。千万不要把小孩子教死了。"

四

中央教育科学研究所的著名语文教育家张田若先生的坦诚和率直不亚于朱作仁教授。和朱教授不同的是，张先生在陈述自己的观点时，总是心平气和的，没有咄咄逼人的感觉。

我第一次见到张田若先生，是1984年秋在蚌埠召开的全国教研协作会上。张先生反对"作文要从内容入手"的提法，在会上提出了这样一个观点：作文要从提取信息入手。它的过程是这样的：审题 → 搜索信息 → 选择信息 → 形诸文字 → 修改。

事隔10年之后，我在大连又见到了张田若先生。我和张先生都是应大连小语界的邀请去讲学的，同住在大连外国语学院。因为时代不同了，我们吃住又在一起，所以，当我们谈及张先生在蚌埠提出的观点时，张先生说得更坦诚、更直率，也更深刻了。

他说："应该说，我们小学生的生活是很丰富的，从早晨起床，到晚上睡觉，要做多少事，要说多少话呀！可写的东西是很多很多的。但是，学生为什么看到作文题感到没啥可写呢？我看问题出在题目上。什么《有意义的一件事》呀，别说学生，就连我们大人也难写。这不是逼着孩子说假话，逼着孩子去抄袭吗？叶老说过：小学生写作文，就是练习用笔说话。用嘴能说的话该有多少呀！为什么能用嘴说的，都不能用笔说了呢？为什么用笔说，就加了那么多限制呢？根子在哪里？一言以蔽之，是左的思想在作祟。"

我说："夏丏尊先生说过，'对于孩子，有几分品德、知识、情感，就说几分话，写几分文'。"

张先生说："正是。不过，我的观点，有人不接受。我想这样提：作文教学要从构思文章的内容入手。不知你同意不同意？"

我说："愿闻其详。"

张先生说："打破了内容禁区还不够，因为我发现，有些学生即使有东西写，也写不出来。还必须会回忆，会筛选，会抉择，一句话，会构想。以前，我们少了训练学生构思文章内容这一环节。”

张先生又笑笑说：“人的认识不能穷尽真理，但总是不断地接近真理的。只要我们去实践、去思考、去总结，作文教学就会进步的。”

张田若先生和朱作仁教授一样，对把语文课上成政治课的倾向十分反感。他微笑着说：“思想教育主要不是老师的事，是编书人的事。我编过教材。你知道，我们选课文是多么慎重！首先考虑的是思想性，别说是有问题，就是思想性稍差一点的都不选。语文老师的着眼点放在哪里？放在语言文字上。首先要指导全班学生把课文读懂，读熟。课文读懂了，思想教育就跑不了，你说是不是？”

我说：“您的这句话，我在报刊上见别人引用过，我都背下来了。还有您说的‘阅读教学，第一是读，第二是读，第三还是读’‘一课书教完后，成败的第一个标准应该是看学生是否熟读了课文’，我们都印发到各小学去了，让语文老师学习、领会。您如果有空儿的话，欢迎您到我们徐州鼓楼区去指导。”

张先生欣然同意。

1994年秋，他来了。听了我们部分青年教师上的课后，十分高兴地说：“徐州不错，名不虚传，书果然读起来了，把阅读课上成读书课了。”

1995年秋，我们鼓楼区教研室和铜山县教研室联合举办“张田若语文教学思想研讨会”。来自全国各地的1000多名教师、理论工作者参加了这次盛况空前的研讨会。

张先生在大会上说：“徐州的阅读教学搞得好！不仅书读起来了，而且读出味来了；不仅读出味来了，而且背诵起来了。我是赞成背书的，不背怎么学好语言？”

五

当面聆听名家的教诲，和读他们的文章的感觉有很大的不同。我喜欢读他们的文章，更喜欢听他们言谈。

言谈是直抒胸臆，没有丝毫的修饰和雕琢，让人感到亲切、自然。

言谈运用的是口语，更能让听的人明白说话者要表达的意思。

言谈是双向交流，有听不甚明白的地方或疑问，可以当面请教。

言谈由于有表情、神态、手势、语调等的辅助，不仅能更准确、鲜明地表达出名人的思想、观点，而且能传递出他们的情绪；我们则由于听觉、视觉并用，不仅能最大限度地接收他们思想、知识方面的信息，而且会受到他们情绪的感染和鼓动，因而不但使我有茅塞顿开之感，还会产生强烈的冲动，让人坐不住。

以上，大概就是人们常说的“听君一席话，胜读十年书”的原因所在吧！

82.“智慧故事”

一

“于老师，新转来的那个姓尤的同学骂您了。”一天早晨，我刚跨进校门，一位男孩从操场上跑过来对我说，一副“义愤填膺”的样子。

“她昨天在路上骂的，我们俩亲自听到的。”他身后的又一个小男孩说。他的声音更高，显得“怒不可遏”。

“有这样的事？她骂我什么了？”

“她骂您……很难听，说不出口。”

“我知道，无非是骂我‘大坏蛋’呗。”

“不是骂‘大坏蛋’，是骂您‘大笨蛋’！”第二个小男孩说，“她说，‘肃’字她明明写对了，您却给打了个‘×’。她说，哼，大笨蛋还当老师！——于老师您还不把她撵走！”

我说：“犯了错误可以批评教育，把人家撵走是不允许的。”

“我找她谈谈去，竟敢骂老师，太不像话！”不知什么时候，和我配班的侯老师站在旁边。他听了学生的话后，气得眉毛都立起来了，他的脾气倔，眼里容不得有半粒沙子。

我阻止了他。然后转过脸来，对两位学生说：“这样吧，等小尤来了，你们悄悄地告诉她：你昨天骂于老师的事，有人报告于老师了。一定要小声说，别让旁人听见。同时要让她感到你们二位是关心她、向着她的。你们一定要照我说的办！”

到了办公室，我对侯老师说：“我念个历史故事给您听。这个故事叫《绝缨会》。”说完，我从抽屉里取出一个读书笔记本，打开，然后念了起来：

> 周定王六年，楚庄王平定了斗越椒之乱，大宴群臣于渐台之上，命爱妾许姬为大臣们敬酒。席间，忽然一阵狂风吹灭了所有灯烛。一个人乘黑暗之机，去牵许姬的衣袖，许姬反手扯下了他的帽缨，这个人惊慌放手。许姬把此事告诉楚庄王，要求掌灯查出帽子上无缨的人。楚庄王

不但不下令掌灯，反而要求百官统统把帽缨去掉。然后下令点灯，尽情同饮。这样一来，哪个是行为不轨的人，就无法辨认了。事后，楚庄王对许姬说："酒后狂态，人之常情。若察而罪之，必伤将士之心，使群臣不欢而散。所以不能那么办。"许姬叹服。

后来，在一次吴兵伐楚的战役中，有一个叫庄狡的人，为了保卫楚国，奋不顾身，英勇作战。楚庄王问他为何如此勇敢，他回答说："臣，先殿上绝缨者也。"他表示，要拼死效力，以报庄王不查之恩。

念完了，我说："这个故事是'水至清则无鱼，人至察则无徒'的一个很好的例证。'酒后狂态'是定性，'人之常情'是换位思考。孩子犯错误，上帝都会谅解，没什么大不了的。这个'性'要定准。换位思考，会使我们冷静。与同事相处，我们都要容人之过，谅人之短，念人之长，何况对小学生呢？"

一席话，说得老侯直点头，连声说："是的，是的。"老侯也是老实人。

上课了。我像往常一样，和颜悦色，谈笑风生，小尤不敢正眼看我。我请同学们默字。小尤和另一位女学生到黑板上默，其余的在本子上默。一共默了七八个字，其中有个"啸"字。这是我有意安排的。小尤把"啸"字中间的两点写成"丶丿"了。我表扬她写字工整，告诉她"啸"字的两点的规范写法是"丿丶"。我说："这不能怪你，怪老师没强调。如果强调一下，像你这么聪明的学生是绝对不会写错的。"只字未提她昨天把"肃"字写错的事。

第二天，我和侯老师带学生到云龙公园赏菊。在亭子里休息时，小尤拿出一个大苹果硬往我手里塞。一会儿，侯老师来了，她很有礼貌地又拿出一个让侯老师品尝。

我和侯老师相视而笑。

我从不轻易让学生说："我错了。"压学生勉强说"我错了"，除了能使老师得到心理上的平衡外，不会有别的作用。

当然，宽容不是放任，也不是不负责任，更不是回避。

宽容是一种心境，一种超脱自我的心境。

二

在美国，有人做了这么个有趣的实验：把儿童分成四组，每组配一个实验员，待实验员与儿童建立了良好的关系并得到了儿童的信任之后，主试者分别要求四组儿童为孤儿院幼儿捐款。第一组实验员向儿童宣传应当捐款，同时自己也慷慨捐款；第二组实验员宣传不必去救济孤儿，把钱留给自己；第三组实验员宣传人应当慷慨，自己却不捐款；第四组实验员宣传不必捐款，自己却捐款。实验结果是：第一组儿童全部捐了款；第二组没有一个人捐款；第三组绝大多数没有捐款，少数人捐了款；第四组大多数儿童学着实验员捐了款。实验说明：说教对儿童的影响是微小的，实际的榜样却对儿童产生巨大的影响。同时还告诉我们：当榜样的言行一致时，教育效果最大。

这是我从一家“家教咨询”报上摘抄下来的一段话。

这个实验深深地烙在我的脑海里。从此以后，学生没把门窗上的玻璃擦干净，我不再指手画脚地说，而是亲自去把灰垢擦掉；黑板上粉笔的痕迹没擦彻底，我不再去责备值日生，而是拿起黑板擦儿再擦。

一天，上自习课，我不小心把张洪伟的文具盒碰到地上，文具盒盖儿摔掉了，铅笔、小刀、橡皮撒落一地。

“对不起。”我边拾文具边说。一支铅笔的铅摔掉了，我将它重新削好。

“至于文具盒，我下午买个新的赔你。”

张洪伟急了，站起来说：“盒盖早就掉下来了，不是这次摔坏的。”言外之意是不要赔的。

他的同桌也连忙证明说：“是的，他的盒盖儿早就掉下来了。”“证词”显然表达的是同一个意思。——怎么能让老师赔呢?

我说：“我相信你们的话。”这时，他二人才坐了下来。

早晨，我常常在教室里读书。有时高声背诵课文或古诗文，有时做些笔记。我常常有意地把我读的书、杂志及读书笔记放在讲桌上。学生翻看，我也不制止。我想，虽然老师的行为有时不立刻为学生再现，但也并不证明学生不会获得这一行为。总之，这个实验让我学会了规范自己。发现地上有纸屑，它就会立刻让我弯下腰去拾起来；和学生乘车外出活动，它就会让我最后一个上车，站在车门口关照学生；我一走到教室门口，它便提醒我整整衣冠，理理头发。

三

我的笔记簿上记了这样一个故事：

有一个大官最爱吃鸭子。厨师每餐都为他准备一只，但都少一条腿。大官很纳闷儿，问厨师是否吃了一条腿。厨师说：“我们养了很多鸭子都是一条腿，不信的话，您到后院看看。”大官跟着厨师来到后院一看，每只鸭子都一条腿站着。厨师说：“您看，这些鸭子都一条腿。”大官知道这是鸭子睡觉的习性，于是拍拍手，鸭子惊醒，放下了另一条腿。大官指责道：“你骗了我，你看，鸭子不是两条腿吗？”厨师道：“我上菜的时候，可从来没见您鼓掌。以后上菜的时候，请你鼓鼓掌，这时鸭子就是两条腿。”

这是从陈俊兴的《请为你的部属鼓掌》一文中摘录的。陈的这篇文章发表在台湾的《经济日报》。《参考消息》于1993年2月24日做了转载。

陈俊兴在文中说：人是渴望奖励的动物。激励、赞美人要真诚，要及时。赞美最好采取两段式：做得好的时候，立即当场赞美一次；工作告一段落时，再重新赞美一次。这次最好是在大众面前，不但增加被赞美者的荣誉感，也可产生皆大欢喜的示范效果。赞美可以用语言，可以用掌声。而鼓掌是最有力的赞美。陈说：人们杜撰的这个故事可以说明这一点。

这些话，是我看到的所有的心理学书上都没有的，说它是陈先生的一大发现也不为过。我上公开课，做学术报告，最令我激动和兴奋的的确是掌声。一阵掌声，能让我激动好几天。1984年秋天，我在徐州空军后勤学院礼堂第一次上《草》时的阵阵掌声，至今还在我耳畔回响。

掌声是那么强有力地激励了我。于是，我也学会了用掌声去赞美、去激励学生。学生朗读精彩，鼓掌；学生回答问题精彩，鼓掌；学生的歌儿唱得精彩，鼓掌；学生的琴弹得精彩，鼓掌；学生谢绝同学的帮助终于思考出难题的答案，鼓掌！在课堂上，老师的掌声只要响一下，学生的掌声就会紧跟而来。大家都鼓，自然会有更大的鼓励作用。

我常常想，为什么人们称拍巴掌为“鼓掌”？是不是它发出的声音特殊，带有天然的鼓动性的缘故？

丁然的作文写得不错，但字写得不尽如人意，没筋骨。升入六年级，他写第一篇作文时，我发现他的字变了，变得使我不相信是他写的了。

我高兴地说：“真没想到，一个暑假过后，丁然的字竟然写得这么漂亮！真是‘士别三日，当刮目相看’！”

丁然的胖乎乎的脸蛋涨得红红的。耳朵更红，几乎变成半透明的了。

改作文时，我在写得特别好的字的下面加上了鲜艳的红圈儿，并在旁边写上了“既有肉又有骨”的眉批。一个星期后的作文评讲课上，我把丁然的本子高高举起，让大家欣赏他的字。我说：“字如其人。丁然人长得魁梧，字也写得大器，有骨有肉。这一个个红圈儿，是对他刻苦练字的最好的肯定。同时，也告诉我们‘字无百日功’，事在人为。”话音刚落，大家热烈鼓掌。

掌声把丁然的劲鼓得足足的。从此，他的字越写越好，得到的红圈也越来越多。其他学生的字也比以往写得好。表扬一个丁然，带动了一大片。

陈俊兴提出的关于鼓励、赞美要及时，赞美最好采取两段式的观点与做法，应命名为“及时鼓励律”，写进教育心理学以及管理心理学。这足以会使所有学院派心理学家自叹弗如。

四

在上海交通大学进修的李大伟，有一个教英语的美国老师，叫玛琼。李大伟英语基础差，常常发生表达上的障碍。每当他表现出沮丧的情绪时，玛琼老师总是鼓励道：“Try，try！”（试试，努力努力。）“try”是她的口头禅。

玛琼虽年过半百，却坚持跟李大伟学汉语。但毕竟年纪大了，常常忘这忘那。不过，她从不灰心，不住地自我打气：“Try，try！”

一次，玛琼老师跟李大伟学骑自行车。斜倒，扶起；又斜倒，又扶起……李大伟下意识地蹦出一句话：“Try，try！”玛琼开怀大笑，说：“Yes，yes！”是的，在她看来，她传授给一位中国学生一样比专业技术更重要的东西：永远保持尝试的勇气。

一天，玛琼布置了一个作文题，《爱情与友谊》。没想到，英语成绩最差的李大伟却写出了全班最长的一篇作文。玛琼老师大加赞赏。下课了，一位女同学用酸溜溜的语调说：“玛琼肯定为你开小灶了。”李大伟说：“对，玛琼老师用她的行动多教了我一个字：try。这将使我终身受益，因为try是所有成功的第一步。”

以上是李大伟在《文汇报》上发表的《我的美国老师TRY》一文中所讲述的故事。我把这个故事详细地抄在了日记本上。它使我明白，鼓励学生尝试，培养学生的耐挫力，比传授知识、培养技能更重要。而这一点，恰恰是我所欠缺的，至少说是做得不够的。

学生把某一个字写错了有什么要紧？鼓励他想一想，或者看看书、查查字典不就行了吗？可是我不。我事先问他为什么写错了，脑子跑到哪里去了，再给他扣上“小马虎”“木头人”的帽子，最后，把每个错字抄几遍。有个学生把“诉”字默错了——斥字上的点儿丢了。我说他脑子里少根弦，罚他把“诉”字抄八遍。写八遍，学生是能承受得了的。可是结果令人啼笑皆非。当他写到第六个的时候，那个点儿又丢了，最后三个又错了。看来，不是学生脑子里少根弦，而是老师脑子里少根弦！不，是少了两根弦！一根是鼓励尝试的弦，一根是辩证法的弦，把“物极必反”这个古训抛到九霄云外去了。

器乐课上，汪洋演奏《打虎上山》的节奏怎么也快不上去。我开玩笑说：“像你这样慢条斯理的，等挨到了山上，那老虎早就跑得无影无踪了。”

汪洋的脸刷的一下红了，喃喃地说：“我手笨。”

我说：“不是手笨，是不熟，工夫没到家。熟能生巧，熟能生悟。你能慢慢弹下来，就不愁弹不快。你多看看别人弹。别灰心，再试试，再努力。

一个星期后，我再听她弹《打虎上山》时，速度上去了，我和音乐老师情不自禁地为她鼓掌。汪洋听到掌声笑了。

“汪洋，你换手了吗？那双笨手哪儿去了？”我问。

她抿住嘴。露出了一丝几乎觉察不出来的笑。

“就是笨也不要紧。”我说，“有个成语不是叫‘笨鸟先飞’吗？只要‘先飞’，照样会超过别人。”

在教学中，急，不解决问题；讥讽，更于事无补。“差生”“笨蛋”是教师的忌语。我也跟玛琼老师学会说“try”了。

五

我的笔记本上还有一个感人的故事，一个我能倒背如流的故事。

> 12世纪英国大文学家、著名医生歌德斯密一生助人为乐，品德高尚。
>
> 一天夜里，大雨倾盆，一个穷苦的妇人请他为丈夫看病。他诊断后说：“请你明天晚上到我家取药吧。”
>
> 次日晚，妇人取回药，打开密封的纸盒一看，里面全是银币！一张纸条上写着：“你丈夫无病，是饥饿使他不能动弹了。这些钱买面包，不可乱花。”
>
> 当人们赞扬歌德斯密时，他笑了：“大家过奖了，这本来就是我应该做的事！”

这是我经常讲的一个故事。讲给我的朋友听，讲给我的学生听。我以为，感动了我的，一定也会感动别人；我所崇尚的，别人也会崇尚。这个故事像一团炽热的火，渐渐熔化了我身上的愚蠢；歌德斯密像一位老师，教我学会了对学生慷慨。我从不让学生因为拿不出学校包场看电影的钱而难堪。我得知李晨是因妈妈给的午餐费丢失而站在操场上发呆，我便悄悄地掏出一张钞票塞给他。一年清明节，学生们在青年湖尽情地划船，笑声在湖面上荡漾。可有两个学生坐在岸边望着湖面出神。我问他们为什么不划船，他们说不想划。可是，我买了两张船票邀他们一起去划的时候，俩人笑了。为了支援大别山地区的失学儿童，我捐了一点钱。负责这项工作的人说："按规定，捐到这个数目要登报表彰的。"我说："别！你一个人知道就行了，千万别声张。"临走，我又以"威胁"的口吻说："请答应我的请求，否则，我就不捐了。"这位负责人笑着点点头。

可惜当老师的囊中羞涩。好在我有较充沛的精力，便努力在教学方面多做奉献，以精力的充沛，弥补财力的不足。我常领孩子们外出搞活动。看到人们向我这个两鬓斑白的人投来异样的目光的时候，那是我最自豪、最满足的时候。

六

我的记性不好，读过的东西一般记不住。但是，正如有矛盾一样，脑子记不住，我们的祖先就发明了笔和纸，以笔记代脑记。

我从小养成了读书做笔记的习惯。上小学时，记的都是所谓的"优美词语"。到了中学、师范，开始摘记一些富有启迪性的名言、故事，包括名人轶事。上学时做的笔记，1966年丢失殆尽。当时的感觉，仿佛丢了半个大脑。后来，记的东西又多起来，词语也有一些，但多数是名言和故事。我称这些故事为"智慧故事"。它们是我的老师，我的朋友，是我的"智囊团"。我经常找它们谈心。每和它们见面一次，总有新的收获、新的体会。每当我需要的时候，身边就出现一位甚至数位智者，为我出谋划策，告诉我应该怎么做。当人们说我如何如何爱学生，如何如何勤奋，如何如何聪明的时候，他们哪里知道，我的本子里记有这么多"智慧故事"！有许多故事，已经烂熟于心，成了我的"智慧的一部分"。

为什么王焯说"读书即是立德"？为什么列夫·托尔斯泰说"理想的书籍是智慧的钥匙"？为什么雨果说"书籍是一种冷静可靠的朋友"？为什么培根说"在读书的时候，我们是与智者交谈"，并说"凡有所学，皆成性格"？

道理不言自明。

83. 珍惜五十

一

1988年春节。

天空飘着雪花。没有风，雪花飘得轻盈、自在。一朵雪花钻进赵星的脖子里，痧得她咯咯地笑，后背上的手风琴跟着一起一伏地笑。

我们一行13人来到民主路小学王树堂老师家，给他拜年。王老师是江苏省模范教师，已经退休了。王老师夫妇二人虽然进入耄耋之年，但身子骨仍然很硬朗。老两口儿见我们来了，喜不自胜。同学们一声“王老师、王奶奶新年好”，便把二位老人的眼泪喊出来了，泪花在眼眶里直打转儿。同学们先读慰问信，后演文艺节目。听完小合唱《新年好》，王老师终于忍不住，晶莹的泪花从面颊滚下来。王老师对我带领学生慰问老师的做法表示感谢和赞赏。他说：“这活动意义大呀，这也是教小朋友学习做人啊！”听了我的“言语交际表达训练”实验汇报后，王老师连声说：“好，好！说话、作文要面向实际，要教有用的东西。”

临走时，他握着我的手说：“我年轻的时候，不会教书；等会教了，又老了，退休了。”

说完，又用力一握，然后慢慢松开。

这用力的一握，有遗憾，有惋惜，也有“落花流水春去也”的无奈，但，更多的是嘱咐。

如果说王老师对我的嘱咐是间接的，那么特级教师李蒙铃老师的嘱咐则是直接的。

一次，我们应邀到铜山县的一所小学参加教学活动。在汽车上，也已经退休的李老师对我说：“现在，我有好多新的认识，新的想法，可惜‘花有重开日，人无再少年’，人老了，力不从心了，不能付诸实践了。你还年轻，要倍加珍惜。”

“李老师，我不年轻了，都这个数了——”说完，我伸出了五个手指头。

“‘五十而知天命’。五十，它标志着成熟。珍惜五十，珍惜成熟！”

真是语重心长。说完，脸上露出他那特有的严峻和刚毅。他的五官以及头发好像雕塑家雕刻出来的一样。他把脸转向车窗，已经涌出了却没有落下的泪花，使他的一双眸子更加明亮，更加深邃。

二

孔子说："吾……三十而立，四十而不惑，五十而知天命，六十而耳顺，七十而从心所欲，不逾矩。"什么是"天命"？我看就是事物发展的规律。奥斯特洛夫斯基曾说过，光阴给我们经验，读书给我们知识。年过五十，经多见广，掌握了一些事物发展规律。我读高小的时候，要跑到离家三里外的赤山中心小学。一天早晨，我背着书包去上学，爷爷说："带个斗笠吧（即用芦苇编的一种遮阳挡雨的帽子），天要下雨。"我看看天，不以为然，跑了。谁知放学回来，淋成了落汤鸡。早上，爷爷预报"天要下雨"，中午果然大雨倾盆，这就叫"知天命"。一年寒假，我感冒发烧，到一所乡村医院就医。一位老大夫让我把头昂起来，再把头低下，然后让我说说两种感觉有什么不同。我说过之后，大夫说："你不是感冒，是发疟疾。""冬天也会发疟疾？""一年四季都可能。"吃了药，打了针，果然就好了。这位大夫不用化验，便断定我是发疟疾，这也叫"知天命"。

话说远了点儿。总之，五十岁标志着成熟，正像冬小麦，到了一定季节就成熟一样。尽管成色不一样。

五十岁，我知道了什么？

——我知道了学语文得读，得背，得写。

——我知道了"和谐"的含义。

当然，李老师所希冀于我的，绝不是让我抱着理性认识之果而沾沾自喜。知道了，会教了，要踏踏实实地去教，这才是李老师说的"珍惜五十，珍惜成熟"的本义。

三

1990年7月，我带的第一轮实验班学生毕业了。从一年级到五年级，整整五年。"言语交际表达训练"实验取得了一定成果。

"还带实验班吗？"教研室段主任问。

"带。"

他笑了。笑是满意的表示，也是支持的表示。他一贯倡导教研员要"又教又研"。

妻子问："下学期还教吗？"

"教。"

妻子也笑了。她知道我的价值在课堂上、在学校里。在家里，我是个弱智者、低能儿。一次烧开水，因心不在焉，差一点把水壶烧化，妻子果断地给我做出了“不是干家务活的料”的历史性结论。从此我便与做饭无缘。妻子表达爱的方式总是与别人不同。

1995年5月的一天，我到鼓楼小学上课。天下着雨，虽然较大，但可以忍受。不料，走到半路，大雨倾盆，且刮起了大风，我的伞被大风鼓翻了过去，成了一朵绽开的喇叭花，不好使了，我只好在一家商店里避雨。一会儿，雨小了些，但马路成了河，我便蹚水向学校走去。到了学校，上课铃已响过，我迟到了。端坐在教室里的学生们一眼瞥见我出现在窗外的身影，立刻欢呼起来。

我把被风吹坏的伞往墙角一放，扶了扶眼镜，问：“谁能用一句话来形容形容我？”

学生们笑而不答。

“我知道，因为能准确地形容我的那一句话不大好听。”

学生们立刻发出会心的笑声。是呀，“淋得像个落汤鸡”这句话怎么能说老师呢？只可意会，不可言传呀！从学生的表情里，我看得出，这时候，我在他们的眼里不是感到可笑而是可敬。我道歉说：“因为风把伞鼓成了一朵喇叭花，我只好在商店里避雨，所以迟到了，请大家原谅。”

没想到，这一句话引出了一张纸条。纸条上写着：“于老师，您应该早点儿从家里走。”

我当面读了，说：“这位同学说得很对！为什么杨老师和同学们没有迟到？”说完，再歉意地一笑。

下课了，班主任杨晶说：“于老师，雨下得这么大，您就别来了，还有我呢。”“因为雨大就不来上课？那样，学生会怎么想？你听到学生的欢呼声了吗？学生的那一片欢呼声是喜欢我，纸条上写的那句话尽管对我进行了委婉的批评，但也是喜欢我。我能不来吗？”

“可是，您这么大年纪了呀……”

“正因为一天天老了，我才坚持上课的呀。”然后我把王树堂和李蒙铃老师说的话对她讲了一遍，把我多年来悟出的“和谐”二字的含义说给她听。

她感动了。

四

杨飞大乐的父亲问我：“于老师，非得为孩子买电子琴？”

“得买。——您是不是有困难？”

“买是买得起，不就一两千块钱？我是说，还能指望孩子将来弹琴吃饭？会不会影响学习？”

“我们并不指望孩子在音乐方面有什么成就 —— 当然，如果真能在这方面有出息，不更好？但是，它可以使你的孩子将来的饭食质量高一些。”

接着，我把“手指是大脑的延伸”，弹琴能发展智力，强身健体，能陶冶人的情操的大道理讲了一番，把德智体美劳和谐发展的道理讲了一番。他没再说什么。

我常常旁听音乐课，说是“旁听”，实际上是“监督”。一次，杨飞大乐没把音乐老师布置的练习曲弹熟练，我“越俎代庖”，毫不客气地将他训斥了一通。年过半百，训斥和激励我运用得娴熟而有分量。但是，“怒发冲冠”时说出的话仍不失幽默：“你如果不懂音乐，还叫什么大乐呢？！”

后来，杨飞大乐不仅弹得一手好琴，还是学校铜管乐队的一名出色的萨克斯管的演奏员。到了五年级，杨飞大乐的作文也写得很好。我郑重地对他的父亲说：“如果不是学音乐，他的作文是不会写得这么有灵气的。”

他父亲把作文簿翻了又翻，掂了又掂。

每次听全班学生的手风琴、电子琴合奏，每次听由晏妮指挥、蔡苏钢琴伴奏的全班大合唱，我都会激动得热泪盈眶。那美妙的琴声，那激动人心的架子鼓声，那几个声部和谐的童声，那随着乐曲的情感变化而变化的表情，是任何语言都无法描述的。表达感受的只能是激动和泪花。

音乐是流动的诗。

学生融进了音乐，我无论如何也想象不出他们会粗野无礼。我这才知道，为什么两千多年前的孔子说的“六艺”中有“乐”。

我常常想，我要是年轻的时候就明白了“和谐”这个词的含义该多好哇!

珍惜五十，珍惜成熟!

五

1996年7月4日，我和在鼓楼小学带的第二轮实验班的学生们依依惜别。从一年级到六年级，只是一转眼间。难怪人们有那么多的“光阴似箭”“岁月去如瞥”的叹息。也正因为如此，人们才以“尺璧非宝，寸阴是竞”自勉了。

是的，“寸阴是竞”。1998年春，我又到大马路小学二年级（1）班教起作文来了。

一个学期下来，年轻的班主任吴爱东说：“于老师，您上课时，小朋友都会说，都会写！为什么我上课的时候，小朋友却不会说，写的作文也不通了呢？”听了我的课，她发现了自己的不足。

我高兴地说："你很有悟性，不过，答案还是由你自己找吧。"

我上第一节课向小朋友做自我介绍时，特别强调我姓的"于"是"干钩于"，不是"大鲤鱼的鱼"，但是，有个叫汤明尧的小朋友在一篇关于写我的作文中，似乎真的把我当成"鱼"了。他是这样写的：

"于老师今年57岁，头发花白了。它中等个儿，讲起话来笑眯眯的。"

我一边念他写的作文，一边把"它"写在黑板上。小朋友笑起来。我问汤明尧："单人旁'他'，怎么变成动物'它'了？"

汤明尧咬着下嘴唇，脸刷的一下红了，显得有点紧张。

我笑笑说："看来，我真的成了一条大鲤鱼，要到水里去了。"

说完，做了个往水里跳和跳进水里划水的动作。小朋友哈哈大笑，汤明尧脸上的紧张顿时烟消云散，也跟着笑了。下课后，吴爱东冷不丁却又很认真地对我说："于老师，我对学生太严厉了。"

"能说说潜台词吗？"

"您和学生之间多和谐、多融洽啊！这是我最缺少的。您那么民主，上课的气氛那么轻松，学生怎么会说不好、写不好呢？"

"你悟出了最根本的一点，它的名字叫'和谐'。但是，还有别的原因。希望你能继续去悟。"

我得知小朋友在吴老师的带领下到云龙公园看过名贵花卉郁金香，于是，这样一节课便在拉家常中开始了——

"小朋友，听说你们在云龙公园观赏过郁金香。什么时候去的？郁金香在公园的什么地方？"

"是上个星期五上午，吴老师带我们去的。进了公园东大门，绕过假山，便是一片郁金香。"

"它的花只是一种颜色吗？"

"不！有好多种呢，红的，黄的，白的，蓝的，都有。"

"有这么多颜色！既然颜色那么多，那谁能用一个词形容形容？"

"五颜六色！"

"五彩缤纷！"

"五光十色！"

我奇怪地问："郁金香的花还放光，像电灯泡似的？"

说"五光十色"的这位小朋友说："不放光。"

"既然不放光，能说'五光十色'吗？"

"不能。应该说'五颜六色'。"

“郁金香的花是什么样的？谁能把它画出来？”

有两个小朋友自告奋勇来到讲台前，在黑板上画。一个画了一朵红的，一个画了一朵黄的。我又请他们画上茎和叶。他们的画得到了大家的认可。

我指着黑板上的画问：“郁金香的花像什么？谁能打个比方？”

一个学生不假思索地说：“像个高脚酒杯！”

多么绝妙的比喻！我在郁金香的花旁边画了一只高脚杯，目的是通过对比加深印象，说明比喻的恰切。

我又问：“有花骨朵吗？花骨朵是什么样的？”

“花骨朵像天上落下来的大雨点。”

“是这样吗？”我问。因为我没有见过。

小朋友齐声说：“是的。”

再往下说就多余了，我立即“刹车”，请小朋友以《郁金香》为题把看到的郁金香写下来。

下面是杨帆小朋友写的作文：

> 星期五的上午，我们到云龙公园玩。
>
> 进了大门，绕过假山，便看见一片五颜六色的郁金香。浓浓的香味扑鼻而来。我多么想变成一只小蜜蜂，立刻飞进花丛里去采蜜。
>
> 郁金香开得很旺盛，红的，黄的，白的，蓝的，都有。花瓣围在一起，被直直的花茎高高举起，像一个个高脚酒杯。含苞未放的花骨朵就像一个大雨点，落在花茎上。朵朵鲜花在绿叶的衬托下，显得生机勃勃。
>
> 我们陶醉在郁金香花丛中。

不知不觉，一个学期过去了。最后一节作文课是这样上的。

我先在黑板上写下“酒窝”两个字，要求学生用它口头造句。这个容易。学生发言热烈，竟有人说“于老师嘴角有两个酒窝”。我乐了，说：“与其说是酒窝，不如说是皱纹。”说完，把嘴朝坐在教室后面听课的吴老师一努。学生立刻会意，说：“吴老师一笑，嘴角便露出两个浅浅的酒窝，非常美。”

“你做过哪些让吴老师露酒窝的事？能说给我听听吗？”

小朋友们的话匣子再一次打开了，各自说了不少自己做的让吴老师高兴的事。

“咱们班里有没有发生过让吴老师高兴的事？”

有说学校广播操比赛班级得了一等奖吴老师笑了，嘴角露出了一对小酒窝的；有说我们班背诵古诗文受到校长的表扬，吴老师笑了，嘴角露出一对小酒窝的。

“吴老师的酒窝也有不见的时候吗？”我问。

“有，那就是吴老师不高兴的时候。”班长孔俏坦诚地说。

接着，同学们又说了些惹吴老师生气的事。

这时，我又在“酒窝”二字前加上了“吴老师的”四个字，成为“吴老师的酒窝”，要求学生以此为题，把刚才说的写下来。

下面是雷晓雨的作文：

吴老师长得非常漂亮。脸白白的，头发乌黑亮泽。一双眼睛忽闪忽闪的，非常有神。

吴老师爱笑，一笑，嘴角上就露出一对浅浅的小酒窝。

一年级期末考试的时候，我取得了优异的成绩，吴老师笑了，嘴角上露出了小酒窝。

一天，我们到淮海堂背诵古诗文。面对台下一千多名老师，我们没有一个害怕的。我们每背完一首，台下的老师就为我们鼓掌，一次比一次热烈。吴老师站在讲台边上，不住地点头微笑，嘴角一次又一次地露出了浅浅的酒窝。

我一定要多做些让吴老师高兴的事，让吴老师的酒窝永远挂在嘴角上，留在我们的记忆中。

听了课，看了学生的作文，小吴对我说：“于老师，我不会指导。指导时，心中无数。”

我高兴地说：“是的！干什么事都要心中有数，要明白，要会教。如果说‘和谐’是个圆，这个圆里包含的东西是很多的。”

六

1998年12月18日，我应浙江省洞头县（今温州市洞头区）教研室的邀请，到那儿参加一次教研活动。洞头县是一个由一百多个大小岛屿组成的县。全县老师搞一次教学活动很不容易。那次活动，全县四百多位小学语文老师都乘船赶来了。我望着那一双双企盼的眼睛，心里被感动了，本打算上两节阅读课的，我临时又加了两节作文课，做了一个报告。一天下来，很累很累。但我看到老师们那一张张笑脸，看到有那么多青年教师让我签字，我又感到欣慰。不管怎么说，我奉献给渔岛同行们的是秋天的果实，虽然它不一定十分饱满，不一定十分甘甜，甚至果实上还有许多瑕疵。

成熟是相对的。成熟是年龄加经验结出的果实。这个果实是属于自己的。但是，也应该属于别人。我之所以笔耕不辍，特别欢迎青年教师听我的课，就是因为“珍惜五十，珍惜成熟”也含有“传、帮、带”之意。

这样，我一旦像王树堂、李蒙铃老师那样离开课堂，便不至于有太多的叹息了。

每当从镜子里瞥见自己的头发又被时光老人悄悄地染上了许多银色，便有背后被人猛击一掌的感觉，使我不敢懈怠，继续向前迈动已感到有些沉重的双脚。

84. 一面认识自己的镜子

一

学生快要毕业，或一个学期即将结束，我都要求学生给我写一封信，请他们和老师说说悄悄话，包括对我的看法和希望。每接一个新班不久，我还喜欢出个《新班主任印象记》之类的题目让学生写。起初，让学生写信多半是从“考试”这个角度考虑的 —— 不把写信的要领和格式夯实，让每个人牢牢掌握住，万一毕业考试要学生写信，学生考砸锅的同时，岂不也砸了自己的牌子？至于写“印象记”之类，则纯粹是为了看看学生的观察力如何，别无他意。而且，我这个人比较大度，允许学生写我的不足之处。后来，我发现学生给我写的信（尤其是毕业班学生写的）和关于写我的作文，就像我给他们写的评语，它使我窥到了学生心目中的我，成了认识自己的一面镜子，于是，我把这种做法坚持了下来。

二

在学生的眼里，我是个“慈善家”。

徐晴在《于老师的笑》这篇作文里这样写道：

> 我们喜欢于老师，喜欢于老师的笑。他的笑能带走我们的一切忧愁、烦恼与害怕，带给我们无穷的欢乐。
>
> 一天，上作文课，于老师那双藏在眼镜儿后面的眼睛从四十双眼睛里发现了一双溜了号的眼睛。他不动声色，来到那位同学面前，并没有瞪起眼睛，拉长脸，还是毫不吝啬地把笑露了出来，亲切地问：“杜飞，你的心是不是飞到花果山，向美猴王要桃子吃去了？”尽管声音很低，但是同学们还是听到了，教室里发出一阵笑声。杜飞低着头，脸羞得像个红苹果。他立刻把身子挺直，把手放好。
>
> 在我看来，于老师是个最大的慈善家。他总是慷慨地把笑送给别人。

我们在于老师的眼皮下，可以无拘无束地笑，绝不会挨训斥。

王莎在《于老师》这篇作文里记了这么一件事：

一天，下着雪。课间，操场上一片欢声笑语，有的堆雪人，有的打雪仗。雪球砸进脖子里也不嫌凉；摔倒了也不怨地滑，而怨自己的脚不听使唤。于老师笑着说："这真是孩子的世界！"话音刚落，从一侧飞来一个雪球，正好砸在于老师的后脑勺上。于老师摸了摸那比别人凸起的后脑勺，说："这叫飞来的横祸。"有一个同学说："幸亏于老师的后脑勺凸起，要不，别人就成了于老师的替身了。"于老师听了，哈哈大笑，我们也跟着大笑。

于老师是我们中的一员。他是那么慈祥，又是那么活泼、那么开朗。

几乎所有的学生给我写的"评语"中都有"慈祥""和蔼"的字眼。

张婕毕业前夕在给我的信中写道：

您在我的心目中，不但是一位好老师，而且是一位好的大朋友。您亲切、和蔼。我第一次上您的课的时候，就不怕您，一点儿也不怕。我永生也不会忘记您这位思想活跃、开阔，性格活泼的大朋友的。

在这封信里，张婕给我提了一条建议："我只希望您今后对同学稍微严一点儿。"担任过班长的尚立斌在给我的信中也提了这样的意见。他说："不久就要与您分别了，我感到万分留恋。我作为一名学生，向您提出一点儿建议，希望您以后对学生严一点儿，慈不掌兵嘛。我想，您这位宽宏大量的人，一定会接受的。"

读了他俩的信，我不由地掩卷沉思起来。孩子们多了不起！小小年纪便懂辩证法！辩证法从来是讲两点，不讲一点的。只讲宽，不讲严，是不符合辩证法的。

张婕写信不久，悄悄地对我说："于老师，您知道背后我们每个人是什么样的吗？有人可坏了！"

一个"当面"，一个"背后"，又是一个两点论！

至于怎么个"坏"法，她没说。不过，小孩子的"坏"的概念和大人是不一样的。我把张婕说的这句话，理解为她为什么要我对学生"严一点儿"的注释，理解为她要我全面了解学生的建议——虽然她没直说，或者压根儿她就没有这个意思。

三

学生们给我下的“评语”中还有这两个字：幽默。

下面四段话，是我分别从张宁宁、李姗姗、丁翊和李晓春的作文中抄下来的：

一个星期四的上午，写作文时，我的同桌、外号叫“孙猴子”的胡文涛又耍起了“金箍棒”——铅笔，搞得我们周围“鸡犬不宁”。这时，于老师走到我们桌前，说：“孙悟空大闹凌霄宝殿了，连我这个‘玉皇大帝’也奈何不得了。宁宁，你一定得让他‘宁’静下来，不然，房屋要倒塌了。”

当时，我想：“于老师您真幽默，我怎么能克制住这个‘猴子’呢？”

“宁宁，我对你说的话，一定要记住呀，你当他的克星没问题。你嘛，两个‘宁’字，以静克动，能不胜他？”

这时，我瞥了胡文涛一眼，他正一本正经地埋头写作文呢！

——张宁宁

这是上三年级的事。

星期四，我们敬爱的老朋友——于老师给我们上作文课。还没讲多久，看见房栋在玩铅笔，便说：“房栋，你怎么叫个房栋！叫房栋不动也行，可又真动！唉，你改名叫‘房不动’就好了。”

同学们听了，哄堂大笑；于老师也笑了起来。

房栋呢，却不动了。

——李姗姗

于老师指导完作文，忽然发现新大陆似的对我说：“丁翊，你是怎么了，怎么两块玻璃片也架到了你的鼻梁上去了？”

我抬起头，望着他的笑脸，逗笑似的说：“对，对！经过六年的努力，我终于和您有了相同之处，加入了由您率领的眼镜大军了！”

“嗬！那我和你之间就是司令和士兵的关系了，我的命令如山倒，对吧？”

“对，我是您的兵，您的话我百依百顺。”我笑着说。

于老师止住了笑说：“好，既是这样，那我命令你，立刻写出一篇好文章来！”

“是！”我低头写起作文来，心情特别地舒畅，心里的话就像泉水一样哗哗地流淌出来。

——丁翊

我正专心地写作文，忽然觉得有什么东西砸在了我的胳膊上。我抬头一看，没什么呀！我再扭头向右一看，房栋在向我做鬼脸，原来是他拿透明胶带抽我，我有点生气了。他满脸堆笑地向我道歉："对不起，我不是故意的。"

"我才不相信你的鬼话呢！"说着，我隔着庄妍打了房栋一下。谁知，我的举动被于老师发现了，他走过来，笑着问："晓春，你拍谁身上的土呀？"我慢慢地站起来，说明了原因。

于老师笑着让我坐下，然后一本正经地说："下课后继续拍，房栋身上的确够脏的了。"

我瞟了瞟房栋，他比我还羞。

——李晓春

我读了这些"评语"，自然是如坐春风。因为，我的幽默得到了学生的肯定。作为一个老师，我还追求什么呢？

这就满足了。

四

表扬和鼓励更是学生难以忘怀的。哪怕只是一句话，一个动作，一个眼神儿。见了老师就脸红的张瑶在《于老师的眼睛》这篇作文里，记载了这样一件事情：

有一回，于老师提出了一个问题，要大家回答。他走到我跟前，伸出大手说："张瑶，请你说说。"我一紧张，竟不知怎么回答了。我胆怯地望着于老师，他的眼睛里放射出慈祥的光芒，像在对我说："大胆地说吧，我相信你一定会成功。"可是我还没想出来。于老师又把问题重复了一遍，脸上依旧带着微笑；他的眼睛又仿佛在说话："怎么了？平时你可不是这样呀。"

经过于老师那双会说话的眼睛的鼓励，我终于正确地回答出来了。于老师长长地出了一口气，大手一挥，说："完全正确！"

从此，我又多了一份自信，多了一份勇气。

张瑶写的，只是我期待的、鼓励的眼神，但她记住了，并坚定了学习的信心，增长了发言的勇气。

石颖在给我的信里，写了这么一段话：

> 您常说："石颖的作文写得不错，好好干！"每听一次，我的信心就增加一分。我由原来讨厌作文，到喜欢作文；由写得不好，到写得比较好，全是您鼓励的结果。于老师，我长大了，争取当一名记者，不，一定！……

石颖写的只是我说的一句鼓励的话，但她记住了，并对作文产生兴趣，乃至萌发了长大想当记者的愿望。

郑蕾在一封信里写的一句话，却使我陷入了沉思。她写道："我常常想，我要是能写出一篇作文，让您在班里读读，该多好哇！"

我把这句话当成她对我的委婉的批评。没读的，岂止她一个人！班级里被遗忘的角落多着哪！它从一个侧面告诉我，每个人都渴望表扬与鼓励。

张轶楠写的作文虽然经常受到我的表扬，但她在信里提了这样一条建议："您每次评讲作文时，总是代替我们读。您知道吗？这样只会起到鼓励作用，却不能锻炼我们的口才。今后能不能让我们自己读，并让我们也参加评论呢？"

读完这段话我就想，她是在给我上教学法课啊！而且，她讲的，绝不比我师范学校的老师差。

五

学生们给我写的信，还有写的关于我的作文，我保存了一部分。有的信纸已经黄了，有的已经皱得很厉害了。我读书、写作累了的时候，要么看看报纸，听听京戏；要么把学生写给我的信、作文拿出来读读，把和学生在一起拍的照片拿出来看一看。每次看到学生的信、作文和照片，就会产生一种说不出来的情感。说是幸福吧，其中又有一丝离别的思念；说是欣慰吧，其中又有一丝时光流逝的伤感。但是，我主要是把学生写的信和有关我的作文当成他们对我写的评语来读的。无论什么时候，它的确是一面认识自己的镜子。读这些"评语"时，我完全把自己当成了学生，而且是一个虚心的、善于思考的学生；不仅如此，还是一个读过之后能在工作中将优点发扬光大、将缺点加以克服的学生。因为我给学生写评语，就是希望他们读了之后，能发扬优点，克服缺点。

这是不是也叫"率先垂范"？

85. 我年轻的时候

一

1999年12月初，我随教育部组织的“特级教师讲学团”赴广西南宁讲学时，一位青年教师问我：“于老师，您年轻的时候有没有体罚过学生？”我说：“我年轻的时候不懂教学，体罚过学生，而且不止一次。”我的回答竟使他惊诧得张大了嘴巴。惊诧的表情中还带有一些感动和慰藉。意思很明白 —— 啊，没想到于老师竟如此坦诚！哦，原来于老师年轻时和我们没有什么两样，在某些方面甚至还不如我们啊！

事情的确是这样的。

我刚参加工作时，教一个三年级班的语文和数学，并担任班主任。我的抽象思维能力差，上学时数学没学好，教到“多位数的读写”时，着实难为了我。我读的时候，必须先“个，十，百，千，万，十万，百万……”地查一遍，然后才能读出来。一位小朋友对他的同位说：“于老师自己都不会读，还教我们呢！”这话很快传到我的耳朵里。就在当天，上数学课时，我对全班学生说：“听说我们班有位数学家，现在请他读几个数。”说完，我在黑板上写上几个事先准备好的长长的多位数，命令那个说我“不会读”的学生站起来读。谁知，该生张口便正确地读了出来，读完了还“不吝赐教”—— 告诉我他怎样通过“分节”读出来的。我怎么也没想到，感到脸红的竟是当教师的我！

比读多位数还差的是我的口算能力。有几位学生似乎发现了我的这一“弱项”，便经常出题考我。我常常因为算得慢、算错，引起学生的大笑。一天，一位学生偷偷地告诉我，因为有一个学生发现我在数学本上把所有的口算题的答案都写了，断定我口算能力差，才“为难”我的。—— 原来如此！于是我便“以眼还眼，以牙还牙”，想法子给那位学生“小鞋”穿。一天，他上自习课随便下位走动，我便罚他抄三遍课文；一次，他默错了三个字，我便罚他每个错字抄20遍！现在，我一回忆起这件事，心中就十分羞愧。学生来到学校是跟我学知识、学本领、学做人的，可是我这样做，给了学生什么呀！古人云：“学然后知不足，教然后知困。知不足然后能自反也，知困然后能自强也。”而我知不足却不能自反，知困却不能自强！非但如此，还要为难学生，我还有什么资格当老师啊！

当班主任，上自己班的课，课堂纪律总是比较好的。但是，我上别的班的课则往往控制不住“局面”，常常“天下大乱”。参加工作后的第二年，除了教一个班的语文，还兼了几节高年级的音乐课。一天上音乐课时，一位男生和同桌的女生打了起来，拉开之后，他嘴里还骂个不停。我一气之下，将他推出门外。因用力太猛，该生一下子跌倒在走廊里。下课了，我余怒未消，把他“请”到办公室。该生不服，双脚叉开，昂首挺立。我一踢他的脚，大声吼道：“立正站好！”那时，有个不成文的规定，学生进了办公室，必须立正站着跟老师说话；至于犯了错误，就更要“立正”了。

这一推、一踢、一吼，使我内疚至今。老师本来应在学生的心中播种爱、播种文明、播种知识，而我却在这位学生以及目睹了我的这一行为的所有学生的心中播下了冷酷和野蛮!

二

但是，我从年轻的时候起，就有个突出的优点——喜欢思考。思考自己，思考别人（包括学生），思考书本，思考教育和教学，思考人生，“位卑未敢忘忧国”，也常常思考国家和世界。每有所得，便孩子似的不胜欢喜，并会立即付诸实践，转化为“生产力”。

参加工作不久，我在《人民日报》上读到一篇报道斯霞老师“母爱教育”的文章。文中记述了这样一件事：斯老师为了教育班里一个做事毛手毛脚的孩子，经常请他做一些必须小心翼翼才能做好的事情，比如请他用保温瓶为办公室打水，给某某老师递一杯茶等等。由此，我想，我每次改默字作业，不是也可以请几位“错别字大王”帮忙，请他们为我翻翻本子，或者检查几个同学默的字，借此减少他们的错别字吗？这一招果然奏效。每次请来的学生都很高兴，认为这是老师对他莫大的信赖。他们在改别人写的错别字的同时，也就牢固地记住了这些字的正确写法。“读”和“思”一结合，我便长了大本事。

20世纪60年代初，我拜读了叶圣陶先生写的关于“下水”的文章（即老师写“下水文”），觉得很有道理，于是从那时起，我开始写“下水文”。它成了我作文备课的重要内容。如果说，我在作文教学中取得了一些成绩，那是与我长期写“下水文”分不开的。我认为应该做的，而且我能够做的，我是从来不怕麻烦，不怕累的。年轻，有的是精力和体力。

三

我年轻的时候还有个毛病，就是动辄发火，有时发得自己都莫名其妙。“火气大”是个好听的说法，实际上是脾气坏。脾气坏，说到底，是修养差。一次，听教数学的余老师说，高胜利上课和同位的吵架了，我顿时火冒三丈，三步并作两步奔到教室，也不向正在教美术的老师打个招呼，冲着高胜利大吼一声：“你出来！”高胜利站着不动，我一把将他甩出了教室（他坐在教室门口）。一到办公室，就是一顿电闪雷鸣般的大发作。因作业潦草撕毁学生簿本的事更是屡见不鲜。

后来，我发火的次数逐渐减少，原因并不是在理念上有了什么深刻的认识，而是凭着一种直觉。一天，我路过一个兄弟班时，听到老师大声训斥学生的声音。自丑不觉得，人家“丑”却能看出来。于是我开始思考：发火，特别是经常发火，行吗？以后，我再听到老师大声训斥学生时，我便感到一种不安，感到难为情，为同事，更为自己。我想到了自己。于是，我开始控制自己的情绪，克制自己的“火气”。遇到问题时，便想一想“后退一步天地宽”的古训。

随着年龄的增长、认识的提高、修养的加强，我终于在学生面前树立了一个“和蔼”的形象。脾气还是有的，但不轻易发作。因为我明白，没有平等的师生关系，没有和谐的课堂氛围，没有民主的教学作风，是什么都不会有的。学生站在厉害的老师跟前，连思都不敢思，说都不敢说，还有什么兴趣可言？还有什么探究可言？还有什么创造可言？在这种情况下，任何幼苗都会窒息。

当然，说到底，要归功于我的自省、自律、自警。什么叫“自省”？自省就是自己检查自己；自省就是自觉。

四

不断地思考和实践，不断地自省和自警是我能较快地摆脱幼稚和无知，摆脱洪荒与愚蠢的根本原因，也是我不断进步、不断创新、不落伍的根本原因。

任何大树，都是由稚嫩的树苗长成的，任何人都是由稚嫩走向成熟的。“年轻”的重要组成部分是“幼稚”与“无知”。我从不因为自己这棵树上有几片黄叶子，就认为自己不好而自暴自弃；也不因为自己长得不如别的树粗壮，就觉得自己不是栋梁之材而妄自菲薄，丧失进取心。发现有了黄叶，就把它抖落掉；看见自己长得不如别的树茁壮，就努力去吸收水分和养料，而水分和养料谁的身边都有。当然，也从不为自己的枝叶有时长得茁壮、茂密一些而自高自大，盛气凌人。

现在的条件多好啊！我常常想，假如我现在才踏上工作岗位，绝不至于到了40岁之后，才摸到了教育、教学的一点门道。

——谨以此，献给年轻的教师朋友们！

86. 随笔四则

琢 磨

我这个人爱琢磨。读书看报爱琢磨，备课爱琢磨，上完了课爱琢磨，听别人讲话爱琢磨，听别人上课也爱琢磨。有时还瞎琢磨：本·拉登为什么要炸美国的世贸大楼？琢磨，有好处。它可以使人清醒些、明白些，把事做好些。

当老师的，每天都遇到这样的问题：课怎么上？这就得琢磨。时间来不及，粗琢磨；时间允许，细琢磨。比如上公开课，一般情况下有较充裕的时间去准备，所以就可以反复地琢磨。有时真是思得食不甘味，卧不安席。一本《小学语文教学精品录》，是我苦思冥想的真实记载。不思不想，怎么能有点子呢？琢磨，出好课。

一篇课文教完了，我并不就此拉倒，还要琢磨。琢磨它的成功与失误，琢磨下次怎样教；并养成了记教学笔记的习惯 —— 随时记下自己的思考。有的“思考”长一点，自认为像“论文”，便小心翼翼地誊在稿纸上，偷偷地、惴惴不安地寄给了杂志社。你别说，有的居然被编辑看中，发表了（也说不定是被我附信中讨好的话所感动）。不过，实事求是地说，每篇文章都是我反复地、深入地琢磨某个问题的产物。只要琢磨，失误也是收获。不琢磨呢，即使成功次数很多，到头来，所获也有限，就像狗熊掰棒子，累了半天，手里却只有一颗。写文章是高层次的琢磨。写文章能写出有思想的老师，说不准，还能写出专家来。光做不写，就会差那么一点。

七八年前，特级教师李济海老师对我说，有一次，他听一位老师教《再见了，亲人》，这位老师分析得十分透彻。分析完了，让学生读课文，学生却把“雪中送炭”读成“雪中送灰”。虽几经老师启发，学生还是读错。折腾了半天，字还不认得！这样的事我也碰到过。有一位很有名气的老师教《黄河象》，教过之后，还有人连课文都读不通顺。更不可思议的是，竟然也有夹生现象！我就琢磨开了 —— 这样教语文行吗？我有没有繁琐分析的毛病？语文究竟应当怎样教才好？不仅我一个人琢磨，还和志同道合的张庆、徐善俊、高林生、高万同、孙景华、郝敬华等人一起琢磨。琢磨来琢磨去，我们琢磨出个“五重”来 —— 重情趣、重感悟、重积累、重迁移、重习惯；而且还在教育部举办的“于永正语文教学方法研讨会”上做了介绍。琢磨，出智慧；

琢磨，出思想。

我的母校 —— 徐州师范学校的校园里，有一座罗丹的“思想者”的塑像（仿制品）。塑像下面镌刻着列宁的一句话：“同志们一定要看看罗丹的‘思想者’。”列宁为什么要我们一定看看？我以为，他的用意是想让我们学会思考。其实，我们的祖先是很强调思考的。“琢磨”这个词就来自《诗经》中的“如切如磋，如琢如磨”。意思是说，学习要像加工兽角、象牙、玉石那样，仔细反复地切磋、琢磨。

徐州人常说：人总得琢磨点事。

列宁的话，古人的话，徐州老百姓的话，我都铭记于心。我将一如既往地琢磨下去。学而思，思而学；做而思，思而做；写而思，思而写……总之，活到老，琢磨到老。是不是还会瞎琢磨，不敢说。

好奇心

我从小好奇心就强。看完戏，喜欢钻到后台，近距离看演员勾的花脸、扎的大靠、穿的蟒袍和他们使用的刀枪剑戟。回到家便埋头书桌，一笔一笔地描画，常常画得饭不思，茶不饮。

读小学三年级，被张敬斋老师高超的京胡演奏所吸引，只要听到张老师的胡琴一响，我便站在旁边目不转睛地看，聚精会神地听。不久，便跟着老师学拉京胡，并学唱京戏。始学花脸，后改青衣。张老师见我悟性好，嗓音清亮甜美，更加悉心指导。小小年纪，居然在村里唱出了点小名堂。

读初中一年级，因受李晓旭老师的影响和鼓励，酷爱文学。读了神童作家刘绍棠写的中篇小说《运河的桨声》，竟然也做起了作家梦。不管以后成不成，反正从那时起我爱读书，爱写作了。与此同时，也喜欢上了国画，喜欢国画那特有的神韵。空闲时，也学着画，山水、花卉、动物都画。直到如今，我见到国画（还有书法作品），便驻足观赏。好画，好字，好印，都会给我带来极大的精神享受。欣赏字画和欣赏京剧一样，感受的是它的精气神，是它的韵味，而不是（或者说主要不是）它的内容。同样一个字，有多少人写，就有多少种姿态；有多少书法家，就有多少种性格、气质和神韵。品字品画可以陶冶人们的情操。当然，上学期间，拉京胡，唱京戏也没间断过。

走上工作岗位后，几次听了徐州师范附属小学李孝珍老师的语文课，佩服得五体投地，于是又痴迷于语文教学。“文革”后，又多次听了特级教师李梦铃和左友仁等老师的课，眼界大开，干劲也随之大增。经过同仁的帮助、指点和自己的努力，竟然也摘取了“特级教师”的桂冠。因为我把评为特级教师当做了新的起点，继续奋力而前行，所以几年之后，人们又在我的“特级教师”前面加上了“全国著名”四个字。

如果说成功有“种子”的话，那么这颗“种子”的胚芽便叫“好奇”。

有人说我“多才多艺”。这是不确的。确切地说，是我的爱好广泛。应该说，爱好广泛的人的文化素养就比较厚实，就像吃饭不挑食的人所摄取的营养就比较丰富一些一样。对教学而言，广泛的爱好使我受益最大的是：能左右逢源；只有学不到的，没有用不着的。对学生而言，则能使他们得到较多的知识和启迪，他们智慧的火种被点燃的机会和可能性就会多，他们的禀赋就有可能被催化为才能。

广泛的爱好来自哪里？来自好奇心。没有孩子般的好奇心，就不会有任何发现，就不会有什么爱好，自然也就不会有执着的追求。好奇心尽管并不意味着成功，但它是一切成功的起点。

感谢书

——读田冰校长《十二种素质，十二句箴言》有感

只要教育还没有发展到不需要学校、不需要老师的程度，那么，教育将始终是教育者和受教育者的双边活动。如果真有那么一天，教育不再需要老师了，“教育”这个词也就消亡了。因为教育者和受教育者，只要缺一，就不能称其为教育。

既然教育是师生的双边活动，这样一个问题便始终摆在我们面前，即老师的素质问题。

老师应该具备什么样的素质？许多专家都提出了自己的看法，每位教育工作者也可以说出几条来。但迄今为止，我还没有见过像美国教育家保罗·韦地那样，从学生这个角度去研究这个问题的。这位博士花费了40年的时间，搜集了9万名学生写的信（内容全是关于他们心目中所喜欢的老师的），在此基础上，提炼、概括出作为好老师的12种素质。现抄录于下：

1. 友善的态度。“他必须喜欢我们。要知道，我们一眼就能看出他喜欢还是不喜欢教书。”

2. 尊重课堂内每一个人。“老师应对我们有礼貌。我们也是人。”

3. 耐心。“老师，请您耐心地听听我所提的问题。在您听来也许可笑，但只有您肯听，我才能向您学习。”

4. 兴趣广泛。“她带给我们课堂以外的观点，并帮助我们去把所学到的知识用于生活。”

5. 良好的仪表。“我立刻就喜欢他了。他走进来，把名字写在黑板上，马上开始讲课。你能看得出他是熟悉教学工作的。他衣着整洁，事事都

安排得有条不紊”。“她长得并不漂亮，但整节课瞧着她，我没什么反感。她尽力使自己显得自然。”

6. 公正。“老师，只要您保持公正，您对我尽量严格。表面上即使我反对严格，但是我知道我需要您的严格。”

7. 幽默感。“他讲课生动风趣，幽默活泼，听他的课简直是一种享受。”

8. 良好的品性。“我相信她与其他人一样会发脾气，不过我从未见过。”

9. 对个人的关注。“老师只和好学生谈话，难道他不知道我也正在努力吗？”

10. 伸缩性。“老师，请您记着，不久之前您也是学生，您是否有时也会忘带东西，在班上您是否样样得第一？”

11. 宽容。“她装着不知道我的愚蠢，将来也是这样。”

12. 有方法。“忽然间，我能顺利完成作业了，我竟然没有察觉这是因为她的指导。”

山东省济宁市乔羽学校田冰校长，从另一个角度对这12种素质进行了阐释，归纳成12句“教育箴言”（见2002年第9期《山东教育》）。箴，劝告、劝诫的意思；箴言，即劝告的话。田校长的话，字字珠玑，都是至理名言。这12句箴言是：

1. 态度，决定你与孩子的关系。没有良好的师生关系，就没有优质的教育。

2. 尊重也是一种教育力量。孩子对老师发自内心的敬爱首先来自老师对孩子的尊重。

3. 不要以为耐心只是我们对过激情绪的控制，从某种意义上说耐心本身就是一种教育艺术。

4. 一位兴趣单一或者只关心自己所教学科的教师对学生来说，仅仅是一位教师；一位兴趣广泛、博学多识的教师，对需要多种营养的成长中的学生来说则是一位大师，是一部可以满足多种需求的百科全书。

5. 没有哪一位学生喜欢邋里邋遢的老师，整洁的仪表同时也是对自己学生的一种尊重。

6. 只有在公正面前，学生才能接受教师的批评；否则，教师的任何批评在孩子心灵里引起的都可能是不满和怨恨。

7. 幽默是师生关系和知识传授的润滑剂，教师的幽默可以让最枯燥的课堂教学变得有声有色，令孩子们回味无穷。

8. 要想成为一个好教师，就必须修炼自己的性格。性情暴躁的人最好从教师行当里退出。

9. 手心手背都是肉。教师应当把关注的目光投向每个学生。偏爱是教育的大忌。

10. 设身处地、推己及生应当成为教师职业的一个准则，能够站在孩子的角度来理解孩子，这样的教育还没开始就已经成功了一半。

11. 宽容学生等于给了学生一个修正错误、不断进步的空间。

12. 最科学的教学方法是让学生感觉不到方法，一个聪明的教师总善于不着痕迹地影响学生。

读了保罗·韦地博士的关于老师的12种素质和田冰校长阐释的12句箴言，有的引起了我的共鸣，因为我也这样努力了（尽管做得还很不够），如“友善”“兴趣广泛”“幽默感”“伸缩性”（即我常说的“蹲下来看学生”和“换位思考”）等方面。有的则使我汗颜，如“耐心”“公正”“品性”等。假如我在30岁以前读了“性情暴躁的人最好从教师行当里退出”这句话，我绝对会“引咎辞职”。真的，年轻时，我动辄发火，体罚学生的事时有发生，而且对校长提出的批评还不以为然。直到过了“而立之年”才有所觉悟；过了“不惑之年”才算基本成熟。虽然说“改了就是好同志”，但以前那十多年的影响却永远无法消除、无法挽回了。还有“宽容”，有时我很宽容，有时却又不能，脾气一来，腾腾腾，常常只几句话，便把事情办糟了。事情过去了，虽然也后悔，但为时已晚，成了“马后炮”。

感谢书（包括报纸、杂志），读书使我进步。我这个人读书喜欢想自己。我是抱着从书本中寻找智慧、思想和方法的态度读书的。如果读书不与自己、与工作联系起来，学而不用，对我来说，读书就失去了大半的意义。

我写的这篇读后感，抄的多，感的少，因为我主要不是想说自己的，而是想让更多的人了解保罗·韦地总结的作为一位好老师的12种素质和田冰校长阐释的12句教育箴言。我觉得，凡是能感动我、启发我的，也一定能感动别人，对别人也一定会有启迪作用。

如果我说得对的话，那就让我们一起感谢书吧！感谢书的作者吧！

处处留心皆语文

我读小学三、四年级的时候，作文没有我的同桌写得好。老师经常在班里读他的作文，而且总是少不了讲这样一句话：“知道他的作文为什么写得好吗？其中一个重要原因，是他喜欢读课外书。”那时我经常想：“教师在作文讲评课上，要是能读我的作文，那该多光荣啊！”于是我也学着同桌，找课外书来看。我最先找到的是《水浒传》（那时农村条件差，有书的很少），也像鲁迅的侄女周晔一样，囫囵吞枣地看，遇到“诗曰”“有诗为证”就跳过去——因为它影响我对故事的了解，而且读起来费劲。从此，便喜欢看书，而且入了迷。我的作文水平呢？果然大有提高。直到现在，出差第一件事，是在提包里放上一本书和一本字典。书是我须臾不可缺的伙伴。每天晚上睡觉前，先坐在床上看会儿书，午睡前也是的。什么时候看得眼皮打架了，便“顺其自然”——睡！有几次，竟“自然”得坐着睡着了。

不光看书，报纸、杂志都看。一次，我在火车上捡到一张报纸，看完了，装进包里去了。同行的朋友不理解，怎么烂报纸都拾，是不是准备卖的？我告诉他，那上面有篇好文章，打算回家把它剪下来。朋友说：“看来，处处留心皆语文！”

有一次从西安坐飞机去广州，在一本杂志上看到一篇专门介绍楹联的文章。后来写作时，想引用其中一副，可惜只记得上联“古寺无灯凭月照”，下联怎么也记不起来了。心里很后悔当时没有抄下来。后来，在读书时，无意中又看到了这副楹联，它的下联是“山门不锁待云封”！真是开卷有益啊！

外出带字典干什么？查字用呀！一年夏天，我带几位老师到北京定陵游览。入口处立着一块“定陵简介”的牌子，我便念了起来。可是万历皇帝的名字“朱翊钧”中的“翊”字不认识，便立刻查字典。一查，知道了，原来它读“yì”，是“辅佐、帮助”的意思。这不长学问了吗？刚查完，几位青年教师走了过来，他们也读起“定陵简介”来。读到“翊”字时，也像我一样“卡了壳”，便问我读什么音。我说：“连这个字都不认识？人名常用字嘛！真不认识？这个字读‘yì’，知道什么意思吗？是帮助、辅佐的意思。”几位青年教师佩服得五体投地，连声说：“还是您有学问！”我装着很得意的样子，说：“那还用说！”你看，一分钟前才学到的一个字，立刻成了我骄傲的资本！读书看报，遇到生字一般我都查字典，把拼音记下来。一面生，二面熟，多见几次面就记得了。学问就是这样积累起来的。

和别人说话，看电视，在大街上走，都能学语文。还是我读小学六年级的时候，一天我和爸爸到一个商店买东西。商店的墙上挂了一条横幅，上书“相敬如宾”四个字。我小声对爸爸说：“这个成语是说夫妻之间要互敬互爱的吧？怎么好挂在这儿呢？”没想到，这话被店主人听到了，连声说：“笑话，笑话！谢谢小公子的指点！”说完，立即把横幅摘了下来。我说：“您可以写一幅‘童叟无欺’嘛！”店主人很高兴，直夸我有学问。只要多读，多看，多问，多记，多写，谁都能把语文学好。还是我的朋友总结得好：处处留心皆语文，就看你用心没用心。

87. 格言

—— 我的导师

读小学高年级时，我便喜欢抄录名言佳句。我会为一句名言没及时记下，事后却又怎么也回忆不起来而懊悔不已，好像与一位良师益友失之交臂。

小时候喜欢格言，只是朦朦胧胧觉得它说得有道理。大了，参加工作了，多了一份思考，格言成了我的导师。我在一本《名言大辞典》的扉页上，题写了这样一句话：“学习，导行。”从此，名言不再只是抄在本子上的句子，而是化为自己思想的一部分了。

一

每个40岁开外的人，都应当对自己的脸负责。——（美）林肯

我第一次读到这句话时，刚参加工作不久，才二十多岁。当时我很不明白，为什么林肯告诫40岁开外的人才要对“自己的脸负责”呢？难道像我这样二十多岁的人就不要对“自己的脸负责”了吗？我想，一个人，当有了理智以后，至少当成为一个公民之后，就应当对自己负责。所谓对自己负责，就是要对家庭、对朋友、对工作、对国家负责。我作为一名教师，就应当对学生、对家长、对学校、对社会负责。

1998年10月在巴黎举行了全世界第一次高等教育大会。在大会制定的宣言中明确宣告：高等教育的首要任务是培养具有高素质的毕业生和负责任的公民。可见一个人的责任感是多么重要。

我国自古以来讲究负责。明代顾炎武说：“天下兴亡，匹夫有责。”孙中山先生说：“惟愿诸君将振兴中国之责任，置于自身之肩上。”我们古人提出的“忠孝节义”，讲的也是一种责任。我非常赞同中国科学院院士杨叔子先生对“忠孝节义”的诠释：“对国家、对民族负责，是忠；对长辈、对父母负责，是孝；对家庭、对配偶负责，是节；对同事、对朋友负责，是义。当然，时代不同，忠孝节义的含义应有所不同。但形而上的‘负责’是一致的。人类社会之所以成为一个社会，因为生活在这个社会的人应对这个社会有个责任感。”

杨院士说得多好啊！假如人没有责任感，不对“自己的脸负责”，那不就和禽兽画等号了吗？我们的社会不就成了禽兽世界了吗？

我虽然对“责任”的认识远没有杨叔子先生那么深刻，但我是努力去做——从年轻的时候起。所以我的工作得到了学生、家长、同事、领导的认可，使我拥有了众多的爱我的学生和尊重我的徒弟，拥有了一个幸福的家庭，拥有了一个贤惠的妻子和一双可爱的儿女，拥有了舒心的工作环境，拥有了许多亲朋好友，拥有了许多的荣誉（工作的第一年，我带的班级便被评为徐州市优秀中队，我被评为徐州市优秀辅导员）。

负责，也是自己对自己的一种自觉约束，是自己为自己安装在身上的一种永久的动力装置。

二

以人为镜。——（唐）李世民

从命运之舟把我载入徐州师范学校的大门那天起，我便对自己说：“既然命运让你选择了教师这个职业，你就应当做一名学生喜欢的老师，绝不能当一名学生瞧不起，甚至在背后奚落你的老师。”为什么这样说？因为自己和同学曾不知让那些师德差而又无能的老师出过多少洋相！对个别印象特别差的老师，极尽挖苦之能事。于是，凡是教过我的老师都成了我的镜子，我努力按照我敬爱的老师去塑造自己。

参加工作了，我特别留心周围的同事们，虚心学习他们的长处，努力避免他们身上的短处。如果出现差错，则自省、改正。因为自己能做到“知过而能改，闻善而能用，克己以从义”，所以进步较快，多数领导和同事对我评价不错。

著名京剧大师周信芳的嗓子坏了，有人对他说：“你要扬长避短。”周信芳说：“不是‘避短’，而是要变短为长。”果然，他用他的不好的嗓子唱出了特有的韵味，最终形成了脍炙人口的麒派唱腔。因为我事事、处处以人为镜，所以不仅能把自己的短处变为长处，而且能把别人的短处变成自己的长处。——避免了别人的短处，别人的教训我引以为戒，自己不就进步了吗？“以人为镜，可以知得失。”这个“得失”，不只是教学上的，也包括做人方面的。

三

心之官则思，思则得之，不思则不得也。——孟子孟子的话使我懂得了思考的重要性，并在不断的思考中，养成了思考的习惯。思考出主意，思考出智慧。小思出小智慧，大思出大智慧。思考使我少走了不少弯路。总之，思考使我逐渐摆脱匠气，走向成熟。

小到一节课怎样开头，一个词怎样处理，一篇课文怎样教，一个棘手的个性特殊的学生怎样开导；大到一个班级怎样管理，一个研究课题方案怎样制订，都离不开思考。一切办法、方案都是思考出来的。只要思考，总会有所得，反之，什么也不会有。有人说："思考和实践是成功的双翼。"巴尔扎克也说："一个能思想的人，才是一个力量无边的人。"我虽然至今还没有成为"力量无边的人"，是因为思想得还不够，但绝不能因此而怀疑巴尔扎克说的话的正确性。

曾子说："吾日三省吾身：为人谋而不忠乎？与朋友交而不信乎？传不习乎？"我还为自己加了一条："教不思乎？"我要求自己，对教育、教学工作要不断地反思。反思成败与得失，思考问题和解决问题的办法。苏霍姆林斯基说："没有思考就没有发现（哪怕是很小、乍看起来微不足道的发现），而没有发现就谈不上教育工作的创造性。"只想还不够，还要动手写。我写了不少备课札记、教学札记、听课札记，而且有些在刊物上发表了。写，是最好的反思。写会使思考深刻、周密。思之不得，会促使我去读书，去和同事讨论（特别是请教高明之士）。思与学结合起来，思与议结合起来，思与做结合起来，使我不断迈上新的高度，使我的教学日臻成熟，最终凝结成了"五重教学法"——重情趣，重感悟，重积累，重迁移，重习惯，并在教育部召开的"于永正教学方法研讨会"上做了介绍。

四

人患无朋友，无闻见。——（宋）陆九渊

君子以文会友，以友辅仁。——孔子

陆九渊说的是交友的重要性。人没有朋友，便等于失去耳目，见识不广。孔子的话除了说明交朋友的重要外，还讲了怎样交朋友。

与朋友交往除了可以增加见识，还可以培养自己的"仁德"。清代的颜元对孔子的"以友辅仁"解释得非常透彻："良朋毕集，《诗》《书》之味相亲，高贤盈目。于是以友之高明，开我之蒙蔽，以友之宽厚，化我之私狭。对端方之儒，怠惰不觉其潜消；得直谅之助，过端不觉日寡；人欲之自为去者，得友而去之益力；天理之自为存者，得友而存之益纯，其辅吾仁也深矣。"

人不可没有朋友，而且要"以文会友"。所谓"以文会友"，不能简单理解为凭文章结交朋友，应该理解为与志同道合者，与有学识和有见地的人交朋友。我的朋友很多，但以“文”结识的朋友对我的影响最大。

回过头来看看自己走过的路，哪一步不渗透着我的同事、领导、专家学者的帮助？从中央教科所的潘自由、张田若先生，华中师大的杨再隋教授，华东师大的李伯棠教授，浙江大学的朱作仁教授，至我的同事们、领导们，他们对我的教诲和帮助，我没齿不忘。我忘不了徐州这一方热土，忘不了各级领导，忘不了徐州的朋友们对我的关怀、呵护和扶植。

我到每一个地方都会找到朋友。我喜欢和朋友交谈，常常从与他们的交谈中得到启迪。有些百思不得其解的问题，常常因朋友的一句话而顿觉释然。我的好多文章、好多研究课题、好多主意，是在和朋友“侃大山”时“侃”出来的。因此，我常常发出“与君一席话，胜读十年书”的感叹。

“水至清则无鱼，人至察则无徒。”我的朋友之所以很多，是因为我是“以文会友”，是因为我交友的目的是为增长见闻，培养自己的仁德的。

五

教学艺术的本质不在于传授的本领，而在于激励、唤醒、鼓舞。

——（德）第斯多惠

我是20世纪80年代初在一篇文章中读到这句话的。我如梦方醒，开始把注意力从关注课本、关注教法的选择和教学环节的设计上，转向了如何尊重学生上，特别是如何关爱学习有困难的学生上。不是说钻研教材不重要，教学方法不重要，而是说，不能再像过去那样只重视知识的传授，要走出学科本位、知识本位的误区，转向全面关注学生，关注学生的发展。一句话：以人为本。的的确确，教学艺术的本质首先不是处理教材的艺术，而是善待学生的艺术。

88. 人生、教育感言

◎ 人生在世不过几十个春秋，转眼即逝，总不能让自己在这个世界上白走一遭。读小学时，想当画家；读中学时，想当作家；读师范时，又想当教育家。现在看来，这些所谓的“家”，其实不过是个理想，或者说是个目标罢了。但是这个目标很重要。有了目标，才会有动力，才会有奋斗，因而也才会有收获。虽然至今什么家也没当成，但收获颇丰，况且，只要一息尚存，还可以继续努力，收获肯定还会有。——这就死而无憾了。

◎ 人是个“两面人”（至少我是的），即，既有勤劳的一面，也有懒惰的一面；既有积极的一面，也有消极的一面；既有善良的一面，也有丑陋的一面……而且，稍不留神，负面的东西便会占上风。每当我要偷懒时，每当我要消沉时，每当我产生不良念头时，我便告诫自己（有时是警告）：“不可！”自己对自己不能宽容，更不能放纵，否则很容易走向反面。

◎ 说到底，是自己培养自己，不要怨天尤人。我总是不断地耳提面命自己去做许多自讨苦吃、自己也不太情愿做的事，如读书、写文章；如调到教研室还要求自己深入基层上课，带实验班，等等。双脚总得靠自己迈，双手总得靠自己抬，依靠外力是不能持久的，也不会有什么大作为。

◎ 我喜欢读书，而且读书时喜欢想自己，与自己的思想、工作“挂钩”。我总是抱着从书本中寻找智慧、思想和方法的态度去读书的。而且，一旦我认识到了，便会立即转化为行为。

◎ 不能真的让我们的教育变成“叫育”。法国的卢梭说：“在达到理智年龄以前，孩子们不能接受理念，而只能接受形象。”一位教育家说：“当孩子意识到你是在教育他的时候，这样的教育往往是失败的。”要求学生尊重别人，老师首先得尊重学生；要求学生彬彬有礼，老师首先得举止文明；要求学生乐于助人，老师首先得乐于助生；要求学生和书籍交朋友，老师首先得做到手不释卷，如此等等。在教育上，没有什么能比活生生的榜样力量更大，更令人信服的了。

◎ 要蹲下来看学生。“蹲下来看学生”，就是要求老师和孩子相似，而不是要求孩子和大人相似。“蹲下来”，和学生相似，才能理解学生，才能真正做到爱学生。

因为“爱的别名是理解”。

◎ 老师要有一颗童心。什么叫童心？童心就是孩子气。老师多一分孩子气，就和孩子相似一分，学生就越肯亲近你。

◎ 人生以琴为伴，以书画为伴，其乐无穷，其义深远。

◎ 悟性和灵性从哪里来？从实践中来，从读书中来，从思考中来，从艺术中来。我的悟性和灵性，至少有一半来自艺术。——如果说我有悟性和灵性的话。

◎ 有人说我“多才多艺”，这是不确的，言过其实了。确切地说，是我爱好广泛。应该说，爱好广泛的人的文化素养就比较厚实些，就像吃饭不挑食的人所摄取的营养就比较丰富些一样。对教学而言，广泛的爱好使我受益最大的是：能左右逢源；只有学不到的，没有用不着的。对学生而言，则能使他们得到更多的知识和启迪，他们的智慧火种被点燃的机会和可能性就会多，他们的禀赋就有可能催化为才能。

◎ 没有孩子般的好奇，就不会有任何发现，就不会有什么爱好，自然也就不会有执着的追求。好奇心尽管不意味着成功，但它是一切成功的起点。

◎ 我能从纷繁复杂的事物和信息中发现有价值的东西，并对它进行理性的思考。这是我教育灵感产生的源泉，也是我之所以能跟上时代步伐的原因。

◎“基础不牢，地动山摇。”没有一定的知识，没有好奇心，没有观察的能力和习惯，不会思考，不会动手，就谈不上创新。真正意义的创新能力是在实践中形成的。在学校里（包括大学），最主要的是让学生处在宽松、和谐的学习环境中（这一点很重要），引导他们打下上述各方面的基础。

◎ 老师要有情有义，无情无义连一篇课文都读不好，怎么去读学生这本书呢？书是有情的，学生更是有情的。

◎ 语文教学要重情趣，重感悟，重积累，重迁移，重习惯。

◎ 没有情感的教学，教学技巧再高明，也是苍白的。

◎“教不严，师之惰。”“严”是爱心、责任心的外化，也是学识的体现。没有爱心和责任心，就不会有“严”，有，也只能叫“厉害”；没有学识，就“严”不到地方去。

89. 答青年教师问

1. 作为一名青年教师，怎样才能适应新一轮基础教育课程改革的需要？

答：这个问题很大，涉及的面也很广，我只粗略地说一说。首先要明确，我国第八次基础教育课程改革的根本宗旨是从学科本位、知识本位转向关注每一个学生的发展，即以人为本。这是一次历史性的转变，所以有人说，这是一次革命。面对这场革命，每位老师（不仅是青年教师）都要认真学习有关课改的文件，学习各学科课程标准，更新观念，提高认识。要树立“三维一体”的理念。“三维”，即“知识和能力，过程和方法，情感、态度和价值观”。所谓“一体”，即三个维度互相渗透，融在一起。什么是教学？三个维度融为一体，才是真正的教学。知识很重要，能力很重要，但还有比它们更重要的东西，这就是情感、态度和价值观。结论很重要，但获取知识、获得正确结论的过程更重要。这些“更重要”的东西，过去我们不重视，或者说重视不够，有的甚至忽略了。这些我们认识到了，随之而来的是改变学习方式，变过去的灌输式、填鸭式，为自主、合作、探究式的学习。师生是平等的，课堂教学应是民主的，学生是学习和发展的主体，老师是课堂教学的组织者、引导者、激励者。另外，还要改变评价方式。所有评价方式（包括考试），都要着眼于学生的发展，有利于学生的发展。以上说的是更新观念，提高认识。当然，需要更新的观念还很多，这里不再一一列举。这是说的第一点。第二点，要学以致用，在实践中提高自己。认识到了，一定要转化为教学行为，学了去做，才叫与时俱进。学了课改的文件，上课还只是关注知识，目中无“人”，没有对人的关爱；老师还是一个劲地讲，让学生去记老师说出的结论，而不是引导学生去探究，这显然就与时代不合拍了。善于学习，勇于实践，勤于反思，可以使一个人逐渐超越技巧，摆脱匠气，走向成熟，甚至成为大师。课改，归根结底是“改老师”。

2. 于老师，您巧妙的课堂教学设计是怎样想出来的？能谈谈您是怎样备课的吗？

答：谢谢您对我的夸奖。备课确实非常重要。可能是由于领导检查的原因吧，现在不少老师把备课的功夫花在写教案上（有人是抄别人的教案），写得非常认真、非常详细。这是误导，不能怪老师。备课不等于写教案，教案只是备课所得的文字记载，是“备忘录”，其实它是给自己看的。我是把80%的精力用在钻研教材上的。有时走着坐着都想教材，乘公交车坐过了站，上班爬过了楼层（我的办公室是第四层楼）是常有的事。怎样钻研教材？怎样才能出“好点子”？一是多读多想，二是多看多听。多读多想是“自主学习”；多看多听是“合作探究”。钻研教材考验的是老师的阅读能力（包括鉴赏和审美能力）。刚读一篇课文时，往往觉得很平淡，读多了才觉得有味道，才能发现其中的美。读出味儿来，才能教出味儿来。课文一定要多读，读懂了，教学方法也常常随之有了。不要浅尝辄止，有人课文还没读两遍就去考虑教学方法，这样不行。欲速则不达，备课也是如此。还有，一篇课文老师朗读得声情并茂了，即使没有想出什么方法，课堂上就是指导学生朗读课文，读得有声有色，照样会有好的教学效果。千万别小看了朗读课文，真正做到正确、流利、有感情（包括老师在内），是不容易的，是要下一番功夫的。课文朗读好了，自己基本满意了，我才考虑字词句的处理方法，确定读写结合点（当然不一定课课都读写结合），怎样导入，怎样指导写字，等等。凡是生字，我都要反复写，把握好字的笔顺、结构。老师把字写规范了，才能为学生示范，才能取得指导的发言权。凡是课文涉及的知识，我尽量查清楚，即使上课不一定用得着。备《圆明园的毁灭》，我专门把《中国通史》中关于鸦片战争的章节重温了一遍。备课还要备学生。哪些地方学生能读懂，哪些地方可能有困难；学生会提出什么样的问题，一旦提出，怎么处理；哪些学生朗读会遇到障碍，哪些学生写作会感到困难，老师应为他们做哪些事情；教案怎样设计学生会感到有兴趣，等等，这些备课时我都要想到。以上备课的过程叫“自主探究”。但是一人所见毕竟有限，我还经常和同事交流备课心得，留心报刊上有关教材教法的文章，听听别人的课。多看多听，取人之长，补己之短，这叫“合作探究”。老师之间的合作探究十分重要，特别是老教师、名师的意见和他们的课对我帮助、启迪非常大。教案一定要写，有些心得、主意不写下来，可能会忘记。我有好多主意是在写教案的过程中萌发出来的。自己得意的地方，我可能写得很细，有些熟悉的东西，轻车熟路了，可能写得很简略，有的只是个提纲，字迹也潦草，所以评优秀教案从来没有我的份儿。但因此说我备课不用心，那就百分之百地冤枉我了。上面回答您的是，我是怎样备课的。所谓“巧妙的设计是怎么想出来的”答案，我想也都在其中了。不过我还想补充一点，还有许多“点子”是上公开课逼出来的。我年轻时就不拒绝别人听我的课。我有个外号叫“憨大胆”，意思是说我不怕上公开课，不怕失败。我常对人说，我这个特级教师是上公开课上出来的。早在20世纪70年代，就有人坐镇听我的课

每个学期，几乎每节课都来听。这实际上对我是个巨大的促进和督促，当然也有很大的压力。有压力才会有动力，有了压力，身上的潜能才能得到充分发挥，否则，可能就得过且过了。我的好多所谓“精彩设计”就是在这种情况下逼出来的。青年教师要

多上公开课，校长不给机会，自己创造机会，主动请缨，备好课拉着校长、主任来听就是了，再不然请同教研室的老师听听、指导指导。这样做，既锻炼了自己，久而久之，还落了个虚心好学、不怕丢人现眼的好名声，哪个领导不喜欢？“憨大胆”听起来似乎不舒服，实际上是对我的褒奖。还是那句老话：事在人为。

3. 有人说“四大名师”（指您和贾志敏、支玉恒、靳家彦）是天才，非一般人所能及，您是怎么认为的？

答：“四大名师”不知是谁封的？千万别听了风就是雨。不过，贾志敏、支玉恒、靳家彦是我崇敬的老师，他们的成就令我钦佩。但我这个人是不相信天才的。马克思、爱迪生都对天才下过定义，我十分赞同。天才是巨大付出的代名词。我始终认为付出和收获成正比。成为名师的人必定是个读书人，是个肯思考、肯实践、肯总结、不怕苦的人，是个有一定艺术修养的人。总之，是个付出了很多很多的人。只靠一节获奖课、一篇获奖论文而“名扬天下”的人都不会成为真正的名师。人的天资（或者说天赋）肯定有差别，但不是主要的，任何成功都是靠后天的努力，所以说，成功的路摆在每个人的脚下，只要奋力而前行，人人都可以获取成功。

4. 作为一名语文教师，您认为应具备哪些基本的条件，或者说应从哪些方面努力？

答：第一，要善良，要善待学生，把学生当做朋友。第二，有责任心，严而不厉。第三，要爱读书，爱写作。如能善读善作，必定成为会教语文的老师；如能三者俱备，必定成为学生崇敬的名师。

5.《语文课程标准》上讲，“阅读教学是老师、学生和文本三者之间的对话过程”。于是，现在许多老师上课喜欢让学生讨论。您是怎么理解“对话教育”的？

答：我曾经就这个问题专门写过一篇文章，题目叫《话说“对话”》。我们一定要明确对话教育的实质是什么。对话教育的实质是昭示着平等和民主，即师生关系是平等的，课堂教学是民主的。它不单单是方法问题。老师、同学都要互相尊重，老师要尊重学生的独特感受，对错误的认识要正确引导。三者对话有个先后顺序问题。首先老师得和教材对话，把握好教材（包括朗读课文），先取得和学生对话的发言权。走进课堂，则先引导学生和文本对话，让学生直面教材。因为老师是“过来人”，不要轻易把得到的结果告诉学生，而应当像梁启超所说的，把自己得到结果的方法告诉学生。老师的作用是组织、引导、激励，必要时才做适当的讲解。学生和文本的对话要充分，不要动辄“讨论”，更不要为了争论一个问题而占去很多时间，因为理解课文不是学习语文的主要目的。如果把理解课文定为学习语文的主要目标，那么，讲解无疑是最省时省力而且是最有效的方法了。习得口头语言靠的是听说的实践，学得书面语言靠的是读写的实践。阅读和写作能力不是讲出来、讨论出来的，是在语文实践活动中形成的。当然，适度的讨论、交流也很重要。同伴的交流、老师的引领，会起到启发、促进、激励的作用，常常会使思维撞击出璀璨的火花。

6. 有人说，现在有了电脑了，学生不需要练字了。这个问题您是怎么看的？

答：持有这种看法的人很多。我们讲的写字教学，不单纯是为了写好字，而是着眼于育人。写字的育人功能是有目共睹的，是不争的事实。郭沫若先生说："培养中小学生写好字，不一定要人人成为书法家，总要把字写得合乎规格，比较端正、干净、容易认。这样养成习惯有好处，能够使人细心，容易集中意志，善于体贴人。草草了事，粗枝大叶，独断专行，是容易误事的。练习写字可以逐渐免除这些毛病。"郭老已把写字的意义讲得很清楚了。电脑，只是一种工具，尽管它的功能很多，它本身却没有育人的功能。学习写字是一辈子的事情，可以说活到老，学到老，写到老。但小学一定要打好基础，培养兴趣。写好汉字，就是在我们的学生身上从小烙上"我是中国人"的印记。

7. 怎样教学生写好字？有什么秘诀吗？

答：有个"六字诀"叫"描红，仿影，临帖"。因为这是我们古人摸索出来的经验，大家都知道的，所以不能叫"秘诀"。有了"六字诀"，再加上老师的责任心和激励措施，学生的字就能写好。哪怕老师本身的字写得不怎么样，也无大碍。但如果老师是个善书者，懂点书法，自然会更好，那样，学生的写字天赋会很快催化为才能，有人将来成为书法家也未必不可能。

8. 在您的"五重教学"中，首先讲的是"重情趣"。请问您是怎样培养学生学习语文的兴趣的？

答：培养兴趣的方法很多，我认为最主要的有两点。一是尽量让学生喜欢老师，佩服老师。老师在学生心中只是个"好人"还远远不够，还必须是一个课上得好、有本领的人。学生的思维就是这样：他喜欢你，就喜欢你教的学科。二是让学生不断获得成功。丁肇中先生上学时不仅理科成绩好，历史也学得好，记者问他什么原因。丁说："对历史有兴趣。"记者又问："怎么对历史也有兴趣？"丁答："经常考一百分；如果经常考不及格，肯定就没兴趣了。"丁先生说的道理很深刻，却又是这么简单。我们一定要让所有学生不断获得成功，哪怕是微不足道的成功。我善于从学生的失败中找到“成功”。老师说“成功”就是成功，反正又没人去“考证”。兴趣和良好习惯十分重要。学生有了学习的兴趣和良好习惯将受用终身，它意味着教育的最大成功。

9. 教育界展开了关于“赏识教育”的讨论。您对“赏识教育”有什么看法？

答：当老师的一定要赏识学生。我还要求我的学生要用赏识的眼光看同学。赏识是爱的一个重要方面。当我们用赏识的眼光看学生时. 就会发现每个学生都有可爱的地方。但是，爱不仅仅是赏识，惩罚也是爱的一个方面。在没有当过中小学老师的理论家们的想象中，每个学生都是理想化的。其实不然。学生是千差万别的，有的是很顽劣的。对于错误，就不应当而且不值得赏识了。一味地赏识，也可能使学生走入另一个极端 —— 经不起任何批评，经不起任何挫折，甚至发展到自我膨胀的地步。批评和惩罚恐怕什么时候都不能丢。但是有一条界限不能逾越，就是不能伤害学生的自尊心，不能侮辱学生的人格。我不赞成体罚。在所谓最讲人权的美国，有些教师是不讲究这一点的，而且美国的惩罚也是五花八门，有停课（少则几节，多则几天）、放学留校、罚站等等。在美国，家长体罚学生被认为犯法，而老师体罚学生却没有什么事。惩罚作为一种教育手段，是不能废止的。我们绝不能因为倡导“赏识教育”，就不要批评，甚至于不敢讲惩罚了。任何时候都要坚持两点论。

10. 您碰到过作业拖拉的学生吗？对屡教不改的学生，您是怎么对待的？

答：毛主席早就说过，凡是有人群的地方，就有左中右，我教的学生怎么能例外呢？对这些学生要做具体的分析，是做起来有困难，还是懒惰？是身体弱，支撑不了，还是动作迟缓？据我的经验，因动作缓慢而拖拉作业的不在少数。不论属于哪种类型，对于这些人，布置作业时（尤其是家庭作业），动手的要少，动嘴、动脑的要多，即减少书面作业，适当增加阅读、观察、思考和咨询方面的作业。对学习有困难的人，除了少布置书面作业外，还要降低难度，难的作业可以免掉。非做不可时，要进行个别辅导。这叫“量力而行”。他挑不动100千克的东西，硬要他挑，他能不撂挑子吗？对懒惰者，必要时我采取“盯”的措施，和家长配合好。不管属于哪种情况，都要严格要求，作业少了，难度降低了，再不完成，就不能原谅了。在这种情况下，老师的面孔应当让学生不敢正视。另外，对这样的学生要多交心，多亲近他们，多鼓励，多表扬，而且对他们的表扬和鼓励不能廉价，要当众表扬，要郑重其事，要通报家长。对确实屡教不改者，必要时要惩罚。

11. 我们觉得您是个很和蔼的人。您发过脾气吗？怎样才能不发脾气，或者少

发脾气？

答：人有七情六欲，脾气谁都有，我怎么能搞特殊呢？我年轻的时候，火气大（所谓火气大，其实就是修养差），经常发脾气，有时甚至体罚学生。过了而立之年，逐渐成熟了，发脾气的次数也就慢慢地减少了。但至今还不敢保证不发脾气。发脾气也是一种宣泄，一种教育手段。不准老师体罚学生，再不允许我们发脾气，那我们这个老师还有法儿当吗？我的这个观点很可能遭到某些理论家的非议。但我早就想好了反驳的办法，这就是请他们当当中小学老师，请他们去教教小学一年级或者小学六年级，教教语文、数学，或者上上音乐、体育课，一个月下来，肯定有的人的鼻子会被气歪，说不定也会体罚学生。真的，有些学生，有些班级，即使弥勒佛碰上了，也笑不起来了。如果你在学生中享有较高的威信，学生很佩服你，你偶尔发发脾气，学生绝对接受，绝对有好的教育效果。如果学生压根儿看不起你，那么，发脾气只能奏效于一时，弄不好，甚至会成为学生的笑柄。当然，有时候自己发过脾气之后也很后悔，常常扪心自问："干吗发脾气呢？冷静会儿再处理，不是会好得多吗？"每问一次，就会有一次进步。

12. 上课时您出现过科学性错误吗？如果出现了，您是怎么处理的？

答：人非圣贤，孰能无过？我刚参加工作那年，教一个三年级班，班里有位姓訾的学生，点名时我把訾读成cǐ，我没见过这个姓，"见面读一半"，就想当然读成cǐ了。学生哄堂大笑，说我读错了，这个姓应读zī。我说："谁不知道读zī，我是故意念错，看你们能不能听出来。"年轻时喜欢文过饰非，其实是欲盖弥彰，孩子哪有那么好哄的！随着年龄的增长，渐渐少了一份虚荣心，多了一份承认错误的勇气，对出现的过错不再像以前那样遮遮掩掩了。一年秋天，我到昆明上课，把"烧"字写错了（多了一个"点儿"）。学生指出来后，我立刻纠正过来，并诚挚地向他表示感谢。我们教育学生要勇于承认错误，虚心接受别人的批评，自己有了错误反而进行掩饰，对学生提出的意见漫不经心，我们的教育岂不就真的成了"叫育"了？老师出现的错误其实也是一种教育资源，一定要处理好，利用好。

13. 有些地方规定：评优课必须使用电教手段，否则不能参评。可是您上课很少运用电教手段。您对某些地方的上述规定有什么看法？

答：电教手段运用得好，会使教学熠熠生辉，产生非常好的效果。您说的某些地方的那种规定，可能是想借此推动电化教学，如果这样的话，我看也无可非议。但不能规定死。必须明白，电教手段只是个辅助手段。有人一上课，多媒体取代了一切，连朗读、板书都是多媒体代劳，这就值得商榷了。电脑打出来的字是死的，冷冰冰的；老师写在黑板上的字是活的，是有情的。学生听老师朗读和听录音机朗读感受也是不大一样的。高林生先生曾经打了一个比方，说："孩子躺在妈妈怀里睡觉和搂着妈妈的照片睡觉的感觉是根本不同的。"张光鉴教授说："于永正上课时的朗读、板书、板画、表演，还有他常领学生到工厂、农村、部队去参观，到大自然中去感受，运用的是活的多媒体。"总之，我提倡运用电教手段，好的课件就是一种宝贵的教育资源。但要因人、因课而异，不能让多媒体代替一切，让老师在课堂上靠边站，让学生不读书，不思考。语文课千万不要忘了听说读写。

14. 您经常说，一个老师要勤于笔耕，您本人也是这样做的。请谈谈怎样写文章好吗？

答：我小时喜欢作文完全凭兴趣，这兴趣是被老师在我的作文中画的许多红色波浪线激发出来的。长大了喜欢作文是因为想当作家，想出名。什么都不想，恐怕就没有动力了。所以，人得想点什么，要有个努力的目标，哪怕这个目标很小，比如说想把一节课上好，让学生感到有意思；想发表一篇文章，以便能评上高一级的职称等。想上好一节课，就得下功夫去钻研教材；想发表一篇文章，就得去读去思去写。这样回答似乎离题了，其实没有，因为如果你根本不想写文章，而对你讲怎样写文章的方法是没有用的。说到怎样写文章，不是三言两语能说清楚的，概括地说，却只有一句话，叫"读万卷书，行万里路"。"读万卷书"是吸收语言，学习写作方法，"行万里路"指的是实践。无论哪个方面少了都不行。文章写得有真情实感的，首先是个实践家。行得一事，才知一事，踏踏实实地工作，才能写出真真切切的文章。我常对人说，我的文章是做出来的，不是在书斋里写出来的，说的就是这个意思。其次得是个书迷，喜欢读书。不读书，读书少了，一下笔，一开口就显得干瘪、苍白；反之，一下笔就会有文气，就不同凡响。再次，还得是个思想家。只埋头读书、埋头苦干而不思考的人，也写不出有见地的文章。最后一点，还要不怕退稿。写出来的文章当然都希望发表，不发表，评职称没有用。但这不是一厢情愿的事，得有个过程，而且这个过程可能会很长。我从1956年（读初中）一直写到1980年，才发表了被人称为"处女作"的第一篇文章，"胎死腹中"的文章（退回来的稿件）足足有一箱子。1980年，我已经39岁。但是，尽管如此"难产"，我却从来没有对我的"生育能力"产生过怀疑。你"退"我"进"，退一篇我写一篇，有时上一篇还没退下来，第二篇又寄出去了。不怕失败。就这么一篇一篇地写，还能写不好文章吗？什么本领都是在实践中练出来的。

15. "作文指导"和"作文批改"一直困扰着我们。指导细了，束缚了学生的手

脚；指导少了，有些学生又不会写。作文细改不提倡了，粗改领导要批评。您是怎样指导和批改作文的？

答：您提的问题带有普遍性，这种感受我也有过。我现在基本上不进行“作前指导”，把“作前指导”改为“作中指导”了，即让学生先自己打草稿，想怎么写就怎么写，能写成什么样子就写成什么样子，好歹是自己的东西。然后再根据草稿中存在的共性问题进行集体指导，个别问题则进行个别指导。我把“尝试法”运用到作文教学中来了。好文章是改出来的。修改的过程就是提高写作能力的过程。这个过程确实比结果更重要。有些文章，常常要经历两三个反复，直到改得基本满意才誊清。学生是学习的主人，教师是组织者、引导者。这是现代教学论的核心思想。只有这个观念牢固树立了，才能使教学行为发生根本变化，变为一种自觉行动。批改作文确实是老师的一大负担：我们要明白，批改作文不是培养语文老师的写作能力的，改得再细，对于学生来说，也无多大意义了，那叫“马后炮”——干吗你不早说！叶圣陶先生就不主张精批细改，它白白耗费了老师的精力和时间，得不偿失。我的做法是：①多就少改，批而不改。把问题用记号标出来（包括错别字），让学生改。②多鼓励，少批评。多画波浪线，多画红圈，多说好话，不要怕浪费红墨水。③多眉批，少总批。总批难写，得斟酌好一会，尽管这样，往往还是千篇一律。眉批是就事论事，眼睛漂亮，就说眼睛漂亮，第几颗牙是龋齿，就把那颗牙给指出来，这样针对性强，学生也好接受，效果也好。说他某一句话写得主动，某一个词用得准确，简直不亚于王安石那个著名的“绿”字，他会激动好一阵子，今后作文会更用心斟词酌句，读书时会更用心去品味。我自从当了“小领导”后，检查作文时，先看这个班的作文写得好不好，随手翻几本，读几篇，如果发现学生作文写得出色，即使老师改得不尽如人意，那我也得表扬这位教作文的老师：会教！

16. 您写过一篇文章叫《微笑教学》，看得出来您是提倡微笑教学的。当平时您看到学生随便说话，不专心听讲，讲堂上乱哄哄的，有人甚至捣乱，您还能笑出来吗？

答：绝对笑不出来，即使是“大肚能容天下难容之事”的弥勒佛的嘴也咧不开。我曾经多次谈过，面临着乱哄哄的班级，面对着气得你说不出话来的学生，能不大发雷霆就是好的了，哪里还笑得出来？“微笑教育”首先是一种理念，其次才是一种外显性的表现。“微笑教学”意为：①老师要亲切和蔼，严而不厉，威而不猛。老师和蔼，学生就感到可亲，亲其师，才信其道。教学中有了宽松和谐的氛围，才会有好的教学效果。“微笑”只是借用了和蔼亲切的一个外在表现，形象地概括出这样一种理念罢了。当然，和蔼亲切的后面还有更深一层的东西，那就是人的修养。学生违反了纪律，破坏了公物，甚至打伤了同学，老师仍对他“微笑”，那不叫和蔼可亲，而叫

“纵容”。什么都要从实际出发，实事求是。②师生是平等的。学生要尊重老师，老师也要尊重学生。有人把“尊重”看做是做人的“第一原则”，更是做老师的第一原则，也是教育的第一原则。我们有了上述理性认识，才会有外在的笑。“笑”是人格的自然流露，是先进教学理念的自然流露。

17. 您是怎样转变差生的？

答：我首先想说的，是建议老师们把“差生”这个词从我们的语汇里抠掉，更不能把只是文化学习成绩不好的学生称为“差生”。我同意“人的智能是多元的”这个观点。柳斌先生曾讲过这样一件事：一位记者对一位美国总统的母亲说：“您老人家真了不起，因为您有一位了不起的当了总统的儿子。”这位母亲说：“我呀，还有一位了不起的儿子。—— 他呀，现在正在地里挖土豆。”柳斌先生说：“这就是正确的人才观。”当总统了不起，当农民就差了吗？学生是千差万别的，社会也是需要多种人才的，如果把我们的学生都培养成陈景润那样的数学家，或者都培养成军事家，那也挺可怕的。我们不能企图把全班50个学生都培养成一个人，而应当培养成50个人。差别可以缩小，但不能消失。再说学生离成才还早着呢，好多人大器晚成，也有一些人，像方仲永一样，小时候乖巧、聪颖，长大了却“泯然众人矣”。所以，我们当老师的千万不要过早地给学生下结论，不能做扼杀学生的蠢事。对待学习有困难的学生，要做具体的分析，哪里差？什么原因？是先天造成的，还是后天造成的？对这些学生要降低要求，先易后难，多加关爱，多加辅导。难的问题实在做不出来，就算了。梅兰芳不会解一元一次方程，你能说他不是人才？什么叫转化？自己跟自己比，进步了就叫转化。他没转化，你硬说他正在转化，或者转化很多了，他可能就真的转化了。

18. 能介绍一下您做班主任的经验吗？

答：我做过17年的班主任。后来当了个小干部（大马路小学副教导主任），不再当班主任了，但我始终把自己当成任课班级的班主任。再后来又当了稍大一点的官儿 —— 鼓楼区教研室副主任（副股级），但我还坚持到鼓楼小学代实验班的语文课，一代就是两轮，11年（第一轮五年制，第二轮六年制）。人们都说我比班主任还班主任。我喜欢和学生们在一起。我当班主任有三点体会。一不怕苦，经常搞些学生喜欢的、过后津津乐道的，甚至终生难忘的活动。活动的意义很大，其中一条 —— 它可以使班集体融洽、团结，有朝气。二要做到不偏不向，对学生一视同仁，关爱每个学生，尤其要关爱、亲近学习有困难的学生，至少要尊重每个学生。三要以身作则，要求学生赤足跑步，我得先把鞋袜脱下来；要求学生做好值日生工作，轮到我值日时（我做班主任时总是把自己固定在一个小组里），我得早到校和其他值日生们一起洒扫庭院。子曰："其身正，不令而行；其身不正，虽令不从。"老师要处处以自己的人格去影响学生。

19. 您非常推崇艺术教育，而且您本人也有很高的艺术修养，能说说推崇艺术教育的理由和怎样进行艺术教育吗?

答：我喜欢艺术，因为生活中处处有艺术，人生离不开艺术。但我还谈不上有什么修养，至少在目前。我推崇艺术教育，而且写过几篇关于艺术教育的小文章，但写的只是些粗浅的感受，对这方面确实没有研究。艺术可以丰富人的情感，启迪人的智慧，改变人的气质。我只能说这么多，再问我什么原因，就说不清了。我的上述感觉，很有些像鲁迅说的，只是"无端的"觉得而已。我带实验班时，专门请了区少年宫的美术老师代美术课；把器乐引进音乐课堂，要求学生至少会演奏一种乐器。我要求学生背古诗文，学书法，表演课本剧，经常开联欢会，参加多种文艺比赛，目的就是一个：让学生有点艺术细胞，受到艺术的熏陶。几年下来，学生们还真的变了，方方面面都发生了微妙的变化。艺术教育的作用是无形的，却又是能感受到的。可惜，刚才我说了，我只是个跟着"感觉"走的实践家，而不是个理论家。

20. 您是怎样和家长沟通的?

答："沟通"一词用得很贴切。教育是全社会的事，其中以学校、家庭的责任最为重大，影响也最大，所以学校和家长要及时沟通，密切配合。沟通什么呢？第一，沟通学生在学校和家庭里的表现情况，但老师不能"告状"，"告状"不叫沟通。也不要互相推卸责任，互相抱怨。有的学生在学校里表现很好，在家里却又很任性，学校和家长沟通一下十分有好处，可以对学生了解得更全面、真实，使教育更有针对性，做到有的放矢。第二，沟通教育方法。对学生采取什么方法有效，家长应做些什么工作来支持、配合学校，学校要采取哪些措施教育学生，这些东西通报一下很有必要。这样，双方才能密切配合。有些家长动不动体罚学生，通过"沟通"，可以避免家长打骂孩子的现象。第三，沟通教育理念。当老师的要不断更新理念，家长也得对教育的现状，对教育理论有所了解，知道得越多，对子女的教育越有好处。过去，家长经常嘱咐孩子：上课一定好好听讲啊。对不对呢？现在看来不完全对。听讲，是被动地接受。应当教育孩子主动地学习，做学习的主人。我们的孩子一回到家，家长喜欢问：在学校听话吗？国外有的家长则喜欢问：今天你向老师提了几个问题？现在讲大环境、大语文观，就家庭方面来说，怎样的环境、家长怎样做才能有利于孩子的成长？艺术教育很重要，哪些事学校做不到而家长能做到？应怎样做？还有许多新理念（如考试及其他评价方式的改革等）都要向家长宣传。因为学校和家庭的目标一致，所以家长对老师的意见还是很重视的，大都能积极地和学校配合。谈到沟通方式，我是尽量主动到学生家里去。老师到学生家里和请家长到学校里来效果是不大相同的。另外，要充分利用家长会的机会与家长交流。也可以办家长学校。对任何家长，我都以礼相待，以诚相见，尤其对后进生的家长，我更推心置腹与之相处。我对他们首先动之以情，然后才晓之以理。我尽力让他们感动。我的行为如果感动了家长，家长一定会尽力与我配合，而且会取得好的教育效果。老实说，我对做家长工作没有认真去思考，做得连自己也不太满意。说出来仅供大家参考，不当之处，敬请指正。

90. 致弟子张忠诚的网友们

徒弟张忠诚对我说，我在扬州执教了《水上飞机》一课后，网上赞扬、批评之声迭起，于是写了以下的话，请忠诚把它贴到网上，转告他的网友。

一

没想到有这么多人关注我。关注就是关心，就是呵护。所以我要谢谢所有关注我的人。无论是“捧”，还是“杀”，都对我有好处。“捧”者使我受到鼓舞，“杀”者使我清醒。光有“捧”的，容易使人得意忘形，飘飘然，这不好。如果我能对他们提点希望的话，那就是希望“杀”者能有点儒者之风，“捧”者能静心听取不同的声音。

二

过去说要一课一得，得得相连，学生就会了不起。“得”是不是就是现在说的“生成”的一个方面？如是，则预设是马虎不得的，要在吃透两头（学生和教材）的基础上，缜密思考。我的造句训练，就是基于这种考虑而预设，而实施的。

不可以认为造句是雕虫小技，就掉以轻心。它是语文教学（尤其是低中年级的语文教学）应有之义，而且指导起来并不是轻而易举的。有些学生造的句子，很难在瞬间判断出它的正确与否。斯霞老师曾经多次举过这样一个例子：她的一位一年级的学生造了这么一个句子：“今天，有两位法国阿姨到我们学校参观，这两位阿姨是女的。”斯老师一看笑了，阿姨当然是女的了！提笔欲将后半句画掉。又一想，不妥，一年级的孩子，加上这一句话是有他的想法的，于是保留了下来。公开课上，之所以很少有人安排造句训练，除了不屑外，恐怕还与不好驾驭、不好判断有关。过去为了“应试”，我常常造几个范句，让学生背。这样做，当然学生很容易得高分，却被教死了。如果说我的造句训练能激发学生的思维，开发学生的潜能，能使学生开窍，时时有豁然开朗之感，有利于训练学生观察、思维、表达的能力，我想，占用它30分钟是值得的。这样做，总比做无用的练习好。什么是好的语文教学？首先看是不是语文教学的应有之义，看它的思维含量如何，最终看学生是否有所得——激发兴趣否，提高学生的语文素养否。总之，有利于学生的发展，就是好的教学。

三

文品即人品，话品当然也即人品。上网面对的是很多人，网上聊天，当然更要注意自己的人品，不要轻易否定一个人的教学，哪怕是一节课。不要攻其一点，不及其余，更不能轻易否定一个人。否定了别人，也就是否定了自己。当然，也不能全盘肯定一个人，金无足赤，人无完人。我做人有一个信条，即善待别人。迁移到教学，则善待学生。我经常对老伴儿说，不要计较别人对我们怎么样，一般地说，我们不应该管而且也管不了别人，我们只能管自己。说实话，我是墙内开花墙内香。徐州市鼓楼区的领导和老师对我爱护有加，赏识有加，不然我绝对当不了人大代表，当不了全国劳模。大家对我如此厚爱，只是因为我的课上得好吗？不是的，主要是我能善待别人，人好。看一个老师，不是看他一节课上得怎么样，论文发表没发表，获奖没获奖，而是看他的人品怎样，看他平时教学工作做得怎么样，看他教的学生怎么样。

至于学术观点，允许有不同的意见，可以而且应该争论。不允许别人说话，是不行的，也是办不到的。听不得相反意见的人，是没有出息的，提意见和人身攻击是两码事。善待别人，就是要一分为二地看别人，而且多看长处；善待别人，就是要把学术争论与人身攻击区别开；善待别人，就是即使在学术争论中，也要心平气和，语言得体，让人听得下去，看得下去。善待别人，也就是善待自己。

最近有人批判于漪、钱梦龙、魏书生等老师，而且语言刻薄，有的近乎辱骂，我心里很不是滋味。这些老师是时代的英雄，是我们学习的楷模。有人见到一棵老树上有几片黄叶，就说这棵树坏了、死了，是不对的。要历史地看问题，全面地看问题。评价人不能离开时代。再说，我们当老师的，有什么可值得批判的？老师辛苦得很，付出的太多！连我们中的佼佼者都要批判，那么我们这些普通人，岂不是更要批判？反思一下，我在教学中说过多少不应该说的话，做过多少不应该做的事啊！真的是“峣峣者易折，皎皎者易污”吗？说真话，没做过中小学教师的人，无论如何是不会知道我们当老师的甘苦的，他们怎么也体会不出我们老师面临着几十位个性各异、成绩不等、表现不一的学生所组成的一个班集体的心态的，怎么也想象不出我们老师面临着一个有时“失控”的班集体和个别难以捉摸的学生所产生的复杂的心情的。为什么著名的教育家马卡连柯和苏霍姆林斯基等人都曾体罚过学生？原因很简单，因为他们是一线的老师。为什么有些国家和地区的教育法没有废止体罚？我想，这些教育法的制定者中必定有认认真真而不是敷敷衍衍地当过老师的人，至少他们对教育工作、对广大学生有着深刻而全面的了解。我们广大一线老师十分欢迎所有善意的劝告和批评，当然，和学生一样，我们不喜欢板起面孔来教训我们的人，更不要说批判我们的人了。因为当他们板起面孔时，就少了一份对我们的尊重。

四

心地正，事业心强，理论水平高，语言丰富，有幽默感，头脑冷静，善于思考，这样，我想网上聊天就会精彩纷呈，收获多多。—— 如果网上聊天和我们平时的聊天没有什么两样的话。

五

请所有网友，千万不要闭上眼睛想象我，要睁开眼睛看我。看，才能了解我，才会发现我不过才一米六八的个头儿。

91. 书信两封

一、致马金花

马金花同学：

读了你充满纯真感情的信，心中十分欣慰。这种欣慰之情，只有做教师的才会体验到。我努力在字里行间寻觅你童年的踪影。可惜，怎么也找不到哪怕是一丁点儿的孩提时代的你了——你长大了。我真为你的成长感到高兴。这种感情也只有当老师的才能有。

你确实长大了，我能感觉到，从你那端庄秀丽的字迹中，从你那充满尊师、爱师之情的深沉、动人的话语中。你竟然能罗列出那么多的令人回忆的儿童时代的往事！你甚至没有忘记老师办公室门前的那一棵木香花！

你确实长大了。你毅然放弃了出国的机会，决心把自己学得的一切报效亲爱的祖国。读到这里，我激动不已！

你说，你的记忆里有太多的温暖，太多的爱；心里有太多的尊敬，太多的思念。

我的确是爱你们的。但是，我爱你们是因为你们可爱。

还记得我刚教你们的第一天下午发生的那件“藏教鞭”的事吗？开始，我真莫名其妙。好好地挂在黑板边上的教鞭怎么会不翼而飞呢？我生气了。但我立即把火压了下去。已过了而立之年的我，记住了教育家赞科夫的话：“教师这门职业要求于一个人的东西很多，其中一条要求自制。在你叫喊以前，先忍耐几秒钟，想一下：你是教师。这样会帮助你压抑一下当时就要发作的脾气，转而心平气和地跟你的学生说话。”不几天，教鞭又回来了！你知道是谁送来的吗？是崔世成！就是坐在最前排的那个长着圆脑袋的小男孩！他告诉我：在这以前，一位老师好用教鞭敲学生的头，而他，首当其冲——又调皮，又是坐在前排嘛！他一看我的教鞭又粗又长，心想：这家伙敲到脑袋上可怎么受得了？就偷偷地藏了起来。但他发现我并不厉害，于是又送回来了。多么坦诚的话语，多么可爱的学生！我幸亏开始没有发脾气。试想，如果发作，哪会有这样的结局？

可是，人绝不是一下子聪明、成熟起来的。我刚刚工作的那阵子，也够幼稚可笑的。

一天，我放在讲桌上的备课本竟然被人撕烂了两张。我火冒三丈。“知情人”立刻“揭发”出撕本子的人。我一看那个学生，心里咯噔一下，愣了。我思忖良久，对全班同学说：“我先向大家检讨。昨天，因这位同学写字潦草，我一气之下，将整个本子撕为两半。我撕了他一个本子，而他只撕了我两张纸，说明他还是给老师面子的。他比我好。”教室里静静的，几十双眼睛一眨不眨地望着我。

第二天早上，在我的办公桌上端端正正地放着一个和我的备课本差不多大的新本子。

不用我说，你也会猜出是谁送的。这位才上三年级、不到10岁的小学生给当时20岁的我上了难忘的一课。

这样的学生能不叫人爱吗？

发生在1976年初冬的一件事更是深深地触动了我。那年，唐山大地震，震得人心不安。徐州城的人都住在用塑料薄膜搭的防震棚内。

初冬，天气已经很冷。突然有一天，我过去教过的两个学生找上门来。一个说他是木工，一个说他是瓦工，要给我搭一个能过冬的防震棚。说干就干，不消两天，一个坚固的防震棚搭好了。这是两个什么学生？都是所谓顽劣学生！望着他们忙碌的身影，我内疚极了。我教他们的时候，给他们的爱最少，而他们长大之后，给我的爱却最多！我的心被震撼了。这件事彻底改变了我的学生观、教育观。从那时起，我的爱的天平开始向所谓“差生”倾斜。他们更需要老师的爱，就像虚弱的婴儿更需要母亲的精心哺育。十个手指有长短，为什么用一个标准来要求所有的学生呢？尺有所短，寸有所长，为什么看不到寸的长处呢？说来也怪，我这么一“倾斜”，这些学生跟我上个一年半载的，语文成绩居然都有所长进！是不是因为他们喜欢我，于是爱屋及乌，就喜欢我教的学科？

金花同学，你在信中动情地回忆起我在你的一篇关于写大扫除的作文上几乎通篇都画上了波浪线的事。你说，那长长的波浪线载着你的理想之舟驶进了山西大学中文系，驶入了充满憧憬的漫漫的人生航程。

我完全相信你的话。我深知老师表扬、鼓励的话的分量。

德国教育家第斯多惠说：“教学艺术的本质不在于传授的本领，而在于唤醒、激励、鼓舞。”平心而论，我没有多少学问，口才也平平，但我对学生从来不吝啬表扬和鼓励。而且，你知道，我的表扬总是很动情的，并带有鼓动性的。

金花同学，不知不觉竟滔滔不绝写了这么多。对了，小刘扬现在在什么地方？听说他也在山西。小学时，他的体质较弱，我至今惦念着他。

祝你进步！

于永正

1992年9月1日于徐州

二、致潘早云等

潘早云同学并转师三（3）班全体同学：

亲爱的同学们！

夜，很静。偶尔从大街上传来一声汽车驶过的沉闷声。一天的工作结束了，我现在提笔给你们写信。我非常乐意和你们交朋友，和你们谈心。这倒不只是我们志同道合，而是我被你们的信深深地感动了。从你们的坦白的泉水一般清澈的话语里，从你们的略带稚气的字迹中，我仿佛看到了你们——一群健康的、纯真的、求知的、对未来充满憧憬充满思索的、求实但又带点罗曼蒂克的、坚定但又多少带点迷茫的可爱的青年！看到了你们的信，我仿佛又回到了青年时代，仿佛成了你们中的一员。

你们很想知道师范时代的我，是吗？

二十三年前的今天，我就像你们现在一样。那时，我们虽然生活比较艰苦，但苦中有乐，学习很用功。我最喜欢去的地方是图书馆。站在书架前，我总觉得自己很矮小。在这种感觉的驱使下，我不知疲倦地、贪婪地读书。那时我爱好文学，但我涉猎的知识绝不限于文学。史学、哲学、美学、经济学，我都去探索，就像牛进了菜地什么都吃一样。我看书有个习惯，就是边读边做笔记，看不懂的地方就向老师讨教。我和书结下了不解之缘，书是我的亲密的伙伴。它能使我忘掉一切烦恼。我每天都有读书计划，一直坚持到现在。除了读书，就是写作，写小说，写诗歌。读书、写作占去了我大部分课余时间，占去我全部的寒、暑假。我那时确实惜时如金，爱书如命。什么力量在支持着我？理想。——当一名学生喜爱的优秀教师的理想。我经常这样对自己说：“人生不过几十个春秋，绝不能在世界上白走一遭，不留一点痕迹。”我还喜欢和同学漫谈。每当听到别人谈的事、想到的问题我却茫然无所知时，就觉得身上像挨了一鞭，催我奋进，教我自新。我绝不与庸碌之辈为伍。记得，有一个星期天，我到一位朋友家去。朋友的父母都是军医，家里很讲究。也许是我穿得寒酸吧，朋友的母亲对我有些冷淡——一丝稍微能觉察出来的冷淡。它刺痛了我的自尊心。我对她产生了鄙夷感。我拎起书包走了。是不是向朋友的母亲说了声“再见”，我记不得了。我在心里说：“物质上，你比我富有；精神上，我比你要高尚。”他们从另一个方面、另一个角度鞭策我，催我发奋，促我上进。

但是，你们切不可认为我是书呆子。我热爱生活，爱生活中所有美好的东西。我爱好广泛，美术、体育、音乐、戏剧我都喜欢。那时，我的语文老师说我将来是一名很好的语文教师，我的音乐老师说我将来是一名合格的音乐教师，我的美术老师说我将来是一名杰出的美术教师。不过，在我的爱的天平上，砝码最重的还是文学。它为我成为语文特级教师奠定了基础。

但是学生时代的我，有时“桀骜不驯”，甚至和老师顶撞。孔子云：“四十而不惑。”而今回头看自己学生时代的一些作为，连自己也忍俊不禁。幼稚是难免的，“顶撞”也不见得是坏事，它是“年轻”的代名词。

亲爱的同学们，说到我对你们的希望，当然很多。你们马上要毕业了，希望你们做好走上工作岗位碰钉子的准备。我可不是吓唬你们。我刚踏上工作岗位时，最大的感受是书本上写的和现实生活距离太远，并为此陷入深深的苦恼之中。同学们，如果困惑、苦恼、无聊、束手无策一齐向你们袭来，请不要抱怨自己不该选择教师这门职业。一定要挺住。只要多请教，多反思，多探索，不久便会“柳暗花明”。任何时候，都不要失去对美的追求的信心和勇气。浅尝辄止，鼻尖上碰点灰就打退堂鼓，是所有一事无成者的通病。

当然，人人不可能都成为“家”。但至少不能也不应该成为玩世者。只要根据自己的特长（请你们相信每个人总有其特长；某一门学科没学好，固然令人烦恼，应当努力，但不要由此以为自己是低能儿），选择努力目标，入迷地、执着地追求，从小事做起，从学一首古诗做起，从读一本书做起，从钻研一篇课文做起，你就会感到生活的充实和快乐，就会有所作为，就会体会到人生的价值。不付出，什么价值都不会有。“付出”和“价值”成正比。

珍惜时间，爱惜精力，认准一门，兼顾其他，这是我对同学们在学习上的希望。大家不要像“青青园中葵”那样，只知发出“常恐秋节至，焜黄华叶衰”的叹息；与其叹息，不如去做。

亲爱的同学们，街上沉闷的汽车声渐渐减少。我想之所至，便信手写来，谬误一定不少，请你们指正。

匆匆及此，草之不恭。

祝你们进步！

于永正

1985 年 10 月 30 日于彭城

92.盘点自己

《人民教育》的编辑来电话，要我为《名师人生》栏目写篇稿子。我嘴里说“不敢当”，心里却高兴 —— 自己的文章在那里一登，不就俨然成了“名师”了吗？不过，说实在的，正好可以就此机会简单地盘点一下自己的教育人生，所以就答应下来了。

一

同事们常常讥笑我的普通话是“山普”—— 带山东味儿的普通话。我反而引以为豪，说：“我是山东人嘛！”我故意把“人”说成带胶东味儿的“银”字的音。乡音难改，因为它已融入了我的血液。

我生在山东莱阳万第镇徐家夼。14岁那年，在赤山完全小学毕业后来江苏徐州。但几十年来，故乡的梦一直追随着我，故乡永远让我魂牵梦萦。至今，我几乎每年都回故乡一次，看看那里的山，那里的水，那里的父老乡亲，看看和我一起长大的伙伴，寻找我童年的足迹。

柯灵说：“人生旅途崎岖修远，起点是童年。人第一眼看见的世界 —— 几乎是世界的全部，就是生我育我的乡土。”的确是的，“乡土的一山一水，一星一月，一虫一鸟，一草一木，一寒一暑，一时一俗，一丝一缕，一饮一啜，都溶化为童年的血肉，不可分割。”（柯灵：《乡土情结》）

我亲爱的故乡有灵山秀水。山山都有见证先人勤劳、智慧的壮观的层层梯田，那梯田是我心目中最伟大的雕塑。星儿山的梯田最长。那些从山下一直建到山上的层层梯田，有的蜿蜒竟达两华里！春天夏天，庄稼茂盛，是“一层层梯田一层层绿”；到了秋天，谷子、玉米、大豆成熟了，是“一层层梯田一层层金”！如果梯田里栽的是果树，就更美了。春天，杏花、桃花、苹果花开的时候，宛如彩霞缭绕山间，景色十分壮观。故乡有风格独特的村舍民居，全是白墙红瓦，整齐划一。家家有门楼，一进门有照壁，照壁上千篇一律地写着一个大大的黑色的“福”字。因家家有门楼，所以门上贴的春联能长年保存完好。殷实人家的门楼建得比较考究一些，门框及大门稍高稍宽，门楣上有门匾，门匾上雕刻着图案，色彩庄重，颇有些气派。

村里最好的建筑是关帝庙。在胶东半岛几乎每个村都有关帝庙。庙宇规模不大，但建筑精巧，一砖一瓦，一雕一刻都透露出对关公的崇拜与虔诚。我们村的关帝庙规模比较大，斗拱飞檐，很有气势。庙内塑着刘、关、张和周仓、关平的像。刘备和张飞显然沾了关羽的光，在这里与关公分享人间香火。而周围村的，大都只塑关公和周仓、关平的像。刘备、关羽、张飞和周仓、关平是我最早知道的历史人物。小小的我，对关公的许多故事耳熟能详。如“温酒斩华雄”“三英战吕布”“千里走单骑”“水淹七军”等。有些故事是听京戏知道的，最早看的关公戏是《华容道》。红脸，长髯，绿靠，青龙偃月刀……深深地印在我的脑海中。看完戏，回到家还凭着印象画关公。

不知为什么，京戏会在胶东半岛如此盛行，普及的程度如此之高。扶犁掌锄的农民哼“昔日有过三大贤”者，不乏其人。我们村就有一个京剧团，叫“徐家夼京剧团”。文、武场以及演员都是本村的农民，我看过他们演的《失空斩》《李逵下山》《红娘》《大刀于七》《打渔杀家》《苏三起解》《华容道》等戏。每年春节、中秋节以及庙会期间都要唱大戏。有时我们也到附近村里看戏。

第一次看《斩马谡》和《李陵碑》时，我都哭了。那时，我还没有戏台高。因听得多了，也喜欢唱，尤喜旦角戏。小学毕业来到徐州后，爸爸知道我喜欢京戏，每个星期六晚上，到人民舞台听一次京戏。后来也喜欢上了豫剧，因为豫剧行当齐全，能演大型历史剧。在人民舞台听过马连良的《借东风》、奚啸伯的《范进中举》和常香玉的《花木兰》。

我是听京戏长大的。京戏把我领进了中国历史。可以毫不夸张地说，把京剧的剧目按年代排下来就是一部中国古代史。京剧给我的太多太多。它增加了我的知识，陶冶了我的情操，丰富了我的情感。我从众多的戏剧人物身上，读懂了什么叫“真、善、美”，什么叫忠勇，什么叫奸诈。是京剧告诉我什么叫“用眼睛说话”，什么叫“精气神”，什么叫“以情带声”，甚至是京剧告诉我，站在课堂上，手应该怎样放。

故乡有真正的春节，男女老少穿新衣，村村曈曈唱大戏；春节，乡亲们走门串户，互相拜年，“过年好”的祝福声不绝于耳；“初三看姑姑”“初四看舅舅”“初六看丈母”的习俗一直延续至今。

故乡有淳朴、勤劳、乐善好施的人民，在故乡的词典里，没有“偷”“懒”一类的词语……

一年暑假我回故乡，在山前店下了火车，离家还有20里，一个人背着两包东西，开始没觉着吃力，越走越觉得包袱沉重，正在感慨“远路无轻担”呢，后面有人问：“前面的小伙儿到哪个地场去？”（“地场”即“地方”）当我回答了之后，他说：

“把东西放在驮篓里吧，顺路。”这位素不相识的五十多岁的农民赶着一头骡子，二话没说，把我的行李放到了驮篓里。他是到寨庄头的，这个村离我村只有三里。——这就是山东人。

我结婚的那年春节，我带着妻子回老家。一天早晨爬星儿山的时候，我指着山坡上许多地窨口问：“知道这是什么吗？”

妻不假思索地说：“防空洞。”

我告诉她，这是地窨，是用来贮藏地瓜、芋头、萝卜、大白菜等东西的。这些东西存放在里面一可防冻，二可保鲜。有一户挖一个的，也有两家合挖一个的。

妻子惊愕了：“没有人偷？”

“在我们胶东人的字典里，是没有‘偷’这个字的，至少在我们徐家夼人的字典里没有。世世代代都是这样的。”

2001年春天，我乔迁新居。我在新家的门前栽了一棵杏树，三棵桃树，我天天看它们，从上到下打量着它们，就像欣赏艺术品。老伴不解，问我天天围着它们看什么。我随口吟出了《小白杨》中的一段唱词：

小白杨，小白杨……
当初离家乡，告别杨树庄；
妈妈送树苗，对我轻轻讲：
带着它，亲人嘱托记心上，
栽下它，就当故乡在身旁……

吟罢，泪珠竟滚落下来。

我爱我的故乡。

乡土，把我塑造成了一个山东人。

二

我在家乡读的小学。在小学里，我遇到了一位非常好的老师 —— 张敬斋。张老师刚来到我们村小时，才18岁。他的字写得好，课文朗读得好，画画得好，京胡、二胡拉得好（二胡是他自己做的），歌和京戏唱得好，更重要的是对学生态度好。我脑海里留下的全是张老师的笑脸和那特有的爽朗的笑声。在我的记忆中他只生过两次气，但很短暂，笑容很快回到了他的脸上。进入三年级，张老师要我们每天写一篇大字。开始是“写仿”（即“仿影”）。张老师给我们每个学生写一幅字（每幅12个字），我们把纸蒙在上面描。什么时候老师写的字被洇模糊了，老师就再给我们写一幅。到了四年级便临帖了，多数同学临的是柳公权的《玄秘塔碑》，一直临摹到六年级。大家都努力争取得到张老师的红圈，谁要能得到双圈（写得较好的字，张老师给画两个红圈），那简直是莫大的奖赏，会一蹦三尺高！有一次，我有两个字得了两个红圈，激动不已，把它寄给了在徐州工作的爸爸。张老师喜欢写字，他经常给我们讲欧、颜、柳、赵四种字体的风格。

忘不了张老师给我画的一张奖状。那时农村条件差，奖状都是张老师画的。一次期末考试，我语文成绩突出，张老师发给我一张奖状，奖状上面画了一只展翅欲飞的小鸟，并写了一句鼓励的话。我把它捧回家，妈妈笑，奶奶、爷爷也笑。爸爸远在徐州，如果看到了，肯定也会抿嘴笑。

没想到那张奖状还起到了另一个作用 —— 我竟喜欢上了画画儿！开始画的都是动物，后来画人物 —— 临摹古典小说上的绣像。同学梁延生家贴着一幅《三英战吕布》的年画，我便到他家跪在炕头上，照着画。在小学，画得最多的是戏曲人物，尤喜画京剧脸谱。书包上贴的都是脸谱。班级的壁报上，经常贴着我的画儿。春节，别人家贴的都是买的年画，而我家贴的都是我自己画的。我最喜欢画戏剧人物和花卉。戏剧人物画得最多的是关公、包公，花卉画得最多的是牡丹、荷花、菊花和梅花。

忘不了张老师在我作文本上画的许许多多的红色波浪线。有时候，一篇作文几乎都画上了波浪线！真的全篇都是妙语佳句吗？哪里！都是张老师的期冀和鼓励！每条波浪线，都拉近了我与课外书和作文的距离。

忘不了张老师教我们拉京胡、唱京戏。从小学三年级我和京剧便结下了不解之缘。开始学的是《李逵下山》中的“俺李逵做事太莽撞”，后来张老师发现我有“小嗓”（假嗓），而且音色好，清脆透亮，有“金属音”（张老师说的），便又教我唱青衣。启蒙戏是《汾河湾》柳迎春唱的“儿的父去投军无音信。”之后，又教了一段《打渔杀家》中萧桂英的一段唱：“老爹爹清晨起前去自首”。再后来，还跟着村里人学会了“劝千岁杀字休出口”“看小姐做出了许多破绽”等唱段。学唱的同时，又跟着张老师拉京胡。那时买不起京胡，我用的是张老师做的。和我一起跟着学拉京胡的有七八个人。

唱京戏和看京戏是两码事。看，是旁观，只是感受它；唱、拉，则是参与，是体验它。唱，才能体验到什么叫“以情带声”“声情并茂”，什么叫“有韵味儿”；拉，才能体验到京剧音乐的美 —— 它的悠扬、脆亮、刚柔、疾徐，知道什么是“包腔”（琴谱和唱腔是两个谱子，琴谱音符多）。一段唱词就是一首诗；会的多了，积淀的也就多了。听、唱、拉，充实了我的人生。

忘不了张老师带我们在操场上挖沙坑，发动我们到富水河的沙滩上搬细沙。一个很大的沙坑居然做好了！于是我们就多了几种锻炼方式 —— 跳远、立定跳远、跳高，并在里面摔跤。农村的孩子爱摔跤，在沙坑里摔跤多安全、多尽兴呀！

忘不了张老师带领我们搞的活动 —— 演活报剧，爬山，为梨花授粉、掐花，慰问军烈属……

要知道，我是1948—1954年在家乡读的小学啊！那时张老师肯定没有“素质教育”的理念，但是他所做的，不正是我们今天所提倡的吗？

小学生的学习全凭兴趣，感谢张老师使我有了广泛的爱好和兴趣。

我没有成为京剧演员，但我身上多了一些艺术细胞；我没有成为京胡演奏家，但我拥有了一份艺术体验；我没有成为画家，但我多了一位教学“助手”；我没有成为书法家，但我拥有了学生喜欢的第二张端庄的“脸”和名片（有人云“字是人的第二张脸和名片”）；我没有成为跳远运动员和摔跤手，但我养成了锻炼身体的好习惯，拥有了健康的体魄。总之，众多的爱好，成全了我的人格，也成全了我的教学。

在徐州第七中学，我庆幸遇到了一位刚刚大学毕业的李晓旭老师。我上初中时，学的是“文学”。没有一个同学不喜欢上李老师的文学课的。如果说，小学的张老师使我有了许多爱好，对许多学科产生了兴趣，那么，李老师则使我有了梦想和追求。在我的一篇作文上，李老师批了一句：“此文有老舍风格，可试投《中国青年报》。”是吗？于是，我兴奋地认认真真地把作文抄了下来，小心翼翼地寄出去，怯生生地等待着。然而，至今未发表！但李老师的一句话，使我做起了作家梦，我如饥似渴地读书，搜肠刮肚地写稿。书，自然是先读老舍的。退稿很快积了一大堆，但屡败屡战，毫不气馁。

人的理想虽然不可能都实现，但为之奋斗的人生是充实的。

理想和追求在，动力就在，希望就在，充实就在，收获就在。

什么是天才？天才就是凭兴趣学习的人，就是矢志不移地为梦想奋斗而终于成功的人。

我虽然没有成为作家，但收获的是读书、写作和思考的习惯，收获的是人格和思想上的成熟。是文学感动了我。同时，是文学使我懂得了形象的重要。讲课离不开形象，教育离不开形象 —— 尤其是老师自身的形象。我懂得了，于是便努力地、不断地、自觉地打造自己的形象。

三

1959年8月30日，我跨进了江苏省徐州师范学校的大门。

“哦，三年后我真的要当老师了！”我望着教室里张贴的“学高为师，身正为范”“又红又专，一专多能”“举一反三、触类旁通”等标语，自言自语。

于是，所有教过我的老师，一一浮现在我的脑海。老师们成了我的一面面镜子。他们的今天，成了我的明天。那时，我有一个最简单的想法，就是要做一个学生喜欢的老师，绝不能做一个被学生瞧不起甚至奚落的老师。

一方面，我继续做着作家梦，一方面又做起了“当个学生喜欢的老师”的梦。读师范时，我拥有了两个翅膀。

我要做一个像李晓旭老师那样的知识渊博、讲课幽默的老师。于是我更自觉地读书，不但读文学的书，而且读教育方面的书，马卡连柯的书读遍了。此外还读哲学，啃政治经济学，不但读，而且做笔记。

学校图书馆是我去的次数最多的一个地方。管理图书的南老师对我读《马克思主义哲学》感到吃惊：“你想当哲学家？”我的想法很简单：当老师、当作家不懂哲学怎么行？“两个翅膀”给我带来了很大动力。星期天，我一个人坐在教室里读书、弹琴（那时每个班有一架风琴）。在玻璃窗上结着冰花的教室里读书、写作的感觉真好。参加工作了，星期天我还喜欢到徐州市工人文化宫图书馆看书。带着两个烧饼，中午不回校。心里觉得自己就像《西行漫记》里写的在长沙读书的毛泽东，不以为苦，反以为乐。

在师范学校读书期间，也写了不少东西，却只有一篇散文《我们的心向北京》，刊登在徐州文联办的《百花文坛》上。但我不灰心，仍雄赳赳、气昂昂地“愤然而前行”。班主任赵维仁老师很喜欢我的作文。有一次，我写了一篇《读〈任瑞卿先生二三事〉有感》，得到赵老师的赏识，赵老师不但在我们班读了，还推荐给别的老师，拿到别的班读。这给我增添了很大的动力。

我要像张敬斋老师那样多才多艺。那时学校对我们师范生的要求是“又红又专，一专多能”。我除了继续保持着对文学的爱好外，对绘画、书法、音乐、戏剧仍有浓厚的兴趣。我是“三好学生”，是学校的文艺骨干，既是合唱队队员，又是民乐队队员——在乐队里拉板胡。

三年的师范学习生活，使我养成了很多好习惯，包括生活习惯。我最感谢母校的，是培养了我思考的习惯。读书，深入思考了，所以养成了不动笔墨不读书的习惯；“吾日三省吾身”了，所以养成了写日记的习惯；思考自己的明天了，所以养成了读我身边的老师的习惯，记他们的优点，同时也思考他们的不足。

教代数的徐惠通老师是同学们敬佩的老师。他有“三绝”：课讲得绝，字写得绝，京胡拉得绝。徐老师讲课口齿清楚，语言干净，逻辑性强。板书是他的一绝——讲有多快，写便有多快。一个定义，一个公式，一道演示题，说完了，也写完了，而且字迹清秀，字有字距，行有行距，不歪不斜，黑板上像有暗线似的。有时讲得兴起，分数分子的“1”，不是由上向下写，而是由下向上推！我们毕业时，把他的备课本给撕开分了——一人两三张，作为书法作品收藏。徐老师无奈的同时也是高兴地站在一旁笑。我在心里说：当老师的，课要像徐老师上得那么好，要像徐老师那样有几手。

教音乐的陆有信老师，课余时间，和我们一起到学校西边的云龙公园玩，他拉手风琴，我们唱。姜志勇同学唱的《天仙配》中的“家住当阳姓董名永”一段非常动情（姜志勇从小失去了父母），得到陆老师的赏识，亲自为姜志勇伴奏。二人的合作珠联璧合。后来才听说陆有信老师的家境和姜志勇相似。——难怪呢。但，在课堂上，陆老师对我们要求很严格。他布置的作业——无论是唱，还是弹琴，绝对不允许我们应付。一次，我因没完成他的用分解和弦伴奏的一首练习曲，他便责令我在班里做检查。语调很平和，但我出了一身冷汗。于是发奋图强，用了半天的时间，拿下来了。感谢陆老师。他使我明白了什么叫责任感，什么叫“教不严，师之惰”。

郭宁兆老师是我在徐州七中读书时的美术老师。我考入徐州师范学校后，她也调到了徐师。她对我们几个从七中考过来的同学说：“我们又能在一起了，这是缘分啊！”每年中秋节，郭老师便把我们几个同学叫到她的宿舍，每人赠送一块月饼。要知道1959—1962年，正是我们国家的困难时期啊！郭老师望着我们甜甜地笑，我们也望着郭老师甜甜地笑。我在心里说：“郭老师把爱给了她的学生，我将来也要把我的爱给我的学生。”

我就这样按照我敬爱的老师塑造着自己。

毕业前的一个多月的实习，是对我三年学习的检验；实习结束时，我和实习班的小朋友洒泪而别的场面，是我向母校交出的答卷。我的目标是做一个学生喜欢的老师。一个月下来，我觉得这个目标并不是遥不可及的。

四

如果说，我在教学中取得了一点成功，原因之一，是我有一颗童心。用学生的话来说，我是他们的“大朋友”；用思维科学家张光鉴教授的话来说，就是“于永正和学生相似”；用苏霍姆林斯基的话来说，就是我“始终不忘记自己也曾是孩子”。

年轻的时候，我也是一个“隔着讲桌和学生会面”的人，也是一个“只是凭成绩和分数来衡量和评价学生的精神世界，根据孩子学不学功课把他们分成两类”（苏霍姆林斯基语）的老师。

后来变了。因为我明白了，分数的确不是学生的全部，好多成功者读书时考试成绩并不好，比如达尔文、爱因斯坦。

学生需要掌握知识，需要有多方面的兴趣和爱好，需要丰富的精神生活，他们的成长离不开集体的交往，离不开活动。

我要求自己尽可能地把课上得轻松一些，讲课生动、形象一些，说话幽默一些，因为，我喜欢这样的老师。把课上得有意思是我不懈的追求。我的逻辑是：先让学生喜欢我，再“爱屋及乌”——喜欢我教的学科。

让学生做对终身发展有益的作业——读书、写字、作文，不做令学生生畏、生厌的“哈达卷”和“练习册”。

“教不严，师之惰。”该宽的宽，该严的严。学生应该做到的、达到的要求，必须做到、达到，否则，绝不放过。在师范学校如果不是遇到了要求严格、教学顶真的陆有信老师，我是不会掌握难度较高的“分解和弦”的伴奏技巧的。

“教不严”，我把它看作自己工作的失职。

我不怕苦，也不怕麻烦，经常带领学生到大自然中去，到军营中去，到工厂去，到农村去，到博物馆去……钓鱼、钓虾比赛，作文、写字、绘画比赛，还有多种文体活动，都是我经常开展的。活动，对孩子的成长来说，是不可缺少的。“缺少这种欢乐，就难以想象有充实的教育。”（苏霍姆林斯基语）著名少先队活动家顾岫荫老师说：“一个人亲身经历一些有意义、有情趣的活动，会在记忆里留下难以磨灭的痕迹，每一个精彩的活动留给孩子的都是一颗珍珠。当他长大后，岁月的丝线把这些珍珠串起来，就成为人生珍贵的项链。”

我总希望我的学生拥有更多这样的珍珠，拥有一个金色的、快乐的童年。

我会千方百计地，但看起来又是不经意地激发学生多方面的兴趣。读书是我首先考虑的。其他如书法、绘画、音乐（包括器乐）、手工制作，甚至关注花鸟虫鱼……我会像孩子一样，和学生一起去拥抱、去感受这些美的东西。

我对自己说：要蹲下来看学生。思维科学家张光鉴教授说：“蹲下来看学生，就是老师要和学生相似。于永正和学生相似了，所以他成了学生喜欢的老师。”蹲下来看学生，对学生就会有更多的理解。多一分理解，就多一分爱。因为“爱是理解的别名”（泰戈尔语）。

学生的成长离不开老师的爱。老师的爱，是理解，是尊重，是鼓励，是宽容，是微笑，是跟学生打成一片，是与学生同欢乐、同忧愁。我不能保证不训斥学生，但我的训斥中绝没有伤害和挖苦；我不能做到爱每一个学生，但我可以做到尊重每一个人。

总之，我时刻记住我曾经是一个孩子，时时想想我小时候的所思所想、所作所为，想想我上学时最希望老师怎么样，最想老师做什么，最想得到的是什么。

五

每次学生聚会时，他们回忆得最多的，第一是故事，第二是活动。至于我精心设计的课竟很少有谁记住的（除了少数的课还记得其中的片段）。学生说，他们永远忘不了的是故事——我给他们讲的故事，读的故事，还有我和他们之间的故事。

我对学生讲的故事很多，有古代的，有现代的，也有外国的。读的故事更多，因为可以从报刊中信手拈来，朗读一遍就可以进课堂了。学生喜欢听我朗诵，我能把故事中的人物读活。这些故事，有的我已经忘记了，学生们却记忆犹新。他们更记住了我和他们之间的故事——其实，有的算不上是故事，只是一个细节而已。耿臻记住了有一次语文考试，考得不理想而掉“金豆豆”时，我跟她开的一个玩笑。张维维记住了她一次数学没考及格而沮丧时，我对她讲的我小时候数学有时也考不及格的事。魏亚军记住了他小时候偷人家的黄瓜被我知道后，我没有批评他，只是对着他的耳朵，轻声问了一句：“魏亚军，偷到的黄瓜是吃了吧？”然后一笑了之这件事。刘其太记住了一个下雨天，他因为生病而晕倒在路旁，正巧被我遇到了，把他背回家的事。张莉的故事长一些：一次我带领全班学生到皇藏峪玩，她下山时不幸摔破了头，我亲自送她到医院治疗，然后送她回家，并向她家长道歉的事……

当初我留给学生的只是一些爱的碎片罢了，今天收获的却是温暖的回忆。

我曾听过郭振有先生的一个报告。郭振有先生说过一段很深刻的话：“教师有没有文化主要不在于教师的职称、职位，而在于教师有没有高尚的师德、丰富的学识、生动的个性、感人的故事在学校里流传。有些学校没有文化气息，问学生老师有哪些感人的故事，学生讲不出，或只能讲一些课堂的笑话。”郭振有先生语重心长地说：“只有大德之人，才能干大事业。”

如果我在年轻的时候就明白这样的道理该多好哇！我一定会为学生留下更美、更好的故事。

有位教育家说：“孩子在未成年以前，接受的是形象而不是理念。”

我想这就是故事之所以会长久地保留在学生心中的缘故吧！因为故事——特别是老师的故事——是形象。

六

平心而论，我真的是一个普通的小学老师，读书并不很多，而且读的速度慢。天资也并不那么聪颖，读小学时，除了美术、作文好一些，其他学科成绩平平。到了中学、师范，懂得了思考，掌握了一些学习方法，各科成绩才上来了。1977年，我在徐州党校学习时，同班的大学生都考不过我。

关键在于会学习。会学习就是会思考 —— 能把厚书读薄，能把薄书读厚。

走上工作岗位，便思考教育，思考教学，思考学生。我是一个思考型的实践者。我写的所有东西（包括日记），都是用文字凝固下来的思考。写，是最全面、最深刻、最理性、最冷静的思考。我十分感谢我的老师使我对写作有了浓厚的兴趣，十分感谢我的写作习惯。我写的东西不是为了发表，只是觉得有点意思时，才小心翼翼地寄给报刊社。不是怕不发表，是怕发表了贻害大家。

我不是只说不做的人，从不坐而论道，纸上谈兵。每有所得，必定转化为教育、教学行为。这也正是我至今没有落后于时代的原因。

有人说，教育的理论是古老的理论。是这样。教育的好多方面早被孔子、苏格拉底所认识，而且凝成了千古不朽的文字。但，我能用古今理论家的理论，演绎出新的故事。我还以“举一反三”，借别人演绎的故事，去演绎属于自己的故事。这本《教海漫记》记下来的，就是我演绎的许多故事中的一部分。

综合篇

93. 故乡行

一

1987年8月20日，我和二弟永棠、女儿于然、侄女彩云回到了阔别多年的故乡——山东莱阳徐家夼村。

这是个美丽的山村。排列得整齐有序的红瓦白墙的农舍，掩映在绿树丛中。三条清澈的小河从村东、村中、村西穿过，然后在村南头汇合。汇合在一起后水量大增，河水顺山脚——先是南山，尔后是陡山——蜿蜒地向东南方向流去，然后汇入胶东半岛有名的富水河。我们村周围都是山，祖先们看好了山脚下的这一片较平整的地，于是定居下来，取名徐家夼。“夼”，读kuǎng，即洼地的意思。徐家夼现在并没有姓徐的人家。据老人讲，最早，这里是姓徐的人居住的，可是人丁不兴旺。徐姓的人们认为“风水”不好，于是迁徙到别处去了。接着我们姓于的来了（也许姓徐的没走前，我们就来了，无从考）。“风水”先生说，“鱼（于）儿离不开水。这里是三条小河汇集处，适宜姓于的居住”。果然姓于的在这里兴旺发达起来，至今姓于的占全村人口约90%。

一跨进四弟永杰的门槛，我和二弟几乎同时说：“到家了！”

这才是家，生我养我的家。

二

1987年8月20日是我母亲逝世三周年忌日。这次我们回来是为母亲过“三周”的。在家务农的三弟永一、四弟永杰要为母亲扎纸人、纸马、房舍、电视机什么的，说要母亲在那个世界过上现代化的生活。我说：“不要扎，咱们多送些钱，老人家爱买什么买什么，省了我们备置的东西她不满意。就拿电视机来说吧，你扎什么牌号？还是由她老人家选吧！”二弟也同意我的意见。其实，我根本不相信还有“那个世界”。母亲生前常对我说：“人死如灯灭，什么都没有了。”说是这么说，但按风俗，得烧烧纸，燃炷香，摆点供品。于是四弟买来许多纸，姐姐永凤，表弟鹏程、秀臣也带来不少纸。四弟永杰把纸一沓一沓地铺在桌子上，“凿”上钱印。“凿子”是用一根圆梨木制作的，它的一头，刻有一枚大大的铜钱图案。把它放在纸上，用小锤在另一头敲一下，纸上便留下了钱印。“凿纸”很有讲究，要求也严。一要均匀，不能稀疏，否则“钱”不多；二不能重叠，否则烧化以后出来的“钱”会残缺，不好花。凿的时候还不能图省事，把纸铺得太厚，不然烧化以后“变”不出钱来。小时候，有一年春节，我把所有的纸摞在一起，企图“毕其功于一役”，在最上层凿一遍就行了。还没凿两下，被爷爷发现了，他急忙予以制止，给我讲了不能把纸铺得太厚的“道理”。纸很多，四弟忙得不亦乐乎。汗水滴在纸上，立刻洇开去，圆圆的汗渍，更像一枚枚铜钱。

烧纸时，还得附一张祭文，一者表达悼念之情，二者使死者知道钱为谁所送。表弟秀臣长于此道。祭文的最后一句是“他鬼不得争夺”。看来，“那个世界”上也存在着社会治安的问题。是不是也有鬼警察维持社会秩序，就不得而知了。

墓地在村子东南面的一个山坡上。背后是座大青山，前面是条富水河，依山傍水，风景秀美。这里是全村的公墓，不论姓于的，还是姓梁、姓宋的（全村只有这三姓），死后都葬在这里。他们生前在一起，死后也在一起。

纪念仪式是在二爸于全忠的主持下进行的。他把纸堆在母亲坟前，用一根棍围着纸堆画了一个圆圈，圆圈的东南部留了一个口儿，据说，母亲可以从这儿进来把钱取走。他先取出一叠纸来，用火机点燃，放在圈外，说：“这钱是给左邻右舍的。”看来，在“那个世界”也讲究人际关系，要和邻里搞好团结。我说：“好在都是自己村的，多给点嘛。”二爸笑笑，又取出一叠，烧化了，说：“一点儿小意思，大家花。”

香纸点燃了，供品摆上了，我们弟兄四人跪下磕了四个头——“人三鬼四”，给死者磕头应磕四个，给活人磕头应磕三个，这是规矩。三弟怕我出外多年忘了，临来时特意交代了一遍。

一跪下，眼泪就止不住流下来。二爸站在一旁，一边用棍子摆弄着纸，一边说：“大嫂（指我母亲），您的孩子和侄男侄女、外甥们来看您来了，给您送钱来了。”听了这话，我们弟兄竟大哭起来。

三年前——1984年母亲在病重期间问我：“特级教师评上了吗？”我为了让母亲欢喜，撒谎说：“妈，评上了，还登报了呢！”她眼角露出一丝欣慰。

母亲读过书。我四五岁时就教我背“九九表”，背古诗。至今我还记得母亲送我上小学那天，我当场背出了乘法口诀表和《木兰辞》时，梁老师那吃惊的表情。“母亲”，谁能说清这个伟大字眼里有多少内涵呀！

香纸快焚完了。一缕缕青烟从没燃尽的纸里袅袅升起。我想象着冥冥中的妈妈，似乎真的觉得她老人家来了，还是那么慈祥，笑着一个个端详着我们……

我可以告慰母亲在天之灵的，是我没有辜负她对我的培养和期望。

我最感到内疚，最对不住妈妈的是，在她去世前两天，我为她喂药时，说“请张嘴”三个字声音大了。

我多么想重新写那一天的历史啊！

但，历史既不能重复，也不能涂改。

三

吃过午饭，已经下午三点了。亲戚们也因为完成了使命而一一告辞。于奎照约我到他家，说是去“唱一段”。他不但会唱，而且操一手好琴。他的胡琴是不久前在济南买的。“转轴拨弦三两声，未成曲调先有情。”我刚一定弦，不由得想起小时候我刚学拉胡琴的情景。“吱吱啦啦”，拉得妈妈心烦。但爷爷爱听，尽管“短笛无腔”，爷爷却说我能让木头说话，不简单。当我拉得“有腔”了，妈妈笑了。“来，先来段《让徐州》。刚喝过酒，调儿定低些。”奎照站起来，清了清嗓子对我说。

刚唱完，于永元大哥家的大嫂抱着一个孩子从外面走进来。我连忙起身打招呼。以往，我每次回家她总要找我说说话。虽然已是七十多岁的人了，但身板还挺硬朗。

“大兄弟，有日子没回家了。”

“是的，大嫂，整整11年了。”

“要常来家看看。再隔几年不回来，说不定你就见不到嫂子喽。”说完，她叹了口气，从上到下把我仔细打量了一番，说，“大兄弟，你侄女要是活着，和你一样，今年也48岁了。”

我的大侄女儿叫于世香，和我同岁。她长着一双忽闪忽闪的大眼睛，说话很快，能歌善舞。她常说，长大了要当个老师，专教唱歌。世香的爸爸是远近闻名的旦角演员，嗓子又脆又亮，有“小喇叭”之称。世香很像他爸爸。可惜，她于1954年春天突然夭折了。记得那是一个寒冷的下午，我放学回来，刚走到村南头，迎面碰到了于全贵。他心情沉重地说：“于世香死了。”

我大吃一惊：“昨天晚上不是在街上耍吗？怎么会突然死呢！”

“今天早上起来，觉得肚子疼，中午就咽气了。”

两个木匠在家庙的院里为世香做棺木。我和全贵来时，小棺木已做好了。院子里有好几个小伙伴。

“全贵，棺木底怎么不用板子，而钉木条呢？”我轻声问。

全贵摇摇头说：“不知道。”

于永元大哥两眼红红的，嘴里衔着大烟斗，“吧嗒吧嗒”地一个劲抽烟。

“世香就要躺在里面被埋在地里了。”一个女同学小声说。话音未落，立刻就有几个女孩子抽泣起来了。

“往哪儿埋？”我问全贵。

“胡留村。那个村子有个男孩死了，她要和他埋在一起。”

“为什么要埋到外村去？那个男孩她认识吗？”

“他俩要结婚。这叫‘人魂儿亲’。”全贵长我两岁，知道的比我多。死了的人，就可以不遵守婚姻法，不然，12岁的女孩怎么能出嫁呢？

“人在光阴似箭流。”一晃，几十年过去了。我这个小时候根本没有想当老师的人却当了老师，而且教过唱歌。永元大哥不无感慨地说，是我为世香圆了当老师的梦。

我望着大嫂那饱经风霜的脸，把话题岔开：“大嫂，您抱的是谁的孩子？小家伙长得多可爱呀！”

大嫂脸上浮上了笑容：“这是你大侄子世经的儿子！”

“11年没回家，世经都有了孩子了！”我把孩子接过来，小家伙非但不哭，还大胆地看着我。一双大眼睛忽闪着，酷似他的姑姑世香。但我没敢说，怕大嫂难过。

我到二姑家的时候，二姑告诉我，母亲生下我时，奶水不够吃，便经常抱着我走门串户去吃别人的奶。去得最多的是于永元的家。因为世香和我差不多同时出生，大嫂子的奶水足，为人又好。

我说：“真是老嫂比母。看来，我应叫她嫂娘！”

二姑说：“你是吃‘百家奶’长大的。喂你的人多了。你小时候又白又胖，人们都喜欢你。”

从此以后，我只要唱《妈妈的吻》，我的眼泪就簌簌地往下落。就是听别人唱，眼睛也会湿润。唱第一句“在那遥远的小山村，小呀么小山村”，眼前便浮现出青山环抱的徐家夼村的轮廓。唱到“我那亲爱的妈妈已白发鬓鬓”和“妈妈的吻，甜蜜的吻，叫我思念到如今”时，脑海里就会闪现出妈妈慈祥的面庞和哺育过我的众多的嫂娘、婶娘、姨娘的形象……

“再还妈妈一个吻”是不可能了，但我可以再还嫂娘一个吻。“吻干她那思儿的泪珠”，“安抚她那孤独的心”！

四

第二天一大早，我便来到我的母校——徐家夼村小学。学校建在西岗上，六间教室一字儿排开，红色的瓦，白色的墙，淡蓝色的门窗，具有典型的胶东建筑风格。这里是全村的最高点，站在校门口可以鸟瞰整个村子的秀丽风光。过去的校舍已荡然无存，建公路时早已夷为平地。

学校仍保持着过去的做法，没有暑假，只有麦收、秋收和春节三个假期。我来到时，学生们正在上早自习。教室里传出琅琅的读书声。这声音多耳熟，多亲切！几十年过去了，他们读书的声调还没变，与我小时候读书的声调一样，这是真正的唱读。一代传一代，很难改。我忽然发现，唱读也有优点，唱读更投入！我忽然又觉得唱读是一种美的音乐，悦耳动听！我甚至想，应该请音乐家把它记下来。

现任校长于奎考是本村人，他和我同庚，是一起光着屁股长大的。学校的老师除了于成瑞以外，其余的都不认识，奎考把他们一一向我做了介绍。

不需介绍我，他们都知道我是徐家夼人，是特级教师。他们都说经常在《山东教育》《江苏教育》《小学语文教学》等刊物上看到我写的文章和有关我的教学改革的报道。

我向奎考打听教过我们的老师的情况。奎考说："张敬斋老师在莱阳党校，孙秀英老师据说到湖南去了，梁老师、王老师、徐老师都相继过世了。"真是"到家成远客，访旧指新坟"！听了奎考的介绍，心里不由涌起一阵悲凉。

不过，使我非常欣慰的是张敬斋老师还健在！我站在办公室门口，遥望南山，在心里说："张老师，从我离开家乡再也没有见到您。但您的学生始终把您铭记心中！张老师，您还是留着分头，还是那么朝气蓬勃吗？您的一双眼睛还是那么锐利、亲切、慈祥吗？张老师，我们把一根竹竿放在肩膀上，您还能一跃而过吗？"

我感谢母校，感谢教过我的张敬斋、孙秀英等老师！他们给了我那么多的美好的东西。我感谢他们在我作文本子上画的许多波浪线，在我的大楷、小楷本上画的红圈圈，感谢张老师亲自为我画的奖状……

熟悉的、亲切的读书声消失了——下早读课了。该上第一节课了，我和奎考在校门口握别。我抬头望着校门上方的"山东省莱阳县赤山乡徐家夼村小学校"几个字，心里突然一热，立正站好，朝母校深深地鞠了一躬。

五

我和二弟、四弟从陡峭的南山下来，正好奎照工作单位的一辆大拖拉机到莱阳城路过我们村，我们匆匆收拾行装，准备搭乘它到源水夼四舅舅家里去。上午十点半，拖拉机发动了。我们站在车厢内向故乡、向所有认识的人告别。

快出村了，公路旁枝繁叶茂的柳树伸出手来抚摸我们的脸。那刺槐也把长长的枝伸向我们，"似牵衣待话，别情无极"。

一层层梯田，一道道山泉，一片片庄稼，一个个果园被拖拉机迅速地抛向身后。

我的泪珠在眼圈里打转。

我直想哭。

我只能在心里说："再见！生我养我的故乡。"我不能把话说出口，否则眼泪会跟着一起出来。

看到汩汩地向我的村庄方向流去的溪流，我又激动了，我的泪珠终于忍不住滚落下来，岑参的《西过渭州，见渭水思秦川》的诗异常清晰地浮现在脑际，涌上唇边：

渭水东流去，何时到雍州。
凭添两行泪，寄向故园流！

94. 贤内助

一

大雨如注。

真是天有不测风云。妻子走时，只是南边的天际潜伏着几块乌云，没想到，只几个闪、几声雷，就把它们催了上来。一阵大风扫过，豆大的雨点从天而降。

我算计着妻子现在会在什么地方。越算越觉得她淋在了路上。我望着窗外的雨帘，企足而待。

约摸半小时，雨终于停了。一会儿，妻子回来了，还好，身上没淋透。

“要不是到一家商店避雨，早淋成落汤鸡了。”妻子一边取下身上背着的一个邮递员使用的绿色帆布包，一边说，“邮递员穿的衣服、戴的帽子全在里面，都是新的。告诉你，邮递员送信专用的自行车也借好了，明天一早人家就送来。既然装，就装得像一点。”

明天，我要上两节三年级的作文公开课。内容是看图作文 —— 看语文课本中画的一幅老邮递员冒雨为学校送报纸、杂志、书信的图，写作文。我打算把这幅图变成活生生的画面 —— 请人扮演邮递员，到我们学校送报送信。妻子一听，满心欢喜，说她有个同学正好当邮递员，衣服、帽子由她去借。这下好了，连邮包、自行车也借来了。

“辛苦你了！你考虑得太周到了。”说到这里，我学着京剧里的小生，“娘子，请受我一拜！”念白的同时，向她深深地施了一礼。

“明天把课上好，比什么礼都好。”

我拾起包说：“我这就去找扮演邮递员的孙老师，一来让他试试服装合不合适，二来再和他对对台词。”

说完，我拿了衣服，“噔噔”上了五楼 —— 孙老师住在五楼。

二

一年春天，我路过七里沟果园，发现了一大片桃花、一大片梨花。我欣喜若狂走了进去。漫步在果园里，仿佛置身于云霞之中，仿佛踏上了故乡的土地。

回到家里，我对妻子说："麻烦你到果园去联系一下，我想带学生到那里去春游。没想到那儿有那么大的一片桃树和梨树，还有杏树。以前只知道那儿有苹果。"

妻子曾在果园工作过，那儿的一切她都十分熟悉。二话没说，第二天，她便去了。她一出马，我们便如愿以偿。

我和学生徜徉在花的海洋里。我对杏花、桃花、梨花有着特殊的感情，因为它们与我快乐的童年、与我可爱的故乡有着密切的联系。

虽说"桃花开，杏花败"，但桃花盛开的时候，杏花并未败尽。绽出了嫩芽的杏树枝头上，仍缀着许多接近白色的花。树下，落了一层如雪的花瓣。我不觉产生了"惜春"的情绪。学生们则不然，有人吟诵起志南的名句："沾衣欲湿杏花雨，吹面不寒杨柳风。"有人吟诵出了宋祁的《玉楼春》里的名句："绿杨烟外晓寒轻，红杏枝头春意闹。"

学生在春的怀抱里欢笑着，嬉戏着。

杏花、桃花在我幼年的心里播下了美，播下了憧憬；同样，我也要让它们在我的学生们的心里播下纯洁，播下向上和追求。

春华秋实。

在苹果成熟了的时候，我设计了"认识苹果"系列说写课，中国教育电视台准备拍成教学片。张朝俊、张庆同志写好了脚本后，我对妻子说："你还得去趟果园，而且这次麻烦事不少。"

妻子颇带难色地说："你不能设计认识别的什么东西的课？偏设计认识苹果课。你不知道，春天那次活动，果园的人就不大情愿让学生们去，因为是花期，园内不好进人。这次……"

"这次无论如何还得去，因为要拍电视片。"

"好吧，让我说说试试。"

一试就成。毕竟妻子在果园工作过，而且人缘很好。看在妻子的面上，还特地安排果园里的"技术大拿"—— 潘农艺师帮助搞这次活动。因为重头戏在潘农艺师身上，我带上脚本，又专门到果园找到了他。潘农艺师确实很热情，答应一定把台词背得熟熟的，尽量拍好。

一切按计划进行。电视整整拍了一天。妻子从头到尾地跟着，忙里忙外，跑前跑后。

片子拍得很成功。审片的时候，我请她去了。有人提议在片尾的“技术指导”一栏里写上我妻子的名字。

她淡淡一笑说：“有永正的名字就行了，他代表了我。”

大家听后，都称赞我妻子是个真正的“幕后英雄”。

三

更值得一提的是，她从“幕后”走到“幕前”的一件事。

一年春天，我患了痔疮，每挪动一步，都得付出巨大的痛苦。家离医院很远，妻子每天用自行车把我推到公共汽车站，扶我上车后，再骑着车子到下车的那一站接，然后推到医院。我要坐六站路。可我每次下车，便看见妻子扶着车子在站台旁边等我了。

“你的速度比汽车还快？”我惊讶了。

“我是抄近路来的。”

哪里有这么近的路？分明有一种不言而喻的力量在支持着她。

离星期五我的两节作文课越来越近，可病尚未痊愈，我有些着急。妻子说：“那只好请假了。”

“你能不能替我上？除了你，我不想再麻烦别的人。”

妻子大吃一惊，说：“你是不是发烧？”

“我琢磨着你能行。”

“那你得把每句话写下来。”

于是，我一句一句地口授，她一句句地记，再一句一句地背。

“话说得再自然一些，表情再亲切一些，别把三年级的孩子们吓坏了。”我躺在床上指导着。

她一夜没睡踏实。

第二天，她代表我走进了课堂，自称是“杨老师”。她恐怕是世界上“速成”得最快的老师了。如果课上得成功，我想完全可以载入吉尼斯世界纪录。

下次我上课的时候，小朋友纷纷问：“于老师，杨老师还给我们上课吗？她是哪个学校的？”

“她讲得好吗？”

“好！讲的话，还有讲话的语气、表情都很像您。”

回家后，我对妻子说：“门里出身，不会也懂三分。我看，你对教育这一行，不是懂三分的问题，而是懂八九分。知道吗，小朋友对你上的课十分满意，还希望你再去上呢！”

“是吗？”妻子像小孩子似的，眉飞色舞，一双眼睛又弯了起来。

“今天是不是我该杀只鸡，向你这位由幕后转到幕前的英雄表示谢意？”

四

我每写好一篇文章都请妻子过目，她是第一读者。不同的是，她有修改权。有时写出了得意之作，我还念给她听。把写好的文章念给别人听，可以促使自己的文章写得口语化。念起来，不朗朗上口，自己也别扭。久而久之，每当我提起笔来的时候，就觉得妻子坐在旁边看，坐在旁边听。

请妻子改文章的最大好处是“一家人不说两家话”，不管看法正确与否，都直说。

一次，我在一篇文章中提到了有位老师让学生家长织毛衣的事。妻子看了，摇头说：“不妥。这事最好不写。写了，有打击别人、抬高自己之嫌。即使要写，也不能写得这么具体，而且语言要委婉。”

我没舍得删去，只是改得简略了一些。可是文章发表时，还是被编辑删掉了。

妻子说：“怎么样？我没说错吧？”

旁观者清。

凡是被妻子首肯的、修改过的文章，百分之百地发表。妻子很得意，更尽心地为我看稿子、改稿子了。有时我忙，她还帮我誊写。我的字再潦草，她总是认得的。

我呢，自然更高看她一眼，事事、处处不敢怠慢她。

五

请我讲学的单位越来越多。妻子看我有些招架不了了，便主动担当起了我的“经纪人”的角色。哪里可去，哪里不可去，什么时间去，都由她定。在时间的选择上，她有一条原则——尽量不影响我在本单位的工作。

“温州城南小学一位姓唐的校长请你去讲学。”一天，我下班回来，妻子说，“我已和他说好了，时间定在下周的双休日。你在星期五下午乘车去南京，第二天，坐8点10分的飞机飞温州。下午和第二天上午讲学。当天中午乘12点45分的飞机回南京，然后改乘下午4点钟的南京北到东营的火车返徐。这样不耽误工作。”

“能不能给我留点喘息的时间？”

“没办法，只有这样。机票我已订好了。火车票提前三天才卖，到时候我再买。——至于上什么课，讲什么内容你自己定。”

“还是领导定吧！”我故意说。

“你不是说《新型玻璃》有新意吗？上这一课就是了。”她俨然是“领导”，一本正经地说。

“是，就照您的意见办。”我越发装得像个被她领导的一个“普通群众”，心里却很得意，很感激。

“唉，”她长长地出了一口气，“我哪里是领导，都成了你的‘小秘’了。”

我修正说：“不是‘小秘’，是‘老秘’，看你那个岁数。”

每次外出讲学，她都提前一天把我所需的东西准备好。有一次，我到太原拍电视片，出发的那一天，妻子不在家，我虽然把要带的东西列了个清单，但还是忘记了带剃须刀。放录像带时，我的胡子茬看得十分清楚。她问：“怎么不刮胡子？”我说：“忘带剃须刀了，谁叫你不在家呢！”

“啊，责任还在我呀！”妻子的一双眼睛不再向上弯，而是变成圆的了。

六

我在原稿的这一部分里，写了妻子为了支持我，承担起繁重的家务劳动的事。可是她“审阅”时，大笔一挥，给删去了，说：“这些事，是任何一位做妻子的都应该而且能够做到的，不值一提。”

我尊重了她的意见。但如果就这样结束这篇文章，我心里总觉少了点儿什么，有“挂一漏万”之感。可是妻子淡然一笑说：“你压根儿就不该写这一章！”更干脆！这个“一”，索性也不要了。我想这正是中国女性的伟大之处。

但是，在本书付梓之前，我瞒着她，还是把删去的部分内容给“捡”了回来——

妻子在果园工作的时候，同事们都喊她“胰子”（徐州方言，即“肥皂”），因讲卫生而得名。名不虚传。婚后，她洗洗涮涮的，果真十分讲究。我见她一双小手整天那么洗呀、涮呀的，很过意不去，说：“瞧你那双手，鸡爪子似的，有什么力气？衣服还是让我来洗吧。我从小独立生活，练就了一身洗衣、刷碗的过硬本领。”

她不信，让我“试活儿”。妻子见我一双大手“嚓嚓嚓”地，搓洗得果然有些力气，衣领、袖口处洗得“基本干净”（妻子语），便应允了。从此，家里洗衣服的活儿就由我“承包”了。她很自豪，常常在别人面前夸我。谁知，这事传到我的同事们的耳朵里了，于是，他们送给我一个雅号，叫“洗衣机”。男同事和女同事喊的语气和表情有明显的不同。前者贬的成分多，后者褒的成分多，但我都接受。不仅接受，还为他们做了修改，是“省电牌洗衣机”。

后来，妻子退休了，又把洗衣服的活儿接管了过去。她嫌我承包得太久了。一天，我见盆里放着几件衣服，端起来便洗。妻子发现了，说道：“怎么抢我的生意？”

我小心翼翼地说："习惯了。再说，我想，脑力劳动和体力劳动应当结合一下。"

"想结合一下？可以。走，跟我到院子里打一趟太极拳。"

不知从什么时候开始，我家餐桌上的红枣多起来。到几乎天天早餐有，有些不想吃的时候，我奇怪地问妻子："你从哪儿弄来这么多的红枣？是不是你用蒙汗药将卖枣的老板麻醉倒了偷来的？"

"你没听老人讲，'一日三枣，长生不老'？"

"可是，吃了这么多，我的白发怎么不见减少，反而日渐增多？"

"还没到时候。"

"不吃不行？"

"不吃不行！"

我的食谱不断变化。今天是南瓜，明天换洋葱；今天啃窝窝头，明天喝玉米粥；今天煮花生，明天清蒸鱼……她特别留心报纸杂志上、电视广播里的关于"吃"的报道。听了风，就是雨。而且她买的、她做的，非得让我吃下去不可。一天，她见《彭城晚报》上说，一天吃一个苹果可以使心脏病的发病率减少45%，便信以为真，当即买了一箱苹果。晚饭后，削了一个，硬往我嘴里塞——"爱你没商量"。

一天，她做菜的时候，竟为平菇和什么东西搭配而发愁。

我打趣说："你别费这么多心了。哪怕你烀猪食，我保证都吃到肚子里去！"

"那不行，得讲究科学。我们吃饭不仅是为了填饱肚子，还要看吃的东西是否有利于我们的健康，看它有没有治病、防病的作用。你没听报上说，'药疗不如食疗'吗？"

"还是顺其自然吧。咱母亲从来不讲究什么食疗，90岁了，还十分健康。"

我虽然嘴里这么说，但妻子做什么，我还得吃什么。

有人觉得"妻管严"不好受，我却觉得很舒服。

七

"得贤内助，非细事也。"帝王治理天下尚且要有"贤内助"，何况我们这些想成就一点儿事业的平民百姓呢？

写到这里，我只好怀着对妻子的深深敬意，说一声：

"你辛苦了！我成功的背后（如果说我有成功的地方的话），有你一大半的功劳！"

95. 认识闵惠芬

一

1997年深秋，丹阳师范学校附属小学的孙双金校长打电话邀我参加他们学校的艺术节。

“唱京剧？”

“唱京剧自然少不了。不过，主要请您来上课。”孙双金在电话里说，“请特级教师上课是艺术节的一个重要组成部分。您不是常说，‘教学也是一门艺术’吗？而且，您上的课的确充满艺术魅力。于老师，我们全校师生翘首以盼，千万别让我们失望。——对了，于老师，闵惠芬将来参加我们的活动。”

“就是那位大名鼎鼎的二胡演奏家？”

“正是。她是我们学校毕业的学生。于老师，你们二位同台演出怎么样？”

我完全可以想象得出此时小孙的表情：企盼的，同时又带有几分骄矜和得意。双金的口才是没说的。他先给我戴高帽，知道给我戴高帽作用不会太大，继而又以“和闵惠芬同台演出”为钓饵，诱我“上钩”。这一招果然使我怦然心动。

话筒里传来小孙的“嘿嘿”笑声。他给自己因对“知己知彼，方能百战百胜”这句话领悟得好、运用得好打了个满分。

二

1997年11月30日晚，丹阳影剧院内灯火辉煌。舞台上方横挂着：“丹阳师范附属小学第十届艺术节”的巨幅会标。观看演出的有学生、家长和社会各界人士。偌大的剧场座无虚席。

参加演出的，主要是附小艺术团的学生，另外有闵惠芬父女和部分老师。我纯粹是凑热闹的。那天，我唱了《霸王别姬》中的一段“南梆子”——“看大王在帐中和衣睡稳”。一句一个满堂彩。剧场内的气氛特别热烈。不过，我心里清楚，人们鼓掌的原因，多半是出于好奇。如果把掌声的意思破译出来，就是：“嘿，有意思，男人装女人。”女观众的掌声里，也许还有这样一层意思：“没想到，比我们女人还女人！”如此罢了。所以，我经常对自己这样说，不要一听到别人喝彩，就飘飘然；听到别人赞扬，要立即想想自己的不足。相反，听到别人的批评，甚至讥讽，倒是要沉住气，不要轻易怀疑：我是不是不行了？

这和荀子说的“不诱于誉，不恐于诽”是一个意思。

闵惠芬差一点儿下不了台。掌声太热烈了。演奏完第五首曲子，大幕已经拉上了，掌声还是经久不息。主持人很会讲话：“各位观众，我们该让闵团长（她是丹师附小艺术团的名誉团长）休息了。”

手捧鲜花、笑容可掬的闵惠芬向观众深深地两鞠躬，一次朝左面，一次朝右面，然后彬彬有礼地退下台去。

三

演出完，回到宾馆才九点钟。闵惠芬邀我们到她房间坐坐。这是一间普通的客房，和我与《江苏教育》编辑部马以钊主任住的一样。闵惠芬和我们斜对门。不同的是，我们的写字台上放的是书，闵惠芬的写字台上放的是二胡，有好几把。

我和马主任坐在沙发上，她坐在写字台旁的一把椅子上，她的父亲闵季骞——南京师范大学音乐系教授、著名琵琶演奏家——则坐在床上。马主任跟闵教授很要好，他的女儿曾拜在闵教授门下学琵琶。马主任跟闵惠芬也熟悉。我却是第一次见到这位著名的二胡演奏家，以前只是在电视上见过她。

马主任问闵惠芬：“您从哪儿过来的？”

闵答：“从北京。刚刚开完全国文代会，坐飞机赶来的。今天晚上，北京也有一场演出，庆祝文代会闭幕，党和国家领导人将出席这次晚会。但我不能参加，因为我一个多月以前就答应参加母校的艺术节活动。要言而有信嘛。‘人而无信，不知其可也’。于老师您说呢？”

“‘大车无輗，小车无軏，其何以行之哉？’”我接着把孔子说的话背下来，作为回答。

马主任把话题转到二胡上。

我说：“闵老师，您拉二胡多么投入、多么有激情啊！今晚能一连聆听您演奏五首曲子，一睹您的风采，真是不虚此行、三生有幸啊。”

闵老师说：“您说得很对。我演奏的时候是很投入的。不知您注意没有，我每拉一首曲子之前，都要静坐一会。干什么的？那是在酝酿感情。因为每首曲子表达的感情不一样，拉之前，一定要进入角色。声乐艺术更讲究一个情字，因为它表达的感情更直接，马上就能让听众感觉到的。当我拉起二胡的时候，心里想的只是曲子的感情，然后把它全部倾注在手指头上；至于二胡会发出什么声音，我就不管了。如果那时想观众怎么怎么样，想我拉得怎么怎么样，就会怯场，就会紧张，就会拉走音，必须忘我。”

“妙哉，妙哉！”我连声说，“闵老师，我有一本《名言集》，那些名言，全都是有作为、有成就的人说的。为什么呢？听了您一席话，我明白了。人的认识和见解是与他的付出和成就成正比的。没有对某一事物的透彻研究，没有在某一领域里取得一定成果，没有经过一番刻苦努力而掌握某一门技能，是断然不会有鞭辟入里的见解，不会有超凡脱俗的感悟的。小鸟飞得高远，才知道天空是无边无际的，而井底之蛙只能得出‘天只有井口大’的结论。您之所以有这样精辟的见解，是因为您在二胡的演奏上付出了全部心血，取得了很高的造诣。”

“造诣谈不上，更谈不上什么见解，我说的只是一些体会。”闵惠芬的思维并没有被我节外生枝的议论打断，“有一次，我在巴黎演出。正好日本的著名音乐指挥家小泽征尔也率团在巴黎演出。他很喜欢中国民族音乐，只要有空，就来看我们演出。一天晚上，他听我演奏完《江河水》后，按捺不住自己，跑到台上，双手摇动着我的肩，那长长的头发抖动着，像一头狮子似的，边哭边哇啦哇啦地说。我不懂他的话，便问翻译。翻译告诉我：小泽征尔先生说，你拉尽了人间的悲凉！一天，他又来看我们的演出。他坐在第一排。当听我拉完了《二泉映月》后，他又激动起来，跑上台对我说：‘啊，太神圣了，太神圣了！人们应当跪着听这首曲子！’”

马主任插话：“闵老师，您的演奏的确特别有感染力，不光是二胡发出的声音，还有您的表情，您的姿态、动作。真的，您的体态语言表现力不亚于二胡。它本身就是一首极富感染力的诗。”

我非常同意马主任的见解，闵老师却一个劲地摇头。

我见闵老师没有马上要说话的意思，接着说：“唱京剧就讲究一个情字。京剧大师梅兰芳、程砚秋、麒麟童无不强调‘以情带声’。这和闵老师说的是一个理儿。推而广之，朗读不也是这个理儿？讲课不也是这个理儿？和学生谈话不也是这个理儿？无情，一切艺术（包括教学）就没有生命了，就干瘪了。”

闵老师说：“是的，是的。”

我们正说着，来了两位记者，要采访闵老师。我们只好退避三舍。

闵老师站起来说：“请你们二位过一会儿再来。其实，坐在这儿也是没关系的。”

四

新闻记者一会儿便走了。他们搞的是新闻，无非通过广播、电视，告诉人们某年某月某日，闵惠芬到丹阳了。我们余兴未尽，又聚在一起谈天说地。

马主任感叹地说：“闵老师，您名气这么大，可一点儿架子也没有啊。”

闵老师眼睛一眯，说：“什么名气？干吗摆架子？摆架子是自己跟自己过不去。一有架子，人就得端起来，说起话来就要装腔作势、不懂装懂，这不是跟自己过不去吗？人家说你了不起你就了不起？还是个人嘛！我只是二胡比你们二位拉得好，其他的呢？其他的可能都不如你们，到底谁了不起？”

她忽然想起耳环还没摘，边摘边说：“我平时不戴这玩意儿，演出才戴，才化化妆，不然在灯光下很难看，对不起观众。”说着，笑了。

我小声对马主任说：“闵老师的话记录下来就可以发表。到底是大家，是真正的艺术家。”

接着闵老师给我们讲了这么一件事。

她八岁的时候，拜一位老师学二胡。这位老师说：“我先教你一段锡剧，会唱了再教你二胡。”闵惠芬听了几遍就学会了。几十年后，她把这段锡剧唱腔改编成了一首二胡独奏曲，非常受欢迎。讲完了，她还小声把这首唱腔哼了一遍。虽年逾半百，却无拘无束，极尽童趣与天真。

听完以后，我说：“小时候，要多学点儿东西。小时候学的东西记得牢，以后说不定什么时候就用得着了。”

马主任说：“我们《江苏教育》曾发表过于老师写的一篇文章，题目叫《谁也说不定哪块云彩能下雨》，说的就是这个意思。”

闵惠芬连声说：“对，对！这个比喻很恰当。可惜，这个道理我懂得晚了。你们当老师的还可以补救，就是说，可以把这个道理告诉学生。”

话题又扯到京剧上。闵惠芬说，毛主席很喜欢京剧。当年她和李慕良合作，李慕良京胡伴奏，她用二胡拉唱腔部分，特别是演奏高派戏，像《哭秦廷》《逍遥津》等，效果很好，毛主席很喜欢听。在主席晚年，他们二人还专门为他老人家录制了几盘录音带。闵惠芬很佩服李慕良，很喜欢京剧的唱腔。她说，她是把它当成音乐来欣赏的。

马主任感谢闵教授对他女儿的精心栽培。一向不发言的闵教授说：“一定要重视艺术教育。这是素质教育的一个重要组成部分。艺术可以教化人，是开启心灵的钥匙。赞科夫说：‘艺术不仅作用于学生的学习，而且影响到他们的情感，因此，艺术有助于培养信念。’关于音乐，高尔基有一句名言：‘音乐是人体的灵魂，人生爆发的火花。’尼采说：‘没有音乐，生命是一个错误。’许多人在学习音乐时学会了爱。它的育人功能是十分明显的。”因为闵教授是从事教育工作的，所以强调的是音乐的教育功能。

我简单地介绍了我怎样抓音乐教育的情况，闵教授和闵惠芬非常赞赏。

闵惠芬说：“江泽民主席很喜欢音乐。他会弹钢琴，拉小提琴，也喜欢京剧。朱镕基更是京剧迷。他在上海工作的时候，每年春节都请她和京剧院的一些艺术家到他家里做客，又拉又唱。朱镕基拉得一手好京胡。他坐拥书城，四壁是书。可是其他陈设很简单，沙发的扶手都露海绵了。”

我们越谈越兴奋。马主任一看手表，十一点半了，于是我们连忙起身告辞。

五

第二天 —— 12月1日中午，我们一起用餐。饭前，我们又进行了较长时间的交谈。闵惠芬讲述了20世纪70年代的一件事。

一天晚上，她在街上散步，忽然从一户人家里传来二胡的声音。她走近听了一会儿，觉得拉得还不错，便敲门走了进去。拉二胡的是一位十几岁的学生。她为他指点了一下，并鼓励说：“你很有希望。”这位学生连声说：“谢谢。”几年之后，她在一次演出结束的时候，一个青年人跑到后台，拉着她的手说：“您还认识我吗？我就是您几年前，到我家里指导过的那个学生啊！我一直记住了您的话，按照您说的刻苦地练。可是，那时候没认出您就是闵老师！”

闵老师请他演奏一曲。果然进步不小。经她推荐，这人进了上海民族乐团。

马主任说：“他是有福气，遇到了您这位名师！”

闵惠芬说：“这也是一种缘分吧。没想到几句指点、几句鼓励话会有那么大的作用。”

我说：“荀悦云：‘不闻大论，则智不宏；不听玉言，则心不固。’您是大家，一言九鼎。不错，人需要鼓励，需要指点。但是，必须会指点，指到‘点’子上去才行啊。马主任说了，遇到您，是这个青年的造化。”

闵惠芬微微一笑，郑重地说：“一个人需要指点，更需要鼓励。”她把脸儿转向我，“于老师，如果把学生比作发动机，那么老师的鼓励便是燃料。这个比喻您同意不同意？”

我说：“这个比喻十分确切。”

她说：“我当过学生。老师每次鼓励我，我便有一股子劲，好像发动机加了油似的。我有深切的体会。”

下午，闵惠芬父女要到一所中学去，我要乘车返徐。分手时，我们互道珍重。我说：“闵教授虽然年已七旬，但精神矍铄；闵老师您呢，容光焕发，更不像五十岁的人。”—— 那年闵老师五十岁整。

闵惠芬哈哈笑道："那是您的眼睛欺骗了您，我是癌症患者。"

我一怔。

"皮肤癌，已经几年了。"

"是音乐帮您战胜了疾病。"

"更重要的是性格、意志。你病你的，我乐我的。"说完，她又朗声笑了起来。

什么烦恼、什么病魔敢不在这笑声中退却？

我目送着她父女二人沿着花园前的街道远去。她一手提着装二胡的盒子，一手搀扶着父亲，身体笔直，步履稳健。

我在心里说："人不能没有骨骼，否则不能直立行走；人更不能没有精神，否则便会在困难和挫折面前趴下。"

六

我和闵惠芬老师在丹阳仅相处了两天，但受益匪浅。她说的话我曾经告诉过许多人。听了的人都感慨万端，有人说："闵惠芬的话以及你和她的这段交往应该记下来。"

"该？"

"该！"

于是我拿起笔，写下了以上的文字。

96. 我与李建忠

一

一节课下来，一场学术报告结束，常常赢得一些青年教师的崇拜。个别人对我的签名已不满足，要求拜我为师。我这个人好说话，又肯动感情，往往有求必应。于是，在全国各地就有了不少徒弟。

李建忠是1996年拜我为师的。那年春天，周一贯老师请我到绍兴讲学。刚上完课，周老师便把李建忠拉到我跟前，先夸他如何天资聪颖，如何好学上进，然后说："建忠久仰您的大名，想拜在您的门下，做一名弟子，不知意下如何？"

我把小李从上到下打量了一番。他20岁出头，中等身材，眉目清秀，也像我一样，鼻梁上架着一副眼镜。他双手下垂，毕恭毕敬地站在我的对面。他虔诚的站姿和表情，很使我感动。我想，"程门立雪"的杨时也不过如此吧？心里一动，便满口答应。小李见我应允，纳头便拜。同时拜我为师的还有马孝花、屠卿等。于是，在绍兴——这个物华天宝、人杰地灵的地方，也有了我的学生。

二

不少拜我为师的青年教师这样问我："于老师，怎样才能成为一名优秀教师？"徒弟们既然拜我为师，当然希望我能为他们解惑，为他们指点迷津。而且，在他们看来，似乎我一说，眼前便会豁然出现一条平坦大道。但是，我的回答往往使他们失望。因为这样问，我只能说些冠冕堂皇的、对谁都能说得过去的话，例如"敬业爱生"啦，"勇于探索"啦，等等。李建忠的确比较聪颖，他拜我为师时，不是这样问我，而是换了一个讨人喜欢的，并且能得到我的"真经"的角度："于老师，您是怎样成为特级教师的？"

我略微沉吟了一下后的回答似乎文不对题。我说：

"我有四个习惯，一个爱好。四个习惯是：一、读的习惯。每天的报纸必读，订的刊物必读，好书必读。而且恪守'不动笔墨不读书'的古训，读到精彩处必记。

二、看和听的习惯。每天晚上中央电视台的《新闻联播》必看，每天早晨的中央人民广播电台的《新闻和报纸摘要》节目必听。三、观察和思考的习惯。至今还有着强烈的好奇心，比如见的奇花异卉，总要问个明白，知道它姓甚名谁。四、“操笔为文”的习惯。从中学时到现在，我接到编辑部的退稿，已积满了一大箱子。但我从不气馁，有种‘屡败屡战’的韧劲。1980年，我39岁时，才在《江苏教育》上发表了第一篇论文《选材与命题》，在《徐州日报》上发表了第一篇小说《没脑子的人》。编辑部寄来的用稿通知书，我在衣兜里整整揣了一个星期。那种心情绝不亚于范进中举，只差没精神错乱就是了。一个爱好是：唱京戏。蔡元培说，要想增加文化底蕴，一是唱二黄（即京戏），二是学古文。”

“第一个习惯是从什么时候养成的？”

“说来话长。”我说，“早在我读小学高年级的时候，就养成了读报纸、杂志的习惯。那时，我父亲在一所中学工作。父亲的办公室订了好几份报纸、杂志，我每天下午放学便去翻阅。翻着翻着，居然上了‘瘾’，一天不看，便觉得生活中少了点什么。一天，父亲办公室的一位姓孟的主任指着《人民日报》上的‘赫尔辛基’四个字，考我似的问：‘赫尔辛基在哪里？’我不假思索地说：‘在芬兰。它是芬兰的首都。’孟主任一惊，摘下架在鼻子上的老花眼镜问：‘芬兰在哪儿？’我说：‘在欧洲，在欧洲北部的斯堪的纳维亚半岛上。’孟主任惊呼：‘了不得，了不得！’父亲在一旁说：‘他脑子里有一张活地图。’我解释说：‘教我们地理的徐国芳老师每教一个省，每教一个洲、一个国家，都要求我们把地图画下来。我一画，什么都记住了。’”

小李听了也一个劲夸我了不起。我呷了一口茶，等他夸完了，便接着说：“后来，有了半导体收音机，又养成了听新闻的习惯；再后来，有了电视机，又养成了看《新闻联播》的习惯。刚有电视机的时候，我女儿还小，她见电视台天天晚上七点播《新闻联播》，我亦天天准时看，十分纳闷。有一天，她终于按捺不住，眨巴着大眼睛问：‘爸，《新闻联播》几集呀？怎么老是播不完呀？’”

小李笑出了声。

最后，我对小李讲了这么一件事。

1995年的一天，我和学生坐汽车到农村去参观。一个叫蔡苏的学生忽然问：“于老师，您对美国出兵海地有什么看法？”

“你指的是美国派兵把被海地军人赶跑的民选总统送回国的事？”

“是的。”

“全世界的人都说美国是‘世界警察’。它看不顺眼的事，对它不利的事，都要去干涉。这就是霸权主义。用我们的话说，就是霸道。”

“如果别人比它强大，它就不敢了。”

“是呀。所以，我们一定把自己的国家建设强大。”

我对李建忠说，全班学生的知识总和，肯定大于一个老师的知识总量。如果面对蔡苏的提问（而这样的提问是屡见不鲜的），我以“无可奉告”来搪塞，岂不尴尬？虽然说“弟子不必不如师，师不必贤于弟子”，但如果对学生的提问经常张口结舌，那么，老师在学生的心目中的高度肯定会下降。

小李并没有对我不厌其烦地大讲四个习惯和一个爱好有任何反感，相反，他听得很认真，就像我讲得很认真一样。

三

大约一年之后吧，一天晚上，我接到了李建忠的一个电话。他告诉我，在刚刚收到的《小学语文教学》杂志上有一篇文章是抄袭我的，而且几乎是一字不差。我说：“这篇文章我也读了，这是从《小学语文教师》上抄来的。接到你的这个电话我很高兴。高兴的不是你维护了我的著作权，而是你读书读报了。”他说：“我记住了您的读的习惯，而且也养成了读的习惯。对您的文章我更是爱不释手，总要读好几遍。”我说：“这叫‘亲其师，信其道’。”最后，我告诉小李：“光教书，不读书，肯定不会有出息；但是，光读书不教书，也免不了成为赵括、马谡一类的角色。一定把二者结合起来。另外，要想成为名师，还必须动笔写点儿东西。一写，你的感觉就不一样了。——别忘了，你师父还有个‘操笔为文’的习惯呢。”

后来，果然就不断有论文寄来。凡是有一点真知灼见的，我便提出修改意见，让他修改。有的居然发表了。他很高兴，说是我的功劳。一次，他寄来一篇关于提高造句质量的文章，我很喜欢，欣然为他做了文字上的润色，可是投寄出去之后，如石沉大海。我喜欢的，并亲自做了修改的文章没发表，没为他修改的却发表了，可见小李的说法站不住脚。

再后来，他的文章就很少寄来，但不时散见于报刊。他的羽毛逐渐丰满。这标志着成熟。做老师的自然是打心眼里欢喜。

李建忠是个听话的学生。

四

1997年春节，我给他寄了一本我写的书——《于永正课堂教例与经验》。他如获至宝，又潜心研究起我的“言语交际表达训练”的教改实验来了。

所谓“言语交际”，指的是人们运用语言相互交流思想感情、交流信息的听说读写活动。“言语交际表达训练”是针对小学作文教学长期以来脱离社会的实际需要、重写轻说和严重的文学化倾向提出来的。它的指导思想是从社会言语交际的实际出发，为社会言语交际的需要服务。它强调了应用科学的应用性，强调了作文教学的社会效应。“言语交际表达训练”不只是作文课上的事，它是贯穿于整个语文教学之中的。李建忠看了我的书，听了我的课，悟出了它的真谛，并在实践中去尝试，这是难能可贵的。“实践—认识—再实践—再认识”以至无穷，是人们认识事物的规律，也是成为名师的规律。我常对小李讲，一定要善于学习，勇于实践，注意总结。这三者，实践是第一位的。实践出真知，优秀的传统经验要继承，国外的好的东西要借鉴，绝不能数典忘祖。但发展更重要，不推陈出新，也成不了名师。

不久，我看到了他写的《阅读教学也要有交际意识》，是写他如何在阅读教学的实践中训练学生的交际能力的。我十分欣慰。我以为该文是建忠教学生涯的一个小小的里程碑。原因有二，一是观念有转变，二是有自己的东西。这是最可贵的。

读完了这篇文章，我立即给他打了个电话，把上面的话告诉了他。他很激动，表示一定再好好努力。我说：“要学，要干，这是对的。但是还要会思索。不善于思索的人，读书再多，实践经验再丰富，他的知识、经验，也只能是一堆砖头瓦块。把砖头瓦块连在一起，成为一座雄伟或玲珑的建筑物的，是经过深思熟虑形成的思想。”

“我记住了。”小李一字一句地说，好久才放下话筒。我仿佛看到了他眉宇间的沉思和庄重。

五

1998年7月16日，《小学教学》编辑部李捷主任打来电话，说他准备在刊物的“走向名师”专栏里把李建忠的教学情况报道一下，要我这个师父写几句话。我欣然命笔，写下了如下的话：

> 李建忠拜我为师快三年了。通过和李建忠的交往，我发现他有车胤囊萤、孙康映雪、李密挂角的学习精神。具体地说，他有四勤：勤于读书，勤于实践，勤于思考，勤于笔耕。这正是我所希望的。不练就一身坐冷板凳的硬功夫，是断然成不了名师的。《三字经》有云：“人之初，性本善，性相近，习相远。”人之初不管是性本善也罢，性本恶也罢，性本白（一张白纸）也罢，但是“相近”是肯定的；只是由于后来受到的教育不同，受到的影响不同，主观努力的不同，才“相远”了，这也是肯定的。我

在徐州师范学校读书的时候，并不是出类拔萃的学生，但是，参加工作之后，对语文教学情有独钟，执着追求，潜心研究，终于取得了一定的成绩。所以，我坚信，同时也请小李坚信这么一句话：天才就是勤奋。

最后还有一句话，既是说给小李听的，也是说给其他徒弟听的：成名主要靠自己，靠超出别人十倍、百倍的付出。适当的温度只能使鸡蛋孵出小鸡，而不是石头。

97. 读贾志敏老师

贾志敏老师是一本书。在学生面前，他是一本教科书；在老师面前，他是一本关于语文教育学和语文教学艺术的书。

一

初读贾老师，是1984年秋天在蚌埠。我听了贾老师两节作文课和一个学术报告。我感到吃惊。我从来没听过这样好的作文课和生动的报告。作文课上，贾老师请几位学生和他一起演了一个“小品”：几个小朋友在马路上踢球，有一个小朋友不小心撞到了一位盲人身上（盲人由贾老师扮演）。撞人的学生立即向“盲人”道歉，没想到“盲人”生气地说了一句：“什么‘对不起’！我瞎你也瞎吗？”把撞他的小学生说得一愣一愣的。旁边的一位男孩插嘴了：“叔叔，你怎么能这么说！我们确实不是故意的！”而撞人的男孩却说：“对叔叔说话要有礼貌。——叔叔，这都怪我们！我们不该在马路上踢球。撞得厉害吧？让我们送您回家吧！……”几句话，把“盲人”的“气”说“消”了。

读者读到这里，千万别和我当初一样，认为这是贾老师事先排练好的。一切都是即兴表演的。贾老师借班上课，从来不在课前和学生打招呼。

“盲人”的一句不礼貌的话，显然是想考验学生们的思想、为人，考验他们的交际能力、应变能力。而这一切，又都是在告诉全班每个学生，如何为人、处世……贾老师把社会搬进了课堂，他把“教书”和“育人”有机地糅在了一起。

接着，让全班学生把这件事写下来。学生的兴致之高，自不待说。在学术报告中，贾老师讲了这样一个作文课例。一天早晨，卫生员站在门口检查每个人是否带手帕了。第一个小朋友通过，第二个通过，第三个通过。这时第四个小朋友走来（这位小朋友是贾老师扮演的）。卫生员问：“小朋友，手帕带来了吗？”“带来了，我不但洗得干干净净，还洒了法国香水呢！”

“小朋友”头一昂，眼睛望着天空，把掏出来的“手帕”往卫生员眼前一递，说：“给！”这时，所有的人都哈哈大笑，原来，他掏出来的不是手帕，而是一只脏袜子！多么粗心的小朋友！他竟然把袜子当成手帕装进衣袋里去了。看了这个“小品”，一篇篇杰作便在学生笔下流淌出来了。

—— 初读贾老师，我就在笔记本上写下了这样一句话：贾老师是一本活的关于语文教育学的书。

二

不久，我又在上海听了他执教的《革命烈士诗二首》。一位学生读“毒刑拷打算得了什么，死亡也无法让我开口”时，总觉得缺少一种凛然正气。贾老师说：“如果你就是陈然，面对威胁你的敌人，你会用什么目光看着他们？”生答：“怒目而视！”贾老师说：“你对敌人说这句话时，肯定会愤怒地拍案而起，是不是？”生答：“是！”“那好，你读这句话时，不妨拍一下桌子。”学生这样做了。这一拍，这一读，把陈然的凛然正气表达得淋漓尽致。

听课的老师情不自禁地鼓掌。这掌声是给学生拍的，更多的是给贾老师的。

贾老师没有说带着什么感情去读、用什么语气去读（这样做是“告诉”，说得过分一点，叫作“强加于人”），贾老师也没范读（这样做是让学生先欣赏，而后去模仿。当然，范读有时十分必要），而是启发学生去感悟，很巧妙地从“体态语”这一角度去点拨。这样，学生的情感就不再是外在的，不再像一个蹩脚的演员，只知按照导演的要求念台词。

一年后，我又在马鞍山市听了贾老师上的两节“保护青蛙”作文课。这又是令人叫绝的课。其中有这样一个细节：

师：能说说我们为什么要保护青蛙吗？

生：青蛙是庄稼的保护神。

生：青蛙是人类的好朋友。

生：青蛙是捉虫能手。

（师把上述三句话重复了一遍，予以肯定。然后请一高一矮两位学生走到讲台前，一个站在贾老师面前，一个站在贾老师后面）

师：我们三个这样站队好吗？

生：不好。应该按高矮个儿站。矮个儿站前面。（贾老师按同学说的，重新站队）

师：这样站好，是吗？那么，刚才同学说的三句话应该怎样排列呢？

（生恍然大悟，纷纷举手）

生：应该先说“青蛙是捉虫能手”，再说“青蛙是庄稼的保护神”，最后说“青蛙是人类的好朋友”。因为青蛙是捉虫能手，所以才说它是庄稼的保护神；因为它是庄稼的保护神，所以说它是人类的好朋友……

这一细节，我在听课本上做了详细的记录，并在旁边写了一个大大的“妙”字。妙在哪里？妙在贾老师把逻辑学上的一个深奥的类概念和种概念的主从关系竟讲得如此浅显易懂。“深入”而能“浅出”，这是一种更高的教学艺术。

比“深入浅出”更高的是善待学生的艺术。课堂上贾老师和学生的关系是那么平等、和谐、融洽，真是其乐融融。尤其是贾老师的激励艺术，更是高超。“你读得真好，我都被你感动了！”“大家听了，都佩服你读得好！”“你写得好，读得更好！声情并茂。”这些话，连老师听了都深受感动，更不用说被表扬的学生了。如果说正面激励容易做到，那么对读错、说错的学生能反话正说就难了。请听贾老师是怎么说的：“读错是正常的，一点儿不错是不正常的。”“噢，这一点是人家说过了，不过你再强调一下也是好的，能引起大家的注意。”听了这些话，我从内心感动。

后来，听贾老师的课就更多了。有作文课，也有阅读课，他的每一节课都有一种艺术的魅力，无论是教材的处理、教法的设计，还是对学生各种表现的应对措施，都那么独到，那么有味。于是，在我的听课本上，又写了这么一句话：贾老师是一本韵味无穷的教学艺术的书。

三

一天，我在《文汇报》上读到一篇报道。写的是，有一天，贾志敏校长发现楼梯里面有一片纸屑。他站在远处观察学生见了它会怎么做。一个学生过去了，视而不见；又一个学生过去了，还是视而不见；第三个学生过来了，弯腰把纸屑拾了起来，并把它丢进垃圾桶。贾校长走过去问了该生的姓名、班级，于是写成了一篇生动感人的“国旗下的讲话”。

贾校长在国旗下的讲话，全来自学生中，来自生活中，没有空洞的说教，都是一件件、一篇篇或令人感动、或启人心智、或发人深省的事例和隽语。学生听了贾校长的演讲，如坐春风，如沐春雨。请看他的《孩子的心比金子还纯》的演讲：

昨天中午，我正在走廊上巡视，突然，几个二年级的孩子把我团团围住，你一言，我一语，叽叽喳喳，说些什么，我一句也没听清。看着他们个个涨红着脸，我知道他们要告诉我一件重要的事情。

原来，他们在马路上捡到一枚嵌宝金戒指。其中一个女孩子把它交到我手里认真地说：“是我们捡到的，是金的，一定很值钱吧！”

这枚戒指的确很大，放在手心上掂一掂，好沉，金灿灿的，前面嵌着一块绿得发黑的宝石。我对金首饰一无所知，它是真是假，我一时拿不准。于是我请教一位女教师，她看了看，掂了掂说："假的，百分之百是假的。"一连问了几位，都是一个说法："假的。"

我把这意见告诉孩子，孩子有些泄气了。他们散开了，可嘴里还说："是真的。"

望着他们的背影，我默默地说，他们交给我的是一枚假的戒指，可是，孩子的心却比金子还纯。

难怪一位住在浦明师范学校附属小学附近的上海人民广播电台的工作人员被贾老师的"国旗下的讲话"所吸引，成了"讲话"的忠实听众，为一次次内容生动、语言优美的讲话所打动。一天，他终于按捺不住，破门造访贾校长。当他得知一篇篇讲话均出自贾校长之手，出自贾校长之口，他惊愕了。且不说内容感人、文笔流畅优美，就是那普通话、那瓷实的嗓音，也够当一流播音员的资格！他问讲话的资料从何而来，贾答，从观察中来，从学生中来，从思考中来。出版社准备把贾志敏校长"在国旗下的讲话"汇集出版，书名为《教育的诗篇》。贾老师把书稿拿给我看。我反复地读，反复地品，又读出了一层意思：贾老师是一本厚重的、具有中国特色的教育学的书。

"学高为师，身正为范。"当贾志敏作为一名教师出现在课堂上，作为一名校长出现在讲台上，他的学识、人品，不就是摊开在学生面前的一本教科书吗？

四

前不久，我们一起到张家界讲学，同住一室。无意中发现，他教过的课文都能背诵下来！就连很长的一篇《我的伯父鲁迅先生》也能倒背如流！他说的话不多，但每句都有琢磨头，有品头。我不禁说道："贾老师，您是天才！"他笑了："您也相信天才，我却不信。我之所以记得住，那是因为我的执着感动了书上的文字。您想，我教了40年的小学语文，天天认真地读它们，能不感动它们？所以纷纷跑到我脑子里来了。一个智商再低的人，也认得他的父母啊。为什么？天天见面嘛！处处留心，天天思考，总会发现点什么，想出点什么。小和尚只要天天认真念经，'神'一定会来的。"

我思忖良久，觉得这一番话可以作为贾老师这本书的"后记"，因为它道出了这本书的成因。

98. 徐善俊和他的三个雅号

一

1985年秋，一位身材魁梧的中年教师在徐州空军勤务学院礼堂里执教《视死如归》。这次观摩课规模很大，听课者不仅有徐州市小学语文界的老师，也有外省市的同行。《视死如归》一课中有这样一句话："什么'招'字，早从我的字典里抠掉了！"这是王若飞回答敌人的一句话，这句话好懂，按一般的处理方法，指导学生朗读一下就过去了。可这位老师却在这里教出"彩"来了！请看他教这句话的实录：

师：是不是王若飞真的拿出字典把"招"字抠掉了？

生：不是！

师：那这句话是什么意思呢？谁能改变一下说法，不说"从字典里抠掉"，但意思不变。

生：我决不说出党的机密，不当叛徒！

师：对！可王若飞为什么不这样说，而说"什么'招'字，早从我的字典里抠掉了"呢？

生：这样说，听起来特别有力，显得特别坚定！

师：是的，这句话里有两个词最能突出王若飞对革命忠心耿耿，对敌人无比蔑视，读一读，看看是哪两个？

生：一个是"早"字，一个是"抠"字。

师：对。"早"就抠掉了，早到什么时候？

生：早到王若飞参加革命的那一天。

师：说得对！从这里可以看出，王若飞从参加革命那一天起，就下决心忠于革命，决不叛变革命。——"抠"是个表示动作的词，不用"抠"还可以用什么词？

生：还可以用"擦"。

生：还可以用"涂"。

师：那么，王若飞为什么说“抠”掉，而不说“擦”掉、“涂”掉呢？请大家做一下“抠”和“擦”“涂”的动作，比较比较，体会体会。（学生做“抠”“擦”和“涂”的动作，纷纷举手）

生：用“抠”更有劲！

生：“抠”更能突出王若飞对叛徒的恨！

这位执教的老师就是全国著名特级教师、全国优秀教育工作者、徐州市鼓楼区教研室教研员徐善俊。因为他“抠”得好，“抠”出味儿来了，又因为他平时钻研教材总是能发现别人没有发现的东西，经常有惊人之见，所以从此大家便送给他一个雅号——“善抠”。意思是说他善于钻研教材，钻得很独到，能很好地把握教材。

说到他的“善抠”，许多老师还会联想起他上《景阳冈》一课时对“三闪”的挖掘。

在学课文的第九自然段时，徐老师首先让学生读读这一段，看看老虎向武松进攻了几次，武松是怎样对付的。学生一读，即可明白，老虎向武松进攻了三次——一扑，一掀，一剪；武松都是用“闪”的办法对付的。接着徐老师问：“闪”是什么意思？学生说是“侧转身躲避”的意思。但是课文中为什么用“闪”而不用“躲”？这个问题提出以后，全班学生都在积极地读书思考。有的说，“闪”是主动地躲过去，而“躲”则显得很被动，很害怕，没有办法才躲的。有的学生说：“‘闪’说明武松动作轻快，武功好。”又一个学生接着说：“是轻功好。”

至此，我们觉得“闪”字挖得够味儿了，可徐老师并不罢休。他接着问：武松为什么一开始用“闪”的办法对付老虎的进攻？他不是一条好汉吗？不是说“就真的有老虎，我也不怕”吗？这一问，又点燃了学生思维的火花。思考之后，学生争先恐后地发表自己的意见。有的认为，老虎扑来，武松没有防备，“吃那一惊”，自然要先闪开；有的认为老虎又饥又渴，来势凶猛，这时候和它硬拼不是上策，武松是想先避开它的锋芒，挫挫它的锐气，消耗它的体力；有的想得更深、更妙：武松不是单纯的闪，而是边闪边观察，摸摸老虎的底细，瞅准老虎的破绽，寻找进攻的机会。

到此该结束了吧，不然！徐老师又问：从“三闪”中，你看出了什么？这时，课堂上的气氛异常活跃，有说武松灵活的，有说武松机敏的，有说武松勇敢沉着的，有说武松有心计的……

1991年夏，徐老师应邀在哈尔滨上《景阳冈》一课，华中师大杨再隋教授听了之后大加赞赏，说徐老师的“三闪”抓得好，显示出扎实的功力，说这样教文学作品就有味了。杨教授所说的“功力”，就是指对教材的理解力、透视力。

徐老师为什么要花那么大的工夫来抓这些闪光的字眼呢？他下面的这段话回答了

这个问题："语文教学要咬文嚼字。特别是名家名篇，很讲究词语的锤炼，作者总是呕心沥血地搜求最贴切的词语，来准确地表达意思。我们就是要抓住这些闪耀着作者智慧的'光点'不放，引导学生反复咀嚼，反复玩味，反复吟诵，来寻求文章的内蕴，体会作者遣词造句的匠心。这是培养阅读能力和用词造句能力的一项重要训练。当然，我们不一定把自己读书所得全部教给学生，钻研教材并不意味着非得挖深挖透，那不仅不可能，也没有必要。但一定要钻出点味来，自己觉得有味儿了，才能教出味儿来。"但是要"抠"得准，"抠"出味儿来，并不是一件容易的事，这需要反复地读，深入地思考。他这样介绍自己的体会和经验："好多课文，初看并不觉得有味道，看多了才觉得有意思。我的经验：动笔写教案之前，一定多读几遍课文。不读出味儿来，我是不下笔的。备课一定要把工夫花在钻研教材上。"

二

徐善俊还有一个雅号叫"善问"，意思是说他善于设计课堂提问。

近几年，他潜心研究"以问促读"阅读教学的方法，目的是打破传统的"以理解为目标，以讲解为手段"的阅读教学模式，把培养阅读能力和学习语言作为主要目标。然而究竟怎么个问法才能达到"促读""促思"的目的呢？徐老师在实践中进行了可贵的尝试，取得了可喜的成果，在全国各类报刊发表了许多论文阐述自己的经验。

他是怎样以问促读的呢？下面就以他教《将相和》设计的几个问题为例来谈谈。

在教"完璧归赵"时，徐老师提出了这样一个问题：蔺相如抱着和氏璧要撞柱子，是真撞还是假撞？讲"渑池会"则提了这样一个问题：渑池会上赵、秦两家打成了"平局"，还是决出了胜负？从哪儿看出来的？

这两个问题真叫"绝"了！别说是学生，就是听课的老师听了这两个问题，神经也仿佛被刺激了一下，全都紧张地思索起来了。

蔺相如到底是真撞还是假撞？一些学生坚持说真撞，因为蔺相如很勇敢；另一些学生则认为他是假撞，他不过吓吓秦王而已，说明蔺相如很机智。徐老师不置可否，只是说："请大家默读课文，前后联系起来想想。"课堂上又是一片沉静。读了，又议。新意见终于出来了："蔺相如撞柱子不能说真，也不能说假。如果秦王答应了他的要求，就不会撞；如果不答应，来抢，他就会真撞。"徐老师正要表扬这位学生，又有一个站起来说："蔺相如是见机行事，这才能看出他既机智又勇敢。"徐老师笑了，听课的老师啧啧称赞。是的，这才是蔺相如的品格啊！学生的这些见解，都是徐老师绝妙的问题给激发出来的。

小孩子喜欢讨论真假，更喜欢评论胜负。第二个问题比第一个问题趣味性更浓。

粗心的学生读了一遍课文马上自信地得出一个结论：“赵、秦两家打成了平局，一比一！”“是吗？”徐老师一笑。学生自然明白老师的意思，于是又读书，又思考。这次读书、思考的时间很长，徐老师颇有耐心，在学生中间来回走动着，时而俯下身子和学生交谈点什么。行家们说，此时无声胜有声，阅读阅读，就是要引导学生读，引导学生思，这才叫阅读教学呢。有一个学生首先发现赵国占了上风，理由是：秦王是在一个大臣的逼迫下击缶的，那是很难堪的。“有道理！”徐老师笑了。老师的笑是对学生的极大鼓励。这句话开启了另外一些学生思维的闸门。有人接着说：“课文开头说了，秦国是大国，是强国，强国的国君却为弱国的国君击缶，有失面子。赵国占了上风。”接着，第三个理由也出来了：“瑟是高雅的乐器，缶是一种大肚子小口儿的瓦器，是用来打节奏的。赵王鼓瑟很动听，秦王击缶只是个配角！可见赵国占了上风！”

全场听课的老师无不为之叹服。是啊！没有徐老师的“问”，学生怎么能如此专心地读书，他们的思维哪能迸发出如此灿烂的火花！问题——真正的问题——的确是思维的向导啊！

徐老师说：“钻研教材只是第一步。但是，我们决不能把自己钻研教材的结果全盘端给学生，那样就使阅读教学失去了应有之义，我们应当拿自己得到结果的方法教人。”因此他在备课时，总是考虑到学生的心理和可接受性，在关键处设疑，力求设计的问题富有启发性和趣味性，力求少而精，搔到痒处。他认为，只有这样，才能把学生的学习积极性激发起来，收到良好的课堂教学效果。

三

1991年暑假，徐老师到大连讲学、上课。课后，一位青年教师对徐老师说：“我们在报刊上经常见到您的名字，在我的想象中，您是一位女老师，是一个文质彬彬的人，没想到您竟是一位这么魁梧的男老师。您在讲台上是那么有朝气，有魄力，有活力，朗读得竟是那么有感情，有韵味！具有阳刚之美。”

徐老师笑了，说：“是不是因为我的名字中有个‘俊’字，才使您误认为我是女的？”

我在一旁对这位青年教师说：“您说对了，在徐州，就有不少人称他为‘善读’。徐老师精力充沛，情感丰富，朗读课文声情并茂。朗读是他的一绝。他常说：教材把握好了，提问设计好了，上课的思路也考虑好了，还不能上好课。教学是一种认识活动，必须有良好的情感参与，没有情感的教学，师生就成了两张皮，教学就成了死的了。尤其是老师的语言和朗读，应当有磁性，有感染力。”

徐善俊特别擅长教有关历史故事、战斗故事以及有悲壮美的课文。他上这样的课总能激起学生的情感波涛。他朗读的《景阳冈》，跌宕起伏，扣人心弦；朗读《小珊迪》却又如泣如诉，让人撕心裂肺。需要讲解时，则言简意赅，画龙点睛，或褒或贬，或抑或扬，充满激情，使人感奋，使人震撼。不知内情的人，认为徐老师有朗读的天才，有演说家的口才，其实不然。有一天晚上，我到他家去，他一边做饭，一边在听录音机里播放的夏青朗读的《金色的鱼钩》呢！他开玩笑说："耳朵这时没事干，让它听听。"我这才明白人们所说的"台上十分钟，台下十年功"的道理。

四

徐善俊从教整整34年了。34个春秋，有多少个这样的日日夜夜！人们送给他的"善抠""善问""善读"三个雅号，与其说是对他的语文教学经验和教学特色的高度概括，不如说是对他呕心沥血、执着追求的赞美！

他五十才出头，可是头发日渐稀少，脑门的面积越来越大，越来越亮。同事们开玩笑说："这都是被他自己'抠'掉的呀！""是吗？"他"惊讶"地说，并"下意识"地摸摸自己光秃秃的脑门。一摸，那大脑门似乎更有了光泽。

他忘我了，入境了，这倒是真的。

99.“无为”造就的高林生

如果说，老子的“无为而治”不仅仅是指治理国家主要以道德力量来感化人民，而不是以繁刑重赋使人民归服，还指一个人的成长不要过于约束，而要因势利导，让人自由发挥聪明才智，那么，用这句话——“无为而治”——来概括高林生是很恰当的。

一

他几乎没有认真听过一节课。连他自己都承认，上课能专心听上十几分钟就是好的了。干什么呢？偷看课外书。有时是公开看——不把书放在位洞里，而是公然放在课桌上。一次，上物理课，教物理的老师发现他在看课外书，便故意提了一个问题让他回答。高林生站起来一笑，问老师让他说什么。同学大笑，老师也笑，高林生再笑。就这样。看的什么书？当然是“闲书”——《儒林外史》《三侠五义》之类。即使上他喜欢的历史、语文课，也常常偷看他的课外书。为什么？因为——他说——这些课本一发下来就看了个遍，有的课文小时候就会背了，如《过秦论》《曹刿论战》等。

课余，高林生喜欢说山东快书和快板书。哪里有高林生，哪里就有月牙板声或竹板声。竹板声响遍了徐州师范学校的角角落落。如今，过了花甲之年的他，长篇快板书《劫刑车》《奇袭白虎团》，山东快书《武松打虎》还能倒背如流，说得活灵活现，气概非凡。

他喜欢体育，能跑善跳会游（游泳），还能当裁判。什么田赛径赛、射击比赛、球类比赛，他都能说出个子丑寅卯来，常常把国家一级裁判说得一愣一愣的。

他有一副好嗓子，胸腔共鸣特别好，他的胸腔空间绝不亚于世界著名歌唱家帕瓦罗蒂。在学校合唱队里是数得着的男高音。最使他出人头地的是他在话剧《年轻一代》中成功地塑造了一个踢足球的小男孩——李荣生的形象。

有一段时间，他还爱上了小提琴，大树下，花丛旁，人模人样地拉，竟也吸引了不少人的目光——用现在的话说是“眼球”。但拉的时间不长。不知是什么原因没学下去。据说是没钱买琴，在20世纪60年代初，小提琴是绝对的奢侈品。

提到学习成绩（应该说是考试成绩），许多老师都摇头："正事不干，心不在焉，竖子不可……"下面的话没说下去。说真话，他没有一门考好的，但也没有不及格的。老师也说，凭他的脑袋能考不及格？他作文写得好，而且小有名气。

作文虽然小有名气，而且还获过奖，但它并没有改变高林生"上课偷看课外书""正事不干，心不在焉"的形象。

二

师范学校毕业，高林生差一点失业——没人要。这使我想起了爱因斯坦。徐州市淮海路小学麻德普校长独具慧眼，认为高林生是个人才，将他收下。果然，高林生的语文教得很出色。麻校长说："能说会道，喜欢读书作文，语文哪有教不成的道理？"可惜，只教了一年多，便天下大乱——"文革"开始了。20世纪70年代初，学校复课，高林生因家庭出身"高"（其父为徐州市第一中学高中语文教师，被错划成"反动学术权威"），怕他上课"放毒"，没让他参加。后来因学校年年在区运动会上得零分，领导让他改教体育，并负责训练学校田径队。没想到歪打正着，他因训练有方，在市运动会上连获佳绩而出了名。不久，区体委选派他去西安体院进修。回来后，在市业余体校担任田径教练，又被工程兵部队聘去当中长跑教练。不知他真的是训练有方，还是遇到了一个体育天才，他所带的中长跑组，一名战士在全军运动会上竟然夺得了马拉松冠军！粉碎"四人帮"后，一切恢复正常，他又回到学校重操旧业——教语文。1978年，他带的一个毕业班，44名学生，有41人考上了徐州市重点中学——一中。不能说这不是个奇迹。教学工作虽然繁忙，但他仍然忙中偷闲——经常和著名笑星韩兰成搭档演出，说相声，说快板书。不知是走了谁的门子，他还闹了个"中国曲艺家协会会员证"，成了曲艺家。1969年夏，他参加徐州市横渡云龙湖比赛，获得了第一名。"横渡云龙湖"是什么概念？从东岸游到西岸，几千米！尽管教学成绩很突出，但仍旧没改变老师们对他的"不务正业"的看法。

不久，他调到了徐州市鼓楼区教师进修学校教大学语文。他讲古文从不看书，边背边讲。他旁征博引，一会一个颜师古说，一会一个什么人什么人说，学员们听得眼都直了。几乎与他同龄的学员们既惊讶，又敬佩。敬佩他的记忆力，敬佩他的口才和学识。

几年之后，高林生被调到鼓楼区教研室，任语文教研员。因为他既有实践经验，又有一定的理论水平和文学修养，工作很出色。但教研室主任不太赏识他，说他"一心二用"。一次，他请假到外地看心脏病（38岁时，他曾患过心肌梗死，差一点捞回去），说某某地方有一名治心脏病的专家，想去看一看。主任自然满口答应。年轻轻的，得了这种病，大家都为他担心。没想到，一去20多天不回来。后来听说，他是和韩兰成“走穴”去了。

主任叹了口气，说：“一心二用，不务正业。”

麻校长说：“人生多彩，才有多彩的人生，应予以理解。林生是个人才，不可小觑呀！”

麻校长真是惜才爱才。麻校长说得对，恰恰是“上课偷看课外书”和所谓的“不务正业”造就了高林生，是“人生多彩”造就了“多彩”的高林生。写到这里，我记起了胡适说的一句话：“那些上课偷看课外书的人，往往有出息。”我又记起了一位哲人说的话：“能根据兴趣学习的人是天才。”从这个意义上说，是兴趣和爱好造就了高林生，是“无为”造就了高林生。他不是浅尝辄止（学小提琴除外），学必求通，做必求精。有些人看似爱好广泛，但朝三暮四，蜻蜓点水，终究一事无成。高林生坐拥书城，家中四壁皆书，因为书多，地方小，有些书只好委屈地蛰居床下。他一旦扎进书里，便忘乎所以。伸个懒腰想放松一下，忽见窗户已经发白的情况常有。但第二天上班，依然精神抖擞。书是养人的。从这个角度讲，是书培养了他的品格，是书使他学富五车，才高八斗。艺术呢？艺术则使他多了一份一般人少有的聪颖和灵性。谁都承认高林生是个聪明人，包括对他有偏见的人。

我常常想，林生的成长不也值得我们每一位老师思考吗？

三

高林生，48岁时“阴差阳错”（高林生自己这样说）当了鼓楼区文教局副局长，分管教学工作。几十年的积淀，使高林生有了一分成熟，就像树，年轮多了便自然粗壮、深厚、稳重一样。当了局长，他多了一份责任感。一把手孙鸿英局长开明豁达，知人善任，对副手高林生信任、支持有加：“放手干好你分管的工作，出了成绩是你的，出了问题是我的。”很难在局长室里找到他。他从不甘寂寞，要么在教研室，要么下学校。每学期听课都在100节以上。他很敬佩省教委副主任周德藩。1993年，他看到了“南通会议”上周主任的报告后，深受鼓舞，坚定了教改的信念，为鼓楼区的素质教育倾注了大量心血。以“五好”（写好字，读好书，唱好歌，做好操，扫好地）为“保底工程”的素质教育在全鼓楼区取得了显著的效果。应该说，在全省县、区级的教育局局长中，高林生是领会并创造性地贯彻“南通会议”精神的领军人物。来自全省乃至全国各地的参观者，对鼓楼区的素质教育，尤其是语文教学改革给予了极高的评价。周德藩主任多次到鼓楼区视察。在全省素质教育汇报会上，周主任说：

"高林生是我的知音啊！"一个领导者，当看到有人把他的思想物化为成果时，该是一种什么心情啊！内行的、有责任心的领导，是不喜欢"坐而论道"的下属的。

1995年，省教委请高林生到南京参加"江苏省语文教改成果汇报会"，介绍鼓楼区语文教改经验。大会本来给他安排了60分钟的报告时间，后来改为30分钟，再后来改为15分钟。15分钟讲什么？徐州地区的代表都为他捏了一把汗。浓缩的是精华！高林生13分钟的讲话，竟博得了11次掌声！

大家对高林生佩服得五体投地。

高林生嘿嘿一笑："我这几十年的相声是白说的？几十年的书是白念的？广大一线老师的汗水是白流的？我们当局长的是白吃干饭的？"

看他傲的！

不管怎么说，那一次会议高林生的确"火"了一把，他也该傲一傲。俗话说，该傲不傲也不对。

2000年6月1日，鼓楼区3000多名小学生的语文作业在省教委一楼大厅展出。同年，鼓楼区和铜山县一起被省教委定为"江苏省素质教育实验区"。

大道无痕，无为而治。

四

高林生的一只脚刚跨进21世纪的门槛，便自动辞职下台了。他本来就是苏教版小学语文教材的编委之一，只是由于主编朱家珑实行"藏兵于民"的政策，才没有脱产常驻南京罢了。

下台了，就无须"藏"了。于是，朱家珑请他到南京，成了"常驻编委"。不久，又给他封了个教材培训主任的官儿，说："现在，我们苏教版小语教材已走向全国，培训教师的任务十分重要，主任一职非老高莫属。"众皆称是。从此，他穿梭于大江南北，奔波于长城内外，比"华威先生"还忙。飞机、火车、汽车成了他流动的家。他的老伴曹树芳无奈地直摇头。——有什么办法呢？

在这个位置上，他的才能得以充分的施展，口才得以充分的发挥。在这个位置上，他创造了人生的第二个辉煌，似乎这个位置才是他真正的人生坐标。

他的口才能把他的思想发挥到极致。比如说，他脑子里有"一"，经过他的口，能变成"二"。他甚至能把不同意他的观点的人，说得热血沸腾，为他鼓掌。天才！演说的天才！

2005年元月20至21日，苏教版小语教材全国第八次培训会在陕西省西安市举行。21日晚，来自全国各实验区的1200多位代表在陕西省政府宴会厅举行盛大联谊会。

联谊会由高林生主持，他上串下联，自然流畅；才思敏捷，妙语连珠。中间或穿插一曲他的男高音“单唱”，或穿插一段山东快书，雅俗共赏，跌宕起伏。整个儿联谊会热气腾腾，欢声笑语，不绝于耳。在神圣的讲台上，他是一位儒雅而又富有激情的学者；在欢乐的舞台上，他是一位睿智而又才华横溢的主持人和演员。二者皆能行者，舍他其谁？

老师们把掌声送给了他，同时也把他传递的苏教版小语教材编写者的热情与友谊、理念与意图带回了家。

在南京，他仍不忘忙中偷闲，拜在著名思维科学家张光鉴先生门下，研究张教授的名著《相似论》，研究起深邃莫测的脑科学来了。一段时间下来，他居然能融会贯通，又居然能举一反三，触类旁通，和张教授一起写出了洋洋洒洒的《科学教育与相似论》！接着又写出了令人刮目的《小学语文教学新思维新策略》。2002年，他在“范进中举”的年龄，被评为江苏省特级教师，同年被南京师范大学聘为主讲教授。

如果说“特级教师”和“大学教授”是“大器”的一种标志，那么，高林生是“大器晚成”了。“您是大器，早成的往往不是大器。”我每每这样说，他便嘿嘿一笑：“什么大器，一介书生而已！”

“人到无求品自高”，何况他本来就“无求”呢？他不是范进。高林生得“道”了。高林生，“无为而治”的高林生。

100. 叩首拜别斯霞老师

2004年元月13日，94岁高龄的斯霞老师与世长辞了。噩耗传来，我抑制不住内心的悲痛，泪水一下子涌出了眼眶。我所崇拜的一代宗师，就这样悄然地离开了我们。斯霞老师，学生于永正在徐州向您叩首。

1962年秋，我踏上了教育工作岗位。正当我感到迷茫、困惑甚至灰心的时候，1963年5月30日《人民日报》刊登了介绍斯霞老师母爱教育的长篇报道——《斯霞和孩子》。我如饥似渴地读了一遍又一遍。斯霞老师使我真正明白了教育事业是爱的事业，而且这个“爱”不是笼统的，是很具体的，很细微的。天气热了，帮孩子脱衣服；天气突然冷了，她把自己孩子的衣服给体弱的学生穿……斯霞老师为了帮助一个小朋友改掉做事毛手毛脚的毛病，便经常请他做一些必须小心、细心才能做好的事，例如帮助老师提热水瓶，请他为老师们倒杯水。后来，我有幸在南京聆听了斯霞老师的一堂课，她执教的是《乌鸦喝水》。课题一板书出来，我便呆了，斯霞老师的字写得这么工整、这么漂亮呀！坐在我一旁的陈科长小声对我说：“这就叫‘一丝不苟’啊！”等听完了斯霞老师的朗读，我又一次被深深地打动了，再一次懂得了什么叫“一丝不苟”。课上，有一位小朋友读书出现了小错误，脸涨得红红的，斯霞老师俯下身子，脸几乎贴到了小朋友的脸上，轻声说：“错了没关系，再试试看。”在我还很年轻的时候，斯霞老师便使我明白了教育不是“叫育”。

1985年我被评为特级教师之后，和斯霞老师的接触多了，得到的教诲和帮助也就更多更大了。一次，她到徐州来参加一个研讨会，听我执教的《狐假虎威》。一下课，她便走到我眼前，握着我的手，对周围的专家和老师说：“于老师的课上得很精彩呀！有情有趣，又实又活，是不是呀？”停顿了一下，她又说，“不了解一个人，千万别妄加评论呀！”听了斯霞老师的话，我热泪盈眶。我完全明白斯霞老师话中的意思。因为我刚被评为特级教师时，有些地方的老师对我的教学颇有微词。斯霞老师的话是对我的巨大支持和鼓励！2001年秋，我应邀到斯霞老师所在的学校——南京师范大学附属小学讲学。斯霞老师知道了，亲自赶到学校听我上课、做报告，一坐便是整整半天。听过之后，一如既往，对我赞赏有加。她精力充沛，思维清晰，和我去年——2000年参加她90岁庆典时见到的一样，真看不出她已经是91岁高龄的人了。

更令我难忘的是，有一年我随斯霞老师、杨再隋教授到广东顺德讲学，有一位很有名的专家对我上的作文课提出了批评。我对这位专家的批评持不同意见。斯霞老师笑着对我说："意见一定要听，即使不正确。它可以使你的路走得更直一些。"她怕我不接受，又补充了一句："真的，虚心听取别人的批评没有坏处。"听斯霞老师这么一说，我立刻想到了她在"文革"期间受到那么不公平的批判，都能泰然处之的坦荡胸怀，心里顿觉释然了。

写到这里，我再次为斯霞老师乐于奖掖后进的精神所感动，感激的泪水又一次湿润了我的双眼。斯霞老师的不断鼓励与支持，使我获得了巨大的动力。

在我担任江苏省中小学教材审查委员的几年中，每年至少要和斯霞老师一起工作数天。工作之余，最喜欢听斯霞老师谈教育、教学。1997年初冬，在扬州审查教材时，一天晚上，宾馆经理请斯霞老师为他上小学的女儿题词。斯霞老师挥笔写下了"好好学习，天天向上"八个字，然后对经理说："请告诉孩子，要多读书，多背点儿古诗，背点儿好文章。"经理走后，斯霞老师对我说："现在的学生太苦，一天到晚埋在作业堆里，没有时间去读课外书，这种状况要改变。"接着她又向我讲起了她曾经给我们讲过的一件事。一天晚上，她的外孙女问她"钊"怎么组词。斯老师问："这个字在书上组成一个什么词？"外孙女答："李大钊。"斯霞老师说："那就组个王大钊、张大钊。"外孙女说："老师要求组三个呢！"斯霞老师又说："那就再来个刘大钊。"斯霞老师说："这样的作业不白白浪费了学生的精力和时间吗？学语文要少做题，多读书。我上学时，就是读书、背书、写字、作文，我教学时，基本上也就要求学生做这些作业。现在，越搞越复杂了。"

还有一回在镇江，斯霞老师谈到朗读教学时说："朗读是阅读教学的最重要的训练。好多词语讲不清，读好就行了。我教过一篇一年级的课文，最后一句是：'一阵风吹来，好不凉爽啊！'怎么又'好'又'不'？对小朋友来说不好讲，读好就行了嘛。"

每次听斯霞老师讲话，我都会深感理论真是苍白的，而例子则是鲜活的，给人的印象更深，对人的启迪更大。

最伟大的真理是最简单的，最伟大的训诫是最容易理解的。斯霞老师的教导使我明白了怎样教学生学语文。

当我写这些话时，脑海里一直浮现着斯霞老师的身影，她的身板依然那么硬朗，上身依旧穿着一件红色毛衣，微笑着；耳畔一直回荡着她的声音，那声音依然不高不低，不紧不慢的，叫人感到亲切……

斯霞老师，您真的离我们而去了吗？

苍天无语，霞光万道。

斯霞老师，请走好。学生于永正在徐州遥望南天，为您跪拜送行。

101. 散文一束

二八月看巧云

小时候，奶奶常常对我说："二八月看巧云。"奶奶说的"二八月"指的是农历。所以每年的春天和秋天，我特别注意天空中的云，看它巧在哪儿。

二八月的云巧在它的造型上。在蓝天的尽头，常常出现大堆大堆的云，高高低低，层层叠叠，错错落落，明明暗暗，像一座座巍峨高耸的雪山。我常常怀疑：那是不是就是喜马拉雅山？是不是就是昆仑山？

有时候云山也会出现在头顶上空。不过，多数情况下，它们不再连绵起伏，而是一座一座的，各不相连。这时的云也很好看。有大的，有小的；有高的，有矮的；有险峻的，也有平缓的。在蔚蓝色天空的映衬下，这云山，又像露出海面的、覆盖着皑皑白雪的岛屿，它们稳稳当当地在海上漂浮着。如果不长时间地看，根本看不出这山、这岛屿的形状在变化。

不知什么时候，那云会被分割成一块一块的，整齐、均匀地排列在高空，像鱼鳞似的，好大好大一片。我想，天上是不是也有耕耘机，是它把云山耙平了，种上了庄稼？这鱼鳞云变化得也极慢，它有足够的耐心让人欣赏个够。

二八月的云巧在它的色彩上。二八月的天空特别高，特别蓝，云特别厚，特别白，特别有层次。如果是傍晚，那云的色彩就更丰富，同一朵云往往会有多种颜色。一天，太阳快落山时，彩霞满天。一会儿，有一块较厚的云遮住了太阳，那云的边缘血一样红，当中呢，却是紫铜色的，最厚的地方，近乎黑色。过了一会，云变大变薄了，看上去又像一块烧得快熔化了的铁，边上是金黄色的，当中呈红色。我真担心，再过一会儿，铁水会滴下来。

二八月的云沉稳、端庄，有凝聚力。它们总是一大朵一大朵的，一大堆一大堆的，像雪堆成的山，像棉摞成的垛。它不像夏天的云那样，有时像扯碎的棉絮，飘飘忽忽，匆匆忙忙，有时又那么低，那么暗，黑压压地从天边涌过来，给人以"黑云压城城欲摧"的感觉。它也不像冬天的云那样，懒懒散散，松松垮垮，无精打采。

二八月的云，是流动的诗，是变幻的画。

莲花城的城墙上长着四株榕树

有人说，这个题目不像题目，哪怕改为《记莲花城城墙上的四株榕树》也比这个好。不无道理。但是，这的确是我最想说的话，最想告诉别人的东西。能用自己最想说的话做题目不是更好吗？真的，一看到莲花城城墙上的四株榕树，我就想，回到徐州，一定告诉亲朋好友，广州的番禺区有座莲花山，莲花山上有一座莲花城，莲花城的城墙上生长着四株榕树！

这绝不是小题大做，更不是少见多怪。

虽然最想介绍的是榕树，但还得先简单说说莲花城。有“来龙”，才有“去脉”。莲花城坐落在莲花山巅，建于清代康熙三年（1664年）。占地面积不大，但城墙很高，给人一种森严的感觉。它只有一座南门。拱形的城门上方，嵌有“莲花城”三个黑色的大字。斑驳的字迹，昭示着它的资深。我要说的四株榕树，就生长在城门两侧的墙体上。大概造物主知道我们中国人喜欢对称吧，所以不偏不倚，左右各长两棵。—— 就这，谁能说不奇怪？尽管城墙上彩旗猎猎，城门口一边站着一位颇引人注目的手持长矛把守城门的“清兵”，但最吸引我的是城墙上的四株榕树。它们几乎是同时映入我的眼帘的。看到它们，我先是惊奇 —— 不只是惊奇它们的对称 —— 后是赞叹。它们怎么会长在这儿！又怎么会在这儿长得如此茂盛！望着它们茂密的、在阳光下闪耀着光亮的叶子，我立刻想到巴金在《鸟的天堂》中形容大榕树叶子的话，也似乎感到每一片叶子上“都有一个生命在颤动”，然后迅速地把巴金的话凝练为两个字：“生命。”是呀，这就是生命，这才是生命！因为这里的每片闪光的树叶，对“生命”诠释得更深刻、更令人感动。这四株榕树都有两个以上的近乎圆形的树冠，一簇一簇的，像撑开的绿色的伞，为它们赖以生存的古老的城垣遮阳蔽日。它们的根的周围，果然也就湿润润的，像是有水从墙内洇出，虽是盛夏，也不干涸。

城门左侧第二株榕树与众不同。其余三株都是树冠在上，树根在下，而它却一反常态，头朝下，根朝上。它的树冠离地面不过一人多高，而根呢，却拼命向上长，向上伸，有的居然扎进垛口下了。它很像一个倒贴在墙上的顽皮的孩子。看来，榕树中也有调皮的、不安分的。我忽然觉得，调皮的孩子更值得爱，就像这株似倒立的孩子一般的榕树更值得爱一样。因为调皮和不安分，往往孕育着创造。

最令我惊叹不已的是它们的根。无论是向上生长着的，还是向下生长着的；无论是粗的，还是细的；无论是长的，还是短的，都是那么强有力地弯曲着，延伸着，在自己认为合适的地方，使劲扎进墙体之内，从里面吸收着肯定少得可怜的水分和养料。说它们是蛟龙的爪子吧，却又比蛟龙的爪子多，比蛟龙的爪子长，比蛟龙的爪子有力；用“盘根错节”来形容它们吧，细细一看，它们却又“盘”而不“错”，或者说基本上不“错”。每条根都透出一种力，一种令人感动、令人振奋的力。这大概就是人们常说的“遒劲”吧。毫不夸张地说，每株榕树都是一件艺术珍品。

我告诉朋友的目的，不仅仅因为它们给我留下了不可磨灭的印象，给我以思考，而且也有希望他们有机会到莲花山上看看它们的意思。确实，这四株榕树至少是四件艺术品。

故乡的山

一

1972年春节，我携妻第一次回故乡 —— 山东莱阳徐家夼。一天，我带她去爬星山。星山在我们村子的东面。在我们徐家夼村的周围，除了小天、摩天岭两座山之外，就数它高了。山顶上有许多巨石，老辈说，那是从天上落下来的星星，所以取名星山。我们当地人把“星”读儿化了，叫“星儿山”。巨石中好像含有石英，阳光下，闪烁着宝石般耀眼的光。它遍身的黑色和淡绿色的干苔藓，是它的老年斑，表示着它的年代的久远。巨石有青松相伴。那山上的青松确实永远年轻，18年前什么样子，现在似乎还是什么样子。一条小溪沿着北面山脚，由东向西蜿蜒流去，一直流入靠近村子的一个小水库。水库上面覆盖着一层薄冰，阳光下闪闪发亮。有了石，才有星山的名字；有了树，星山才有生机；有了山泉、溪水，星山才有了灵气。那嶙峋的石和突兀的峰，则是它的风骨。

我抚摸着一块块巨石，追忆童年的梦。

山南坡比较平缓。山坡上，地窨星罗棋布。每个地窨口上盖着一块大石板，每块石板下都有一块石头垫着，露出一点儿洞口的缝隙，为的是通风。石板有了坡度，下雨也不至于使水流进地窨里。

我指着这一群地窨问妻子：“知道这是什么吗？”

妻不假思索地说：“防空洞。”

我告诉她，这是地窨，是用来贮藏地瓜、芋头、萝卜、大白菜等东西的。这些东西存放在里面一可防冻，二可保鲜。有一户挖一个的，也有两家合挖一个的。

妻子惊愕了：“没有人偷？”

“偷？在我们胶东人的字典里，是没有这个字的，至少在我们徐家夼人的字典里没有。世世代代都是这样的。”

那天的阳光格外灿烂，格外温暖。我和妻子伫立在山脚下。仰望星山，巨石隐约可见，青松似与我们招手。

——嘿！故乡……

二

我最喜欢的是南山。它耸立在村庄的南头，所以取名南山。它虽然不算高，但比较陡峭。山上长满了柏树。每年春节，家家都要祭祀祖先。我们家挂字画，擦香案，摆供品，一般都由我来做。其中我必做的一件事是到南山折柏树枝插在供桌上的一对花瓶里。我先把折来的柏树枝用火微微烤一烤；一烤，那叶子便立刻变得嫩绿而有光泽。再把炸的玉米花染上颜色，粘在柏树枝上。那时，我觉得它是最美的艺术品。供桌上有了它，春节便真的有了“春”的意味。大年初一，我和小伙伴穿着新衣服，带着鞭炮，爬到南山上，尽情地放。这是我童年中最快乐的时刻。大人说，放鞭炮可以“驱邪”，但那时我并不知道“邪”为何物，便问长我两岁的于世友，世友摇头。又问于全贵，全贵也不知道。于全树小大人似的，神秘地对我们说：“邪就是鬼！”鬼——？于是我们把点燃的鞭炮扔向四面八方，让“邪”远离我们村庄。在我的想象中，那些看不见的“鬼们”，一定在噼里啪啦的鞭炮声中，在我们的喊叫声中，逃之夭夭了。

南山的脚下也有一条河。河水绕着山脚由西向东，再由东向南淙淙地流淌。东山脚下有一水潭，水潭西侧立有一块刀削似的巨石，水潭因此得名“石头湾”。夏天游泳的时候，巨石就成了我们的天然的跳水台。那时我们不懂得这姿势那姿势的，都是站在上面双脚跳下。小伙伴们练的是胆量，展示的是勇敢，寻求的是欢乐。

游泳结束，我们常常或顺水而下，或逆水而上，到河里捉鱼摸虾。我捉鱼的本领不高，只能摸些小虾，捉几条泥鳅，偶尔也能逮到螃蟹。

1972年春节，妻子和我回老家时没跟我爬南山。30年之后的2001年夏天，我们又回了一趟老家。这次我没爬，她倒爬了，似乎去替我寻找那童年的欢乐，倾听那似乎还未散尽的驱“邪”的鞭炮声。

——哇！故乡……

三

还值得一记的是金龙山。金龙山屹立在清澈明丽的富水河畔，在村的东南方，离我们村约有三华里。山上有座“金龙奶奶庙”。庙的西侧有一个石头砌的大戏台，那是每年春天赶庙会唱大戏的地方。我第一次感受京戏就是在这里。不过最初留下的印象只有两点，一是戏里人物的服饰，二是京剧锣鼓。京剧服饰华丽耀眼，京剧锣鼓振奋人心。最热闹的是1952年的庙会，“正会”那天，护驾崖（一个村庄的名字）京剧团演的“失、空、斩”非常精彩，饰诸葛亮的演员嗓子真好，唱得又亮又有味。庙会过去不久，一天，我忽然肚子疼，疼得在炕上直打滚。奶奶和妈妈无奈之中，便求助神灵。奶奶把一个鸡蛋竖放在一面镜子上，口中念道：“金龙奶奶保佑，保佑俺孩子，俺孩子的病好了，一定还愿……”

那鸡蛋在镜子上三转两转，居然站住了！不多时，我的肚子居然也就不疼了！——难道真有神？

过了几天，奶奶备了香纸、供品，领着我到金龙山还愿。

路上，我对奶奶说：“奶奶，老师说了，没有鬼神的。”那时，我已经上小学四年级了，懂些事了。

奶奶说：“不怕你不信神，就怕家里有病人。没神，那鸡蛋怎么会站起来？没神，你的肚子怎么不疼了？”

“老师说，那是巧了。”

“胡说！——哎，马上到庙了，你可不能乱讲啊！”

奶奶挎着一篮子供品，尖尖的脚一颠一颠地走着。她给金龙奶奶烧的是香纸，寄托的是希望；香纸燃烬化为乌有，爱却实实在在，永远留在我心中。

2001年7月20日，我来到金龙山，想看看那个石砌的大戏台和那座古老的庙宇。非但大戏台，连金龙奶奶庙也早已荡然无存，取而代之的是一所美丽的九年制的学校。依山傍水而建的一排排红瓦白墙的校舍，掩映在绿树红花之中。故乡的莘莘学子，成了名副其实的龙的传人。——变了。只有青山依旧，绿水依旧，蝉声依旧，故乡人唱京戏的山东味儿依旧，奶奶生前的音容笑貌依旧。

——哦，故乡……

母校的葡萄架

我在徐州师范学校读书的时候，教室全是平房。一条贯通学校南北的大道两侧，各有五排整齐的苏式教室。五排教室的屋山头，隔路相对。我们教室前面，两个屋山头之间，有一个很大的葡萄架。

忘不了葡萄架上的那一片绿。那一片茂密的、半透明的叶子分布得十分均匀。葡萄熟了的时候，晶莹透亮，也是绿的。我常常疑心这一片绿是用翡翠雕琢出来的。

课间，站在那片绿的下面伸个懒腰，做做深呼吸，全身的疲劳会一扫而光。哪怕只对着那半透明的绿，眨巴眨巴眼睛，它也会送给你一个清爽、舒心。

我常坐在下面复习功课，读报纸杂志。即使有风，那叶子也不大动；即使动，也无声。有一次，期末考化学，那次老师出的题相当难，全班近一半的同学没考及格。而我们五六个坐在葡萄架下面复习的男生却考得很好，就连平时不喜欢化学的曹玉久也考了4分！第二天一大早，许多人便把凳子搬到它的下面。几个女同学嬉笑着，为占了个风水宝地感到高兴。至于她们在葡萄架下面复习后，是不是也考好了，记不得了；反正我们几个男生捷报频传，连连取得了好成绩。后来我们分析在那里复习效果好的原因。大家总结出了两点：一是那里环境好，通风，凉爽，能给我们一个好心情；二是那里氧气多，大脑的氧供应量充足了，既抗疲劳，又增强了记忆力。

傍晚或星期天，我有时坐在下面拉京胡，学京戏。《凤还巢》《望江亭》中的几段唱，就是在这儿学成的。每到这时候，那片绿就显得特别静。当然，也有喧闹的时候，那就是同学们在下面聊天。没有中心，没有专题，陈谷子烂芝麻，东扯葫芦西扯瓢。侃得开怀大笑时，绿叶也跟着颤动，分享我们的欢乐。

快毕业时，代美术课的王明泉老师教我们画葡萄（国画）。这时，我才认真观察它的枝干和叶子的形状。那干粗壮得很，像一条虬龙，一直爬到架子上面，才分出许多枝杈，长出许多叶子，使我真正懂得了“枝繁叶茂”的意思。

第一次画葡萄，没成功。王老师说，绿色太多，把叶子画轻了，画飘了，应加上点墨，画出它的层次，画出它的凝重；枝干更要浓墨重彩，画出它的遒劲，画出它的精神。王老师说：“这叫写意。”

第二幅，得到了王老师的赞许。他站在旁边，等我画果实。但我没画。我说，等到秋天再画，画它成熟的果实。

不知不觉三十几个春秋过去了。母校葡萄架上的葡萄成熟了一次又一次。但我至今没把那幅画画完。而且，老实说，那幅未画完的画早被家乡的一位亲戚拿走了。其实，那果实是无须画的。一者，因为果实一旦成熟，是从不老待在葡萄架上的；二者，成熟的果实太多太多，是画不尽的。最应该画的，还是它的干、枝、叶以及它扎进地里的根。因为有了它们，才会有惹人喜爱的、绿珍珠似的累累果实。

永远忘不了母校葡萄架上的那一片绿。

师生聚会

这是一家颇为豪华的酒店。霓虹灯把停在店门口的一辆辆轿车映得五光十色。我被站门口恭候的宋霞、王广云、邹启虎等人簇拥着来到“桃李厅”。那种感觉真是好极了，觉得自己真的成了“小朝廷”。望着门框上的“桃李厅”三个字，我暗暗佩服学生的精明，也暗暗佩服酒店老板的经营之道。

先我一步到达的学生们，纷纷起立，向我问候，同我握手。一个男生问我：“于老师，您还知道我叫什么吗？”我说：“王承明，你觉得你穿上马甲我就不认得你了？”那天，他正巧穿了一件皮马甲。同学们放声大笑。

一会儿，一个男生推门而进。他西装革履，文质彬彬。37年不见了，有的人竟然叫不出他的名字来了，就像叫不出王承明的名字一样。但我认得，他叫刘平。“刘平啊，”我说，“没想到37年后，竟长成大个儿了！记得吗？上小学时，你的座位不是在第一排，就是在第二排。和你差不多高的，还有陆德平，对不？”

“对！”刘平说。他从来笑不露齿。

同学们夸我记忆力好。我说：“你们是我踏上工作岗位教的第一个班，而且教了3年，怎么会忘记？我经常看你们的‘毕业照’，一个个地念着你们的名字，可是你们总是笑而不答。—— 哎？怎么不见张玲侠？宋霞不是通知她了吗？”徐州地邪，话音未落，张玲侠进来了。她走到我跟前，先是一怔，然后抱住我，说：“于老师，您的头发怎么白了？……您在我心目中，一直都是年轻的……”说着说着，泪珠从眼角里滚落下来。

都快50岁的人了，可是她还像当年那样天真无邪；她的头发还和小时候一样，自然地卷着，始终像烫过似的。她告诉我，永远忘不了我亲自为她戴红领巾的情景，永远忘不了我让她和王明乾代表全班同学参加淮海战役烈士纪念塔落成典礼那件事。她说：“人家王明乾是大队委，三道杠；而我呢，刚入队，学习成绩又不太好。……”

人越来越多，师生济济一堂。

这次活动的发起人宋霞见通知到的人到齐了，便宣布宴会开始。学生们先向我敬酒，然后他们推杯换盏，互相祝酒。“桃李厅”里，欢声笑语，热烈非常。

不久，胡瑞芝和杨志军打起了“酒官司”。杨志军站起来说：“我以当年同桌的身份，敬你一杯！胡瑞芝同学，无论如何请你给点面子！”

胡瑞芝说：“不提同桌倒还罢了，一提同桌，我气便不打一处来。喝酒可以，但你得认个错。”

杨志军嬉皮笑脸地问：“我何错之有？”

胡瑞芝站起来，对我说：“于老师，您别以为杨志军一天到晚笑眯眯的，连吵架时的声音都不大，好像好得很。其实，他暗捣（指暗地捣乱）。有一天，我正在做作业，他悄悄地递给我一个纸包，小声说：‘送你点好东西，一定要保存好。’我出于好奇，便动手拆。拆了一层又一层，我心想，什么好东西包得这么严实？等把最后一层拆开一看，原来包了条毛毛虫！我又怕又气，还不敢发作，怕老师批评。于老师，您说杨志军坏不坏，该不该认错？”

等大家笑过之后，杨志军举起酒杯说：“胡瑞芝，对不起，现在我喝杯认错酒！”一杯酒下肚，依然嬉皮笑脸的。

随后，女同学对男同学群起而攻之，纷纷“揭发”他们的“劣迹”。

我说：“今天，趁着我在，请女同学畅所欲言，有冤的申冤，有仇的报仇，我为你们做主。”

一向活泼的王广云说：“于老师，您别看童士林今天穿着一身警服（童士林是人民警察），像个人了。小时候可差劲了。有一天，我不知怎么得罪了他，追着要打我。我只好跑进女厕所躲避。他站在门口大声喊：‘你躲了初一，躲不过十五。—— 王广云，你出不出来？！’我有意气他，说：‘童士林，有本事你进来！’他气得在墙外哇哇直叫。要不是他妹妹童士琴把他羞跑了，那天我可就惨了。”

童士林对此矢口否认，说：“纯属捏造，纯属捏造！”

王广云说：“不信，咱们问问童士琴！”

童士琴也是我班的学生，那天因为工作忙，未能参加这次聚会。

一提到童士琴，童士林再没争辩，只是咧着嘴干笑。—— 看来他认了。干公安的，当然知道“旁证”的厉害。

宋霞接腔说：“咱们班最刁的是邹启虎。有一次考数学，上课前他对我说：‘宋霞，我要是不会做，你网开一面，让我看你的。但是不白看，看一题，我送你一块橡皮。’那次考试，他至少偷看了我两道题。可是事后，他只字不提送橡皮的事。我说他言而无信，他说，又不是好事，信什么信！”

大家笑得前仰后合。李金平朗声说：“看来反腐倡廉要从娃娃抓起喽！”

大家又一次笑得前仰后合。

没想到，当年的恶作剧、“丑闻”，今天竟成了美好的回忆。

女同学似乎发现说男生的“坏话”太多了，有失偏颇，于是有人谈起“好话”来了。第一个被表扬的是王承明，说有一次野餐，他把小组的锅、柴火都背在自己身上，不让女同学背。还有张长书，自从演了“抬花轿”，对同桌的薛爱华的态度变好了，因为他扮演新娘穿的是薛爱华借给他的红灯芯绒褂子。还有人说，从那儿以后，他对其他女生的态度也变好了。

还值得一记的是，学生中也有夸我的 —— 夸我粉笔头砸得准。张长书说，有一次上语文课，他正专心制作玩具手枪，一个粉笔头砸中了他的头，抬眼一看，我正怒视着他……说到这儿，他做了个鬼脸，摸了一下前额，似乎现在还隐隐作痛。—— 回忆，是多么美好！

酒酣，刘平自告奋勇为大家唱一首歌助兴。他唱的是我当年教他们的《拾豆豆》。一报歌名就博得了一阵热烈的掌声。他唱完了第一句：“张小花，李小牛，肩并肩来手拉手”其他同学情不自禁地随声附和，结果，“独唱”变成了“大合唱”。

歌词是叙事的，并不感人，我却流出了泪花。

同学，是一个多么美好的字眼！同学之情，是一种多么高尚的人间之情！它明澈，纯真，融洽，就像一泓清泉。师生之情也是人世间的一种美好的感情。它有些像父子、母女之情，但又不同于父子、母女之情。我爱学生，但又不同于爱自己的孩子，正如学生爱我而又不同于爱他们的父母一样。学生有时可以把父母的话当耳旁风，对我的意见却得考虑一下。学生有时做出令我不高兴的事，我却不能像对待自己的孩子一样训斥他们。我说出令学生不高兴的话，或做出令学生不快的事，学生却不能像在父母跟前一样，耍小孩子脾气。学生李志军在部队立了三等功，他最先告诉的不是家长而是我；学生彭晓明打电话告诉我他考上了清华大学，我的眼睛一下子湿润了，竟比听到我女儿考上大学的消息还激动……

这就是师生情，一种谁也说不清楚的情。

醉翁之意不在酒。师生聚会其实是最美的精神大餐。还有什么能比回忆美好的童年，比回忆同学之情和师生之情更幸福的呢？童年是圣洁的水，是率真的诗，它是纯自然的、一目了然的，没有任何掩饰和掺杂的。

尽管我的学生中也有五十岁出头的了，但在我眼里还是孩子；尽管我年逾花甲，但我在学生的眼里依然年轻。我们在一起，一切都觉得和37年前一样。

感谢热心操办这次聚会的宋霞。

感谢命运让我当了教师，让我多了一种从事别的行业的人所不会有的感受，让我得到了许多从事别的行业的人所不会得到的爱。

女　儿

天刚蒙蒙亮，女儿的声音便从门外传到房间里来，轻轻的、柔柔的、甜甜的、乞求的：“爸爸、妈妈，起床吧，陪我去溜冰吧！”那时，她刚刚跟她的同事学会溜冰，正在兴头上。我和老伴相视而笑，没搭理她。

女儿见无动静，而且知道我们已经醒了，于是用更甜的近乎撒娇的语调把刚才的话重复了一遍。

我们仍不做声。

片刻之后，女儿的声音变了：“哼，坏爸爸，坏妈妈！”

我们还是没有反应。——反正是坏了，坏就坏到底吧。

于是女儿的话变得更难听了：“睡吧，睡吧，你们睡成猪吧！”说罢，噔噔噔地走开了。那脚踏地板发出的声音也是女儿的语言。它传递的意思，自然不言而喻。

估计女儿走远了，我偷笑起来，老伴嗔道：“还笑！看你把她惯的！”

我悄声对老伴说：“这就是女儿，女儿是撒娇的代名词。你小时候，有一天，娘忘记及时喊你起床，你不也是朝娘大发脾气，扒着床腿，硬是不愿去上学吗？”

在女儿的眼里，妈妈无疑是最值得信赖的，其次才是我这个爸爸。她在妈妈面前无话不说。也许正因为如此，当女儿心情不好时 —— 不知什么时候，也不知什么原因，她的脸便会突然变得阴暗起来——妈妈就成了她的出气筒。十有八九，她妈妈是忍着的，而且有时还笑脸相陪。这是母亲对子女的一种特有的宽容。别说她妈了，女儿有时向我撂脸，我还不是如此，有时甚至比她妈妈还软？不过，女儿在我面前耍脾气，多少有些收敛，即使说些不中听的话，也常常嗔中带娇，只能算是“娇嗔”。不过，这“娇”的成分微乎其微，只有做爸爸的才能分辨、体味得出来。

一天吃晚饭，女儿刚吃了一口菜，便双眉紧蹙说：“妈！跟您说过多少次了，菜还是这么咸！一定要减少盐的摄取量！”更有甚者，有一次吃早餐，女儿硬把我们正吃得津津有味的咸菜给“端”了！“烂咸菜有什么好？这里边不知有多少亚硝酸！亚硝酸是一种强烈的致癌物质……”她妈妈望着她，半天才憋出一句话：“可知道你有文化了！”我本想说句：“人生识字糊涂始呢，还是人生识字聪明始呢？”可话到了嘴边，又回去了。说真的，爸爸对女儿确实更宽容，用她妈妈的话说，就是“更会惯她”。她每次这样指责我，我便说；“什么是女儿？女儿还有个代名词叫‘使性子’，懂吗？咱女儿还没朝咱们撒野呢！看似使性子，甚至撒野，流露出来的却是对父母的爱。你说是也不是？”

老伴说：“这纯粹是一派胡言！”我说：“那你想一想，除了女儿外，还有谁在你面前用这种语气说过这样的话？没有吧？只有女儿呀！”

这话说过不久，一天早晨，我刚想外出，女儿大喝一声：“不能走！看来好习惯还真难养成啊！”她把我经常说她的话“还”给我了。说罢，把一袋牛奶递给了我，不知什么时候，塑料吸管早就插好了。

自从女儿听说我膝盖疼，就和她妈商量好了，给我订了一份牛奶，还是什么“AD钙奶”。她说：“喝也得喝，不喝也得喝，时间长了，就愿意喝了。”这才叫“爱你没商量”呢！我只好天天捏着鼻子喝下那带有一股浓烈的“牛味”的牛奶。

只要女儿在家，她便不让妈妈做饭、洗衣服。“妈，有我呢！”这是她常说的一句话。一天中午，女儿从外面回来，一看她妈正在厨房里忙活，气呼呼地说：“谁叫你干的？”她妈只好退下来。我悄声对老伴说：“话虽然听起来逆耳，但这是不是好意呀？”

老伴不再言语。

女儿最担心我们生病。我们一有个头疼脑热的，她的表情、语言就全变了，好像病不是生在我们身上，而是生在她身上，至于对我们的照料，更是无微不至，什么时候我们的病好了，什么时候才能看到她的笑脸，才能恢复她的活泼与爽朗。有时我不舒服，怕她担心，故意装着若无其事的样子，但从来没瞒过她的眼睛。“爸，是不是哪儿不舒服？”“没有哇！”“不对，你怎么眉头老皱着？”

什么是女儿？女儿是父母的“贴身小棉袄”哇！

一天傍晚，女儿从外边回来，兴高采烈地喊我们替她拿东西。我们出门一看，自行车上挂满了“货物”，那车累得似乎随时准备趴下。前有南瓜、番茄、土豆，后有一大袋桃子。

“干吗买这么多桃？”她妈妈打开塑料袋子一看说，“哎呀，你没挑挑吗？怎么大的小的、好的赖的都有！”

女儿说：“我看天已晚了，一个老年人还坐在那儿守着一堆桃，于是就包圆儿了。卖桃的说，包圆儿便宜，8毛钱一斤。”

“不包圆儿呢？”

“一块。”

“一共多少斤？”

“18！”

她妈妈买水果是老在行了，一拎袋子，说：“绝对没有18斤。”一称果然才15斤。

女儿气得脸色发青说：“这个老东西！我对他发什么恻隐！”这大概是女儿说的最脏的话了。

我笑笑说：“吃亏是福，干吗骂人呢？为什么不这样想：也许因为天色已晚，他看错秤了呢？恻隐之心不可无啊！”

女儿的嘴很少有闲着的时候，一个话题完了，另一个话题又来了。说一个话题时，常常来个“插叙”——旁逸斜出，节外生枝。有时，我和她妈妈不得不向她发出“暂停”的信号，但只能管一会儿。可是，一旦女儿不在家，静是静了，又觉得空荡荡的。如果女儿外出，长时间不回来。她妈打电话的语气就变了，连女儿的名字也不喊了，改称“宝贝”。女儿以往对她说的近乎训斥的话，她早已忘到九霄云外了。这就是母亲。伟大呀！

女儿喜欢睡懒觉，我担心她一旦有了工作不适应；还担心她会对同事“使性子”，事实证明我的担心是多余的。这时我才觉得女儿长大成人了。但在父母面前，她永远是个未长大的孩子。

一天早晨，女儿对我说：“爸，夜里我做了一个梦，梦见您给了我哥很多钱。我哭了。——爸，可不是高兴得哭了，是气哭了。”说完，咯咯地笑了。她坦诚得像一泓清水。

女儿就是女儿。

我儿子不到一周岁时，鬼使神差妻子又怀孕了。那时国家计划生育的政策是：一个不少，两个正好，允许生二胎。但我怕岳母受累，便和妻子商量堕胎，岳母坚决反对：“一只羊也是放，两只羊也是放，俺不嫌累！”就这样，女儿出世了。

女儿大了，岳母向她讲了这件事，女儿对我们大为不满，说：“还不想生我。要不是我奶奶，你们后悔去吧！”

感谢上苍赐予我们一个女儿。

有女儿真好。

102. 学生、徒弟眼中的于永正

回忆我的小学老师于永正

徐晴

最近，上了大学的我，又听了我的小学老师 —— 于永正的一堂课。蓦然回首，我记起许多，也感慨颇多。

每当我回想起小学的时光，感觉那时的生活总是蒙着玫瑰般的色彩，这不仅是因为我轻松而成功地完成了小学的学业，更由于我在一个特别的五年制班级里遇到了一位特别的于老师。那时，于老师主要教我们作文。我们都叫他“作文老师”。在作文课上，同学们总是畅所欲言，那场面真叫“广开言路”“百家争鸣”。我们往往是突发奇想，但无论你说得多么荒唐离谱，我们的于老师也绝不会加以批评，他总是面带微笑，和蔼而专注地倾听我们的发言，并时不时地加以重复：“……是这个意思。”“噢，是这么回事！”就在这种带着赞许的肯定声中，我们不知不觉地健康成长。我在以后的许多年中常想，我的气质与个性正是在那一堂堂的语文课上形成的，为此我由衷地感谢我的作文老师 —— 于永正。我原来是那样胆怯，是他使我成为现在的我，一个充满自信的我。一句话，是于老师塑造了我的人格。父母常说，我像于老师。有一次我与爸爸讨论一个问题，把他说得哑口无言。他半开玩笑半生气地说：“都是于老师把你宠坏了。”我说：“小时候，你不也宠我吗？宠得我大气不敢喘。”是的，如果没有于老师的微笑，没有那小学阶段学习生活的和谐氛围，我不会成为现在的我。

试想，一个胆怯的人，一个什么事都依赖别人的人，还会有什么作为呢？

我初识于老师是在小学二年级，我是从另一个班转到他的班上的。第一次上作文课时，在于老师的百般鼓励下，我发了一次言，至今还记得说的是“助人为乐”这个词的意思。我的胆怯一定给于老师留下了很深的印象，因为后来他曾经问过我爸爸：“徐晴是不是胆怯，或者害羞，才不发言的？”不久，我就被于老师的作文课深深地吸引了。我清楚地记得那节开启我心扉的作文课，于老师在讲到“叶公好龙”这个成语时，突然发问：“你们知道龙什么样吗？”我们都摇头。于老师二话不说，立刻在黑板上画了一条龙。那龙占了整个黑板。惊奇、兴奋、快乐，一下子填满了我们每个孩子的心。我记得所有男生都爬上了课桌，跪直身子，探着头观看，女孩子则都站着，整个教室一片沸腾。而我们对于老师的钦佩之情也达到了巅峰。相处的日子多了，我才发现于老师绘画、写字、弹琴样样在行，而且他的京剧唱得特棒。他总是能将他的才能恰如其分地运用到课堂上来，令我们觉得上他的课趣味无穷。

于老师反对用枯燥乏味的教学方法教授知识，他教我们时，哪怕是一个字的写法，也能令人品味到学习的乐趣。我写作文时常把“甜”字写错，于老师告诉我：“舌甘才甜。”从那以后，每当写到“甜”字，我总会想起“舌甘才甜”，想起于老师。还有“赢”字、“碧”字，于老师都把它们变成一句话：前者叫“亡口月贝凡”，后者叫“王白石”，多好记呀！

随着时间的流逝，我已不再是那个羞涩的小姑娘了，一节节的作文课锻炼了我。有一次，在一堂作文课上，我和班里的作文能手刘蓓辩论起来，我们俩各执一词，激动极了。一个刚坐下，另一个就站起来，开头一句总是：“我不同意你的看法。”在那场辩论中，于老师保持中立，也保持着他惯有的微笑。他对我们俩的看法都赞赏，并请我们把自己的观点写进作文里去。现在想起来，于老师不免有“架桥拨火”之嫌，但那又是一堂非常成功的作文课，我们都写出了令人满意的作文。

于老师平时挂在嘴边的一句话就是：“大胆发言，说对了要表扬，说错了更应该表扬，失败是成功之母。”这就好像是送给我们一把尚方宝剑，我们还有什么好怕的呢？久而久之，良好的心理素质就被锻炼了出来。记得一次在大礼堂上课，听课老师坐了满满一屋子。于老师让我用一段话描述一下我们参观过的果园果实累累的景象。我当时的心情是迫不及待，恨不能将自己看到的一吐为快。当我说到“树上结满了苹果、桃子、鸭梨、西瓜……”时，全场哄堂大笑。正当我恼恨那些老师的笑声打断了我的思路时（因为那时，我并没觉得自己说错），一位同学说：“西瓜怎么能长在树上？”我一听，脑袋嗡的一声，觉得头有斗大。于老师却说：“说不定徐晴将来真会培育出长在树上的西瓜。”我欣慰地笑了，丝毫不感到羞愧和害怕了，于是又急急地往下说，只想让于老师知道我是怎样想的。那确实是一个小学生能想到的精彩描述，听课的老师们很快又被吸引住了，轻易地忘记了刚才的哄笑。当我坐下时是带着几分自豪心情的，是于老师给了我这种自豪感和毫不畏惧的勇气和力量。

在小学的那些日子里，我们举行过好多活动，虽然每次活动结束，我们都要写作文，但我们都乐意。我们曾去果园认识果树，去峄山磨炼意志，去皇藏峪听有趣的传说，去戏马台回顾历史……我们每年都要和邳县运师附小友谊班的朋友们见两次面。我记得有一次朋友来徐州，我们带他们去戏马台游玩，于老师突发奇想，问我们谁愿做导游，为邳县朋友讲楚霸王项羽与汉王刘邦的故事。虽然不知导游为何物，但凭着对项羽的熟悉我举了手。那一次，我讲了鸿门宴、巨鹿之战、四面楚歌、乌江自刎许多故事。其实，这些故事都是于老师以前在课上课下讲给我们听的。我喜欢历史，所以记得很清楚，也就成功地当了一回导游。那一次的经历，令我终生难忘。

离开小学9年之后，我又一次听到了于老师上课。这一切多么熟悉，多么亲切！他还像当年那样，那么有朝气，只是头发白了。他讲的是《我的伯父鲁迅先生》。听课的老师有上千名。一个胖胖的男孩有点儿紧张，他在读一段课文时总是出错，于老师请他一遍遍重读，第五遍时他终于一字不错地读下来了，于老师请同学们为他鼓掌，为他第五遍的成功而鼓掌。他告诉同学们："把爱心留给别人，把信心留给自己。"他又告诉那位小男孩："即使第五遍失败了，记住，还有第六遍、第七遍……永远不要气馁。"听了这句话，我的泪水止不住一下子涌了出来。于老师教我们时，不就是这样不停地鼓励我们的吗？我仿佛又回到了那充满玫瑰色彩的童年。于老师曾用自己的稿酬为我们买书，作为班里作文竞赛的奖品；他常常为我们颁发奖状，上面有他亲笔写的"小作家""小书法家""作文大王"。这些，对于一个大人也许微不足道，但对每一个孩子来说，那都是生命中的珍宝。直到现在，我还珍藏着那时的每一张奖状、每一样奖品。其中有着我多少童年美好的回忆啊！

今天，我所讲述的正是我生命长河中一颗颗熠熠闪光的宝石。我把它们从记忆中取出，十分珍惜地，含着对童年的美好回忆、对恩师的无限感激和敬仰，献给我敬爱的于老师以及我小学的同学们。

当记忆的闸门打开时，我想，于老师一定还会像当年那样，和我们一起欢笑，一起落泪；我的小学同学一定会和我一样，心里充满幸福和眷恋。

我跟于老师学习

江苏省徐州市鼓楼区教研室　王晓虹

经常听到有人这样向别人介绍我："这位是于永正老师的高足 —— 王晓虹老师。"经常听到有人这样对我说："晓虹，我好羡慕你，有于老师这样的师父多幸福呀！"听到前者，我惶恐不安，只能怯怯地说："高足谈不上，谈不上。"而听到后者，我则充满自豪与幸福。是的，当于老师的徒弟的确很幸福。

不过细细品品师从于老师以来的感受，真是别有一番滋味在心头。因为开始我是被逼进于老师门下的；因为我是他众多弟子中流泪最多、挨训最多的；也因为我离他最近，了解得最多，得到的教益最多。1995年，刚刚被任命为教导副主任的我，在学区"校干领衔课"上执教了《黄继光》一课，引起了当时任教研室副主任的于永正老师的注意。不久，江苏省教委决定"江苏省语文教改成果展示会"在徐州召开，市教育局准备安排一位年轻的教师上课。因为《黄继光》一课得到区教研室的好评，所以安排我去参加市里的选拔赛。得知这一消息，我很兴奋，开始精心准备《繁星》一课。为了上好这一课，我特意上新华书店，选购了理查德的《望星空》钢琴曲。为了范读好课文，两岁的儿子入睡后，我对着镜子练读、练背。试讲那天，我是胸有成竹地登上讲台的。下了课，感觉良好的我笑眯眯地来到于老师的跟前，颇为自得地问了声："还可以吧？"没想到于老师的脸色是阴沉沉的，他一声没吭，只是深深地瞅了我一眼，那使我茫然的目光深深地印在了我的脑海里。评课的时候，一向笑容可掬的于老师仿佛变了一个人。他沉着脸说："令人失望！"接着说了一大堆问题。泪水立刻模糊了我的双眼，我不停地抽泣着。其他老师不忍心了，刚要替我说情，但被于老师一句"你们不要宠坏她"给止住了。

那天中午，当偌大的办公室只剩下我一人时，我再也忍不住了，呜呜痛哭起来。泪水不停地流着，心里也不住地埋怨着："太挑剔，太不近情理啦。"就这样，哭着、怨着，怨着、哭着。下午，两眼红肿的我向校长提出了不参加市里选拔赛的请求——我退缩了。没想到的是，第二天早上，不会骑车的于老师又步行来到了我们学校和我一起研究教材。他认真细致地帮助我分析课文，声情并茂地为我范读，手把手地辅导我练板书……于老师在范读课文时是那样地投入——他时而仰头望天，似乎在探究那神秘的星空；时而俯下身来，似乎在和学生低声交谈。看着，看着，我不由得扑哧笑出声来，但他仍旧继续往下读着。我再也笑不出来了，因为不知不觉我仿佛也融入了浩瀚的星空，仿佛也进入了那神奇的境界。过了好大一会儿，于老师停了下来。他轻声说道："作为一个教师应努力使自己的朗读具有艺术魅力，要通过声情并茂的语调、节奏、韵律再现文章的声感美，把抽象的语言文字变成动听的声音信息，使学生借助动听的听觉形象进入文章的意境，使他们感到学语文是一种美的享受。来，你来试试。"我拿起了课本，读了起来。怪了，我的心，我的情，也随着课文在起伏，我真正地进入了课文。老实说，从那一刻起，我才知道什么叫"朗读"。他的真诚、他的执着、他的激励，深深地打动了我，我鼓起勇气又投入到紧张的准备中去。

功夫不负有心人，市教研室从参赛的三个人中，选中了我。那时于老师比我还高兴。如果没有当初的教诲，没有当初的严格要求，没有流那么多的眼泪，我怎么能被选中呢？这时，我才体会到什么叫"严谨"，什么叫"精益求精"。我在省"语文教改成果展示会"上执教完《繁星》一课后，省教委副主任周德藩同志立即走上台来亲切地同我握手，祝贺我取得成功。我激动了，冲出周围的人群，我急切地寻找着，寻找着我曾经怨恨过的于老师。找到了！在不远处，他正微笑着看我，那熟悉的目光不禁使我怦然心动。泪水又一次充满了我的眼眶。但是，这次的泪水是笑着涌出来的。

那次活动后，于老师决定收我为徒。拜师仪式是在徐州幼儿师范学校的礼堂里举行的，由市教委主任赵立伯主持。我向于老师献了一束花，然后三鞠躬。成为于老师的徒弟是很多青年教师的夙愿，而我心里却仍在发怵。心里想，跟这样一个高标准严要求的人当学徒，日子好过不了。正如我所料，在以后的工作中，我听到最多的话不是表扬而是严格的要求。一本于老师推荐的书我超过了规定的时间读完，他的脸色是很难看的。但奇怪的是，我反而觉得生活快乐而充实了。

1997年我被调到区教研室工作，和于老师离得近了，这才发现，课堂上潇潇洒洒的他，课下却是那样地勤勤恳恳。于老师有着过硬的“坐功”。看书，写东西，他能坐在座位上半天不动。不管办公室里的人如何谈论，不管环境如何嘈杂，他全然不觉，如居深山老林一般。前不久，局机关全体人员准备到马陵山旅游，办公室主任要求各股室讨论并制订活动方案。午饭时间，教研室里大家你一言我一语展开了热烈的讨论，讨论了半天，分歧仍很大，这才想起得要主任拍板定案。我大声说道：“于主任，你决定啊！”一连叫了两遍，他都没予理睬，我急了，走到他桌前，推推正在写东西的他，急切地说：“快定啊！”“定……定什么？”他抬起头来，惘然地问道。望着一脸莫名其妙的他，大家哄的一声笑了。在大家的笑声中，他也陪着嘿嘿地笑着，镜片里透出的目光夹着几分尴尬。笑过以后，我们决定抛开主任，自己去定夺最佳方案。而我们的主任呢，又低下头去不停地写着。“闭门即是深山，读书随处净土。”古人说的，不就适合于老师吗？坐在他的对面，我还经常被他在备课时所产生的激动吓一跳。在备《我的伯父鲁迅先生》一课时，久久一动不动的他，突然一拍桌子，大叫一声：“有办法啦！”我愣愣地望着他，半天才问道：“您又憋出个什么点子？”他神秘地一笑：“暂时保密，课堂上见。”那神情如同刚挖出个大元宝似的喜不自禁。说完，他又埋下头去，继续开始憋他的下一个新点子。

不久，他执教的《我的伯父鲁迅先生》引起了轰动。可是听课老师们哪里知道他为了上好这一课，费了多少心思啊！每次上课的板书他总是练了又练。他的备课本上写满了“生字”，那字端庄、俊秀。我曾经好奇地问他：“您的粉笔字已经写得很好了，还有必要这样练吗？”他却说：“这是给孩子们看的，要练。”简简单单的一句话，给了我极大的震动。前不久，于老师执教《全神贯注》一课，备课时为了搞清楚罗丹每次修改完作品总要盖上一层湿布的原因，他特意去请教市群艺馆的同志。我说：“您备课可真下功夫啊！”他说：“我们是教研员，我们上的课带有示范性质，不认真准备，怎么行呢？”当得知用湿布把作品盖起来主要是为了方便修改时，他激动了。罗丹的作品已经很好了，但他还是用湿布盖起来，还准备修改！于是，他精心设计教法，以读格言、品格言、写格言为主线，指导学生去感悟语言、感悟思想内容。当他执教完这课时，全场响起了热烈的掌声。来自全国各地约1400名听课老师以热烈的掌声，表达着他们对这位头发已斑白的老教师的深深敬意。是啊，年近六十的他，尽管面容已显苍老，尽管步履已显沉重，但在语文教改这条道上他仍旧在不停地向前。

学高为师，身正为范，行动是无声的语言。自从我调到教研室工作后，我把于老师的实际行动当作他对我提出的要求。我十分清楚，成为一名“能教能研”的教研员是师父对我最大的企盼。在他的影响下，我在努力着。2000年4月，在鼓楼区举办的大型研讨会上，我执教的《鸟的天堂》受到了大家的好评，大家说我上得很像于老师。这可是我自己备的课！于老师高兴地送给我三个字：“成熟了。”大家这样说，老师也这样说，我激动极了。当我在工作中取得一丁点儿成绩时，笑得最灿烂的是我的师父；当我每一次上公开课时，听得最专注的是我的师父；在扬州培训会上，我执教的《熟记成语》，受到了杨再隋教授的热情肯定，含泪而笑的还是我的师父。

最近，我和于老师在交谈时，他又提起了1995年那次批评我的事。“晓虹，那次我是不是有点过分了，你还恨我吗？”望着两鬓斑白的老师，我哽咽了，由衷地说道：“不，老师，我懂你的心。”1995年的那一幕已深深地印在了我的脑海里，它时时在提醒着我对待工作一定要精益求精。

“五音不全”的我最喜欢吟唱的一支歌是《长大后我就成了你》，尽管音不着调，但情却是真切的。或许，我永远成为不了像于老师这样的教师，但我愿意像师父那样，不断地努力，不停地向前。

做于老师的徒弟真好。

和于老师在一起的日子

江苏省徐州市鼓楼小学　杨晶

十年前，未满18岁的我带着对未来美好的憧憬来到鼓楼小学。报到时，校长通知我担任一年级（1）班的语文教师，并告诉我著名特级教师于永正将在我们班进行“言语交际表达训练”作文实验。

开学一个月，学生基本掌握了汉语拼音之后，于老师来上课了。那天上午第二节课下课，我走进办公室，没见于老师。“于永正来了吗？”我很随意地问着坐在对面的冯老师。

“为了——”忽然门口响起一句京剧道白。循声望去，门外走进一位戴金丝边眼镜的文质彬彬的中年男子。

“于老师好！”“于老师好！”办公室的老师纷纷站起来向他打招呼。他满面春风。一落座，整个办公室里洋溢着一股暖暖的春意。我望着于老师，讷讷地不敢开口，后悔刚才不该直呼其名。细心的于老师发现了我的不安。他笑笑说：“名字只是个代号，就是叫人喊的，不必为刚才的事介意。”望着他亲切的笑容，我想，特级教师和我们没有什么不同呀！

我的字写得很差，因为我小的时候，老师和家长并不重视让我练字。于老师亲自写了一本字帖送给我，鼓励我好好写。记得一次我刚上完课，于老师走进教室，看见黑板上的板书，微微皱起眉头。“小杨，你这几个字结构不太好。”说着他拿起粉笔把板书的字范写一遍，并叫我随他写。写完后，他看着我写的字满意地点点头：“嗯，不错，有进步。不过，这个‘安’字还不行。‘安’要好，宝盖头要小。”在他耐心指导下，经过几年的练习，我的字终于写得比较好了，在和于老师相处的日子里，只要他有时间，都会很认真地帮助我分析教材，设计教案。板书的每一个字，范读的每一句话，他都看一看，听一听，进行辅导。每次坐在于老师身旁，望着他的面容，都让我感觉他更像一位慈祥的父亲。

又是一个星期四，是于老师上课的日子。一大早，滂沱大雨就下个不停，天暗得吓人，教室里不得不打开所有的日光灯。同学们时不时地向门口和窗外张望，上课也不如往日专心。我知道他们是担心于老师会不会来。第三节课铃声已响，于老师还没来。我快步走到讲台前说：“同学们，雨下得太大。于老师恐怕不会来了。我们改上阅读课。”话音刚落，突然教室门被推开了。全身湿透的于老师走了进来。衣着一向得体整洁的于老师从来没有这样狼狈过。只见他左手提着那只惯用的塞满学生作文本的书包，右手里的黑雨伞被风吹坏了，伞面翻了过来，开成了一朵喇叭花。他把包放在讲台上，然后从兜里掏出一块洁白的手帕把眼镜上的水珠揩干净，又用左手理了理头发。“同学们，你们看于老师此时像什么？谁能用一句话来形容？”他还是像往常一样没忘记幽默。但教室里出奇的静。学生完全没有平日见到于老师的那种欢呼雀跃，没有一个回答问题的。

“落——汤——鸡。”于老师拖长字音说。

学生终于忍不住笑了。我从学生的眼里看出，他们除了多一份对于老师的喜爱外，又多了一份尊敬。

乡下深秋的早晨寒意很浓。站在睢宁县大余小学的操场上，我们不由地把衣服又往身上裹了裹。看看身边的学生也是很不习惯，瑟缩着身子，两手插进衣兜里。“各位老师、同学们，下面我们要进行赤足晨练。欢迎你们参加。”大余小学的朱以勋校长热情地邀请道。说完，他和大余小学的同学们纷纷脱下鞋和袜子，排着队向校外跑去。

学生看着我和于老师，不禁躁动起来。几个胆大的男孩跃跃欲试。大部分学生皱着眉头。耿臻更是躲在我的背后，没有了往日的牙尖嘴利。天这样冷，赤足跑步，冻坏了可怎么办？早听说日本学校有这样的运动，用以锻炼孩子的身体和意志，可是让我亲自试一试，心里不免发怵。我正犹豫，于老师已迅速脱下鞋和袜子，大声说：“来，同学们，我们也来试一试。”全班学生纷纷行动起来，跟着于老师嬉笑着往朱校长的方向追去。晨风中我看见于老师飘动的头发已显花白。啊！岁月无情，几年的相处中我没有发现于老师老了。他带着学生跑远了。当他融入了孩子之中，他就成了孩子中的一员。

这就是我的老师 —— 特级教师于永正。

于老师的名字越来越响，名气越来越大，1999年12月15日，我应邀参加了教育部在南京召开的“于永正教学方法研讨会”。会后我曾笑着对他说：“于老师，你成名人了。以后找你可难了。”于老师如十年前那样笑着说：“小杨，于永正永远是于永正，我的名字并没因为教育部开了我的教学方法研讨会而多一笔一画。”

我凝视着于老师。他的表情依然那么和蔼，依然那么坦然，那么淡然。

增订版后记

感谢全国广大老师对《教海漫记》的厚爱。几年前，哈尔滨的特级教师曹永鸣老师对我说："我拿到《教海漫记》如获至宝，一气读到深夜三点。我时而高兴得笑出声来，时而被感动得落下泪来。读您的书，的确就是在和一位智者谈话。"

开始我认为曹老师是奉承我的，后来，不断地有老师对我也这么说，而且有不少男的，谈永康先生竟然说它是"教育经典"。我这才相信曹永鸣说的多半是真话。

老师们之所以喜欢这本书，我猜想，因为它不是一般意义上的理论书，我在书中是向老师们讲述自己的故事的——我们当老师的有的只是生动的故事。当然，这些故事都是"理性"的故事。也就是说，我是通过讲述这些故事，告诉老师我对教育、教学以及对教育者人生的理性的思考的。

这次出版，又增补了我近几年来发表的近30篇文章，敝帚自珍，舍不得丢失它们。只是书厚了，又得让读者多破费了。

一笑。

于永正

2005年1月6日

图书在版编目（CIP）数据

教海漫记：特别纪念版 / 于永正著. —上海：上海教育出版社，2021.5（2022.12重印）
ISBN 978-7-5720-0790-3

Ⅰ. ①教… Ⅱ. ①于… Ⅲ. ①小学语文课—教学研究—文集 Ⅳ. ①G623.202-53

中国版本图书馆CIP数据核字（2021）第082119号

策　　划　源创图书
责任编辑　董　洪
特约编辑　张万珠
责任印制　梁燕青
装帧设计　许　扬

Jiao Hai Man Ji（Tebie Jinian Ban）
教海漫记（特别纪念版）
于永正　著

出版发行　上海教育出版社有限公司
官　　网　www.seph.com.cn
地　　址　上海市闵行区号景路159弄C座
邮　　编　201101
印　　刷　北京华宇信诺印刷有限公司
开　　本　710×1000　1/16　印张　35.75　插页　2
字　　数　820千字
版　　次　2021年6月第1版
印　　次　2022年12月第3次印刷
印　　数　15,001—20,000本
书　　号　ISBN 978-7-5720-0790-3/G·0607
定　　价　128.00元